❀ 国家社会科学基金重点项目最终成果（结项编号：20233561）

❀ 国家民委人文社科重点研究基地（民族教育发展研究基地）建设资金资助成果

# 区域基础教育均衡发展研究

王世忠　等◎著

华中科技大学出版社
http://press.hust.edu.cn
中国·武汉

**图书在版编目(CIP)数据**

区域基础教育均衡发展研究 / 王世忠等著. -- 武汉：华中科技大学出版社，2024.12. -- ISBN 978-7-5772-1537-2

Ⅰ.G639.2

中国国家版本馆 CIP 数据核字第 2024LT5213 号

区域基础教育均衡发展研究　　　　　　　　　　　　　　　　　王世忠　等　著

Quyu Jichu Jiaoyu Junheng Fazhan Yanjiu

策划编辑：张馨芳
责任编辑：苏克超
封面设计：孙雅丽
版式设计：赵慧萍
责任校对：张汇娟
责任监印：曾　婷

出版发行：华中科技大学出版社（中国·武汉）　　电话：(027) 81321913
　　　　　武汉市东湖新技术开发区华工科技园　　邮编：430223

录　　排：华中科技大学出版社美编室
印　　刷：湖北金港彩印有限公司
开　　本：787mm×1092mm　1/16
印　　张：27.75　插页：2
字　　数：681 千字
版　　次：2024 年 12 月第 1 版第 1 次印刷
定　　价：198.00 元

　　基础教育是教育强国建设的基点。区域基础教育均衡发展①既是新时代加强高质量教育体系建设的题中之义，也是"努力让每个孩子都能享有公平而有质量的教育"的永恒主题。党的十九大报告指出，建设教育强国是中华民族伟大复兴的基础工程，必须把教育事业放在优先位置，深化教育改革，加快教育现代化，办好人民满意的教育。基于我国幅员辽阔、人口众多、各地区自然资源禀赋差异较大的基本国情，以及因地域、经济、文化等因素而产生的区域基础教育发展不均衡的现实问题，进行具有中国自主知识体系的区域基础教育均衡发展研究显得尤为迫切。因此，准确把握区域基础教育均衡发展的国家战略方向，着力抓好重点、补齐短板、增强弱项，加大对农牧地区、艰苦边远地区、欠发达地区、民族地区等区域教育的扶持力度，使适龄儿童能够享有公平而有质量的教育，是加快建设教育强国、坚持中国式教育现代化道路的内在诉求。

　　本书立足于教育的人民立场，聚焦区域基础教育均衡发展问题，积极回应"构建中国特色哲学社会科学学科体系、学术体系、话语体系"的中国式现代化战略需求，基于实践层面我国教育领域所呈现出的社会对公平而有质量的教育需求与教育发展不平衡不充分之间的矛盾，运用整合性的方法论，着眼区域基础教育现状，对区域基础教育均衡的发展条件与发展水平、发展时序性与发展空间性、人的发展与物的投入、均衡发展与非均衡发展等进行理论与实践上的有效整合，创新性地提出区域基础教育均衡发展的一系列概念范畴以及区域基础教育均衡发展研究知识分析框架；通过系统化的政策梳理与完整的理论文本分析，揭示新时代区域基础教育均衡发展的制度价值、动力机制；通过剖析区域基础教育的空间资源配置、数字化赋能机制分析、西部八省（区）基础教育的区域、省（区）际、县域以及校际差异等深层次问题，提出区域基础教育均衡发展的路径优化。从而有利于我们立足新发展阶段，贯彻新发展理念，构建新发展格局，切实满足广大人民群众"上好学"的愿望，推动区域基础教育高质量发展。

―――――――――――

　　① 为简化表述，本书在一些地方将"区域基础教育均衡发展"简称为"基础教育均衡发展""教育均衡发展"或"均衡发展"等。

本书可分为理论阐释与实证研究两大部分，围绕区域基础教育均衡发展问题的理论与实践研究展开。理论部分遵循"理论梳理—理论阐释—机制分析—理论创新"的研究思路，构建区域基础教育均衡发展的"多学科学理阐释—学术史考察—历史脉络及其特征—研究范式转型—系统逻辑—政策价值分析—法理分析—动力机制分析—理论创新—制度创新"的理论分析框架，从学术史的视角对新中国成立70多年来的区域基础教育均衡发展进行历时性的归纳和概括，对区域差异、城乡差异、校际差异、群体差异的表现特征与生发机制进行共时性的分析与探讨，凝练出区域基础教育均衡发展的跨学科概念和认知框架，提出区域基础教育均衡发展理论创新和制度创新的实现路径。实证部分遵循"实地调研—实证分析—结论与政策建议"的研究思路，创新构建纵向贯通、横向延伸的区域基础教育资源均衡配置的"水平分析—时序分析—空间分析—校际差异分析—县域政策执行分析—经费支出效率分析—教育成本分析—数字化赋能机制分析"的实证分析框架，选取西部八省（区）等地区为样本，重点调查广西、新疆、宁夏、内蒙古、贵州、西藏、云南、青海等的基础教育均衡发展现状，在进行历时性描述的同时，对其城乡差异、群体差异、校际差异和结构差异的表现特征与生成逻辑进行共时性的分析与探讨。从地理空间的视角对区域基础教育均衡发展的办学条件、办学成本与办学经费的使用效率，均衡发展的时序性与均衡发展空间的协调性，以及数字化赋能机制，进行县域的数理统计分析。本书具有理论创新、内容翔实、实践性强等特点。

本书旨在丰富新时代区域基础教育均衡发展研究的数据资料、史料及其理论体系，指导区域基础教育均衡发展的中国实践，建设具有中国本土学科体系、学术体系、话语体系的区域基础教育均衡发展创新机制，推动区域基础教育治理体系现代化建设。基于"理论联系实践，突出理论指导性，强化实践应用性"的基本指导思想，坚持在"新""实""精"上下功夫。

一是"新"。首先，理念新。哲学社会科学研究必须关注现实问题，重在理论创新，为党和国家工作大局服务。因此，本研究坚持新发展理念，以铸牢中华民族共同体意识为主线，以服务区域基础教育高质量发展为根本遵循。基于探索和实现中国式教育现代化的战略目标与建设高质量教育体系政策的前瞻性视角，构建具有可持续性、操作性强的区域基础教育均衡发展政策话语体系，从而为切实促进我国区域基础教育均衡发展、充分发挥教育的民生功能提供有益的参考与借鉴。其次，观点新。在对区域基础教育均衡发展进行历时性描述的同时，对其城乡差异、群体差异、校际差异和结构差异的表现特征与生成逻辑进行共时性分析，系统地探讨区域基础教育均衡发展的均衡性与非均衡性对立统一的辩证关系，提出区域基础教育均衡发展的办学条件，时序与空间，以及动力机制三位一体的观点。再次，视角新。从多学科视角，梳理均衡发展的基本内涵，阐释跨学科概念均衡发展的含义，建构区域基础教育均衡发展研究的理论阐释与实证分析整合的知识分析框架。最后，方法新。从地理空间视角，对区域基础教育均衡发展的办学条件、办学成本与办学经费的使用效率，均衡发展阶段的时序性与均衡发展空间的协调性，以及均衡发展机制的动力性，进行宏观的数理统计分析，尝试性地建构相应的评价体系及模型。

二是"实"。课题组长期深耕于基础教育研究领域，针对我国区域基础教育的现状，开展实地调研。首先，扎根中国大地，寄情田野。调查研究深入，不做表面文章；扎根基层，在实践中进行。努力克服调查研究中存在的"走马观花"、不求甚解等问题，不仅仅满足于到基层走一圈，而且非常注重调查研究取得的成果。"没有眼睛向下的兴趣和决心，是一辈子也不会真正懂得中国的事情的。"只有真正将调查研究做到基层，才能保证资料的客观性和真实性，才能认识生动丰富的客观实践。其次，建构中国经验的整体空间感知。从实地调查出发，进行跨学科的学术领域之间的对话，以"经验"为关键词发掘出双方在理论和方法论上的共通点。对具体的人的关怀，从不同处境中的人的感受、思想、关系与实践出发，理解社会结构与历史过程，将实地调查工作与教育学、人类学、民族学知识生产真切结合起来，为区域基础教育均衡发展研究进一步的交流与合作开启新的可能。至于笔者自己所做的田野调查，因为工作需要，这些年确实做了不少，基本上走遍了边疆、海岛以及内陆腹地的偏远地区、欠发达地区、民族地区，有些地方去了不止一次。根据项目研究的需要，笔者所进行的田野调查，有些是专题性的，比如关于教师资源均衡配置的调查；有些持续的时间比较久，比如教育经费投入机制等方面的调查；有些则是区域性的，比如集中连片特困地区的调查。最后，学术研究的实地调查，既需要有针对性的理论指导，也需要做好充分的准备。调查研究一定要以正确的理论为指导。调查研究只是收集资料的一种途径，其本身并无价值关联性。新时代，调查研究是为中国特色社会主义建设服务的，必须以习近平新时代中国特色社会主义思想为指导，这是首先必须明确的前提。同时，在进行调查研究的过程中，一定要有相关的专业理论作为指导。调查研究一定要坚持正确的作风，调查研究的过程实际上就是密切联系群众的过程。调查研究要勇于否定自己。客观世界处于不断变化当中，而对客观世界的正确认识，是随着社会的发展和进步而不断改进的。在调查研究的过程中，往往可以发现现存的观点、认识会因为社会的发展而逐步难以适应客观世界的变化。在这种情况下，调查研究者一定要敢于并且善于通过调查研究否定原有的不合时宜的观点，抓住调查中所掌握的事实，知难而进。

三是"精"。学者要出优秀的研究成果，要出精品。这是社会对我们的期望，也是学者的责任所在。国家重点课题研究要有精品意识，立足于服务现实，努力对我国经济和社会发展中的重大问题做出理论回答。首先，课题组精诚协作，聚集体智慧攻关。社会科学研究中越来越多地涉及跨学科研究，所以要出精品，就必须在强调每一个课题组成员需要调整知识结构的同时，还要特别强调组织若干个相关学科的研究者共同研究某一重点课题。我们在课题研究中，一方面要争取有较多的人员协作，另一方面要有独立思考。每一个研究者既会感觉到自己为这些共同课题的研究做出了贡献，更能从中学到新的知识。其次，系统思考，厚积薄发。精品意识中包含严谨的学风。笔者曾对一些博士、硕士研究生说过：要勤于思考，要脚踏实地，研究起步时，应当步子稳一些、慢一些，踏踏实实地做学问、搞研究，千万不要求成之心太急。急于求成，则会浮躁不定，也就很难保持严谨的学风，更谈不上出精品了。同时，精品意识的产生，也同学习和借鉴各种各样优秀的、有价值的外域文化成果是密不可分的。当然，学习但不能盲从，借鉴但不能照搬。处在改革开放的新时代，人文社会科学研究的繁荣和发展，应该有更为开放的胸怀和气魄；人文社会科学的精品的创立，应该有更为宽广的学术视野和气度。因此，课题组在前期研究成果基础上形成较为系统的理论思考。其中，前期研究成果《少数民族教育发展研究》（人民出版社 2013 年版）获第十届湖北省社会科学优秀成果奖二等奖；

《民族地区教育均衡发展实证研究》（广西人民出版社 2019 年版）获武汉市第十七次社会科学优秀成果三等奖。最后，精准发力，善做正确的调查研究。要求在调查研究时"身入"更要"心至"。对于学者而言，做正确的调查研究，就要花时间蹲在基层、深入一线，花精力"解剖麻雀"、了解实情，既总结先进经验，也研究突出问题。通过反复比较、多方调查，最终摸清实际情况，进而找出解决问题的方法和路径。只有这样，调查研究才是求真务实的，才是有价值、有意义的。因此，课题组在调查过程中形成了大量的研究报告。其中，《湖北省民族地区乡村振兴战略和精准脱贫攻坚有机融合的调研报告——以长阳土家族自治县为例》获湖北发展研究奖（2018—2019 年）三等奖；《湖北民族地区以职业教育发展促进精准脱贫调查报告》于 2020 年获国家民委社会科学研究成果奖三等奖；《武陵山片区教育精准扶贫的实证研究——基于湘鄂渝黔四省市的调查》获国务院扶贫办 2020 年度学习习近平总书记关于扶贫工作的重要论述主题征文优秀论文奖。笔者作为优秀论文获奖代表应国务院扶贫办的邀请，于 2020 年 10 月 12 日赴京参加了中央宣传部、国务院扶贫办召开的学习习近平总书记扶贫工作重要论述研讨会，并于 2020 年 11 月 12 日接受《中国日报》电话采访，主要观点刊登在 2020 年 11 月 16 日出版的《China Daily》上。

本书系国家社会科学基金重点项目"偏远地区少数民族基础教育均衡发展实证研究"（项目编号：18AMZ014）的最终研究成果。本著作最终形成定稿，应该归功于课题组研究团队的精诚合作，是大家协同攻关的集体智慧和劳动结晶。本书由本人拟定写作大纲并负责统稿和定稿工作。各章具体参与者如下：第一章（王世忠）、第二章（王世忠）、第三章（王世忠）、第四章（雪奇慧）、第五章（王世忠）、第六章（雪奇慧）、第七章（王文钰）、第八章（李桢）、第九章（王世忠、王文钰）、第十章（王明露）、第十一章（王世忠、罗涛涛）、第十二章（王世忠、程希）、第十三章（罗涛涛）、第十四章（王世忠、李雨谦）、第十五章（杜莹莹）、第十六章（王文钰）、第十七章（高楠）、第十八章（罗涛涛、尚宇航）、第十九章（王世忠、杜莹莹）、第二十章（高楠）、第二十一章（王世忠）。书稿完成后，由 2022 级博士研究生王文钰协助统稿工作，由 2024 级博士研究生罗涛涛负责书中大部分图表的绘制和校对工作。同时，本书参阅并借鉴了国内外其他学者的有关文献资料，均已尽量注明出处，在此谨向相关作者表示诚挚的谢意。本书虽经多次修改，但难免有疏漏之处，敬请广大读者批评指正。

为了表述需要，书中个别地方难免存在重复之处，敬请谅解。

于武昌南湖

2024 年 11 月

# CONTENTS
# 目 录

经过长期努力，中国特色社会主义进入新时代，我国社会主要矛盾已经转化，在教育领域体现为人民日渐高涨的高质量教育期盼和教育发展不平衡不充分之间的矛盾。教育公平是社会公平的重要基础，是维护社会公平正义的坚实基石。"努力让每个孩子都能享有公平而有质量的教育"是以习近平同志为核心的党中央坚持"以人民为中心"的发展思想，谋划教育事业改革发展的生动体现。"公平而有质量"六个字，清晰指明了中国未来教育发展的着力点。其中，对教育均衡发展的探究和思考始终是关键性的核心命题。

本章系统梳理了近年来学界对区域基础教育均衡发展的研究状况，从理论与现实两个层面入手阐明了分析框架和研究视角，阐述了基本研究目标、研究内容、研究思路与方法等，以具有典型性研究价值的西部地区为例回应了以均衡发展推动区域基础教育公平而有质量地发展需要突破的几个重大问题，为本书的全面阐述奠定了基础。

## 第一节　时代背景与研究价值取向

研究某一问题应首先回答为什么研究以及此项研究有何价值、意义的问题，这是理论研究的基本逻辑，以均衡发展为理论视角来研究和审视当代区域基础教育公平而有质量地发展问题正是对这一逻辑的回应。基于均衡发展的理论视角、建构均衡发展的分析框架对于推动我国区域基础教育公平而有质量地发展研究具有重要的研究价值与现实意义。

### 一、新时代教育强国建设背景下的区域基础教育均衡发展

公平与质量始终是教育发展的两大核心要素，是教育事业全面健康发展的深刻内涵。党的十八大以来，以习近平同志为核心的党中央高度重视教育公平问题，明确提出要不断促进教育发展成果更多更公平惠及全体人民，以教育公平促进社会公平正义。当前，我国社会主要矛盾已经转化为人民日益增长的美好生活需要和不平衡、不充分的发展之

间的矛盾，在教育领域表现为社会对公平而有质量的教育需求与教育发展不平衡不充分之间的矛盾。① 不均衡主要表现在教育资源的分配上，存在着地区间、学校间、不同群体间以及不同教育阶段间的显著差异，这导致不同学生群体所能获取的教育资源数量与质量不尽相同，进而阻碍了他们的全面发展。而教育的不充分则主要体现在教育质量的多样性和非均衡性上，这种差异性使得教育质量参差不齐，影响了学生发展的整体水平，加剧了不同学生之间在发展成果上的差距。推进基本公共教育服务体系建设，已然成为现阶段解决教育发展不平衡不充分问题、建设高质量教育体系、支撑教育强国建设极重要的抓手。

基础教育作为在校学生规模最大、为学生终身发展奠基的教育，是教育系统中极为基础与关键的部分，也是基本公共教育服务内涵式发展的重中之重。2002 年发布的《教育部关于加强基础教育办学管理若干问题的通知》，在基本普及九年义务教育的基础上，首次提出"积极推进义务教育阶段学校均衡发展"。教育均衡发展理念的提出，既是对推进教育健康、协调、可持续发展的价值引领，又是我国教育全面提高普及水平、全面提高教育质量的价值诉求。② 2012 年发布的《国务院关于深入推进义务教育均衡发展的意见》，进一步提出加强省级政府统筹，强化以县为主管理，努力缩小区域差距，到 2020 年，全国义务教育巩固率达到 95%，实现基本均衡的县（市、区）比例达到 95%。③ 这与《国家中长期教育改革和发展规划纲要（2010—2020 年）》中关于义务教育均衡发展的相关政策目标一脉相承。2019 年中共中央、国务院印发的《中国教育现代化 2035》中，将"实现优质均衡的义务教育"作为 2035 年主要发展目标之一，并指明"推进城乡义务教育均衡发展。在实现县域内义务教育基本均衡基础上，进一步推进优质均衡"。④ 2021 年，国家发展改革委联合 20 个部门印发《国家基本公共服务标准（2021 年版）》，明确了现阶段国家提供基本公共服务项目的基础标准，公共教育领域主要涉及学前教育助学服务、义务教育服务、普通高中助学服务、中等职业教育助学服务等。⑤ 2023 年，中共中央办公厅、国务院办公厅印发《关于构建优质均衡的基本公共教育服务体系的意见》，强调以公益普惠和优质均衡为基本方向，全面提高基本公共教育服务水平，加快建设教育强国，办好人民满意的教育。到 2035 年，义务教育学校办学条件、师资队伍、经费投入、治理体系适应教育强国需要，市（地、州、盟）域义务教育均衡发展水平显著提升，绝大多数县（市、区、旗）域义务教育实现优质均衡，适龄学生享有公平优质的基本公共

① 顾明远. 习近平总书记关于教育的重要论述的方法论 [J]. 教育研究，2022，43（9）：4-10.

② 教育部关于加强基础教育办学管理若干问题的通知 [EB/OL]. （2002-02-26）[2002-02-26]，http：//www. moe. gov. cn/s78/A06/jcys _ left/moe _ 706/s3321/201006/t2010 0608 _ 88981. html.

③ 国务院关于深入推进义务教育均衡发展的意见 [EB/OL]. （2012-09-07）[2012-09-05]. https：//www. gov. cn/gongbao/2012/content _ 2226138. htm.

④ 中共中央国务院印发《中国教育现代化 2035》[N]. 人民日报，2019-02-24（1）.

⑤ 一图读懂｜《国家基本公共服务标准（2021 年版）》[EB/OL]. （2021-04-20）[2021-04-20]. https：//www. ndrc. gov. cn/xxgk/jd/zctj/202104/t20210420 _ 1276 867. html? state ＝ 123＆state ＝ 123＆state＝123＆state＝123.

教育服务，总体水平步入世界前列。① 在习近平新时代中国特色社会主义思想的引领下，并深入实践党的全面教育方针，关于基础教育均衡发展的各项政策措施，鲜明地展现以民众福祉为核心，积极响应并服务于国家发展战略的需求，紧密围绕人民群众最关心、最直接、最现实的期盼，彰显国家层面的战略导向与价值取向。

基础教育是教学活动开展的重要阶段，是体现国家意志、进行文化传承、实现社会与个体发展的主阵地。区域基础教育均衡发展和教育提质增效既是在教育强国背景下为实现中国式现代化提供高质量人才和智力支撑的战略考量，又是消除区域差距与完善教育政策的政策实践，既直接关系着区域经济发展和民族团结稳定，又紧密联结着青少年的未来发展。同时，与之相对的是区域基础教育发展作为一个复杂的系统，存在着许多复杂的关系，不同区域由于相互作用的因素有所差异，在教育活动及教育实践中的反馈也有所差异，随之在教育发展上面临的问题也有所区别。西部地区作为一个特定的教育发展区域及教育实践活动空间，其空间范围内作用于教育发展的因素与其他区域的不同，从而构成特定的教育发展内环境，教育发展面临的挑战及主要问题尚需具体甄别。

因此，针对不同区域出现的种种客观现实问题，如何配置基础教育现有资源，如何进一步采取相关策略促进基础教育提质增效，推动区域基础教育均衡发展，成为当前教育研究的重要课题。

## 二、区域基础教育均衡发展研究的价值

### （一）学术价值取向

首先，丰富区域基础教育均衡发展的理论体系。本书立足于民族学、教育学、社会学、经济学、统计学等多学科的综合研究视野，坚持系统观念，结合"木桶原理"与"地理空间"思维，采取理论研究与实证分析相结合、定性分析与定量分析相结合、区域分析和结构分析相结合、动态分析与静态分析相结合等手段，细致梳理教育均衡发展、教育公平发展相关理论，深入探讨区域基础教育均衡发展问题，全面把握区域基础教育均衡发展的本质、内涵和外延，结合对区域基础教育均衡发展的实地调研与实证分析，明晰区域基础教育均衡发展的特殊内在背景与主要制约因素，并尝试从完善区域基础教育差异化支持政策的角度，创建区域基础教育均衡发展的评价体系及模型。基于对区域基础教育均衡发展研究内容的深化，以及研究视角的拓展，旨在为我国区域基础教育公平与均衡发展研究增添新的维度，从而为区域基础教育资源在空间上的优化配置提供有价值的参考依据。

其次，充实区域基础教育均衡发展的实证研究。本书运用整合性的方法论，对区域基础教育均衡的发展条件与发展水平、发展时序性与发展空间性、人的发展与物的投入、均衡发展与"非均衡发展"等进行理论和实践上的有效整合。构建纵向贯通、横向延伸的"绪论——基础教育均衡发展的多学科学理阐释——区域基础教育均衡发展的学术史

---

① 中办国办印发《关于构建优质均衡的基本公共教育服务体系的意见》［N］. 人民日报，2023-06-14（1）.

考察——区域基础教育均衡发展的历史脉络及其特征——区域基础教育均衡发展的研究范式转型——区域基础教育均衡发展与高质量发展的系统逻辑——区域基础教育均衡发展的政策价值分析——区域基础教育均衡发展的法理分析——区域基础教育均衡发展的动力机制分析——区域基础教育资源均衡配置的水平分析——区域基础教育均衡发展的时序分析——区域基础教育资源均衡配置的空间分析——区域基础教育均衡发展的校际分析——区域基础教育"县管校聘"教师政策执行分析——县域基础教育财政支出的效率分析——县域基础教育资源配置的成本分析——区域基础教育学生学业质量保障的个案分析——数字化赋能区域基础教育优质均衡发展——区域基础教育均衡发展的理论探索与创新——区域基础教育均衡发展的制度分析与创新——区域基础教育均衡发展的路径优化与政策设计"的实证分析的知识框架，并结合区域发展与乡村振兴规划问题，提出解决区域基础教育均衡发展的方案和政策建议。

最后，拓展基础教育均衡发展研究的区域应用。我国区域基础教育均衡发展的研究发轫于20世纪90年代对民族教育与民族社会人口双向均衡发展的探索，明确指向全面而深入的教育公平。随着我国进入各民族跨区域流动的活跃期，人口素质对民族空间分布格局与民族共同繁荣的影响愈加显著，处理西部地区基础教育均衡发展问题，既不能机械照搬省（自治区、直辖市）、市、区等行政区划的简单对待，也不能直接套用东部、中部、西部等惯用思维和区划方法，西部地区在共同性的教育演进中有其特有的、多属性的教育发展和实践空间。本书在对区域教育、社会、文化发展及客观地理环境进行广泛和深入调查的基础上，把握区域基础教育均衡发展的现状、问题、制约因素等，进而从教育资源配置的人、财、物多层面进行针对性的思考，创新性拓展基础教育均衡发展的研究领域。

### （二）应用价值取向

首先，深刻认识教育的人民立场，增强人民群众的教育获得感、教育幸福感与教育满足感。本书基于现实层面我国教育领域所呈现出的社会对公平而有质量的教育需求与教育发展不平衡不充分之间的矛盾，着眼西部地区基础教育现状，剖析西部地区基础教育的空间资源配置、教育信息化促进西部地区基础教育均衡发展、西部八省（区）基础教育校际差异等深层次问题，提出新时代西部地区基础教育均衡发展的实现路径，切实提高西部地区基础教育质量，满足广大民族地区和少数民族"上好学"的愿望，为区域教育公平的实现、协调发展政策的制定及调整提供现实的参考借鉴。

其次，构建区域基础教育均衡发展的评价指标及其模型。本书为评估区域均衡发展实际状况构建基础性的衡量框架，为基础教育资源的合理划分与区域性均衡布局设立必要的评价指标。此外，通过对区域基础教育均衡水平与区域发展条件的时空特征分析，以及对区域间和区域内基础教育均衡配置系统中各要素间协调性的量化评估，为区域基础教育资源在空间上协调配置的实施策略与资源及地域协调状况的判断提供科学依据，为政府高效推进公共设施服务建设提供现实基础和科学指引。

最后，为新时代民族政策以铸牢中华民族共同体意识为主线，推动西部地区基础教育高质量发展，进一步调整和完善民族教育差别化支持政策提供决策依据与理论实践。本书基于西部地区多民族杂居和多元文化融合的特点，认为西部地区基础教育均衡发展比非民族地区、非偏远地区受到更多因素的影响,其研究问题的复杂性与作用面更为广泛。因此,从这个意义上看,以县域为单位研究区域基础教育均衡发展问题所得到的结论具有高度的典型性与针对性,所提出的对策建议也具有更大的实践价值,其不仅对该县域内的基础教育均衡发展具有直接指导意义,对其他地区乃至全国的县域基础教育均衡发展也具有一定的参考与借鉴作用。

## 第二节　基础教育均衡发展的研究现状

### 一、基础教育均衡发展的研究趋势

笔者以中国知网数据库为检索平台,采用"主题"检索方式,检索词设置"基础教育均衡发展"进行高级精确检索。结果显示,截至 2024 年 8 月,以"基础教育均衡发展"为主题的总库论文数量共计 3389 篇。从对已有文献的梳理情况来看,2004—2023 年基础教育均衡发展研究的发文量趋势如图 1.1 所示。

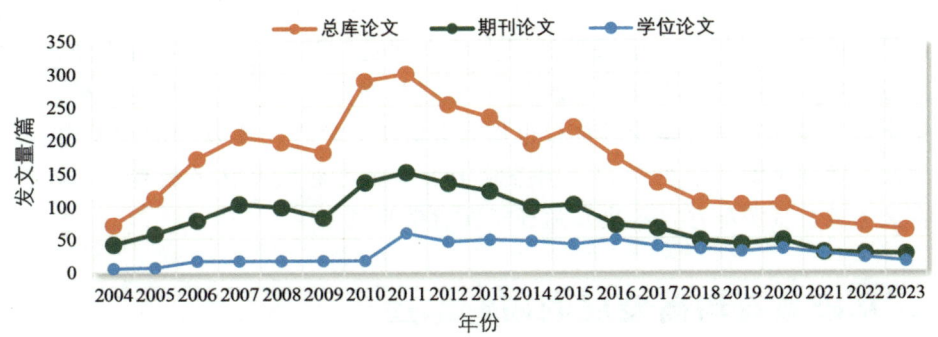

图 1.1　2004—2023 年基础教育均衡发展研究的发文量趋势

发文量的变化趋势与中央的重要论断紧密相连,显示出鲜明的时政指向性,反映了学者们积极响应并紧跟政策制定者关注点的高度敏感性。2002 年,《教育部关于加强基础教育办学管理若干问题的通知》提出,调整学校布局、实施就近入学、推进学校均衡发展。2003 年,《国务院关于进一步加强农村教育工作的决定》提出,"以县为主"实现义务教育均衡发展,对农村义务教育阶段学生实施"两免一补"政策。2005 年,《教育部关于进一步推进义务教育均衡发展的若干意见》指出,要缩小学校办学条件的差距,加快师资队伍建设,以实现义务教育均衡发展;《国务院关于深化农村义务教育经费保障机制改革的通知》将建立"经费保障机制"作为农村义务教育均衡发展的保障。2006 年,《中华人民共和国义务教育法》把"义务教育均衡发展"列入法律;为促进农村义务教育均衡发展,教育部印发了《关于做好落实农村义务教育经费保障新机制若干工作的紧急通知》《关于大力推进城镇教师支援农村教育工作的意见》《关于实事求是地做好农村中小学布局调整工作的通知》等文件。2007 年,"城乡义务教育均衡发展"出现在党的十七大报告中。2007 年的《国务院批转教育部国家教育事业发展"十一五"规划纲要的通知》

和 2008 年的《中共中央关于推进农村改革发展若干重大问题的决定》都强调义务教育均衡发展。2010 年,《国家中长期教育改革和发展规划纲要（2010—2020 年）》规定,巩固提高九年义务教育水平,调整学校布局,缩小校际差距和城乡差距,通过学校标准化建设和教师队伍建设推进县域义务教育均衡发展;《教育部关于贯彻落实科学发展观 进一步推进义务教育均衡发展的意见》也做了相似的规定。2012 年,《国务院关于深入推进义务教育均衡发展的意见》和《国务院办公厅关于规范农村义务教育学校布局调整的意见》再次把义务教育均衡发展落到调整学校布局、缩小学校差距及保障随迁子女与特殊儿童入学权利等方面;教育部发布的《县域义务教育均衡发展督导评估暂行办法》对如何评估县域义务教育均衡发展做了详细的说明。2014 年,教育部等三部门联合发布的《关于推进县（区）域内义务教育学校校长教师交流轮岗的意见》提出,教师队伍建设实行"县管校聘"原则,均衡配置校长教师资源。2015 年,《中共教育部党组关于认真学习贯彻党的十八届五中全会精神的通知》提出,提高教育质量,加快城乡义务教育公办学校标准化建设,推动义务教育均衡发展;国务院和国务院办公厅分别印发《关于进一步完善城乡义务教育经费保障机制的通知》和《关于印发乡村教师支持计划（2015—2020 年）的通知》,前者的重点是保障义务教育均衡发展的教育经费,后者强调教师队伍建设的重要作用。2016 年,《国务院关于统筹推进县域内城乡义务教育一体化改革发展的若干意见》提出,义务教育资源配置要城乡均衡,在学校建设标准、生均经费、教师队伍建设、办学条件等方面要做到统一,解决随迁子女就学问题,并发挥好督导检查作用;教育部发布的《各地加快推进义务教育均衡发展》,除学校布局、标准化学校建设外,把多元课程、学生全面发展、特殊群体受教育权也作为县域义务教育均衡发展的重要内容;《消除大班额、改革随迁子女就学机制……国务院十大措施力促城乡义务教育一体化》强调要统筹城乡义务教育资源配置,解决好随迁子女就学问题。

## 二、基础教育均衡发展的研究综述

### （一）基础教育均衡发展内涵的研究

许多学者立足于发展哲学的视野,围绕教育学、经济学、法学、政治学、社会心理学等多学科角度探讨并论述基础教育均衡发展概念的内涵与外延。有学者从基础教育的本质出发,提出基础教育公平发展的目标是消除实际教育需求与教育资源的差距,其本质是学习和教育资源的公平分配。[1] 也有学者认为基础教育均衡发展是指在一定的行政区划内,学校与学校之间,在办学条件方面、教师资源方面实现相对均衡,保证所有学生受教育权利与受教育机会的平等与公平,[2] 其往往包括教育平等和受教育权的保护等[3]。基础教育均衡发展常用来概括涵盖所有层级和类型的正规教育以及学习资源在横向层面

---

① 翟博. 教育均衡发展:现代教育发展的新境界 [J]. 教育研究, 2002 (2): 8-10.
② 瞿瑛. 论义务教育均衡发展与教育公平 [J]. 教育探索, 2006 (12): 46-48.
③ 于建福. 教育均衡发展:一种有待普遍确立的教育理念 [J]. 教育研究, 2002 (2): 10-13.

上的配置状况，其核心在于确保教育资源与学习机会的均衡分布，以及个体的受教育权利。①

2010 年以后，更多的学者开始关注基础教育均衡发展的空间问题，基础教育均衡发展的内涵得到了更为细化的阐释。有学者认为基础教育均衡发展是某一地区与某一群体的教育资源获取与产出的平衡，可以通过学校布局调整实现均衡。② 除此之外，时间进程也是基础教育均衡发展研究中需要考量的重要维度。

基础教育均衡发展研究的关键词共现分析如图 1.2 所示。

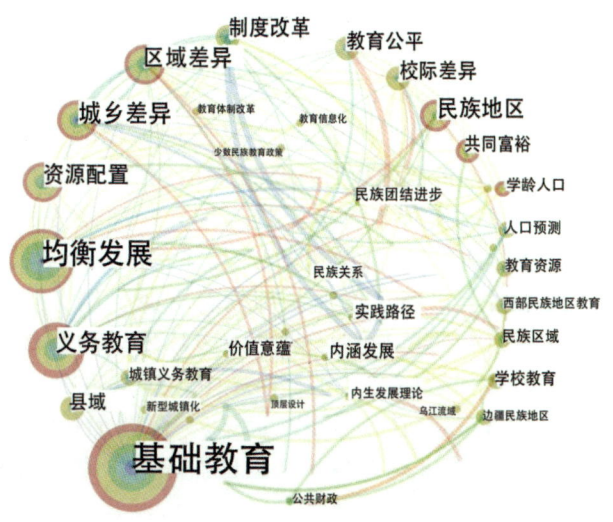

图 1.2　基础教育均衡发展研究的关键词共现分析

### （二）基础教育非均衡发展的研究

非均衡与均衡相互创生，是对客观存在的相对概念，事物的总体发展始终处于非均衡与均衡的往复变动之中。在教育公平的早期研究中，一直将均衡作为研究视域，而以"非均衡"为切入点引发对基础教育的讨论始于 2001 年国务院确定农村义务教育以县为主的管理体制背景下对农村教育发展阻力的实证分析，③ 基础教育的非均衡主要表现为区域间的非均衡发展、学校间的非均衡发展、城乡间的非均衡发展。④

在对基础教育非均衡问题的根源的讨论上，有学者基于西部民族杂居乡村的基础教育发展现状，将民族地区基础教育非均衡发展归因于民族间社会经济发展水平、居住格局、教育资源分配方式等方面的差异。⑤ 有学者立足于空间发展视角，认为基础教育非均

---

①　贾晓静.我国基础教育均衡发展研究综述 [J].教育导刊，2007（2）：19-21，49.

②　曾新.农村中小学布局调整与义务教育均衡发展问题研究 [D].武汉：华中师范大学，2012.

③　黄爱兰，田汉族.县域基础教育的非均衡发展：农村教育发展的主要障碍 [J].中国农业教育，2005（6）：1-3.

④　樊香兰，孟旭.浅议基础教育的非均衡发展 [J].中国农业教育，2005（5）：4-6.

⑤　李文钢.西部民族地区农村基础教育非均衡发展原因分析——基于云南省昭通市小龙洞回族彝族乡的调查 [J].云南农业大学学报（社会科学版），2013，7（3）：27-31.

衡发展源于因基础教育设施配置与城市基础教育发展不匹配而导致的小学学位不足、生均指标下降、服务范围超标、空间环境质量下降等。① 也有学者运用复合指标测度法与协调发展度模型分析非均衡性的时空特征，得出人口城镇化与土地城镇化的不协调加剧了人口素质发展的非均衡。② 除此之外，有学者在对县域义务教育显性与隐性资源的研究中，指出城乡义务教育非均衡性是受农村优质教师资源向城镇流动影响，义务教育教师资源的技术和态度等的隐性特征因素所致③，地方政府是推进义务教育均衡发展的动力，但在一定历史时期，也可能成为使义务教育趋向非均衡的推手。④

在对基础教育非均衡问题的突破路径讨论上，有学者针对非均衡发展惯性，指出我国义务教育存在思维定式、制度惯性、利益诱导、合法性机制和正反馈效应等，必须创新理念、强化社会监督效力与政府执行效度、提高均衡发展政策的社会认同感、促进学校的自主发展及强化培育个体的自我发展能力。⑤ 从不同区域的个案出发，有学者选取河南省义务教育现状为调研对象，将促进教育均衡发展的路径总结为厘清并强化政府责任、建立完善的教育财政保障制度、实现教育资源均衡配置、深化特色办学，推进义务教育的个适性以及构建义务教育均衡发展的监测和评估体系等。⑥ 也有学者以武汉市为例，认为未来基础教育非均衡的矛盾可以通过增加基础教育资源供给、建立局部基础教育资源空间供需均衡体系，以及将原有的单片划区调整为多片划区的基础教育的择校制度、执行"动态学区"模式等方式得到缓解。⑦ 2023 年，中共中央办公厅、国务院办公厅印发《关于构建优质均衡的基本公共教育服务体系的意见》，强调加快缩小区域、城乡、校际、群体教育差异。⑧ 可见，基础教育非均衡发展问题已然成为国家持续关注的焦点性问题。

### （三）基础教育均衡发展的评估体系研究

基础教育均衡发展一经提出，如何对其展开评估便受到国内学界的广泛关注。有学者认为，教育均衡体系包括资源配置均衡以及教育发展水平均衡两个方面，前者包括资金投入、硬件设施、教师结构等方面，后者包括学校和教学等方面。⑨ 基于三元

① 胡梅梅. 大城市基础教育设施空间非均衡性研究——以济南市中心区为例 [C] //中国城市规划学会. 新常态：传承与变革——2015 中国城市规划年会论文集. 北京：中国建筑工业出版社，2015.

② 李杰，崔许锋. 山地民族地区城镇化的非均衡性与时空分异研究 [J]. 农业技术经济，2016 (4)：84-93.

③ 张展. 城乡义务教育资源非均衡性研究——以河南省 A 县为例 [D]. 昆明：云南农业大学，2017.

④ 熊忠勤. 地方政府作用视角下的初中义务教育非均衡发展问题研究——以湖北省初中为例 [D]. 上海：复旦大学，2014.

⑤ 姚永强. 非均衡发展惯性与义务教育均衡发展 [J]. 现代中小学教育，2013 (11)：1-5.

⑥ 郭翠兰. 河南省义务教育非均衡发展的原因与对策 [J]. 中国教育学刊，2014 (7)：15-18.

⑦ 许浩. 武汉市基础教育资源配置与空间供需均衡性研究 [D]. 武汉：华中师范大学，2019.

⑧ 中办国办印发《关于构建优质均衡的基本公共教育服务体系的意见》[N]. 人民日报，2023-06-14 (1).

⑨ 薛二勇. 区域内义务教育均衡发展指标体系的构建——当前我国深入推进义务教育均衡发展的政策评估指标 [J]. 北京师范大学学报（社会科学版），2013 (4)：21-32.

论，有学者如王善迈将入学规则、资源配置、教育产出作为均衡发展评价指标的三个方面。也有学者提出教育均衡包括机会均衡、条件均衡以及效果均衡三个方面。① 在对构建基础教育均衡发展评估体系的探讨中，有学者指出，消除因传统思维框架造成的理论与实际之间的矛盾，是对教育公平及教育均衡问题展开讨论的前提，必须克服传统思维框架所带来的理论与现实的冲突，加强教育方面的实践性、可操作性；同时通过模型的模拟分析，编制了一个可用于教育资源合理分配的任务协作系统与相关指标体系。②

### （四）基础教育均衡发展的实证研究

有学者指出，以经济社会的发展水平为基础，基础教育的均衡发展应该是可持续的，是与经济社会的发展相呼应的。③ 学生入学率、升学率虽然是教育均衡发展的直观体现，但并不能完全说明基础教育在均衡发展方面的所有问题如生均教育经费、危房占有率、师资等各个方面也应涵盖于教育均衡发展问题的考量指标之中。④ 值得注意的是，基础教育均衡发展对促进社会进步具有较大的积极作用。⑤⑥ 自 2000 年以后，教育均衡发展逐步成为热点话题，民族地区教育均衡发展问题逐渐进入人们的视野。国内关于民族地区教育均衡发展的研究最早可追溯到 2002 年。⑦ 2010 年颁布的《国家中长期教育改革和发展规划纲要（2010—2020 年）》明确指出，均衡发展是义务教育的战略性任务。到 2020 年，全面提高普及水平，全面提高教育质量，基本实现区域内均衡发展，确保适龄儿童少年接受良好义务教育。⑧ 在该纲要的指导下，关于推动民族地区基础教育均衡发展的理论研究与实证分析呈现出快速增长的趋势。从 2015 年开始，相关研究主要集中于对民族地区在基础教育均衡发展中的社会经济发展局限因素⑨、语言文化差异⑩、政府支持机制⑪、政策导向效力⑫等共性问题的探讨。对于促进西部地区基础教育均衡发展的思路，

① 张忠华，王伟. 我国区域内义务教育均衡发展研究综述与反思 [J]. 教育科学研究，2014（11）：56-60.

② 郝文武. 平等与效率相互促进的教育公平量化指标和关系状态 [J]. 高等教育研究，2010，31（8）：47-55.

③ 顾月华. 基础教育均衡发展的实质及其实施 [J]. 教育发展研究，2004（5）：11-13.

④ 李尚群. 教育均衡问题解析 [J]. 辽宁教育研究，2006（3）：35-38.

⑤ 应恩民，范冬岩. 区域基础教育均衡发展的实践与建议 [J]. 基础教育研究，2005（11）：3-5.

⑥ 郑勇. 基础教育均衡发展的内涵、失衡原因及治理 [J]. 淮阴师范学院学报（哲学社会科学版），2009，31（2）：266-270，280.

⑦ 王鉴. 西部民族地区教育均衡发展的新战略 [J]. 民族研究，2002（6）：9-17，106.

⑧ 张辉蓉，盛雅琦，罗敏. 我国义务教育均衡发展 40 年：回眸与反思——基于数据分析的视角 [J]. 西南大学学报（社会科学版），2019，45（1）：72-80，194.

⑨ 周露芳. 民族地区基础教育均衡发展态势研究 [J]. 黑龙江科学，2021，12（17）：139-140，143.

⑩ 吴陈兵，谭宇曦，罗波. 民族地区基础教育高质量发展：时代内涵与模式构建 [J]. 中国教育科学（中英文），2023，6（3）：93-105.

⑪ 张昌尔. 以改革创新破解民族地区基础教育发展难题——在省政协"破解民族地区基础教育发展难题"月度协商座谈会上的讲话摘要 [J]. 世纪行，2016（4）：8-9.

⑫ 梁珍情，罗秋红. 校际协作提质民族地区基础教育 [J]. 当代贵州，2023（19）：42-43.

主要可归纳为从根本上有效落实政府的各项教育政策。着重把握民族地区教育问题的具体情况和发展规律，充分确保不同阶层、不同收入的人群能够有效共享我国教育发展成果，实现均衡发展。[①] 实证研究方面，有学者采用平均值、标准差、极差、单因素方差分析、独立样本 $T$ 检验等对 X 省 16 个市区开展城乡基础教育信息化均衡发展调研[②]；也有学者利用 $\sigma$ 收敛、$\beta$ 收敛及俱乐部收敛三种分析手段，针对 1998 年至 2013 年 31 个省（区、市）的实践经验数据，采用平均教育年限为评估标准，深入剖析我国义务教育的收敛性特征，并进一步通过条件 $\beta$ 收敛检验，探究影响义务教育均衡发展的核心要素[③]。

## 三、文献简评

通过以上对研究资料的梳理和回顾可知，已有研究从不同的学科和视角拓展了区域基础教育均衡发展的研究主题、研究内容和研究方法，也取得了丰富而显著的研究成果。关于区域基础教育均衡发展的研究进展大致可归纳为以下三个方面。一是就全国范围来讲，区域基础教育均衡发展的研究成果颇丰，且形成相应的基本研究范式。从早期初步的实践探索，由一般均衡向优质均衡发展，逐步进入分类目标明确、措施越来越精准有效的系统研究阶段。基础教育均衡发展研究也由过去的经验阐释逐步发展为更加关涉民生的重大议题。二是相关的研究成果丰硕，且视角多元。随着我国新时代基础教育改革的稳步推进，基础教育均衡发展的相关问题已然成为社会与学界关注的热点问题。从目前有关基础教育均衡发展的研究成果来看，不乏思想深邃、影响深远的论著，且研究视角多元。三是基础教育均衡发展研究作为真正面向我国本土的教育实践研究，具有很强的地域特点，它既不囿于既有理论，也不限于个别专门学科，而是从我国国情出发。总体上看，区域教育研究的已有文献主要呈现对区域教育研究的历史脉络、内涵外延、特征分析和路径方法四个方面的相关探究，突出区域教育的经济功能，注重教育与经济的双向互动。

在已有研究成果存在的不足方面，首先是基于新时代我国社会主要矛盾变化对基础教育均衡发展内涵提出的新要求，已有研究未抓住新常态下基础教育均衡发展转型所面临的基本问题。随着时代的不断进步，我国教育的基本矛盾发生了转变，"有学上"的问题已经基本解决，如今教育面临的核心问题表现在人民日渐高涨的高质量教育期盼和教育发展不平衡不充分之间的矛盾。实现区域基础教育均衡发展，是推进社会公平的重要基石。已有文献主要聚焦于基础教育均衡发展的浅表性的区域和城乡差距及硬件保障方面的比较分析，而站在宏观的角度研究区域基础教育均衡发展的实证研究还未形成系统。其次是研究方法与分析工具的针对性不足，评价方法、评价体系设计缺乏适切性。通过文献梳理发现，当前关于基础教育均衡发展问题的理论研究不够深入，其概念的界定也

① 刘保卫. 西北少数民族基础教育失衡的理性透视 [J]. 前沿，2008（3）：51-56.

② 张屹，范福兰，白清玉，等. 城乡基础教育信息化均衡发展实证分析——基于 X 省 16 个市区的问卷调查 [J]. 基础教育参考，2014（20）：7-10.

③ 李恺，罗丹. 义务教育均衡发展的收敛性分析——基于我国 31 个省（市）面板数据的实证研究 [J]. 教育发展研究，2015，35（10）：7-14.

过于宽泛。相关研究大多以国外的某种理论作为基础，却忽视了我国的国情，甚至没有抓住本土教育的多样性和复杂性，造成趋同化教育均衡发展观，从而导致基础教育均衡发展评价标准和评价指标出现"一把尺子量天下"的现象。基础教育均衡发展是否存在一个标准？而这个标准又是不是科学的、唯一的？是否具有可操作性？是否能够量化？如果问题源都没弄清楚，则势必会导致后续的一连串反应。如上所述，基础教育均衡发展问题的理论研究不够深入，因此，指导基础教育均衡发展的实践就显得力不从心，分析各地区基础教育均衡发展的相关问题就流于表面，从而提出的政策咨询建议就会脱离实际，治标不治本。因此，我们必须立足我国的国情，把教育事业放在优先位置，准确把握基础教育发展的方向，着力抓好重点、补齐短板、增强弱项，加大对省域、县域、城乡开展区域差异、城乡差异、校际差异的分析，努力使区域适龄儿童都能享有公平而有质量的教育。

# 第三节　研究内容与结构安排

## 一、研究的主要内容

基础教育均衡发展作为实现社会公平的一种价值诉求，目的是让所有适龄儿童和少年都能依法、平等接受有质量的基础教育。本书聚焦区域基础教育均衡发展问题，着重研究以下内容。

### 1. 区域基础教育均衡发展的学理建构与价值定位问题

发展是社会进步的基石，而均衡发展是实现可持续发展的关键。均衡发展强调在经济、社会、教育等各个领域实现协调与平衡，避免因资源分配不均而导致的区域差距和社会不公。区域基础教育均衡发展是促进社会公平与教育公平的重要途径，也是推动区域协调发展的重要内容。如何突破传统教育均衡研究的理论局限，构建多学科融合的分析框架？这是我们首先要解决的问题。为了突破传统单一学科的研究局限，通过跨学科对话重构均衡发展的理论维度，为政策制定提供学理依据。例如，管理学视域下的非均衡协同发展理论，既承认区域差异客观存在，又强调通过制度设计缩小差距，这一辩证思维为后续章节的动力机制研究奠定思想基础。一是通过多学科融合与学术史考察，试图解决区域基础教育均衡发展的本质内涵与理论根基是什么这一元问题；二是从哲学、经济学、管理学等多学科视角解构"均衡"概念，指出其并非静态的平均化，而是动态的资源优化配置过程；三是梳理从"教育机会均等"到"质量均衡"的学术范式转型，揭示理论演进与社会需求的互动逻辑；四是以历史分期法，将新中国基础教育发展划分为四个阶段，阐明各阶段政策导向与均衡目标的时代适配性。

### 2. 区域基础教育均衡发展的动力机制与政策协同问题

均衡发展是如何实现从理论到实践的转化的？当前，我国基础教育在区域、城乡之间仍存在差距，教育资源分配不均、教育质量参差不齐等问题影响了教育公平的实现。为推动教育均衡发展，国家出台了一系列政策措施，但在政策实施过程中，仍面临诸多挑战，如政策协同性不足、动力机制不完善等。因此，开展区域基础教育均衡发展的动力机制与政策协同问题研究，对于优化政策设计、提升政策执行效果、实现教育公平具有重要意义。通过研究，可以深入剖析区域基础教育均衡发展的动力来源，明确政府、社会和学校在区域基础教育均衡发展中的角色与责任。同时，借助政策分析工具，探索"师资队伍建设—资源配置优化—教学改革推进"的政策路径，揭示"自上而下"与"自下而上"的协同逻辑，为政策制定与实施提供科学依据，推动区域基础教育均衡发展从理论走向实践。

3. 教育资源均衡配置的多维测度与归因机制问题

教育资源均衡配置是实现教育公平和社会可持续发展的关键环节。当前，教育资源在区域、城乡、学校之间存在显著不均衡现象，严重影响了教育公平的实现和教育质量的整体提升。例如，甘肃、宁夏等省（区）的教育资源分布差异较大，城市与农村、发达地区与欠发达地区之间在师资力量、教学设施、经费投入等方面存在差距。这种不均衡不仅限制了教育机会的均等化，也影响了区域协调发展。开展教育资源均衡配置的多维测度与归因机制研究，能够从时间和空间，宏观省域层面、中观县域层面、微观校际层面等多个维度全面剖析教育资源配置的现状与问题。通过对比分析西部八省（区）的多维度差异，不仅可以揭示当前教育资源分布不均衡现状，还能通过回归模型预测未来十年的资源缺口，为政策制定提供前瞻性依据。此外，借助 GIS 技术进行空间均衡分析，能够实现教育资源分布的可视化，直观呈现资源分布的密集与稀疏区域，从而提升决策的科学性和精准性。

4. 数字化转型对教育公平的重构效应与风险治理问题

数字化转型正在深刻改变教育的形态和运行机制，其对教育公平的重构效应具有多方面的表现。一方面，数字技术能够打破传统教育资源分配的地域限制，通过在线课程、数字图书馆等方式，将优质教育资源传递到偏远地区和弱势群体手中，减少教育资源分配的不均衡。另一方面，数字技术也可能加剧教育资源分配的不均衡，因为技术的受益者往往是那些已经掌握互联网资源的人群。数字化转型为教育提供了更加个性化和具有包容性的学习环境。通过智能教育平台，可以根据学生的学习进度和特点提供定制化的学习方案，满足不同学生的需求。然而，这种个性化学习的实现需要强大的技术支持和数据驱动，技术基础设施薄弱的地区和群体，可能难以获得相应的资源和服务。数字化转型为教育质量提升提供了新的工具和方法。然而，这些技术的应用也可能会进一步拉大数字鸿沟。在发展中国家，尤其是农村地区和偏远地区，由于缺乏必要的技术设备和网络基础设施，学生难以享受到数字化教育带来的便利。从理论层面来看，研究数字化转型对教育公平的重构效应与风险治理问题，有助于丰富教育公平的理论内涵，为教育政策的制定提供科学依据。从实践层面来看，通过深入研究，可以为教育数字化转型过程中的风险治理提供有效的策略和方法，推动教育公平的实现。

5. 区域基础教育均衡发展的制度创新与路径选择问题

将均衡发展如何从政策执行层面提升至制度创新层面？路径选择是实现区域基础教育均衡发展的关键环节。当前，我国基础教育均衡发展面临诸多挑战，如区域差距、城乡差距、资源配置不均衡等。通过研究路径选择，可以明确实现教育均衡发展的具体策略和方法。例如，如何通过深化教育改革，优化教育资源配置，提升教育质量；如何通过统筹省域教育资源，实现优质教育资源的共享；如何通过推进城乡教育融合发展，缩小城乡教育差距。此外，研究路径选择还可以为政策制定者提供科学依据，推动教育政策的科学化、系统化发展，为实现区域基础教育的均衡发展提供实践指导。如提出差别化区域支持政策，既避免"一刀切"的弊端，又通过转移支付制度确保底线公平，充分发挥新型举国体制在资源整合中的优势，最终形成"中央统筹、地方创新、学校特色"的治理格局。

## 二、本书的结构安排

本书基于国内外学者对基础教育均衡发展理论的探讨与阐述，创新性地提出并充分论证以均衡发展推动区域基础教育公平而有质量的发展这一基本观点，旨在从宏观视角深入探索当代中国在实现区域基础教育均衡发展过程中所遵循的动力机制与逻辑框架。全书共有二十一章，各章内容概述如下。

第一章　绪论。本章阐明本研究的缘起及意义、国内外关于基础教育均衡发展的研究现状，在此基础上初步提出本研究的基本观点、研究内容与研究方法等。重点在于通过梳理国内外关于基础教育均衡发展的理论和实证研究情况，反思并归纳出现有研究存在的不足，在此基础上提出本研究的论点，明确本研究的主题和意义，并对论文的主要内容与逻辑结构进行建构和介绍。

第二章　基础教育均衡发展的多学科学理阐释。本章着重从多学科视角入手，采用学科融合借鉴的创新方式，从学理层面全面、深入地探讨不同学科的"均衡"概念，并从教育管理学视域对基础教育均衡发展的内涵与外延进行分析。同时，通过对基础教育非均衡发展本质的追问，阐明均衡与非均衡对立统一的辩证关系及供给与需求范畴下的均衡发展。

第三章　区域基础教育均衡发展的学术史考察。本章旨在回顾和反思区域基础教育均衡发展这一课题的学术历程，试图通过梳理相关领域学者的观点演变，研究方法的变化，以及理论框架的构建等，全面解读区域基础教育均衡发展的学术史轨迹。

第四章　区域基础教育均衡发展的历史脉络及其特征。本章将新中国成立以来的区域基础教育均衡发展历程划分为奠基与肇始阶段（1949—1978 年）、改革与开放阶段（1978—2012 年）、普及与深化阶段（2012—2020 年）、质量与公平阶段（2021 年至今）。在总结相应阶段的基本历程与发展特点的基础上，前瞻性地提出区域基础教育均衡发展的未来趋势。

第五章　区域基础教育均衡发展的研究范式转型。本章归纳出区域基础教育均衡发展的研究范式类型包括区域基础教育均衡发展的量化研究范式和区域基础教育均衡发展的执行研究范式，并提出基于内涵理解的研究范式转型与基于价值观的转变的研究范式转型两种区域基础教育均衡发展的研究范式转型实施进路。

第六章 区域基础教育均衡发展与高质量发展的系统逻辑。本章阐明了均衡发展、优质均衡发展与高质量发展的基本意涵，从历史逻辑、实践逻辑和理论逻辑三个维度阐述了以学生为中心、以学校教育为平台、以社会需求为导向，坚持改革创新，搭建动力机制、均衡机制和治理机制跨学科认知框架，破解区域基础教育发展的主要矛盾，推进新时代区域基础教育优质均衡发展。

第七章 区域基础教育均衡发展的政策价值分析。本章通过对均衡发展的政策价值分析方法、均衡发展的政策机制分析、均衡发展的政策目标分析、均衡发展的政策路径分析四个方面展开探讨，提出加强师资队伍建设与培训、优化教育资源配置与投入、推进教育教学改革与发展的政策实践路径。

第八章 区域基础教育均衡发展的法理分析。本章首先基于主体理论、正义理论、优惠理论对教育公平与教育获得感的联系进行论述；其次，从教育公平、公共产品、区域发展三个方面阐释均衡发展的生发需求；再次，从办人民满意的教育、资源优化配置、差别化政策三个方面阐释均衡发展的现实需求；最后，从缩小区域差异、城乡融合发展、县域校际联动三个方面阐释均衡发展的实践诉求。

第九章 区域基础教育均衡发展的动力机制分析。本章着重探讨区域基础教育均衡发展的动力机制问题，从建设社会主义和谐社会的内在要求、实现教育公平的路径、提升基础教育治理成熟度三个方面，阐释均衡与非均衡协同的动力功能。从以政府为核心动力推动区域基础教育均衡发展、基于非均衡的区域基础教育均衡发展模式、在路径依赖中创新区域基础教育均衡发展等方面，阐明均衡发展的动力结构。从推进教育现代化是促进教育均衡发展的重要抓手、城乡均衡是推进教育现代化的关键保证、基础教育均衡发展的内在驱动力等方面，梳理均衡发展的动力体系。从非均衡推动基础教育均衡发展的原因分析、非均衡是推动基础教育均衡发展的动力之源、非均衡是基础教育均衡发展的矛盾统一、由非均衡发展到均衡发展的深层次问题思考，提出均衡发展的均衡与非均衡的对立统一观点。

第十章 区域基础教育资源均衡配置的水平分析。本章通过大量数据的统计和对西部八省（区）的比较分析，全面展现西部八省（区）基础教育资源配置的现状，深入挖掘资源配置不均衡的深层次原因。历史、经济、文化等因素交织，影响着资源的分配，笔者从系统性、全局性的角度剖析其根源。同时，探讨国家政策对西部地区教育资源配置的影响，针对存在的问题及深层原因提出促进西部地区教育资源均衡配置的对策。

第十一章 区域基础教育均衡发展的时序分析。本章在探讨区域基础教育均衡发展的时序评价指标体系构建的基础上，结合第六次、第七次全国人口普查公报以及教育统计年鉴等相关数据，从人口学的视角对西部地区基础教育均衡发展的时序变化、效益进行分析。在预测西部八省（区）2024—2035年学龄人口规模的基础上，以最有可能的生育方案为基准，进一步估算高质量普惠性发展所需要的师资、经费等教育资源。

第十二章 区域基础教育资源均衡配置的空间分析。本章分析教育资源空间均衡原理与框架体系，阐释教育资源空间均衡发展的内在机理，探讨城乡人口与教育资源空间配置的关系，并对教育资源空间均衡量化方法进行比较研究，从中获得教育资源空间均衡度量的启示，以及教育资源空间均衡调控策略。

第十三章　区域基础教育均衡发展的校际分析。本章基于对基础教育校际均衡评估的理论基础的分析，对西部八省（区）义务教育学校间的差异进行对比分析，并对甘肃、西藏、宁夏三省（区）的义务教育均衡发展进行实证分析，提出优化建议。

第十四章　区域基础教育"县管校聘"教师政策执行分析。本章以"县管校聘"教师政策执行的"理论基础与模型建构—研究设计—现状调查与数据分析—教师流动意愿影响因素及成因—优化策略"为分析框架展开研究。选取宁夏回族自治区 Y 县为研究样本，主要采取实地调查与定量分析的研究方法，坚持教育行政部门、学校管理者、教师"三位一体"的系统观，以委托-代理理论和 ERG 理论为理论基础，探究义务教育教师"县管校聘"政策执行有效性与约束机制问题。

第十五章　县域基础教育财政支出的效率分析。本章以 X 自治县为研究对象，通过综合运用定性与定量研究方法，收集来自政府部门、学校财务报表和问卷调查等多种数据。在对 X 自治县义务教育财政支出现状及效率进行分析梳理的基础上，总结出县域义务教育财政支出效率存在财政投入不足、财政支出划分比例不合理、财政支出监管和落实力度不足、师资配置效率较低等问题。提高县域基础教育财政支出效率，需要从加大对县域义务教育财政的支持力度、合理划分县域义务教育财政支出的结构比例、加强对县域义务教育财政支出的监管力度、加强县域义务教育阶段教师队伍建设等四个方面入手。

第十六章　县域基础教育资源配置的成本分析。本章依据公共产品理论、成本分担理论和均衡发展理论，采用文献研究法、访谈法和比较分析法等多种研究方法，深入探讨义务教育成本标准问题。通过对位于武陵山片区的 C 县样本学校的教育成本进行测算，提出制定县域义务教育成本标准、实施差异化政策，确立县域义务教育分担机制、提高公用经费标准、完善县域义务教育转移支付制度、提高教师待遇，加大县域义务教育监督考核力度、确立责任制度等政策建议。

第十七章　区域基础教育学生学业质量保障的个案分析。本章认为提高区域基础教育学生学业质量是优质均衡发展的题中之义。从空间分布和经济社会发展类型的考量中，选取北部牧区（E 旗）、南方边境地区（B 市）、"三区三州"（L 州）等具有代表性的个案，进行探索分析。重点通过对区域基础教育学生学业质量田野调查点概述的梳理，分析 E 旗、B 市、L 州学生学业质量保障的成效，提出提升区域基础教育学生学业质量保障水平的途径。

第十八章　数字化赋能区域基础教育优质均衡发展。本章通过对中南某省 J 县数字化赋能基础教育均衡发展的样本概况与数据来源的梳理，分析 J 县推动义务教育优质均衡发展整体情况、J 县数字化赋能基础教育优质均衡发展的数据等，从治理赋能、资源赋值、施策赋行、培训赋智、合作赋效等方面提出进一步完善数字化赋能基础教育均衡发展的路径。

第十九章　区域基础教育均衡发展的理论探索与创新。本章首先界定教育均衡发展的理论内涵，探讨教育均衡发展指标体系的构建方法，分析当前优质均衡发展所面临的现实矛盾和理论反思。从理论探讨、政策因素和区域利益因素三个方面进行理性思考，明确区域基础教育均衡发展的难点和关键点。

第二十章　区域基础教育均衡发展的制度分析与创新。本章首先分析推动区域基础教育均衡发展的制度动因，促进制度创新的必要性和紧迫性。其次阐述均衡发展的制度逻辑，探讨如何从政策分析走向制度设计，以及在制度权衡下进行政策选择，同时关注教育差距中的责任伦理和政策执行中的制度重建问题。继而强调坚持以人民为中心、新型举国体制以及差别化区域支持政策在推动均衡发展中的重要作用。最后提出均衡发展的制度创新的路径选择，包括因地制宜的教育资源优化配置、教育投入体制机制的方式变革以及政策扶持与激励制度的协同创新，为制度创新提供了理论支撑和实践指导。

第二十一章　区域基础教育均衡发展的路径优化与政策设计。教育公平被视为衡量一个国家现代化水平的重要指标之一。然而，由于地域、经济和文化等多重因素的影响，基础教育均衡发展一直是中国教育领域面临的重大课题。这不仅关乎每一个学生的成长和发展，更涉及整个社会公平正义的维护和未来人才的储备。因此，寻求合理、科学的路径选择，以解决西部八省（区）基础教育的均衡发展问题，就显得尤为重要。本研究意在探索如何在保障教育公平的大背景下，深化基础教育改革，优化教育资源配置，统筹省域教育资源的优质均衡发展，助力城乡教育融合发展，推进公平与质量协调发展，从而实现区域基础教育均衡发展。

# 第四节　研究思路与方法

## 一、研究思路

基础教育均衡是实现社会公平的重要基石。区域基础教育均衡发展是一个复杂的系统工程，涉及城乡、区域、学校以及群体之间教育资源的公平配置等维度。本研究聚焦区域基础教育均衡发展的核心问题，探索优化资源配置、缩小差距的有效路径。具体目标是构建区域基础教育均衡发展的评价指标体系，提出可操作的政策建议与实践路径。遵从"理论梳理（涵盖教育公平理论、教育资源配置理论和区域协调发展理论等）—实地调研（数据采集如区域经济水平、人口结构、教育投入、教师学历、校舍面积等，教育质量差异如升学率、标准化测试成绩、学生综合素质等，可视化工具如 GIS 空间分析等）—实证分析（影响因素研究：经济因素如地方财政能力、家庭收入对教育投入的影响；资源配置政策因素如'县管校聘''集团化办学'等的实施效果；社会文化因素如家长教育观念、城乡人口流动对教育资源需求的影响；技术因素如数字化教育对均衡发展的作用）—结论与政策建议（资源分配机制如动态调整财政转移支付，建立'弱势补偿'机制；师资流动机制如完善教师轮岗制度，提升乡村教师待遇与职业吸引力；技术赋能机制如推广'互联网＋教育'，建设区域资源共享平台；评价体系如构建包含'起点公平'、'过程公平'与'结果公平'的多维评价指标）"的实证分析框架，选取西部八省（区）、武陵山片区等为样本，通过具体案例和实践经验，重点探讨如何通过政策调整和资源配置优化来解决教育投入不平衡、优质教育资源不充分等问题。一是在对区域基础教育均衡发展情况进行历时性描述的同时，对其城乡差异、群体差异、校际差异和结构差异的表现特征与生成逻辑进行共时性的分析与探讨，系统地阐明区域基础教育均衡发展的均衡性与非均衡性对立统一的辩证关系。二是从地理空间的视角对区域基础教育均衡发展的办学条件与经费的物质性、阶段的时序性与空间的协调性，以及促进人的全面发展的动力机制进行微观和宏观分析，从而深入分析地区间经济发展水平和社会条件的差异导致的影响均衡发展的内外部因素，揭示其内在运行规律。三是加强顶层设计、强化督导评估。基于探索和实践中国式教育现代化的战略目标与建设高质量教育体系政策的前瞻性视角，优化区域教育资源配置，建立同人口变化相协调的基本公共教育服务供给机制。构建具有可持续性、操作性较强的区域基础教育均衡发展政策体系，从而将教育纳入国民经济和社会发展规划，以及国家区域协调发展战略等规划，落实教育优先发展，强化区域基础教育资源的投入和前瞻性配置。

基于这一研究思路，研究技术路线图如图 1.3 所示。

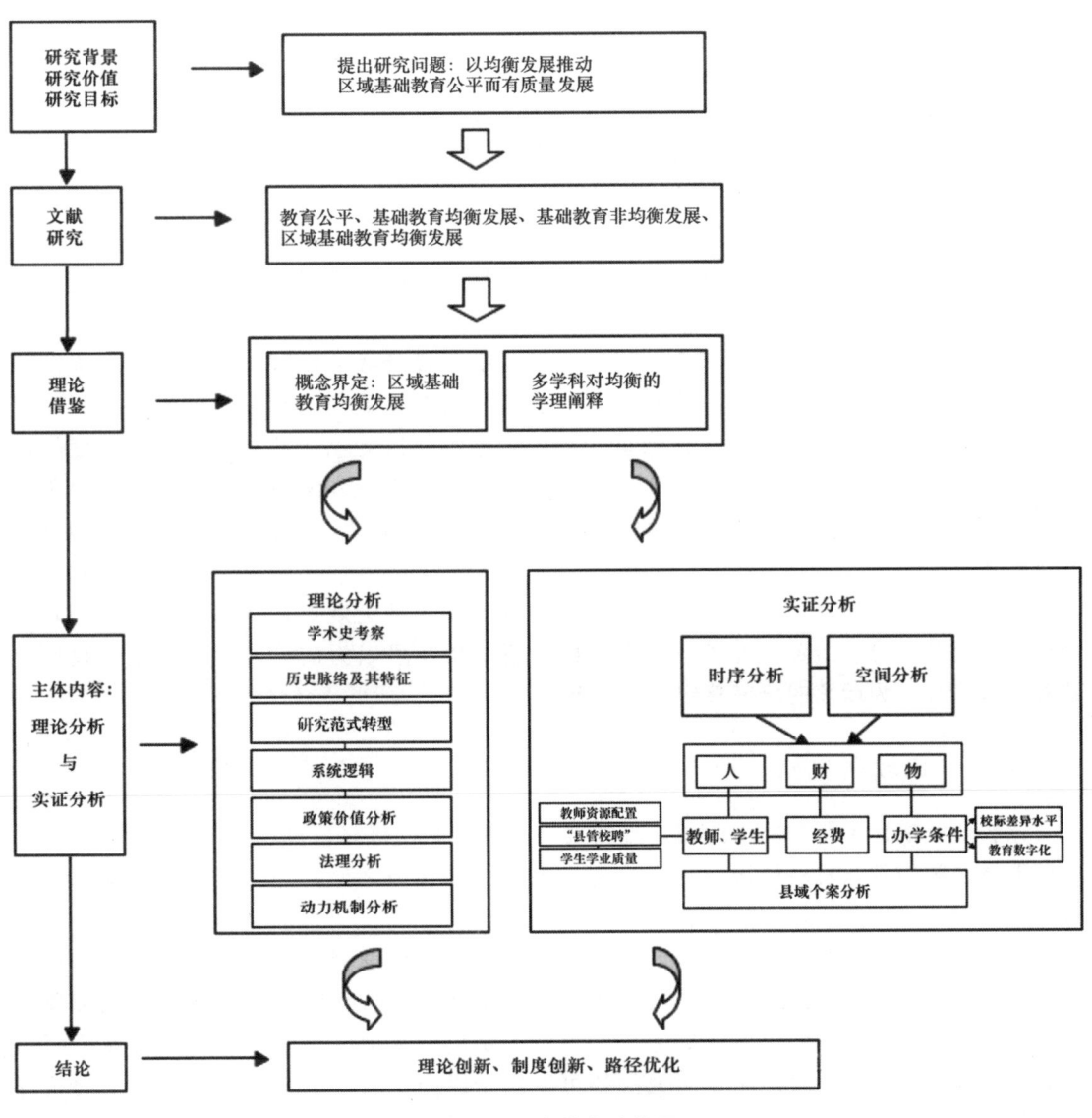

图 1.3　研究技术路线图

## 二、研究方法

在社会学研究中，定量分析与定性分析是辩证统一的两种研究方法。定量分析的优点在于通过定量的理论假设和验证以及因果推理，揭示客观规律，预测发展趋势，其研究结论在整体样本中具有一定的代表性和推广性。但定量分析也存在一定的局限性，由于它仅仅依赖数据，数据的信度和效度相当重要，决定着研究结论的可靠性。本研究在方法论上，坚持以马克思主义的理论与方法为指导，坚持实事求是与辩证思维，综合运用教育学、民族学、社会学、经济学等学科研究方法，努力探寻有关区域基础教育均衡发展的规律与特点，以期全面、科学地认识区域基础教育均衡发展这一复杂的教育和社会问题。研究的方法和视角集中体现在定量分析与定性分析相结合的研究方法上。同时，根据具体内容采用以下研究方法。

### （一）文献研究法

本研究利用知网数据库、图书馆目录和在线期刊平台等渠道，系统收集国内外关于西部地区基础教育均衡发展的文献。这些文献涵盖学术期刊论文、学位论文、政策文件、调研报告等。对所收集的文献进行筛选和评估，挑选与研究主题密切相关且研究方法严谨可靠的文献进行深入阅读和分析。筛选标准包括文献的研究对象、研究方法和理论框架等要素。

通过对收集到的文献进行综合阅读和分析，研究者能够了解区域基础教育均衡发展的研究现状、理论观点和实证研究成果等。同时，借助文献归纳和分析的方法，可以识别出区域基础教育均衡发展的关键议题、影响因素和解决策略。此外，对不同区域的资料进行分析，可以进行横向比较，比较不同研究之间的观点和结论，纵向追踪相关研究的发展趋势。通过总结不同研究中的主要发现、方法和结论，可以识别出共性和差异，并进行比较。

深入分析文献能够为研究者提供大量的实证数据和理论观点，从而为该领域的研究提供理论支持和经验借鉴。此外，研究者的分析结果还可以为决策者提供科学的政策建议和实践指导，为后续的研究奠定坚实的基础。

### （二）比较研究法

比较研究法是本研究采用的主要方法之一。通过比较研究，可以深入了解不同地区、不同群体之间的教育发展情况，揭示出存在的差异和相似之处，并探索其背后的因素和机制。

首先，比较研究法可以用于横向比较不同地区的教育发展情况。研究者可以选择一些具有代表性的偏远地区，将其与其他地区进行对比。通过比较这些地区在教育资源分配、教育质量、教师素质等方面的差异，可以揭示出偏远地区基础教育均衡发展所面临的独特问题和挑战。其次，比较研究法还可以用于纵向比较同一地区在不同时期的教育发展情况。通过对历史数据的比较，研究者可以了解偏远地区基础教育均衡发展的演变过程，并分析其中的趋势和变化。这有助于识别出导致教育发展不均衡的因素，以及相关政策和措施的有效性。

在比较研究中运用定性方法和定量方法，收集和分析各地区的教育数据和相关文献。定性方法如深度访谈和观察可以帮助研究者获取具体的案例和个体经验，深入理解教育现象背后的影响因素。而定量方法如统计分析和数据比较可以提供更为客观的教育指标和趋势，从大样本的角度分析教育发展的规律性。

综上所述，比较研究法在区域基础教育均衡发展的实证研究中具有重要作用。通过比较不同地区、不同时期和不同国家的教育情况，研究者可以深入了解不同教育发展的差异与共性，为政策制定和实践提供科学依据，促进教育均衡发展。

### （三）调查研究法

调查研究法是指通过对客观实际状况的直接观察与了解，收集相关资料，随后对这些收集到的资料进行系统分析的一种方法。在区域基础教育均衡发展研究中，调查研究法是一种重要的方法。通过调查研究，可以深入了解不同地区的教育现状、问题和需求，获取直接的、实时的数据和信息，从而为政策制定和实践提供可靠的依据。

首先，调查研究有助于通过问卷调查、访谈和观察等途径收集数据。问卷调查覆盖教育资源、教师素质、学生学习情况等方面，有助于了解区域教育实际情况。访谈有助于深入了解当地教育从业者、学生和家长的观点和经验，获取他们对教育问题的认知和需求。观察有助于直接了解教育场景，发现教育过程中存在的问题和挑战。其次，调查研究有助于识别教育均衡发展的关键议题和影响因素。通过对调查数据的分析，可以了解不同地区教育资源分配的不平等情况，发现教育发展中的薄弱环节，探索导致教育不均衡发展的原因和机制。最后，调查研究有助于评估教育政策和实践的效果。研究者可以通过对调查数据的对比和分析，评估已经实施的教育政策和项目的成效，了解其对不同地区基础教育均衡发展的影响。同时，调查研究还有助于获取利益相关者的反馈和意见，为政策制定者提供改进教育政策和实践的建议。

综上所述，调查研究法在区域基础教育均衡发展的实证研究中具有重要作用。通过收集实时的数据和信息，深入了解当前教育现状和需求，识别问题和挑战，评估政策和实践的效果，调查研究可以为促进区域基础教育均衡发展提供科学依据和实践指导。

### （四）统计分析法

统计分析法是指通过对研究对象的规模、速度、范围、程度等数量关系的分析研究，认识和揭示事物间的相互关系、变化规律和发展趋势，以达到对事物的正确揭示和预测的一种研究方法。通过对从国家和不同地区统计局或其他相关部门门户网站上收集到的资料，以及经实地抽样调查获取的数据进行加工整理和统计，获取有关不同地区人口、经济和教育的有用信息，从而为相关结论提供支撑。

在区域基础教育均衡发展的实证研究中，统计分析法是一种重要的方法，用于处理和解析收集到的数据，揭示变量之间的关系，评估政策和实践的效果。首先，通过对数据进行汇总、描述和可视化，可以了解不同地区教育资源的分布情况、学生的学习成绩和毕业率等。统计描述能够提供客观的数据和定量的信息，帮助研究者全面把握教育均衡发展的现状。其次，统计分析法可以用于探索教育均衡发展的关键因素和影响机制。通过多元回归分析、方差分析等，可以识别和量化影响区域基础教育均衡发展的因素，如地域差异、经济状况、师资水平等。此外，通过因子分析、聚类分析等，可以对相关变量进行整合，揭示影响区域基础教育均衡发展的潜在因素和机制。统计分析法还可以用于评估教育政策和实践的效果。通过对比组设计、差异性分析等，研究者可以比较实施不同政策的地区或学校间的差异，以确定其对区域基础教育均衡发展的影响。此外，通过时间序列分析、回归分析等，可以分析政策实施前后的数据变化，评估政策的实施效果。最后，统计分析法可以用于进行预测和模拟分析。通过建立数学模型和利用回归分析、时间序列分析等方法，研究者可以预测未来的教育发展趋势，模拟不同政策和措施对区域基础教育均衡发展的影响，为决策者提供科学的政策建议。

综上所述，统计分析法在区域基础教育均衡发展研究中具有重要作用。通过对数据进行描述、评估和预测分析，可以帮助研究者深入理解区域基础教育均衡发展的现状、影响因素和作用机制，为政策制定和实践提供科学的依据和指导。

# 第二章　基础教育均衡发展的多学科学理阐释

核心概念界定是科学研究与理论构建的首要环节。对同一问题的多学科关注是科学发展的内在诉求，也是以问题为导向在学科融合中深化认知的有效策略。均衡源于物理学概念，用于描述物体在复杂力学环境中的一种特殊稳定状态。具体来说，当一个物体受到多种来自不同方向、大小各异的力的共同作用时，若所受的力能够以一种相互冲抵的方式消除，使得作用在物体上的合力总和为零，那么该物体便进入了一个可称之为"均衡"的稳定状态。而后，随着市场竞争的加剧，20 世纪 80 年代，英国新古典学派创始人阿尔弗雷德·马歇尔提出价格均衡论，将"均衡"引入经济学领域，供需均衡分配也逐步受到政治学、地理学等各学科的广泛关注。本章着重从多学科视角入手，采用学科融合借鉴的创新方式，从学理层面全面、深入地探讨教育经济学、政治学、地理学等不同学科均衡发展的概念内涵，阐释跨学科均衡发展的概念和认知框架。

## 第一节　教育经济学视域下的均衡发展

### 一、相关概念范畴辨析

#### （一）基础教育的概念

基础教育作为教育体系中的基石，是针对全体适龄儿童少年实施的最基本、最普遍的教育阶段。它不仅是个人终身学习的起点，也是国家和社会发展的基石，具有基础性、先导性、全局性和公益性。从基础教育的内涵看，广义的基础教育是面向全体学生的国民素质教育，其根本宗旨是为提高全民族的素质打下扎实的基础。为全体适龄儿童少年终身学习和参与社会生活打下良好的基础。我国的基础教育通常被定义为包括幼儿教育（一般为 3～5 岁）、义务教育（一般为 6～15 岁）、高中教育（一般为 16～19 岁），以及扫盲教育。狭义的基础教育可归纳为以下三层含义。一是对受教育者所实施的最初阶段的文化科学知识教育。受各国国情与教育体系差异的影响，各国基础教育的学龄段有所区别。在我国，基础教育覆盖幼儿教育、义务教育和高中教育。二是凡是以传授基础知识为主要任务的教育都属于基础教育。<sup>①</sup> 例如，虽然高等教育是培养高级专业人才，但在高等教育的初级阶段，教学重心在于对基础知识的传授。因此，对于高等教育阶段来说，也存在一个注重基础知识积累与巩固的基础教育阶段，这一时期也被视为高等教育体系中的基础教育阶段。三是与专业（职业）教育相对的教育。<sup>②</sup> 关于基础教育均衡发展的研究也主要集中在这三个阶段上。从基础教育的外延看，是指基础教育所涵盖的广泛领域和范畴。它不仅包括传统的学校教育形式，还涵盖其他一切旨在满足全民基本学习需要的教育活动。这些教育活动旨在促进个体的全面发展，为其未来的学习和生活奠定坚实基础。

值得注意的是，基础教育过程中的义务教育阶段，即小学六年至初中三年，是国家法律法规规定的全体适龄儿童少年必须接受学校九年义务教育的阶段，该阶段具有普及性、公共性和强迫性的特点。

### （二）区域的概念

区域是区域基础教育均衡发展研究的基准点。区域是一个多维度、多层次的复杂地理空间概念，更是经济活动、社会文化、行政管理等多种要素交织作用的空间系统。对其进行科学界定或定义，需要从多学科的角度综合分析。

从地理学的角度来看，区域是一个相对完整、独立的自然地理单元，并基于地形、气候、水文、土壤、植被、生物种类分布等自然要素的相似性或差异性，具备明确的地理边界和独特的自然环境特征。

从经济学的角度来看，区域是一个具有特定的经济结构、功能定位和发展路径的经济活动的空间系统。区域内国家机关、各社会组织与自然人等经济主体，在人口、资源、环境等因素作用下，通过资源交换、技术合作、市场竞争等方式形成复杂的经济网络，共同推动区域经济的增长与转型。

从社会学的角度来看，区域不仅是地理空间的简单划分，更是文化认同、社会习俗、宗教信仰等人文要素的集合体。区域社会的形成与发展深受自然环境、历史传统、民族关系等因素的影响，具有鲜明的地域特色和时代烙印。

从行政学的角度来看，区域是国家或地方政府实施行政管理的空间单元，如省（自治区、直辖市）、市（地、州、盟）、县（市、区、旗）、乡（镇、街道）、村（居）。行政区域的划分旨在实现有效的社会治理和公共服务。

从教育学的角度来看，区域通常指的是一个具有明确地理界限的空间范围，该范围内包含若干学校、教育机构、教育行政管理部门以及其他与教育相关的单位组织与若干教育资源。这个区域可以是行政区域（如省（自治区、直辖市）、市（地、州、盟）、县（市、区、旗）等），也可以是根据教育发展需要而划分的特定区域（如教育实验区等）。

---

① 余少华. 基础教育概念之我见 [J]. 文教资料，2007（27）：74-76.
② 车丹. 基础教育定义综述 [J]. 现代教育科学，2011（10）：5-6.

总体来说，教育学视域中的区域，可归纳为四大核心要素与三大主要功能。核心要素一，地理空间界限。教育学视域中的区域具有明确的地理界限，这是区域划分的基础。地理界限的确定有助于明确区域内的教育资源分布、教育需求和教育发展状况。核心要素二，教育资源。区域内的教育资源包括学校、教师、教学设施、教育经费、教育政策等。这些教育资源的数量和质量直接影响到区域内教育发展的水平和质量。核心要素三，教育活动。区域内的教育活动包括学校教育、家庭教育、社会教育等。这些教育活动在区域内的组织、实施及效果是评价区域教育发展水平的重要指标。核心要素四，教育政策。教育政策是区域教育发展的重要指导方针。区域内的教育政策应当符合当地经济社会发展的实际情况，同时体现国家教育发展的总体战略和要求。主要功能一，教育资源整合。区域教育可以通过整合区域内的教育资源，实现教育资源的优化配置和共享。这有助于提高教育资源的利用效率，减少浪费，提升整体教育质量。主要功能二，教育均衡发展。区域教育致力于推动区域内的教育均衡发展。通过制定和实施针对性的教育政策和措施，可以缩小区域内不同学校、不同群体之间的教育差距，实现教育公平。主要功能三，教育创新与实践。区域教育为教育创新和实践提供了广阔的空间。区域内的教育机构可以根据当地实际情况，开展富有特色的教育教学活动，推动教育教学模式的改革和创新。

### （三）区域基础教育均衡发展的概念

教育均衡发展是实现教育公平的内核，是当前一种全新的教育发展观，也是一种为世界所共知的教育发展理念。通过分析"区域基础教育均衡发展"的词义，可以得到"区域""基础教育""均衡发展"三个关键词。其中，"区域"特指教育均衡发展空间，"基础教育"特指区域教育发展学段，"均衡发展"特指区域基础教育发展目标。区域基础教育均衡是指在某一区域范围内，在教育公平和教育平等的原则指导下，针对不同地区之间、城乡之间、学校之间以及群体之间的区域基础教育资源分配不均而产生的教育价值追求，[①] 具体表现为通过合理配置教育资源以缩小城乡、校际、地区间基础教育发展水平差异，从而达到基础教育整体上的均衡化发展，实现办好每一所学校、教好每一个学生的教育发展宗旨。

区域基础教育均衡发展作为政府提供的基本公共服务之一，历来被视为实现教育公平乃至社会公平的重要手段与核心动力。然而需要明确的是，区域基础教育均衡发展并非教育发展的全部目的或价值目标。教育均衡只是一种手段，是借以推动教育质量提升的一种有效策略，同时也是大多数国家在教育发展中推进本国教育公平的一种重要途径。因此，在关于区域教育均衡发展的理论与实践中，最需要防范和杜绝的就是简单地将区域教育均衡作为教育发展的直接目标去讨论。实际上，由于地理环境差异、语言文化差异、个体差异等客观因素的存在，人类无法实现绝对意义上的平均化发展。教育公平的宗旨是教好每一个学生，即无论受教育者身处何种环境、家庭情况如何，都努力使每一个受教育者通过教育实现个体发展的最大化。正如国家大力推动区域基础教育均衡发展，

① 王世忠．少数民族教育发展研究［M］．北京：人民出版社，2013．

究其实质是将区域基础教育均衡发展作为一种以人为本的、促进教育高质量发展和推动教育公平的重要手段。

## 二、基础教育均衡发展机制

所谓机制，即各要素之间的结构关系与运行方式，在社会科学领域中常被用于描述社会行为与社会结构的运行方式与内在关系。基础教育均衡发展机制是建立于供需关系之上的基础教育均衡发展各要素之间的结构关系与运作方式，它为基础教育系统各个组成部分之间的相互作用设定了框架和运行范畴。

参考机制的要素划分，基础教育均衡发展机制主要涉及结构关系、运行方式、管理要素、社会经济关系、内外因素及相互关系等。

基础教育均衡发展机制的结构关系涉及组织架构和层级关系两个维度。首先，基础教育均衡发展机制具有明确的组织架构，包括政府、学校、家庭和社会等各方力量的共同参与。政府发挥主导作用，制定政策和规划；学校作为实施主体，负责具体的教育教学活动；家庭和社会则提供支持和监督。其次，在组织架构中，各级政府和学校之间具有明确的层级关系，确保政策能够顺畅传达和执行。同时，学校内部具有科学的管理体系，确保教育教学活动的有序进行。

基础教育均衡发展机制的运行方式涉及资源配置、教师流动、家校合作三个维度。首先，基础教育均衡发展机制的运行方式体现在对教育资源的分配上。政府根据地区经济发展水平和人口分布等因素，通过科学规划学校布局、合理配置教育资源等策略，实现城乡、区域和校际的均衡。其次，实施教师交流轮岗制度，促进优秀教师资源的均衡分布。通过定期的教师流动，提高农村和薄弱学校的教学质量，缩小校际差距。最后，通过家校共育机制，家长参与学校的教育教学活动，了解学生的学习情况，共同促进学生的全面发展。

基础教育均衡发展机制的管理要素涉及政策规定、监督评估、信息化建设三个维度。首先，政府制定和完善相关法律法规和政策措施，为基础教育均衡发展提供法律保障和政策支持。其次，通过健全的监督评估体系，对基础教育均衡发展情况进行定期监测和评估。基于评估结果反馈，及时调整政策措施，确保基础教育均衡发展的目标得以实现。最后，利用现代信息技术手段提高教育教学效率和质量，通过建设数字化校园、推广在线教育等方式，为学生提供更加便捷、高效的学习资源。

基础教育均衡发展机制的社会经济关系涉及财政投入和经济发展两个维度。首先，政府通过加大对基础教育的财政投入力度及教育的转移支付确保教育经费的稳定增长，并对欠发达地区和薄弱学校给予更多的财政支持。其次，经济发展与基础教育均衡发展之间存在相互促进的关系。一方面，经济发展为基础教育均衡发展提供了更多的资源和支持；另一方面，基础教育均衡发展也有助于提高劳动力素质和社会创新能力，推动经济的持续发展。

基础教育均衡发展机制的相关因素及关系涉及内部因素、外部因素、相互关系三个维度。内部因素包括学校、教师、学生等。外部因素包括社会环境、教育观念、文化传统等。内部因素和外部因素之间相互作用、相互影响，共同构成基础教育均衡发展机制运行的大环境。

## 三、供给与需求范畴下的均衡发展

教育是社会发展的重要支柱，它对于个人和社会的发展具有不可忽视的作用。在社会发展过程中，共生的供需关系长期以一对矛盾存在于教育发展之中，如何实现教育的供需均衡成了一个亟待解决的问题。

教育的供需关系是一个动态变化的过程。随着科技的进步和社会的发展，人们对于教育的需求不断增加。因此，教育供给需要不断调整教育资源配置，以至无限接近教育均衡。教育均衡贯穿于起点公平、过程公平、机会公平和结果公平等一系列教育过程之中。

起点公平也称禀赋公平，是指每个学生在教育起点上处于相同的资源占有状况。这意味着无论学生来自何种背景，他们都应该有平等的机会去接受教育。在供给与需求的范畴下，起点公平主要体现在教育资源投入均衡、政策保障两个方面。在教育资源投入均衡方面，政府通过加大对教育领域的投入，特别是对农村、边远地区和薄弱学校的支持，确保这些地区和学校能够获得必要的教育资源，如教学设施、图书资料等。这有助于缩小区域之间、城乡之间的教育差距，实现教育资源的均衡配置。在政策保障方面，政府通过制定和实施一系列政策措施，从制度上保障每个学生的教育权利，确保他们能够享受到平等的教育机会。

过程公平是指每个学生在教育过程中能够获得公平、优质的教育服务。在供给与需求的范畴下，过程公平主要体现在师资力量均衡、教学质量提升两个方面。在师资力量均衡方面，通过实施教师交流轮岗制度、加强教师培训等措施，提高教师素质和教学水平，促进优秀教师资源的均衡分布，确保每个学生都能接受高质量的教育。在教学质量提升方面，推进教育教学改革，优化课程设置和教学方法，提高课堂教学质量。通过引入信息技术手段、实施个性化教学等措施，满足不同学生的学习需求，提高学生的学习效果。

机会公平是指每个学生都应该有平等的机会去获得教育资源。这意味着不论学生来自何种背景，他们都应该有平等的机会进入优质的学校和教育机构。在供给与需求的范畴下，机会公平主要体现在教育机会均等、特殊群体关爱两个方面。在教育机会均等方面，打破地域、户籍、家庭背景等限制，确保每个学生都有平等的机会接受高质量的教育。通过推进教育信息化建设等措施，让偏远地区和经济困难家庭的学生也能享受到优质的教育资源。在特殊群体关爱方面，关注残疾儿童、留守儿童、进城务工人员随迁子女等特殊群体的教育需求，提供有针对性的教育支持和服务。通过设立特殊教育学校、提供助学金等措施，确保他们能够获得公平的教育机会。

结果公平是指每个学生都能够获得与其努力程度和能力相匹配的教育成果。在供给与需求的范畴下，结果公平主要体现在教育质量评价、教育成果共享两个方面。在教育质量评价方面，通过科学的教育质量评价体系，对学生的学习成果进行全面、客观的评价，并基于评价结果的反馈和分析，及时调整教育政策和教学措施，提高教育质量和效益。在教育成果共享方面，推动教育成果的共享和转化，让每个学生都能够享受到教育带来的益处，实现教育资源的共享和互补，提高教育的整体效益。

# 第二节　政治学视域下的均衡发展

## 一、政治均衡的概念界定

随着文明的演变，人类政治形态不断演进，构成了一个依次递进、前后衔接的演变序列。在农业文明时期，政治形态是一种高度集中的专制政治。在工业文明与技术革命时期，政治形态是一种资本主导下的分权政治。随着人类文明进入工业文明与信息文明的混合时期，政治形态逐渐转向分与合的政治均衡。所谓政治均衡，是指政治系统内部达到的一种平衡状态，强调政治系统内外要素的和谐共存与动态稳定。政治均衡的深远意义在于其对社会系统稳定与和谐发展的不可或缺的支撑作用。在社会主义社会语境下，和谐与发展是社会主旋律，而这一切均建立在一个坚实的基础之上——以稳定而持久的社会秩序为保证的，运作顺畅、协调有序的社会环境。政治均衡，特别是政府公共职能的有效施展，成为衡量社会是否健康运行、和谐发展的重要标尺。

政治均衡是政治学术语中的一种理想化的政治状态，属于关系范畴。均衡是相对于非均衡而提出的。在对政治均衡的描述中，其通常并不是指绝对均衡状态，而更多地侧重于一种相对均衡态势。政治社会不断地在"均衡—非均衡—再均衡"的循环往复中前进，推动着国家不断地向前发展。政治均衡状态并非简单源于政治对立双方妥协后的结果，而是通过设计、调控等行为所构建出的一个能够支撑社会稳定、可持续发展的中心点。在这个点上，各种关系在临界线内相互运动，并形成场域，在场域中，各种关系按规则运动和相互协调，共同生存。因此，政治学对于政治均衡路径的构建十分关注。

## 二、政治均衡的学理支撑

权力制衡理论是当下政治均衡研究中用于解释和评价政治运作机制的重要分析框架之一。这一理论主要探讨如何通过科学合理的制度设计来有效限制和约束权力运行，防止因权力过于集中或滥用造成权力失衡。权力制衡理论强调在政府内部建立一种相互制约、相互监督的机制，使得每个权力部门或机构都不能独揽大权，要在不同权力主体之间形成一种分权与制衡的关系。具体来说，在权力制衡体系中，立法、行政和司法等各个分支机构之间应当相互制约，比如立法机构负责制定法律，行政机构负责执行法律，司法机构负责监督法律实施，三者之间既有明确的权限划分，又有交叉性的监督与制约，从而确保国家的政治生活能在一种相对平衡的状态下运行。这种权力配置方式旨在减少政治决策过程中的任意性和专断性，保障公共政策的质量与公正性。只有当权力受到有效的制约和监督时，才能最大限度地降低权力滥用和腐败的风险，从而维护政治稳定和社会秩序。同时，通过权力制衡，还可以有效调和不同政治力量之间的矛盾冲突，促使各方在相互尊重和妥协的基础上共同参与国家治理，进一步推动民主政治的发展和完善。

社会契约理论在政治均衡的视角下，强调政治权力的合法性基础来源于社会成员的自愿授权和一致同意。政府作为公共权力的代表，应当始终遵循社会契约的精神内核，尊重并保护公民的合法权益，其行使权力的边界不应超越社会契约所规定的范围。换而言之，政府应当回应人民的期待与诉求，确保其政策行为符合大多数社会成员的共同利益和价值追求。在社会契约框架下，人民不仅拥有赋予政府权力的责任，同时也享有对政府行为进行监督的权利。当政府未能履行契约义务或者违背了人民的意愿时，人民应当拥有纠正错误、更换政府的权力，这既是维护自身权益的需要，也是确保政治权力始终处于合法、有效轨道运行的关键环节。因此，社会契约理论倡导建立一种民主监督机制，使得人民可以通过选举、协商、参与决策等方式对政府进行适度的制约，以保障政治体制的健康运作和政治均衡状态的实现。

多元民主理论在现代政治均衡体系中扮演着举足轻重的角色。它主张在一个开放而包容的政治环境中，不同社会群体的利益诉求应当得到充分表达和有效协调。这种多元性不仅体现在不同的政党、利益集团和公民个体上，还体现在政策议程设置、法律制定以及公共事务管理的各个环节。在多元民主制度下，各利益主体积极参与到政治过程中来，通过竞争性选举、协商谈判、公民参与等方式争取影响政策走向的力量。他们互相博弈、共同合作，形成一种动态平衡的政治格局。

## 三、政治均衡发展的表现机制

政治均衡发展的表现机制包括政治主体间的均衡与协调、政治与社会之间的和谐共生以及政治与自然之间的可持续发展等方面。这些方面共同构成了政治均衡发展的内在规律和运行系统，为政治系统的稳定和发展提供了有力保障。

在政治主体间的均衡与协调层面，政治均衡发展的核心要素之一是各政治主体之间权力分配的合理、均衡，避免权力过于集中或分散。权力的合理分配能够确保各政治主体在政治决策中发挥应有的作用，实现政治权力的有效制衡，从而保障政治体系的稳定和发展。为了实现这一目标，需要构建科学、合理的权力制约与分配机制，确保每个政治主体在其职权范围内行使权力，并对其行为负责。只有这样，才能避免权力滥用和腐败现象的发生，维护政治体系的健康运行。利益诉求的协调性也是政治均衡发展的重要体现。在政治体系中，各政治主体有着不同的利益诉求，这些诉求应当得到充分表达和协调。通过建立协商、对话等机制，实现利益的合理分配和共享，减少利益冲突和矛盾，维护政治体系的稳定和发展。为了确保政治均衡发展，需要搭建平台，鼓励各政治主体进行平等、深入的对话和协商。通过充分表达各自的利益诉求，各方能够更好地理解对方的立场和需求，从而达成更为公正和合理的利益分配方案。这样不仅能够减少利益冲突和矛盾，而且能够增进政治体系内部的凝聚力和稳定性。

在政治与社会之间的和谐共生层面，政治均衡主要体现为政治发展与社会进步的同步性、政治参与渠道的广泛性。具体而言，政治发展与社会进步的同步性是指政治体系的发展应当与社会进步保持同步，相互促进。政治体系的完善能够为社会发展提供有力的保障和支持，而社会的进步则能够为政治体系的发展提供动力和资源。为了实现这一目标，需要不断推进政治体制改革和创新，使之适应社会发展的需要。同时，也需要鼓励社会各界积极参与政治生活，为政治体系的发展贡献智慧和力量。只有通过这种同步性的发展和相互促进的关系，才能实现政治与社会之间的和谐共生。而政治参与渠道的广泛性则是政治均衡发展的必然要求。政治均衡发展需要广泛的社会参与和支持。政府应当积极拓宽政治参与渠道，鼓励公民积极参与政治生活，表达自己的意见和诉求，推动政治决策的民主化和科学化，以此增强公民对政治体系的信任和支持，同时也可以提高政治决策的质量和执行力。

在政治与自然之间的可持续发展层面，政治均衡发展需要关注政治与自然之间的可持续发展关系。政治体系在制定和实施政策时，应当充分考虑生态环境保护的需要，推动绿色发展、循环发展和低碳发展。通过制定合理的环保政策和措施，促进经济发展与环境保护的良性循环。为了实现这一目标，需要建立健全环保法规体系，并加强对环保政策的执行和监督力度。同时，也需要鼓励企业和社会各界积极参与环保事业，共同推动绿色、低碳、循环经济的发展。同时，政治文化作为政治体系的重要组成部分，应当体现生态文明的理念和价值观。通过倡导绿色生活方式、培育生态文明意识等方式，推动全社会形成尊重自然、顺应自然、保护自然的良好风尚。为了实现这一目标，需要加大生态文明教育力度，提高公众对生态文明的认识和理解。同时，也需要鼓励各类文化、教育机构积极参与生态文明建设事业，共同推动生态文明理念的传播和实践。

# 第三节　地理学视域下的均衡发展

## 一、地理空间均衡的界定

在地理学领域，空间均衡被视为一种重要的分析工具，用于解析和理解空间结构的形成和演变。它强调在经济活动中，供给和需求应在空间上达到一种相对平衡的状态。然而，地理空间均衡的内涵远不止于此，它更包含着人口、资源环境与经济活动之间的深层次联系和协调。地理空间均衡是指在一个特定空间单元内，通过合理调控和优化配置，使人口、经济和资源环境三者之间保持一种相对稳定且协调的发展状态。这种均衡状态并非静止不变，而是动态调整的，需要不断适应外部环境的变化。它强调在满足人们日益增长的需求的同时，也要考虑资源环境承载力，以实现可持续发展的目标。

人口分布与资源环境承载力、经济活动与空间布局、资源利用与环境保护是地理空间均衡的核心要素。具体来说，地理空间均衡首先体现在人口分布与资源环境承载力之间。理想状态下，人口数量、密度和分布格局应与资源环境承载力相匹配，避免过度开发或资源浪费。经济活动是地理空间均衡的重要组成部分。在实现地理空间均衡的过程中，经济活动与空间布局需充分考虑资源环境承载力，以实现经济效益与环境效益的双赢。这就要求我们在规划和发展过程中，注重产业结构的优化和升级，推动绿色、低碳、循环经济的发展。资源利用与环境保护是地理空间均衡的关键环节。为实现地理空间均衡，需要制定合理的资源利用政策，加强环境保护监管，推动绿色发展。这包括提高资源利用效率，降低资源消耗，同时保护生态环境，确保资源的可持续利用和环境的有效保护。

地理空间均衡对于指导区域发展、优化资源配置以及促进可持续发展具有深远意义。它不仅有助于更好地认识和理解地理空间结构的内在规律，为制定科学的区域发展政策提供理论依据，更是实现人与自然和谐共生、推动生态文明建设的重要途径。通过界定地理空间均衡的概念，我们可以更清晰地认识到人口、经济、资源环境之间的相互影响和制约关系，从而在实践中更好地推动区域协调发展。

## 二、地理空间均衡发展的理论意蕴

### （一）地理空间均衡的理论基础

在推进区域发展的过程中，地理空间均衡理论提供了坚实的理论基础与方向指引。通过对地理空间均衡状态的深入分析，我们能够更精准地把握区域发展的内在规律，从而制定出更为科学合理的区域发展策略和政策。这不仅有助于促进区域经济的协调增长，而且能够有效保护生态环境，实现区域发展的可持续性。

在资源配置方面，地理空间均衡理论同样发挥着重要作用。在均衡状态下，资源的配置将更为合理，利用效率也将得到显著提升。这不仅可以减少资源的浪费，降低环境污染的风险，还能为区域的可持续发展提供有力保障。通过优化资源配置，我们能够更好地满足区域发展的需求，推动经济社会的全面发展。

地理空间均衡理论还强调人地关系的和谐与平衡。在均衡状态下，人类活动与自然环境能够实现相互协调、相互促进的良性循环。这对于促进生态文明、构建和谐社会具有深远的意义。在推进区域发展的过程中，我们应更加注重生态环境保护，确保人类活动与自然环境之间的和谐共生，以实现区域发展的长期效益。

地理空间均衡理论在区域发展中具有不可替代的重要作用，应深入研究和应用这一理论，以推动区域经济的协调发展、优化资源配置、促进人地和谐，为实现区域的可持续发展做出积极贡献。

### （二）地理空间均衡的表现特征

地理空间均衡，作为区域发展的重要指导原则，旨在实现自然、经济、社会等要素在空间分布上的和谐统一。它不仅要求数量上的均衡，更强调结构、功能和质量上的均衡。本文将从自然要素均衡、经济要素均衡、社会要素均衡以及空间布局均衡等方面，深入探讨地理空间均衡的表现特征。

自然要素是地理空间均衡的基础，包括地形、气候、水资源、土壤等。自然要素均衡表现为各地区的自然资源禀赋得到合理利用和保护，不存在明显的资源过剩或匮乏现象。例如，在水资源丰富的地区，可以通过合理的水利工程建设，实现水资源的优化配置和高效利用；在干旱缺水的地区，则可以通过节水灌溉、雨水收集等措施，提高水资源的利用效率。此外，自然要素均衡还要求各地区生态环境得到良好保护，生态安全得到有效维护。

经济要素是地理空间均衡的核心，包括产业布局、经济发展速度、产业结构等。经济要素均衡表现为各地区经济发展水平相对平衡，产业结构合理，不存在明显的经济差距和产业结构失衡现象。在产业布局上，各地区应根据自身的资源禀赋和发展条件，形成具有特色的产业体系和产业链，实现优势互补和错位发展。同时，经济发展速度应保持合理稳定，避免过快或过慢的增长速度对地区经济带来不利影响。此外，经济要素均衡还要求各地区在经济发展过程中注重质量和效益的提升，实现经济增长与资源环境的协调发展。

社会要素是地理空间均衡的重要组成部分，包括人口分布、公共服务设施、文化教育等。社会要素均衡表现为各地区人口分布合理，公共服务设施完善，文化教育水平普遍提高。在人口分布上，各地区应根据自身的资源和环境条件，合理确定人口规模和人口结构，避免人口过度集中或过度分散。同时，应加强公共服务设施建设，提高基本公共服务水平，满足人民群众的基本需求。在文化教育方面，应注重提高人民群众的文化素质和科学素养，推动教育公平和普及化。

空间布局是地理空间均衡的外在表现，包括城市规划、土地利用、交通网络等。空间布局均衡表现为各地区空间结构合理，土地利用高效，交通网络便捷。在城市规划上，应注重城市功能的合理布局和城市空间的合理利用，推动城市化和城乡一体化发展。在土地利用上，应根据土地资源的分布和特点，合理确定土地利用方式和土地利用强度，实现土地资源的高效利用。在交通网络建设上，应注重提高交通网络的便捷性和连通性，加强交通基础设施建设，促进地区间的交流与合作。

地理空间均衡是实现区域可持续发展的重要保障。自然要素均衡、经济要素均衡、社会要素均衡以及空间布局均衡是地理空间均衡的主要表现特征。在实践中，我们应充分考虑各地区的资源禀赋和发展条件，制定科学合理的区域发展战略和政策措施，推动各地区实现均衡发展。同时，应加强跨地区合作与交流，共同推动地理空间均衡的实现。

## 三、地理空间均衡发展的演变机制

随着全球化和区域一体化的加速发展，地理空间均衡发展已成为各国政府和经济学家关注的热点问题。地理空间均衡发展的演变机制不仅影响区域经济发展的质量和效率，也关系到国家整体经济发展的稳定性和可持续性。近年来，为了促进区域协调发展，我国政府提出了一系列区域发展战略和政策。当前，我国地理空间均衡性在整体上呈现出优化的趋势。这主要得益于政府政策的推动和区域发展的相互作用。然而，在整体优化的背景下，仍存在一些区域差异和不平衡现象。不同地区在地理空间均衡性方面表现出较大的差异。种种差异不仅影响了区域经济发展的速度和质量，也加剧了区域之间的不平等现象。在时间维度上，地理空间均衡发展的演变机制呈现出波动性和周期性特征。这主要受到政策调整、经济周期、自然灾害等因素的影响。在空间维度上，地理空间均衡发展的演变机制呈现出明显的空间集聚和扩散现象。由此可见，地理空间均衡发展的演变机制是一个复杂体系，涉及多种复杂机制的相互作用与动态调整。

## 第四节　跨学科均衡发展的概念和认知框架

### 一、跨学科研究与跨学科性

#### （一）跨学科研究与跨学科性的概念阐释

对于跨学科研究与跨学科性的概念阐释离不开对基础概念学科的讨论。从字面意义上看，学科是按照学问的性质而划分的门类。从学术角度来看，学科是对某一特定知识领域进行系统性研究的基本单位。它涵盖了一个领域内的基础理论、基本概念、研究方法及其实践应用。

1926 年，美国哥伦比亚大学的伍德沃斯首次提出跨学科概念。跨学科的核心含义是指突破单一学科的界限，融合两个或更多学科的知识与方法，进行综合性的实践活动。在早期，跨学科主要侧重于学科之间的合作与协同，这种合作形式尚未发展至后来的跨学科研究层面，即深入探索不同学科间的交汇点，挖掘新的研究视角和领域。与此同时，交叉学科作为跨学科的另一种表述方式，也在学术领域得到广泛认可。与跨学科和交叉学科相关的术语还包括多学科、超学科和横学科等。这些术语在描述跨学科活动时，各自代表了不同的层次和深度。具体而言，多学科通常指多个学科共同参与研究，但并未形成深度融合；超学科更强调在多个学科基础上，构建一个全新的研究领域；横学科侧重于不同学科间的横向联系和对交叉点的研究。跨学科研究是一种深度融合并创造性应用的科研方法，它超越了传统学科间的界限，是指将不同学科领域的知识和资源结合起来，形成一个综合性的研究体系，旨在解决复杂的现实问题。这种研究方式通常涉及多个学科领域的交叉，其目的在于通过整合不同学科的理论、方法和技术，来更深入地理解问题的本质，并从多个角度进行分析和解决。这种综合性的研究方式，不仅可显著增强对那些超越单一学科范畴问题的基础性理解，更为其提供了独特且全面的解决之道。在跨学科研究中，不同的学科视角和理论框架相互碰撞、融合，催生出新的科研思路和方法，为复杂问题的解决提供了新的可能。

此外，在中文语境中，对于"interdisciplinarity"这一术语，学者们常选择"跨学科性"作为其译名（也有学者倾向于将其译为"跨学科学"或"交叉科学"），意图表达其作为独立学科分支的属性。然而尽管该词汇在本质上仍与跨学科研究紧密相关，但是作为"interdisciplinary"的名词形式，"interdisciplinarity"更应被准确地理解为跨学科研究中所展现出的跨学科特征。因此，"跨学科性"（interdisciplinarity）应定义为：在跨学科研究中所体现出的跨学科特征，这些特征包括但不限于各学科知识交叉的广度与深度、知识在不同学科间的分布与扩散特性，以及由此产生的跨学科创新方法和理论。这样的定义旨在强调跨学科性在跨学科研究中的核心地位，同时也避免了与跨学科研究这一更为广泛的概念相混淆。

### （二）跨学科研究与跨学科性

在科学研究领域中，跨学科研究与跨学科性是两个紧密相连、相互影响的概念。这两者之间的关系不仅仅是简单的因果关系或依赖关系，而是一种深度的相互促进、相互依赖的共生关系。

首先，跨学科性是跨学科研究得以进行的基础和核心。跨学科研究之所以能够突破传统学科的界限，实现对复杂问题的全面、多维度的理解和解决，关键在于它具备了跨学科性。这种特性使得不同学科之间的知识、方法和理论能够相互借鉴、融合，从而产生新的研究视角、方法和理论。跨学科性为跨学科研究提供了广阔的思维空间和丰富的理论资源，使得研究者能够跨越学科的界限，将不同的学科视角和方法结合起来，形成综合性的研究方案。

其次，跨学科研究的发展也进一步推动了跨学科性的深化和提升。随着跨学科研究的不断深入和扩展，不同学科之间的交叉与融合程度也在不断加深。这种交叉与融合不仅体现在学科知识的层面上，还体现在研究方法、技术和理论等多个方面。通过跨学科研究，研究者们不断探索新的学科领域和研究方向，推动了学科边界的拓展和模糊化。同时，跨学科研究也促进了研究方法、技术和理论的创新，这些创新成果进一步丰富了跨学科性的内涵，推动其向更高层次、更广领域发展。

进一步来说，跨学科性与跨学科研究之间存在着一种相互促进、相互依存的共生关系。一方面，跨学科性的发展为跨学科研究提供了新的思路和途径，使得研究者能够更好地跨越学科的界限，实现不同学科之间的有效交流和合作。另一方面，跨学科研究的深入和扩展又进一步验证了跨学科性的重要性和价值，推动其向更深层次发展和融合。这种相互依存、相互促进的关系使得跨学科研究和跨学科性在推动科学进步、解决复杂问题方面发挥着越来越重要的作用。

最后，值得注意的是，跨学科研究与跨学科性之间的关系并不是一种静态的、固定的关系，而是一种动态的、不断变化的关系。随着科学研究的不断深入和发展，跨学科研究和跨学科性也在不断演进和变革。因此，我们需要不断关注和探讨这两者之间的关系，以更好地推动科学研究的进步和发展。

## 二、跨学科均衡发展的内涵

### （一）跨学科均衡发展的界定

何谓"均衡"？"均衡"可拆解为"均"与"衡"二字，前者可解为"平"，后者可释为"衡量"或"准则"，二者并之即为"平衡"。就哲学意义而言，"均衡"是一种发展类型，是在对狭义经济发展观进行批判的基础上形成的一种新的发展观，是一种以人为本、促进共同发展、充分体现民主和公平的发展观。而在此基础上，不同学科基于各自立场的教育均衡释义，也为我们理解教育均衡问题提供了可贵的跨学科思路。如教育经济学视域下的教育均衡是指在教育公平和教育平等原则的指导下，针对不同地区、城乡、学校以及群体间的教育资源分配不公而产生的教育价值追求，具体表现为通过合理配置教育资源以实现缩小地区、城乡、学校以及群体间义务教育发展水平差异的目标，从而达到教育整体上均衡化发展，实现办好每一所学校、教好每一个学生的教育发展宗旨。社会学视域下的教育均衡是社会发展的重要基石，它关乎每一个社会成员的个体成长和整体社会的进步。因此，教育均衡不仅仅是教育资源的简单分配，更涉及教育机会、资源分配、制度公正、社会背景考量、教育质量、城乡区域发展及学生全面发展等多个方面。地理空间学视域下的教育均衡是指在地理分布上教育资源、教育机会、教育质量等各方面的均衡分配，其目的是确保各地区、各学校、各类别的学生能够获得公平、优质的教育服务。

尽管不同学科对于均衡发展的概念释义背后，透露着各异的学科属性，但对均衡发展问题的内核讨论都离不开对绝对均衡与相对均衡的追问。正如中华文化中的"道"一般，"均衡"作为蕴藏于万事万物内的抽象概念，在人们对它的不断追求中无法被真正触及。因此，均衡是对世界总体的认识，"相对"是对均衡的具体表现，只有相对的均衡，而没有绝对的均衡。

## （二）跨学科均衡发展的特点

跨学科概念中的均衡发展蕴含着极为丰富的内涵。当我们仅仅基于直接的观察结果去理解它时，往往只能触及其表面。然而，当我们敢于挑战传统的视角，勇于拓宽观察的视野，或者灵活地转换观察的对象，我们便可通过跨学科探索到教育均衡的多维面貌。这种转换不仅仅是简单的视角切换，它更是一种对教育体系深层次结构的洞察，一种对教育公平和资源配置优化的新思考。每一次观察角度和范围的改变，都意味着我们向揭示教育均衡的更深层次迈进了一步，也为实现更加全面、均衡的教育体系提供了新的解读和启示。

精细化，从定性到定量。当我们将定量化引入对教育均衡的观察中，大量的案例就可以上升到规律的层面。当开始定量地观察和记录教育资源在各个学校、各个地区的分配情况时，大量的数据可以帮助我们发现其中的模式和规律。以教育资源的分配为例，若从定性的角度进行初步观察，例如，注意到某些地区或学校的教育资源明显不足，而另一些地区或学校的教育资源则相对充足，这样的观察往往是零散的、孤立的。为了更深入地理解此类现象，通常要引入定量分析。例如，统计各个学校或地区的人均教育资源拥有量（如图书数量、实验器材数量等），然后将这些数据与其他因素（如学校规模、学生人数、家庭经济状况等）进行对比。这样，便可以观察到教育资源分配的一些模式和趋势。

扩展化，将更多的变量带入对教育均衡的观察，以找到新的教育均衡规律。为了更全面地理解和改进教育均衡发展现状，我们需要将更多的变量引入观察范围，从而发现新的模式和规律。以教育资源分配为例，我们不仅要考虑资源总量，还可以进一步将多种因素纳入考虑，如师资力量、教育设施的完备性等。通过将这些因素综合起来进行定量分析，我们可以发现它们之间的关联性和影响机制。例如，我们观察到某些学校在教育资源的总量上可能并不占优势，但由于教师团队素质高、教学方法先进、家长支持度高，学生的学业水平表现出色。这提示我们，教育资源的均衡分配不仅仅是简单的数量分配，更重要的是如何优化资源的配置和利用，以实现更好的教育效果。再如，我们可以将不同地区的经济发展水平、文化背景、人口结构等因素纳入观察范围，分析它们对教育资源需求的影响。这有助于我们制定更具针对性的政策，以满足不同地区和群体的教育需求，实现更加公平和有效的教育均衡抽象化。除了从具象层面如教育所需的人、财、物等方面来提取，很多抽象认知，如教育均衡对公平的追求等可以由一些无形的现象或事件总结得出。我们通常需要从具象的教育资源分布与利用情况出发，逐步抽象出更加一般和普遍的教育均衡模式。这种抽象化的过程不仅有助于我们更深入地理解教育均衡的实质，还能为制定更具针对性和有效性的教育政策提供指导。例如，我们可以从各个学校具体的师资力量、教学设施、课程设置等具象的资源分布情况出发，通过观察和对比，发现其中的差异和不平衡。然后，我们可以尝试从这些具象的数据中抽象出更一般的教育均衡模式，比如"教育资源与学业成就的关系""教育资源投入与产出的效率"等。这些抽象的教育均衡模式不仅能够揭示教育资源配置的深层次问题，还能帮助我们更准确地把握教育均衡的核心要素。例如，我们可能会发现，在某些地区，即使教育资源总量并不充裕，但通过优化资源配置、提高资源利用效率，同样可以实现较高的教育质量。这就提示我们，在制定教育政策时，需要更加注重资源的优化配置和有效利用，而不仅仅是追求总量的增加。

深层化，由于概念或规律本身有时也存在可以被观察到的情况，由此更高层次的认识可能会被引出。在教育均衡的实践中，我们可以观察到许多深层的、基本的概念和规律，它们构成了教育均衡的守恒原则。这些守恒原则不仅体现在教育资源的均衡分配上，还体现在教育机会、教育质量、教育资源等的公平性等方面。就像物理学中的守恒定律一样，教育均衡的守恒原则也强调在教育系统中各种要素的相对平衡和协调。例如：教育机会的公平性意味着每个学生都应享有接受高质量教育的机会，而不受家庭背景、经济状况等因素的影响；教育资源的分配应遵循公平的原则，确保不同地区、不同学校的学生都能获得应有的教育资源等。然而，正如物理学中的对称性可能被破坏一样，教育均衡的守恒原则也可能在某些情况下受到破坏，导致教育失衡的现象出现。这种失衡可能表现为教育资源的不均衡分配、教育机会的不平等以及教育质量的参差不齐等。这种不均衡会导致一部分学生无法获得优质的教育资源，从而影响他们的学习和发展。同时，教育机会的不平等也会加剧社会的不平等，使得弱势群体在竞争中处于更加不利的地位。如果教育均衡的守恒原则被破坏，会发生什么？我们可以借鉴足球运动中"弧旋球"的例子来进行类比。在足球比赛中，如果球的旋转使得其对称性被破坏，那么球的飞行轨迹和运动规律就会发生变化，给球员的预判和拦截带来困难。同样地，在教育均衡的实践中，如果守恒原则被破坏，教育的公平性就会受损，从而给学生的成长和发展带来负面影响。

### （三）跨学科均衡发展的价值

多学科对均衡发展问题的讨论具有重要价值，其不仅能够深化我们对教育均衡理念的理解，拓宽研究视野与路径，提升研究的系统性和深度，还能够促进学科间的合作与交流，提供本土化的解决方案，推动教育政策与制度的改革，最终提升教育质量与促进学生发展。

**1. 深化对教育均衡理念的理解**

通过多学科的研究视角，从教育机会均等、资源分配公平等多个维度进行探讨，可以更全面地理解和定义教育均衡。结合多个学科的理论基础，能够为教育均衡提供坚实的理论支撑。

**2. 拓宽研究视野与路径**

多学科的研究为教育均衡提供了多样化的研究路径和逻辑范式，超越了简单的教育学框架，将问题置于更广阔的社会、经济、文化背景中进行考察。通过引入不同学科的研究方法和工具，如多源流政策分析框架、质性分析等，为教育均衡提供了更丰富的研究手段。

**3. 提升研究的系统性和深度**

通过对不同学科研究成果的整合，可以形成对教育均衡问题的系统认知，提升研究的深度和广度。多学科的研究有助于发现教育均衡问题的深层次原因，为制定有效的政策和措施提供科学依据。

**4. 促进学科间的合作与交流**

多学科讨论制度可促进不同学科之间的相互理解和合作，有助于打破学科壁垒，形成跨学科的研究团队。通过交流和合作，不同学科的研究人员可以相互学习、相互启发，共同推动教育均衡问题的研究和解决。

**5. 提供本土化解决方案**

结合中国的实际国情和教育现状，多学科的研究能够提出更具本土性、指导性和解释力的理论框架和对策思路。通过对反映教育机会的有关数据的收集、统计与价值探寻、质性分析相结合，可以为中国的教育机会均等化进程提供有针对性的建议。

**6. 推动教育政策与制度的改革**

多学科的研究可以为教育政策与制度的改革提供理论支持和实践指导，推动建立更加公正、有效的教育体系和制度。通过分析教育均衡政策的社会影响和实施效果，可以及时调整和完善政策内容，确保其针对性和实效性。

**7. 提升教育质量与促进学生发展**

多学科的研究有助于优化教育资源配置，提高教育质量和水平，为学生提供更加优质、全面的教育资源和服务。通过对教育过程的深入研究，可以更好地关注学生的个性化需求和发展潜力，促进学生的全面发展和提高综合素质。

## 三、跨学科均衡发展的认知框架

### （一）框架分析的概念与源流

框架分析，又称框架理论，强调对某个系统或问题进行整体分析，以揭示其内部结构和组织关系，从而更好地理解和解决问题。框架分析可追溯至 1974 年，源自社会学家欧文·戈夫曼的深刻洞察。在研读人类学家格里高利·贝特森的开创性著作《游戏与幻想的理论》中"框架"这一核心概念后，戈夫曼在其标志性作品《框架分析：经验组织论》中，首次系统地构建了"框架分析"这一理论体系。戈夫曼立足于人类学的深厚土壤，深刻剖析了人际互动中信息传递的微妙机制，揭示了主体认知结构、传播情境及众多外部因素如何交织成一张错综复杂的框架网络，进而塑造了传播过程中意义的建构与传递过程。框架理论的诞生，恰逢 20 世纪七八十年代社会科学领域的一场深刻变革，其时正值学术界积极寻求理论创新、整合多元视角并探索全新研究范式的关键时期。框架分析理论的提出，不仅为理解复杂社会现象提供了新的理论工具，也极大地推动了传播学、社会学乃至整个人文社会科学领域的研究向纵深发展。

框架理论的形成经历了几个重要的历史阶段，这些阶段见证了它从初步构想到在传播学领域占据核心地位的转变。首先，1955 年，格里高利·贝特森首次提出了"框架"这一概念，为后来的理论发展奠定了基础。随后，1974 年，欧文·戈夫曼在贝特森的框架概念基础上，进一步深化并创立了框架理论，这标志着框架理论正式形成并开始逐渐受到学术界的关注。

1990 年以后，随着传播学领域的蓬勃发展，框架理论亦在传播学领域逐步构建了独树一帜的研究架构。戈夫曼的框架理论与传播学的深度融合，不仅极大地拓宽了研究边界，更促使框架理论成为传播学领域中一颗璀璨的明珠。然而，这一跨学科融合的进程也伴随着新的挑战——如何巧妙地将框架理论从人类学与社会学的深厚土壤中移植至传播学的肥沃田野。在这种跨学科的碰撞与融合的过程中，框架理论探索出了一条别具一格的发展轨迹，深刻影响了传播学内部的学术探讨，激发了众多创新性的研究视角与方法，甚至跨越了学科界限，吸引了来自社会学、心理学、文化研究等多领域学者的关注与参与。

在中国，框架理论也引起了传播学界的浓厚兴趣。众多中国学者开始深入探索框架理论在中国的适用性和发展路径。其中，2001 年，张洪忠发表的《大众传播学的议程设置理论与框架理论关系探讨》一文，对框架理论在中国传播学领域的研究产生了重要影响。这篇文章深入探讨了议程设置理论与框架理论之间的关系，为中国传播学界提供了重要参考。随后，黄旦的《传者图像：新闻专业主义的建构与消解》一书进一步推动了框架理论在中国的研究。该书从新闻专业主义的角度出发，分析了框架理论在新闻传播领域的应用和影响，为框架理论的研究提供了新的视角和思考。当下，繁荣发展我国哲学社会科学极为重要，亟须用中国方案解决中国问题，构建中国化的框架分析理论体系，并将之运用到更多学科领域研究中去。

### （二）跨学科视域下的研究思路

区域基础教育均衡发展机制创新研究旨在立足区域基础教育学段实际，以区域基础教育均衡发展的机制创新问题作为研究对象，遵循"理论梳理—理论阐释—机制分析—理论创新"的研究思路，构建区域基础教育均衡发展的"多学科学理阐释—学术史考察—历史脉络及其特征—研究范式转型—系统逻辑—政策价值分析—法理分析—动力机制分析—理论创新—制度创新"的理论分析框架，从学术史的视角对新中国成立 70 多年来的区域基础教育均衡发展进行历时性的归纳和概括，对区域差异、城乡差异、校际差异、群体差异的表现特征与生发机制进行共时性的分析与探讨，凝练出区域基础教育均衡发展的跨学科概念和认知框架，提出区域基础教育均衡发展理论创新和制度创新的实现路径。

### （三）动力、均衡、治理：区域基础教育发展的跨学科分析框架

区域基础教育发展需要从根本上解决好动力机制、均衡机制和治理机制问题。所谓动力机制，主要指由区域基础教育发展的基本要素所构成的动力系统及其作用机理和方式。动力机制的基本表现是活力。在教育经济领域，具体表现为教育效率问题；在公共政策领域，具体表现为教育管理效能；在社会领域，具体表现为教育发展水平。所谓均衡机制，是指区域基础教育发展各基本要素和各部分之间保持协调、和谐且稳定有序运行的机理和状态。均衡机制的最高表现是和谐。在教育经济领域，主要表现为教育公平分配利益、化解利益矛盾；在公共政策领域，主要表现为教育的公平正义，以及人们具有平等的受教育权利、机会；在文化领域，主要表现为和谐思维；在社会领域，主要表现为人与人之间的教育平等和谐关系以及构成均衡机制的基本要素。所谓治理机制，是以一定教育政策目标为基准，通过教育治理，矫正区域基础教育发展在动力和均衡方面存在的弊端，使动力机制与均衡机制达到优化、协调、配合，从而达成区域基础教育资源各要素之间的最佳适配度，推动区域基础教育体制不断完善。教育治理机制的理念，是促进公平正义、努力让每个孩子都能享有公平而有质量的教育。动力、均衡和治理是区域基础教育均衡发展赖以运行和发展的三个最根本、最普遍的机制。动力机制，释放着区域基础教育发展的能量；均衡机制，保持着区域基础教育发展各部分之间的协调；治理机制，使动力机制和均衡机制达到优化、协调与配合。无论是动力机制还是均衡机制问题，都要通过改革来解决。改革本质上就是通过治理使动力机制和均衡机制之间达到优化、协调、配合。因此，在区域基础教育发展基本矛盾运动中，要注重把握好区域基础教育发展的动力机制、均衡机制和治理机制。

# 第三章

# 区域基础教育均衡发展的学术史考察

　　学术研究是推动社会进步、解决现实问题的重要手段。在基础教育领域，均衡发展一直是学者们关注的核心课题。区域基础教育均衡发展的学术史考察追溯与审视，本质上是对该领域理论智慧与实践经验的系统性回顾与深刻反思。本章通过详尽梳理过往研究中学者观点的逻辑演进、研究方法的范式变迁以及理论框架的逐步构建与深化，揭示区域基础教育均衡发展学术探索的内在逻辑与历史发展脉络，全面解读区域基础教育均衡发展的学术史轨迹。只有深入理解与掌握前人的研究成果，继承和发扬科学研究的精神，将过去的经验教训融入新的研究中，才能更好地推动区域基础教育均衡发展的实践和理论研究，为更多的学生提供公平而优质的教育机会，从而持续推动我国基础教育事业的健康发展。

## 第一节　区域基础教育均衡发展的学术起源

　　学术史是对学术思想、流派、成就及其发展历程的回顾与梳理，揭示了学术的演变规律，为当前学术发展提供借鉴。区域基础教育均衡发展作为教育领域的重要议题，其学术起源可以追溯到对教育公平的追求与对教育资源配置的反思。探讨区域基础教育均衡发展的学术起源，分析其在不同历史时期的发展脉络和主要观点，有助于理解区域基础教育均衡发展的历史背景和思想基础。

### 一、立足于学术史的研究

　　学术史是研究学术发展和演变的学科，关注学术思想、学术制度和学术成果的历史变迁。学术史旨在通过对学术活动的历史研究，揭示学术发展的规律和特点，探讨学术思想的演进和影响，以及学术制度的形成和变革。学术史的研究范围包括各个学科领域的学术发展，如哲学、历史、文学、科学、艺术等。学术史研究的内容可以涉及学术思想的起源与演变、学术流派的形成与传承、学术机构与组织的发展、学术成果的创新与传播等方面。学术史的研究方法主要包括文献研究、历史考证、比较研究、社会历史分析等。研究者通过收集和分析相关的历史文献资料，重建学术发展的历史脉络，探索学术思想的演进和影响因素。学术史的研究对于理解学术发展的规律和特点具有重要意义。通过学术史的研究，可以了解学术思想的起源和演变，认识到学术活动的多样性和复杂性，为当前学术研究提供参考和借鉴。

区域基础教育均衡发展的学术史主要通过对区域基础教育均衡发展的历史过程和相关学术文献的考察，了解区域基础教育均衡发展的起源、发展轨迹、影响因素和实践经验以及对区域基础教育均衡发展的认识和思考，为当前区域基础教育均衡发展提供参考和借鉴，有助于人们了解区域基础教育均衡发展的历史背景和演变过程，认识到区域基础教育均衡发展的重要性和挑战，为当前区域基础教育均衡发展的政策制定和实践提供参考和借鉴，推动区域基础教育均衡发展的学术进步和实践创新。因此，区域基础教育均衡发展的学术史研究，不仅是对过往学术活动的回顾，更是对未来教育发展的深刻洞察与前瞻规划。

## 二、区域基础教育均衡发展的学术缘起

习近平总书记指出：建设教育强国，基点在基础教育。基础教育搞得越扎实，教育强国步伐就越稳、后劲就越足。基础教育作为现代教育系统的一部分，在西方的起源可以追溯到 19 世纪的公共教育运动。这一运动主张为所有人提供免费的基础教育，包括阅读、写作、算术等基础技能的传授。这种观念最早是在欧洲的一些国家如英国、法国等出现，随后传到了中国。

在中国共产党的领导下，我国基础教育取得了举世瞩目的伟大成就，把一个教育落后的国家建设成为一个教育普及水平进入世界前列的人力资源大国。中国基础教育走过了从薄弱到完善，从强调规模增长到重视质量提升，从实现基本均衡到走向优质均衡的发展道路，基本构建起完善的现代化的基础教育体系，教育公平与教育质量都取得了较大的发展。这一伟大成就，不仅彰显了中国共产党对教育事业的高瞻远瞩与战略定力，更体现了全体中华儿女对教育强国梦想的执着追求与不懈努力。

区域基础教育均衡发展的学术缘起，既植根于对基础教育重要性的深刻认识，又源于对西方公共教育运动理念的借鉴与超越。在中国特色社会主义教育事业的伟大实践中，我国不断探索、创新、发展，形成了具有中国特色的基础教育均衡发展理论框架与实践路径。这既是对我国基础教育发展历程的深刻总结与提炼，更是对未来教育强国建设目标的科学规划与前瞻布局。

### （一）理论奠基

#### 1. 哲学领域的思想探寻

从哲学的视角来看，教育公平的理念可以追溯到古代哲学家对正义的深刻思考。古希腊哲学家柏拉图在其《理想国》中，就提出了通过教育培养"哲学王"来实现社会正义的构想。他认为教育应该根据人的天赋和才能进行，而不应该受到社会地位和财富的限制。这种对教育机会平等的追求，为区域基础教育均衡发展奠定了哲学基础。亚里士多

德则进一步强调了公平的概念，他认为公平意味着对同等的人给予同等的对待，对不同等的人给予不同等的对待。在教育领域，公平意味着要根据学生的不同需求和能力，提供相应的教育资源和机会。德国哲学家康德提出了"人是目的"的观点，强调每个人都应该被视为具有内在价值的个体，都有权利接受良好的教育。他认为教育是实现人类自由和道德发展的重要途径，而教育公平则是保障每个人都能实现自身价值的前提。对人的尊严和权利的强调，进一步强化了教育发展的重要性。

2. 社会学视角下的社会结构分析

社会学家们关注社会阶层、种族、性别等因素对教育机会的影响，揭示了教育资源分配不均背后的社会结构问题。马克思主义社会学强调社会经济结构对教育的决定性作用。马克思认为，经济基础决定上层建筑，教育作为上层建筑的一部分，必然受到社会经济结构的制约。在资本主义社会中，经济不平等导致教育机会不平等，只有通过社会变革，推翻资本主义制度，才能实现真正的教育公平。功能主义社会学则从社会系统的角度出发，强调教育在维持社会稳定和促进社会发展中的重要作用。功能主义者认为，教育是社会系统的一个重要子系统，它通过培养社会所需的人才，为社会的正常运转提供支持。因此，教育资源的分配应该根据社会的需求进行，以确保每个地区都能培养出足够的人才，满足社会发展的需要。这为区域基础教育均衡发展提供了一种功能性的解释，即通过均衡的教育资源分配，实现社会系统的稳定和发展。

3. 经济学的资源配置思考

福利经济学强调通过政府干预实现资源的最优分配，以提高社会福利水平。在教育领域，福利经济学认为政府应该通过财政转移支付、教育补贴等手段，向教育资源匮乏的地区倾斜，以实现教育资源的均衡配置。同时，福利经济学还强调教育的外部性，即教育不仅能够提高个人的收入和社会地位，还能够为社会带来正外部效应，如提高社会文明程度、促进经济发展等。因此，政府有责任为每个公民提供基本的教育服务，以实现社会福利的最大化。人力资本理论则强调教育对个人和社会经济发展的重要性。人力资本理论认为，教育是一种投资，可以提高个人的劳动生产率和收入水平，同时也可以促进社会经济的发展。因此，政府和社会应该加大对教育的投入，提高教育质量，以培养更多的高素质人才。人力资本理论启示我们，要实现区域基础教育均衡发展，就必须加大对教育资源匮乏地区的投入，提高这些地区的教育质量，以培养更多的人力资本，促进当地经济的发展。新制度经济学则从制度的角度出发，强调制度对资源配置的重要影响。在教育领域，新制度经济学认为教育制度的设计和改革是实现教育资源均衡配置的关键。例如，通过建立合理的教育财政制度、教师分配制度、学校管理制度等，可以促进教育资源的合理流动和分配，实现区域基础教育的均衡发展。

4. 教育学自身的理论演进

教育公平理论是教育学中关于教育公平问题的重要理论。教育公平理论认为，教育公平包括教育机会公平、教育过程公平和教育结果公平三个方面。教育机会公平是指每个学生都有平等的机会接受教育；教育过程公平是指在教育过程中，每个学生都能得到平等的对待和关注；教育结果公平是指每个学生都能获得与其能力和努力相适应的教育成果。区域基础教育均衡发展就是要实现这三个方面的公平，确保每个地区的学生都能享受到优质的教育资源和服务。全纳教育理论强调教育应该接纳所有的学生，不论其种族、性别、社会地位、残疾状况等。全纳教育理论认为，每个学生都有自己的特点和需求，教育应该根据学生的个体差异进行个性化的教学，以满足每个学生的学习需求。多元智能理论则认为人类具有多种智能，每个人都有自己的优势智能领域，强调教育应该尊重学生的个体差异，根据学生的智能特点进行多样化的教学，以激发学生的学习兴趣和潜能。由此，教育公平理论为区域基础教育均衡发展明确了宏观目标，全纳教育理论为区域基础教育均衡发展拓展了广度和深度，多元智能理论则从微观角度为区域基础教育均衡发展提供了具体实践路径。这些理论为区域基础教育均衡发展提供了全面的理论支撑。

因此，区域基础教育均衡发展的学术起源是一个复杂而多维度的历史过程，涉及教育哲学、社会学、经济学等多个学科的理论积淀与实践探索。从教育哲学的视角来看，教育公平理论为区域基础教育均衡发展提供了重要的理论支撑；从社会学的视角来看，现代社会结构的变迁与教育均衡发展紧密相连；从经济学的视角来看，教育投资与收益的关系以及外部性理论为理解区域基础教育均衡发展提供了重要的理论支撑。

## （二）学术起源

我国区域基础教育均衡发展的学术起源，可追溯至教育公平理论的深化与现代教育体系构建的双重逻辑交织之中。在理论层面，区域基础教育均衡发展根植于对教育资源分配正义的追求，是对教育机会均等原则的深刻诠释与本土化实践，体现了社会正义与个体发展权益的和谐统一。在实践层面，伴随着我国教育改革的不断深化，特别是基础教育领域从"有学上"向"上好学"转型的历史进程，区域基础教育均衡发展是对教育资源配置效率与公平双重目标优化的积极探索。这一过程，不仅融合了国内外教育均衡发展理论的精髓，更在本土教育实践中不断创新，形成了具有中国特色的区域基础教育均衡发展理论框架与实践模式，为我国乃至全球教育公平与质量的双重提升提供了宝贵的学术资源与实践经验。

### 1. 基础教育政策的转变

改革开放初期，我国教育政策的重点是快速普及基础教育，从全国普及小学教育、初中教育，到1985年实施九年制义务教育，并于1986年颁布《中华人民共和国义务教育法》，使基础教育走上规范化、法治化的轨道。21世纪以来，基础教育的发展重点转变为缩小差距，地区间不均衡的发展状况得到明显改善，逐步实现公平、优质、均衡发展。相关政策由2001年提出着力推进素质教育，继续提高国民教育普及程度；到2006年全面实施素质教育，推进义务教育均衡发展；再到2010年颁布《国家中长期教育改革和发展规划纲要（2010—2020年）》，提出到2020年我国要基本实现教育现代化，全面提高教育质量，基本实现区域内均衡发展；再到2011年提出大力促进教育公平，统筹发展各类教育，强调发展素质教育；2019年以来，相关政策文件从基础教育高质量发展的提出，发展到加快建设高质量教育体系的演绎路线，促进了基础教育公平而有质量的发展。由此看来，自改革开放以来，我国基础教育政策出现了较大的变化。从应试教育到素质教育，再到教育公平原则的提出，我国基础教育政策的每一次转变，都深刻反映了国家对人才培养策略的重新定位与战略调整。这一过程，不仅体现了国家对教育本质的深刻认识与把握，更彰显了国家对于教育公平与质量提升的不懈追求。

### 2. 缩小教育差距

从地理维度审视基础教育的布局与发展态势，早期呈现出明显的失衡格局，教育资源高度集聚于发达地区，形成了鲜明的区域梯度差异。改革开放以来，政策导向发生了根本性转变，积极致力于向欠发达地区倾斜资源配置，以逐步实现城乡教育差距的缩小，进而推动区域基础教育均衡化发展。

改革开放以来，我国区域基础教育均衡发展的战略重心逐渐聚焦于缩小城乡教育差距，这一转变标志着国家教育政策从"效率优先"向"公平优先，兼顾效率"的重大调整。国务院携手教育部等部委，出台了一系列旨在促进农村教育、西部教育发展的全国性政策文件，这些政策文件不仅涉及基础教育经费的合理拨付与使用、学校布局的科学调整与改造升级，还涵盖义务教育阶段的"两免一补"（免教科书费、免杂费、补助寄宿生生活费）政策、教师培训体系的完善、欠发达地区学生营养餐补助计划的实施、留守儿童关爱帮扶机制的建立、家庭经济困难学生资助体系的健全，以及高中阶段教育普及攻坚计划等多个维度，形成了全方位、多层次的政策支持体系。政策的实施体现了国家对教育公平原则的坚定承诺，更是对教育资源再分配机制的深刻革新。通过优化教育资源配置，政策指向力图打破城乡、区域、校际教育资源分布不均的固有格局，推动教育资源向欠发达地区、薄弱学校及特殊群体倾斜，确保每一名学生，无论其地域、家庭背景如何，都能享有平等接受高质量基础教育的机会。

### 3. 资源配置的精细管理

改革开放40多年来，从资源建设到深化应用，从硬件配置到数据革命，特别是互联网诞生以后，中国基础教育发展借助信息技术，以校校通、班班通、人人通为抓手，不断提高教育信息化水平，带动基础教育现代化发展水平不断提升。[①] 随着科技的发展，我国基础教育领域也开始尝试引入更精细的管理手段，从总体框架的设计到具体指标的设定，不断完善评价体系，以提高教育质量。

在资源建设层面，信息技术成为实现教育资源数字化与共享化的强大引擎。从学术视角来看，这一变革突破了传统教育资源配置的时空束缚，重塑了教育资源的分布格局。数字化的教育资源凭借其便捷性、可复制性和可传播性，极大地拓展了优质教育资源的辐射范围，使得不同区域、不同学校的学生均有机会接触到前沿、优质的教育内容，有力地推动了教育公平的实现进程。同时，信息技术为个性化教学提供了坚实的物质基础，契合了现代教育理念中对学生个体差异的尊重与关注。通过对学生学习数据的精准分析，能够依据每个学生的学习风格、能力水平和兴趣偏好，量身定制个性化的学习路径，从

---

① 袁振国，刘世清．改革开放40年中国基础教育发展的历史经验［J］．中国教育学刊，2018（12）：6-11，42.

而显著提升学生的学习兴趣与学习效果，这在学习理论和教育心理学领域均具有重要的学术意义。

信息技术驱动了一系列创新实践。借助学习平台和学生管理系统等信息化工具，基础教育领域不断探索多元化的应用模式，以满足教学、管理和评价等多方面的复杂需求。从教学角度来看，学习平台为教师提供了丰富的教学资源和多样化的教学手段，如多媒体课件、在线互动教学等，促进了教学方法的创新与教学质量的提升。在管理方面，学生管理系统实现了对学生信息的高效管理和动态跟踪，有助于学校优化管理流程、提高管理效率。而在评价领域，信息技术的应用实现了评价方式的多元化和精细化。通过智能分析和数据挖掘技术，对学生的学习行为和学习效果进行全方位、多层次的剖析，能够精准识别学生的学习优势与不足，为教师提供有针对性的教学反馈，进而推动教学质量和效率的双重提升。这种基于数据驱动的教学评价与改进模式，体现了教育测量与评价理论在实践中的创新应用，为教育决策提供了更为科学、准确的依据。

在硬件配置方面，信息技术的融入使教学设备实现了质的飞跃。计算机、交互式电子白板、移动设备等信息化设备在基础教育中的广泛应用，不仅丰富了教学手段，使教学方式从传统的单一讲授向多元化互动转变，而且促进了学生学习方式的变革。主动学习和协作学习模式在信息化教学环境中得以蓬勃发展，符合现代教育理念中对学生自主学习能力和团队协作能力培养的要求。从教育社会学的角度来看，这些新型学习方式有助于培养学生的社会交往能力、问题解决能力和创新思维能力，为学生适应未来社会的发展需求奠定了坚实基础。此外，信息通信技术的发展催生了远程教育、在线教育和智能教育等新兴教育模式，进一步拓展了教育的边界，打破了地域限制，为偏远地区和教育资源相对匮乏地区的学生提供了平等获取优质教育资源的机会，对促进区域基础教育均衡发展具有重要战略意义。

在信息技术的强力支撑下，我国基础教育正经历从传统模式向现代化、信息化、数据化模式的深刻转型。这一转型过程不仅在实践层面为提高教育质量、促进教育公平、培养适应社会发展需求的人才奠定了坚实基础，而且在理论层面推动了教育管理学、教育技术学、教育心理学等多学科领域的创新性发展。

### 4. 由"教授型"到"服务型"

传统的"教授型"基础教育模式，在学术脉络上深植于知识本位的教育思想，将知识的单向传递视为核心使命。教师凭借其专业权威，在教育场域中占据主导地位，致力于将既定的知识体系高效地灌输给学生，以达到知识积累与应试能力提升的目标。随着社会发展对人才需求发生根本性转变，现代社会不再仅仅需要知识储备型人才，而是呼唤具备全面素质、创新精神与实践能力的综合性人才。

2018年，全国教育大会召开，习近平总书记提出"培养德智体美劳全面发展的社会主义建设者和接班人"，这一理念为教育方针注入了崭新内涵，也为基础教育从"教授型"向"服务型"转变提供了明确的政策导向与坚实的理论基石。在现代教育视域下，教育的本质被重新定义为全面育人的过程，涵盖德育、智育、体育、美育和劳动教育等多个维度。素质教育理念的兴起，从学术层面而言，是对教育本质与功能认识的深化与拓展。它强调教育不仅要关注学生的认知发展，更要注重其情感、态度、价值观的塑造，以及身体机能、审美素养和实践操作能力的培养。从逻辑关系上看，素质教育是一个有机整体，各要素相互依存、相互促进。例如：德育为学生提供价值引领，确保其智力成果能够服务于社会福祉；体育不仅可增强学生体质，更有助于培养其坚韧不拔的意志品质，为学习与创新活动提供生理与心理支撑；美育则滋养学生的心灵，激发其创造力与想象力，提升其对世界的感知与表达能力；劳动教育促使学生将理论知识与实践操作相结合，培养其动手能力与解决实际问题的能力，使其更好地适应社会生产与生活的需求。

"服务型"教育理念的提出，是对传统教育模式的一次根本性挑战与超越。它强调教育应以学生为中心，关注学生的全面发展与个性需求，致力于构建一个公平、包容、灵活的教育环境。在这一理念下，教师不再仅仅是知识的传递者，而是学生学习过程中的引导者、支持者与合作伙伴，通过提供个性化、多样化的教学服务，激发学生的学习兴趣，培养其自主学习与终身学习的能力。由"教授型"到"服务型"的转变为区域基础教育均衡发展赋予了全新的内涵与实现路径。在传统教育模式下，区域间教育资源的不均衡往往导致教育质量的较大差距，这种差距主要体现在知识传授的水平与应试成绩的差异上。然而，"服务型"教育模式的推广，使区域基础教育均衡发展不再局限于知识资源的均衡配置，而是更加关注教育服务的全面性、个性化与适应性。因此，我国区域基础教育从"教授型"向"服务型"的转变，是在时代发展、社会需求变革以及教育理念创新驱动下的必然趋势。这一转变不仅在理论层面丰富和拓展了教育的内涵与外延，构建了更为科学全面的教育理论体系，而且在实践层面为区域基础教育均衡发展提供了新的思路与路径，有助于培养适应现代社会发展需求、具有创新精神和实践能力的高素质人才，推动我国基础教育事业迈向新的高度，实现教育强国的伟大目标。

综上所述，我国区域基础教育均衡发展的学术缘起，是一个多维度、深层次的教育变革过程，其精髓在于基础教育政策的战略性转变、教育资源分配差距的有效缩小、资源配置机制的精细管理以及教育理念的根本性革新。这一系列变革不仅体现了国家对教育公平与质量提升的双重追求，也彰显了教育政策制定与实施中的智慧与远见。基础教育政策的转变，为区域基础教育均衡发展提供了坚实的政策保障与战略导向，推动了教育资源向欠发达地区与薄弱环节倾斜，确保了教育机会的公平分配。缩小"四大差距"的实践，则是对教育资源分配不均问题的直接回应，通过政策引导与资源配置优化，有效促进了城乡、区域、校际及欠发达地区间的教育均衡发展。资源配置的精细管理，作为实现教育均衡发展的重要手段，要求教育体系在资源配置、使用与监督等多个层面进行深度改革，以确保教育资源的有效利用与最大化效益。这一改革不仅提升了教育资源的配置效率，也为教育质量的整体提升奠定了坚实基础。由"教授型"向"服务型"的转变，不仅促进了教育质量的提升，也推动了教育公平与社会正义的深入实现。

## 第二节　区域基础教育均衡发展的价值探寻

本节探讨区域基础教育均衡发展的价值，通过梳理相关文献揭示其背后的推动力、影响因素及学术支撑体系，更好地理解其发展历程、理论框架与实践模式，为未来的教育改革与发展提供有益的借鉴与启示。

## 一、区域基础教育均衡发展的学术价值

基础教育是指儿童少年在学龄期接受的、以全面发展为目标的、必须具备的、基本的、系统的教育。区域基础教育均衡发展就是在满足各地区、各类型学校基本任务的基础上，通过合理配置教育资源，使各地区、各类型学校在教育过程中达成公平，保证每个人都有获得高质量教育服务的机会。区域基础教育均衡发展是基于我国义务教育的发展历程、政策推动、财政投入以及教师队伍建设等多方面的因素共同作用的结果，是现代社会教育政策研究及实践活动的关键主题之一。教育不仅是个体成长与发展的重要途径，也是社会进步与发展的基本动力和直接来源。然而，如何实现教育资源的公平分配、教育机会的公平使用以及教育结果的公平获取等教育公平问题，一直是困扰世界各国政府和社会的重大难题。区域基础教育均衡发展之所以成为学术史，是因为它有着深厚的历史背景和演变过程，得到了社会的广泛关注和学术界的深入研究。

### （一）理论建构与深化

#### 1. 区域基础教育均衡发展的独特性和复杂性

区域基础教育均衡发展的独特性和复杂性，并非简单的教育资源分配考量，而是涉及地域差异、社会结构、文化传承等诸多因素相互交织的复杂命题。其独特性在于需从区域这一特定视角出发，剖析各类影响因素的综合作用，为理解教育发展的不均衡现状及其根源提供别样视角。独特性首先体现为基础教育的公共性较强。作为公共产品，基础教育对于每一个个体来说都至关重要，无论其社会地位、经济条件或其他身份特征，他们都有权利享受到高质量的基础教育。这一公平原则被各个层面的法规所确认和保护。然而，由于教育资源的有限性和个体需求的多样性，如何均衡配置和有效利用教育资源，使每个个体在教育过程中获得公平和尊重，是一个极具挑战性的问题。

复杂性则体现为基础教育的多因素影响。教育公平不仅涉及资源分配、机会获取等直接因素，还受到社会环境、家庭背景、个体能力等多种间接因素的影响。这些因素相互交织，共同构成影响教育公平的复杂体系。教育本质上是一种文化传承与创新的过程，它受到各种文化因素、价值观念、教育理念等深层次因素的制约与引导。这使得教育公平问题超越了简单的物质分配，而涉及更为复杂的精神文化领域。此外，区域基础教育均衡发展需要跨学科、跨领域甚至跨文化的研究和实践。区域基础教育均衡发展既涉及社会学、心理学和教育学的知识，又需要政策法律、经济管理等领域的支持，这也是其复杂性的表现之一。

由于区域基础教育均衡发展的独特性和复杂性，在区域基础教育均衡发展的历程中，自然地产生了很多有关政策选择、资源配置、教师队伍建设、课程设计、评价制度等方面的理论和实践问题，对这些问题的研究和探讨促进了学术史的形成。

#### 2. 区域基础教育均衡发展的民生所向

随着经济社会发展的加速与人民生活品质的提升，民众对于教育的期待与需求呈现

出前所未有的高度与广度，特别是对优质教育资源的需求日益高涨，构成了推动区域基础教育均衡发展议题进入学术研究与政策制定视野的强大动力。这一趋势不仅映射出社会对教育价值认知的深化，也彰显了教育作为民生福祉核心要素的地位日益凸显。

学术界对此的响应，是深入剖析区域基础教育均衡发展背后的复杂机理，力图揭示影响教育资源均衡配置的多重因素，并据此提出一系列旨在促进教育公平的政策建议与改革路径。学者们的研究聚焦于教育资源配置的不均衡性，尤其是城乡、区域及校际的显著差异，这些差异不仅体现了我国基础教育资源配置的结构性不合理，更深层次而言，它们构成了对教育质量与教育机会公平的严峻挑战。在此基础上，学者们积极探索教育模式的创新，如混龄教育、小班化教学等，旨在通过教育组织形式的变革，优化教育资源配置，提升教育质量与效率，进而促进教育机会的均等化。这些理论与实践探索，为教育均衡发展提供了新的思路与策略，也为其在更广泛地域的推广与应用奠定了坚实基础。

### 3. 国际先进经验的借鉴与反思

随着学术界对区域基础教育均衡发展研究的不断深化，其研究范畴已从最初的教育普及率提升，逐步拓展至教育资源的高效配置、教育质量的全面提升以及教育公平原则的深入贯彻等多个维度。这一转变不仅体现了教育研究的精细化与多元化趋势，也映射出全球教育治理理念的演进与升级。

在研究方法上，学者们不再局限于单一的定性或定量研究，而是综合运用实证研究、比较研究、政策分析等多种手段，更全面地揭示教育均衡发展的内在规律与外在挑战。跨学科、跨领域的综合研究方法，为深入理解教育均衡发展的复杂性提供了强有力的工具。近年来全球化进程的加快，为教育学界开辟了新的研究视野。跨文化比较研究逐渐成为探索全球教育均衡发展最佳模式的重要途径。通过对比分析不同国家和地区在推进教育均衡发展方面的成功经验与失败教训，学者们得以从更广阔的视角审视教育均衡发展的多元路径与潜在风险。然而，在借鉴国际先进经验的同时，也必须保持清醒的本土化反思。教育均衡发展是一个高度情境化的议题，不同国家和地区的教育体制、文化背景、经济发展水平等因素均会对教育均衡发展的实现路径产生深远影响。因此，在吸收国际经验时，我们必须充分考虑本土实际情况，避免盲目照搬与简单移植。具体而言，我们应关注国际经验中的普遍规律与特殊经验，结合我国教育发展的历史脉络与现实需求，进行有选择性的借鉴与吸收。同时，我们还应注重教育政策的创新与实践的灵活性，以应对全球化背景下教育均衡发展面临的新挑战与新机遇。

### （二）方法论探索与突破

#### 1. 实证研究与案例分析的深度挖掘

实证研究以严谨的数据收集与精确的分析方法，揭示区域基础教育资源配置的实际状况、发展趋势以及影响因素。如王正惠、蒋平[①]基于四川民族地区的实证研究，探讨了

---

① 王正惠，蒋平. 从基本均衡到优质均衡：民族地区县域义务教育均衡发展的时代转向——基于四川民族地区的实证研究 [J]. 民族教育研究，2021，32（2）：78-89.

民族地区县域义务教育均衡发展的时代转向。案例分析聚焦具体的区域实践，从中提炼出具有普遍性的经验与教训。在实践案例研究方面，刘秀峰、廖其发将成都模式概括为：全域视角、三圈联动，三化为纲、六位一体，鼓励试验、百花竞放。[1] 李涛、邬志辉对重庆市统筹城乡义务教育均衡发展进行梳理，提出形成立体多元、协调互动的"点—力—链—网—面—群—体"统筹建构模式，形成"一体重庆"覆盖面。[2] 许多学者通过严谨的实证研究与细致的案例分析，来揭示区域基础教育均衡发展的内在机理与外在表象。他们运用先进的量化研究方法，精心设计与实施大规模的数据收集与分析计划，以科学的严谨性验证理论假设，为政策制定者提供具有说服力的实证支撑。如张学敏等[3]采用变异系数、基尼系数和泰尔指数，探讨了西藏自治区六市一地区及其所辖区县的基础教育财政投入存在的区域失衡问题。通过对实证研究与案例分析的深度挖掘，可以准确地把握区域基础教育均衡发展的动态特征，为学术理论的构建与政策制定提供坚实的依据。

2. 跨学科视角下的理论整合与创新

区域基础教育均衡发展问题的复杂性决定了单一学科的研究视角往往具有局限性。跨学科视角的引入，为这一领域带来了新的活力与机遇。不同学科的理论与方法相互碰撞、融合，促使人们从多维度、多层次去审视区域基础教育均衡发展问题。在跨学科视角下，整合社会学、经济学、教育学等学科的理论资源，有助于打破学科壁垒，实现理论创新与突破。

## 二、区域基础教育均衡发展的现实价值

### （一）公平基石的构筑与社会稳定的维系

区域基础教育均衡发展研究为社会公平奠定了坚实的基石。从逻辑层面剖析，基础教育均衡不仅是教育资源分配的一种理想状态，更是社会公平原则在教育领域的具体体现。它要求在教育机会、资源配置、教学质量等方面消除地域、城乡、校际的显著差异，确保每位适龄儿童都能享有高质量的基础教育服务。在教育资源均衡配置中，每一个孩子都能获得平等的成长机遇。公平性不仅体现在知识的获取上，更体现在人格的塑造与未来发展的可能性上。从宏观层面来看，教育的均衡发展有助于缓解社会矛盾，减少因教育差距而产生的阶层分化，从而维护社会稳定与和谐。基础教育均衡发展的理念，深刻触及社会结构的深层次问题，即如何通过教育这一关键途径，促进社会流动与融合。这不仅是教育公平的实现路径，更是社会稳定与和谐的重要保障。当基础教育资源得以

---

① 刘秀峰，廖其发. 城乡教育一体化的成都模式及启示 [J]. 教育与教学研究，2012，26（7）：1-4.

② 李涛，邬志辉. 统筹城乡教育改革的实践探索——以重庆市为例 [J]. 教育发展研究，2012，32（7）：13-18.

③ 张学敏，江瑞涛，林檬. 西藏自治区基础教育财政投入的区域均衡研究 [J]. 民族教育研究，2023，34（4）：108-118.

均衡配置，个体间的起点差异得以缩小，社会成员便能在更加公平的环境中竞争与发展，从而减少社会矛盾与冲突，增强社会的凝聚力与向心力。

### （二）人才培养的现代化与经济发展的可持续动力

区域基础教育均衡发展对于经济的可持续发展具有不可忽视的现实价值。在当今知识经济时代，人才是推动经济增长的核心要素。而基础教育作为人才培养的起点，其均衡发展直接关系到经济发展的动力与后劲。

从智力引擎的角度来看，均衡的基础教育能够为不同区域的孩子提供同等水平的思维训练与知识积累，培养他们的创新能力、问题解决能力和批判性思维。这些能力将在他们未来的职业生涯中发挥重要作用，为经济的创新发展提供源源不断的智力支持。无论是科技创新、产业升级还是企业管理，都需要具备高素质的人才队伍。区域基础教育均衡发展可以为经济发展打造强大的智力引擎。因此，区域基础教育均衡发展研究推动了人才培养的现代化进程。

### （三）引领教育政策与实践的创新与发展

区域基础教育均衡发展研究在引领教育政策与实践范式的创新性转型与战略性发展方面，展现出了独特的现实价值与深远意义。

在教育政策层面，区域基础教育均衡发展研究通过系统分析教育资源配置、教育质量提升、教育机会均等化等核心议题，揭示了当前教育政策体系中存在的瓶颈。在此基础上，研究者们提出了一系列创新性的政策建议，如杨玉春[1]针对我国义务教育优质均衡发展提出了缩减教育管理层级营造区域教育协同治理生态、改进中考制度构建立体贯通的教育评价体系、建立兼顾公平与效率的义务教育学校管理机制、顺承高中多样化发展趋势支持贯通培养模式与学校特色发展的政策展望，推动教育政策向更加公平、高效、可持续的方向发展。在教育实践层面，研究者们深入探索教育教学模式、教育技术应用、教育评价体系等方面的改革与创新，如李莹、陈鹏[2]提出基础教育扩优提质应科学优化基础教育学校布局，开启优质教育资源供给"新征程"，深化素质本位学生培养模式，奋力书写让人民群众满意的"新答卷"，推进校、家、社协同育人机制，构建学生可持续发展"新生态"，为教育实践者提供了丰富的理论支撑与实践指导，有助于提升教育教学的质量与效率，更能够激发学生的学习兴趣与潜能，促进学生的全面发展。此外，区域基础教育均衡发展研究在引领教育政策与实践的创新性转型与战略性发展过程中，始终秉持开放、包容、协同的理念，不仅关注教育领域内部的问题与挑战，更积极寻求与其他领域如经济、社会、文化等的交叉融合与协同发展。跨领域的合作与交流，拓宽了教育政策与实践的创新空间与发展路径，更为教育事业的全面进步与社会的和谐发展注入了新的活力与动力。

———————————

① 杨玉春. 我国义务教育均衡发展政策的省思与对策 [J]. 中国教育学刊，2024（7）：50-55.

② 李莹，陈鹏. 从均衡发展到扩优提质：我国基础教育助力教育强国建设的实践路径 [J]. 中国教育学刊，2024（11）：8-13，20.

## 第三节　区域基础教育均衡发展的脉络与谱系

本节回顾区域基础教育均衡发展的历史脉络，通过分析相关历史事件和政策，探讨区域基础教育均衡发展的历史动因、演变规律和演进方法。在此基础上，梳理学者和专家的相关学术思想、研究成果和学术贡献，构建区域基础教育均衡发展的学术谱系，形成区域基础教育均衡发展的基本脉络，结合现实，科学预测其未来重点和突破方向。

### 一、区域基础教育均衡发展的历史脉络

#### （一）以机会普及为核心的初步均衡发展时期（1985—2011 年）

自 20 世纪 80 年代起，随着改革开放的深入推进，国家建设对高素质人才和合格劳动力的需求日益迫切。然而，当时我国劳动力人口的平均受教育年限普遍偏低，且教育资源的分布呈现出显著的不均衡性。这一时期国家采取一系列措施保障学龄人口接受义务教育，推进义务教育初步均衡发展。

1985 年发布的《中共中央关于教育体制改革的决定》，明确提出普及九年义务教育的目标。在此期间，虽然普及义务教育是主要目标，但政策也开始关注城乡、区域和学校之间的均衡发展。1994 年发布的《普及义务教育评估验收暂行办法》，根据入学率，辍学率，完成率以及文盲率等指标评估普及程度，针对 2000 年前只能普及初等义务教育县的村办小学，提出了底线要求，即要达到"班班有教室，校校无危房，学生人人有课桌凳，教师教学有教具和必备的资料"。到 2000 年底，我国在 85％ 以上的人口所在地区基本普及了九年义务教育。2002 年，《教育部关于加强基础教育办学管理若干问题的通知》提出积极推进义务教育阶段学校均衡发展。2005 年至 2006 年，相关政策文件进一步强调了促进义务教育均衡发展的重要性，并规定了政府应合理配置教育资源。到 2011 年，全国劳动力人口平均受教育年限为 9.68 年，其中农村劳动力人口平均受教育年限为 8.57 年，分别比 1985 年提高了 3.54 年和 3.10 年，我国劳动力人口素质明显提升。

#### （二）以资源均等为核心的基本均衡发展时期（2012—2021 年）

这一时期，中国教育领域经历了一场以资源均等化为核心驱动力的深刻变革，标志着一个促进基础教育全面、均衡发展的新时代的到来。从 2012 年至 2021 年，中国教育体系在缩小城乡、区域教育差距，提升国民受教育水平方面取得了非凡成就，为国家的可持续发展与人力资源的优化配置奠定了坚实的基础。

从义务教育的县域基本均衡层面来看，中国通过一系列政策与实践的深度融合，实现了教育公平的历史性跨越。全国小学净入学率的微幅提升，以及初中阶段毛入学率的高位稳定，彰显了教育普及的广度，更体现了"不让一个孩子掉队"的坚定承诺。特别是义务教育阶段经济困难家庭辍学学生实现动态清零，标志着长期困扰教育公平的历史

难题得到了根本性解决，体现了教育政策精准施策与社会治理能力的显著提升。

在教育普及与国民素质提升方面，我国取得了令人瞩目的进步。劳动年龄人口平均受教育年限的稳步增长，以及高等教育普及率的显著提升，反映了教育资源的有效配置与利用，也体现了教育对提升国民整体素养、促进社会流动的重要作用。大学文化程度人口的激增，更是国家知识经济与创新能力提升的直接体现，为经济社会的全面发展提供了强大的人才支撑。

教育资源均衡配置的深化实践，是中国在这一时期教育均衡发展战略中的核心亮点。通过实施诸如全面改善欠发达地区义务教育薄弱学校基本办学条件等重大工程项目，中央财政的大规模投入直接改善了教育基础设施，更通过营养改善计划等具体措施，显著提升了农村学生的体质健康水平，体现了对教育公平与健康的双重关怀，优化了教育资源配置的结构与效率，促进了教育质量与教育公平的双重提升。

总体来看，2012—2021年，中国在以资源均等化为核心的基本均衡发展策略指引下，通过财政投入的加大、资源配置的优化、教育质量的提升等多维度努力，实现了教育领域的深度转型与均衡发展。这一时期的成就，不仅体现在教育普及率的提升与国民素质的增强上，更深刻地反映在国家教育体系的整体优化与社会公平正义的推进之中，为国家的长远发展与社会的和谐稳定奠定了坚实的基础。

### （三）以教师均质为核心的优质均衡发展时期（2022年至今）

在义务教育基本均衡发展的推动下，农村和欠发达地区已成功补齐了学校日常运转所需的资源短板，在硬件资源方面与城市和发达地区之间的差距已不显著。然而，教育质量上的差距依然显著，凸显出教师质量成为影响义务教育质量提升的关键因素。在这一背景下，推进教师均质化成为推动义务教育优质均衡发展的核心任务。

第一，教师队伍整体素质的提升。一是全面提升教师队伍整体素质，健全教师管理制度，确保教师队伍的稳定性和专业性。二是全面落实教师交流轮岗制度，促进城乡、校际的教师资源共享，缩小教育差距。交流轮岗重点是加强城镇优秀教师、校长向乡村学校、薄弱学校流动，发挥优秀教师、校长的辐射带动作用，将到农村学校或薄弱学校任教1年以上作为申报高级职称的必要条件，3年以上作为选任中小学校长的优先条件。三是加强教师培训，提高教师的教学水平和专业素养，促进教师的专业发展。

第二，教育教学质量的提升。一是建立科学、全面的教育教学质量评价体系，对教师的教育教学质量进行客观、公正的评估。二是鼓励教师开展教育教学研究，提高教师的教育教学研究能力，推动教育教学的创新性发展。三是推广和应用先进的教学方法和手段，提高课堂教学效率，激发学生的学习兴趣和积极性。

第三，教育资源的均衡配置。一是加快学校建设标准化进程，确保学校设施设备的完善和教学资源的充足。二是推动城乡教育一体化发展，加强城乡学校之间的合作与交流，实现城乡教育资源的共享与互补。三是推进教育数字化。加强智慧教育建设，利用数字化技术提高教育教学的效率和质量，促进教育现代化。国家大力开展"三个课堂"（专递课堂、名师课堂、名校网络课堂）建设，以信息化为依托，以课堂为主阵地，满足学生对个性化发展和高质量教育的需求。

## 二、区域基础教育均衡发展的学术谱系

谱系，一般用于描述一个体系或者流派的发展变化过程和相关因素。学术谱系是一种研究和描述学术思想流派、学派关系的方式，能够帮助我们理解和把握学科的发展脉络和变迁过程。区域基础教育均衡发展是教育学的一个重要研究领域，主要关注教育资源、教育机会等在各个地区、各个群体之间的分配是否公平公正。不同时期的学者与研究机构，以各自独特的学术视角和研究方法，为区域基础教育均衡发展奠定了坚实的理论基础。区域基础教育均衡发展作为一个多维度、跨学科的学术议题，其学术谱系的梳理与解析显得尤为重要。这不仅是对过往研究成果的系统回顾，更是对未来教育发展路径的前瞻性探索。

### （一）不同时期的研究代表划分及研究机构

#### 1. 早期研究者

安体富、苌景州等在 1994 年就从义务教育的财政投入体制来论述教育的均衡稳定发展，主张在义务教育经费投入上采取相对集中的财政资金保障模式，由中央和省级政府予以安排。

顾明远认为，教育均衡发展是教育平等的问题。他强调在义务教育已经实现了"两基"（基本普及九年义务教育和基本扫除青壮年文盲）的背景下，教育均衡发展是社会主义性质的体现。

翟博在《教育均衡论》中，建立了一个分析教育均衡发展的理论框架，对教育均衡、教育发展、教育公平等概念给出了经济学意义上的解释。他从经济发展、社会发展、教育发展的视角，研究基础教育均衡发展，并将教育均衡发展视为推进经济均衡发展和社会均衡发展的重要条件。翟博主要研究义务教育均衡发展的问题，同时也着重探讨了农村教育中教师队伍、教学点的建设问题，为破解农村教育问题提出对策。由此可见，义务教育阶段农村的教育均衡发展是教育领域的一个热点。

从早期研究者对财政投入体制的探讨，到教育平等的深化，再到理论框架的构建与农村教育问题的聚焦，区域基础教育均衡发展的学术谱系经历了从初步探索到深入发展的演变过程。这一演变过程不仅体现了学术界对教育均衡发展问题的持续关注与深入理解，也为后续的教育政策制定与实践探索提供了理论支撑与实践指导。

#### 2. 中期推动者

随着区域基础教育均衡发展的重要性逐渐被社会各界所认可，一批中期推动者开始在这一领域深入耕耘，将理论与实践相结合，推动区域基础教育均衡发展的进一步深化。

王善迈对教育资源配置进行了深入研究。他强调教育资源应根据各地区的经济发展水平、人口分布、学校规模等因素进行合理配置，确保不同地区、不同学校之间的教育条件相对均衡。

袁振国在区域基础教育均衡发展研究中，特别关注教育政策与制度的设计。他认为，

要实现区域基础教育均衡发展，就必须改革和完善教育政策与制度，确保教育资源的公平分配和有效利用。

杨东平致力于推动城乡教育均衡发展。他提出了一系列政策建议，包括加大对农村教育的投入、改善农村学校的教学条件、提高农村教师的待遇等，以缩小城乡教育差距。

### 3. 当代研究者与实践者

进入 21 世纪，区域基础教育均衡发展依然是我国教育改革和发展的重要任务。当代研究者与实践者在继承前人研究成果的基础上，不断开拓创新，为区域基础教育均衡发展注入了新的活力。

薛二勇在区域基础教育均衡发展研究中，特别关注教育公平与教育质量的关系。他认为，在追求教育均衡发展的过程中，必须注重提高教育质量，确保每一个学生都能享受到优质的教育资源。

胡咏梅致力于通过实证研究来评估区域基础教育均衡发展的效果。她利用大数据和统计分析方法，对不同地区、不同学校之间的教育均衡状况进行了深入研究，为政策制定提供了有力的数据支持。

刘雍潜以独特的视角，提出了大数据时代区域基础教育均衡发展的新思路。他强调，应以数据为基础，准确把握区域基础教育发展的动态与趋势，充分利用大数据技术的强大力量，从教育环境均衡、教育资源均衡、教育机会均衡以及教育质量均衡四个维度出发，为区域基础教育均衡发展提供科学依据与决策支持。此外，刘雍潜还深入分析了信息技术对欠发达地区基础教育均衡发展的深远影响，揭示了信息技术在缩小教育差距、促进教育公平中的重要作用。他的研究不仅拓宽了我们对大数据技术在教育领域应用的认知边界，更为推动区域基础教育均衡发展提供了全新的思路与策略。

### 4. 研究机构

与不同时期的研究代表相呼应，区域基础教育均衡发展的学术谱系中也涌现出了一批具有影响力的研究机构与学术共同体。这些研究机构与学术共同体为研究者们提供了交流与合作的平台，也推动了区域基础教育均衡发展研究的不断深化与拓展。例如，教育经济学研究机构、教育政策研究中心以及大数据与教育创新实验室等，都在各自的研究领域内取得了显著的成果，为区域基础教育均衡发展提供了有力的智力支持。作为全国高等师范院校的排头兵，北京师范大学在推动区域基础教育均衡发展中发挥着重要作用。北京师范大学通过培养一批好老师、办好一批好学校，加强教育引领，努力在促进均衡上下功夫，在发展充分上做文章，充分发挥示范引领作用。北京师范大学牵头创建了高等师范院校基础教育工作研究会，该研究会目前共有 40 多所高校理事单位，充分发挥高等师范院校教育科研和实践综合优势，为基础教育改革实践发挥理论指导作用。学校启动"凝智计划"，加强对教育发展战略问题的前瞻性研究和对重大现实问题、突出矛盾的对策性研究，为国家教育政策的制定与执行提供高质量的决策咨询服务和智力支持。

### （二）区域基础教育均衡发展的现实趋向

#### 1. 政策推动与资源配置现状

近年来，我国政府对区域基础教育均衡发展的重视达到了前所未有的高度，体现了国家对于教育公平与社会正义的坚定承诺，也彰显了通过教育资源的优化配置以缩小城乡、区域及校际教育差距的深远考量。教育部发布的相关数据显示，2012 年至 2021 年，我国义务教育在全面普及的基础上，县域内基本均衡发展的成就斐然。这一时期的显著标志是全国范围内义务教育学校办学条件的显著改善，具体体现在教学及辅助用房面积、体育运动场馆面积以及教学仪器设备值等关键指标的稳步增长上。尤其是农村地区的教育投入力度显著增强，财政对农村义务教育的倾斜力度逐年加大，义务教育阶段生均预算内教育经费与公用经费标准均实现了稳步提高，这一系列举措无疑为农村教育的快速发展注入了强劲动力。然而，当前区域、城乡及校际教育资源差距依然存在，构成区域基础教育均衡发展道路上的重要障碍。以师资力量为例，城市学校与农村学校在教师学历结构、职称比例及专业发展机会等方面存在一定差距。师资力量的不均衡分布，直接制约了农村学校的教育质量提升，更在一定程度上加剧了教育不公平现象，使得城乡教育差距的缩小面临严峻挑战。

#### 2. 教育质量提升与教育改革探索

教育质量是区域基础教育均衡发展的核心所在。为了提升教育质量，我国基础教育领域进行了一系列深刻的课程改革与教学模式创新。新课程标准的实施与素质教育的深入推进，标志着我国基础教育课程体系正逐步向培养学生的核心素养和综合能力转型。这一转型体现为课程内容的多样化，以及教学方法的灵活性与评价体系的多元化。课程内容的多样化旨在拓宽学生的知识视野，培养其批判性思维和创新能力；教学方法的灵活性强调以学生为中心，注重启发式、探究式学习，以激发学生的学习兴趣和主动性；评价体系的多元化旨在打破传统单一的成绩评价模式，通过多维度、全方位的评价方式，全面、客观地反映学生的学习成果和发展状况。在课程改革过程中，信息技术的广泛应用成为推动教育质量提升的重要力量。信息化教学设备覆盖率、网络接入率及资源建设情况的显著改善，为信息化教学手段的广泛应用提供了有力支撑。信息化教学丰富了课堂教学形式，提高了学生的学习兴趣和参与度，促进了教育资源的共享与优化配置，为教育公平的实现提供了可能。尽管信息化教学在提升教育质量方面取得了显著成效，但不同地区、不同学校在信息化教学方面的发展水平仍存在较大差异。东部沿海地区及城市学校的信息化教学水平普遍较高，而中西部地区及农村学校则相对滞后，体现在硬件设施的配备，以及信息化教学理念的普及与应用能力的提升上。当前，我国基础教育领域仍存在一些制约教育质量提升的因素。例如，部分地区学校管理水平不高、教师激励机制不完善、学生评价体系单一等问题依然存在。这些问题不仅影响了学校教育教学活动的正常开展，也制约了教育质量的进一步提升。因此，需要继续深化教育改革，完善教育管理体制和机制，为教育质量提升提供有力保障。

### 3. 社会参与协同推进机制

近年来，我国基础教育领域在促进社会参与方面取得了积极进展。一方面，政府通过政策引导和支持鼓励社会力量参与教育事业发展；另一方面学校、家庭和社会各界也积极响应政府号召，共同参与基础教育改革与发展。《教育部等九部门关于进一步推进社区教育发展的意见》指出，要推动形成党委领导、政府统筹、教育部门主管、相关部门配合、社会积极支持、社区自主活动、市场有效介入、群众广泛参与的社区教育协同治理的体制和运行机制。社会力量的参与为基础教育提供了更多的资源和支持，并且促进了教育理念的更新和教育方法的创新。例如：一些企业和社会组织通过捐赠资金、提供志愿服务等方式为农村学校改善办学条件、提升教学质量贡献力量；家长通过参与家校合作、共同育人等方式为孩子的全面发展提供有力支持；一些专家学者通过开展教育研究、提供政策咨询等方式为基础教育改革与发展提供智力支持。

## 第四节　区域基础教育均衡发展的知识图谱分析

本节通过知识图谱的构建和分析，全面揭示区域基础教育均衡发展的研究现状和趋势，为区域基础教育均衡发展的研究和实践提供新的视角和思考工具，为未来的研究和实践提供有力支撑。

### 一、研究热点与前沿分析

#### （一）研究热点

图 3.1 涵盖区域基础教育均衡发展的"信息技术""学前教育""基础教育""校际均衡"等多个教育领域的关键方面，显示了学术界关于区域基础教育均衡发展在教育均衡、资源配置、师资队伍、学生发展等多个维度的研究旨趣，也揭示了以教育均衡发展为目标的教育综合改革的不断拓展。

#### （二）关键概念

"均衡发展"和"教育公平"是区域基础教育均衡发展的关键概念，涉及基础教育资源的均衡配置、师资队伍的均衡建设，以及校际的均衡发展等。此外，"信息技术"的提及表明技术在教育领域的运用也是一个重要的研究方向，可能涉及如何利用技术手段提高教育质量和效率。"学前教育"的纳入则显示了研究者对早期教育的关注，以及早期教育对后续学习的重要性。同时，图 3.1 中还提到了"实证研究""监测制度""财政政策"等具体的研究方法和政策工具，这表明研究者们正在通过多种途径来推动教育领域的发展和进步。

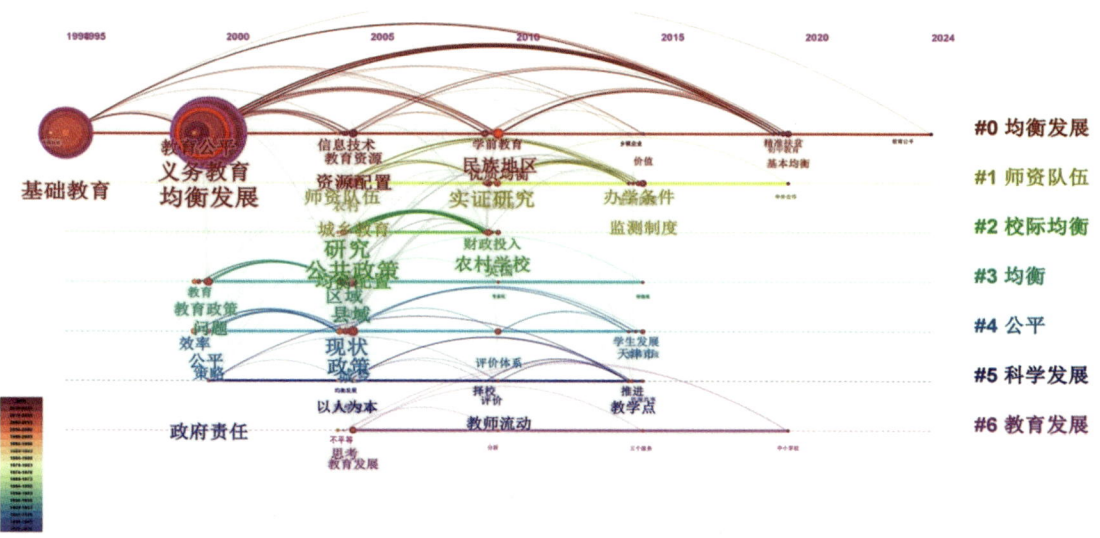

图 3.1　关键词时区演进图[①]

## （三）时间趋势

从时间演进序列来看，图 3.1 以不同年份为时间轴，展示了各个领域的数据变化趋势，有助于研究者分析教育政策、投入、资源配置等方面的长期效应。例如，从线条的起伏可以看出，"基础教育"中的"均衡发展"和"师资队伍"在近年来呈现出明显的上升趋势，这可能与政府和教育部门近年来对这些领域的重视和投入有关。例如，教育政策的调整可能是推动"均衡发展"和"师资队伍"上升的重要因素之一。以 2015 年《国家教育事业发展"十三五"规划》为例，该规划明确提出了要优化教育资源配置，强化师资队伍建设，这为基础教育中的"均衡发展"和"师资队伍"的提升提供了政策支持。在促进教育公平方面，该规划提出实施教育脱贫攻坚行动计划，加大职业教育脱贫力度，扩大农村贫困地区学生接受优质高等教育机会。在优化教育结构方面，该规划提出要优化教育资源配置结构，统筹规划学校布局，推进区域、城乡教育协调发展。这也表明"基础教育"中的"均衡发展"和"师资队伍"的上升趋势，是我国教育政策、投入和资源配置相互作用的结果。

## （四）子类别分析

一是教育领域的广泛覆盖。"信息技术"显示了研究者对现代教育技术手段的关注，包括教育技术在教学、管理、评估等方面的应用，以及信息技术如何促进教育创新和效率提升。"学前教育"和"基础教育"的并列表明研究者不仅关注教育的起始阶段（学前教育），也重视整个基础教育体系。这种全面覆盖的态度反映了研究者对教育连续性和系统性的认识。二是教育问题的深度聚焦。"均衡发展"作为子类别，凸显了当前教育领域

---

[①]　圆圈大小代表关键词出现的频率，颜色深度表示关键词的突出程度，而线条跨度、密度和不同节点之间的连线展示了关键词间的持续性，刻画研究热点的时间走向和话语变迁。

面临的一个核心问题：如何在不同区域、不同学校、不同学生群体之间实现教育的均衡发展？这涉及教育资源的分配、教育质量的提升、教育机会的均等化等多个方面。"师资队伍"的强调则指出了教育质量提升的关键因素。三是学校均衡发展的具体探讨。"校际均衡"类别的提出，进一步细化了"均衡发展"的议题。如特别关注城乡学校、优质学校与普通学校之间的差距，以及如何通过政策调整、资源配置、教学改革等手段来缩小这些差距。

### （五）研究方法与主题

"实证研究""监测制度""教育政策"等关键词，显示研究者采用了多种方法来研究教育均衡问题，包括数据分析、政策评估等。"实证研究"表明研究者深入实际，通过收集和分析具体的数据来揭示教育均衡发展的真实状况，强调对现象的客观、准确描述，以及基于数据的深入解释和推理。"监测制度"则揭示了研究者对教育均衡发展动态过程的关注。因此，有的学者提出了相应的监测机制，及时捕捉教育均衡发展的变化。关键词"科学发展"强调教育均衡发展应遵循科学的原则和方法，注重教育的内在规律和外部环境的相互作用，以实现教育的可持续和高质量发展。"以人为本"则体现了教育发展的根本目的和价值导向，即教育应服务于人的全面发展，满足人的多样化需求，促进人的潜能的充分发挥。

### （六）区域与政策关注

"民族地区"等表明研究者对特定地区的教育均衡问题进行了深入研究，研究者逐步关注到地理位置与区域因素。同时，"政府责任""政策"等关键词也显示了研究者对政策在推动教育均衡发展中的作用的关注，揭示了教育均衡问题的复杂性。

## 二、研究主题聚类

关键词聚类是根据关键词的贡献强度对其进行集群，用来表示研究领域中的一个主题类别。笔者通过聚类算法得到关键词聚类图谱（见图 3.2），并依据聚类模块值（$Q$ 值）和聚类平均轮廓值（$S$ 值）评估聚类效果。CiteSpace 依据网络结构和聚类的清晰度，提供了聚类模块值（$Q$ 值）和聚类平均轮廓值（$S$ 值）两个指标，其可以作为我们评判图谱绘制效果的依据。一般认为 $Q>0.3$ 意味着聚类结构显著；$S>0.5$ 意味着聚类是合理的，$S>0.7$ 意味着聚类结果令人信服。经统计，$Q=0.5745$，$S=0.892$，说明聚类结构显著有效，且聚类结果令人信服。关键词聚类图谱共生成了均衡发展、师资队伍、校际均衡、均衡、公平、科学发展、教育发展等 7 组主要的知识子群类团。

图 3.2 展示了与教育发展、均衡以及科学发展等主题相关的多个概念或实体之间的相互作用和关系。

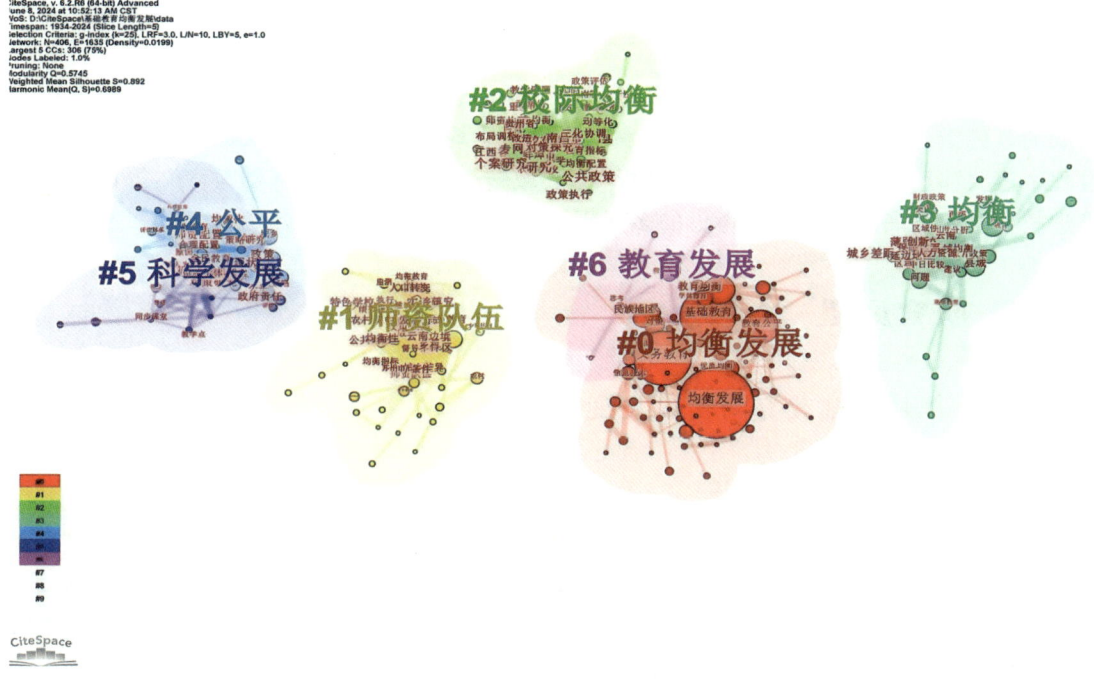

**图 3.2　关键词聚类图谱**

## （一）核心主题

　　均衡发展是关键词聚类图谱的核心概念，强调了在教育、社会和经济等多个领域内实现均衡发展的重要性，包括资源的均衡配置、机会的平等获取以及结果的公平性等。教育发展聚焦于教育领域内的进步和变革，包括提高教育质量、创新教育模式以及促进教育的普及等。均衡发展和教育发展的核心主题分别强调了它们在教育领域内的重要性和具体焦点。均衡发展注重资源的均衡配置、机会的平等获取以及结果的公平性，而教育发展则聚焦于提高教育质量、创新教育模式以及促进教育的普及。这两个概念相互关联，共同构成教育领域内进步和变革的重要方向。

## （二）关键概念与实体

　　校际均衡关注学校之间的教育资源、质量和机会的均衡问题，旨在缩小学校之间的差距，确保所有学生都能获得优质的教育。师资均衡强调教师队伍在数量、质量以及分布上的均衡性，对于保障教育公平和提高教育质量具有关键作用。个案研究是通过具体的教育案例进行深入分析，以揭示教育均衡发展的挑战、策略以及成效。公共政策与政策执行是政府在教育均衡发展中扮演着重要角色，通过制定和执行相关政策来促进教育公平和提高教育质量。科学发展涵盖了社会发展的可持续性、科学性和创新性，为教育发展提供了宏观的指导和支撑。

## （三）策略与建议

关键词聚类图谱中的"对策""政府责任"等词表明在实现教育均衡发展过程中需要采取的具体措施和政策支持。"监督与科区""优质均衡"等词强调在推进教育均衡发展过程中需要注重的方面和目标。"云分析""县域转变""民族地区基础教育"等词展示在推进教育均衡发展过程中需要考虑的多元因素。

# 三、研究展望

## （一）区域基础教育均衡发展变化趋势

### 1. 研究主题的扩展与深化

从图 3.3 可以看出，区域基础教育均衡发展的研究主题逐渐扩展并深化。早期的研究主要关注"内涵""公平"等核心概念，随着时间的推移，研究逐渐涉及"教育质量""信息技术""民族地区"等更为具体的领域。区域基础教育均衡发展的研究主题已经从最初的概念性讨论，扩展到多方面的实际问题。这意味着我国笔者已经开始更全面、深入地了解和探索教育均衡发展的内涵，提出了更为具体和操作性强的策略建议，表明区域基础教育均衡发展研究正在向更广泛、深入的领域拓展。

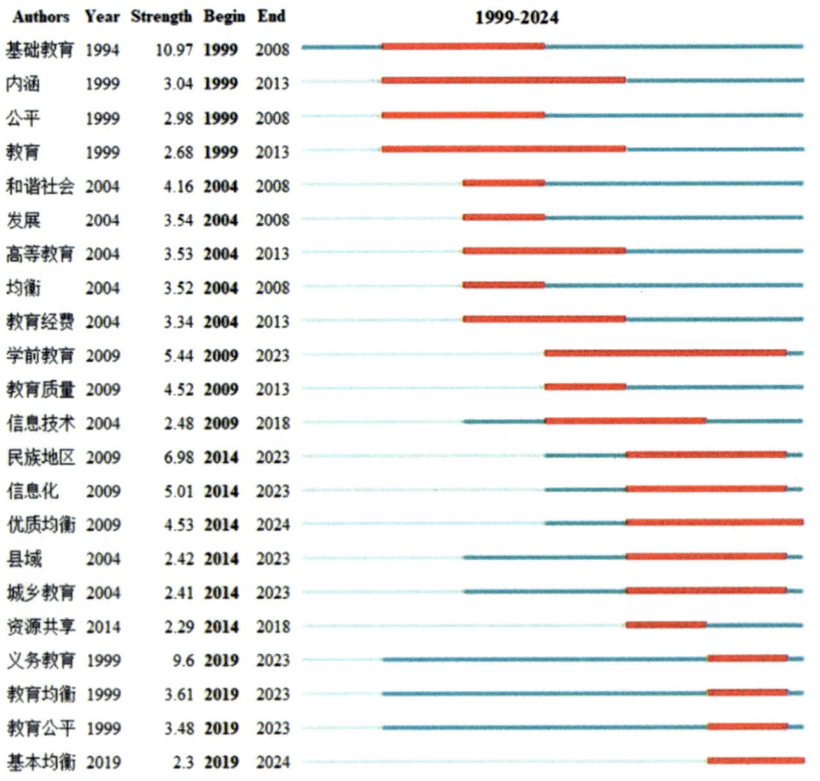

图 3.3　1999—2024 年文章发表频次较高的关键词

### 2. 研究强度的提升

随着时间的推移，区域基础教育均衡发展的研究强度也在不断提升。尤其是在 2009 年以后，多个领域的研究强度均有所增加，这表明区域基础教育均衡发展已经成为教育领域的热点议题，吸引了越来越多的学者和研究人员的关注。而这也反映出社会对这个议题的重视程度在逐步增加。这是一个积极的现象，意味着我国正在向更加公平和均衡的教育体系迈进。

### 3. 研究焦点的转移

从图 3.3 中还可以观察到研究焦点的转移。在早期，研究主要集中在"教育""和谐社会"等宏观层面，而随着时间的推移，研究逐渐转向更为具体的"优质均衡""城乡教育"等领域。这表明区域基础教育均衡发展研究正在从宏观层面向微观层面深入。"教育"和"和谐社会"这两个概念，本质上是关注社会结构，阐述教育如何作为一种关键工具来推动社会和谐。在这个阶段，研究主要集中在理论分析，以获取更广泛的视角和理解。"优质均衡"和"城乡教育"，表明重点正在转向深入研究具体问题和案例，从而获得更详细和精确的见解。在宏观层面的研究为我们提供了一种广阔的视角，使我们能够了解到教育均衡发展的大环境，理解其重要性。然而，只有通过微观层面的研究，才能真正理解问题的具体性，并找出有效的解决方案。所以，研究焦点的转移实质上是对区域基础教育均衡发展研究深度和广度两方面的追求。

## （二）关键词解读

### 1. 内涵

内涵作为区域基础教育均衡发展的重要关键词之一，指的是均衡发展的内在要求和本质特征。在教育领域中，内涵包括教育资源的均衡配置、教育质量的普遍提升、教育机会的公平享有等方面。这也意味着，我们需要将视角从过去单纯追求教育规模、形式的扩大、增多转向更加注重教育质量、效果的提升。只有深入理解并把握内涵，才能实现真正的区域基础教育均衡发展。

### 2. 公平

公平是区域基础教育均衡发展的另一个核心关键词。教育公平是社会公平在教育领域的延伸和体现，是指每个社会成员在享受公共教育资源时受到公正和平等的对待。在教育领域中，公平意味着每个学生都应该享有平等的教育资源和机会，教育公平涉及政策制定、资源分配、社会参与等方面，实现教育公平是区域基础教育均衡发展的重要目标之一。在研究中，还需要关注不同区域、不同学校、不同群体之间的教育差距，并采取相应的措施加以弥补。

### （三）区域基础教育均衡发展研究展望

#### 1. 深化对区域基础教育均衡发展的认识

未来区域基础教育均衡发展研究需要进一步深化对均衡发展的认识，需要从制度、公平、多元文化和评估等多个方面进行考虑和探索。从多个维度出发，全面分析均衡发展的内涵和要求，探索实现均衡发展的有效路径和策略。同时，还需要加强对国外区域基础教育均衡发展经验的借鉴和学习，为我国区域基础教育均衡发展提供参考和借鉴，不断寻找实现教育均衡发展的有效路径和策略。教育均衡发展是一个系统工程，涉及政策制定、资源配置、教育评价系统、教师专业发展等多个环节，需要我们有全局思考和整体策略。同时，教育均衡发展也需要适应不断变化的社会经济环境，寻找有效的实现路径。

#### 2. 关注不同领域的均衡发展问题

关注不同领域的均衡发展问题，是一个涉及教育理念、政策法规、资源配置、教学实践等多个方面的综合问题。例如：在城乡基础教育均衡发展方面，需要关注城乡基础教育资源的均衡配置和城乡基础教育质量的提升；在民族地区基础教育均衡发展方面，需要关注民族地区的特殊情况和需求，制定适合民族地区的基础教育均衡发展策略。教育均衡不仅仅涉及城乡和民族地区，还涉及性别、身体条件等。比如，我们需要关注女性教育、残疾人教育，以及经济困难家庭孩子的教育问题。这些都是区域基础教育均衡发展需要面对和解决的问题。

#### 3. 加强实证研究和实践探索

需要通过收集和分析大量的数据资料，了解不同地区、不同学校、不同群体的基础教育均衡发展情况，并基于实际情况制定相应的政策和措施。引进先进的数据分析方法和工具，例如借鉴大数据分析技术，对教育质量、学生满意度、教师评价等各项数据进行深度挖掘，找出影响区域基础教育均衡发展的关键因素。此外，还可以利用机器学习等人工智能技术，对大量的教育数据进行智能化分析，更精准地预测教育发展趋势和问题。同时，需要通过实践探索来检验政策和措施的有效性和可行性，为区域基础教育均衡发展提供实践经验和案例支持。

# 第四章　区域基础教育均衡发展的历史脉络及其特征

新中国成立以来，国家力推义务教育普及，增投资源以提升教育质量。改革开放以后，国家深化教育改革，完善体系与政策，强化师资建设，促进基础教育全面进步。21世纪以后，基础教育转向培养综合素质与创新能力，拓宽学生成长空间。我国长期坚持区域基础教育均衡发展战略，尤重农村地区、欠发达地区及民族地区，致力于缩小教育差距，实现教育公平。分析区域基础教育均衡发展历程，对理解教育均衡本质、指导政策制定与实践意义重大。

## 第一节　奠基与肇始阶段（1949—1978 年）

1949—1978 年是我国区域基础教育均衡发展的奠基与肇始阶段，此阶段见证了我国基础教育体系的初步构建与完善，历经多轮改革与调整。研究此阶段区域基础教育均衡发展历程，总结教育政策、实践与社会经济背景的影响，可为当前及未来教育政策制定提供关键参考。借鉴历史经验，有助于优化政策制定，应对当前教育改革挑战，推动区域基础教育均衡发展。进行历史脉络与成效分析，可为深化教育改革指引方向。

### 一、奠基与肇始阶段的基本历程

区域基础教育均衡发展的奠基与肇始阶段，涵盖整顿恢复教育、改造落后教育形式、实施扫盲、鼓励兴办教育、均衡资源配置、探索新发展模式及优化教育结构等环节。此阶段为我国基础教育奠定了坚实基础，显著推动了区域基础教育均衡发展进程。

新中国成立后，面对百废待兴的教育局面，政府着手构建新型基础教育体制，开启了区域基础教育均衡发展的奠基与肇始进程。以《中国人民政治协商会议共同纲领》为政策纲领，明确"民族的、科学的、大众的"① 教育方向，通过接管旧有学校、确立公办教育主体地位等举措，初步搭建起覆盖城乡的基础教育框架，为后续发展奠定了制度基础。这一阶段的教育体制构建不仅是对旧体制的革新，更确立了教育普及与公平的长远目标，使基础教育发展有了根本性的方向指引。在制度奠基的同时，政府同步推进教育资源的整合与扩充。新中国成立初期，中国共产党立足国家建设与人民需求，开启教育制度的彻底革新。通过接管并改造旧学校、创建新型教育机构，打破旧时代教育垄断格局，将教育资源向工农群体倾斜。不仅为广大劳动者子女开辟求学之路，更以识字扫盲运动、工农速成学校等创新形式，切实保障人民群众享有受教育权利，为新中国教育事业的蓬勃发展奠定坚实基础，谱写了教育公平的崭新篇章。②

为提升师资质量，政府建立师范教育体系，通过短期培训、在职进修等方式提升教师素养，缓解师资短缺困境。尽管受制于经济基础薄弱，资源整合过程中面临校舍不足、设备简陋等挑战，但通过政府主导的资源重组，基础教育的硬件基础与师资储备得以初步建立，为教育普及创造了必要条件。在资源整合的基础上，政府开始探索基础教育的均衡发展路径。针对城乡、区域教育差距，将农村与偏远地区作为投入重点，通过推行"巡回教育"③"耕读小学"④ 等灵活办学形式，解决偏远地区儿童入学问题；在民族地区实施特殊教育政策，保障少数民族受教育权利。同时，初步建立教育监管体系，通过制定统一的教学计划、课程标准，规范办学行为，确保教育机会在形式上的平等。

这一时期的均衡探索虽处于初级阶段，却在学校布局、资源配置、师资建设等方面积累了宝贵经验，为后续政策调整提供了实践参照。然而，1949 年至 1978 年的基础教育发展始终在复杂的政治经济环境中前行。多次政治运动对教育秩序造成冲击，经济滞后导致资源供给长期紧张，但政府始终坚守教育公平理念，将基础教育视为国家建设的基石。通过持续优化教育政策，如 1951 年《关于改革学制的决定》⑤、1963 年《全日制小学暂行工作条例（草案）》等，不断调整办学体制与资源分配方式，力求维持教育的稳定性。在教学改革方面，尝试将教育与生产劳动相结合，推动课程贴近工农生活。虽因经验不足出现过偏差，但这种立足国情的探索精神，为基础教育注入了服务社会、面向大众的价值底色。

总体而言，1949—1978 年的基础教育在制度初创、资源整合、均衡探索与环境适应中艰难前行。政府通过构建公办教育体系、扩大资源覆盖、尝试差异化政策，初步建立了基础教育的公共服务属性，虽受限于历史条件，均衡发展水平较低且过程曲折，但为改革开放后教育的跨越式发展积累了制度经验，奠定了公平教育的价值根基。这一阶段的核心贡献在于确立了教育均衡发展的基本方向——通过政府主导的制度建构与资源调

---

① 中国人民政治协商会议共同纲领［EB/OL］．（1949-09-29）［2024-03-09］．http：//www.cppcc. gov.cn/2011/12/16/ARTI1513309181327976.shtml.

② 百年征程映初心——党的教育方针的历史变迁［EB/OL］．（2021-05-27）［2024-03-10］．http：//www.moe.gov.cn/jyb_xwfb/s5147/202106/t20210608_536492.html.

③ 范杰．民国时期巡回教育研究——以巡回施教车为例［J］．今古文创，2022（17）：56-58.

④ 穆康．张謇耕读教育思想对现代职业教育的启示［J］．大众文艺，2025（7）：163-165.

⑤ 顾明远，张东娇．中国学制百年［M］．北京：教育科学出版社，2016.

配，努力实现教育机会的普遍化与公平化。其蕴含的民生关怀与实践智慧，成为我国基础教育发展的重要历史遗产。

## 二、奠基与肇始阶段的基本特点

1949—1978 年作为区域基础教育均衡发展的奠基与肇始阶段，其历史演进呈现出多重交织的显著特征，既承载着新中国教育制度初创的探索印记，也折射出社会政治环境与教育发展的复杂互动。

在制度建构层面，这一时期经历了从初创奠基到逐步完善的渐进过程。新中国成立初期，政府迅速整顿旧有教育体系，通过接管改造学校、确立公办教育主体地位等举措，构建起基础教育的基本制度框架，推动学校数量与在校生规模大幅增长，为基础教育普及奠定物质基础。随着国民经济恢复，教育政策从单纯的规模扩张转向制度优化：建立统一的教学计划与课程标准，推进师范教育体系建设以提升师资质量，强化教育经费的统筹管理。尽管受限于经济基础薄弱，区域教育资源配置仍存在差距，但政府通过颁布《关于普及小学教育若干问题的决定》等政策，初步确立了基础教育的公共服务属性，形成"边建设、边完善"的发展基调。

政策实施过程中，统一性导向与区域性差异呈现共生状态。中央政府通过制定全国性教育规划，明确"向工农开门""普及初等教育"等核心目标，推动教育资源向工农群体倾斜，如大量开设工农速成小学、扫盲班，构建起覆盖城乡的基础教育网络。然而，受历史地理条件与经济发展水平制约，教育发展的区域分化特征显著：东部沿海与城市地区依托较好的经济基础，学校硬件设施、师资配置率先改善；中西部农村及偏远地区则面临校舍短缺、教师匮乏等困境。针对这一问题，政府采取差异化策略，如在民族地区推行双语教育、对边疆地区实施专项教育补助，试图通过政策调节缩小区域差距，展现出政策统一性与地方适应性的早期探索的前景。

教育发展路径上，普及与提质的双重任务贯穿始终。一方面，政府将教育普及作为国家建设的基础性工程，通过大规模扫盲运动、推行五年制小学教育等举措，使学龄儿童净入学率从 1949 年的 20％[1]提升至 1978 年的 94％[2]，基本构建起覆盖城乡的基础教育网络。另一方面，注重教育质量的基础性保障，通过建立教师职称制度、开展教学大纲修订、举办工农速成中学等，在扩大教育覆盖面的同时，着力提升师资水平与教学规范。这种"两条腿走路"的发展模式，既回应了当时国家工业化对大量识字劳动力的迫切需求，也为后续教育质量提升积累了办学经验。值得关注的是，这一阶段的教育实践充满探索性与试错性。在缺乏成熟经验借鉴的背景下，政府通过"典型试验

---

[1] 义务教育阶段在校生从 2522 万人到 1.6 亿人——教育事业发展实现历史性跨越 [EB/OL]. (2024-10-02) [2024-11-12]. http://www.lishi.gov.cn/zxxw/gwyyw/yw_42188/2024 10/t20241003_1901337.shtml.

[2] 杨飒. 教育 数说巨变 [N]. 光明日报, 2021-06-09 (5).

—经验推广"的方式推进改革，如 1958 年的教育与生产劳动相结合试验①、1960 年的学制改革试点，既积累了教育与社会实践相结合的有益经验，也因部分政策脱离实际导致执行偏差。面对这些挑战，政府不断调整策略，例如在 1963 年颁布《全日制小学暂行工作条例（草案）》，重新规范教学秩序，强调普及与提高相结合，② 体现出对教育规律的认识深化。这种在摸索中调整、在试错中前行的特征，为后续教育改革提供了重要的实践参照。

社会政治环境对基础教育的影响在这一时期尤为深刻。新中国成立初期的政权巩固需求，使教育成为传播社会主义思想、培养建设人才的重要阵地，学校普遍开设政治理论课程，强化劳动教育与思想道德教育，形成"教育为无产阶级政治服务"的鲜明导向。同时，政府始终致力于维护教育的基础性地位，通过制定《关于教育工作的指示》等文件，强调在普及的基础上提高，确保基础教育保持发展韧性。这种政治逻辑与教育规律的互动，塑造了该阶段教育发展的独特轨迹，既赋予教育鲜明的时代特征，也为后续教育回归专业本位积累了反思素材。

总体而言，1949—1978 年的基础教育发展以制度初创为起点，在政策统一性与区域差异性、规模扩张与质量奠基、探索创新与调整试错的张力中前行。尽管受限于历史条件，教育均衡化发展尚处于低水平阶段，但通过构建公办教育体系、确立教育普及目标、探索差异化发展策略，为改革开放后基础教育的跨越式发展奠定了制度基础与实践经验，其蕴含的"公平底色"与"问题导向"改革思维，至今仍深刻影响着我国教育均衡发展的路径选择。

# 第二节　改革与开放阶段（1978—2012 年）

1978—2012 年，中国基础教育经历了均衡发展的改革与开放阶段。这一阶段，随着改革开放的深入推进和社会经济的快速发展，基础教育发展面临一系列新的挑战和机遇，政府主导的教育改革也在不断探索和尝试，以推动区域基础教育均衡发展。

## 一、改革与开放阶段的基本历程

1978 年改革开放伊始，基础教育领域通过恢复高考制度、重建教育秩序、提升教师待遇等举措，重新确立知识传授与学业质量的核心地位，为基础教育发展注入新的活力。1982 年，《中华人民共和国宪法》首次提出"普及初等义务教育"。③ 1983 年，邓小平为

---

① 张应强，唐宇聪. 教育与生产劳动相结合：马克思恩格斯经典论述的基本特征 [J]. 南京师大学报（社会科学版），2024（4）：36-46.

② 浦小松. 我国中小学校领导体制改革的历史演进、内在意蕴与实践启示 [J]. 现代教育管理，2024（9）：65-74.

③ 方光伟. 中国特色的依法普及九年义务教育之路 [EB/OL].（2009-02-13）[2024-03-16]. http://www.npc.gov.cn/npc/c2/c189/c221/201905/t20190522_108082.html.

北京景山学校题词"三个面向",① 明确现代教育改革方向。1985 年,《中共中央关于教育体制改革的决定》提出逐步推行九年制义务教育,将基础教育管理重心下放至地方,② 激发基层办学积极性,掀开中国特色义务教育普及的序幕。

1986 年,《中华人民共和国义务教育法》颁布,基础教育迈入法治化轨道,明确九年义务教育目标与政府责任。1992 年,党的十四大确立 20 世纪 90 年代"两基"目标(基本普及九年义务教育、基本扫除青壮年文盲)。20 世纪 90 年代至 21 世纪初,学者聚焦教育投入区域差距,深化均衡发展理论探讨。③ 1980 年起,国家逐步将基础教育领域的财政及管理权限下放至地方各级政府,④ 而分权化改革一方面调动了各方面的积极性,另一方面也加剧了我国地区间教育差异。王善迈、杜育红、刘远新在《我国教育发展不平衡的实证分析》中,剖析了 1988 年至 1994 年 30 个省(区、市)的经济与教育数据,⑤ 为基础教育均衡政策制定提供依据。多位学者认为,基础教育非均衡发展成因多元,关键在于政策价值取向偏差与制度不足。⑥ 为此,通过调整分级管理、增加投入、优化绩效等改革,实施了减负、优化布局、提高教师待遇等举措,为后续改革筑基。政府投入与改革显著推动基础教育普及与均衡化进程。20 世纪 90 年代,我国致力于普及九年义务教育(以下简称"普九"),保障孩童受教育权益。1993 年,《中国教育改革和发展纲要》颁布,开启教育改革新征程,确立基本普及九年义务教育和基本扫除青壮年文盲为教育发展的核心基础。⑦ 1994 年,全国教育工作会议将"两基"提升为国家行动重点,照亮教育均衡发展之路。1997 年,全国"普九"工作如火如荼,⑧ 尽管财政投入面临压力,仍通过多元途径办学,充分调动政府与社会力量的积极性,为"两基"目标的实现提供了有力支撑。1999 年,全国教育工作会议召开,提出要深化教育改革,力推素质教育。1999 年,《中共中央 国务院关于深化教育改革全面推进素质教育的决定》发布,明确了素质教

① 纪念邓小平同志诞辰120周年 |《档案》带您追溯"三个面向"的由来 [EB/OL]. (2024-08-19) [2024-09-09]. https：//baijiahao. baidu. com/s? id=1807814332498523554&wfr=spider &for=pc.

② 党史自习日历 | 关于教育体制改革的决定 [EB/OL]. (2021-05-27) [2024-03-16]. https：//baijiahao. baidu. com/s? id=1700873059697955462&wfr=spider&for=pc.

③ 钟启泉,崔允漷,等. 从失衡走向平衡：素质教育课程评价体系研究 [M]. 北京：经济科学出版社,2014.

④ 魏后凯 杨大利：地方分权与中国地区教育差异 [EB/OL]. (2024-06-28) [2024-07-16]. https：//www. aisixiang. com/data/8865. html.

⑤ 王善迈,杜育红,刘远新. 我国教育发展不平衡的实证分析 [J]. 教育研究,1998 (6)：19-23.

⑥ 邓泽军,钱孝兵. 我国学前教育优质均衡的探索历程、反思与展望 [J]. 河北师范大学学报 (教育科学版)：2025, 27 (1)：124-132.

⑦ 4％的前世今生——写在国家财政性教育经费支出占GDP4％目标实现之际(上) [EB/OL]. (2013-03-05) [2024-06-25]. http：//www. moe. gov. cn/jyb _ xwfb/xw _ zt/moe _ 357/s7093/s7193/s7237/201303/t20130305 _ 148226. html.

⑧ 国家教委1997年工作要点 [EB/OL]. (2004-08-23) [2024-04-13]. http：//www. moe. gov. cn/jyb _ sjzl/moe _ 164/201002/t20100220 _ 3421. html.

育的目标任务和保障措施，为教育改革发展指明了方向。<sup>①</sup> 进入 21 世纪，基础教育发展的重心逐步转向内涵式提升，为教育事业注入了新的发展动能。

2000 年，我国"普九"人口覆盖率达 85％，标志着基础教育进入质量提升阶段。2001 年 1 月 1 日，我国实现"两基"目标。同年 5 月，《国务院关于基础教育改革与发展的决定》发布，开启农村基础教育改革新篇，确立"以县为主"管理原则，坚持以政府办学为主。<sup>②</sup> 同年 7 月，《全国教育事业第十个五年计划》<sup>③</sup> 开启区域基础教育均衡发展的新征程。区域基础教育发展在实践中面临着诸多挑战，需要不断探索前行。从资源配置来看，地域间的差距较为突出：西部及农村地区教育资源相对匮乏，而东部及城市地区则更为充足，这种不均衡导致不同地区和城乡之间的教育机会不均等，教育发展水平出现明显分化。

改革进程中，政府在基础教育领域的责任不断强化，为教育经费投入奠定了重要基础。然而在中西部地区，经济发展滞后导致部分县级财政压力较大，义务教育经费保障面临实际困难，区域教育发展的矛盾逐步显现。针对这一问题，国务院立足基础教育发展的薄弱环节，推动义务教育管理权限从乡镇上移至县级政府，通过提升管理层级和统筹能力，着力缓解县域内乡镇之间教育资源分配不均的问题，为基础教育均衡发展创造更有利的条件。在基础教育管理改革中采取两项重要举措。一方面，将管理统筹层级提升至县级，确立"以县为主"的管理机制。把义务教育的规划建设、经费保障、教师调配等核心事权从乡镇上收至县级政府，借助县级财政和行政资源的统筹能力，打破乡镇间教育资源分散的状况，推动县域内学校在经费投入、师资配置、硬件设施等方面实现均衡，缓解区域内教育发展不均衡问题。另一方面，推进学校布局优化调整，实施"撤校并点"。针对农村地区学校分布零散、规模过小、办学效益较低的情况，按照科学规划、资源整合的原则，合并地理位置偏远、生源不足的小规模学校，集中力量建设一批条件较好、师资相对充足的中心学校或寄宿制学校，通过优化资源配置提升办学质量和效益，促进基础教育从分散薄弱向集中优质转变。基础教育量足后，质优需求明显。升学率追求被反思，全面发展受重视。我国迈向优质均衡，措施频出。2002 年，《教育部关于加强基础教育办学管理若干问题的通知》<sup>④</sup> 发布，绘基础教育管理蓝图，启智慧新篇。

---

① 关于政协十二届全国委员会第五次会议第 3274 号（教育类 319 号）提案答复的函［EB/OL］.（2017-11-29）［2024-04-25］. http：//www. moe. gov. cn/jyb _ xxgk/xxgk _ jyta/jyta _ jijiaosi/201803/t20180313 _ 329892. html.

② 国务院关于基础教育改革与发展的决定［EB/OL］.（2001-05-29）［2024-03-11］. https：//www. gov. cn/gongbao/content/2001/content _ 60920. htm.

③ 全国教育事业第十个五年计划［EB/OL］.（2001-07-01）［2024-04-13］. http：//www. moe. gov. cn/srcsite/A03/s7050/200107/t20010701 _ 77153. html.

④ 教育部关于加强基础教育办学管理若干问题的通知［EB/OL］.（2002-02-26）［2024-03-11］. https：//www. gov. cn/gongbao/content/2003/content _ 70203. htm.

2003 年，国务院在北京召开全国农村教育工作会议，对西部"两基"攻坚任务做出部署。① 此次攻坚面临的挑战前所未有，410 个尚未达标的县中，多数属于欠发达县、少数民族县和边境县，这些地区经济社会发展滞后，教育基础薄弱，攻坚难度极大。但在推进过程中，凭借智慧与毅力并重的工作思路，直面困难、精准施策，为农村教育发展和"两基"目标实现奠定了重要基础。② 这些地区教育滞后，与其他地区差距显著，亟待奋起直追。2005 年，《国务院关于深化农村义务教育经费保障机制改革的通知》发布，中央、地方共织保障网，财政责任明确，担农村教育重任。③ 改革融入公共财政，筑农村教育繁荣之基。政府政策强化经费保障，推进管理体制改革，缓解短缺，固质量之基，促教育公平。同年，《教育部关于进一步推进义务教育均衡发展的若干意见》发布，标志着教育公平、质量提升迈出坚实步伐，筑牢教育体系完善之基。2006 年修订的《中华人民共和国义务教育法》确立免费原则，界定经费保障改革核心，筑法律基石，促教育公平。2006 年春季，西部农村义务教育免学杂费，减家庭负担，增加农村儿童受教育机会。2007 年春季，免费教育政策扩至全国农村，惠及更多农村儿童。2008 年秋季，全国义务教育全免费，教育公平梦想成真。自 2010 年起，我国着手深化基础教育均衡发展攻坚行动。政府通过加大投入力度，致力于推动教育资源的均衡配置，并取得了显著进展与突破。2011—2012 年，"全面改薄"④、营养改善计划⑤等落地。剖析基础教育不均衡现象的多元维度，其差距显著体现于区域间、城乡间、学校间及不同学生群体间。针对农村及偏远地区办学条件改善和学生健康保障问题，要实现基础教育均衡发展，就要着力缩小区域、城乡、学校及群体间的发展差距。其中，县域层面的基本均衡是迈向优质均衡的重要基础。通过地方实践探索与国家督导评估相结合，我国推动基础教育从基本均衡向内涵发展深化，这一过程为实现优质均衡目标积累了县域治理经验。在此进程中，我国义务教育在法治保障、质量提升与公平实践的协同推进下，正逐步构建起惠及全民的现代教育体系。均衡发展的核心策略始于县域层面的强化，进而拓展至更广泛的区域，最终实现全国范围内的均衡目标。县域均衡被视为坚实基础，需不断深化，以优质均衡为目标，引领教育均衡向更高层次迈进，肩负起崇高的历史使命。⑥ 回顾地方层面对优质均

① 教育部关于深入学习贯彻《国务院关于进一步加强农村教育工作的决定》和全国农村教育工作会议精神的通知 [EB/OL]. (2003-09-21) [2024-03-11]. http：//www. moe. gov. cn/jyb _ xxgk/gk _ gbgg/moe _ 0/moe _ 9/moe _ 38/tnull _ 48. html.

② 国家西部地区"两基"攻坚计划完成情况 [EB/OL]. (2007-11-22) [2024-03-16]. http：//www. moe. gov. cn/jyb _ xwfb/xw _ fbh/moe _ 2069/moe _ 2095/moe _ 2100/moe _ 1851/tnull _ 29182. html.

③ 国务院关于深化农村义务教育经费保障机制改革的通知 [EB/OL]. (2005-12-24) [2024-03-11]. https：//www. gov. cn/gongbao/content/2006/content _ 185157. htm.

④ 朱青. "全面改薄"政策背景下农村薄弱学校改造现状与问题研究——以湖北省 Y 县 L 小学为例 [D]. 武汉：华中师范大学，2022.

⑤ 农村义务教育学生营养改善计划 [EB/OL]. (2012-09-03) [2024-03-20]. http：//www. moe. gov. cn/jyb _ xwfb/moe _ 2082/s6236/s6811/201209/t20120903 _ 141502. html.

⑥ 邢西深，胡佳怡，管佳. 新时代的基础教育数字化：发展动因、基本特征和实践进路 [J]. 中国电化教育，2022（12）：107-113.

衡、高水平均衡的探索，以及国家层面从县域基本均衡到县域优质均衡的督导、评估、认定，基础教育优质均衡发展逐渐获得其实践内涵①。《国家中长期教育改革和发展规划纲要（2010—2020 年）》倡导先在县域内实现城乡教育均衡，并逐步扩展。②《国务院关于深入推进义务教育均衡发展的意见》则强调，县域内需优先确保义务教育的基础均衡。③

## 二、改革与开放阶段的基本特点

1978—2012 年，区域基础教育均衡发展呈现出深刻的时代特征，其演进逻辑紧密契合国家发展战略，在政策驱动、资源配置、公平实践等维度形成系统性推进格局。尽管在资源配置均衡化、师资流动机制等方面仍处于探索阶段，但所取得的成就为后续优质均衡目标的提出和实现奠定了坚实基础。2012 年全国义务教育巩固率已达 91.8%④，这为 2021 年实现县域基本均衡目标提供了重要支撑，在我国义务教育发展史上具有重要的里程碑意义。⑤

第一，这一时期区域基础教育均衡发展呈现显著的政策驱动特征，以渐进方式实现制度创新与目标升级。1986 年《中华人民共和国义务教育法》的颁布，确立了九年义务教育制度，从法律层面保障教育普及⑥；2001 年《国务院关于基础教育改革与发展的决定》等政策文件的出台，推动城乡义务教育经费保障机制改革，构建起以政府投入为主导的责任体系。⑦ 政策演进并非一蹴而就，而是基于不同历史阶段教育发展需求，从解决"有学上"的普及问题，逐步转向"上好学"的均衡发展，体现出政策制定对教育规律的认知深化与对现实需求的动态回应。

第二，针对区域、城乡间教育发展失衡问题，资源配置采取精准靶向策略。中央财政投入超 4000 亿元实施"农村中小学危房改造工程""西部地区'两基'攻坚计划"，⑧重点改善农村与欠发达地区办学条件。2012 年，中西部地区获得超 80% 的教育转移支付

① 何杰.论基础教育课程政策的价值特征和时代诉求［J］.教育理论与实践，2006（20）：42-44.

② 中国家中长期教育改革和发展规划纲要（2010—2020 年）［EB/OL］.（2010-07-29）［2024-03-26］.http：//www.moe.gov.cn/jyb_xwfb/s6052/moe_838/201008/t20100802_93704.html.

③ 国务院关于深入推进义务教育均衡发展的意见［EB/OL］.（2012-09-05）［2024-03-26］.https：//www.gov.cn/gongbao/content/2012/content_2226138.htm.

④ 教育部：十年来义务教育巩固率从 91.8% 提高至 95.4%［EB/OL］.（2022-06-21）［2024-03-26］.http：//www.moe.gov.cn/fbh/live/2022/54598/mtbd/202206/t20220622_639740.html.

⑤ 周韵曦.我国已实现义务教育县域基本均衡发展［N］.中国妇女报，2022-06-22（2）.

⑥ 中华人民共和国义务教育法［EB/OL］.（2005-05-25）［2024-03-26］.http：//big5.www.gov.cn/gate/big5/www.gov.cn/banshi/2005-05/25/content_920.htm.

⑦ 国务院关于基础教育改革与发展的决定［EB/OL］.（2001-05-29）［2024-03-26］.https：//www.gov.cn/gongbao/content/2001/content_60920.htm.

⑧ 国家西部地区"两基"攻坚计划（2004—2007 年）［EB/OL］.（2004-02-06）［2024-03-26］.https：//www.ndrc.gov.cn/xxgk/zcfb/ghwb/201402/t20140221_962060_ext.html.

资金①，形成显著的区域倾斜效应。师资配置方面，"特岗计划"定向补充中西部农村师资，同步推进教师学历提升工程。② 截至 2010 年底，小学、初中专任教师学历合格率分别达 99.5% 和 98.7%。③ 这种资源调配方式聚焦教育发展薄弱环节，实现有限资源的效益最大化。

第三，该阶段以保障教育公平为核心，构建起多维度实践体系。"两免一补"政策④全面覆盖农村与城市困难家庭，从经济层面消除辍学隐患；"以流入地区政府管理为主，以全日制公办中小学为主"政策⑤将随迁子女教育纳入城市发展规划，2012 年随迁子女在公办学校就读比例达 79.4%⑥。这些实践打破地域、经济等因素形成的教育壁垒，通过制度性保障推动教育公平从理念走向现实，逐步实现教育权利的实质平等。

第四，区域均衡发展遵循"局部试点—经验推广—制度定型"的演进路径。部分地区率先开展县域内教育均衡探索，通过学区化、集团化办学，以及城乡学校结对帮扶、教师轮岗等机制，形成可复制的实践经验。随着实践探索的深入，2012 年《县域义务教育均衡发展督导评估暂行办法》的颁布，标志着均衡发展从零散的地方实践上升为制度化建设，⑦为后续教育均衡发展提供稳定的制度框架与长效机制。

第五，这一时期经历从效率优先到均衡导向的发展范式转换。改革开放初期，重点学校建设与效率优先策略推动教育快速发展，但也导致城乡、区域教育差距扩大。2000年以后，基于对教育公平价值的再认识和社会经济发展新需求，政策重心逐步转向均衡发展。2012 年《县域义务教育均衡发展督导评估暂行办法》的出台，标志着均衡发展理念正式确立为制度导向，实现了基础教育发展范式的时代性跨越。⑧

---

① 教育投入都去哪儿了——详解教育投入向困难地区和薄弱环节倾斜工作 [EB/OL]. (2018-05-26) [2024-03-26]. https：//www. gov. cn/zhengce/2018-05/26/content _ 5293796. htm.

② 提升农村教育质量："特岗计划"实施十五年 [EB/OL]. (2020-09-04) [2024-03-26]. http：//www. moe. gov. cn/jyb _ xwfb/xw _ zt/moe _ 357/jyzt _ 2020n/2020 _ zt16/tegangjihua/202009/t20200907 _ 485967. html.

③ 我国农村教师素质再上新台阶 [EB/OL]. (2011-09-09) [2024-03-26]. https：//www. mof. gov. cn/zhengwuxinxi/caizhengxinwen/201109/t20110909 _ 592999. html.

④ 解读国家"两免一补"[EB/OL]. (2006-09-04) [2024-03-26]. http：//www. moe. gov. cn/jyb _ xwfb/xw _ zt/moe _ 357/s3580/moe _ 2448/moe _ 2450/moe _ 2459/tnull _ 33420. html.

⑤ 国务院关于基础教育改革与发展的决定 [EB/OL]. (2001-05-29) [2024-03-26]. https：//www. gov. cn/gongbao/content/2001/content _ 60920. htm.

⑥ 留守儿童进城务工人员随迁子女 79.4% 在公办学校就读 [EB/OL]. (2012-09-06) [2024-03-26]. https：//www. gov. cn/wszb/zhibo532/content _ 2218025. htm.

⑦ 教育部关于印发《县域义务教育均衡发展督导评估暂行办法》的通知 [EB/OL]. (2012-01-20) [2024-03-26]. http：//www. moe. gov. cn/srcsite/A11/moe _ 1789/201201/t20120120 _ 136600. html.

⑧ 教育部关于印发《县域义务教育均衡发展督导评估暂行办法》的通知 [EB/OL]. (2012-01-20) [2024-03-26]. http：//www. moe. gov. cn/srcsite/A11/moe _ 1789/201201/t20120120 _ 136600. html.

# 第三节　普及与深化阶段（2012—2021 年）

2012—2021 年，我国区域基础教育均衡发展在政策制定、经费投入、资源配置、教育公平和质量提升等方面均取得了显著成效，为义务教育的进一步优质均衡发展奠定了坚实基础。

## 一、普及与深化阶段的基本历程

在区域基础教育均衡发展的制度建构与实践推进中，政策保障、经费投入、资源配置、教育公平和质量提升构成有机整体。2006 年修订的《中华人民共和国义务教育法》首次以法律形式明确各级政府促进义务教育均衡发展的法定责任，确立了合理配置教育资源的基本准则。此后，《国家基本公共服务体系"十二五"规划》《中国教育现代化 2035》等政策文件进一步将均衡发展纳入国家战略，要求推进基本公共教育服务均等化。在督导评估机制上，省级政府结合区域实际制定细则，由教育督导机构对县域均衡发展进行督导评估，国务院教育督导委员会负责审核认定，形成"中央统筹—地方落实—督导评估"的闭环管理体系，推动各地通过增加投入、补齐短板来实现基本均衡目标。

财政保障机制的强化为均衡发展提供了物质基础。教育部、国家统计局、财政部发布的全国教育经费执行情况统计公告显示：2012 年以来，国家财政性义务教育经费总额持续增长，从 1.17 万亿元增至 2021 年的 2.29 万亿元。[1] 自 2012 年起，国家财政性教育经费占 GDP 比例已连续九年保持在 4% 以上，凸显义务教育的基础性地位。2012 年至2021 年，小学生均经费从每生每年 7447 元增至 14458 元，初中生均经费从每生每年10218 元增至 20717 元。[2] 充足的资金投入直接助力改善办学条件、提高教师待遇，推动教育资源从"保基本"向"提质量"转变。在推进教育资源均衡配置过程中，同步加强硬件设施建设和师资队伍优化，将促进教育公平与提升教育质量作为核心目标。通过持续跟踪和精准帮扶，经济困难家庭学生辍学现象成为历史，残疾儿童义务教育入学率达到 95% 以上[3]，教育公平性得到切实提升。招生制度改革有效缓解"择校热"问题，超

① 国家财政性义务教育经费增至 2.29 万亿元［EB/OL］.（2022-07-08）［2024-03-26］. http：//www. moe. gov. cn/jyb_xwfb/s5147/202207/t20220708_644336. html.

② 十年辉煌（95）｜教育经费保障机制不断健全［EB/OL］.（2022-09-30）［2024-03-27］. https：//mp. weixin. qq. com/s?__biz＝MzA4OTQ2MTAxMA＝＝&mid＝2650312159&idx＝4&sn＝db9e8ec03922ea5c1589aacab4142e51&chksm＝8816b5a2bf613cb4aef453d0a3052bf138836cde91e5d93b12d46fa8caf57df9995f67a05a0a&scene＝27.

③ 不断加大政策、资金、项目对特殊教育的倾斜——我国残疾儿童义务教育入学率超 95%［EB/OL］.（2022-09-30）［2024-03-27］. http：//www. moe. gov. cn/jyb_xwfb/s5147/202109/t20210927_567367. html.

99％的公办义务教育学校实行免试就近入学，"公民同招"政策全面落地，违规招生现象大幅减少，学生入学机会更加公平。质量监测体系持续发挥引领作用，根据国家义务教育质量监测结果，学生在德育、科学素养等方面的表现不断提升。在 PISA 2018 测试中，我国四省市（北京、上海、江苏、浙江）学生在阅读、数学、科学素养等方面成绩位居全球前列，义务教育质量达到世界先进水平。

一系列改革举措逐步形成了"政策法律保障、经费稳定投入、资源均衡配置、质量公平并重"的发展格局。不仅巩固了义务教育普及成果，还通过制度创新缩小了城乡、区域和学校间的发展差距，为新时代基础教育从基本均衡向优质均衡迈进筑牢根基。

## 二、普及与深化阶段的基本特点

在推动区域基础教育均衡发展过程中，保障民生的政策与技术手段相互配合、共同发力。"两免一补"政策作为促进教育公平的重要举措，通过免除学杂费、教科书费以及为寄宿生发放生活补助，构建起全方位的帮扶体系，切实保障了城乡困难学生受教育的权利。这项政策不断扩大覆盖范围，从农村延伸到城市，从义务教育阶段扩展到特殊困难群体，确保每一个需要帮助的学生都能得到支持。通过减轻家庭经济负担，有效解决了经济困难家庭子女辍学问题，从根本上保障了教育公平。随着政策深入实施，义务教育巩固率稳步提高，城乡学生入学差距持续缩小，政策成效十分显著。

为解决农村学生营养健康问题，国家实施营养改善计划。中央与地方财政共同投入，建立起"政府主导、学校落实、社会参与"的工作机制。为农村学生每天提供营养加餐补贴，并不断扩大覆盖范围，从食堂建设到食材采购予以全程保障。监测数据显示，接受补贴的学生身高、体重增长加快，贫血等营养问题明显改善。该项计划既体现了教育政策向健康领域的延伸，也展现出国家将学生体质纳入教育均衡发展的重要考量。

在教育公平建设方面，信息化发挥了关键作用。随着"互联网＋教育"战略推进，超过98％的城乡学校接入宽带网络，全国数字教育资源服务体系基本成型。国家中小学智慧教育平台等汇聚大量优质课程，通过直播课堂、专递课堂等方式，把城市优质教育资源实时输送到偏远地区。同时，大数据技术的应用推动教学从标准化向个性化转变，让教育公平不仅体现在入学机会上，更落实到教学质量中。

这些举措共同构成区域基础教育均衡发展的有力支撑：民生政策保障教育公平底线，营养改善计划夯实学生发展基础，信息技术打破地域资源限制，形成"保基本、促发展、强创新"的政策组合。通过多领域政策协同和技术创新，我国逐步构建起覆盖教育全环节的均衡发展体系，为推进教育优质均衡发展积累了丰富经验。

# 第四节 质量与公平阶段（2021年至今）

2021年至今，区域基础教育均衡发展在质量与公平这一关键阶段凸显出一系列显著特征。在政策层面，国家接连出台了一系列具有重大意义的政策，这些政策犹如一盏盏明灯，为区域基础教育均衡发展照亮了前行的道路，明确了具体的前进方向与目标，推动区域基础教育均衡发展稳步向前。

## 一、质量与公平阶段的基本历程

这一时期，国家高度重视区域基础教育均衡发展，并密集出台了一系列政策文件，如《关于构建优质均衡的基本公共教育服务体系的意见》等，为质量与公平阶段提供了明确的政策导向和目标设定。

在最新的政策蓝图中，已清晰界定了一项宏伟而细致的目标，即旨在推动至2035年之际，全国绝大多数县（市、区、旗）级行政区域内的义务教育体系达到优质均衡的发展状态。此目标不仅设定了高远的教育愿景，更以具体可操作的指标为各级政府及教育行政部门确立了明确的工作导向与行动指南。它不仅是对教育公平与质量双重追求的深刻体现，更为构建现代化教育体系、实现教育强国梦想铺设了坚实的基石。通过这一目标的设定，各级政府和教育部门被赋予明确的使命与责任，即聚焦于优化教育资源配置、提升教师队伍素质、深化教育教学改革、强化教育信息化建设等多个维度，以系统性、协同性的方式推进义务教育的高质量发展。这一过程不仅要求量的增长，更强调质的飞跃，力求在保障基本教育需求的基础上，进一步满足人民群众对优质教育的多样化、个性化需求。因此，该目标的提出，不仅是对当前教育发展现状的深刻反思与未来趋势的精准把握，更是对各级政府和教育部门工作效能与创新能力的重大考验。它激励着所有教育工作者以更加饱满的热情、更加务实的作风、更加创新的思维，投身于义务教育追求质量与公平的伟大实践中，共同书写我国教育事业发展的新篇章。

2021年，教育部等联合颁布了《义务教育质量评价指南》，其深意在于借助科学评价之力，筑牢教育基石，促进义务教育质量的稳步攀升，进而引领县域义务教育向优质均衡的卓越境界迈进。由此可见，国家在县域内缩小发展差距、推进区域基础教育均衡发展的政策设计已趋于完善，使得区域基础教育均衡发展在我国教育事业中占据重要地位。总体来说，义务教育均衡发展政策的演进呈现出复杂的逻辑推进和价值追求的动态发展过程，这一过程涉及公平与利益、均等与效率、均衡与效益等多维度的价值考量。[①] 在区

---

① 徐小容，朱德全．义务教育均衡发展的推进逻辑与价值旨归［J］．教育研究，2017，38（10）：37-45.

域基础教育均衡发展中，政府担任着至关重要的引领与协调角色。<sup>①</sup> 同时，政府在推进区域基础教育均衡中扮演关键角色，承担政策保障重任。为促进教育公平与资源均衡，政府实施前瞻政策，覆盖资源分配、投入改革、师资建设、质量提升等多个维度，旨在缩小城乡、区域、学校间差距。政府还营造有利环境，加强宣传，提升认知，健全执行机制，强化监督评估，确保政策有效落地，发挥最大效益。政府举措促进区域基础教育均衡发展，为教育事业提供坚实的制度支撑。将政策注意力科学分配，在义务教育均衡发展中具有战略引领之效。不仅能够引导政策执行者的实践行为，确保政策能够按照既定的目标和方向有序推进，而且能够激发社会各界的参与热情，形成推动教育事业发展的强大合力。<sup>②</sup>

此外，各级政府积极响应时代号召，显著增强对基础教育的支持力度，致力于通过一系列战略举措优化教育资源的整体配置格局，力求实现教育资源在区域、学校间的均衡与共享。这一过程中，政府不仅加大了财政投入力度，还创新了资源配置机制，确保每一所学校都能获得与其发展需求相匹配的教育资源。为实现这一目标，各级政府积极部署并实施了义务教育学校标准化建设工程，旨在从硬件设施、教学设备到校园环境等多个方面，全面提升学校的办学条件，缩小校际差距。同时，针对部分薄弱学校，政府更是给予了特别的关注与扶持，通过专项资金投入、教育资源倾斜等方式，改善其办学条件，促进其快速发展。此外，政府还高度重视教育信息化建设，将其作为推动教育现代化、提升教学质量的重要途径。通过推广智能教学系统、构建数字教育资源平台、加强教师信息技术培训等措施，不仅丰富了教学手段，提高了教学效率，还为学生提供了更加个性化、多元化的学习体验。总之，各级政府在加大基础教育投入的同时，通过优化资源配置、实施标准化建设、改善薄弱学校条件以及加强信息化建设等一系列综合措施，有效提升了学校的教学质量和办学水平，为推动我国基础教育事业迈向更加优质均衡的发展阶段奠定了坚实基础。这一系列努力不仅体现了政府对教育事业的高度重视与深远谋划，也彰显了我国教育体制改革与创新的坚定决心。

在国家财政对教育领域的持续倾斜下，财政性义务教育经费呈现出稳步增长的趋势，其占国家财政性教育总经费的比例始终维持在较高水平，彰显了政府对义务教育阶段投入的高度重视与坚定承诺。尤为值得关注的是，为减少地区间教育发展不平衡，政府对财政资源分配策略进行了精准调整，特别加大了对中西部经济相对困难地区及农村学校的财政扶持力度。这一战略性的财政倾斜不仅体现在资金总量的增加上，更体现在资源分配的精准性与有效性上。政府通过设立专项教育基金、实施差异化转移支付、优先保障农村及边远地区教育项目经费等措施，确保中西部困难地区和农村学校能够获得更加充足且稳定的财政支持，进而推动这些地区的教育基础设施逐步完善，教育资源配置不断优化，教师队伍素质稳步提升，教育教学质量实现质的飞跃。

① 王帅锋，杜晓利．义务教育从基本均衡走向优质均衡：一个政策调适案例 [J]．教育发展研究，2019，39（21）：34-40．

② 马立超，蒋帆．义务教育优质均衡发展的政策注意力分配偏差及其优化：基于"空间·过程·要素"三维框架的文本编码分析 [J]．现代教育管理，2021（12）：29-38．

通过上述一系列财政政策的实施，中西部困难地区和农村学校的教育发展获得了强有力的资金保障，有效缓解了因经济条件限制而面临的教育资源短缺问题，为缩小城乡、区域间教育差距，促进教育公平与均衡发展奠定了坚实的物质基础。不仅体现了国家教育政策的导向性与前瞻性，也彰显了政府致力于实现教育现代化、建设教育强国的坚定决心与不懈努力。

自2021年以来，基础教育领域正式迈入了一个以优质均衡为核心的发展新阶段。在这一阶段中，提升教育质量被置于前所未有的战略高度，成为推动基础教育高质量发展的核心驱动力。为实现这一目标，教育系统内部启动了全面而深刻的教育教学改革，旨在通过多维度、多层次的策略部署，促进教育质量全面提升。具体而言，教育教学改革被赋予了新的内涵与要求，强调以学生为中心，注重培养学生的创新精神、实践能力和社会责任感。在这一理念的引领下，课程体系得到了进一步优化，不仅注重知识的系统性与连贯性，更强调跨学科整合与综合实践能力的培养，以满足学生全面发展的需求。同时，教学方法也实现了从传统向现代的转型，倡导启发式、探究式、合作式等多元化教学模式，激发学生的学习兴趣与潜能，提高教学效果与学习成效。此外，师资队伍建设作为提升教育质量的关键环节，得到了前所未有的重视。政府及教育部门加大了对教师的培养与培训力度，通过实施"国培计划""省培计划"等项目，不断提升教师的专业素养与教学能力。同时，还建立了完善的教师激励机制与评价体系，鼓励教师积极参与教育教学改革，勇于探索创新，为培养高素质人才贡献智慧与力量。

随着区域基础教育均衡发展迈入优质均衡的新阶段，教师队伍的素质与能力建设成为实现这一目标的关键要素。在这一背景下，国家层面积极部署并深入实施"国培计划"，旨在通过系统的培养与培训机制，全方位提升教师的专业素养与教育教学能力。与此同时，加强师德师风建设被放在更加突出的位置，通过树立师德典范、强化师德教育、完善师德评价体系等措施，引导广大教师树立正确的教育理念与职业道德观念，成为学生健康成长的引路人。为吸引更多优秀人才投身于教育事业，国家及地方政府不仅加大了对教育的投入力度，还采取了一系列措施提高教师待遇，包括优化工资福利制度、完善职业发展路径、强化社会认可与尊重等，为教师提供了更加广阔的职业发展空间与更加坚实的职业保障。这些举措有效激发了教师的工作热情与职业归属感，进一步增强了教育行业的吸引力与竞争力。此外，为适应追求质量与公平的需求，各级教育部门还加大了教师培训力度，不断创新培训模式与内容，采用线上与线下相结合、理论与实践相结合的方式，为教师提供了更加多元化、个性化的学习与发展平台。通过系统的培训与学习，教师的专业知识得到了更新与拓展，教学技能得到了提升与优化，为推动基础教育的高质量发展提供了有力的人才保障与智力支持。

区域基础教育均衡发展的优质均衡阶段尤其聚焦于特殊群体的教育权益保障，旨在构建更加包容、公正的教育环境。在这一过程中，进城务工人员随迁子女、农村留守儿童及残疾儿童等群体的教育需求被置于重要位置，成为教育政策与措施优化的关键考量点。为确保这些特殊群体能够跨越障碍，平等地融入并享受高质量教育体系，国家及地方政府相继出台了一系列精准施策的举措。首先，针对进城务工人员随迁子女，通过优化入学政策、简化入学手续、保障学位供给等方式，确保他们能够在随父母流动时无缝衔接至当地学校，接受与本地学生同等质量的教育。同时，加强学校间的资源共享与交流合作，促进随迁子女与本地学生的融合共进。对于农村留守儿童，政府注重强化家庭、学校与社区之间的联动机制，构建全方位、多层次的关爱服务体系。通过改善农村学校办学条件、提升农村教师待遇与教学水平、开展丰富多彩的课外活动与心理辅导等方式，为留守儿童提供更加温馨、健康的学习与生活环境，缓解其孤独感与心理问题。针对残疾儿童这一特殊群体，教育系统更是倾注了大量心血与努力。通过实施特殊教育提升计划、推广融合教育理念、加强特殊教育学校与资源教室建设、提供个性化教学与康复训练等，确保残疾儿童能够获得适合其身心发展特点的教育服务，充分发掘其潜能与价值，使其实现全面而有个性的发展。

此阶段教育领域的关注焦点进一步延伸至特殊群体的全面关爱与保护上，推动了教育关爱制度化的深入建设。在此背景下，建立健全针对各类特殊群体的系统化、精细化关爱保护机制成为教育领域的重要任务之一。为确保每一名儿童都能得到应有的关注与保护，教育系统积极推进精准摸排与动态管理机制建设，特别是对于孤儿、事实无人抚养儿童、农村留守儿童及困境儿童等弱势群体，通过构建多部门协同、信息共享的精准识别体系，实现对这些儿童基本情况的全面掌握与动态监测。同时，针对摸排出的具体情况，教育系统联合民政、财政、公安等部门，制定并实施一系列个性化的教育保障与关爱措施，确保这些儿童在获得基本生活保障的同时，也能享受到高质量的教育资源与服务。此外，为适应社会经济结构的变化与劳动力市场的发展趋势，教育系统还积极完善灵活就业人员及新就业形态劳动者的居住证申领政策。这一举措不仅为这些特殊群体提供了更加便捷、高效的居住证办理服务，还通过居住证与教育资源挂钩的方式，进一步保障他们在城市中的教育权益，促进了教育资源的均衡分配与合理流动。另外，教育信息化作为推动教育现代化、促进教育公平与质量提升的重要引擎，其加速发展成了该阶段的核心议题之一。在这一背景下，教育系统全面布局，致力于构建高效、智能、开放的教育信息化生态体系。首先，为打造信息畅通的校园环境，教育系统积极推进校园网络基础设施的升级换代，实现有线网、无线网与物联网技术的深度融合，构建了三网融合的高速校园网络。这一举措不仅极大地提升了校园网络的传输速度与稳定性，还为各类教育应用与服务的无缝接入提供了强有力的支撑，为教育信息化的发展奠定了坚实的网络基础。其次，针对教育资源分布不均、优质资源匮乏等问题，教育系统大力拓展优质数字化教育资源的覆盖面，积极推进教育资源数据库的建设与完善。通过整合国内外优质教育资源，采用云计算、大数据等先进技术，构建资源丰富、类型多样、更新及时的数字化教育资源库，为师生提供便捷、高效、个性化的学习路径与资源支持。同时，为提升教师队伍的信息素养与信息技术应用能力，教育系统还加强了相关培训工作。通过组织专题培训、开展教学研讨、举办技能竞赛等多种形式，引导教师树立信息化教学理念，掌握现代教育技术与方法，提高利用信息技术优化教学设计与实施的能力。不仅促进了教师个人的专业成长与职业发展，也为教育信息化在教学实践中的深度融合与应用提供了有力的人才保障。

## 二、质量与公平阶段的基本特点

2021 年至今，我国区域基础教育均衡发展迈入以优质均衡为核心目标的新阶段，在政策设计、资源调配、质量提升、群体保障及技术应用等领域形成全方位推进的发展态势。

国家通过《关于构建优质均衡的基本公共教育服务体系的意见》等政策文件，明确提出 2035 年实现县域义务教育优质均衡发展的战略目标，确立了"公平为基、质量为先"的政策框架。这些政策突破传统机会均等的局限，将重心转向结果公平，强调通过优化资源配置机制、深化教学改革、加强师资建设等多维路径，构建覆盖城乡的高质量教育服务体系，标志着从基本均衡向优质均衡的目标升级。

在资源配置方面，各级政府以标准化建设为抓手，持续加大教育投入，尤其向中西部欠发达地区和农村学校倾斜。通过实施义务教育薄弱环节改善工程、建立校舍安全保障长效机制等举措，城乡学校在硬件设施、教学设备上的差距逐步缩小。同时，教育信息化成为均衡发展的重要驱动力，依托"互联网 ＋ 教育"战略，全国超过 98％的义务教育学校接入宽带网络，国家中小学智慧教育平台整合海量优质课程，借助直播课堂、双师教学等模式，将城市优质教育资源实时输送到偏远地区，有效打破地域资源壁垒。

提升教育质量成为这一阶段的核心任务。教学改革聚焦于学生核心素养培养，积极推广项目式学习、探究式教学等模式，构建德智体美劳全面培养体系；课程设置不断优化，科学教育、劳动教育等薄弱环节得到强化，信息技术与学科教学深度融合。将师资队伍建设作为质量提升的关键，通过"国培计划"开展精准化教师培训，落实乡村教师生活补助，推行城镇教师定期轮岗制度，提升职业吸引力；同时加强师德师风建设，完善教师评价激励机制，着力打造高素质教师队伍。

特殊群体教育保障从政策覆盖迈向精准服务。针对进城务工人员随迁子女，各地细化"两为主"政策，通过扩大公办学位供给、优化学籍动态管理保障其平等入学；针对农村留守儿童建立起家庭、学校、社会协同的关爱机制，引入心理辅导、课后托管等服务弥补亲情缺失；针对残疾儿童实行"一人一案"教育安置，同步推进特殊教育学校标准化建设与普通学校融合教育，偏远地区重度残疾儿童也能享受送教上门服务。针对新业态劳动者子女等新兴群体，通过居住证与教育权益挂钩，打破户籍限制，构建更具包容性的教育准入体系。

教育信息化的深度应用重塑了均衡发展模式。除基础网络全覆盖外，人工智能、大数据等技术在教学中广泛应用，智能课堂实现学情实时诊断和个性化学习推荐，虚拟教研室促进跨区域教师协同教研，数字教材、虚拟实验等新型资源丰富教学场景。教师数字素养提升工程同步推进，义务教育阶段教师通过常态化培训掌握混合式教学技能，课堂从"单向传授"向"互动探究"转变。技术赋能不仅扩大了优质资源覆盖面，更推动教育公平从资源共享向过程公平、质量均等深化。

这一阶段的改革呈现"系统性、精准性、发展性"特征：政策设计既注重国家层面的战略规划，又鼓励地方创新实践；资源配置既坚守硬件均衡的底线，更聚焦师资、课程等内涵质量提升；群体保障既延续对传统弱势群体的制度关怀，又积极回应城市化进程中的新需求。随着优质均衡发展的持续推进，我国基础教育正从规模扩张转向内涵发展，为"办好人民满意的教育"奠定坚实基础。

# 第五章

# 区域基础教育均衡发展的研究范式转型

随着社会的快速进步和教育理念的更新，区域基础教育均衡发展面临研究范式转型的迫切需求。传统的教育发展模式往往注重教育资源的单方面投入，而忽视教育公平与质量的全面提升。在新时代背景下，区域基础教育均衡发展的研究范式转型为推动中国式教育现代化、提升教育质量的必然选择。它不仅有助于实现区域基础教育资源的优化配置，更能提升教育的整体效能，促进社会的公平和谐发展。

## 第一节　研究范式转型的基本内涵

研究范式、研究范式转型以及区域基础教育均衡发展的研究范式都是教育领域中的重要概念。研究范式作为理论体系或理论分析框架，为基础教育研究和实践提供了指导和参照；研究范式转型则代表教育领域的创新与发展，是推动教育进步的重要动力；而区域基础教育均衡发展的研究范式，则是实现教育公平和资源均衡配置的重要理论基础和实践模式。通过对这些概念的辨析和综述，我们可以更深入地理解区域基础教育均衡发展的内涵、特点及趋势，为推动教育的创新与发展提供有益的参考和借鉴。

### 一、研究范式与研究范式转型

近年来，"范式"一词逐渐成为文艺理论界的常见术语。"范式"这一术语，是由托马斯·库恩在其著作《科学革命的结构》中提出的。从一个科学哲学概念转换为教育理论概念，在这一转换过程中，"范式"作为科学哲学术语的基本内涵被延续下来，但当应用到其他学科当中时，便会因为所面临的对象不同而发生语义迁移。林南提出，一个新概念的提出需要具备两个方面的要求：它要么辨识了某些尚未被其他概念所刻画的概念性问题，要么以某种有意义的方式收集和代表了一些可观察到的现象。① 托马斯·库恩于

---

① 林南. 社会资本：关于社会结构与行动的理论［M］. 张磊，译. 北京：社会科学文献出版社，2020.

1962 年在《科学革命的结构》一书中，首次引入了"范式"这一概念。然而，托马斯·库恩并未为"范式"一词赋予一个明确且固定的定义，而是在序言中给予其一个精练的诠释。托马斯·库恩在提到"范式"一词时明确表示："我所谓的'范式'通常是指那些公认的科学成就，它们在一段时间里为实践共同体提供典型问题和解答。"托马斯·库恩在对"范式"一词加以界定时，是在科学哲学领域对科学发展规律进行思考时加以阐释的。在托马斯·库恩提出"范式"这一概念之后，"范式"一词在具体使用中被不断演绎出很多复杂的含义，其中很多用法已经不同于托马斯·库恩在这一术语上的使用。因为"范式"这一术语在使用中的失控，托马斯·库恩在晚年直接放弃了对它的使用。显然，"范式"作为研究术语的含义已然超出了托马斯·库恩的控制，在不断的智力创造过程中丰富起来。因此，对"范式"这一概念的阐释也不能局限于托马斯·库恩的界定。特别是将"范式"用于教育理论研究中时，"范式"的语义也应当随着研究对象的改变而发生一定的转变。

研究范式作为学科范式的一个核心组成，其本质通过研究方法、论证方式及学术评判标准来具体展现。学科范式整合了学科的内容精髓与方法论体系，而研究范式正是这一体系中聚焦于方法论的维度。社会学家里尔茨曾对社会学领域的研究范式进行了细致的划分，他区分了三种主要范式：基于社会事实的范式、基于社会定义的范式以及聚焦于社会行为的范式。这一分类的核心目的，在于揭示社会学家在探究社会现象时所持的不同视角或采用的独特观察框架。

第一，社会事实范式囊括了结构功能学派、冲突学派及新马克思主义学派等学术流派。其核心特征在于深受杜尔克姆方法论思想及现代结构功能理论的影响，着重强调社会现象的客观实在性，即认为这些现象超越了个体层面，是独立于个人主观意志之外的客观存在。该范式倡导对宏观层面的社会结构、社会制度以及文化规范进行深入剖析，通过探究社会结构的构成与文化层次的内涵来揭示社会的本质特征与属性。

第二，在社会定义范式领域，韦伯的思想极具代表性，其侧重于社会现象的主观维度，指出诸如国家、制度、阶级等宏观社会现象并非有形可触的实体，而是根植于人们的主观认知与定义之中。因此，这些社会现象无法脱离个人的动机、态度及行为而独立存在。该观点构成个体主义方法论的核心论点之一。社会定义范式进一步聚焦于微观层面，探讨个体如何共同构建社会结构，以及他们如何在既定的社会框架内行动，强调了社会现象与个人行为之间的紧密联系。

第三，社会行为范式涵盖行为理论与交换理论等流派，其核心在于运用行为科学的方法论，强调对个人社会行为实施客观且精确的分析。该范式倡导通过经验性或实证性的研究方法来深入探索社会现象的本质。具体而言，其认为唯有通过对个体外在行为的细致观察与经验总结，方能洞察社会现象背后的因果关系，并进而以类似自然科学的方式，实现对社会现象的客观阐释与理解。

在区域基础教育均衡发展的研究范式转型过程中，上述几种研究范式各自聚焦于社会现实的不同侧面，它们对于全面而深入地理解并推动这一转型进程而言，都是不可或缺的。尽管这些范式在基本假设、核心概念以及研究方法上存在显著差异，但在实际的研究实践中，它们展现出了相互关联、互为补充的紧密关系。每种研究范式都具有其独特的合理性和价值，它们从不同角度揭示了区域基础教育均衡发展的内在逻辑和外部影响。然而，同时也应认识到，任何单一研究范式都难以全面覆盖和解释所有复杂的教育现象和问题。因此，在推动研究范式转型的过程中，需要秉持开放包容的态度，积极吸纳和整合不同研究范式的优点和长处，以形成更为综合、全面的研究框架。

范式转型作为事物或理念从既有模式向新模式更替的过程，其概念不仅深植于科学界，还广泛跨越多领域与多行业，展现出跨界的深远影响。此概念根源可追溯至美国科学哲学家托马斯·库恩的《科学革命的结构》，是其哲学思想的重要组成部分。范式本质上是一种综合性的理论体系，涵盖共享的基础理论、观念框架、方法体系及独特的自然观念。而范式转型，则特指新范式取代旧范式的过程，这一过程强调新旧范式间的根本差异与不可直接等价性，是理论革新与体系重构的集中体现。

在大数据背景下，区域基础教育均衡发展的研究范式正经历着深刻的转型。个体与教育机构需借助先进的数据分析工具与方法，从区域内海量、复杂的教育数据中系统性地收集、整理及深入解析数据轨迹，以此为基础，精准预测教育发展趋势，科学规划教育资源配置，并辅助教育决策者做出更加明智的战略抉择。大数据在区域基础教育均衡发展中的"大"作用，不仅仅体现在数据量的庞大上，更在于其能够超越传统限制，通过跨区域、跨层级的数据交换与整合，以及深度的数据分析，挖掘出隐藏的教育规律与问题，为教育创新提供新视角，促进教育价值的深度挖掘与重塑。这一过程不仅推动了教育知识的积累与更新，还加速了教育科技的进步，为区域基础教育均衡发展注入强大动力，进而促进教育公平与质量的双重提升，带动社会的全面发展。尤为重要的是，科学研究在区域基础教育均衡发展的大数据应用中扮演着关键角色，它不仅是大数据资源的重要贡献者，更是推动教育技术发展的核心引擎。在认识论层面，大数据促使我们重新审视教育的本质与目的；在方法论层面，大数据为我们提供了更加科学、高效的研究手段；在伦理学层面，我们在利用大数据促进教育均衡时，应确保个人隐私与数据安全，维护教育的伦理底线。因此，大数据时代的区域基础教育均衡发展的研究范式转型，不仅是技术层面的革新，更是教育哲学与实践的全面升级。

## 二、区域基础教育均衡发展的研究范式与主要类型

随着全球化和信息化时代的到来，基础教育作为国家发展的基石，其均衡发展水平直接影响到社会的公平与进步。区域基础教育均衡发展不仅是实现教育公平的重要途径，而且是推动经济社会协调发展的重要保障。然而，传统的研究范式在面对复杂多变的教育环境时，逐渐显露出局限性。因此，探索区域基础教育均衡发展的研究范式转型，对于提升教育质量、促进社会公平具有重要意义。

传统的研究范式往往侧重于对教育资源的投入与分配进行量化分析，如师资力量、教学设施、经费投入等方面的均衡性评估。这种范式在一定程度上推动了教育资源的均衡配置，却往往忽视了教育质量的实质提升和学生个体差异的满足。此外，传统的研究范式还倾向于静态地看待教育均衡问题，缺乏对未来发展趋势的预见性和动态调整能力。针对传统的研究范式的不足，区域基础教育均衡发展的研究范式需要朝从量化均衡到质量均衡、从静态均衡到动态均衡、从单一主体到多元共治这三个方向转型。在转型过程

中，资源配置的优化是关键环节。应建立科学合理的资源配置机制，确保教育资源在城乡、区域、学校间的均衡配置。同时，要注重提高资源使用效率，避免资源浪费和重复建设。教育质量是教育均衡发展的核心。应深化教育教学改革，创新教学方法和手段，提高课堂教学效率。除此以外，还要加强教师队伍建设，提高教师专业素养和教学能力。此外，还应注重学生综合素质的培养和个性化发展，为学生提供多样化的学习机会和成长空间。同时，构建符合社会需求的教育评价体系是检验教育均衡发展成效的重要手段。应建立多元化、科学化的评价体系，既关注学生的学习成果和综合素质发展，又关注教师的专业成长和教育教学水平提升。同时，要加强评价结果的应用和反馈机制建设，及时发现问题和不足并采取措施加以改进。通过对国内外成功实践案例的分析和总结，可以为区域基础教育均衡发展的研究范式转型提供有益借鉴。例如，有些地区通过实施集团化办学、学区化管理等模式，实现了教育资源的优化配置和质量的整体提升；有些地区则通过引入现代信息技术手段，提高了教育治理的智能化水平等。

在科技持续进步与社会经济稳步增长的推动下，区域基础教育均衡发展的研究范式呈现智能化、个性化、全面综合化及协同共享化的发展趋势。在这一过程中，将充分借助大数据与人工智能等现代科技，实现教育资源的高效精准配置与个性化教学服务的提供。与此同时，不仅聚焦于学生综合素养的全面提升与社会适应能力的增强，还深入关注学生的个性化发展需求，致力于培养多元化才能。此外，强调政府、学校、社会及家庭等多方力量的紧密协作，共同推动教育资源的广泛共享与优化配置，以促进教育公平与质量的双重提升。总之，区域基础教育均衡发展的研究范式转型是一个复杂而长期的过程，需要政府、学校、社会等各方面的共同努力和持续探索。

教育均衡发展的内涵随着时代进步而不断深化，经历了从关注资源数量均衡到聚焦教育质量实质提升的转变。早期的均衡发展更多停留在量化层面，侧重于师资配备比例、教学设备数量、经费投入额度等显性资源的均衡分配。但随着教育目标向"培养全面发展的人"升级，当下的均衡发展更强调质量内涵，注重通过优化课程体系、提升教师专业能力、推进个性化教学等方式，让每个学生都能获得高质量的教育体验，满足多样化的成长需求。

教育公平的实现以机会均衡为前提，即保障不同区域、种族、性别和家庭背景的学生享有平等的入学权利和发展机会。而机会均衡的落地依赖于资源配置均衡，二者相辅相成——只有让城乡之间、学校之间在教学设施、师资水平、课程资源等办学条件上趋于均等，才能避免因客观条件差异导致的教育机会失衡。例如，通过建立教师轮岗制度、实施薄弱学校改造工程等，推动优质教育资源从集中走向分散，从"少数人独享"变为"多数人共享"，为机会公平奠定物质基础。

在宏观区域格局中，城乡均衡与区域均衡是教育均衡发展的重要支柱。受历史与经济因素影响，城乡教育长期存在资源配置不均的问题，农村地区在师资稳定性、设施现代化等方面相对薄弱。对此，应在政策层面持续加大对农村教育的倾斜力度，通过专项经费投入、定向培养乡村教师、建设农村寄宿制学校等措施，逐步缩小城乡教育差距。区域均衡则着眼于不同地区间的协调发展，通过建立区域教育协作机制、推进优质教育资源跨区域共享等方式，促进东部与西部、发达地区与欠发达地区在教育理念、管理经验、师资培训等方面的交流互鉴，消除区域教育鸿沟。

微观层面的校际均衡与班际均衡，是教育均衡发展的"最后一公里"。校际均衡聚焦于校际质量差异，通过加强薄弱学校管理改革、推动校际结对帮扶、实施校长职级制改革等，提升薄弱学校的治理能力和教学水平，减少"择校热"背后的校际质量差距。班际均衡则关注同一学校内不同班级的发展平衡，避免因"重点班""普通班"划分导致的资源倾斜。许多学校通过推行教师团队集体备课、实施分层教学、建立班级发展评估机制等，确保每个班级在师资配置、课程实施、活动资源上保持相对均衡，让同一校园内的学生都能获得公平的教育机会，避免班级间的"马太效应"。

这种多维度的均衡发展，既涵盖从宏观政策到微观实践的纵向衔接，也包含机会公平与质量提升的横向联动，最终指向一个核心目标：让每一个学生，无论身处城市还是乡村、发达地区还是偏远地区、重点学校还是普通学校，都能在相对均等的教育条件中，获得充分而有质量的发展。

## 三、区域基础教育均衡发展的研究范式的特点

区域基础教育均衡发展不仅是筑牢教育公平的根基，更是推动社会和谐发展的重要支撑。在当前复杂的社会背景下，构建科学合理的研究范式对于解决区域教育发展不平衡问题至关重要，其核心特征体现为多个维度的有机统一。

这种研究范式以现实问题为逻辑起点，紧密围绕基础教育领域存在的城乡发展差距、校际质量分化、不同群体受教育机会不均等突出矛盾展开。通过深入剖析这些问题背后的历史成因、经济差异、资源分配机制等复杂因素，精准定位关键症结，为政策制定提供靶向指引。例如，针对城乡教育资源配置失衡问题，研究者需结合农村师资流失、硬件设施滞后等具体现象，提出兼具针对性和可操作性的解决方案，使理论研究真正服务于实践改善。

由于区域基础教育均衡发展涉及多重社会关系和影响因素，其研究必然呈现多学科交叉的特征。教育学提供人才培养的本质规律，经济学揭示资源配置的效率与公平逻辑，社会学剖析教育与社会结构的互动关系，政治学则关注政策执行中的权力协调与利益平衡。这种跨学科的研究视角能够突破单一领域的局限，从教育资源的经济投入、社会分层对教育机会的影响、政策执行的基层阻力等多个层面展开立体分析，为全面探究教育均衡问题提供更广阔的视野。

理论与实践的深度融合是区域基础教育均衡发展的研究范式的另一重要特征。一方面，通过梳理教育公平理论、公共产品理论等，形成基础性框架，明确区域教育均衡的核心内涵、评价标准和理想目标；另一方面，将理论成果转化为可落地的政策工具和实践路径，比如基于教育公共服务均等化理论设计财政转移支付制度，或者依据人力资本理论构建教师流动激励机制。这种双向互动既可避免理论研究的空泛化，也可预防实践探索的盲目性，确保改革举措既符合教育规律又贴近现实需求。

教育均衡发展是随社会经济环境动态调整的过程，这就要求研究范式具备动态适应性。随着城镇化进程加快、人口结构变化、信息技术革新，教育均衡的内涵和实现方式也在不断演进。例如，针对新业态劳动者子女的教育需求、"双减"政策下的资源重新配置等新问题，研究者需及时更新研究模型，调整评价指标，使政策措施能够精准回应时

代变化。同时，考虑到不同区域的经济基础、文化传统和教育生态差异，研究需注重分类指导，避免"一刀切"，比如为民族地区、边疆地区设计差异化的均衡发展路径，确保政策的针对性和实效性。

从系统论视角看，区域基础教育均衡发展是一项涵盖资源配置、政策执行、社会参与的复杂工程，需要统筹政府、学校、家庭、社会等多元主体协同发力。研究范式强调从整体出发，分析教育投入、师资配置、课程质量、管理机制等要素之间的联动效应，构建包含资源均衡、机会均衡、质量均衡的综合评价体系。同时，注重不同部门间的协作机制建设，例如教育行政部门与财政部门的经费保障协同、编制部门与人社部门的教师编制动态调整协同，避免政策执行中的碎片化问题，形成推动教育均衡发展的整体合力。

这些特征共同构成了区域基础教育均衡发展研究范式的核心框架：以问题为导向锚定改革方向，以多学科方法拓展认知深度，以理论与实践互动确保措施落地，以动态调整适应现实变化，以系统思维整合各方力量。唯有如此，才能真正构建起符合中国国情的区域基础教育均衡发展模式，让教育公平的阳光照亮每个角落，为社会可持续发展奠定坚实的人才基础。

## 第二节　研究范式转型的多元视角

研究范式是在特定学科或研究领域内被广泛认可的理论框架、研究方法及假设的系统整合。它构成了研究者开展研究的整体路径，涵盖研究问题的提出、数据的采集与分析以及研究结果的阐释等环节。不同的研究范式体现了多样的认识论和方法论倾向，对研究设计、执行与评估产生深刻影响。区域基础教育均衡发展的研究范式既涵盖传统量化研究范式与质性研究范式，又涵盖整合了二者优势的混合研究范式。

### 一、量化研究范式

西方科学主义哲学思潮的渗透、对区域基础教育均衡发展内涵的片面理解，以及对质性与量化研究的概念混淆，共同塑造了当前区域基础教育均衡发展研究中量化研究范式占主导地位的局面，这一现象背后折射出多重认知偏差与方法论局限。

起源于文艺复兴时期的西方科学主义，随着自然科学的勃兴而不断强化其影响力。培根的实验方法论、笛卡尔的数理逻辑传统，以及20世纪以来自然科学研究范式的扩张，促使教育领域逐渐引入量化分析工具。这种追求"客观性""普遍性"的科学主义倾向，在区域基础教育均衡发展研究中体现为对量化指标的过度依赖——研究者试图通过经费投入、师资配比、硬件设施等可测量数据，构建教育资源配置的评价体系。然而，科学主义的片面应用也带来问题：同一均衡指标常因评价标准差异而产生矛盾。如不同地区对"师资均衡"的学历、职称统计口径不一，导致研究结论缺乏可比性，却被研究者普遍视为"科学范式"延续至今。

对教育均衡发展内涵的理解偏差，进一步固化了量化研究的主导地位。国内学者多聚焦于教育资源的投入-产出量化分析，将均衡简化为经费、校舍、教师数量等显性资源的均等分配。这种受罗尔斯公平理论影响的分配正义视角，虽有其合理性，但忽视了教育均衡的复杂性——教育质量不仅涉及可量化的物质条件，更包含文化氛围、师生互动、教育理念等难以用数字衡量的要素。我国相关研究受限于经济学思维，对非量化因素的研究明显不足。

在研究方法层面，对质性研究的狭义化理解加剧了量化范式的单一化倾向。受科学主义影响，许多研究者将质性研究等同于量化研究，认为只有通过数据统计、模型分析得出的结论才具有科学性，从而排斥质性研究。事实上，质性研究在广义上涵盖、田野调查、案例分析等多种基于经验材料的研究方式，并不局限于量化分析。例如，人类学的参与式观察、教育学的课堂志研究，均通过收集非量化数据揭示教育现象的本质，同样符合质性研究的科学性要求。但当前的区域基础教育均衡发展研究中，这种对质性研究的狭隘定义，导致文化传统、社会心理等影响教育均衡的深层因素被边缘化，研究结论难以全面解释复杂的教育现实。

这些认知与方法上的局限，共同导致区域基础教育均衡发展研究陷入"量化至上"的误区。若要突破这一困境，则需重新审视科学主义的适用边界，拓宽对教育均衡内涵的理解：既关注资源分配的"量"，更重视教育过程的"质"；同时打破方法论的二元对立，在量化研究的基础上，充分运用质性研究揭示非显性因素的作用，如不同区域文化对教育需求的影响、学校治理模式与均衡发展的关联等。唯有如此，才能构建更贴合教育本质的研究范式，为区域基础教育均衡发展研究提供更具针对性的理论支撑。尽管量化研究范式能够为我们提供全面而理性的视角，来洞察区域基础教育均衡发展的内在机制，为资源配置提供可靠的参考，但其深度与广度仍有待进一步拓展，其在应用中也暴露出局限性。

在区域基础教育均衡发展研究中，量化研究的局限性在文化差异分析与微观实践层面表现得较为突出，这些局限使得其难以全面揭示教育均衡的复杂内涵与深层问题。

从文化差异层面审视，量化研究在人文社会科学领域的局限性尤为突出。量化研究在自然科学中依赖对客观规律的普遍性推导，但教育研究对象深受文化传统、社会习俗等非量化因素影响。在教育领域，单纯从资源投入角度讨论教育公平，容易忽略制度背景和非物质资源的作用，而这些文化层面的因素正是量化指标无法捕捉的。以某些地区教育投入与产出失衡现象为例，尽管教育经费投入力度不断加大，学生学业成绩和辍学率等教育产出指标却未能同步提升。这种现象揭示了量化研究的盲区：研究者常聚焦于经费、设备等显性资源的统计，却忽视了文化观念对教育参与的深层影响。部分农村地区的传统观念可能导致对教育价值的认知偏差，进而影响学生的学习动力与持续性。这表明，教育研究需超越量化分析，关注文化等深层次因素对教育的影响，以更全面地理解和解决教育问题。

在微观实践层面，量化研究也呈现出明显的不足。量化研究擅长通过大规模数据提炼普遍规律，却难以深入具体场景中的细微问题。以四川大凉山地区为例，宏观统计数据可能显示适龄儿童入学率达标，实地考察却发现，当地家庭观念、子女数量，以及学校资源等具体问题，使得儿童入学延迟、失学现象依然严重。这些根植于当地社会结构与文化习俗的细节问题，无法通过简单的数量分析被发现，而恰恰是这些细节问题，可能会成为阻碍区域基础教育均衡发展的关键因素。量化研究的"自上而下"范式，容易掩盖不同群体、不同地域的特殊需求，导致研究结论在落地时出现"水土不服"，无法精准回应基层教育实践中的复杂挑战。

总体而言，量化研究在区域基础教育均衡发展研究中的局限性，本质上源于教育问题的复杂性与量化方法的单一性之间的矛盾。教育均衡是涉及文化认同、社会心理、地域特性等方面的系统工程。若要突破局限性，需在量化研究的基础上，引入质性研究等多元方法，深入挖掘文化传统、社区生态、个体体验等非量化因素的影响，让区域基础教育均衡发展研究既能把握宏观趋势，也能触及微观肌理，真正为解决现实问题提供有针对性的方案。

## 二、质性研究范式

质性研究范式与量化研究范式不同，其强调深入实际情境，通过观察、访谈、个案研究等方式，对教育现象进行深入细致的分析和理解。质性研究范式注重细节和特殊性，试图揭示教育实践中深层的社会、文化和心理过程。它更符合人们对教育实践的复杂性和多元性的认识，有助于更全面地理解教育现象。

在区域基础教育均衡发展研究中，质性研究的价值并非否定量化研究在资源分配分析中的合理性，而是针对其难以触及教育公平深层文化内涵的局限，提供更具人文深度的研究路径。这种研究范式的转向，本质上是对教育作为文化实践本质的回归——教育均衡的核心是公平，而公平的实现必须深入理解不同群体尤其是弱势群体的文化处境与真实需求。

质性研究起源于西方学者对异文化的深度考察，其方法论优势在于通过参与式观察、深度访谈等手段，捕捉研究对象的情感体验、价值观念和行为逻辑。殖民时代结束后，这一方法逐渐转向对本土弱势群体（如少数民族、经济困难群体、残疾人士）的文化研究，强调"向下扎根"的视角——关注那些在量化数据中被抽象为统计符号的个体，让他们的声音被听见、处境被理解。这与我国区域基础教育均衡发展的深层矛盾不谋而合：长期以来，城乡、区域教育差距的形成，不仅是资源分配问题，更与弱势群体在文化认同、社会资本上的边缘地位密切相关。例如，量化研究可能通过"生均经费达标""师生比合理"等指标判定某地区教育均衡，但质性研究可能发现，经济困难家庭对教育价值的认知差异等非显性因素恰恰是影响教育实效的关键。

从方法论层面看，质性研究对文化内核的挖掘，弥补了量化研究的表层化缺陷。教育作为文化传承与创造的载体，其公平性不能仅通过投入-产出的数字模型衡量。汤因比指出，文化是塑造群体行为的内在规则，格尔茨则强调"厚重描述"对理解社会现象的重要性——只有深入特定群体的文化情境，才能真正把握其教育需求的本质。例如，在分析农村留守儿童教育问题时，量化研究可能聚焦于"课后服务覆盖率""心理辅导室配备率"等指标，而质性研究则可能通过观察留守儿童与祖辈的互动、记录他们在作文中流露出的情感缺失。揭示教育支持中"情感补偿"的缺位。这种微观层面的发现，正是推动政策精准化的关键。

反观当前区域基础教育均衡发展研究中普遍存在的"量化泛滥"现象——过度依赖生均经费、设备配置、师生比等显性指标，将教育公平简化为资源分配的数学题，本质上是对教育文化属性的忽视。量化研究提供的宏观趋势与普遍性结论固然重要，但缺乏微观层面的质性支撑，容易导致政策设计"见物不见人"。例如，某地区按量化标准实现了"硬件均衡"，却可能因忽视教师对多元文化教学的适应能力，导致少数学生在课堂中被边缘化。质性研究的介入，正是为了填补这一鸿沟：通过深入学校日常、家庭互动、社区文化，揭示教育过程中被数据掩盖的真实矛盾，让均衡发展从"指标达标"走向"实质公平"。

总之，质性研究在区域基础教育均衡发展研究中的价值，在于其对"人"的回归——关注每个受教育者的文化主体性，尤其是弱势群体在教育场域中的真实体验。这种研究范式不仅是方法的补充，更是理念的更新：教育均衡的终极目标，不是数据表格中的均等化，而是让每个孩子，无论出身如何，都能在教育中获得文化认同与发展可能。唯有结合量化研究的"数据理性"与质性研究的"人文温度"，才能构建起既科学又有温度的教育均衡发展图景。

## 三、混合研究范式

区域基础教育均衡发展的研究范式正经历深刻变革，逐渐摆脱传统单一方法论的局限，转向融合多元视角的混合研究范式。这种转型源于教育均衡问题的复杂性——既需要客观数据呈现资源分配现状，又必须关注政策执行中的主体体验，还需回应技术变革与文化差异的动态影响。混合研究范式通过整合量化分析与质性研究、宏观政策与微观实践，构建起更具解释力的方法论分析框架。

混合研究范式的核心在于突破传统方法的割裂性。在评估城乡教育差距时，单纯对比考试成绩或描述乡村学校困境已显不足。开展一项综合性评估项目，可以一方面收集学生的素养数据，以此精准定位存在的薄弱环节；另一方面组织教师进行焦点讨论，深入挖掘教学过程中面临的痛点问题。最终依据这些信息制定出具有针对性的课堂改革方案，从而促使区域教育质量指数发生显著变化。这种将数据诊断、实地调研以及行动验证融合起来的闭环研究模式，不仅能够洞察问题的普遍现象，还能剖析问题背后的深层原因，为政策的制定和实践的改进提供有力的支持。

我国地域广阔，东中西部地区在经济发展、文化背景等方面存在显著差异，这使得教育研究需要具备高度的灵活性与针对性。混合研究范式在应对这种复杂局面时，展现出强大的适配能力。在东部经济发达地区，教育信息化程度相对较高，研究者一方面通过详尽的统计数据，精准分析智慧教育平台的覆盖率；另一方面深入课堂，细致观察技术应用如何重塑师生互动模式，挖掘教育创新的潜力路径。因地制宜的研究策略，避免了单一研究模式在不同区域背景下的局限性，为多样化教育需求提供了精准解决方案。

更深层次的变化体现在研究范式的革新上。通过组建跨界团队，整合专家学者、一线校长等多元视角，研究不仅运用社会网络分析技术，揭示区域内校际协作的潜在结构，还借助教育叙事研究方法，记录集团化办学过程中的真实决策博弈与实践挑战。最终形成的建设指南，既具备理论深度又贴近实践需求，实现了学术研究与教育实践的深度对接。这种参与式研究模式有效打破了学术研究与教育实践之间的壁垒，推动理论成果转化为实际生产力，为教育改革提供了可持续发展的动力源泉。

当前混合研究面临双重挑战：在方法层面需建立系统的质量评价标准，避免形式化混合；在实践层面要求研究者兼具数据分析能力与洞察力。但正是这种复杂性，使其成为破解教育均衡难题的关键路径——既能解读统计报表中的冰冷数据，又能捕捉课堂内外的生动细节，在理性与感性、全局与局部间架设桥梁。这种研究范式的深化，将为教育高质量发展提供更坚实的智力支撑。

# 第三节　研究范式转型的基本内容

研究范式作为学科的基石，不仅明确了研究对象、方法及评价标准，还构建了共同研究的理论框架。作为学科发展成熟的重要标识，研究范式如同航海中的灯塔，为学科的发展指明了方向。研究范式转型，即对原有观念、理论假设及研究标准的革新与重塑，这一进程往往由新的证据、方法或理论发现所驱动。此转型过程能够引发学科内部的深刻变革，促使研究者重新审视既有的理论与方法，并积极接纳新兴的知识体系。研究范式转型并非一蹴而就，它需要持续探索与实践，伴随着时间的推移而逐步深化。研究范式转型的意义重大，它不仅推动了学科的整体进步，还为深化解决学科问题提供了更为广阔和深入的视角与方法。

新中国成立初期，面对广泛存在的文盲问题，基础教育工作的核心聚焦于教育的普及，政府积极推行义务教育制度，特别是在农村地区建设学校，并致力于教师队伍的培养与发展，旨在全面提升国民教育水平。然而，随后一段时间内，教育系统遭受了干扰，资源配置受阻，基础教育的发展遭受了一定程度的挫折。自改革开放以来，我国将教育改革置于重要位置，特别重视基础教育的发展，明确了"普及、巩固、提高"的战略目标。为此，政府加大了对基础教育的资源投入，强化了教师队伍建设，并成功实施了九年义务教育制度，确保了更多儿童能够接受基础教育。进入 21 世纪，基础教育领域迎来了新的发展阶段。政府积极倡导"素质教育"与"全面发展"的理念，将教育重心从单一的知识传授转向对学生综合素质与创新能力的培养。同时，为了促进教育公平，政府还加大了对农村、欠发达地区及民族地区的教育扶持力度，努力缩小城乡与地区之间的教育差距，致力于实现区域基础教育均衡发展。

2023 年政府工作报告指出，要"保障基本民生和发展社会事业"，"推进义务教育优质均衡发展和城乡一体化"。[①] 从 20 世纪末基本实现"两基"到 2011 年全面"普九"，再到 2021 年实现基本均衡，我国义务教育迎来了新的发展阶段。区域基础教育均衡发展的范式转型是一个持续演进的过程，旨在实现教育资源的公平分配和全面提升学生素质。在推进区域基础教育均衡发展的过程中，应当注重缩小差距和特色发展的取向。[②] 我国区

① 保障基本民生和发展社会事业 [EB/OL]. （2023-03-05）[2024-04-26]. https：//news. cctv. com/2023/03/05/ARTIGFCEylK0tKtdThmjGSqZ230305. shtml.

② 丁生东 . 青海区域内基础教育均衡发展探析 [J]. 青海社会科学，2011（1）：58-60.

域基础教育均衡发展呈现四种主要范式：内涵发展、自主创新、优质教育及特色探索。这些范式各具特色，其关注核心与实施重点亦有不同。① 总之，无论哪一种范式，其目的都是促进基础教育均衡向更优质均衡发展，促进教育资源均衡配置和质量提升。

## 一、内涵发展的均衡范式

回顾过往，我国基础教育的发展曾着重于外延的均衡，即基础教育资源的平等分配。在这一过程中，我国致力于消除农村地区与城市地区、东部沿海与西部内陆之间基础教育资源不均现象，为教育公平铺就基石。然而，仅仅追求资源的均衡分配并不能真正提升基础教育的质量和水平。外延发展与内涵发展，是形式逻辑中概念特征的借喻，用以阐释经济、教育等领域内发展模式的差异性与独特性。② 在追求基础教育发展的道路上，我们更加侧重于内涵发展，聚焦于结构的优化与质量的提升。这不仅体现在对基础教育质量和水平的持续追求上，更关注教育的内在价值和实际效果。这意味着我国致力于提高教育教学品质，全面提升学生的综合素质，以促进其全面发展。正如《中国教育现代化2035》所倡导的，应致力于实现"普及有质量的学前教育""实现优质均衡的义务教育""全面普及高中阶段教育"等主要目标，为国家的未来发展奠定坚实的教育基础。前两项要求的提出，对基础教育由外延式均衡向内涵式均衡转型具有里程碑式的意义，象征着教育发展的深层次变革和品质提升。

近年来，中共中央、国务院多次发文，强调基础教育改革、质量提升、高中育人方式改革及教师队伍师德师风建设，凸显国家对基础教育改革的重视，尤其关注教学、教研、教师队伍等基础层面，聚焦学校内部要素、关系及结构优化等内涵式发展，推动基础教育公平与质量并行发展。因此，转向内涵均衡的意义在于提高教育资源的有效利用。通过优化教育资源配置，使教育资源得到更好的利用，更好地适应时代和社会发展的要求。在当今社会风起云涌的变革浪潮中，培育具备创新精神与实践能力的杰出人才，已然成为时代赋予我们的重要使命，其重要性不言而喻。通过注重教育内涵的均衡发展，可以提高学生的综合素质，增强他们的创新能力和实践能力，为社会发展提供更多有能力的人才。因此，我们有理由预见，基础教育的发展将从外延均衡逐步迈向内涵均衡，这不仅是教育发展的必由之路，更是我国基础教育改革与进步的应有追求。

内涵发展的均衡范式具有以下重要意义。首先，内涵教育注重学生全面发展和素质提升，强调知识的广度和深度，培养学生的创新能力、实践能力和综合素质。相比之下，外延教育过于注重数量和速度，容易导致学生的浮躁和功利心态。其次，内涵教育能够更好地满足社会发展对人才的需求。随着社会经济的转型升级，人才需要具备更高的综合素质和创新能力。通过转向内涵教育均衡，能够培养更多拥有深厚知识储备和专业能力的人才，更好地适应社会变革和发展。此外，内涵教育注重培养学生的核心竞争力和个性发展。每个人都拥有独特的潜能和兴趣，内涵教育鼓励学生主动

① 周波. 谈谈基础教育的课程改革 [J]. 文教资料，2013（1）：102-104.

② 褚继平. 优质教师资源共享与区域教育均衡发展 [M]. 上海：上海远东出版社，2007.

参与，并提供个性化的教育服务，帮助学生发掘自己的优势和特长，实现自我价值的最大化。最后，内涵教育能够提高教育公平性。外延教育普遍存在资源分配不均的问题，富裕地区的学生更容易获取高质量的教育资源，而贫困地区的学生则难以获取。转向内涵教育均衡可以促进教育资源的公平分配，让每个学生都有享受优质教育的机会，减少教育差距。

## 二、自主创新的均衡范式

自主创新是区域基础教育均衡发展的重要理念和方向。自主创新是指通过内部产生、不断自我更新和创新的动力，实现教育资源的合理配置和教育质量的全面提升。回顾基础教育发展历程，我国基础教育从依赖外部资源和支持转向自主发展和独立运作，是一个重要的发展转型过程。为了弥补地区间、城乡间及学校间的教育差异，进而提振欠发达地区学校、农村学校和薄弱学校的发展势头，国家精心制定并推出了一系列具有倾斜性和扶持性的政策与措施，旨在实现教育资源的均衡配置和办学水平的全面提升。国家向欠发达地区拨款，用于改善基础设施、购买教育资源和提供奖励补贴等，以支持欠发达地区的教育事业发展。国家根据欠发达地区的实际情况，制订特定的教育扶持计划，采取差异化政策和措施，解决欠发达地区教育发展中的独特问题。鼓励欠发达地区发展特色教育项目，例如农村寄宿制学校、职业教育培训中心等，以满足当地教育需求。优先招聘和培养支教人员，通过政策措施，在欠发达地区优先招聘、培养和派遣专门的支教人员，提高欠发达地区师资力量和教育水平。国家对于欠发达地区发展教育的政策也在不断调整和完善，以促进教育公平和欠发达地区的可持续发展。内生发展强调教育系统内部的自我推动和自我完善能力，通过培养学生的学习兴趣、创新思维和终身学习能力，激发学生的内在动力，从而促进他们的全面成长和发展。因此，必须把发展的主动权交给学校，使学校成为改革发展的真正主体，自主变革，自觉创新，走自主发展之路。[①] 学校自主发展的核心在于学校的独立性和创新能力，应当提高学校的办学水平和整体竞争力，促进学生成长与社会发展需求相适应。

自主教育均衡理念致力于激发学生的内在动力，着重培养他们自主学习、深入探究和大胆创造的能力，以期让学生成为终身学习的践行者与创新思维的拥有者。首先，能够培养的自主性和独立思考能力。学生在自主教育模式下有更多的自主选择权和决策权，能够根据自己的兴趣和能力进行学习规划和目标设定，培养主动学习的态度和能力，提高学习效果和深度。其次，能够激发学生的创造力和创新精神。自主鼓励个体或组织积极思考和创新，主动思考和解决问题，培养学生的批判性思维和创造性思维，激发学生的创新潜能，不再仅仅追随外部环境的变化。通过拥有自主权，个体或组织可以更加灵活地应对变化，寻找新的机会和创造新的价值，有助于推动个体或组织的创新和发展，促进社会发展和进步。再次，能够提高学生的终身学习能力。在快速变化的社会背景下，掌握终身学习能力对每个人来说都很重要。通过精心培育学生的自主学习能力，赋予他

---

① 王森，侯书健.基础教育体育课程改革对高校体育教育的影响［J］.吉林省教育学院学报，2006（7）：37-38.

们独立获取知识、快速适应新知识的能力。这种能力使他们能够不断更新自己的知识与技能，从而紧跟时代步伐，满足社会发展和个人成长的双重需求。在这个过程中，学生将成为知识的主人，掌握自己的前途。最后，能够促进教育的个性化发展，更好地满足学生个性化学习需求，通过个性化教学、课程设置和评价方式等，帮助学生体验到更符合自己个性和特点的教育，激发学习的积极性和主动性。

综上所述，自主创新与发展无疑是深化基础教育综合改革的原动力，它如一股清泉，为教育的繁荣与发展注入不竭的活力。这包括提供基础设施建设、创新与创业支持、教育与技能培训、政策与法律环境改善等。同时，也需要培养和增强个体或组织的自主意识和能力，鼓励其主动参与和推动自主发展，对个体或组织的意义在于提升自主能力、提升创新能力、提高自身价值和地位，以及增强自我控制和自我发展能力。基于内生发展、"造血"驱动和自主创新的基础教育均衡范式可以实现教育资源的合理配置，促进优质教育资源向农村地区、偏远地区和欠发达地区倾斜，缩小城乡、区域间的教育差距，提升全民素质和国家综合竞争力。同时，这种范式也能够充分激发学生的学习潜力，培养创新型人才，推动我国教育事业全面发展。这是适应现代社会需求和学生成长的必然趋势，也是建设高质量教育体系的重要路径。

## 三、优质教育的均衡范式

在 2021 年这一历史性节点，全国 2895 个县全部实现义务教育的基本均衡发展，这标志着中国义务教育迈入了推动优质均衡发展的新纪元，开启了教育质量全面提升的新篇章。这也反映出我国基础教育系统更加注重提高教育资源的均衡性和质量，并为每个学生提供平等的受教育权利。2023 年 6 月，中共中央办公厅、国务院办公厅发布的《关于构建优质均衡的基本公共教育服务体系的意见》明确指出，全面保障义务教育优质均衡发展。义务教育的本质属性决定了其以优质均衡为基本政策导向。基础教育均衡，其核心在于普及教育之精髓，确保每位孩童都能沐浴在公平的教育资源和机会之中，破解教育资源分配不均之困局。其深远意义在于为莘莘学子提供平等接受教育的机遇与权利，让知识的光芒普照每一个角落。具体而言，政府采取了一系列高瞻远瞩的政策制定与资源配置优化举措，旨在为受教育者铺设一条均等的基础教育之路，使他们能够平等地获得知识与技能的滋养。这一宏伟计划旨在实现教育效果和成功机会的均等化，从而助推教育公平的理念深入人心，为社会的持续繁荣与进步奠定坚实的基础。[①] 区域基础教育均衡发展的核心在于教育平等。这一过程可划分为三大阶段：权利平等作为奠基之石，确保每个孩子都能在基础教育阶段拥有平等的受教育权；资源均衡作为发展的初级阶段，通过精心调配教育资源，力求实现教育资源的均衡分布；优质均衡作为发展的高级阶段，致力于实现教育质量的全面提升，确保每个孩子都能享受到优质的教育。

区域基础教育均衡发展的核心要义，在于通过保障权利平等与推动资源均衡，构建起公平且有质量的教育生态。这一过程不仅是对教育本质的回归，更是社会公平正义在教育领域的集中体现。

---

① 袁玲俊. 对基础教育均衡发展的理性思考 [J]. 宁波教育学院学报，2005（2）：15-17.

权利平等是基础教育均衡发展的价值基石，其核心在于确保每个个体——不论性别、种族、社会经济地位或地域差异——都能享有平等的优质教育机会。这种平等不仅是对个人发展权的尊重，更是社会进步的动力源泉：从个体层面看，教育是实现个人潜能开发的关键路径；从社会层面看，公平的教育机会能促进劳动力素质提升，为经济创新注入活力，同时通过缩小不同群体间的发展差距，增强社会凝聚力，减少因资源分配不均引发的矛盾。权利平等的实现，需要突破户籍、经济条件等外在限制，建立覆盖全群体的教育准入机制，让"有学上"成为基本保障，更让"上好学"成为共同追求。

资源均衡是权利平等的现实支撑，旨在通过合理配置教育资源，让优质教育的阳光照亮每个角落。这一目标的实现涉及多个维度：在区域层面，需通过财政转移支付、专项工程建设等手段，缩小城乡、发达地区与欠发达地区间的硬件差距，如改善农村学校办校条件、为偏远地区配备数字化教学设备；在学校内部，要避免"重点班"与"普通班"间的资源倾斜，通过均衡师资配置、优化课程设置，确保每个班级学生都能获得同等质量的教学支持；在师资层面，建立教师轮岗制度，提升乡村教师待遇，推动优秀教育人才向薄弱地区流动，破解"择校热"背后的师资失衡问题。此外，建立科学的质量监测评估体系至关重要，应通过定期追踪各区域、学校的教育成效，及时调整资源分配策略，避免"投入失衡"或"资源闲置"。

值得强调的是，权利平等与资源均衡并非孤立存在，而是相互依存、协同发力的整体。权利平等为资源均衡指明方向，要求资源配置必须以保障每个学生的发展权为出发点。资源均衡为权利平等提供支撑，唯有师资、设施、课程等要素实现均等化，教育机会的平等才能从理念转化为现实。这一过程需要政府、学校、社会多方协同：政府通过政策设计与财政投入筑牢公平底线，学校通过教学改革与管理创新提升实施效能，社会通过公益支持与文化营造凝聚共识。总之，区域基础教育均衡发展的本质，是对"教育为了谁"的深刻回答：它拒绝将学生视为数据报表中的统计符号，而是关注每个生命的成长需求；它反对资源配置的"马太效应"，致力于让教育成为缩小而非扩大社会差距的利器。当权利平等的理念渗透到教育政策的每一个细节，当资源均衡的举措落实到每一所学校、每一堂课，教育才能真正成为点亮个体梦想的火炬、夯实国家发展根基的基石。

优质基础教育均衡旨在实现教育资源均衡配置与教育质量整体提升的双重目标，不仅要求不同区域、学校和群体的学生能够公平获取教育资源，更强调在教学质量、师资水平、教育环境等维度实现实质性均衡，为每个学生提供个性化发展空间。这一理念的实施，既是社会公平在教育领域的深度落实，也是提升国民素质、推动社会进步的核心路径。

我国基础教育向优质均衡转型经历了长期探索与政策迭代，大致可分为四个阶段：20世纪80年代至90年代初，以"普九"为核心任务，通过取消中小学分科选拔、推进城乡教育均衡，奠定了基础教育普及的基石；20世纪90年代中期至2000年，随着素质教育理念的深化，政府开始加大教育投入，实施义务教育免试就近入学等政策，首次将优质教育资源向农村和欠发达地区倾斜，标志着从"量"的均衡向"质"的提升过渡；2001年至2022年，发展素质教育被确立为国家战略后，基础教育改革进入优质教育倡导阶段，《国家中长期教育改革和发展规划纲要（2010—2020年）》等文件出台，明确将"优质均衡"作为核心目标，通过课程改革、师资队伍建设等举措，系统性提升教育质量；2023年至今，《关于构建优质均衡的基本公共教育服务体系的意见》发布，进一步强调教育过程与结果的公平，推动优质教育从政策导向转化为具体实践，加速教育强国建设进程。

这一转型具有深远的现实意义：在教育质量层面，通过均衡配置优质师资、优化课程体系、引入数字化教学资源，打破校际和区域间的质量壁垒，让农村学生与城市儿童共享高质量课堂；在人才培养层面，个性化教育理念的融入，如项目式学习、探究式教学的推广，激发学生创新潜能，为社会培育更多高素质人才；在区域发展层面，通过建立发达地区与欠发达地区的教育协作机制，如教师轮岗、名校托管等，逐步缩小城乡、东西部教育差距，促进区域协调发展；从国家战略层面看，优质教育均衡是提升人力资源质量的关键抓手，通过培养全面发展的人才，为经济社会可持续发展注入强劲动力。

实现优质教育均衡是一项系统工程，需要政府、学校、家庭与社会协同发力：政府需持续加大财政投入，完善教育质量监测与评估体系，确保资源配置的精准性；学校应聚焦内涵发展，加强教师专业培训，创新教学模式，打造适合学生个性成长的教育生态；家庭需提升教育参与意识，与学校形成育人合力；社会可通过公益助学、资源捐赠等方式，补充政府公共服务，营造全民支持教育的良好氛围。从"有学上"到"上好学"，优质基础教育均衡的推进，不仅是教育政策的调整，更是教育价值观的升华——它标志着我国基础教育从规模扩张转向内涵发展，从机会公平迈向质量公平。这一进程虽面临区域差异、资源约束等挑战，但随着政策落地与实践深化，优质教育的阳光终将照亮每个角落，为民族复兴筑牢人才根基。

## 四、特色探索的均衡范式

特色基础教育均衡是在基础教育均衡的基础上，注重发挥不同学校的特色和优势，提供多样化的教育选择，满足学生个性化的需求。实践证明，我国众多原先基础薄弱的学校通过创建特色，优化了基础教育资源，成功树立了优质教育品牌，如杜郎口中学等。面对优质基础教育资源供需矛盾突出的挑战，学校充分利用和合理配置现有资源，发挥资源优势，发展特色、提升层次、深化内涵，成为解决问题的关键所在。在新时代，基础教育迈向高质量发展的道路，其关键是在学校发展上恰当地把握"多样"与"特色"之间的辩证关系。这两者如同教育的双翼，相互依存，相得益彰，共同托起学生全面而个性化的发展。一是引导学校明确特色定位。各所学校应深入研究本校的特点和优势，确定独特的基础教育定位和特色发展方向。如可以发展特色课程、特长教育、国际交流等，建立起具有自身特点的基础教育品牌。二是提供多样化的基础教育选择。推动学校间资源共享与合作，通过合作办学、共建共享等模式，提供多样化的教育选择。包括专业设置的多样化、教学方法的创新和实践活动的丰富等，满足学生的不同兴趣和需求。三是支持家庭教育与社会资源。加强家庭教育指导和支持，提供有针对性的家庭教育培训和资源，帮助家长更好地理解和支持孩子的特色教育需求。同时，社会应提供更多特色教育项目和资源，为学生提供多元化的发展机会。四是加强评价和监测体系建设。建立特色基础教育的评价和监测体系，对不同学校的特色基础教育进行评估和反馈。借助科学的评价机制，积极鼓励学校勇攀高峰，不断追求卓越，以改革之精神与创新之姿态，确保特色基础教育在均衡发展的道路上取得卓越的质量与效果，从而绘就教育发展的新画卷。以上举措可以充分发挥学校的优势和特点，为学生提供更有针对性和个性化的基础教育服务。

走向特色探索的基础教育均衡范式具有深远意义。一是要尊重每一个学生的独特个性。他们各自拥有独特的兴趣、天赋与追求，犹如生命之树绽放出各不相同的绚烂花朵。可以更好地满足学生个性化的需求，尊重和发掘每个学生的优势和潜能，促进创新与多元发展。二是特色基础教育鼓励学校在教学内容、教学方法和课程设置等方面进行创新，提供不同的学习路径和发展机会，有助于培养学生的创新精神、问题解决能力和综合素养。三是提高基础教育质量和竞争力。通过突出学校的特色和优势，提供有针对性的基础教育服务，能够提升学校的基础教育质量和竞争力。各所学校在不同特色领域的发展，可以形成互补和合作，提高整体基础教育水平。四是推动社会发展和就业。特色基础教育有利于培养出更多具备特定技能和专业素养的人才，推动社会产业结构的多样化和优化，有助于更好地满足社会对各类人才的需求，提高就业率和人才流动性。

基础教育学校在特色建设和培养学生时不再一味追求统一标准和平均水平，而是更加注重个体差异和个性化发展。这种转变的目的是更好地满足学生的发展需求，培养他们的个人潜能和创造力，有助于加强对个体差异的尊重，推动基础教育的创新和多元发展，提高基础教育质量和竞争力，促进社会发展和就业，并增强和提升学生的学习动力和满意度。特色探索的均衡范式是符合时代要求和个性化需求的基础教育发展方向。

# 第四节　研究范式转型与问题承接

随着教育研究的深化，区域基础教育均衡发展探讨方式亦蜕变升华。我们探寻新航线，开辟未知领域。这一进程展现教育的科学与前瞻，更以文艺之韵诠释其深刻内涵。我们审视与反思，力求在区域基础教育均衡发展问题承接上，探索合理、高效、科学之路径，促进教育公平与卓越。从量化研究范式到质性研究范式的转向，反映了研究方法和视角的变革，也揭示了人们对教育现象认识的深化。量化研究与质性研究，二者立足于迥异的哲学基石之上，因此它们审视问题的视角如同光影交错，各具特色。随着公平与正义内涵认识的深化，展现了学术研究的深度与广度。这一转向意味着研究者更加关注教育的过程、意义和教育实践的多元性，而不仅仅是教育的数量和规模。

## 一、立足内涵式发展的认知深化

区域基础教育均衡发展的核心理念在于全面实现教育公平，这是确保每个孩子都能享有平等教育机会的关键所在。

在西方学术界，对于教育公平的研究已经发生了深刻的转变，其理论基础逐渐由传统的分配正义论向更为全面的关系正义论过渡。分配正义论曾一度主导了教育公平的研究方向，它强调物质资源的合理分配对于消除社会不公的重要性。在这一理论框架下，研究者们主要聚焦于公共教育资源的分配问题，试图通过优化资源配置来减少教育差距。量化研究作为主要研究手段，通过对数据的收集和分析来揭示教育资源分配的现状与问题。然而，随着对教育公平问题认识的不断深化，学者们开始意识到单纯的资源分配并不能完全解决教育不公的问题。关系正义论的提出为教育公平研究提供了新的视角。关系正义论认为，正义不仅仅局限于资源分配领域，它更关乎社会关系的本质和排序。关系正义论强调社会成员之间的相互作用和相互影响，认为教育公平的实现需要关注主导社会成员互动的所有正式和非正式规则。这些规则涵盖法律法规、政策制度等正式规范，亦融入文化习俗、价值观念等无形之约。它们共同构成了教育公平的社会基础，影响着教育资源的分配和使用。因此，在关系正义论的指导下，教育公平研究需要更加关注社会关系的本质和排序，探究如何通过优化社会关系来实现教育资源的公平分配和使用。这需要我们超越传统的量化研究方法，采用更为综合和深入的研究手段来揭示教育公平问题的本质和根源。

正式规则与非正式规则在社会的各个领域发挥着至关重要的作用，它们不仅影响着经济运行和社会发展，更在文化教育领域中扮演重要角色。这些规则涵盖从文化差异到劳动分工，再到决策程序等多个方面，它们共同构成一个复杂而多元的社会文化体系。在关系正义论的视角下，正义的内涵被赋予了更为广泛和深刻的含义。学者们认为，正义不仅涉及物质资源的公平分配，更涵盖文化层面的公平。这意味着，在教育领域，我们应当尊重每一个群体的文化观念。只有在一个包容多元文化的教育环境中，每一个个体才能真正实现自我价值的提升和全面发展。随着对正义的理解的不断深化，西方学者对教育公平与基础教育均衡的研究范式也发生了明显的转变。传统的量化研究虽然能够提供一定的数据支持，但其局限性也日益显现。它往往过于关注表面的数量关系和现象描述，而忽视了背后的社会文化背景和复杂关系。因此，传统的量化研究已经难以适应现代教育公平理念的需求。在此背景下，符合现代公平理念的质性研究范式渐受瞩目。质性研究强调对研究对象进行深入的理解和解释，它关注个体的经验、情感和观念，通过深入访谈、观察等方式来获取丰富的第一手资料。在教育公平研究中，质性研究能够更好地揭示教育现象的本质和根源，为制定更为科学和有效的教育政策提供有力支持。因此随着教育公平研究的深化，质性研究范式在教育领域的应用将日益广泛。

## 二、着眼于科学性与价值性的辩证统一

科学主义论者秉持一种核心观点，即科学研究本质上应是价值无涉的。在他们看来，科学知识并不仅仅是一系列零散的事实或理论，而是通过运用客观的研究方法对客体进行深入探究后形成的一套完整而系统的知识体系。这种研究方法强调将主观情感、个人偏见以及价值判断排除在外，力求确保研究结果的客观性和准确性。

科学主义彰显人类对客观真理的执着追求与对理性思维的崇尚。科学主义所积蓄的力量不仅持久而且广泛，它深刻影响着社会各个领域的发展。从自然科学到社会科学，

从日常生活到国家治理，科学主义都在其中发挥着不可替代的作用。它鼓励人们用理性的眼光看待世界，用科学的方法解决问题，从而推动人类社会不断向前发展。科学主义在基础教育研究领域内的体现，便在于其倾向于选择具备较高信任度的数理逻辑分析方法来解决基础教育的问题。这种方法的显著优点在于其能有效地将研究者的主观价值观念剥离出去，进而防止任何形式的非理性价值因素对研究的客观性造成潜在影响。这样的做法，旨在确保研究结果能够更加客观、精准地反映基础教育领域的实际情况。

罗素曾对科学的价值无涉属性进行了深入而独到的论述。他明确指出，价值问题在知识的范畴内是被彻底排除的。当人们声称某个事物具备某种价值时，这实际上更多的是在表达个人的情感倾向，而非一个可以经得起推敲的可靠事实。因此，在基础教育研究领域，科学主义的研究范式一度占据主导地位。研究者们倾向于将基础教育问题视作自然科学问题来对待，力图通过数理逻辑等科学方法寻求解答。然而，这种将价值排除在外的研究方式，也在一定程度上导致价值在基础教育领域的隐退。虽然科学主义的研究方法能够为我们提供一系列关于基础教育问题的客观数据和分析结果，但其往往忽略了教育中蕴含的人文关怀和价值追求。因此，如何在坚持科学方法的同时，重新认识和强调价值在基础教育中的重要作用，成为当前基础教育研究领域面临的一个重要课题。

在基础教育均衡研究中，由于价值的"缺席"，数理分析的结果通常仅用于说明一个地区基础教育资源配置是否达到既定标准，或者是否应当增加对某地区的教育投入等问题。这样的研究结果往往缺乏研究者的价值观念，更没有考虑到基础教育研究成果使用者的价值观。换而言之，它们仅停留在表面的数据分析层面，而未能深入探讨基础教育均衡问题背后所蕴含的价值内涵。随着对基础教育学科的不断深入思考和研究，人们开始意识到基础教育学并不只是单纯的科学问题，而是一个能够实现科学性与价值性统一的领域。换句话说，基础教育研究不仅需要注重科学性，还需要关注价值性。这是因为基础教育作为文化的存在和人的活动的重要组成部分，必然涉及诸多价值问题。具体而言，基础教育不仅是传授知识、培养技能的过程，更是一个塑造个体价值观、培养社会责任感的重要阶段。因此，在研究基础教育均衡问题时，我们不能仅仅停留在数据的表面分析上，还应该深入探讨这些数据背后所反映出的价值观念和价值取向。唯有如此，才能实现基础教育研究的科学性与价值性融合，为区域基础教育均衡发展奠定坚实的理论与实践基石。

在基础教育均衡研究中，研究者、决策者与成果使用者皆秉持独特价值观。这些价值观在研究中起到至关重要的作用，它们不仅影响了研究的视角和方法，还决定了研究成果的实际应用价值。为了更全面、深入地推进基础教育均衡研究，我们需要从多个角度进行综合考虑。一方面，我们需要自上而下地审视整个教育体系，关注普遍意义上各地区对教育资源的需求。这包括了解各地区的教育发展水平、资源配置状况以及潜在的改进空间等。通过这种方式，我们可以从宏观层面把握区域基础教育均衡发展的整体态势，为制定科学合理的教育政策提供有力支持。另一方面，我们需要自下而上地深入学校、教师和学生的实际需求中。通过实地调查、访谈等方式，我们可以了解他们在基础教育资源方面的具体需求和期望。例如，学校和师生可能更希望基础教育资源能够充分考虑他们的文化因素，增加基础教育的文化适应性。这种自下而上的调查方式有助于我们更准确地把握当地的教育需求，从而制定更符合实际情况的教育资源配置方案。为了实现这一目标，质性研究就显得尤为重要。通过质性研究，我们可以深入社会的深层结构中，了解当地的教育文化、教育生态以及教育需求等方面的具体情况。这些信息对合理配置教育资源、推动区域基础教育均衡发展至关重要。因此，在基础教育均衡研究中，我们需要充分发挥质性研究的优势，将其与量化研究相结合，以更全面、深入地探讨区域基础教育均衡发展问题。

## 三、基于学科交叉的视角融合

在当今教育研究领域，推动区域基础教育研究范式的转型，整合多学科视角成为必然趋势。传统单一学科视角的研究方法在面对复杂的教育系统时往往存在局限性，而跨学科研究范式能够融合多学科的优势，为区域基础教育均衡发展构建更为全面、深入、精准的分析框架。

从社会学视角出发，深入剖析社会结构与文化背景对教育均衡的潜在影响至关重要。家庭社会经济地位的差异在教育资源获取不均方面扮演着关键角色。例如，高社会经济地位家庭通常能够为子女提供更丰富的课外辅导资源、更广泛的人脉网络以及更优越的学习环境，而低社会经济地位家庭的学生则可能因缺乏这些支持而在学业表现和综合素质发展上面临劣势。[①] 这种差异并非简单的个体层面问题，而是根植于社会阶层、文化资本的代际传递等复杂社会结构因素之中。通过对这些因素的深入研究，可以从根源上揭示教育资源分配不均的形成机制，为制定有针对性的教育均衡政策提供依据。

经济学方法为教育资源配置效率研究提供了强有力的支持。在财政约束的现实条件下，如何实现教育资源的最优分配是教育政策制定者面临的重大挑战。成本效益分析作为一种经济学工具，有助于评估不同教育项目和资源配置方式所带来的效益。例如，通过对某一地区的学校进行成本效益分析，可以发现某些农村偏远地区的小规模学校的运营成本相对较高，但其在满足当地学生就学需求、保留地方文化传承等方面具有不可替代的价值。于是，政策制定者可根据分析结果，探索通过整合教育资源、优化学校布局，或者采用远程教育等创新模式，来提高教育资源的利用效率，同时兼顾教育公平与质量。

区域基础教育均衡发展的研究范式转型与多元化视角的运用，带来了多方面的积极影响。一方面，其极大地拓展了对教育均衡问题的认知维度。过去局限于单一教育学视角的研究，往往只关注教育系统内部因素，而忽视了外部社会、经济、文化等宏观环境的影响。如今，通过引入社会学、经济学等多学科视角，能够全面、系统地审视教育均衡问题，识别出隐藏在表象背后的深层次原因。另一方面，其显著增强了教育政策制定与执行的科学性、精准性与适应性。在科学研究成果的支撑下，政策制定者能够根据不同地区的实际情况，制定出更具针对性和可操作性的教育政策。例如，在一些教育资源匮乏的地区，政策可以侧重于加大对师资队伍的培养和引进力度，同时结合当地文化特色开发特色课程，以提高当地教育质量；而在教育资源相对丰富的地区，则可以注重优化教育资源的配置结构，促进教育公平与质量的进一步提升。

---

① 闫艳. 家庭社会经济地位对学生学业成绩的影响——个人心理特质与学校因素的中介和调节作用 [D]. 长春：东北师范大学，2022.

这种研究范式的革新，在理论与实践层面均具有深远意义。从理论层面来看，其推动了教育均衡理念从理论构想到实践操作的转化进程。多学科视角的交叉融合，使得教育均衡的理论内涵更加丰富，外延更加广泛，并且能够更好地与实际教育问题相结合，为教育公平与质量提升的目标实现奠定坚实的理论基础。从实践层面来看，多元研究方法的应用拓展了教育研究视野，深化了分析维度，促使教育均衡目标能够更有效地落地生根。例如，教育学与心理学结合，可以深入研究学生的个体差异和学习心理特点，为个性化教育提供指导；教育学与地理学结合，则有助于分析区域教育资源的空间分布特征，为合理规划学校布局提供参考。这些研究成果最终都将转化为具体的实践行动，驱动教育公平与质量迈向新的高度，使每一位学生都能享受到优质、公平的教育资源，为社会的长远发展培养更多高素质人才。

# 第六章

# 区域基础教育均衡发展与高质量发展的系统逻辑

区域基础教育均衡发展与高质量发展是相互依存、相互促进的。均衡发展是高质量发展的前提和基础，而高质量发展是均衡发展的必然要求和最终目标。两者共同构成区域基础教育发展的完整体系，为实现教育现代化、建设教育强国奠定了坚实基础，也为实现教育资源的公平分配、教育质量的全面提升以及教育体系的持续优化提供了保障。

## 第一节　均衡发展与高质量发展的关联逻辑

### 一、均衡发展

"均衡"这一概念，核心在于刻画事物演进过程中的一种稳定状态，即各构成元素间达到一种相对和谐与稳定的共存状态。

均衡发展应用到基础教育领域，顾名思义，是指在区域范围内，基础教育资源得到合理、均衡的配置，使不同地区、不同学校、不同学生群体能够享受到相对均等的教育机会和条件。这种均衡不仅体现在物质资源的分配上，如教学设施、图书资料、师资力量等，更体现在教育机会、教育过程和教育结果的公平性上。

均衡发展的实践，作为构筑教育公平基石的关键举措，对于消除社会不公、促进社会和谐与稳定具有重要价值。均衡发展不仅致力于缩小教育资源分配差距，更通过精准施策，挖掘并激活每位学生的内在潜能，全方位提升其综合素养。从长远来看，均衡发展的深入实施，将为国家的可持续发展奠定坚实的人才储备基础，确保国家在未来的竞争中拥有源源不断的智力支持与人才动力。

### 二、优质均衡发展

在当今社会快速发展的背景下，教育作为推动社会进步和国家繁荣的基石，其质量与均衡性成为社会各界关注的焦点。优质均衡发展作为基础教育改革的重要方向，旨在通过全面提升教育质量和促进教育资源均衡配置，实现教育公平与质量的双重飞跃。

优质均衡发展的核心理念在于"优质"与"均衡"的有机结合。其中，"优质"强调教育质量的提升，包括教学内容的丰富性、教学方法的创新性、教师队伍的专业性以及学生学习成果的显著性等；"均衡"则关注教育资源在不同地区、不同学校、不同群体之间的合理分配，旨在缩小教育差距，确保每个孩子都能享受到高质量的教育服务。这一核心理念体现了对教育公平与质量的双重追求，是优质均衡发展的根本出发点和落脚点。

优质均衡发展的目标在于构建高质量、高效率、高满意度的教育体系，而优质均衡发展的实现程度直接关系到社会的认可度和满意度。随着教育质量的不断提升和教育资源的均衡配置，优质均衡发展成为社会各界普遍关注的话题。社会各界对优质均衡发展的认可和支持，不仅能够为教育改革提供强大的动力，还能够促进教育事业的持续健康发展。同时，优质均衡发展的成果也将惠及广大人民群众，提升他们的获得感和幸福感。

实现优质均衡发展，需要政府、学校、社会等多方面的共同努力，其发展对于推动教育现代化、实现教育公平与质量的双重飞跃具有重大意义。不仅能够提升国民素质，培养更多高素质人才，为经济社会发展提供有力支撑，还能够促进社会公平正义，增进人民福祉，推动社会和谐稳定。因此，实现优质均衡发展是教育事业发展的必然要求，也是国家现代化建设的重要组成部分。

## 三、高质量发展

党的二十大报告指出，要"加快构建新发展格局，着力推动高质量发展"。高质量发展作为社会主义现代化建设的核心任务，在新时代背景下显得尤为重要。其不仅遵循经济运行的内在规律，更是维系经济健康、持久发展的灵魂所在。推动高质量发展，对于全面建设社会主义现代化国家，具有举足轻重的意义，它不仅代表了经济的飞跃，更彰显了社会的进步与文明的繁荣。在《中华人民共和国国民经济和社会发展第十四个五年规划和 2035 年远景目标纲要》的宏伟篇章中，我们被赋予了一项神圣使命——推动高质量发展。高质量发展的新要求已然明确。诸多文献已探讨其实现路径。张军扩等认为，中国经济高质量发展转变需改革经济增长模式与体制机制。因此，需构建与高质量发展相契合的体制机制，深化要素市场化改革，完善质量法规体系，并创新宏观调控政策。[①]任保平等认为，高质量发展的关键在于破解发展失衡与不足，必须重点推动绿色、创新及协调三大方面的发展。[②]并从科技创新，产业、制度、战略等多维创新，以及促进人的

① 张军扩，侯永志，刘培林，等 . 高质量发展的目标要求和战略路径 [J]. 管理世界，2019，35（7）：1-7.

② 任保平，文丰安 . 新时代中国高质量发展的判断标准、决定因素与实现途径 [J]. 改革，2018（4）：5-16.

全面发展等层面，为高质量发展提供切实可行的推进路径。① 赵剑波等从系统平衡、经济发展及民生指向等角度解析高质量内涵，建议构建现代化经济体系，推进产业、市场及动力变革，创新驱动，并提升法律、文化、教育等社会公平正义水平。② 王一鸣认为，我国高质量发展特征为质量提升、结构升级、创新驱动、绿色发展及共同富裕。他建议通过推动产业高级化、构建高水平市场经济体制及扩大高水平对外开放等举措，促进高质量发展。③ 田秋生强调，高质量发展是能够产生更大福利效应、GDP 内涵更加丰富、更低成本更有效率、更高水平层次形态更加协调健康可持续的发展。他提出，应重视指标评价、质量效益考核、市场资源配置及宏观调控等体制机制建设，以推进高质量发展。④ 李梦欣等认为，推进高质量发展应囊括创新驱动、绿色发展及制度改革，同时促进区域协调，增强地区联动，优化要素流动，加速构建统一大市场。⑤ 此外，诸多文献采用实证方法，研究了科技创新、数字经济、对外开放及环境规制对高质量发展的影响，并提出了相关路径建议。⑥⑦⑧ 现有文献虽全面探讨了推进高质量发展的路径，但仍存在不足。首先，现有文献多从某一方面或几方面入手，解决路径尚欠全面。其次，在新时代背景下，高质量发展面临新挑战与新机遇，需匹配新的发展思路与路径。

## 四、均衡发展、优质均衡发展与高质量发展的逻辑关系

在区域基础教育视域下，均衡发展、优质均衡发展与高质量发展之间存在着紧密的逻辑关系。这三者相互独立又相互依存，共同构成了区域基础教育发展的完整体系。

均衡发展是指基础教育在区域内部各学校之间、区域之间以及城乡之间实现相对平衡的发展状态。它强调的不是平均主义，而是通过缩小差距，促进基础教育在相对公平的基础上向更高水平发展。均衡发展旨在实现教育资源和教育质量的均衡配置，使每个学生都能享受到优质的教育资源和服务。均衡发展是基础教育发展的基石。它直接关系到教育公平的实现，是教育现代化和社会进步的必然要求。在均衡发展阶段，基础教育系统通过政策调整、资源配置等手段，努力缩小城乡、校际的差距，为高质量发展和优质均衡发展奠定坚实基础。

---

① 任保平，李禹墨. 新时代我国高质量发展评判体系的构建及其转型路径 [J]. 陕西师范大学学报（哲学社会科学版），2018，47（3）：105-113.

② 赵剑波，史丹，邓洲. 高质量发展的内涵研究 [J]. 经济与管理研究，2019（11）：15-31.

③ 王一鸣. 百年大变局、高质量发展与构建新发展格局 [J]. 管理世界，2020，36（12）：1-13.

④ 田秋生. 高质量发展的理论内涵和实践要求 [J]. 山东大学学报（哲学社会科学版），2018（6）：1-8.

⑤ 李梦欣，任保平. 新时代中国高质量发展的综合评价及其路径选择 [J]. 财经科学，2019（5）：26-40.

⑥ 赵涛，张智，梁上坤. 数字经济、创业活跃度与高质量发展——来自中国城市的经验证据 [J]. 管理世界，2020，36（10）：65-76.

⑦ 李素峰，杨蕾，冯鸿雁. 绿色金融、环境规制与经济高质量发展——基于京津冀协同发展战略对比分析 [J]. 中央财经大学学报，2024（3）：3-15.

⑧ 王嘉炜，曾刚，朱妮娜，等. 市场整合、对外开放与长三角区域高质量发展 [J]. 经济地理，2023，43（11）：8-16.

优质均衡发展是在均衡发展基础上实现的更高层次的发展状态。它不仅要求教育资源和教育质量的均衡配置，更强调教育质量的全面提升和特色发展。优质均衡发展注重培养学生的综合素质和创新能力，促进学生德智体美劳全面发展。首先，均衡是优质的前提。没有均衡的发展基础，就难以实现真正的优质教育。均衡发展为优质均衡发展提供了必要的条件和环境。其次，优质是均衡的升华。在均衡发展的基础上，通过提高教育质量、丰富教育资源、创新教育模式等手段，实现优质均衡发展。这是基础教育发展的必然趋势和核心追求。

　　高质量发展是指基础教育在均衡发展和优质均衡发展的基础上，实现更加全面、协调、可持续的发展状态。它强调教育质量的全面提升、教育体系的不断完善和教育生态的持续优化。高质量发展旨在培养具有创新精神和实践能力的高素质人才，为经济社会发展提供有力支撑。首先，均衡与优质是高质量的基础。均衡发展和优质均衡发展是高质量发展的必要条件。只有在实现均衡和优质的基础上，才能谈得上高质量发展。其次，高质量是均衡与优质的综合体现。高质量发展不仅要求教育资源和教育质量的均衡配置和全面提升，更强调教育体系的完善和教育生态的优化。它是均衡发展和优质均衡发展的综合体现和必然结果。

# 第二节　均衡发展与高质量发展的历史逻辑

　　逻辑学视域下，逻辑指事物发展的内在规律与必然联系，体现为概念、判断、推理构成的思维体系与客观规律的统一。在社会科学研究中，逻辑既包括理论层面的分析框架，也涵盖实践层面的因果链条，强调事物发展的必然性、连贯性与规律性。就区域基础教育均衡发展而言，其逻辑体现为教育资源配置、政策目标设定、社会需求回应之间的本质联系，以及由此形成的系统性运行机制。历史逻辑是逻辑在历史发展中的具体呈现，指人类社会活动在特定时空条件下展开的客观规律，兼具历史性与逻辑性。它既非单纯的时间序列梳理，亦非碎片化历史事件的堆砌，而是通过考察历史现象的因果关系、动力机制与演进路径，揭示隐藏于历史表象之下的必然性。区域基础教育均衡发展的历史逻辑，本质上是政策导向与社会需求在不同历史阶段互动耦合的产物，体现为政策目标如何回应社会结构变迁、资源配置如何适应发展阶段、制度创新如何解决现实矛盾的规律性特征。

　　中华民族珍视历史传承，积极挖掘并借鉴古老智慧，其根基深厚。步入新时代，发展中国特色社会主义要求我们回顾历史，品味文化核心，把握人类发展脉络，从中获得启迪与力量。深入历史研究，对解析中国教育现代化的关键要素及区域基础教育均衡发展的历史背景具有重大意义。

## 一、基于教育体制改革的历史逻辑

　　区域基础教育均衡发展的历史进程，本质上是政策导向与社会需求在不同时代背景下动态互动、协同演进的过程。这一过程既包含政策对社会矛盾的主动回应，也体现社会变迁对政策创新的持续倒逼，形成了具有中国特色的发展逻辑。

改革开放初期，面对人民日益增长的物质文化需要同落后的社会生产之间的矛盾，基础教育以解决适龄儿童"有学上"为首要任务，1986年《中华人民共和国义务教育法》从法律层面确立九年义务教育制度，保障了教育普及。随着城市化推进，进城务工人员随迁子女教育、农村留守儿童关爱等新需求出现，政策迅速响应——2001年"两为主"政策解决随迁子女入学问题，2005年"两免一补"机制覆盖城乡困难群体，展现了政策对社会结构转型中教育公平需求的动态调适。与此同时，区域经济发展失衡导致教育资源配置不均，公众对"上好学"的强烈诉求，倒逼政策重心从"效率优先"转向"均衡导向"。2000年基本普及九年义务教育后，社会需求升级推动2010年《国家中长期教育改革和发展规划纲要（2010—2020年）》将"均衡发展"列为战略任务，2012年《县域义务教育均衡发展督导评估暂行办法》出台，形成"需求产生—矛盾显现—政策调整"的闭环逻辑，体现了社会压力对政策优化的倒逼效应。

政策目标的演进呈现从"量的普及"到"质的均衡"的清晰脉络。20世纪80年代至90年代，"基本普及九年义务教育"是核心任务，"农村中小学危房改造工程"等解决了教育覆盖的基础性问题。2000年以后，随着社会对公平的关注度提升，政策目标转向"均衡发展"，2001年首次提出"促进义务教育均衡发展"，2012年义务教育巩固率达91.8%，标志着政策从"广覆盖"迈向"提质效"。政策工具的选择也与社会条件深度适配：资源匮乏阶段"重点学校"制度集中资源提升效率，契合"让一部分地区先发展起来"的社会共识；当区域差距扩大，政策转向"补偿性公平"，如2012—2020年中央对地方教育转移支付资金80%以上用于中西部地区，"特岗计划"自2006年启动以来为中西部农村学校输送了超100万名大学毕业生，通过资源再分配矫正市场失衡。

在实践路径上，区域基础教育均衡发展遵循"地方创新—政策吸纳—全国推广"的逻辑。政策落地离不开多元主体协同参与，政府主导下，截至2022年底，"希望工程"援建2万余所希望小学改善硬件条件，"美丽中国"等非营利组织选派志愿者缓解师资短缺，随迁子女家长通过舆论呼吁推动"两为主"政策细化落地，形成"政府引导、社会协同、公众参与"的治理模式。

政策理念的演进折射出社会价值取向的变迁。改革开放初期"效率优先"催生的重点学校制度虽提升了质量却加剧了资源垄断，21世纪初社会对教育公平的共识逐步形成，推动政策理念向"公平与效率统一"转型。2005年教育部首次系统阐述均衡发展理念，2012年"促进教育公平"被写入党的十八大报告，体现社会共识对政策价值的重塑作用。政策话语与社会认知在互动中彼此强化：2006年修订的《中华人民共和国义务教育法》首次将"均衡发展"写入相应条款，既回应社会对教育差距的担忧，又通过法律话语强化公平期待；媒体对"择校热""辍学率"的持续关注，倒逼政策话语体系调整，形成"政策引导认知—认知反促政策"的正向循环。

区域基础教育均衡发展的历史逻辑，本质上是政策与社会在以下三个方面的动态统一：一是历史必然性与实践偶然性的统一，政策回应社会需求是必然趋势（如经济发展要求提升教育质量），但具体工具选择受特定历史条件限制（如"特岗计划"的区域靶向）；二是顶层设计与基层创新的统一，中央政策确立宏观框架（如经费保障机制），地方实践丰富实现路径（如集团化办学模式），共同驱动制度创新；三是工具理性与价值理性的统一，政策既追求资源配置效率（如财政转移支付精准测算），又坚守公平底线（如"两为主"政策刚性约束）。

理解这一历史逻辑，关键在于把握政策与社会的互动规律：政策是嵌入社会结构的动态系统，社会需求通过利益表达、舆论监督等机制反作用于政策过程。新时代推进教育优质均衡发展，需延续这一逻辑，在解决资源配置不均等"老问题"的同时，积极回应数字教育资源均等化、新业态劳动者子女教育等"新需求"，构建更具适应性的政策体系，让教育公平的制度供给始终与社会发展同频共振。

## 二、基于政策导向与社会需求的历史逻辑

区域基础教育均衡发展的历史演进，本质上是政策系统与社会需求在特定历史语境下的动态耦合过程——政策通过制度供给响应社会主要矛盾（如以义务教育普及化解"有学上"问题、以公平保障机制破解资源配置失衡），而社会结构的转型又持续推动政策目标从"基本均衡"向"优质均衡"进阶。这种双向互动的历史逻辑，集中体现为以下三重辩证统一关系的建构。

第一，历史必然性与实践情境性的有机交融。政策对教育公平的追求具有历史必然性，这是现代社会人力资本积累规律与社会正义原则的必然要求——经济转型需要通过教育普及提升国民素质，社会整合需要通过公平分配消解阶层分化。但具体政策工具的选择始终受限于时空条件：2006年启动的"特岗计划"之所以采取中西部农村地区定向招募模式，既源于城乡师资配置失衡的现实困境，也受制于财政能力与教师培养规模的阶段性约束。这种"目标必然—手段权变"的特征，彰显了历史规律与实践智慧的辩证统一。

第二，顶层设计框架与基层创新活力的协同增效。中央政策构建了均衡发展的制度框架：从2001年《国务院关于基础教育改革与发展的决定》确立经费保障机制，到2012年《县域义务教育均衡发展督导评估暂行办法》建立量化评估体系，形成了"目标设定—资源配置—效果监测"的宏观治理框架。与此同时，地方实践为制度实施提供补充：重庆市沙坪坝区的学区化办学、江浙地区的教师编制跨校流动等创新探索，既因地制宜地破解了区域教育生态差异带来的执行难题，又通过"试点—评估—推广"机制反哺顶层设计，形成"中央定方向、地方育经验"的螺旋上升式改革路径。

第三，工具理性效能与价值理性坚守的深度统一。政策体系一方面注重资源配置的效率优化：2012—2020年教育转移支付资金80%投向中西部的精准测算，"特岗计划"自2006年启动以来向中西部农村学校输送超100万名大学毕业生的规模效应，均体现了对教育资源边际效益的科学考量；另一方面坚守教育公平的价值底线——"两为主"政策对随迁子女入学权利的刚性保障，"两免一补"机制对经济困难群体的制度性倾斜，将效率追求严格限定在公平正义的价值框架内。这种双重理性的辩证统一，避免了单纯工具主义导致的目标异化，也防止了空泛价值诉求陷入的实践困境。

这种多维度的动态均衡机制，不仅勾勒出基础教育从"量的积累"到"质的提升"的历史轨迹，更揭示了教育治理现代化的核心要义：真正可持续的均衡发展，必然是历史规律认知与现实条件适配的产物，是制度刚性约束与实践弹性创新的统一，是效率提升工具与公平价值目标的共生。它为新时代教育优质均衡发展提供了重要启示：唯有在政策设计中保持对社会需求变迁的敏感性、对区域差异的包容性、对价值底线的坚定性，才能构建更具生命力的教育治理体系。

理解区域基础教育均衡发展的历史逻辑，关键在于把握政策导向与社会需求的互动规律：政策不是孤立的制度存在，而是嵌入社会结构变迁的动态系统；社会需求亦非被动接受政策供给，而是通过利益表达、舆论监督等机制反作用于政策过程。这种历史逻辑启示我们，新时代推进教育优质均衡发展，需继续强化政策与社会的良性互动，在破解"老问题"（如资源配置不均衡）与回应"新需求"（如数字教育资源均等化）的过程中，构建更具适应性的制度体系。

## 三、基于经济社会发展与教育需求的历史逻辑

随着经济社会的快速发展，教育作为推动社会进步和经济发展的关键因素，其地位和作用日益凸显。区域基础教育的均衡与高质量发展，不仅是教育自身发展的内在要求，也是适应经济社会发展需求、满足人民群众对优质教育资源渴望的必然选择。历史上，我国基础教育经历了从普及到提高、从数量扩张到质量提升的转变过程，当前正处于向均衡与高质量发展迈进的关键阶段。

区域基础教育的均衡与高质量发展是适应社会进步、回应民众教育期待的系统性工程，其实施路径既需破解资源配置的结构性矛盾，也需构建质量提升的内生动力机制。

在均衡发展的实践维度，核心在于通过多维度资源整合破解发展失衡问题。各级政府持续强化教育财政保障，优化资源配置机制，推动城乡、区域间教育投入均衡化，尤其注重向农村、偏远地区和薄弱学校倾斜，通过标准化学校建设、校舍安全工程等项目缩小硬件差距。教育扶持政策成为均衡发展的重要抓手，针对欠发达地区实施专项经费支持、课程资源配送等精准帮扶措施，逐步消除因经济差异导致的教育机会不均。同时，教育信息化成为突破地域限制的关键引擎，通过建设数字教育资源公共服务平台、推广"互联网＋教育"模式，将优质课程以直播课堂、虚拟教研等形式输送至欠发达地区，实现优质资源的跨区域共享。师资队伍建设作为核心支撑，通过实施教师轮岗制度、"特岗计划"及常态化专业培训，提升薄弱学校师资质量，建立城乡教师双向流动机制，为均衡发展提供人才保障。

高质量发展的探索聚焦于教育内涵提升与模式创新。各地以课程改革为突破口，构建融合核心素养培养的新型课程体系，加强科学教育、劳动教育等薄弱环节，推动学科交叉与实践育人，满足学生多样化发展需求。学校管理与评价体系改革同步推进，建立以学生全面发展为导向的质量评估标准，强化过程性评价与增值评价，引导学校从规模扩张转向内涵发展。特色办学与品牌建设成为重要路径，鼓励学校挖掘地域文化资源，

发展科技教育、艺术教育等特色项目，形成"一校一品"的多样化教育生态，为学生提供多元成长路径。

区域协作与联动机制的构建是破解"单区突进"局限的关键策略。通过建立跨区域教育联盟、优质学校结对帮扶等模式，推动发达地区与欠发达地区在课程开发、教师培训、管理经验等方面的深度共享，形成优势互补的发展共同体。针对教育资源分布不均、城乡差距显著、教师队伍结构性短缺等共性挑战，跨区域协作机制促进政策协同与资源整合，例如通过联合教研解决教学难点、通过共建师资培训平台提升专业能力。社会力量的深度参与成为重要补充，企业、公益组织通过捐资助学、志愿服务等形式弥补政府供给缺口，形成"政府主导—社会协同—公众参与"的多元治理格局。

展望未来，区域基础教育发展需在均衡与质量的双重维度上持续发力：既要通过动态调整资源配置机制、强化教师职业吸引力、深化教育信息化应用等措施破解既有矛盾，也要依托区域协作网络放大优质资源辐射效应，构建公平而有质量的教育体系。这一进程不仅是教育资源的空间再分配，更是教育治理理念的现代化转型——从"保底均衡"走向"优质均衡"，从"局部突破"迈向"系统升级"，最终形成与经济社会发展相适应、与人民群众期待相契合的基础教育发展新格局。

## 四、基于人才培养模式转变的历史逻辑

随着我国经济社会的快速发展，基础教育取得了显著成就，但仍面临诸多挑战。过去，由于历史原因和资源配置不均，区域间、城乡间的教育差距较大。近年来，国家高度重视区域基础教育均衡发展，出台了一系列政策措施，推动教育资源向农村和薄弱地区倾斜。然而，要实现真正的均衡，还需在人才培养模式上进行深刻变革。

区域基础教育均衡发展是保障教育公平、促进社会和谐的重要途径。它旨在消除城乡、区域及校际的教育资源差异，确保每个孩子都能享受到高质量的基础教育。均衡发展不仅关乎个体的成长与发展，更直接影响到国家的整体竞争力和未来社会的发展潜力。区域基础教育高质量发展是指在均衡发展的基础上，进一步提升教育质量，注重培养学生的创新精神、实践能力和综合素质。高质量发展强调以学生为中心，关注学生的全面发展和个性化需求，通过优化课程设置、教学方法和评价机制等手段，提高教育教学效果，满足社会对人才的需求。

区域基础教育的高质量发展离不开人才培养模式的深度转型与公平质量的协同推进，这既是破解传统教育弊端的关键路径，也是适应新时代人才需求的必然选择。

在人才培养模式转型中，传统应试教育正加速向素养导向的育人体系迭代。各地通过强化实践教学比重，构建"课堂学习—实践应用—创新探究"的立体化培养链条，着力提升学生解决问题的能力；跨学科融合教学成为突破学科壁垒的重要手段，通过项目式学习、主题探究等模式，培养学生整合知识、多元思维的综合素养；心理健康教育被纳入人才培养核心体系，通过建立心理辅导课程、个性化干预机制，保障学生身心协调发展，构建"知识传授、能力培养、人格塑造"三位一体的育人格局。这种转型不仅是教学方法的革新，更是教育价值观的重塑，旨在培养适应复杂社会需求的创新型人才。

教育公平与质量提升构成基础教育发展的一体两面。公平是质量的逻辑起点——通过优化教育资源配置机制，推动优质师资、课程向农村和薄弱学校流动，为每个学生奠定均衡的发展基础；质量是公平的进阶追求——以课程改革、教学创新提升整体教育效能，使公平从"机会均等"深化为"质量均等"。二者通过师资队伍建设形成联动效应：一方面，实施教师轮岗、定向培养等政策促进师资均衡配置，夯实公平基石；另一方面，通过"国培计划""双师课堂"等提升教师专业能力，以质量提升反哺公平内涵。这种良性互动打破了"公平与质量对立"的传统认知，证明二者可在资源优化与内涵发展中实现共生共进。

区域协同与政策支持为均衡发展提供了制度保障与实践路径。跨区域教育协作机制通过集团化办学、学区化管理等模式，推动优质学校与薄弱学校建立结对帮扶关系，实现课程资源共享、教师协同教研、管理经验输出，有效破解校际、区域间的发展鸿沟。在政策层面，政府持续加大财政投入，将教育经费向偏远地区、特殊群体倾斜，同时完善教师待遇保障、教育信息化建设等专项政策，为基层实践提供资源支撑。例如，部分地区通过"名校办分校""教育共同体"等创新模式，将单一学校的优质资源转化为区域教育的整体优势，展现了政策引导与地方创新的协同效能。

尽管实践中仍面临资源配置不均衡、教师结构性短缺等挑战，但各地通过深化教育教学改革、强化师资专业发展、优化区域协作机制，已探索出多元解决方案。未来，需进一步打破体制壁垒，构建政府统筹、学校主导、社会协同的治理体系，让人才培养模式转型更贴合时代需求，让公平质量提升更惠及全体学生，最终形成既有均衡保障又具创新活力的基础教育发展新格局。这一进程不仅是教育内部的自我革新，更是推动社会公平、培育高质量人才的基础性工程，对经济社会的可持续发展具有深远意义。

## 第三节　均衡发展与高质量发展的实践逻辑

中国式现代化背景下，区域基础教育的均衡与高质量发展的关键路径在于微观、中观、宏观质量的三层协同。实践逻辑应聚焦于三者的协调统一，三者紧密相连，互为支撑，共同构建均衡与高质量发展的实践框架，深刻体现其内在逻辑与价值。

### 一、微观层面：以学生为中心

区域基础教育的均衡与高质量发展聚焦于学生核心需求，其微观实践逻辑涵盖教育资源分配、教学质量提升及学生个性化发展等方面。以学生为中心的实践，以教育资源均衡配置为根基，以教学质量提升为驱动，以学生个性化发展为目标，三者相互关联、相互促进，形成一个有机统一的系统，共同推动区域基础教育的均衡与高质量发展。

在教育资源均衡配置方面，通过硬件、教师、课程与教学资源的协同优化，为学生打造公平且优质的学习环境。在硬件资源上，持续推进教学楼、实验室、图书馆等基础设施标准化建设，保障区域内各学校硬件条件均衡，让每一位学生都能拥有良好的学习场所；在教师资源上，实施教师培训、交流轮岗制度，缩小校际师资差距，同时加强优秀教师引进与培养，确保优质师资广泛覆盖；在课程与教学资源上，依托信息化技术开发高质量课程体系，构建线上资源共享平台，打破地域限制，实现优质课程资源的高效流通与互动。

教学质量提升聚焦于以学生为中心的教学变革。个性化教学依据学生兴趣特长，采用分层教学、走班制等模式，精准匹配学习需求；教学评价摒弃单一成绩导向，构建多元化、发展性评价体系，全面考量学生学习能力、创新实践等综合素质；教师专业发展通过教研活动、教学竞赛等形式，激发教师教学创新活力，提升教学能力与专业素养，为教学质量提升筑牢人才支撑。

学生个性化发展注重挖掘个体潜能与健全人格塑造。兴趣培养鼓励学生自主选择课程与活动，通过丰富的课外实践拓宽视野；自主学习能力培养借助研究性学习、项目式学习，引导学生独立思考、解决问题；心理健康教育构建完善体系，以课程、咨询等方式为学生排忧解难，培育积极健康的心态。

这三个维度相互渗透、协同发力，教育资源均衡配置为教学质量提升与学生个性化发展奠定物质与人力基础；教学质量提升既是资源优化的目标，又为学生个性化发展提供方法路径；学生个性化发展则是资源配置与教学质量提升的最终落脚点。三者共同推动区域基础教育在微观层面实现均衡与高质量发展，真正做到以学生成长成才为核心，助力教育公平与卓越并行。

## 二、中观层面：以学校为平台

在区域基础教育的均衡与高质量发展实践中，中观层面即学校层面，主要通过学校平台推动教育资源优化配置、教育质量全面提升以及教育治理体系现代化。实践探索聚焦于资源配置、质量提升与治理创新的系统推进，借助体制机制改革构建公平且优质的教育生态。

在教育资源优化配置领域，集团化办学与学区化管理成为破解校际差距的核心策略。各地通过"名校办分校""强校带弱校"模式组建教育集团。如中国农业科学院附属小学教育集团通过师资共享、课程共建，将优质教育资源辐射至薄弱学校，切实回应民众对优质教育的需求。学区化管理则以行政区域为单元，通过统一制定学校建设标准、师资配置方案及质量考核体系，打破校际资源壁垒，促进区域内学校在硬件设施、课程实施等方面的协同发展，形成"资源共享、优势互补"的发展共同体。教师资源作为教育核心要素，通过建立常态化轮岗机制，推动优秀教师向农村、薄弱学校流动，同步实施"名师工作室""双师课堂"等培养项目提升教师专业能力；依托教师资源库与在线平台，实现教学设计、教研成果等优质资源的区域共享，破解师资配置的结构性矛盾。

教育质量全面提升依赖课程教学改革与监测评估体系的双向发力。课程改革以学生核心素养培养为导向，优化学科课程设置，加强劳动教育、信息技术等实践性课程建设，同时探索项目式学习、混合式教学等创新模式，提升课堂效率与学习体验。素质教育通过丰富社团活动、研学实践等课外场景，培养学生创新精神与实践能力，构建"课堂＋

课外"的立体化培养体系。在质量监测方面，建立"政府主导、学校自评、第三方参与"的多元评估机制，运用大数据技术对学生学业水平、身心健康等指标进行动态监测，评估结果直接关联学校改进计划与教师发展方案，形成"监测—反馈—改进"的螺旋提升模式，确保教育质量提升的科学性与实效性。

教育治理体系现代化通过结构优化与方式创新释放发展活力。在治理结构上，完善学校内部决策、执行、监督机制，明确政府、学校、社会的权责边界，强化党组织在学校发展中的政治引领作用，构建"党委领导、校长负责、教师参与"的规范化治理框架。治理方式创新融入信息技术赋能，利用大数据精准分析教育资源配置效率，动态调整学校布局与师资分配；搭建教育管理服务平台，实现招生入学、经费管理等业务的数字化办理，提升治理效能。同时，深化家校社协同育人机制，通过家长委员会、社区教育联盟等形式吸纳社会力量参与教育决策，形成政府统筹、学校主导、社会协同的多元共治格局，为区域基础教育均衡发展提供制度保障。

这些实践路径既注重硬件资源的均衡配置，更强调师资、课程等软件质量的内涵提升；既依赖政府主导的顶层设计，又激活学校与社会的创新活力，形成"资源均衡—质量提升—治理优化"的良性循环。未来需进一步强化政策协同，推动优质资源从"物理聚集"到"化学融合"，实现基础教育从基本均衡向优质均衡的深层次跨越。

## 三、宏观层面：以社会需求为导向

区域基础教育的均衡与高质量发展以社会需求为导向，其宏观实践逻辑在政策制定、资源配置、教育治理及评价体系构建等方面均有体现。政策制定依循社会需求，力求前瞻性地规划人才培养方向。资源配置要因地制宜，注重基础保障与师资建设。教育治理引入多元主体协同模式，整合社会各方力量形成合力。评价体系则突破应试局限，构建综合性、多元化的评估机制，关注学生的全面发展与学校的进步幅度。各方协同发力，旨在构建与经济社会发展相适配的教育生态，满足社会对人才的多样化需求。

政策设计需精准对接社会发展需求，将教育战略深度融入国家现代化进程。基础教育作为人才培养的奠基工程，其政策目标应聚焦"办好人民满意的教育"，既立足当前破解优质资源供需矛盾，又着眼长远服务创新型国家建设。例如，针对城镇化进程中随迁子女教育、老龄化社会劳动力素质提升等现实需求，政策导向从"基本均衡"向"优质均衡"升级，通过强化县域统筹、推进集团化办学等路径，实现教育供给与社会期待的动态匹配。这种目标设定既体现政策的问题导向，也彰显教育服务国家战略的前瞻性。

在资源配置层面，政策发力点集中于破解结构性失衡问题，推动资源向农村、薄弱地区及特殊群体倾斜。中央与地方财政建立协同保障机制，通过转移支付、专项工程等方式优化经费分配结构，确保农村学校在硬件设施、信息化设备等方面达标；针对留守儿童、残疾儿童等群体，建立"一人一案"精准帮扶机制，将教育公平从机会保障延伸至质量保障。同时，借助教师轮岗、"特岗计划"等政策促进师资均衡配置，通过建立区域教师资源库、开展跨校教研共同体等提升薄弱学校教学能力，使资源配置既满足"量"的均衡，更追求"质"的均等。

教育治理的现代化转型以多元共治为核心，构建政府、学校、社会协同发力的治理格局。政府通过简政放权激发学校办学活力，建立"负面清单"明确权责边界，同时引入第三方评估机构增强政策执行透明度；学校完善内部治理结构，强化党组织领导下的校长负责制，将社会需求融入办学目标与课程设计；社会力量通过捐资助学、参与课后服务等方式补充政府供给，形成政府统筹、学校主导、社会协同的治理网络。信息技术在此过程中发挥赋能作用，依托教育大数据平台动态监测资源配置效率，通过智能决策系统实现师资、经费的精准调配，提升治理的科学化、智能化水平。

评价体系的构建需突破传统唯分数倾向，建立涵盖教育公平、质量提升、社会满意度的多元指标体系。在学生层面，融合学业成绩、实践能力、心理健康等多维评价；在学校层面，将资源均衡度、教师发展水平、社区参与度纳入考核框架；在政策层面，引入社会需求响应度等监测指标。评价结果不仅用于诊断问题，更作为资源再配置、政策优化的依据，例如通过公示县域均衡发展评估结果倒逼地方政府加大投入，推广"名校＋弱校"集团化办学等典型经验形成示范效应。这种"需求导向—评价反馈—政策调适"的闭环机制，确保教育发展始终与社会进步同频共振。

总之，区域基础教育均衡发展的深层逻辑在于将社会需求转化为政策动能，通过资源配置的精准化、治理机制的协同化、评价体系的科学化，构建起"需求识别—政策响应—实践调适"的动态系统。这一过程不仅是教育资源的重新分配，更是教育治理理念的根本转变——从政府单一供给转向多元共治，从规模扩张转向内涵发展，最终实现教育与社会的良性互动，为高质量发展奠定坚实的人力资源基础。

# 第四节　均衡发展与高质量发展的理论逻辑

## 一、理论基础

区域基础教育均衡发展与高质量发展的理论逻辑，深深扎根于多学科交叉的沃土之中。其理论根基，既涵盖了经典的教育公平理念，又吸纳了现代治理、系统科学以及人力资本等前沿理论的精髓，从而构建起一套能够有力支撑实践创新的认知框架。

教育公平理论作为基石，为均衡发展奠定了坚实的价值原点。罗尔斯在《正义论》中提出差别原则，[①] 主张教育资源应向弱势群体倾斜，[②] 这一思想为区域基础教育补偿性政策的设计提供了理论依据，我国的"薄弱学校改造工程"[③] 便是例证。科尔曼的教育机

①　约翰·罗尔斯. 正义论：修订版 [M]. 何怀宏，何包钢，廖申白，译. 北京：社会科学出版社，2009.

②　约翰·罗尔斯. 正义论：修订版 [M]. 何怀宏，何包钢，廖申白，译. 北京：社会科学出版社，2009.

③　广州市教育局"薄弱学校改造工程"课题组."薄弱学校改造工程"的研究报告 [J]. 教育导刊，1995（4）：2-8.

会均等理论①则进一步细化了教育公平的内涵,将其划分为起点公平、过程公平与结果公平三个层次,为区域基础教育均衡发展提供了清晰的分层目标。在实践中,县域教育共同体建设正是对这一理论的生动演绎,通过师资流动与课程共享,努力缩小城乡学校在教学过程中的差异。

系统理论与复杂适应系统理论为这一领域提供了有力的方法论支撑。系统理论着重强调教育生态的整体性与关联性,将区域基础教育视为一个由学校、家庭、社区等众多子系统构成的动态网络。钱学森的开放复杂巨系统理论中的组分数量、复杂性以及开放性与环境相互关系等,②为教育均衡提供了启示。教育系统涉及众多因素,单一政策难以解决所有问题,需整合多方面资源,协调各方力量,激发系统整体效能,以实现教育均衡发展。与此同时,复杂适应系统理论③启示我们,区域基础教育系统中的学生、教师、学校及教育部门等主体应发挥主观能动性,积极适应教育环境变化,主动调整自身行为和策略,以实现自身更好发展。同时,要重视教育系统内部各主体间的相互作用与反馈机制,通过加强信息交流和资源共享,推动教育质量整体提升。此外,该理论让我们认识到,区域基础教育均衡发展是一个复杂动态的过程,仅靠单一政策难以达成目标,必须运用系统思维和综合策略,依靠教育系统内各要素的协同合作,充分激发系统的整体效能,方能实现区域基础教育均衡发展的长远目标。

从经济学的视角来看,人力资本理论与内生增长理论揭示了区域基础教育与经济发展的内在联系。舒尔茨的人力资本理论阐明了教育投入与经济发展的正反馈机制,为理解区域基础教育均衡发展与高质量发展的理论逻辑提供了深刻启示。舒尔茨认为,人力资本涵盖生产知识、劳动能力、管理技能及健康水平等,主要通过教育与职业培训形成,这凸显了基础教育作为人力资本积累起点的重要性,它为个体全面发展奠定基础,并为后续职业培训和终身学习铺路。舒尔茨提出,学校教育是对人力资本的最大投资,其经济价值在于提升个体作为生产者和消费者的能力,这表明区域基础教育均衡发展既是社会公平问题,也是经济效率问题,均衡分配教育资源可提升劳动者素质,促进区域经济均衡发展。舒尔茨对物质资本与人力资本投资增长的定量分析显示,人力资本投资增速显著高于物质资本投资,这提示基础教育阶段应注重教育资源的公平分配和利用效率,实现最优配置。此外,舒尔茨还指出人力资本增长对经济增长的关键作用,强调教育发展对促进经济增长的重要性,区域基础教育的均衡与高质量发展能够培养高素质人才,推动技术创新与产业升级,实现经济发展与教育进步的良性互动。舒尔茨从长期视角分析教育与经济增长的关系,强调人力资本积累的长期性,这表明基础教育阶段应注重教育质量的持续提升,关注学生综合素质培养,为经济社会长期发展提供动力。总之,舒

---

① 李彤彤. 美国教育机会均等运动:理论探讨与实践策略 [D]. 哈尔滨:哈尔滨师范大学,2011.

② 苗东升. 开放复杂巨系统理论:科学性、研究现状和存在问题 [J]. 河北师范大学学报(哲学社会科学版),2005 (2):18-24.

③ 王伟. 转型期中国生态安全与治理:基于CAS理论视角的经济学分析框架 [D]. 成都:西南财经大学,2012.

尔茨的人力资本理论为理解区域基础教育均衡发展与高质量发展的理论逻辑提供了有力支撑，强调了基础教育在促进社会公平、经济发展以及个体全面发展中的关键作用。内生增长理论①进一步指出，教育创新的外溢效应能够有效突破资源约束。教育创新在不同地区之间产生知识溢出，使优质教育资源得以共享，从而缓解因地理位置等因素导致的教育资源分布不均问题。例如，"双师课堂"等教育创新模式，通过技术扩散实现优质教育资源的共享，使偏远地区能够享受到城市的优质教育资源。这种知识溢出效应成为解决区域发展不平衡问题的关键，有助于推动教育资源的均衡发展和区域间的协调发展，从而缩小区域间的教育差距，促进社会公平与经济的可持续发展。

新公共治理理论为政策设计提供了重要依据。传统公共行政理论强调政府的主导地位，而新公共治理理论则倡导多元主体的协同合作。在区域基础教育均衡发展与高质量发展的理论逻辑中，奥斯本等的政府再造理论②体现为"管办评"分离改革模式。这种模式强调政府、学校和第三方机构的分工与协作，其中政府负责制定标准和监管，学校实施自主办学，第三方机构参与评估。这种做法体现了新公共治理理论的应用，即通过多元主体的参与和合作，实现公共事务的有效治理，从而为学生提供更加公平和优质的教育机会，也为其他地区的教育改革提供了经验借鉴。此外，奥斯特罗姆的多中心治理理论也阐释了家校社协同育人的有效性，③ 家庭参与课后服务、社区提供实践基地、企业捐赠教育基金，共同构建教育公共品的供给网络。

在当代，技术赋能理论与创新扩散理论为区域基础教育均衡发展注入了新的活力。罗杰斯的创新扩散理论为教育数字化转型提供了有力的解释框架，指出智慧教育平台的推广遵循从"早期采纳者"到"关键多数"再到"滞后群体"的扩散规律。该理论强调，通过骨干教师的示范作用、校本研修的推广策略以及考核机制的激励作用，可以有效推动教育创新的逐步普及。技术接受模型揭示了教师使用数字工具的内在机制，强调教师需感受到数字工具的有用性和易用性达到一定水平，技术赋能方能实现，推动教育实践深度变革。在人工智能教学系统推广中，配备"技术辅导员"实时支持的学校，若其工具使用率显著提升，则凸显出技术支持在教育技术应用中的关键作用。

社会空间理论与文化再生产理论为区域基础教育均衡发展提供了批判性反思。列斐伏尔的社会空间理论④提醒我们，教育均衡不仅是资源分配问题，更是空间正义的实现。城市新区的"名校分校"如果仅仅复制硬件而忽视文化融合，则可能会沦为"教育飞地"，从而加剧阶层区隔。伯恩斯坦的文化再生产理论⑤提醒我们，标准化课程可能导致地方文化被边缘化。民族地区可以通过教授国家通用语言，以及开设民族传统文化课程，

①  贺俊. 基于内生增长理论的可持续发展研究［D］. 合肥：中国科学技术大学，2007.

②  戴维·奥斯本，彼得·普拉斯特里克. 再造政府［M］. 谭功荣，刘霞，译. 北京：中国人民大学出版社，2010.

③  王梦. 权力分散与交叠管辖——文森特·奥斯特罗姆的多中心治理思想研究［D］. 长春：吉林大学，2020.

④  亨利·列斐伏尔. 空间的生产［M］. 刘怀玉，等译. 北京：商务印书馆，2022.

⑤  汪凌. 学业失败：宿命抑或学校的失败——从个体角度解读再生产理论、语言编码理论和学业成就制造理论［J］. 全球教育展望，2006，35（5）：47-51.

对文化再生产理论做出积极回应。这种利用教育重构文化资本的分配方式，有助于在保持文化多样性的同时促进社会和谐与认同。

上述理论彼此交融、协同发力，在区域基础教育领域形成强大合力。它们从不同维度为区域基础教育发展注入理论源泉，推动教育实践不断前进。在它们的共同驱动下，教育正加速转型，向着内涵式、高质量、均衡化的新阶段稳步迈进。教育公平理论明确均衡发展走向，系统理论与复杂适应系统理论给予实现目标的方法论指引。人力资本理论与内生增长理论从经济角度支持发展路径的合理性，新公共治理理论为政策执行规划具体路径。技术赋能理论与创新扩散理论为创新提供新动力，社会空间理论与文化生产理论则对整个过程进行反思。这种多维度的理论架构，揭示了区域基础教育发展的内在规律，为解决"均衡"与"优质"共生难题提供了有力的思维工具，推动教育供给从"规模扩张"向"内涵发展"转变，促进区域基础教育向更均衡、更高质量阶段迈进。

## 二、动力、均衡、治理三元机制的生成逻辑

机制是现象背后的内在机理与运行逻辑，可作为分析重大问题的框架。[①] 在区域基础教育发展中，动力机制激发活力，均衡机制保障公平，治理机制确保运行，三者协同联动，优化教育生态，推动内涵式发展，实现从机会公平到质量公平的跃升。

### （一）动力机制

动力机制是由社会基本要素构成的动力系统及其作用机理，在不同领域有不同表现，如经济领域的生产效率、政治领域的政府效能等。其构成要素包括人的需求及利益、能力特别是创新能力，积极性、科技与市场机制，发展活力。在区域基础教育均衡发展与高质量发展中，动力机制以人的需求及利益为动力源，能力为动力能，积极性为动力流，科技与市场机制为主要手段，激发教育发展活力。这既体现在社会层面促进教育资源的创造与迸发，也体现在个人层面鼓励每个人在教育中发挥自身能力。区域基础教育高质量发展的推进动力，依赖政策法规、社会需求、数字技术、软硬件设施等多系统的协同合作。各要素深度融合，共同构建起立体化的支撑体系。

健全的制度是基础教育发展的基石，它为教育活动提供了法律依据，明确了教育发展的方向和目标。《中华人民共和国义务教育法》强调资源均衡配置，保障适龄儿童平等接受优质教育的权利，为教育公平提供了坚实的法律保障。专项政策精准覆盖教育数字化、农村教育基建、学生健康监测等领域，形成制度合力，推动基础教育的均衡发展与质量提升。随着社会对教育质量需求的增加，教育供给侧改革成为关键。资源配置失衡问题促使教育公平成为时代命题，如何确保农村学生与城市学生共享优质教育资源，以及保障随迁子女和留守儿童的教育质量，成为衡量教育发展的重要标准。在此背景下，个性化教育和创新教育理念逐渐落地，家校共育走向制度化协同。"双减"政策的实施，

---

① 韩庆祥，虞海波．作为分析框架的哲学［M］．天津：天津人民出版社，2023．

促使基础教育在减轻学生负担的同时提升教学质量，实现减负与提质的统一。数字技术赋能教育创新，打破传统教育资源分配的时空限制，实现优质教育资源的广泛共享。数字技术的深度应用提升了教育服务的精准性，通过智能诊断和个性化推荐，推动教育从标准化供给向精准化匹配转变，为每个学生提供适配的学习支持，助力实现真正的教育公平。基础教育的高质量发展还需硬件设施和软件环境的协同发展。硬件建设的标准化和均衡化为教育发展提供了坚实的物质基础，而软件生态的建设则聚焦于制度创新和文化浸润。财政保障机制确保教育投入稳定增长，课程改革和教师培训体系推动教学从知识传授向素养培育转型。教育管理平台和质量监测系统的应用，为教育决策提供了科学依据。软硬件的深度融合，使教育发展从硬件均衡迈向内涵均衡，为学生的全面发展提供了肥沃的土壤。这些举措共同推动区域基础教育在均衡与高质量发展的道路上稳步前行。动力机制并非孤立运行，而是形成"政策引导需求响应—需求反哺政策优化—技术赋能设施升级—设施托底发展质量"的动态闭环：政策法规确立"公平而有质量"的核心目标，社会需求倒逼政策精准发力，数字技术突破传统均衡发展的时空局限，软硬件设施则将政策蓝图转化为可见、可感的教育现实。这种多维度协同，既彰显了我国教育治理中"顶层设计与基层创新结合"的制度优势，也体现了以人民为中心的发展思想——从解决"有没有"的基本保障，到破解"好不好"的质量命题，最终指向"培养担当民族复兴大任的时代新人"的战略全局。

在"两个一百年"奋斗目标的历史交汇期，基础教育正以系统改革为笔，在"均衡"与"质量"的坐标系上绘制新图景。这一进程，不仅是教育资源的重新分配，更是教育治理范式的深刻变革——通过政策护航、需求导航、技术助航、设施续航，我国基础教育正从基本均衡迈向优质均衡，为建设教育强国、实现民族复兴筑牢人才之基。

## （二）均衡机制

均衡机制是维持社会各要素协调、和谐且稳定运行的机理，其核心表现为和谐。在区域基础教育的均衡与高质量发展中，它体现为教育资源的公平分配、教育机会的均等以及教育过程与结果的公正。通过协调政策法规、社会需求、数字技术及软硬件设施等要素，均衡机制确保教育系统内各部分的和谐共生与稳定发展。其功能在于通过公平的利益分配和确立公平正义的价值导向，使教育资源的配置与使用达到效率与公平的动态平衡，进而形成各得其所、和谐有序的教育发展生态。衡量这一机制的标准在于能否保障教育公平、协调教育系统内外的关系，并使教育发展稳定有序，最终实现区域基础教育的全面协调与可持续发展。

在区域基础教育发展中，均衡机制是促进教育资源公平分配与质量均衡提升的核心机制，其核心在于通过制度设计与实践策略协调教育系统各要素，构建稳定有序、公正和谐的发展格局。这一机制主要通过资源配置调控、标准化建设、弱势群体补偿及质量监测评估等路径，实现教育公平与质量提升的动态协调。

资源配置调控旨在打破区域与校际的资源壁垒，通过政府主导的资源再分配，将财政投入、师资力量、设施设备等向农村、欠发达地区及薄弱学校倾斜。例如，建立差异化的经费保障机制，优先支持欠发达地区改善办学条件，包括校舍升级、数字化教学设备配置及教师专业培训；同时推行县域内教师编制动态调整和骨干教师轮岗制度，促进优质师资合理流动，缩小校际师资水平差距，为教育公平奠定物质与人力基础。

标准化建设通过统一学校建设、师资配备、课程教学及管理规范，确保不同区域学校在办学条件与教育质量上达到基本均衡。在硬件层面，明确生均校舍面积、教学仪器配备、信息化设施覆盖等具体标准；在软件层面，建立统一的教师准入标准、专业发展体系及课程实施框架，使城乡学校、强弱学校均能提供相对均衡的基础性教育服务，减少因办学条件差异导致的质量分化，保障学生享有公平的教育起点。

针对弱势群体的补偿机制是均衡机制落实教育公正的关键环节。通过建立特殊教育支持体系、经济困难学生资助政策及随迁子女入学保障制度，为残疾儿童、经济困难家庭学生、留守儿童等群体提供额外资源与个性化服务。例如，设立专项助学金，免费提供教材和课后辅导，为残疾学生配备特教老师与康复设施，确保其不受经济条件、身体差异或地域限制的影响，推动教育公平从机会均等向结果均等深化，切实保障每个孩子的受教育权益。

质量监测评估机制为均衡机制提供动态调整的科学依据。通过构建涵盖教育投入、师资配置、学生发展、管理效能等的监测体系，定期对学校教育质量进行评估，并根据结果优化资源配置与教学实践。引入第三方评估机构开展教育均衡发展指数测评，针对师资结构老化、课程设置单一等问题，精准投放培训资源或指导课程优化，避免静态平衡导致的发展滞后，推动教育质量在持续反馈中实现整体提升。

这些实践路径相互衔接，形成"资源均衡配置—质量底线保障—特殊需求满足—动态反馈提升"的良性循环：资源配置解决公平分配问题，标准化建设明确质量底线，弱势群体补偿体现教育正义，质量监测确保动态优化。均衡机制不仅注重教育系统内部师资、硬件、课程的协调适配，还关注区域经济差异、人口流动等外部因素与教育发展的平衡，最终推动基础教育从"有学上"的机会公平向"上好学"的质量公平进阶，为高质量发展筑牢公平根基。其核心功能在于通过协调关系、弥补落差、维护秩序，使教育系统各要素在动态平衡中实现可持续发展，真正体现公平与质量的内在统一。

### （三）治理机制

治理机制旨在以教育政策目标为指引，通过治理手段纠正区域基础教育发展中的动力与平衡问题，促进动力机制和均衡机制的优化协同。其核心理念是促进教育公平正义、提升学生福祉，治理对象聚焦于教育资源分配不公等问题，旨在实现动力与均衡机制的协调配合，推动教育系统与基础的相互适配。治理方式涵盖全面改革等，衡量标准在于是否达成资源公正合理配置，实现教育系统完善发展，最终助力区域基础教育的均衡与高质量发展。

在基础教育发展进程中，治理机制的关键在于形成政府、学校、社会协同发力的治理格局，通过明晰权责边界、整合多元资源、吸纳多方参与，同步推进均衡与高质量发展目标的实现。作为治理体系的核心主导，政府需在宏观层面搭建制度框架并保障资源供给：一方面立足区域实际制定基础教育发展规划，以教师编制跨校动态调配、优质课程资源全域共享等制度化设计，逐步消弭校际资源配置落差，明确师资配备、设施标准等均衡发展量化指标及核心素养培育、课程创新等高质量发展导向；另一方面通过财政专项资金倾斜，优先支持薄弱地区校舍升级、数字化教学设备配置及教师专业能力培训，依托集团化办学、名校与乡村学校结对帮扶、骨干教师定期轮岗等机制促进优质教育要素流动，并建立涵盖学生综合素质、学校管理效能、教育公平度等维度的立体化质量监测体系，借助第三方专业评估与教育数据常态化公开，形成"政策制定—执行监管—效果反馈"的闭环管理。

学校作为教育实践的核心载体，需在政府统筹指导下释放办学自主性以激活创新基因。在教学管理自主权有序下放的政策环境中，学校可结合地域文化特色与学生发展需求，开发如地方非遗传承、科技创新实践等校本课程体系，探索教师绩效评价与教学创新成果挂钩的激励机制，激发教师参与课程改革、课堂模式创新的内生动力；同时构建以学生成长为中心的治理生态，通过教师议事会、学生自治组织等多元参与机制，推动"选课走班制""探究式学习"等个性化教学模式实践，鼓励不同类型学校挖掘优势定位——如城市学校聚焦人工智能教育、国际理解课程，农村学校深耕田园劳动教育、乡土文化传承，形成差异化发展路径，破解"千校一面"的同质化困境。

社会力量作为教育治理的有机组成部分，需通过规范化渠道深度参与管理、资源供给与监督评估。家长、社区组织、企业及公益机构可通过加入学校理事会等制度性平台，在课后服务内容设计、校园安全管理、教育经费使用监督等关键事务中发挥协同决策作用。例如：社区开放科技馆、图书馆作为学生实践基地，家长群体参与膳食委员会保障校园食品安全；企业可通过设立教育基金、捐赠专业设备、共建职业启蒙课程等方式弥补学校资源缺口，公益组织可针对特殊群体提供心理辅导、课后托管等精细化服务。此外，可建立包含家长问卷、社区意见征集、媒体舆论监督及专业机构评估的多维反馈机制，将社会评价结果纳入学校治理效能考核，形成"需求收集—资源响应—成效评估"的动态优化循环。

政府、学校、社会的治理互动，本质上是对传统单一行政化管理模式的突破：政府通过"放管服"改革转变职能，从直接干预学校具体事务转向搭建规则框架、提供公共服务，构建"政府管统筹、学校自主办、第三方评效果"的现代治理体系；学校在开放办学中主动对接社会资源，将企业课程、社区实践等外部要素转化为教育教学创新的养分；社会力量在制度化轨道内有序参与，既避免无序介入干扰教育专业性，又通过多元监督倒逼学校提升治理效能。这种立体化协同既坚守了政府在教育资源公平分配、底线质量保障中的主体责任，又激活了学校作为办学主体的创新活力，更借助社会资源的补充与监督，推动教育供给从"标准化低配"向"个性化优质"升级，让每个孩子都能在公平的教育环境中获得充分发展的机会。

从本质维度审视，区域基础教育的良性发展，正是动力机制、均衡机制与治理机制的系统性耦合：政府主导的资源均衡配置与政策托底筑牢教育公平的基石，学校自主权的落实与社会创新资源的注入激发教育发展的内生动力，而多元主体协同的治理机制则成为贯通"公平"与"质量"的桥梁。唯有让政府的统筹力、学校的创新力、社会的参与力形成治理合力，才能构建"政府统筹有力度、学校办学有活力、社会协同有效度"

的基础教育新生态，在坚守教育公益属性的前提下，全面提升育人质量，实现从"保障教育机会均等"到"创造优质教育体验"的历史性跨越。

动力、均衡、治理这三种机制协同运作，推动区域基础教育的均衡与高质量发展。动力机制赋予教育发展活力，均衡机制确保教育资源公平分配与教育质量均衡提升，治理机制保障教育系统高效运转及教育目标达成，从而使区域基础教育在均衡与高质量发展的道路上稳步前行。

<table><tr><td>第七章</td><td>区域基础教育均衡发展的政策价值分析</td></tr></table>

政策价值分析是政策研究中的重要组成部分，它旨在深入探讨政策制定、执行与评估过程中所涉及的价值观念、价值取向及其对政策效果的影响。这一过程不仅关注政策本身的合理性与可行性，更强调政策背后的价值逻辑与价值冲突，为政策决策提供科学依据和民主参与。分析教育政策的价值，不仅有助于分析和理解教育政策，而且是解释、执行和改进教育政策的一部分。本章重点围绕区域基础教育均衡发展的政策价值分析方法、区域基础教育均衡发展的政策机制分析、区域基础教育均衡发展的政策目标分析、区域基础教育均衡发展的政策路径分析四个部分，按照"方法—机制—目标—路径"的逻辑理路对我国区域基础教育均衡发展的政策价值展开分析与探讨。

## 第一节　区域基础教育均衡发展的政策工具分析

### 一、政策价值分析方法论

方法论是关于人们认识世界、改造世界的方法的理论。在现代教育的发展中，教育政策的影响力正在逐渐增强。为了增强教育政策的科学性和实施效果，对教育政策价值的规范化分析变得尤为重要，而价值分析方法论作为一种思维方式和系统原则，不仅可以指导我们使用政策价值分析方法认识并分析政策价值，还有助于政策的制定与完善。

在探讨区域基础教育均衡发展的政策价值分析方法论时，首先要明确价值分析的核心在于评估政策在多大程度上促进了教育资源的合理分配、提升了教育质量的整体水平、实现了教育公平的目标。这一过程不仅涉及对政策目标的直接审视，还包括对政策实施过程中所采取的措施、资源配置的效率，以及最终教育成果的综合考量。政策价值分析方法论要求我们从多个维度出发，构建一套系统而全面的分析框架。具体而言，一是明确政策需要解决的核心问题，即区域、城乡、学校间的基础教育非均衡发展问题，以及这些问题背后的原因，如教育资源分配不均、师资力量差距较大等。二是设定合理的价值标准，如教育资源的均衡配置、教育质量的持续提升、学生受教育机会的平等性，作为评估政策效果的基准。

其次，在分析过程中，应综合运用多种研究方法，如运用文献综述以了解政策背景与理论基础，运用案例研究以剖析具体政策的实施效果，运用数据统计分析以量化评估教育资源分配与教育质量的变化等。通过这些方法，可以全面而深入地剖析政策在促进区域基础教育均衡发展方面的实际成效与存在问题。

最后，政策价值分析的目的在于为政策制定与优化提供科学依据。在总结分析结果的基础上，应提出有针对性的政策建议，如加大对欠发达地区和农村地区的教育投入、优化教育资源配置机制、加强师资队伍建设等，以进一步推动区域基础教育向更加均衡、高质量的方向发展。

值得注意的是，对区域基础教育均衡发展进行政策价值分析，除了要反映政治、经济和文化对教育的需求外，还需要考虑教育领域自身的特殊性和独立性。这样的分析能够确保教育政策既符合宏观环境的需要，又能保持其内在的独特性和独立性。

## 二、政策价值分析方法

区域基础教育均衡发展是当前教育改革的重要目标之一，旨在通过优化教育资源配置，缩小城乡、区域及学校间的教育差距，实现教育机会的均等化。然而，实现这一目标并非易事，需要政策制定者具备科学的分析方法和决策能力。政策价值分析方法的运用，正是为了确保政策在制定、执行及评估过程中能够充分考虑其社会价值、经济效益及潜在影响，从而推动区域基础教育向更加均衡、高质量的方向发展。政策价值分析方法有助于明确政策目标和价值取向，确保政策在实施过程中始终保持正确的方向；深入分析利益相关者的需求与利益诉求，制定更加符合各方利益的政策方案；量化评估政策成本与效益，确保政策的经济合理性和可持续性；充分评估潜在风险并制定应对策略，提高政策实施的稳定性和成功率。价值定义、标准确立、目标选择、功能分析、成本比较、综合评价及优化调整是政策价值分析方法的七个方面。

政策价值分析不仅仅是对既定政策及其具体活动进行表面性的价值评判，而是一种深刻挖掘与全面审视的过程，旨在深入剖析政策制定背后的价值导向，明确回答诸如"我们究竟期望通过这项政策实现哪些社会、经济或文化上的目标？""在政策实施过程中，哪些因素或理念成为决策者偏好的核心？""这些期望与偏好的形成是基于怎样的社会背景、理论依据或实际需求？""在政策资源的分配与利益的调节过程中，是怎样的逻辑与机制导致当前的分配格局？"政策价值分析突出对理想社会的构想，只有理解了区域的特点、教育的价值、均衡与非均衡的逻辑关系，以及建构出区域基础教育均衡的理想图景，政策分析者才能深入分析区域基础教育均衡发展的政策价值。只有当我们把教育政策的价值与教育的价值联系起来的时候，才能看清区域基础教育均衡发展政策的价值所在。

## 三、政策价值分析方法的应用

政策价值分析方法在实际应用中发挥着重要作用，它帮助政策制定者、执行者以及评估者全面了解政策的潜在影响、实际效果及优化空间。具体来说，在政策制定阶段，一是明确政策目标与价值取向。在政策制定初期，政策价值分析方法通过明确政策目标和价值取向，为政策方案的制定提供指导。这包括识别政策需要解决的核心问题、界定政策目标的具体内容以及明确政策实施所追求的价值导向。二是评估政策方案的可行性。在提出多个政策方案后，政策价值分析方法可以评估这些方案在功能实现、成本效益、社会接受度等方面的可行性。通过对不同方案进行全面、系统的比较，筛选出最优或次优方案，为政策决策提供科学依据。在政策执行阶段，一是监测政策实施效果。在政策执行过程中，政策价值分析方法可以用于监测政策的实际效果。通过收集政策实施前后的数据，对比政策目标与实际成效，评估政策是否按预期轨迹发展。同时，还可以及时发现政策执行中的偏差和问题，为政策调整提供依据。二是调整优化政策措施。在监测到政策执行效果与预期存在偏差时，政策价值分析方法有助于识别问题的根源，并提出相应的调整优化措施。这包括修改政策目标、调整政策措施、完善配套机制等，以确保政策能够更好地适应实际情况，更有效地实现既定目标。在政策评估阶段，一是综合评价政策效果。在政策实施一段时间后，政策价值分析方法可以对政策效果进行全面、系统的评估。这包括评估政策在功能实现、成本效益、社会影响等方面的表现，以及政策对不同利益群体的影响等。通过综合评价，可以客观反映政策的实际效果和价值贡献。二是总结政策经验与教训。在政策评估阶段，政策价值分析方法还可以用于总结政策实施过程中的经验与教训。通过对政策制定、执行和评估全过程的回顾和分析，提炼出成功的做法和存在的问题，为未来政策的制定和实施提供有益的参考和借鉴。

国内学界对区域基础教育均衡发展政策价值分析方法的研究实践总体可以概括为以下两个方面。一是作为一种价值理念，教育均衡是对教育现实中教育差距的批判和否定。这种教育差距主要表现在地区之间、城乡之间、学校之间和群体之间，教育均衡发展指向于通过实现一定程度的教育公平，缓解社会矛盾，也为社会的发展做更多人力资源准备。在基础教育阶段，由于公共教育资源集中向部分学校和地区倾斜，不可避免地扩大了城乡、区域、学校间在资源配置和办学条件上的差距，影响了教育公平。随着社会经济的快速发展和社会主义和谐社会的构建，必须改变这种现状，逐步消除这种差距，促进区域基础教育均衡发展。二是作为一种全社会的价值追求，区域基础教育均衡发展的目的在于通过法律确保公民平等受教育的权利和义务，通过制定政策、资源调配提供相对均等的教育机会和条件，以客观公正的态度和科学有效的方法实现教育效果和成功机会的相对均衡。

## 第二节　区域基础教育均衡发展的政策机制分析

### 一、政策的初步界定

#### （一）多源流分析框架

当我们探讨区域基础教育均衡发展政策的制定过程时，约翰·金登的多源流分析框架无疑提供了一个恰如其分的理论工具。这一分析框架不仅为我们提供了理解政策形成过程的独特视角，还揭示了多种因素如何交织在一起，共同影响政策的最终形态。

美国社会学家赫伯特·布鲁默详尽地描绘了政策形成的五个连贯阶段，深刻揭示了社会问题逐步转化为政策问题的内在逻辑：阶段一，社会问题的浮现是政策酝酿的初始阶段；阶段二，这些问题需获得社会的普遍认同与接纳，从而正式纳入政策讨论的议程；阶段三，通过一系列研讨活动，社会各界围绕这些问题展开深入交流，逐渐凝聚共识；阶段四，在此基础上，官方层面开始介入，具体政策内容与方案得以明确制定；阶段五，这些官方政策被付诸实践，并伴随持续的监督与评估以确保其有效执行。

多源流分析框架清晰地勾勒出从社会问题识别到政策落地的完整路径。在教育领域，教育政策价值的核心体现，正是被教育决策者识别并认为亟待解决的关键教育问题。区域基础教育均衡发展的议题，正是沿着这一轨迹，从单纯的社会议题逐步提升至教育政策的高度。在此过程中，同样遵循了布鲁默所阐述的转化路径：先是作为社会问题的显现，随后经历合法化过程，进入政策视野；在广泛的社会讨论与政策研讨中，逐渐凝聚成具体的政策需求；政府据此制定并推行相关政策措施；同时，实施过程中不断面临新挑战与问题，这些问题有的被明确界定为新的政策议题，纳入后续的政策议程，有的则保持为社会问题的形态，需持续观察与研究，以待时机成熟再行介入。这一过程体现了政策制定的动态性与复杂性，也强调了持续对话、灵活调整与科学决策的重要性。

#### （二）政策制定的背景

在我国区域基础教育现状中，区域间，特别是城乡之间基础教育发展不均衡现象不容忽视，这是教育不公的直观体现和深刻反映。为了破解这一难题，推进教育均衡发展刻不容缓。国家教育督导团在《国家教育督导报告2005》中全面审视了全国及省域内城乡间、县域间义务教育公共资源配置的实际情况。尽管教育领域取得了一系列令人瞩目的成就，但报告也尖锐地指出了我国教育的现实差距。这些差距具体表现在：中、西部地区的生均拨款水平相较于东部地区明显偏低，农村和中、西部地区的学校在教学仪器设备配置方面依然滞后，义务教育学校的中级及以上职务教师比例，城乡间、地区间差距较大。这些问题不仅制约了我国教育的均衡发展，也深刻影响了教育的公平性。但同时我们要看到，在促进区域基础教育均衡发展的进程中，我国政府一系列"以人为本"

的政策和措施，如"普及九年义务教育""雨露计划"、住校生生活补助等，共同编织出了一幅辉煌的教育成就画卷。这些政策的实施，不仅极大地推动了区域教育体系的完善与扩展，更为教育事业的蓬勃发展注入了强劲动力。

在我国教育发展过程中，梯度发展策略不可避免地催生了一系列梯度差异。面对这些差异，我们应当进行细致的分类和评估，主要可将其分为积极的差异和消极的差异两大类。积极的差异通常是在公平竞争的环境中，各个主体因为努力程度的不同而产生的自然差距。这种差异不仅体现了个人努力和才能的差异，而且能够发挥积极的资源作用，推动整个教育体系的活力与创新。我国当前的教育差距的形成原因较为复杂。从根源上分析，这种差距主要源于受自然环境影响所导致的社会经济条件与政策的倾斜。这些因素导致的教育差距，并非学校自身办学实践的直接结果，而更多地受到外部环境的制约和影响。如果我们忽视区域基础教育均衡发展，任由教育差距继续扩大，那么其连锁反应将是深远的。例如，这将对经济发展造成直接阻碍，教育的不平等往往意味着人力资源的不均衡分配，使得创新和发展缺乏必要的智力支持。同时，这种不平等会影响社会的公平和正义。而一旦社会公平和正义受到影响，社会稳定也会受到威胁。

## 二、政策的内容体系分析

政策的内容体系分析是指对某一领域的政策内容进行系统性、结构化的解析与重组，旨在构建一个清晰、有序、高效的内容架构，以支持信息的有效传递与知识的深度挖掘。

以教育中的委托-代理关系为例，从委托-代理关系的视角切入基础教育实践，可以清晰地看到一系列紧密相连的参与者和角色。在这一链条中，最终的出资方和委托人实际上是学生及其家长。这是因为，国家的各级财政投入，究其根本，是源于公民所缴纳的税收。这些税收的一部分用于支持基础教育，确保每个孩子都能接受教育。而在这场交易活动中，最终的代理人则是教师。教师作为直接贡献基础教育交易对象（即学生的教育成果）的主体，对基础教育交易对象的产出负有直接责任。然而，在学生和教师之间，存在一个复杂的委托-代理链。该链条由多个环节组成。学生及其家长首先作为出资者和委托人，通过学校投资者（包括各级政府和非政府组织）将资金投入基础教育。这些学校投资者负责筹集和管理资金，确保学校的正常运营。接下来，学校作为中间环节，承担起为学生提供教育服务的角色。学校管理者则在学校内部发挥关键作用，他们负责学校的日常运营和管理，确保教育资源得到有效利用，教学质量得到提升。在这个过程中，政府和非政府投资办学组织扮演着双重角色。对于学生、学校管理者和教师来说，其是出资方和委托人，负责提供资金支持，并期望获得高质量的教育成果。同时，其也是受教育者的代理人，肩负着管理基础教育交易活动和管理学校的直接责任。其需要确保资金的合理使用，监督学校的运营情况，评估教育质量，以满足社会对于基础教育的期待和需求。学校管理者也承担着重要的角色。他们是学生、学校投资者以及学生家长的代理人，负责直接管理基础教育交易活动和管理学校。他们需要制定和执行教育政策，组织教学活动，监督教师的教学质量，确保学生能够在良好的环境中学习和成长。此外，他们还需要与有关方面进行沟通和协调，以确保学校的稳定运营和持续发展。

学校管理者在整个基础教育体系中扮演了多重角色。首先，其作为学校、学校投资者、学生及其家长的代理人，承载着相应的期望和嘱托。在这一角色中，学校管理者肩负着管理基础教育交易活动以及全面管理学校的直接责任。他们需要确保教育资源得到高效合理的配置，教学质量得到有效提升，以及校园环境保持和谐稳定。其次，对于学生及其家长、学校投资者、学校而言，教师是他们期待的成果的直接制造者，是他们出资支持的最终受益者。因此，从这一视角来看，他们同样也是教师的出资方和委托人。教师不仅仅要为学生提供高质量的教学服务，还要对基础教育交易活动进行精细化管理，确保每一个教学环节都符合教育规律和学生需求。同时，教师也需要配合学校管理者的工作，共同营造良好的教育环境，实现学校的整体发展目标。无论是作为代理人还是作为直接责任人，学校管理者和教师都需要在教育实践中不断努力，确保基础教育交易活动的顺利进行和学校的稳健发展。同时，他们也需要与学生、家长、学校投资者等保持密切的合作与沟通，共同推动基础教育的不断进步与发展。

综合现有的研究资料，我们不难发现教师资源的不均衡分配其实是一个长期累积的结果。首先，我国地域辽阔，东西部地区发展水平的显著差异是一个不容忽视的事实。这种发展不平衡导致区域之间、城乡之间、学校之间在教育资源分配上存在较大差异，最直接的表现就是福利待遇的明显差距。由于发达地区和福利待遇更为优厚的学校能提供更优越的生活条件和更广阔的职业发展空间，许多教师选择向这些地区和学校流动，这无疑加剧了教师资源在区域和学校间的不均衡分布。其次，我们还需要注意到不同类别学校之间在个人专业发展机会上的差异。这种差异主要体现在教师的进修机会、科研支持、职称评定等方面。城市学校和农村中相对优质的学校往往能为教师提供更为丰富和优质的个人专业发展机会，这使得优秀教师更倾向于向这些学校集中。这种现象不仅加剧了教师资源的不均衡分布，也限制了那些资源匮乏的学校在教育教学质量上的提升。

促进教师资源均衡是教育领域均衡发展的重要目标，其中，加强教育人才的流动和实现同区域内教师的同工同酬是两项关键措施。具体来说，为了打破教师资源的区域和校际壁垒，促进教师资源的均衡分布，加强教育人才的流动显得尤为重要。通过实施教师交流制度，鼓励优秀教师从资源丰富的学校到资源匮乏的学校进行交流轮岗，既能提升薄弱学校的教育水平，又能使教师在不同环境中得到锻炼和成长。此外，还可以探索教师跨地区、跨学校的招聘机制，吸引更多优秀人才加入教育行业，为教育均衡发展贡献力量。而要实现教师资源的均衡配置，必须确保同区域内教师的同工同酬。具体而言，就是要重点推进义务教育教师资源的均衡配置，确保农村和城镇学校教师享有同等的工资福利待遇。这要求政府制定统一的工资标准，并确保义务教育阶段教师的平均工资水平不低于当地公务员的平均工资水平。同时，对于在西部地区工作的教师，还应给予额外的补助、津贴，以体现对他们辛勤付出的认可和尊重。通过这些措施的实施，可以逐步缩小教师资源在地域和学校间的差距，促进教育公平和均衡发展。同时，也能激励更多优秀教师投身教育事业，提高整个教师队伍的素质和水平。

## 三、政策的过程与评价

### （一）区域基础教育公平的重要路径

在当今时代，教育是改变个人命运、实现社会流动、为国家的长远发展提供坚实人才支撑的重要途径，然而教育资源的非均衡分配使得一些地区和群体在教育机会上处于劣势，限制了本应具有的发展潜能。为此，国家在 2000 年圆满完成"两基"目标的基础上，进一步将义务教育的均衡发展视为教育领域新的战略高点，深化改革，推动教育公平和质量的全面提升。《教育部关于进一步推进义务教育均衡发展的若干意见》（以下简称《意见》）被视为我国当前教育政策与工作的核心指导，在贯彻实施过程中确保了教育均衡发展的焦点议题与行动纲领地位。《意见》从多个方面详细论述了区域基础教育公平的重要路径。例如：在"统一思想认识，把推进义务教育均衡发展摆上重要位置"方面，强调各级教育行政部门要充分认识义务教育均衡发展的重要性，将其纳入当地教育改革与发展的总体规划；在"采取积极措施，逐步缩小学校办学条件的差距"方面，要求省级教育行政部门制定或完善本地区义务教育阶段学校办学条件基本要求，加快薄弱学校改造进程，合理配置公共教育资源；在"统筹教师资源，加强农村学校和城镇薄弱学校师资队伍建设"方面，指出县级教育行政部门要依法履行对农村中小学教师的管理职能，加强教师资源的统筹管理和合理配置；在"建立有效机制，努力提高每一所学校的教育教学质量"方面，强调各地要把全面推进素质教育、全面提高教育质量作为推进义务教育均衡发展的根本任务；在"落实各项政策，切实保障弱势群体学生接受义务教育"方面，要求各地切实落实国家资助经济困难家庭学生的各项政策，保障进城务工农民子女义务教育，提高残疾儿童少年义务教育普及程度；在"建立监测评估体系，切实推进义务教育均衡发展"方面，提出县级教育行政部门要建立和完善义务教育均衡发展的监测制度，国家教育督导团将建立义务教育均衡发展督导评估制度。这一系列政策措施，彰显了国家层面教育政策决策者对教育均衡发展的高度重视。推进教育均衡发展，确保每个孩子都能享受到优质的教育资源，是实现社会公平正义的关键一步，更是满足人民群众日益增长的教育需求、办好人民满意的教育的关键所在。只有在教育资源得到均衡配置、教育质量得到普遍提升的基础上，教育事业才能更好地服务于人民群众，为国家的长远发展提供坚实的人才支撑。

### （二）基础教育工作重点是城乡教育均衡

教育均衡发展是教育领域追求的重要目标，它致力于消除地区、城乡、学校和群体之间的教育差距，以确保每个孩子都能享有平等的教育机会。在当前发展阶段，促进城乡教育均衡成为较为紧迫且关键的工作重点。国家始终将农村教育置于教育均衡发展工作的核心位置，认为它是推动整体教育公平与进步的基石。

从国家宏观教育政策层面看，基础教育领域的重大决策和措施无一不与农村义务教育紧密相连。与城市教育相比，农村义务教育面临的办学经费不足问题更为严峻，这已成为制约其发展的主要瓶颈。为了从根本上解决这一问题，政府为农村教育提供更为坚实的经费保障，这被视为推进城乡教育均衡的重要突破口。

基于此，国务院相继发布了《关于进一步加强农村教育工作的决定》和《关于深化农村义务教育经费保障机制改革的通知》。这些文件对农村义务教育经费保障机制改革提出了明确要求，并明确指出新增教育经费应主要用于农村，确保农村义务教育有足够的办学经费，为其可持续发展提供稳定的财力支持。这一政策的实施，为农村义务教育注入了源源不断的活水，极大地推动了城乡教育的均衡发展。

### （三）基础教育均衡的发力点是提高教师素质和改进课堂教学

在追求义务教育均衡发展的过程中，对教育质量的提升需要从根本上提高教师素质和不断改进课堂教学。这不仅仅是简单的口号，而是需要落实到具体的行动中。首先，财政资金的投入确实为教育发展提供了必要的外部环境支持，如改善学校设施、提高教学设备等。然而，我们必须认识到，这些外在条件只是教育发展的基石，真正推动教育质量飞跃的关键在于提高教师素质。

然而，由于多种客观条件的制约，如经济发展水平不平衡，当前教育政策往往将财政问题和学校硬件建设置于中心地位，而将教师这一核心要素置于次要位置。这种局面在某种程度上阻碍了教育质量的全面提升。实际上，教师是教育的灵魂，他们的教育理念、教学方法、专业素养等直接影响着学生的学习体验和效果。因此，应重新审视教育政策，将教师在教育发展中的重要性提升到前所未有的高度，加大对教师培训的投入，提高教师的专业素养和教学能力；同时，还应完善教师的激励机制，提高教师的社会地位和待遇，让优秀教师得到应有的尊重和回报。只有这样，才能真正实现义务教育均衡发展，提升教育质量，为国家的未来培养出更多优秀的人才。

### （四）多部门协同推进教育均衡

教育均衡政策的推行以及相关法律的贯彻实施，实际上是一项复杂而庞大的系统工程，它涉及多个政府部门的协同合作与共同努力。为了确保这些政策与法律得以有效执行，相关部门被赋予了明确的职责和义务。具体来说，政府发展规划部门承担着科学编制教育事业发展规划的重要任务，需深入研究、科学谋划，确保教育资源的合理配置与教育事业的持续发展。此外，还需设立相关义务教育事业发展项目，通过项目带动，促进义务教育质量的整体提升。

财政部门在其中的作用同样关键。需严格按照义务教育经费投入政策，为义务教育设立独立预算，并确保经费的及时足额拨付，以保障学校正常运转和教育教学活动顺利进行。同时，还需监督义务教育经费的管理使用，确保每一分钱都花在刀刃上，用于提升教育质量和改善办学条件。此外，财政部门还需确保教职工工资按时足额发放，编制教职工工资标准，保障教职工合法权益。在促进义务教育均衡发展的过程中，财政部门还需特别关注学校建设、改造和设施配备等方面的需求。需要投入必要的经费，支持学校改善办学条件，以提升学校的整体办学水平。同时，还需关注校园安全问题，投入资金加强校园安全设施建设和管理，为师生提供安全、稳定的学习环境。

为了确保学校建设满足教育教学需求，同时保障学生和教职工的安全，建设部门需与教育等相关部门紧密合作，共同制定详尽的学校办学和建设标准。这些标准应细致考虑学校的教学功能需求、学生的学习环境以及教职工的工作条件，确保学校设施既符合现代教育理念，又能提供安全、舒适的学习和工作空间。在审批新建居民区建设规划时，建设部门应依法严格审查是否需要设置学校以及学校的具体规划。这包括对学校的选址、规模、教学设施配置等进行全面评估，确保新建学校能够与居民区的发展相协调，并满足周边居民的教育需求。同时，建设部门还应加强对学校建设全过程的监督管理。从项目开工到竣工验收，每一环节都应受到严格把控，确保学校建设的质量与进度。对于学校建筑、煤气管道、煤气用具等设施设备的安全状况，建设部门也应进行定期检查和监督，及时发现和消除安全隐患。除此以外，为了确保学校设施设备的正常运行和使用，建设部门还应组织并指导校舍检查监督工作。通过定期或不定期的检查，对学校校舍、楼梯护栏及其他教学、生活设施的安全状况进行评估，对于存在的问题应及时通知学校进行整改。最后，建设部门应督促学校加强对工程建设各环节的自我监督和管理。要求学校建立健全相关管理制度，定期对学校有关设备进行检验、维修和更新，确保设施设备的完好率和安全性能，为学生和教职工创造安全、健康、舒适的学习和工作环境。

通过这些具体职责和义务的落实，多个政府部门协同配合，共同推进教育均衡政策的实施和义务教育质量的提升。这将为我国教育事业的发展注入新的活力，为培养更多优秀人才奠定坚实基础。

# 第三节　区域基础教育均衡发展的政策目标分析

## 一、以人民为中心的发展思想

习近平总书记在党的二十大报告中指出，坚持以人民为中心发展教育，加快建设高质量教育体系，发展素质教育，促进教育公平。让每个孩子都能享受公平而有质量的教育，是基础教育改革和发展的主要任务。在新时代背景下，我国基础教育把握新的发展契机，取得了丰硕成果，基础教育发展的目标从追求教育机会公平转变为追求教育优质均衡发展，不仅体现为基础教育由"外延发展"向"内涵发展"转变，更体现为以人民为中心的中国特色发展思想。

### （一）以人民为中心是实现教育民生的目标支撑

教育关乎国家前途和民族振兴，要服务于党和国家建设的需要，要统筹教育与政治、经济、文化之间的利益关系。教育还关乎个人未来和家庭幸福，与各民族群众的根本利益直接联系，成为各民族群众创造美好生活、走向共同富裕的重要途径。

我国从上古时期开始就产生了朴素的民生思想。"民生"一词较早出现在《左传·宣公十二年》，所谓"民生在勤，勤则不匮"，意思是民众的生计在于勤劳，勤劳就不会出现物资匮乏。这里的民生只局限于物质层面的东西，也就是只涉及物质资料的生产和物质层面的生活，包含百姓的基本生计、衣食住行等方面。到了20世纪初，孙中山先生在吸收国外先进思想和经验的基础上，结合中国的实际，给"民生"注入了新的内涵，上升到了"主义"、国家大政方针以及历史观的高度。新中国成立后，各民族群众翻身做了主人，政治上的解放使民生的含义发生了质的变化。随着社会主义建设的不断发展深化，民生的内容日益丰富，"全心全意为人民服务"理念在毛泽东同志的倡导下发展成为中国共产党执政的根本宗旨。改革开放时期，邓小平同志明确提出要把是否有利于提高人民的生活水平作为判断是非得失的重要标准，强调一切政策的出发点和归宿都要看人民群众拥护不拥护、赞成不赞成、高兴不高兴、答应不答应。江泽民同志强调要代表最广大人民群众的根本利益，把不断提高人民生活水平作为我们党一切工作的根本出发点。胡锦涛同志从构建社会主义和谐社会的战略高度对民生含义做了具体概括：在经济发展的基础上，更加注重社会建设，着力保障和改善民生，推进社会体制改革，扩大公共服务，完善社会管理，促进社会公平正义，努力使全体人民学有所教、劳有所得、病有所医、老有所养、住有所居，推动建设和谐社会。

新时代背景下，以习近平同志为核心的党中央在领导中国特色社会主义民生建设过程中，始终践行为人民服务的根本宗旨，全面贯彻以人民为中心的发展思想，树立正确的发展观、现代化观，推动人的全面发展。为促进区域基础教育均衡发展，党和政府从国家层面高度重视，在一些重要纲领中多次提出要加大区域基础教育均衡发展力度，而相关政策的执行，势必能够给区域基础教育均衡发展带来重大的正向引导作用。

### （二）以人民为中心是解决教育发展的政策指南

教育政策的价值选择是决策层在维护国家和社会发展的价值判断基础上做出的一种集体选择，蕴含着教育政策制定者对于政策的期望或者价值追求，体现了教育政策系统的价值偏好，呈现出教育政策追求的目标。教育价值观是政策决策层及其所处社会对教育政策执行过程中价值关系的根本性认识，教育决策层有什么样的教育价值观，就会做出什么方向或性质的价值选择。区域基础教育问题，也是教育系统整体发展均衡与否的重要组成部分，是社会公平在区域教育领域的延伸。以人民为中心的立场，是教育政策制定与颁布的取向，更是中国特色社会主义制度的内在要求。

习近平总书记提出教育的"四为服务"，坚持教育为人民服务、为中国共产党治国理政服务、为巩固和发展中国特色社会主义制度服务、为改革开放和社会主义现代化建设服务。促进区域基础教育均衡发展，是坚持以人民为中心的必然路径，充分诠释了"江山就是人民，人民就是江山"的重要论断。通过以人民为中心的教育政策，才能有效解决区域基础教育均衡发展中遇到的问题，从而促进各民族群众的全面发展。教育政策不仅仅是满足政治、经济发展的需要，也不是只重视顶层设计和制度执行效率的法律法规文本，而应该以人民为中心，把各民族群众对高质量教育的需求和人的全面发展作为教育政策的首要指南。以人民为中心，就是以各民族人民群众的根本利益为本。促进区域基础教育均衡发展，要能够包容社会不同利益主体的诉求，妥善协调和处理各方利益关系。

### （三）以人民为中心是深化教育改革的价值导向

教育改革是一种人们有意识、有目的地改造旧教育，使之成为新教育的实践活动。教育改革既然是改革，就要改变过去教育中那些不好或不再适合现在需要的东西，比如旧的观念、旧的模式等。

改革必然涉及利益或利益冲突，因此教育改革也可以说是教育利益的重新分割或调整，教育改革的过程就是一个不同教育参与主体利益博弈的过程。教育改革的不同利益主体通过教育政策制定、教育资源配置以及教育活动的直接参与等方式进行互动关联，向教育改革施加不同程度的影响。教育改革在初始阶段，经常需要有关各方付出很多努力乃至牺牲相当一部分既得利益。因此，以人民为中心的立场就尤为重要。教育是公益性事业，具有公共性，各民族群众参与教育改革的决策过程，就是行使公民的正当权利的过程，就是各利益群体表达各自利益诉求及进行互动、交流、协商的集体决策过程，也是"人民立场"的价值导向。

在多方参与教育改革的过程中，实际上的平等参与并不容易，尤其是对区域而言，教育政策在某些地方的执行过程中可能会出现"水土不服"的困境。而这些地方由于缺乏对政策的准确理解以及有效的实践反馈，导致好的政策和教育改革"两张皮"。究其本质原因，就是没有深刻把握"人民立场"。教育改革在制度和政策设计上，必须以人民为中心，同时要把教育作为各族人民不可或缺的发展权，重点考虑民族地区、欠发达地区、弱势群体平等的受教育权，要让其在教育上受益。当代及未来的区域基础教育改革应具有"人民"立场，"在"人民、"为"人民进行改革。"在"人民意味着我们必须站在中华民族各民族群众发展特定的时间和空间上去审视和实施基础教育改革。"为"人民意味着我们的基础教育改革是为了满足特定时空条件下的各民族受教育者的发展需要。基础教育的改革发展，一定要考虑我国的社会发展处于什么阶段，基础教育发展处于什么阶段，基础教育发展的目标是什么，面临的迫切需要解决的问题是什么，等等。

## 二、质量与公平兼顾

教育质量是基础教育发展的生命线，基础教育作为教育体系的基础和起点，其质量直接关系到学生的全面发展和终身幸福。因此，提升基础教育质量是区域基础教育均衡发展的首要任务。教育公平是基础教育发展的基石，是社会公平的重要体现，也是实现社会和谐稳定的重要基础。在区域基础教育均衡发展进程中，质量与公平被视为两个不可或缺的核心要素，它们相互依存、相互促进，共同构成推进基础教育持续健康发展的双轮驱动。

### （一）质量为先，追求卓越的教育品质

在区域基础教育均衡发展政策中，提升教育质量始终是核心目标之一。这不仅仅

是为了满足社会对高素质人才的需求，更是为了给每一位学生的全面发展与终身幸福奠基。

首先，政策聚焦于深化教育教学改革，鼓励学校和教育机构创新教学模式和方法。通过引入项目式学习、探究式学习等先进教学理念，激发学生的主动性和创造性，培养其批判性思维和解决问题的能力。同时，加强课程设置与教学内容的更新，确保教学内容的前沿性和实用性，使学生能够掌握适应未来社会发展的知识和技能。

其次，教师是教育质量的关键因素。政策强调要加强师资队伍建设，提升教师的专业素养和教学能力。通过实施教师培训计划、鼓励教师参与学术交流、建立教师激励机制等措施，激发教师的职业热情和创造力。特别是对于农村和薄弱学校的教师，政策应给予更多的关注和支持，确保他们能够获得与城市学校教师相当的专业成长机会。

最后，推动信息技术与教育融合。在信息化时代，政策还致力于推动信息技术与教育的深度融合。通过建设智慧校园、推广在线教育资源、利用大数据和人工智能优化教学过程等方式，提高教育教学的智能化水平和个性化程度。这不仅能够提升教学效率和质量，还能为学生提供更加丰富多样的学习体验和资源。

### （二）公平为本，确保每个孩子享有平等的教育机会

在追求教育质量的同时，区域教育均衡发展政策同样将保障教育公平视为不可或缺的目标。这不仅是社会公正与进步的体现，也是实现教育现代化的必然要求。

首先，缩小城乡教育差距。针对城乡教育差距较大的问题，政策采取了一系列措施来缩小这一差距。通过加大对农村和边远地区的教育投入，改善农村学校的办学条件和设施设备；通过实施教师交流轮岗、支教帮扶等制度，优化农村教师队伍结构；通过推广优质教育资源下乡、开展城乡学校结对帮扶等活动，提升农村学校的教育质量和管理水平。

其次，关注特殊群体教育需求。政策还特别关注农村留守儿童、进城务工人员随迁子女、残疾儿童等特殊群体的教育需求。通过建立专项帮扶机制、提供特殊教育资源、加强心理健康教育和辅导等方式，确保这些孩子能够顺利融入学校生活并享有公平而有质量的教育。同时，政策还鼓励学校和社会各界加强对这些孩子的关爱和支持，共同为他们的健康成长营造良好的环境。

最后，推动教育资源配置均衡化。为了实现教育资源均衡配置，政策加强对教育资源的统筹规划和优化配置。通过建立教育资源共享机制、推动区域内学校之间的交流合作、加强教育督导评估等方式，确保每一所学校都能获得必要的发展条件和支持。此外，政策还鼓励社会力量参与教育投入和办学活动，形成多元化、开放式的办学格局，为区域基础教育均衡发展注入新的活力。

### （三）质量与公平并重，构建区域教育均衡发展新生态

区域基础教育均衡发展政策的最终目标是实现质量与公平的双重兼顾，构建和谐、公正、富有活力的教育新生态。首先，加强政策协同与执行力。为了实现这一目标，政策制定者需要加强政策之间的协同与配合，确保各项政策之间形成合力。同时，加大政

策的执行和监督力度，确保政策能够真正落地生效并惠及广大师生和家长。这需要建立健全的政策执行机制、监督机制和评估机制，确保政策目标的顺利实现。其次，促进教育创新与改革。面对新时代的教育挑战和机遇，政策需要不断推动教育创新与改革。通过引入新的教育理念、教学方法和技术手段等方式提高教育的适应性和前瞻性；通过鼓励学校和教育机构根据自身特点和发展需求进行自主创新和改革实践来推动教育整体水平的提升；通过加强教育科研和学术交流来推动教育理论的创新和发展。最后，构建良好的教育生态环境。这包括加强校园文化建设、推动家校合作与社会共育、加强教育法制建设等方面。通过加强校园文化建设来营造积极向上的学习氛围和校园文化氛围；通过推动家校合作与社会共育来形成教育合力并促进学生全面发展；通过加强教育法制建设来保障教育公平和师生权益并维护教育秩序的稳定与和谐。只有这样，才能真正实现区域基础教育均衡发展，并为学生成长和社会进步奠定坚实的基础。

## 三、中国式现代化的教育支撑

党的二十大报告明确了教育在"五位一体"总体布局和"四个全面"战略布局中的重要地位。不仅汇聚了党在不同历史时期将教育定位于政治、经济、文化或民生等方面取得的历史经验和重大成就，同时在此基础上对教育定位进行了整体性重构。展望2035年，我国要建成教育强国的目标，其中西部地区基础教育发展作为"短板"，在实现中华民族伟大复兴的历史进程中面临较大挑战。确保区域基础教育均衡发展，是推进中国式现代化的全面战略中至关重要的一环，也是责任重大、道路漫长的艰巨任务。在这一历史使命的引领下，我们需要不断努力，推动教育事业在全面建成社会主义现代化强国的征程中发挥更为重要的作用，为中华民族伟大复兴奠定基础。

### （一）教育、科技、人才"三位一体"

党的二十大报告将教育、科技和人才纳入全面建设社会主义现代化国家的重要统筹安排，这一战略性部署具有重要意义和深远影响。党中央再次强调了"实施科教兴国战略"，并强调"加快建设教育强国"，进一步凸显了教育优先发展的战略地位。党的二十大报告彰显了教育在国家发展战略中的关键地位，凸显了坚定推进教育优先发展的决心。我们要深刻领会和把握教育对党和国家的重要意义，特别针对区域基础教育的实际情况，强化知识传播和深度解读，引导广大教育从业者在新的发展背景下发挥更加重要的作用。坚持教育、科技和人才协同进步，密切关注构建教育强国的紧迫需求，紧密结合培养德智体美劳全面发展的社会主义建设者和接班人的核心任务，深入推动有组织的研究工作，积极为区域基础教育政策构建充当智慧引路人和智库的角色，为战略策划、宏观指导、科学布局、政策建议、舆论引导和人才培育等方面提供更有力量的支持。在党的领导下，全体教育工作者将共同努力，为实现中华民族伟大复兴的中国梦贡献力量。

随着第二个百年奋斗目标的实现，中国式现代化对科技和人才的重要性进一步上升，科技是第一生产力，人才是第一资源，创新是第一动力，教育优先发展的战略地位更加突出。习近平总书记强调，教育兴则国家兴，教育强则国家强，教育是提高人民综合素质、促进人的全面发展的重要途径，是民族振兴、社会进步的重要基石，是对中华民族伟大复兴具有决定性意义的事业。这一重要论断凸显了教育对国家和民族发展的战略地位和关键作用。在新时代，教育、科技、人才三者密切相连，相互促进，成为实现中华民族伟大复兴的必然选择。

在中国式现代化进入新征程的今天，强化教育优先发展的战略地位体现了以创新为核心的教育、科技、人才三大战略之间的密切联系。教育的重要地位贯穿于实施科技强国、创新驱动发展、建设人才强国等战略的全过程。无论是加快建设科技强国，实现高水平科技自立自强，还是建设人才强国，都离不开教育的支撑。在推进创新驱动发展战略中，教育为培养创新型人才提供了坚实基础，为提高全民科学素质和科技创新能力打下了重要基石。加强自主创新、关键核心技术攻坚战的成功，都离不开教育。同时，建设人才强国也需要教育的支持。教育是培养人才、传承知识、提升人的素质的重要途径。促进区域基础教育均衡发展是建设科技强国、人才强国的必然选择。

### （二）与时代同步的城乡教育一体化

2012年党的十八大报告指出：均衡发展九年义务教育……大力促进教育公平，合理配置教育资源，重点向农村、边远、贫困、民族地区倾斜。2017年党的十九大报告指出：推动城乡义务教育一体化发展，高度重视农村义务教育。2020年政府工作报告指出：推动教育公平发展和质量提升。坚持立德树人。有序组织中小学教育教学和中高考工作。加强乡镇寄宿制学校、乡村小规模学校和县城学校建设。完善随迁子女义务教育入学政策。办好特殊教育、继续教育，支持和规范民办教育。2021年习近平总书记在中央民族工作会议上提出：加大对民族地区基础设施建设、产业结构调整支持力度，优化经济社会发展和生态文明建设整体布局，不断增强各族群众获得感、幸福感、安全感。要根据不同地区、不同民族实际，以公平公正为原则，突出区域化和精准性，更多针对特定地区、特殊问题、特别事项制定实施差别化区域支持政策。

在我国的教育体系中，基础教育阶段被视为实现教育公平极为关键的领域，这主要归功于其具备的强制性、免费性及普惠性等基础公共服务特质。自改革开放以来，特别是党的十八大之后，我国在促进城乡与区域间基础教育均衡发展方面取得了显著成效，城乡间基础教育差距有所缩小，义务教育"择校热"明显降温。同时，中西部及农村地区的教育得到了显著加强，农村义务教育学生营养改善计划得到深入实施，进城务工人员随迁子女及留守儿童的受教育权益得到了更加周全的保障。这一系列举措有力推动了区域基础教育均衡发展，为教育公平的实现奠定了坚实基础。然而，必须正视的是，城乡之间，特别是欠发达地区与发达地区之间，在基础教育质量上仍存在着较大差距。由于居住人口减少及教育资源整合等因素的影响，部分农村地区出现了小学和初中教育资源短缺的情况，仅存的学校教学质量亦难以满足家长和学生的期望，导致许多农村家庭将孩子送往城区学校就读。这不仅增加了农村家庭的经济负担，而且对农村学生的身心发展造成了一定影响。应促进城乡教育一体化，从制度上坚持城乡经济协调，推进基础教育高质量发展；深化体制机制改革，统筹城乡基础教育规划；继续加大对区域基础教育的投入，优化教育投资方式，改革教育人事制度，提升教师专业素养；以信息化带动区域教育现代化，实现城乡学校之间优质课程资源共享、教师智力资源流动，推进城乡教师教学共同体建设。督促地方落实好相关政策，巩固基础教育发展改革成果，为办好人民满意的教育提供坚实保障。

### （三）赋能区域基础教育均衡发展

2022年7月，习近平总书记在省部级主要领导干部"学习习近平总书记重要讲话精神，迎接党的二十大"专题研讨班上发表重要讲话强调，在新中国成立特别是改革开放以来的长期探索和实践基础上，经过党的十八大以来在理论和实践上的创新突破，我们成功推进和拓展了中国式现代化。世界上既不存在定于一尊的现代化模式，也不存在放之四海而皆准的现代化标准。中国式现代化既具有各国现代化的共同特征，更突显了我国本身的国情特色。中国所追求的现代化目标是让更多人民走向现代化，旨在实现全体人民共同富裕、物质文明和精神文明协同发展、人类与自然和谐共存，以及走向和平发展的道路。深入学习和理解习近平总书记关于中国式现代化的理论思想，是贯彻党的顶层设计和部署安排的现实需要。这一理念将引领我们更好地迈向全面建设社会主义现代化国家的新征程，实现第二个百年奋斗目标。从国际视野来看，中国式现代化道路的本质属性和当代关切，不仅为发展中国家走向现代化提供了新途径，更为那些希望保持独立性的国家和民族提供了全新选择。同时，中国式现代化的成功经验也为解决人类面临的共同问题提供了中国方案和中国智慧。

中国式现代化坚守以人为本的价值理念，践行以人民为中心的发展思想，致力于实现全体人民共同富裕，推动物质生活的全面繁荣和人的全面发展，满足人民日益增长的美好生活需要。为此，应坚持以人民为中心的发展理念，积极促进区域基础教育均衡发展，提供让人民满意的基础教育，为实现中国式现代化提供强有力的支撑。一方面，应根据我国庞大的人口规模和流动特点，降低生育和教育成本，建立以常住人口为基础的教育资源配置机制，加速推进区域基础教育的优质均衡发展和城乡一体化，加强学前教育和特殊教育的普惠发展，推动高中阶段学校的多样化发展，完善全学段学生资助体系，提高公共教育服务的均衡性和可及性。另一方面，应通过促进基础教育均衡发展，统筹推进职业教育、高等教育和继续教育的协同创新，推动职业教育与普通教育的有机融合，促进产业与教育的紧密结合，推动科技与教育的深度融合，提升教育在服务经济社会发展中的综合能力，促进毕业生高质量充分就业，提高劳动收入水平，增强人们创造美好生活的能力，全面促进人的发展。

# 第四节　区域基础教育均衡发展的政策路径分析

## 一、政策目标的价值重构

一是从资源均等化到优质均衡的理念转变。传统教育政策多聚焦于资源的平均分配，然而这种单一维度的均衡难以满足当今教育发展的需求。借鉴阿玛蒂亚·森的能力平等理论，政策设计应转向赋能区域教育内生发展，构建"标准化保障 ＋ 特色化发展"的双轨目标体系，在关注物质资源投入的基础上，重视教育质量的提升与区域教育特色的培育。当前，在深入推进教育综合改革、加快建设教育强国的过程中，我们必须深刻认识到教育均衡的核心并非简单地将资源平均分配，而是要创造条件让每个区域、每所学校都能根据自身优势与特点，发展出独特的教育模式与在地化课程体系，从而满足学生多样的学习需求，激发教育的内在活力与创新潜力。

二是底线公平，确保基本办学条件的实现。底线公平是教育均衡发展的基础，需建立动态调整的办学基准，涵盖生均经费、校舍安全、信息化配置等刚性指标。通过科学合理的财政投入与资源配置，保障每一所学校都能达到基本的办学标准，为学生提供安全、适宜的学习环境。在实际操作中，应充分考虑区域经济发展水平、人口变化等因素，定期评估与调整办学基准，确保其与社会发展相适应。例如，随着城市化进程的加速，部分地区人口流入增多，学校规模扩大，此时就需要相应增加生均经费、扩建校舍、升级信息化设施，以满足新增学生的需求；而在人口流出地区，则需合理优化学校布局，整合资源，避免资源浪费，确保有限的教育资源得到高效利用。

三是质量公平，构建教师专业发展支持系统。教师是教育质量的核心，构建教师专业发展支持系统至关重要。通过系统的教师职业道德教育、分层次分类别的培训体系以及教师交流轮岗机制，提升教师的职业素养与专业能力，实现教学质量的增值性均衡，确保不同区域、不同学校的学生都能接受高质量的教育。职业道德教育应贯穿教师职业生涯始终，通过专题培训、案例分析、师德师风建设等方式，引导教师树立正确的教育观、价值观，增强职业认同感与责任感，成为学生健康成长的引路人。培训体系则需根据教师的专业发展阶段与需求，精准设计培训内容与形式，如针对新教师开展教学基本功训练、班级管理技巧培训，帮助其快速适应岗位；对骨干教师则侧重于教育理念更新、教学方法创新、教育科研能力提升等方面的研修，培养一批在区域内乃至全国有影响力的教育领军人物；而教师交流轮岗机制的实施，不仅促进了城乡、学校间教师资源的合理流动，使优质教师资源得到共享，还为教师自身的职业发展提供了更广阔的空间与平台，激发教师的工作热情与创新活力。

四是机会公平，创新"教育集群"治理模式。打破行政区划壁垒，形成资源共享网络，为学生提供平等的教育机会。通过创新"教育集群"治理模式，促进区域内学校之间的合作与交流，实现优质教育资源的共享与优化配置，让每个学生都有机会接受优质的教育。教育集群可以名校为引领，联合周边学校，通过联合教研、课程共建、教师互派、学生交流等活动，实现管理经验、教学资源、师资力量的共享与互补。例如，名校的优秀教师可以到成员校开展示范课、专题讲座，成员校的教师也可到名校跟岗学习、参与教研活动，从而提升整个集群的教育教学水平；同时，集群内的学校还可以共同开发校本课程，整合特色教育资源，形成具有区域特色的课程体系，丰富学生的学习选择，满足学生个性化的学习需求。

## 二、政策工具的协同创新

一是通过财政统筹工具，构建科学的支付转移模型。构建"基准 ＋ 补偿"的转移支付模型，建立教育财政支出占 GDP 比例的法治化保障机制。如浙江省实施的"教育财政支出占比不低于 30％"刚性约束，确保教育经费的稳定投入，为教育均衡发展提供坚实的经济基础。在具体实施中，应科学确定基准与补偿的标准与比例，基准部分保障学校的日常运转与基本教育教学需求，补偿部分则根据区域经济发展差异、学校办学规模、学生特殊需求等因素进行差异化分配，重点向欠发达地区、农村学校、薄弱学校倾斜，弥补资金缺口，促进教育资源的均衡配置。同时，加强对教育经费使用情况的监管与审计，确保资金使用规范、透明、高效，提高教育投入的效益。

二是通过人力资源配置工具，优化教师流动机制。建立教师"县管校聘"的流动机制，通过职称评聘、薪酬梯度等制度设计破解教师流动阻滞。如北京市推行的"骨干教师服务期制度，通过合理的政策引导，促进教师在城乡、学校间的合理流动，优化教师资源配置。在"县管校聘"模式下，教育行政部门对教师进行统一管理，教师由学校"单位人"变为系统"职业人"，在县域内统一调配，根据学校需求与教师个人意愿进行合理流动。职称评聘与薪酬梯度制度则为教师流动提供激励，如对到农村学校、薄弱学校任教的教师，在职称评定上给予优先考虑，薪酬待遇适当提高，从而吸引优秀教师主动到这些学校任教，带动农村学校与薄弱学校的发展，缩小城乡、学校间教育质量差距。

三是通过数字治理工具，打造"教育大脑"数据平台。运用现代信息技术，打造"教育大脑"数据平台，利用区块链技术实现资源配置的可视化监测。如上海市闵行区的"数据驾驶舱"实践，通过数据平台建设，对教育资源配置、教学过程、学生发展等进行全方位的监测与分析，为教育决策提供科学依据，提升教育治理的精准化与高效化。"教育大脑"数据平台整合了区域内各类教育数据资源，包括学校基本信息、教师教学情况、学生学习数据、教育资源配置状况等，通过大数据分析技术，对这些数据进行深度挖掘与分析，实时掌握教育发展动态。例如，通过分析学生的学习数据，可以了解学生的学习困难与需求，为教师调整教学策略、实施个性化教学提供参考；通过监测教育资源配置数据，及时发现教育资源配置不合理的地方，为教育行政部门优化教育资源配置提供依据。同时，区块链技术的应用确保了数据的真实、完整与不可篡改，增强了数据的可信性与安全性。

## 三、制度创新的突破路径

一是治理结构变革，推进管理体制创新。推进"省级统筹、市县共担"的管理体制改革，建立跨区域教育协作体。如长三角教育一体化发展示范区的制度创新，通过管理体制的变革，打破区域之间的行政壁垒，实现区域内教育资源的统筹规划与协同治理，提升教育治理的整体效能。省级统筹能够从宏观层面把握区域教育发展的方向与目标，整合全省教育资源，进行统一调配与优化布局；市县共担则充分发挥基层政府的积极性与主动性，根据本地实际情况，落实省级教育政策，推进区域内教育均衡发展。跨区域教育协作体的建立，打破了行政区划对教育资源流动的限制，促进区域内教育政策、教育资源、教育管理经验的交流与共享，实现优势互补，共同提升区域教育整体水平。

二是评价机制重构，构建发展性督导评估体系。构建发展性督导评估体系，将"教育生态指数"纳入政府绩效考核，建立差异化问责激励机制。通过科学合理的评价机制，引导地方政府与学校关注教育质量的提升与教育生态的优化，促进教育的可持续发展。发展性督导评估体系不仅关注学校的教学成绩、升学率等显性指标，更重视学校在课程建设、师资培养、学生综合素质发展、教育创新等方面的进步与成长，以全面、客观、科学的评价引导学校内涵式发展。将"教育生态指数"纳入政府绩效考核，促使地方政府树立正确的教育政绩观，从注重教育规模扩张转向注重教育生态优化，加大对教育的投入，改善教育条件，营造良好的教育发展环境。差异化问责激励机制则根据区域经济发展水平、教育资源基础等因素，对地方政府与学校实行分类评价、分类考核，对教育发展成效显著的给予表彰奖励，对教育发展滞后的进行督促整改，充分调动各方推进教育均衡发展的积极性与主动性。

三是社会参与机制，完善教育基金会制度。通过税收优惠政策引导社会资本建立教育专项基金，形成"政府主导 + 市场补充 + 社会参与"的多元供给格局，拓宽教育经费来源渠道，为教育均衡发展提供更充足的资金支持。教育基金会作为连接政府、企业、社会组织与个人的桥梁，能够广泛吸纳社会资源投入教育事业。通过税收优惠政策，鼓励企业与个人捐赠教育基金，如对捐赠企业给予企业所得税减免优惠，对个人捐赠在个人所得税计算中予以扣除，提高社会各界参与教育公益活动的积极性。教育专项基金可根据不同的教育需求与项目进行设立，如用于资助经济困难学生、支持教育创新项目、奖励优秀教师等，为教育均衡发展提供有力的资金保障。同时，加强对教育基金会的监管与指导，确保基金的使用公开、透明、规范，提高基金的使用效益。

## 四、政策执行的风险防控

一是避免空间正义陷阱，建立政策容差机制。警惕标准化建设导致的办学特色消失，建立"底线标准 + 弹性空间"的政策容差机制。在保障基本办学标准的同时，允许学校根据自身特点与发展需求，保留一定的弹性空间，鼓励学校特色发展，避免"千校一面"。政策容差机制明确了学校的底线标准，确保学校在办学条件、教学质量等方面达到基本要求，保障教育公平与质量底线。弹性空间则允许学校在课程设置、教学方法、校园文化建设等方面进行创新与探索，发展出独特的办学风格与教育特色。例如，学校可根据地域文化特色开发校本课程，开展特色社团活动，打造个性化的校园文化，满足学生多样化的学习需求与兴趣爱好，激发学校的办学活力与创造力。

二是保持制度变迁张力，运用渐进式改革策略。运用渐进式改革策略平衡利益格局，设置政策过渡期和补偿机制。在政策推进过程中，充分考虑各方利益诉求，通过渐进式改革，逐步调整与优化教育政策，确保政策的平稳落地与有效实施。渐进式改革避免了大规模、一步到位式改革可能引发的社会动荡与利益冲突，通过分阶段、分步骤地推进政策调整，使各方有足够的时间适应新的政策环境，减少改革阻力。政策过渡期的设置为学校、教师、学生及家长等提供了缓冲时间，让他们在思想上、行动上逐步过渡到新的政策要求上来。补偿机制则对因政策调整而受到利益影响的群体给予适当补偿，如对因教师交流轮岗而需增加生活成本的教师提供交通、住宿补贴，对因教育资源重新配置而暂时受到影响的学校给予资金、设备等方面的扶持，保障各方利益的基本稳定，确保改革的顺利进行。

三是遏制技术异化风险，建立技术应用伦理审查机制。防范数字化手段加剧城乡数字鸿沟，建立技术应用伦理审查机制。在推进教育信息化建设过程中，加强对技术应用的伦理审查与监管，确保技术应用符合教育公平原则，避免技术的不当使用对教育公平造成负面影响。技术应用伦理审查机制对教育技术的引入、使用过程及效果进行全面评估与监督，确保技术的应用不会加剧城乡、区域间教育发展的不平衡。例如，在推进教育信息化基础设施建设时，要充分考虑农村地区、偏远山区的网络接入条件与设备配备情况，加大对这些地区的投入与扶持力度，确保所有学校都能享受到信息技术带来的教育变革红利；在开发与推广教育教学软件、在线课程等数字教育资源时，要注重资源的适切性与普惠性，避免因技术门槛过高而使部分学生无法使用或使用效果不佳，从而影响教育公平。

《中华人民共和国教育法》规定，公民依法享有平等的受教育机会，即要求教育资源在地区间、城乡间、学校间以及学生间得到公平配置，确保每个学生都能享有平等接受教育的机会。随着社会对教育公平的持续关注，区域基础教育均衡发展问题日益凸显出其重要性和紧迫性。本章围绕区域基础教育均衡发展的法理分析这一主题，重点围绕区域基础教育均衡发展的价值追求探讨主体理论、正义理论、优惠理论；围绕区域基础教育均衡发展的内生需求探讨以《中华人民共和国教育法》为核心的教育法律规定，以及教育公平、公共产品和区域发展；围绕区域基础教育均衡发展的现实要求，探讨办人民满意的教育、资源优化配置、区域差别化政策；围绕区域基础教育均衡发展的实践诉求，探讨缩小区域差别、城乡融合发展、县域校际联动。

## 第一节　区域基础教育均衡发展的价值追求

区域基础教育均衡发展关系到教育公平，更关涉到社会进步和稳定的公平基础。区域基础教育均衡发展的价值理论包括：主体理论——教育公平与教育获得感的内在联系；正义理论——教育公平与教育获得感的实现；优惠理论——教育公平与教育获得感实现上的倾斜与保障。

### 一、主体理论

#### （一）人作为法律主体所享有的尊严

当我们谈及人作为法律主体所享有的尊严时，往往会将其放入罗纳德·德沃金所提出的内在价值原则和个人责任原则之中。这两个原则之间的关系，恰如其分地映射了平等与自由这两大基本价值的相互依存和相互影响。内在价值原则旨在探讨和解答关于人类存在本身固有价值的普遍疑问，它是关于人性尊严和价值的核心基石。个人责任原则意指个体在维护自尊的同时，也应承担起尊重他人的责任，这是个人自由与自主决策权的体现。

一个人的人生责任并非仅限于个人选择的后果，它同样涵盖了对他人的尊重与理解。这意味着，每个人都应当对自己的选择负责，同时，也要尊重他人的选择和追求，包括他们的人生目标、信仰和价值观。这种对个体自由与责任的尊重，不仅体现了对个人权利的保障，也促进了社会的和谐与包容。

### （二）主体理论下的多维解读

人作为法律主体所享有的尊严，其重要性不仅体现在法律运行的最终结果中，更贯穿于法律制定与适用的全过程。在程序性尊严的层面，人的尊严在法律的每一个环节中都得到了深刻体现。

首先，人的尊严要求法律在制定与适用过程中必须始终将人视为拥有独特身份和地位的个体。在法律程序中，个人应当享有自我代表的权利，他们的声音应当被倾听，他们的观点应当被审慎考虑。这意味着法律的运行不仅是为了解决问题，更是为了实现人的尊严和权益。就立法过程而言，法律的尊严在公正透明的制定过程中得到了彰显。

其次，当我们谈及尊严时，必须强调人作为法律主体的核心地位，这要求法律为其提供一系列实质性的保障措施，任何将人视为非人的做法，都是对人尊严的侵犯。在法律领域，这一点尤为重要。如果法律没有将人视为独立的主体来对待，没有赋予他们必要的权利并提供相应的保障，那么实际上就剥夺了有尊严的人的主体地位，使其受到贬损。例如，失业救济和最低工资标准补助等社会保障措施，用以确保人们在面临经济困境时依然能够维持基本的生活水平。教育公平则是保障人们平等享有教育资源的重要手段，对于提升人的素质、实现人的价值具有重要意义。

最后，在深入探讨人作为法律主体所享有的尊严时，我们不难发现，这种尊严具有多重属性，既包含了警示的层面，也展现了权利的本质。在各类文献中，"尊严"一词的核心始终聚焦于人类内在价值的至高无上，深刻体现了这一概念的权利属性、价值内涵以及人性中固有的崇高特质。这种尊严根植于生命本质，与生俱来，不可剥夺，它源自人类存在的根本，是生命赋予每个个体的自然权利。这种尊严的彰显，超越了出身、血缘、家族背景等一切外在条件的束缚，亦不依赖于个人后天的成就、社会地位或信仰选择。它超越了世俗的评判标准，是每个人作为人类成员所共有的、纯粹而神圣的存在状态。这种尊严的普遍性，确保了每个个体都能在无差别的基础上，享有被尊重、被珍视的权利，体现了人性中最基本、最崇高的追求。

## 二、正义理论

### （一）底线正义理论、多元正义理论

底线正义理论，作为支撑和保障人们追求体面生活的重要基石，为我们实现教育公平这一理想状态提供了不可或缺的基本保障。它确保在社会的各个层面，每个人都能享有最起码的尊严和生活的安宁。与此同时，多元正义理论则通过深入分析和论述一系列受法律保护的权益，为体面生活的构建增添了更为牢固的保障。

在多元正义理论架构中，戴维·米勒独树一帜地提出了以需求的满足为衡量标准来

界定体面生活的观点。他坚守一种底线人权与底线正义的立场，并在其著作《民族责任与全球正义》中深入探讨了这一理论。人权需求可细分为内在需求与社会需求两大类别。内在需求关注的是人的基本需求，特别是那些直接关联到人类生物本性的需求，如食物、水、庇护所等。这些需求是构成人类生存和避免伤害所必需的，因此它们被认定为不可剥夺的基本权利。只有当内在需求得到满足时，才能说人权的实现得到了保障，也才能认为一个人正过着体面的生活。社会需求则侧重于人的工具性和社会性需求。这些需求并不直接构成伤害，但它们对于人的全面发展和社会交往至关重要。例如，教育、医疗、就业等都属于社会需求的范畴。社会需求的满足同样是人权的重要组成部分，其为人们提供了在社会中立足和发展的必要条件。

### （二）阿玛蒂亚·森的能力正义理念

阿玛蒂亚·森提出的能力正义理念强调了人们在实际生活中实现自我价值、追求幸福的能力。[1] 这种理念关注的是人们是否拥有足够的能力去做出选择，去实现他们所珍视的生活方式和目标。具体来说，可行能力的评价方法侧重于评估一个人是否拥有从事其所珍视活动的能力。如果一个人拥有更高的能力去实现其珍视的事情，那么他在社会中的机会和优势也就更多；反之，如果其能力受限，则他的机会和优势也会相应减少。这种方法不仅关注个体在社会中的实际状况，还强调个体在社会中应有的权利和尊严。因此，可行能力的评价方法的重点并不在于如何分配社会生产的总额，而在于如何提升社会中每个个体的能力，使其能够更好地实现自我价值，追求更加幸福和充实的生活。这种方法为我们提供了一个全新的视角，使我们能够更加全面地理解和评价个人的优势，也为我们构建更加公平、公正、和谐的社会提供了有力的理论支持。

能力正义理念的卓越贡献在于，它摒弃了传统意义上过度依赖国家救助和社会慈善来保障人们过上体面生活的模式，而是着重在培育和提升个体的实际行动和实现潜力，即其可行能力。以教育为例，通过系统化和专业化的教育过程，人们可以获得知识、技能和思维方式的提升，这些都能为人们在社会上立足提供坚实的基础。无论是职业发展、社交互动还是个人成长，教育都扮演着至关重要的角色，它是提升可行能力的关键途径之一。从更深层次来看，可行能力的提升对于弱者而言，更是改变其生活境况的根本所在。它不仅仅是一种外在的援助或支持，更是一种内在的力量和动力，使个体能够自主地选择并追求更好的生活。通过强化教育和培训，提升人们的可行能力，让他们在劳动和工作中找到自我价值和尊严，才是实现体面生活的必由之路。这不仅有助于解决福利国家的危机，更是构建和谐社会、推动人类文明进步的关键所在。

### （三）玛莎·纳斯鲍姆的"寻求有尊严的生活"

能力理论的核心观点在于强调每个人的独立价值，将每个人都视为具有独特目的的存在。它关注社会中那些由于历史、文化、经济等多方面原因而形成的根深蒂固的不平等，以及这些不平等如何影响个人的能力发展。能力理论不仅关注那些因天赋异禀而获

---

① 张瑶. 阿玛蒂亚·森能力正义观评析——基于马克思视角 [D]. 厦门：厦门大学，2018.

得优势的人，更关心那些在社会中遭受歧视或边缘化并导致能力发展受阻的弱势群体。这些能力失败的现象，往往是由于社会结构的不合理、教育资源的分配不均、职业机会的有限等因素造成的。因此，能力理论呼吁人们对这些弱者给予更多的关注和支持，帮助他们恢复和提升自身的能力。在玛莎·纳斯鲍姆看来，一个人的基本能力是实现最低限度意义上丰富生活的关键。只有当一个人具备了基本的生活能力、学习能力、交往能力等，他才能够有机会去追求更加美好的生活。然而，对于那些能力低于基本标准的人来说，他们往往面临着极大的生活困境。即使他们在某个阶段能够过上体面的生活，但由于缺乏必要的能力支撑，这种生活状态往往难以持久。因此，我们应当通过各种方式来帮助那些能力不足的人。这包括为他们提供必要的教育资源、职业技能培训、心理支持等，帮助他们恢复和提升自身的能力水平。同时，我们还需要反思和调整现有的社会结构和制度，消除那些导致能力失败的因素，为每个人创造一个更加公平、正义的社会环境。

## 三、优惠理论

### （一）三大运行机制

优惠理论作为一个广义的概念，它并不特指某一具体的经济学分支或政策学理论，而是涵盖了多种旨在通过提供优惠条件或激励措施以促进特定目标实现的政策和策略。这些优惠措施可以涉及财政补贴、金融支持、技术转移、人才引进、土地政策、市场环境优化等多种形式，其应用范围广泛，包括区域发展、产业升级、社会公平、环境保护等多个领域。

优惠理论的运行机制由激励与约束机制、利益协调与平衡机制、动态调整与优化机制组成。

一是激励与约束机制。优惠理论的运行机制主要体现在激励与约束机制上。一方面，政府通过提供优惠政策来激励企业和个人投资于特定领域或项目，如提供财政补贴以降低企业成本、给予税收优惠以减轻企业负担等；另一方面，政府还通过设定一定的条件和要求来约束企业和个人的行为，如要求企业达到一定的投资规模、创造一定数量的就业机会等。这种激励与约束相结合的机制有助于确保优惠政策的有效实施和目标的顺利实现。

二是利益协调与平衡机制。优惠政策的实施往往需要涉及多个利益主体之间的协调与平衡。政府需要平衡不同地区、不同产业、不同企业之间的利益关系，以确保优惠政策的公平性和有效性。在制定优惠政策时，政府需要充分考虑各利益主体的诉求及利益诉求的差异性，通过科学合理的政策设计和制度安排来实现利益的协调与平衡。

三是动态调整与优化机制。优惠政策的实施并非一成不变，而是需要根据实际情况进行动态调整与优化。政府需要密切关注政策实施效果和市场变化情况，及时调整与优化政策措施以适应新的形势和需求。这种动态调整与优化机制有助于确保优惠政策的针对性和有效性，增强政策实施效果。

### （二）理论发展与转向

19 世纪末至 20 世纪初，随着工业革命的深入和资本主义经济的快速发展，社会经济结构发生了深刻变化。一方面，工业化进程加速了资源的集中和财富的积累，但也带来了区域发展不平衡、社会阶层分化等问题；另一方面，政府在经济中的角色逐渐增强，开始通过政策手段干预经济运行，以缓解社会矛盾和促进经济稳定增长。在这一时期，各国政府开始尝试通过优惠政策来促进特定区域或产业的发展。例如，美国通过《宅地法》等法律向西部移民提供土地优惠，以推动西部地区开发；德国在工业化进程中通过财政补贴和税收优惠等措施支持重工业的发展；苏联则通过计划经济体制下的资源配置政策来推动工业化进程。这些优惠政策的实践为优惠理论的初步形成奠定了基础。随着优惠政策的实践不断深入，一些学者开始关注其背后的理论逻辑和效果评估。他们开始探讨优惠政策如何影响资源配置、经济增长和社会公平等问题，并提出了一些初步的理论观点。然而，这一时期的优惠理论尚未形成完整的体系，更多地散见于各种政策研究和经济分析中。

进入 20 世纪中叶后，随着全球化和信息化的发展，世界经济格局发生了深刻变化。一方面，跨国公司和国际资本流动加速了全球经济的融合；另一方面，发展中国家开始通过优惠政策吸引外资和技术以促进本国经济发展。同时，随着经济学、社会学等学科的不断发展，人们对优惠政策的理解和分析也更加深入和全面。在这一时期，优惠理论开始逐渐系统化。学者们从不同角度对优惠政策进行了深入研究和分析，形成了多种理论观点和模型。例如：区域经济学中的累积因果论和中心—外围理论解释了区域发展不平衡的原因和机制，并提出了通过优惠政策促进区域协调发展的策略；发展经济学中的比较优势理论和后发优势理论强调了发展中国家通过优惠政策吸引外资和技术的重要性；公共政策学中的政策工具理论对优惠政策的类型、选择和使用进行了系统梳理和评估。随着优惠理论的系统化，各国政府开始更加注重优惠政策的实践效果及评估。他们通过建立科学的评估机制和指标体系来监测优惠政策的实施情况和社会经济影响，并根据评估结果及时调整和优化政策措施。同时，国际组织和非政府组织也开始关注优惠政策的全球影响和社会责任问题，推动各国政府加强合作与协调以实现共同发展目标。

21 世纪以来，全球经济格局和社会环境发生了更加复杂的变化。一方面，全球化进程加速推进了各国之间的经济联系和相互依赖；另一方面，气候变化、资源短缺等全球性挑战日益凸显。这些变化对优惠政策的制定和实施提出了新的要求和挑战。在这一时期，优惠理论呈现出多元化和创新的趋势。一方面，优惠政策的类型更加多样化和灵活化。除了传统的财政补贴和税收优惠外，还出现了金融支持、技术转移、人才引进等多种形式的优惠政策。这些政策工具可以根据不同领域和对象的需求进行灵活组合和运用；另一方面，优惠政策的制定和实施也更加注重创新和可持续性。各国政府开始探索新的政策模式和机制以应对全球性挑战和推动可持续发展目标实现。例如，通过绿色金融政策促进环保产业发展，通过科技创新政策推动产业转型和升级等。随着全球化进程的加速推进和国际合作的不断加强，优惠理论也开始呈现出国际合作与协调的趋势。各国政府开始加强在优惠政策领域的合作与交流以共同应对全球性挑战和推动共同发展目标实现。例如，通过多边贸易协定和区域合作机制来协调各国之间的贸易和投资政策。

随着全球化进程的深入，国际组织在推动优惠政策国际合作与协调方面发挥了重要作用。世界贸易组织（WTO）、经济合作与发展组织（OECD）等国际组织通过制定贸易规则、提供政策指导和技术援助等方式，促进各国在优惠政策领域的合作与交流。这些组织不仅为各国政府提供了一个协商和谈判的平台，还通过发布研究报告和政策建议等方式，推动了优惠政策的创新和发展。在区域层面，各国政府通过建立区域合作机制来加强优惠政策的协调与合作。例如，东盟、欧盟等区域经济一体化组织通过签署自由贸易协定、关税同盟协议等方式，实现成员国之间贸易和投资优惠政策的统一和协调。这些区域合作机制不仅促进了区域内经济的融合和发展，还为成员国提供了更多的市场机遇和发展空间。除了区域合作外，各国政府还通过双边或多边合作来推动优惠政策的实施。例如，双边投资协定和避免双重征税协定等为投资者提供了税收减免和资本流动的便利；而多边开发银行（如世界银行、亚洲开发银行等）则通过提供贷款和赠款等方式支持发展中国家的基础设施建设和社会项目发展。

随着全球社会对环境和社会公平问题的关注不断增加，优惠政策的制定和实施将更加注重公平与可持续性。政府将更多地考虑优惠政策对环境保护、社会公平和长远发展的影响，并采取措施确保优惠政策的实施不会加剧资源消耗和环境破坏。随着数字技术和人工智能的快速发展，优惠政策的制定和实施也将向数字化和智能化方向转变。政府将利用大数据、云计算等技术手段来优化优惠政策的制定和执行过程，提高政策的精准度和效率。同时，智能化政策评估系统将帮助政府更好地监测和评估优惠政策的效果和影响。面对全球性挑战和跨国问题（如气候变化等），各国政府在优惠政策领域的合作与协调将更加紧密。政府将加强与国际组织和其他国家的合作与交流，共同应对全球性挑战并推动共同发展目标的实现。随着全球经济结构的不断变化和多元化发展趋势的加强，优惠政策的制定和实施也将更加注重多元化和差异化策略。政府将根据不同地区、产业和企业的发展需求和特点来制定差异化的优惠政策，以更好地满足各方的需求并推动经济的高质量发展。

## 第二节 区域基础教育均衡发展的内生需求

教育均衡的基本要求是在各个教育机构和教育群体之间，平等地分配教育资源，以达到教育需求与教育供给的相对平衡。区域基础教育均衡发展的内生需求是教育发展的现实需求。教育发展，包括教育规模的扩大和教育结构的优化，是教育需求与教育供给双向互动的结果。教育均衡是在教育公平思想和教育平等原则的指导下，确保教育机构和受教育者在教育活动中得到平等待遇的教育理念。它需要通过教育政策和法律制度来实现，并确保在实际操作中得到落实。在教育均衡的理念下，教育资源应在教育机构和教育群体之间平等分配，以满足教育需求与教育供给的相对平衡。这意味着不论地区、社会背景或其他条件，每个人都应该享有平等地接受教育的机会和条件。在教育资源的分配和使用上，应确保人们能够平等地获得优质的教育服务和资源。实际上，《中华人民共和国教育法》明确规定了教育弱势群体享有与正常群体同等的受教育权利，但人们在关注教育弱势群体应该占有的份额的同时，更加关注其对教育资源的实际占有情况。

## 一、教育公平

在政治领域，公平表现为合理配置权利和义务，保持稳定正常的社会秩序；在经济领域，公平表现为分配原则，决定不同的主体享有不同的经济利益。因此，公平关注的核心问题是社会正义和公共产品的合理配置。从对现有教育公平概念的分析来看，公平含有伦理学的意义，教育公平就是人们对教育资源、教育权利和教育机会分配及利用状况的反映和评价，其实质是人们对教育领域人与人之间利益分配的评价。教育公平理念是自由、平等权利在教育领域的延伸，是政府对教育资源进行配置时所依据的合理性规范或原则。教育公平应具有三个层次：一是确保人人都享有平等的受教育的权利和义务，即每个人不受种族、民族、性别、财产状况等影响，都有受教育的自由权、要求权和接受高层次教育的权利；二是提供相对平等的受教育的机会和条件，强调人们在受教育的年限、学习内容、设备条件和师资水平等方面是公平的，弱势群体可以通过一定的补偿获得和使用教育资源，以获得适合自身发展的机会和条件；三是每个学生都应拥有相对均等的教育成功机会和教育效果。这包括确保每个学生在接受相同水平的教育后，都能充分发展个性、发挥潜能，并在学业成绩和教育质量方面实现实质性公平，同时在目标层面上也要实现平等，使教育与个体的天赋相适应。在实现教育公平的过程中，确保每个人都有受教育的机会是基础和前提。提供相对平等的受教育机会和条件是对教育起点公平的延续，也是实现教育成功机会和教育效果相对均等的前提。总体而言，教育公平涵盖起点公平、过程公平和结果公平等三个层次，共同致力于实现每个学生在教育中的平等发展和成就。为了人的全面发展和一切人的发展而提出的教育公平理念，蕴含着对自己、对他人、对全人类的终极关怀，也符合人类命运共同体的价值理念。实现教育公平的目标在于调节和解决社会中不公平的教育现象，为弱势群体的生存提供最大限度的条件和机遇，保障教育起点公平、教育过程公平和教育结果公平。教育公平实践应遵循的原则是从实践中得出的关于教育活动的规律性理论，我们不仅需要从教育实践中总结出教育公平理论，更需要让教育公平理论来指导实践。

## 二、公共产品

公共产品的概念是时代发展到一定程度的必然结果。较早提出公共产品的概念的是埃里克·罗伯特·林达尔，真正明确区分开公共产品和私人产品的概念并给出清晰定义的是保罗·萨缪尔森。保罗·萨缪尔森将公共产品定位为每个人对这种产品的消费都不会导致其他人对该产品消费的减少。[①] 私人产品和公共产品最大的区别在于，私人产品能够根据拥有者的意愿进行拆分买卖，私人产品具有竞争性和排他性。竞争性指如果某人已经使用了某个商品，则其他人就不能再同时使用该商品；排他性是指只有对商品支付价格的人才能够使用该商品。而公共产品尤其是纯公共产品，广义上指能够为绝大多数人共同享用或共同消费的产品或服务，如义务教育、公共医疗、公共福利等主要由政府

---

① 黄敏姿. 关于公共产品的文献综述 [J]. 中外企业家，2009（8）：43-44.

提供的产品。公共产品兼具受益上的非排他性和使用上的非竞争性，具体体现在其具有效用的溢出现象以及可能导致使用权被不支付的人群共同使用的现象。因此，公共产品不能够完全依靠市场建议和支付手段去获得，政府是公共产品的责任主体和主要提供者。

教育作为非排他性和非竞争性不完全的产品，被称为混合产品或准公共产品，具有外溢性的特征。而我国的义务教育作为一种带有强制性的管理制度，在政府的干预下具有完全非排他性和非竞争性的特征，走入了纯公共产品的范畴。因此，为了保障义务教育最大限度地发挥正外部效应，唯一持续提供这一公共产品的角色只能是政府，能否提供优质且均衡的义务教育资源，从根本上取决于政府财政投入的程度和效率。

### 三、区域发展

20 世纪 50 年代至 70 年代，世界各国纷纷开始关注区域经济问题，从而催生了一系列与区域发展相关的理论。这些理论不仅涵盖了区域经济增长、发展政策等，还探讨了收敛现象等。在这些理论中，包括增长极理论、依附理论和梯度推移理论等。西方传统区域经济学的研究把增长理论分为区域经济平衡增长理论与区域经济不平衡增长理论。这些理论为我们深入理解区域经济发展提供了框架和视角。不同的理论模型从不同侧面解释了区域发展过程中的现象和趋势，丰富了我们对于经济地理学的认识。通过这些理论，我们能够更好地把握不同地区经济增长的规律与特点，从而为区域经济政策的制定和实施提供有益参考。梯度推移理论关注经济发展梯度层次，认为区域发展梯度的决定性因素是创新活动。伴随着时间和生命周期阶段的变化，生产活动通过多层次的城市系统，呈现出从高梯度地区过渡到低梯度地区的特点。梯度推移理论从动态视角出发，强调区域发展受到极化效应、扩展效应和回程效应等综合因素的影响。

教育均衡发展与区域经济社会发展水平相互影响，发达地区的教育也相对较发达。教育均衡发展的推进在一定程度上有助于促进区域经济社会的协调发展。因此，研究区域基础教育均衡发展，需要借鉴区域经济理论。

## 第三节　区域基础教育均衡发展的现实要求

### 一、办人民满意的教育

办人民满意的教育是区域基础教育均衡发展的核心目标，深刻体现了教育公平与质量并重的原则，旨在满足人民群众日益增长的教育需求。随着社会经济的发展和人民生活水平的提高，人们对教育的期望不再局限于"有学上"，而是更加注重"上好学"。这要求教育不仅要普及，更要优质；不仅要公平，更要高效。

教育公平，作为社会公平架构中的关键支柱，其重要性不言而喻。它不仅是个体发展与社会进步的基石，更是维护社会稳定、和谐的重要力量。机会均等，作为教育公平理念的核心体现，确保每一个适龄儿童，无论其出身、背景如何，都能站在同一起跑线上，追求知识、技能与个人的全面发展。教育公平的实现，是迈向教育均衡发展的必由之路，也是构建更加公正、包容社会的基础。回望过去，我国在推进教育公平的道路上取得了举世瞩目的成就。教育普及率的显著提升，教育质量的稳步提高，都见证了国家对教育事业的重视与投入。然而，在肯定成绩的同时，我们也应清醒地看到，教育公平的实现仍面临诸多挑战。城乡之间、区域之间的教育资源分配存在显著差异，家庭经济条件直接影响到教育机会的获得。这些问题，不仅制约了教育的均衡发展，也影响了社会公平的深入实现。面对这些挑战，政府责无旁贷地承担起了推动教育公平的重任。近年来，我国对农村教育的投入力度持续加大，农村义务教育学校生均公用经费标准逐步提高。此类政策的实施，极大地改善了农村学校的办学条件，教学设施得到了更新，学习环境得到了优化，为农村孩子提供了更加优质的教育资源。与此同时，政府还通过一系列创新性政策举措，如"特岗计划""国培计划"等，为农村地区、边疆民族地区、革命老区以及边远地区输送了大量优质师资。这些政策的实施，不仅有效缓解了农村教师短缺的困境，还提升了农村教师的整体素质和教学水平，为农村教育的长远发展注入了新的活力。然而，仅仅依靠政府投入和政策引导是不够的。为了实现教育资源的优化配置和提高教育资源的使用效率，政府还需要充分发挥市场机制的作用。通过政策引导和市场机制的有机结合，可以更加科学地配置教育资源，确保无论是城市学校还是农村学校，无论是发达地区学校还是欠发达地区学校，都能享受到相对均衡的教育资源，从而为学生提供更加公平、优质的教育服务。

办人民满意的教育，不仅要求提升教育的整体质量和水平，更强调对特殊群体的深切关怀与全面支持。在这一理念指引下，家庭经济困难学生、残疾学生、留守儿童等特殊群体成为教育工作中必须给予特别关注的重点对象。对于此类特殊群体，应当通过多元化、全方位的支持体系，帮助其克服学习与生活中的种种困难和障碍，确保其享有平等的教育机会。具体而言，可以通过提供助学金、奖学金等经济援助措施，有效减轻家庭经济困难学生的经济负担，让他们能够安心学习，无后顾之忧。同时，针对残疾学生，应配备特殊教育资源，如无障碍设施、特殊教育师资、个性化教学方案等，以满足他们的特殊学习需求，保障他们的教育权益。对于留守儿童，则应加强心理辅导、情感关怀和家庭教育指导，弥补他们因父母外出务工而缺失的家庭温暖，促进他们的身心健康和全面发展。在实现教育公平的过程中，我们还必须充分认识到不同地区、不同学校和不同学生之间的差异性。因此，制定差别化政策成为推动教育均衡发展的关键。这要求我们深入调研，全面了解各地各校的实际情况，因地制宜、因校施策。通过政策引导和资源倾斜等方式，我们可以为薄弱地区和学校提供更多的发展机会和支持，帮助他们改善办学条件，提高教育质量，从而缩小城乡、区域间的教育差距。具体而言，在政策引导方面，我们可以制定一系列优惠政策和激励措施，鼓励优秀教师到薄弱地区和学校任教，吸引优质教育资源向这些地区流动。在资源倾斜方面，可以加大财政投入，为薄弱地区和学校提供必要的资金支持，用于改善教学设施、更新教学设备、培训师资力量等。同时，我们还可以通过信息化手段，如远程教育、在线教学平台等，为这些地区的学生提供更加便捷、高效的学习资源和服务。

此外，在当今教育改革的浪潮中，家校社协同共育已成为一种新的教育理念和实践模式，其核心在于建立有效的家校联系机制，加强家长与学校之间的沟通与合作，共同关注孩子的成长与发展。这一机制的建立，不仅有助于增进家长对学校教育的理解和支持，还能使学校更加全面地了解学生的家庭情况和需求，从而为学生提供更加个性化、有针对性的教育支持。具体而言，家长会和家访是家校沟通的重要形式。家长会作为集体沟通的平台，可以定期汇报学校的教育工作，分享学生的成长进步，同时听取家长的意见和建议，形成家校共育的良性互动。而家访则是一种深入学生家庭、了解学生生活环境的沟通方式，通过家访，教师可以更加直观地了解学生的家庭背景、生活习惯以及家庭对孩子的教育期望，从而更加精准地把握学生的教育需求，为学生提供更加贴心的教育服务。此外，家校社协同共育还积极引入社会资源参与学校教育和课后服务供给。企业捐赠、志愿服务等社会资源的融入，为学校教育注入了新的活力。企业可以通过捐赠资金、物资或提供专业服务等方式，支持学校的教育事业，缓解学校教育资源紧张的问题。同时，企业还可以利用其行业优势，为学校提供实践教学、职业启蒙等特色课程，拓宽学生的视野，增强学生的实践能力。志愿服务者的参与也是家校社协同共育不可或缺的一部分。他们可以为学校提供课后辅导、兴趣培养、心理辅导等多样化的课后服务，满足学生个性化的学习需求，促进学生的全面发展。这些社会资源的引入，不仅丰富了学校的教育内容，还为学生提供了更加丰富多样的教育体验和学习机会，有助于激发学生的学习兴趣和创造力。

## 二、资源优化配置

区域基础教育均衡发展是实现教育公平与质量提升的重要途径，而资源优化配置则是这一过程中的关键环节。为了确保每一名学生都能享受到高质量的教育资源，必须从多个方面入手，科学合理地配置教育资源。

在学校合理布局方面，政府应充分考虑人口分布、交通条件、学龄人口数量等因素，科学规划学校布局。具体措施包括：制定学校布局规划指南，明确学校设置的标准和要求；加强对新建住宅区的教育配套规划，确保学校建设与住宅区开发同步进行；对已有学校布局进行评估和调整，优化学校资源配置，确保每个地区、每个社区都能拥有足够的学校资源，充分满足学生的入学需求。同时，政府还应避免教育资源过度集中于某一区域或学校，从而有效遏制"择校热"和"大班额"等问题的出现，让每个孩子都能在家门口享受到优质的教育资源。

在教育资源配置方面，政府应加大对农村、边远地区及薄弱学校的支持力度，通过财政拨款、政策扶持等手段，确保这些地区和学校能够获得充足的教育资源。具体措施包括：设立专项基金，用于支持农村和边远地区学校的建设和发展；实施"强弱结对"帮扶计划，鼓励优质学校与薄弱学校建立合作关系，共享教育资源；加强教育设施建设，重点改善学校的教学楼、实验室、图书馆等基础设施，为师生创造更加良好的教学和学习环境。在师资力量方面，政府应通过招聘、培训等方式，提高教师的专业素养和教学能力，确保每个孩子都能受到高素质教师的悉心教导。具体措施包括：加大教师招聘力度，吸引更多优秀人才投身教育事业；实施教师培训计划，提高教师的专业水平和教学能力；建立教师激励机制，鼓励教师到农村和边远地区任教。

在提升教师素质方面，政府应加大对教师培训的投入，建立完善的教师培训体系。具体措施包括：设立教师培训专项基金，为教师提供专业成长的机会和平台；建立教师培训课程体系，涵盖教学理论、教学方法等多个方面；实施教师培训计划，定期组织教师参加培训和学习活动。同时，政府还应建立合理的教师激励机制，激发教师的工作热情和创造力，鼓励教师投身教育事业，为培养更多优秀人才贡献自己的力量。具体措施包括：提高教师待遇和福利，增强教师的职业吸引力；建立教师评价机制，对教师的教育教学成果进行定期评价和奖励。

在推进信息化建设方面，政府应加大对教育信息化建设的投入，推动信息技术与教育教学的深度融合。具体措施包括：制订教育信息化发展规划，明确信息化建设的目标和任务；加强教育信息基础设施建设，提高学校的网络覆盖率和信息化水平；开发和应用教育信息化资源，为学生提供更加丰富多样的学习资源和学习途径。通过建设数字校园、在线学习平台等，让学习变得更加便捷、高效。同时，政府还应加强对教师信息技术应用能力的培训，提高教师的信息化教学水平。具体措施包括：实施教师信息技术培训计划，提高教师的信息技术应用能力和教学水平；建立教师信息技术应用评价机制，对教师的信息技术应用成果进行定期评价和奖励。

在强化社会参与方面，政府应鼓励和支持社会各界参与教育事业发展，通过捐赠、志愿服务等方式为教育提供支持和帮助。具体措施包括：制定社会参与教育事业的政策和措施，鼓励企业、社会组织和个人参与教育事业；建立家校合作机制，加强学校与家庭、社区的沟通与联系，共同关注和支持学生的成长与发展；加强教育宣传和推广工作，提高社会对教育事业的认知和支持度。

在优化财政投入方面，政府应根据教育发展的需要和实际情况，合理安排教育经费预算，确保教育经费的充足与合理使用。具体措施包括：制定教育经费投入计划，明确教育经费的投入比例和用途；加强教育经费的管理和监督，确保教育经费的合规使用和有效投入；建立教育经费使用效果评价机制，对教育经费的使用效果进行定期评价和反馈。同时，政府还应加强对教育经费使用情况的监督和审计，防止教育经费的浪费和滥用，确保每一分钱都能用在刀刃上，为区域基础教育均衡发展提供有力的资金保障。

## 三、区域差别化政策

区域基础教育均衡发展，作为教育公平与质量的重要基石，是各国政府和教育界长期追求的目标。然而，在实际操作中，由于地域、经济、文化、社会结构等多方面的差异，基础教育的发展往往呈现出不均衡的状态。为有效应对此类挑战，实现真正意义上的区域基础教育均衡发展，区域差别化政策应运而生。

区域差别化政策的提出是基于我国区域基础教育均衡发展的三大现实。一是地域差异显著。我国地域辽阔，不同地区的自然条件、经济发展水平、文化传统和社会结构存在显著差异。这些差异直接导致教育资源分布不均，特别是在基础教育领域，城乡之间、东西部之间、民族地区与非民族地区之间的教育差距尤为明显。二是学生需求多样化。随着社会的快速发展，学生需求日益多样化。不同年龄段、不同背景、不同兴趣爱好的学生，对教育的需求各不相同。因此，基础教育必须关注学生的个体差异，提供多元化的教育服务，以满足学生多样化的教育需求。三是教育质量参差不齐。尽管近年来我国基础教育取得了显著成就，但教育质量参差不齐的问题依然存在。一些地区和学校由于教育资源匮乏、师资力量薄弱、教学设施落后等，教育质量难以保证。而另一些地区和学校则由于教育资源丰富、师资力量雄厚、教学设施先进等，教育质量相对较高。这种教育质量的不均衡，直接影响了学生的全面发展和社会的整体进步。

区域差别化政策的理论基础包括三大理论。一是教育公平理论。教育公平是社会公平的重要组成部分，也是区域基础教育均衡发展的核心目标。差别化政策正是基于教育公平理论，通过合理配置教育资源、优化教育结构、提高教育质量等手段，努力缩小不同地区、不同学校、不同学生之间的教育差距，实现教育机会的公平和教育质量的均衡。二是教育资源优化配置理论。教育资源是有限的，如何将其配置到最需要的地方，以产生最大的教育效益，是教育资源优化配置理论的核心问题。差别化政策强调根据不同地区、不同学校、不同学生的实际情况，制定相应的教育资源配置方案，以确保教育资源的有效利用和最大限度地发挥其效益。三是多元智能理论。多元智能理论认为，人的智能是多元化的，不同的人具有不同的智能优势和潜力。因此，教育应该关注学生的个体差异，提供多元化的教育服务，以激发学生的潜能、促进学生的全面发展。差别化政策正是基于多元智能理论，通过提供多样化的课程、教学方法和评价方式等手段，满足不同学生的教育需求和发展需要。

区域差别化政策的实施策略包括三大要点。一是精准识别教育需求。实施区域差别化政策的首要任务是精准识别不同地区、不同学校、不同学生的教育需求。这需要通过深入的调研和分析，了解各地的经济社会发展状况、教育资源配置情况、学生需求特点等信息，为制定区域差别化政策提供依据。二是制定差别化教育资源配置方案。根据精准识别出的教育需求，制定差别化教育资源配置方案。这包括增加对农村和边远地区的教育投入、优化城乡教育资源配置结构、提高教师队伍素质、改善教学设施条件等方面的措施。同时，还应根据不同学校和学生的需求特点，提供个性化的教育服务和支持。三是创新教育教学模式。创新教育教学模式是实施区域差别化政策的重要手段之一。这包括引入现代信息技术手段、推进课程与教学改革、实施分层教学与个性化教学等措施。通过创新教育教学模式，可以激发学生的学习兴趣和积极性，提高他们的学习效果和综合素质。四是加强教育评估与监测。加强教育评估与监测是确保区域差别化政策有效实施的关键环节。这需要建立科学的教育评估指标体系和监测机制，定期对政策实施效果进行评估和监测，及时发现问题并采取措施加以解决。同时，还应加强对政策执行情况的监督和检查，确保政策得到有效执行和落实。

## 第四节　区域基础教育均衡发展的实践诉求

自党的十八大以来，习近平总书记在教育领域的思想和政策已经得到全面扩展。他深刻认识到时代发展进入新阶段，也深刻理解人民对"更好更公平"的教育的追求，因此在教育领域特别强调了教育公平问题。教育公平的核心理念包含几个重要方面，其中包括确保教育机会的平等性，追求不仅公平而且具有高质量的教育，以及深化建设惠及全体人民的公平优质教育改革。

## 一、缩小区域差异

中国教育现代化的宏伟蓝图，旨在构建具有中国特色且达到世界先进水平的教育体系。为达成这一目标，我们需深刻把握中国城乡教育的独特性质，确立一套既符合世界教育标准，又彰显中华民族特色与先进性的高水平教育衡量指标。任何顶尖教育均是世界共识与民族个性的深度融合，二者相辅相成，缺一不可。世界教育标准是教育国际化的基石，代表着全球范围内被广泛认可的教育理念与实践成果；而民族特色则是教育本土化的灵魂，承载着一个国家或民族独有的历史、文化与价值观。这两者不仅是客观存在的教育要素，更是我们在追求教育先进性与高水平时必须坚守的双向维度。对此，中国特色世界先进水平的教育，不仅是对世界教育标准的积极吸纳与超越，更是对中国教育传统与优势的深入挖掘与弘扬。在这一过程中，我们需以开放包容的心态吸收全球教育智慧，同时以自信自强的姿态展现中国教育的独特魅力，从而在教育与文化的双向交流中，实现中国教育的现代化与国际化同步发展。

《国家中长期教育改革和发展规划纲要（2010—2020 年）》提出的城乡义务教育一体化是在财政拨款、学校建设、教师配置等方面向农村倾斜的一体化，不是城乡教育发展的所有层面的一体化、同质化。中国教育现代化的政治基础和本色，是中国共产党领导下的中国特色社会主义。这一理念以人民为中心，致力于办好人民满意的教育。其目标是培养德智体美劳全面发展的社会主义建设者和接班人，确保每个学生都能享有优质的教育资源。中国教育现代化的文化基础和特色，源自博大精深的中华文明。中华文明孕育了丰富多彩、朝气蓬勃的中国社会主义文化，为教育现代化提供了坚实的文化支持，使中国教育充满了独有的特色。中国教育现代化的独一无二特点在于中国是世界上人口较多、经济体量庞大的发展中国家。这个特点使得中国在推进教育现代化方面具有较大的潜力和优势。在这样的背景下，我们将中国共产党的领导、中国特色社会主义理念和丰富多彩的文化底蕴与中国特有的经济规模相结合，推进教育现代化的进程是举世无双的。在中国教育现代化中，城乡教育特色是国家教育特色的基础和根本。国家教育的特色、先进性和高水平在城乡教育中得到具体化、丰富化和综合化的体现。因此，鼓励城乡教育形成明显特色，是推进中国特色世界先进水平的教育的必要条件。城乡教育特色的形成将为整个国家教育体系注入新的活力和创新力。

基于文化的多样性发展中国特色世界先进水平的教育，是中国教育现代化在文化维度上的目标。文化自信是一个国家、一个民族发展中更基本、更深沉、更持久的力量。文化是一个国家、一个民族的灵魂。文化兴国运兴，文化强民族强。没有高度的文化自信，没有文化的繁荣兴盛，就没有中华民族伟大复兴。文化是人在社会实践和生活中长期形成的，对社会和个人有长期、根本和潜移默化影响的价值追求、审美旨趣、行为方式、风俗习惯，在生产生活、文学艺术、科学研究以及人造事物的样态等层面的反映和体现。①

教育现代化的标准与指标体系是一个多维度的、精细化的体系，它涵盖了教育理念、实践，以及资源配置等多个方面。教育治理的理念和方式作为现代化进程的重要一环，明确了教育的根本宗旨和发展方向。同时，国民受教育程度以及学生德智体美劳全面发展水平也是该体系中的重要考量。教育现代化的标准与指标体系也包含与教育条件紧密相关的目标、标准和指标。学校建设的完善程度、教师队伍的素质提升、教育教学设备的现代化配备以及教育经费的充足投入，都是确保教育现代化顺利进行的关键条件。这些条件的具体指标，会直接影响教育的质量和效率。此外，教育现代化的标准与指标体系还涵盖教育和学校管理的理念、具体过程、方式以及途径等方面的目标、标准和指标。这些指标将确保教育管理的科学性和有效性，为教育现代化提供有力的制度保障。值得注意的是，这些指标及其体系需要具体化到城乡教育发展的各个层面。虽然城乡教育现代化在硬指标上可能存在普遍一致性，但实现目标、标准、指标的理念、结构、方式可能因地区差异而有所不同，从而导致结果的多样性。因此，在推进教育现代化过程中，需要充分考虑到地区间的差异，确保政策制定的针对性和有效性。而由于城乡自然条件、经济发展水平、历史积累等方面的差异，西部地区、农村以及老少边岛地区的教育条件和发展水平与城市和发达地区之间存在明显差距。这种差距不仅影响了一代又一代人的教育机会，还加剧了社会不公平现象。为了尽快打破城乡教育差距的恶性循环，确保农村教育能够在预定的时间内与城市和发达地区同步实现现代化，亟须制定具有针对性的特殊标准及指标。

## 二、城乡融合发展

城乡教育一体化的核心理念在于追求城乡教育在发展水平上的基本均衡，旨在打破城乡之间的教育壁垒，促进城乡教育的深度融合与协同发展。在这一过程中，我们强调城乡教育在保持各自的教育特色和优势的基础上，应实现资源共享、互相借鉴和共同提升，从而实现教育水平的全面提升。城乡教育一体化并非追求简单的同步或平均发展，更非将城市教育作为模板套在乡村教育上，我们应认识到教育的丰富性和多样性，并鼓励各地根据自己的实际情况和发展需要，进行个性化的教育实践和创新。

城乡教育一体化的核心愿景，在于逐步消除城乡居民在生活环境、工作机遇及教育资源等方面的差异，构建一个允许居民根据个人职业特性、兴趣爱好及生活需求，自由穿梭于城乡之间的无障碍交流体系。在这一愿景下，乡村学生的教育选择将不再受城乡教育资源配置不均的限制，而是能够基于家庭居住环境、父母工作便利性等多维因素，并结合学校独特的文化氛围与个人的学习兴趣，自主决定在城镇或乡村接受教育。尽管农业经济主导时期城市人口相对较少，但城市在经济、文化和教育方面蓬勃发展，一直是许多人向往的地方。随着国家的转型，从农业大国向工业大国乃至强国的转变，决定

---

① 郝文武. 现代农村学校传承乡土文化的意义和方式 [J]. 教育理论与实践，2021，41（4）：18-24.

了农业劳动力和乡村人口向城市转移。尽管乡村人口逐渐减少，但乡土文化仍然是现代乡村文化不可或缺的重要组成部分。随着乡村振兴的推进，乡土文化将成为具有强大生命力的稀缺资源。在推进农村及其教育现代化、乡村及其教育振兴的过程中，我们必须高度重视乡土文化建设，特别是要重视农村教育对乡土文化的传承。通过课堂教学、兴趣活动等方式，促进乡土文化的发展，并且与城市文化进行融合发展。这样可以推动传统文化与现代文化的有机结合，为乡村和城市带来更加丰富多样的文化氛围，实现文化的共同繁荣与进步。

## 三、县域校际联动

县域校际联动，顾名思义，是指在县域范围内，不同学校之间在教学、科研、管理等方面开展的合作与交流活动。这种合作不限于单一的学校类型，可以涵盖中小学校、职业学校甚至幼儿园等各类教育机构。通过县域校际联动，各学校可以共同分享教育资源、交流教育经验、开展教学研讨、协同推进教育改革与创新，从而实现教育质量的共同提升和县域教育的均衡发展。县域校际联动的兴起，是教育现代化和均衡发展的必然要求。随着我国经济社会的快速发展和教育改革的不断深入，人们对教育公平和质量的需求日益提高。然而，县域内各学校之间由于历史、经济、文化等多种因素的影响，教育资源分布不均、教育质量参差不齐的问题仍然普遍存在。为了缩小这种差距，促进县域教育的均衡发展，县域校际联动应运而生。

县域校际联动可促进教育资源共享，即县域校际联动可以打破学校之间的壁垒，实现教师、教学设施、课程资源等教育资源的共享。这不仅可以缓解部分学校资源匮乏的问题，还可以提高教育资源的利用效率。通过县域校际联动，各学校可以共同开展教学研讨、课程开发等活动，交流教育教学改革的经验和做法。这种交流有助于激发教师的创新思维和实践能力，推动教育教学改革的深入发展。县域校际联动可以促使各学校之间相互学习、相互借鉴，共同提高教育教学质量。通过合作与竞争并存的机制，各学校可以不断发现并解决自身存在的问题和不足，从而不断提升自身的办学水平和教育质量。县域校际联动有助于缩小县域内各学校之间的教育差距，推动教育资源的均衡配置。这有助于实现教育公平的目标，让每个孩子都能享受到优质的教育资源和服务。

县域校际联动的实施策略包括以下内容。一是建立联动机制。县域教育行政部门应牵头建立县域校际联动的组织架构和工作机制，明确各学校的职责和任务。同时，应建立健全沟通协调机制和信息共享平台，确保校际联动的顺利开展。二是明确联动内容。县域校际联动应围绕教育教学、师资培训、教育科研等方面展开。各学校可以根据自身的特色和优势确定合作的具体内容和形式。例如，可以共同开发特色课程、共享优质教学资源、开展联合教研活动等。三是强化师资交流。县域校际联动应重视师资力量的交流与共享。可以通过教师轮岗、支教、挂职锻炼等形式促进教师之间的流动与交流。这不仅可以提高教师的专业素养和教学能力，还可以增进教师之间的友谊和合作精神。四是加强质量监测与评估。县域教育行政部门应建立健全教育质量监测与评估机制，对县域内各学校的教育教学质量进行定期监测和评估。通过评估结果反馈和改进措施的落实促进县域教育质量的持续提升。五是争取政策支持与资金投入。县域校际联动的实施需要政府部门的政策支持和资金投入。教育行政部门应积极争取政府部门的重视和支持，根据县域需要和实际情况，合理安排教育经费预算，确保教育经费充足与合理使用。同时，应加强对教育经费使用情况的监督和审计，防止教育经费的浪费和滥用。

## 第九章　区域基础教育均衡发展的动力机制分析

区域基础教育均衡发展的本质是教育公平的价值取向问题，其实质上是由于区域、城乡、学校间的教育在地理空间上和经济社会发展类型上所引起的入学机会差异，教育资源分布不均衡及教育质量分异所形成的客观与主观相互作用的复杂现象。本章着重探讨区域基础教育均衡发展的动力机制问题，从建设社会主义和谐社会的内在要求、实现教育公平之路径、提升基础教育治理成熟度三个方面，阐述均衡与非均衡协同的动力功能。从以政府为核心动力推动区域基础教育均衡发展、基于非均衡的区域基础教育均衡发展模式、在路径依赖中创新区域基础教育均衡发展等方面，阐明均衡发展的动力结构。从推进教育现代化是促进教育均衡发展的重要抓手、城乡均衡是推进教育现代化的关键保证等方面，梳理了均衡发展的动力体系。从非均衡推动区域基础教育均衡发展的内在原因、非均衡与基础教育均衡发展的矛盾统一等方面，提出均衡发展的均衡与非均衡对立统一的观点。

## 第一节　均衡与非均衡协同的动力功能

### 一、建设和谐社会的战略需求

#### （一）践行习近平总书记关于教育的重要论述的根本遵循

教育的本质是育人成才。坚持以人民为中心，办好人民满意的教育是社会主义教育的本质要求，为人民办教育、为人民培养人才，依靠人民办教育、依靠人民发展教育，是中国特色社会主义教育的根本方向。习近平总书记多次指出教育的根本任务是立德树人，把教育为人民服务列为"四个服务"之首，培养社会主义事业的可靠接班人和合格建设者，明确回答了新形势下教育培养什么人、怎样培养人、为谁培养人的根本问题。党的二十大报告首次对教育、科技、人才进行"三位一体"统筹安排、一体部署。一方面，科教战略的深入实施意味着将科学技术与教育相结合，以促进区域基础教育的全面发展。这一战略强调将科学知识与教育实践相结合，通过创新的教学方法和教育资源的优化配置，为学生提供更为丰富和有趣的学习体验，进一步拓宽学生的视野，提升学生的综合素质和创新能力，从而为区域基础教育优质均衡发展打下坚实基础。另一方面，教育优先发展的战略定位使得区域基础教育成为政府工作的重中之重。政府将资源倾斜到区域，加大对教育事业的投入，提高师资力量，改善学校设施，促进教育公平和优质均衡发展。这将有助于打破教育发展中的不平衡现象，让区域内的学生享受到与其他地区同等水平的优质教育。

### （二）改善民生与保障民权的内在要求

区域基础教育均衡发展具有重要的意义，它直接关系到社会主义民生改善与民权保障问题。区域基础教育均衡发展通过提供平等的教育机会，为所有学生提供平等的教育资源和优质的教育服务，完善民生保障制度体系。一方面，区域基础教育均衡发展有助于消除地区之间的教育差距和不平等现象。区域往往面临教育资源不足、师资力量不均衡等问题，导致教育质量和学生发展机会的不平等。通过推动区域基础教育均衡发展，可以提高这些地区的教育水平，缩小城乡和地区之间的教育差距，使每个学生都能享有平等地接受教育的权利。另一方面，区域基础教育均衡发展有助于提升区域内居民的综合素质和发展能力。通过提供优质的基础教育，可以提升学生的知识水平、思维能力和创新意识，为他们的全面发展和未来的职业发展奠定坚实的基础。这将有助于提高区域整体人力资本水平，推动经济社会的可持续发展。

### （三）推动县域发展的重要举措

县域是我国区域基础教育均衡发展的基本地域系统，是反映义务教育发展地域间差异的基本空间范围，其在教育大系统中起到承上启下的桥梁作用，是当前我国区域基础教育均衡发展的基本规划单位和推动教育公平乃至社会公平发展的关键节点。区域基础教育均衡发展本质上是教育公平问题，其发生背景首先是由于教育在地域间的非均衡化发展，进而引起入学机会差异、教育资源分布不均衡、办学条件及教育质量分层化发展等一系列教育公平问题，推进县域内基础教育均衡发展作为促进教育公平与提升教育质量的重要手段，目前已经在我国基础教育领域形成一种新的教育发展观并逐步建立"以县为主"的常态化发展机制，现阶段已经形成一个较完善的"国家—省域—地市—县区"的区域基础教育均衡发展管理体制。

## 二、实现教育公平的根本路径

### （一）区域基础教育均衡发展是检验社会公平的试金石

教育公平是指每个学生不论其出生地、民族背景或经济条件如何，都有平等地接受教育的权利和机会。区域基础教育均衡发展是我国基础教育的战略性任务，是基础教育的重中之重，是解决了"有学上"之后，逐步解决"上好学"的一项重大民生工程。教育均衡发展是缩小校际差距、区域差距、城乡差距，提高教育质量的本质要求。区域基础教育均衡发展是我国基础教育的战略性任务，旨在解决教育资源分布不均、教育质量差异等问题，推动教育的全面提升。

由于地理位置、经济条件等因素的影响，基础教育资源分布不均、教育质量参差不齐的问题更加突出。而通过教育均衡发展，可以消除不公平现象，促进社会稳定，提供平等发展机会，促进社会公平正义。首先，教育均衡发展能够缩小城乡和地区之间的教育差距，确保每个学生都能享受到相对一致的教育资源。其次，教育均衡发展可以减少校际差异，避免一些学校因资源匮乏而无法提供良好教育条件，从而保障每个学生都能获得优质的教学环境和教育机会。教育均衡发展不仅注重资源的均等分配，还强调提高教育质量和获得公平竞争的机会。

### （二）区域基础教育均衡发展是提升人口素质与促进国家发展的坚实基础

区域基础教育均衡发展的核心目标是缩小校际差距、区域差距和城乡差距，确保每个学生都能享受到公平、优质的教育资源。它强调教育的公平性和包容性，致力于消除因地域、经济等因素导致的教育资源不均衡现象。通过均衡发展，可以提高整体教育质量，提升学生的学习成果和综合素养，为个体的全面发展和国家的长远发展打下坚实基础。

区域基础教育均衡发展不仅关注教育资源的公平分配，还注重提高教育质量。它追求教育的内在品质和外在条件的均衡，强调教育的全面发展和可持续发展。区域基础教育均衡发展通过提升师资水平、改善学校设施、优化教学方法等举措，提供适应时代需求的优质教育，培养具有创新能力、实践能力和综合素养的人才。

### （三）学校均衡发展是区域基础教育均衡发展的基础

学校作为教育教学的基本实施机构，在教育体系中扮演着重要的角色。学校均衡发展意味着在不同地区、不同类型的学校之间实现资源的公平配置和教育质量的均衡提升。首先，学校均衡发展有助于消除地区之间的教育差距。由于地理位置、经济条件等因素的限制，一些学校可能面临资源匮乏、师资力量不足等问题，导致教育质量相对较低。通过促进学校均衡发展，可以向这些地区提供更多的教育资源，改善学校的基础设施和教学条件，提高教育质量，从而消除教育差距。其次，学校均衡发展有助于提升教育质量和公平性。学校均衡发展意味着每所学校都应当具备一定的教学资源和条件，包括师资力量、教材设备、课程设置等方面。通过确保学校均衡发展，可以提高教育质量的整体水平，使每个学生都能够获得公平的教育机会，不论他们所在的学校处于何种地理位置或经济条件。此外，学校均衡发展还能够促进教育资源的合理配置和教师队伍的均衡发展。通过在不同地区建设优质学校和培养高素质教师，可以实现教育资源的优化配置和教师队伍的均衡分布，使优质教育资源和师资力量能够覆盖到区域内的每个学校，确保学生能够接受高质量的教育。

## 三、促进高质量发展的内在要求

### （一）在消除地区间教育差异与满足人民对美好生活的需求中提升

区域基础教育均衡发展是指在教育领域中，资源配置、教育机会和教育质量在各个地区和学校之间实现公平和平衡。区域基础教育均衡发展不仅是教育公平的基本要求，也是实现教育的整体提升和跨越式发展的关键，更是提升教育治理成熟度的重中之重。

首先，区域基础教育均衡发展可以消除地区间的教育差距。地区间经济发展水平、教育资源分布等存在明显差异，导致教育机会和质量的不均衡。通过均衡发展，可以减少城市与乡村、沿海与内陆、发达地区与欠发达地区之间的教育差距，确保每个学生都能获得平等的教育机会。其次，区域基础教育均衡发展对于提高整体教育质量至关重要。通过区域基础教育均衡发展，可以促使各地区和学校共同提升教育质量水平。资源的均衡配置和优质教育的普及将推动教育的整体水平提升，激发学生的学习兴趣和潜能，培养他们的创新能力和综合素质，从而为中国的未来发展提供高素质的人才支持，实现教育的跨越式发展。

教育通常被人们列入民生领域，其实教育不仅仅是民生问题，还是文化问题。教育需求在数量、质量和内容等方面的变化，很大程度上会受到人们所处的人文环境的深刻影响，要以定力和智慧长期坚持建设区域教育人文生态，才能从根本上解决相关问题。政府和相关利益方也应加大力度，通过政策引导、资源投入和教育改革等措施，推动区域基础教育均衡发展，为未来中国教育的跨越式发展和教育治理成熟度的提升奠定坚实的基础。

### （二）在加快与推进教育治理能力现代化中发展

区域基础教育均衡发展的关键是努力把低水平的教育抓上去，不断丰富优质教育资源，着力提高优质教育资源的共享度，使更多的人接受更高、更好的教育。促进区域基础教育均衡发展既是提升我国教育治理能力、实现教育现代化的内在要求，也是凸显教育影响力的重要体现。在加快推进教育治理体系和治理能力现代化的背景下，教育形势也发生了深刻变化，因此必须加快推进教育治理能力现代化。各级政府应把推进区域基础教育均衡发展作为深化教育综合改革、提高教育治理能力的重要抓手，勇于尽职履责，敢于攻坚克难，共同推动我国区域基础教育向更高水平的均衡发展迈进，保障适龄儿童少年享受更优质公平的义务教育。在这种情况下，区域基础教育均衡发展程度反映了我国教育均衡发展治理体系和治理能力的成熟度。因此，推动区域基础教育均衡发展也是我国国家治理能力与治理体系现代化的重要内容。

教育治理是指公民个体、利益群体、社会组织和国家机关，借助制度安排进行合作互动，协同管理教育行业公共事务的过程。共治是路径，善治是目标，最终办好优质均衡的好教育。好教育意味着实现包括区域基础教育在内的教育行业公共利益最大化。在以政府为主体的教育事务管理之外，应积极吸引、鼓励各种杰出个体和社会组织参与，彰显社会组织在教育治理方面的作用。教育治理体系的形成，实质上是一种建立关系的过程，即参与教育治理的多个主体，依据一定的规则和程序，形成动态变化的关系的过程。同时应保证区域教育生态建设要最大限度地理顺相关利益群体的关系，让各相关利益群体变"过度竞争"为"合作、包容、共生"，实现教育智慧融合，引领"多元共生，和而不同"的区域优质教育生态的生成。

### （三）在教育非均衡发展的驱动中超越

教育非均衡发展并不是教育均衡发展的直接原因，而是通过引发社会关注、改革机会和经验积累等方式对其产生间接影响。教育均衡发展的实现仍然需要政府和相关利益方的积极参与和持续努力，以确保教育资源的公平分配、教育机会的平等获取，从而实现教育的公正与优质。区域同发达地区教育水平之间的较大差距与人民群众较高的期盼形成强烈的反差，是区域教育急需解决的问题之一。这就更需要区域激发自身内生动力，以改革创新精神，通过不懈努力建立起一个与发达地区基本相当的教育体系，提升区域教育治理成熟度，实现区域教育治理体系现代化。推进区域教育治理体系现代化是一项系统工程，需要学校、社会和政府等多元主体，以各方之"力"相互融合，形成彼此联动、协同推进的局面。可以说在此过程中，应将区域教育治理体系现代化的改革创新变成区域发展的名片，政府需要通过适度集中权力以克服教育改革分散化、碎片化等常见缺陷。要持续进行教育体制机制改革、教育教学改革、综合性结构改革，避免出现"改革多、变化少、教育改革缺乏系统性、创新性、连续性"，师生累、负担重、基础教育质量并不高的现象。时刻反思教育在真正践行科学理论与实践相互融合发展方面的不足与结构调整，关注教育治理体系中核心创新能力提升，激发区域教育潜在的活力与智慧充分释放。

# 第二节　均衡发展的动力结构

结构意指由组成整体的各部分搭配和安排形成的有序状态。重视分析的整体性、强调构成结构的各个环节的独特性是结构分析的典型特征。将结构分析纳入对经济社会的分析中可知，社会从来就不是绝对均衡的，它处于不断变化的过程中，教育实践亦是如此。

## 一、以公共服务为核心

### （一）以政策引导与制度保障奠定坚实基础

政策引导与制度保障是以公共服务为核心的均衡发展的首要动力。政府作为公共服务的主要提供者和管理者，通过制定科学合理的政策，明确公共服务的发展方向和目标，为均衡发展提供政策指引。同时，建立健全公共服务制度体系，包括财政投入机制、服务提供机制、监管评估机制等，确保公共服务资源的有效配置和高效利用。这些政策和制度为公共服务的均衡发展奠定了坚实的基础，为各级政府和社会各界提供了行动指南和制度保障。

《中华人民共和国义务教育法》规定，国务院和县级以上地方人民政府应当合理配置教育资源、促进义务教育均衡发展。政府作为社会治理的核心力量，具有制定政策、调配资源的权力和责任，应主动调整自身的职能、更加明确自身的角色定位。由过去以"管理"为中心的管理者、举办者的角色，转变为以"服务"为中心的服务者、监督者的角色，加速向服务型政府转型。在推动区域基础教育均衡发展的过程中，政府的积极干预和重要作用不可或缺。政府通过制定有针对性的政策和规划，加大财政投入，改善教育资源配置，提供师资培训和支持等举措，为区域基础教育均衡发展提供坚实的服务保障和支持。

同时，作为社会治理的核心力量，政府部门在推动区域基础教育均衡发展方面扮演着至关重要的角色。首先，政府部门具有制定教育政策和规划的权力和责任。通过制定相应的政策法规、规划文件以及教育改革方案，政府部门能够明确教育发展的方向和目标，提供战略性的引导。政府部门可以针对地理、经济和社会环境，制定具体的发展政策和措施，促进教育资源的均衡配置和优化。其次，政府部门在资源调配和财政投入方面具有重要的决策权和实施能力。通过加大财政投入，优化资源配置，提升区域基础教育发展水平，政府部门能够促进教育资源的均等分配。此外，政府部门还可以采取税收优惠政策、奖励机制等措施，鼓励社会力量和民间资本参与到区域基础教育事业中，进一步增加资源供给，推动均衡发展。再次，政府部门在教育监督和评估方面发挥着重要作用。通过建立健全监督和评估体系，加强对基础教育质量的监测和评估，政府部门能够及时发现问题、解决问题，确保教育资源的合理利用和有效配置。同时，政府部门还可以通过考核和激励机制，激发地方政府和学校的积极性，推动区域基础教育均衡发展的落地实施。政府部门作为核心动力，对于推动区域基础教育均衡发展具有不可替代的作用。政府部门在制定政策、资源调配、监督评估等方面的职责和能力，保证了区域基础教育均衡发展的有效进行。

## （二）以财政投入与资源配置强化物质保障

财政投入与资源配置是以公共服务为核心的均衡发展的关键动力。财政投入是公共服务均衡发展的物质基础，政府需要加大对公共服务的财政投入力度，特别是对农村、边远地区和欠发达地区的支持力度，确保这些地区能够获得足够的公共服务资源。同时，要注重优化资源配置，根据不同地区、不同群体的实际需求，科学规划、合理布局公共服务设施，避免资源浪费和重复建设。通过财政投入和资源配置的有机结合，可以保障公共服务的均衡供给和高质量发展。

政府职能设定体现了区域基础教育事业发展的理念和目标。中央政府承担着区域基础教育优质均衡发展过程中的规划和保障等职能，通过制定全国性的教育政策和战略规划，确保区域基础教育能够得到充分关注和支持。中央政府还负责对区域基础教育经费的投入和分配进行规划和调控，保障区域基础教育经费需求的满足，促进区域基础教育资源的优质均衡配置。地方政府在区域基础教育优质均衡发展过程中承担着落实中央政府的教育政策和规划，推动区域基础教育的实施和改革；地方政府根据本地区的实际情况，制定具体的区域基础教育发展计划和措施，保障区域基础教育均衡发展；负责区域基础教育资源的管理和配置，确保区域基础教育资源的合理分配和有效利用；加强对区域基础教育质量的监督和评估，促进区域基础教育质量的提高，提供优质的区域基础教育服务。

中央政府和地方政府各自承担着不同的职能，相互协调配合，共同推动区域基础教育均衡发展。政府的政策制定、规划管理和资源调配等职能的发挥，将为区域提供更加公平、均衡、优质的基础教育，推动广大人民对美好生活的向往和追求得以实现。

## 二、在非均衡中追求均衡

### （一）区域基础教育非均衡的客观存在性

区域基础教育的非均衡性是客观存在的，均衡发展不是简单的"扶弱抑强"，使所有学校都"齐步走"。均衡发展的最终目标是实现合理配置教育资源，办好每一所学校、教好每一个学生。由于地理条件、经济水平等因素的限制，各区域的教育资源配置存在不均衡的现象。因此，基于区域基础教育均衡发展模式的分析成为解决这一问题的关键。该模式强调合理配置教育资源，旨在通过优化资源配置、加强管理和提高教育质量，实现区域基础教育均衡发展。为了办好每一所学校，政府应加大对偏远地区学校的投入，确保基础设施的建设和维护，提供适宜的学习环境。同时，应加强教师队伍建设，提供专业培训和职业发展机会，确保教师的教学水平和素质。此外，还应注重教育资源的合理分配，确保每个学生都能享受到平等的教育机会。教好每一个学生是教育均衡发展的重要任务。通过基于区域基础教育均衡发展模式的分析，可以实现教育质量的提升和学生的全面发展。这需要关注每个学生的个性化需求和差异化发展，提供多样化的教学方法和评价体系。同时，加强学生的综合素质培养，注重道德教育和价值观引导，培养学生的创新精神、合作能力和社会责任感。

非均衡推动教育发展的关键在于基于区域基础教育均衡发展模式的分析。通过合理配置教育资源，办好每一所学校、教好每一个学生，可以实现区域基础教育均衡发展，满足广大人民对美好生活的向往和追求，促进社会全面进步和可持续发展。

### （二）区域基础教育从非均衡到均衡的转向

区域基础教育的发展面临着非均衡的现实挑战。这种非均衡性主要表现在资源分配、教育质量和教育机会方面存在差异。基于区域基础教育均衡发展模式的分析的核心思想是优化教育资源配置。这意味着政府需要采取措施，确保教育资源的公平分配和合理利用。除了增加投入、改善设施和提高教师素质外，还应关注资源的多元化配置。这包括建设多样化的教育中心、加强教育信息化建设，以及推动数字教育等新兴教育形式的发展。通过多方面的资源配置，可以满足不同地区、不同群体的教育需求，实现教育的均衡发展。基于区域基础教育均衡发展模式的分析还强调提高教育质量。这需要注重教育内容的科学性和实用性，培养学生的综合素质和创新能力。同时，加强师资培训，提高教师的教学水平和专业素养，以及加强校外教育资源的引入和利用。通过这些举措，可以提升区域基础教育的整体水平，提供更优质的教育服务，增强学生的学习成果和终身发展能力。基于区域基础教育均衡发展模式的分析还强调扩大教育机会。这涉及改善基础教育的普及程度和覆盖范围，包括扩建学校、提供交通和住宿条件等基础设施建设。同时，要加强家庭教育和社区教育，提高家长和社区的教育参与度。此外，还应鼓励社会力量的参与，开展公益教育项目和志愿者活动，为区域内的学生提供更多学习机会和教育支持。非均衡推动教育发展是区域基础教育面临的现实问题。

## 三、在路径依赖中创新区域基础教育均衡发展

### （一）路径依赖理论与区域基础教育均衡发展问题

在区域基础教育均衡发展中，存在着路径依赖的现象，即受历史发展、地域特点和社会文化等因素的影响，当前的发展状态受到过去决策和安排的制约。为了推动区域基础教育均衡发展，需要在路径依赖的基础上进行创新和改革。

首先，路径依赖并不意味着固化和不可变。通过深入分析区域基础教育均衡发展的路径，可以发现其中存在的问题。在此基础上，可以引入创新理念和实践，打破传统观念的束缚，为区域基础教育均衡发展开辟新的路径。其次，创新可以体现在政策设计和实施上。政府可以制定具有针对性和前瞻性的政策，促进区域基础教育均衡发展。例如，通过制定差异化的财政投入政策，加大对偏远地区学校的资金支持，提升其办学条件和教育质量。同时，还可以推行灵活的教育管理机制，允许地方政府在教育发展中具有更大的自主权和灵活性。此外，创新还包括教育模式和方法的改革。区域基础教育均衡发展需要根据当地的实际情况，探索适合的教育模式和方法。可以引入信息技术，开展远程教育和在线学习，弥补地域限制带来的教育资源不足。注重培养学生的实践能力和创新精神，提供多元化的教育内容和活动，激发学生的学习兴趣和动力。以非均衡推动区域基础教育均衡发展，需要在路径依赖中寻求创新。

路径依赖是指过去的发展经验和决策对事物的现在和未来产生深远的影响，并且特定的背景因素在形成事物发展路径的过程中起到关键作用。在区域基础教育均衡发展中，路径依赖现象也显现出其独特的影响力。由于历史发展、地域特点和社会文化等因素的影响，区域基础教育发展呈现出非均衡状态。路径依赖现象暗示着在区域基础教育均衡发展中需要破除固有路径的束缚，寻求创新和变革。这意味着仅仅依赖过去的发展经验和惯性，并不能真正解决非均衡发展问题；相反，需要通过创新思维和改革措施来引导教育发展走向更加均衡和优质的方向。创新和改革的关键在于解决路径依赖所带来的制约因素，并在制定教育政策、优化资源配置、提升教育质量等方面采取积极行动。这需要政府、教育机构、社会组织和相关利益方的共同努力，通过建立灵活的机制，创造有利于均衡发展的环境。

### （二）区域基础教育均衡发展路径的特殊属性

区域基础教育均衡发展呈现出路径依赖的特征，并且有其独特路径，其发展受当地经济水平的影响，内源性动力不足，当前城乡学前教育均衡化发展更多依靠政府的外力推动。这种路径依赖现象意味着过去的决策和安排在一定程度上制约了当前的教育发展，导致基础教育的内源性动力不足，并且这种现象延续至今。由于区域经济水平相对滞后，教育资源相对匮乏，师资力量相对不足，基础教育发展面临较大的困难和挑战。这种非均衡状态的形成往往与历史、地理、经济等因素紧密相连，使得基础教育发展受到限制。当前，城乡学前教育均衡化发展更多地依赖政府的外力推动。政府在制定教育政策、投入资金、改善基础设施等方面发挥着关键作用。政府通过积极干预和资源调配，力求缩小城乡教育差距，促进区域基础教育均衡发展。然而，为了实现区域基础教育均衡发展，仅仅依靠政府的外力是不够的。除了政府的支持和推动外，还需要加强内源性动力的培育。这包括激发社会参与、加强学校管理能力、提升教师素质等方面的努力，以增强基础教育的自我发展能力和适应性。因此，在非均衡推动区域基础教育均衡发展的过程中，政府的外力推动是必要的，但同时也需要注重激发内源性动力，探索适合当地实际情况的发展路径。通过政府和社会各方的共同努力，可以促进区域基础教育均衡发展，为当地孩子提供更加公平和优质的教育机会，实现教育公平和社会进步的目标。

根据路径依赖理论，针对区域基础教育事业的规划和未来发展，以及在做出任何一项改革决策时，各地应该充分考虑已有的历史积淀、实践基础、环境和发展条件，因地制宜、因势利导、分类实施。这意味着不同地区在推进教育均衡发展时，应根据自身的具体情况和路径依赖效应，制定相应的发展策略和措施。路径依赖理论强调，已有的决策和发展路径对当前和未来的教育发展具有重要影响。因此，在制定教育政策、进行教育改革时，除了考虑直接效果外，还需要深入研究决策的长远影响。这包括对教育资源配置、学校布局、教师培养、课程设置等方面的综合评估，以确保决策能够促进区域基础教育均衡发展。同时，尊重已有的历史积淀和实践基础也是非常重要的。区域基础教育均衡发展存在独特的历史、地理、文化等背景因素，这些因素对教育的路径依赖效应产生影响。基于路径依赖理论，区域基础教育均衡发展需要综合考虑历史积淀、实践基础、环境和发展条件等因素。

## 第三节　均衡发展的动力源

区域基础教育均衡发展是一个从不均衡到相对均衡，再从均衡到新的不均衡的动态发展过程。均衡发展的动力源在其中决定区域基础教育均衡发展速度、效能和可持续度，顺应社会经济的发展，贴合人民群众的需求，在与时俱进中不断确立更新更高的目标，在不同地区之间、同一地区不同学校之间、同一学校不同群体之间实现阶梯式发展和螺旋式上升，以保障每一个受教育者平等的受教育权利为价值旨趣，使每一个学生都能得到尽可能全面的发展。

# 一、外源性动力

## （一）推进教育现代化是促进教育均衡发展的重要抓手

教育均衡发展是教育现代化的有效途径，只有各区域的教育都实现现代化，才能说全国从根本上完成了教育的现代化。促进教育均衡发展也是实现教育现代化的内在要求和重要体现。由此可知，促进区域基础教育均衡发展是推进教育现代化进程的重要命题，同时，国家对于现代化的政策要求成为促进区域基础教育均衡发展的外源性动力。区域基础教育均衡发展的外源性动力，是指中央和地方政府以现代化建设为目标，通过制定和执行政策法规，对基础教育事业进行有目标、有计划、分阶段、有步骤的促进，使基础教育事业获得来自中央和政府的推动力量，实现自上而下的发展。在这些具有动力性的政策法规中，包括对解决教育领域急难愁盼教育资源的提供，对教育事业痛点的关注，为优化教育资源布局，提升我国基础教育质量，破解教育领域软硬件不足问题发挥着重要的支持、引导和促进作用。这些政策法规的实施不是一蹴而就的，而是通过对教育领域的逐步完善和持续推进，确保引导政策的有效性和长期性，为基础教育的持续发展提供政策支持、资源投入和管理改革等方面的外部力量和支持，推动教育事业的稳定和可持续发展。这种外源性动力的介入和引导，为基础教育的改革与发展提供了坚实的政策依据和动力支持。2019 年《中国教育现代化 2035》提出，推进城乡义务教育均衡发展，在实现县域内义务教育基本均衡的基础上，进一步推进优质均衡。2020年《中共中央关于制定国民经济和社会发展第十四个五年规划和二〇三五年远景目标的建议》也提到要深化教育改革，促进教育公平，推动义务教育均衡发展和城乡一体化。这一系列政策的制定和颁布，充分体现了国家更加重视教育均衡发展，教育均衡对基础教育改革的影响力不断加大，为党育人、为国育才的中国式现代化教育使命不断凸显。

## （二）城乡均衡是推进教育现代化的关键保证

教育城乡均衡程度，与社会环境特别是农村地区的产业结构、人口结构紧密相关。农村地区以农业为主导产业，其产业结构决定了劳动力需求和经济活动的性质。当农村地区的产业结构相对单一、发展水平较低时，教育资源的配置和质量可能会受到限制。这可能导致农村地区教育水平相对较低，教育机会相对有限，从而加大了城乡教育差距。相反，当农村地区实施产业结构调整、发展多元化经济时，将有助于提高农村地区的教育水平和资源配置，促进教育城乡均衡。此外，农村地区的人口结构也对教育城乡均衡程度产生重要影响。农村地区的人口结构常常呈现出特定的特征，如人口数量相对较多等。这意味着农村地区需要承担较大的教育需求和压力。如果农村地区的人口结构得不到合理的调整和优化，教育资源可能无法满足日益增长的需求，导致教育城乡差距进一步扩大。因此，通过合理规划和管理农村地区的人口结构，调整人口分布、年龄结构与教育需求的匹配，可以提高教育城乡均衡程度。另外，教育城乡均衡程度还受到其他社会环境因素的影响，如农村地区的基础设施建设、居民收入水平、文化传统等。当农村地区的基础设施建设相对滞后、居民收入水平较低、文化传统偏向封闭保守时，可能会对教育资源的获取和利用造成限制。这可能导致农村地区的教育资源配置不均衡，教育水平不高。因此，改善农村地区的社会环境，提升基础设施建设水平、增加居民收入、推动文化开放与多样化，都是提高教育城乡均衡程度的重要措施。教育城乡均衡程度与农村地区的产业结构和人口结构密切相关。通过调整产业结构、优化人口结构以及改善农村地区的社会环境，可以有效提高教育城乡均衡程度，促进教育公平和社会进步。这需要政府、社会各界和教育部门共同努力，制定和实施有针对性的政策和措施，推动农村地区教育的可持续发展。

### （三）促进教育资源合理配置是推进教育现代化的具体表现

通过落实《国家新型城镇化规划（2014—2020年）》提出的"促进城乡要素平等交换和公共资源均衡配置""合理配置教育资源，重点向农村地区倾斜"的要求，不断统筹城乡发展力度，增强农村发展活力，逐步缩小城乡差距，促进城镇化和新农村建设协调推进。通过改善办学条件、建立基础教育扶持资助制度、提升基础教育教师的整体素质等，推动区域基础教育走向均衡。为了推动区域基础教育走向均衡，落实《国家新型城镇化规划（2014—2020年）》提出的相关要求至关重要。通过统筹城乡发展力度，增强农村发展活力，逐步缩小城乡差距，可以实现城镇化和新农村建设的协调推进。其中，合理配置教育资源是关键措施之一。这意味着要根据实际情况，合理规划和布局教育资源，重点关注农村地区的需求和发展。通过改善农村地区的办学条件，包括建设更多的学校和教育设施，提供良好的学习环境和教学资源，可以缓解农村地区教育资源相对匮乏的问题。此外，还需要加强对农村地区基础教育的资助制度，确保经济困难学生能够获得充分的资助，从而促进教育公平和机会均等。提升基础教育教师的整体素质也是重要的举措之一。优秀的教师队伍是保障教育质量和促进教育均衡发展的关键要素。通过加强教师培训和提升教师的专业水平，可以提高教师的教学能力和专业素质，使其能为学生提供更好的教育服务。此外，还可以推动教育体制改革，改善偏远地区教师的工作条件和待遇，提高他们的工作积极性和归属感，进一步提升教育质量。通过贯彻落实《国家新型城镇化规划（2014—2020年）》中关于促进城乡均衡发展和教育资源合理配置的要求，采取改善办学条件、加强教师培训和提升教师素质等措施，可以推动区域教育走向均衡。这将有助于实现教育公平和机会均等，促进社会进步。同时，这也需要政府、教育部门以及社会各界的共同努力和支持，形成多方合力，推动区域教育可持续发展。

近年来，经济模式创新发展为区域基础教育提供了相对优越的发展背景。经济模式创新是指在经济发展过程中，通过改变传统的经济模式和发展路径，采取新的思维方式和创新举措，促进经济结构的优化和产业的转型升级。经济模式创新的实施为基础教育的发展创造了良好的条件。

## 二、核心动力

### （一）制度监管是党领导下教育均衡的突出优势

党和政府及相关管理部门重视对基础教育的扶持，加大财政投入力度，提高基础教育经费投入份额。由于政府的大力支持和有效监督，基础教育学校的硬件设施和教学质量相对更能得到保障，在数量层面和质量层面的均衡化程度均获得迅速提升。

政府和相关管理部门的部署和干预对基础教育均衡发展起着重要作用。政府的重视和扶持为基础教育提供了必要的资源和支持，其中财政投入的增加是关键因素之一。政府通过加大财政投入力度，并提高基础教育经费投入份额，确保基础教育学校的硬件设施和教学质量得到有效保障。首先，政府的财政投入是保障基础教育的重要手段之一。政府通过加大对基础教育的财政投入，提供资金支持和经费保障，用于改善学校的硬件设施、购买教学资源和培养师资队伍。这些资金的投入为学校提供了良好的教学环境和条件，为教师提供了教学所需的教学工具和资源，从而提高了基础教育的质量和效果。其次，政府的有效监督和管理是确保基础教育均衡发展的重要保障。政府在基础教育领域加强监督和管理，推动学校的规范化建设和教育质量的提升。政府通过建立监测评估机制，对学校的教学质量、师资水平和学生学习成果进行评估和监测，及时发现问题并采取相应的改进措施，确保基础教育均衡发展。此外，政府还通过相关政策的制定和实施，推动基础教育的均衡化。政府制定了一系列的政策和措施，重点关注偏远地区和农村地区的基础教育，促进资源的合理配置和优先倾斜，以确保这些地区的教育资源得到充分发展和利用。政府还加强了对基础教育的规划和指导，推动教育资源的合理布局和分配，促进基础教育的均衡发展。政府和相关管理部门的外在部署和干预对基础教育的均衡发展起着至关重要的作用。政府通过加大财政投入、提高基础教育经费投入份额，以及有效监督和管理，确保基础教育学校的硬件设施和教学质量得到保障。政府还通过相关政策的制定和实施，推动基础教育的均衡化，促进教育资源的合理配置和优先倾斜。这些举措为基础教育的发展提供了支持和保障，推动了基础教育的均衡发展。

### （二）切实落地是地方政府管理下教育均衡的效力保障

地方政府在基础教育发展中的作用不可忽视，其顺应了基础教育发展的需求并在一定程度上予以满足。基础教育是地方政府的一项重要职责，其发展与当地经济社会的发展密切相关。首先，地方政府认识到基础教育对于当地经济社会发展的重要性。基础教育是培养人力资源、提高人民素质的重要途径，对于促进经济发展、增强社会竞争力具有重要作用。地方政府认识到通过发展基础教育可以培养人才、提升劳动力素质，从而推动当地产业升级、吸引投资和促进经济增长。其次，地方政府根据当地实际情况积极制定和实施相关政策，以满足基础教育发展的需求。地方政府通过制定教育规划和计划，明确基础教育的发展目标和任务，确保基础教育资源的合理配置和利用。地方政府还加强对基础教育的投入，增加教育经费，改善学校的硬件设施，提升教师待遇和加强培训，以提高基础教育的质量和水平。此外，地方政府还加强对基础教育的管理和监督，提高教育治理能力。政府通过建立教育督导机制，加强对学校教育教学工作的监督和评估，确保教育质量的提升。地方政府还加强与学校和教育机构的沟通和合作，促进教育资源的共享和互补，提高教育资源的利用效率。地方政府为基础教育的发展提供了有力支持，促进了当地教育的进步和社会的可持续发展。

# 三、内在驱动力

## （一）广大人民对美好生活的向往与追求是教育均衡发展的核心议题

内在驱动力，即来自事物内部需求的、自发的动力，是事物具有的在特定环境中自由、自主发展的能力，也是一种由环境激发的内在生长力量。内在驱动力有助于基础教育事业实现自下而上的发展，适应社会工业化。广大人民对美好生活的向往与追求是我国教育均衡发展的重要内在驱动力。

首先，广大人民群众渴望通过优质教育获得更好的生活和发展机会。教育被视为实现社会流动、提升社会地位的重要途径，人们希望通过接受良好的教育，获得知识和技能，提高自身素质，从而在职业发展和生活质量方面取得更好的结果。这种对美好生活的向往和追求推动着人们对教育的关注和支持，促使教育均衡发展得到更广泛的认可和重视。其次，广大人民群众对教育公平的追求也是教育均衡发展的内在驱动力。教育公平是社会公正的重要体现，人们希望每个孩子都能享有平等的受教育机会，不论其出生背景、地域差异或经济条件。这种追求公平的愿望促使社会各界关注教育资源的均衡配置，推动政府制定相关政策和措施，确保每个人都能够获得优质的基础教育。此外，广大人民群众对社会发展和国家繁荣的期待也是教育均衡发展的内在动力。教育是国家发展的重要支撑，人们意识到培养人力资源、提高人民素质对于国家经济建设、科技创新、社会进步的重要性。因此，人们期待教育能够为社会发展提供有力支持，推动国家实现现代化。这种期待促使社会各界共同努力，推动教育均衡发展，以满足社会发展的需求。

在我国教育均衡发展中，广大人民对美好生活的向往与追求是一种内在驱动力。然而，在西部地区，由于其产业以农牧业为主，居民的教育需求存在着一定的特殊性和差异性，因而对基础教育的认知和需求也呈现出多样性。西部地区的居民普遍认为以农牧业为主的经济模式决定了他们未来的发展方向，因而对基础教育的重视程度相对较低。这种观念源于其特定的社会经济环境和传统文化背景，导致居民对基础教育的需求较弱，教育资源的配置和发展受到一定的制约。此外，西部地区的居民也存在对基础教育的不同观念，即"知识改变命运"的观念。尽管部分居民认同并积极追求通过教育获得提升的机会，但由于受到地域、文化、经济等因素的影响，这种观念的普及和实施程度存在差异。一些居民可能由于经济压力、交通不便等原因，难以积极投入教育，导致对基础教育的需求相对较低。因此，西部地区的基础教育需求呈现出多样性和差异性。一方面，部分居民对基础教育的需求较弱，他们更注重农牧业的传承和发展，对传统技能和知识的传授更为关注。另一方面，也有一些居民希望通过教育获得更好的发展机会和前景。为了推动西部地区的教育均衡发展，需要在理解和尊重当地居民的观念和需求的基础上，采取有针对性的政策和措施。

区域的产业结构调整和人口结构变化激发了农村基础教育发展的内源性动力。在此过程中，区域的产业结构调整和人口结构变化充当了重要的内源性动力，对农村基础教育的发展产生了积极影响。首先，区域的产业结构调整是推动农村基础教育发展的内在驱动力之一。随着经济发展和社会变迁，区域的产业结构逐渐发生调整，从传统的农牧业向多元化的产业转型。这种转型带来了就业机会的增加和收入水平的提高，从而提升了居民对基础教育的需求。人们越来越意识到教育对于个人发展和未来就业的重要性，因此对农村基础教育的投资和关注也相应增加。其次，区域的人口结构变化也成为农村基础教育发展的内在驱动力之一。随着农村人口结构的演变，年轻人口的比重逐渐增加。这意味着更多的家庭有着对子女教育的追求和期待。家长们希望通过良好的基础教育为子女提供更广阔的发展空间。这种家庭层面的需求推动着农村基础教育的发展，并促使当地政府和相关部门加大对教育的投入和支持。区域的产业结构调整和人口结构变化为农村基础教育发展提供了内源性动力。产业结构调整使得居民对教育的需求增加，而人口结构变化则加强了家长对子女教育的关注和重视。在这种背景下，政府和社会各界应积极响应内在驱动力，通过加大教育投入、提升教育质量和改善教育条件，推动区域基础教育均衡发展。

## （二）区域教育发展动力局限是教育均衡发展的主要矛盾

部分区域基础教育的发展动力面临多种不足。首先，基础教育的经费投入相对不充分。由于经济发展水平相对较低，地方政府财政收入有限，导致基础教育的资金供给不足。这限制了学校改善办学条件、提升教学质量的能力，影响了教育均衡发展的步伐。其次，基础教育优质教师资源配备不均衡。相比发达地区，欠发达地区吸引和留住高素质教师相对较难，导致师资队伍整体素质偏低。缺乏优质教师资源限制了基础教育的教学质量和水平的提升。教育资源空间配置不均衡。如由于地理位置偏远、交通不便等因素，西部地区的教育资源分布不均，一些偏远地区的学校设施简陋、教育资源匮乏，学生接受优质教育的机会有限。最后，部分区域基础教育的社会环境和文化背景也对教育动力产生影响。一些地区存在着对基础教育的重视程度不高、传统观念对教育的限制等情况，导致居民对基础教育的需求动力不足，缺乏对教育发展的内生力量。因此，解决区域基础教育动力不足的问题需要多方面的努力。政府应加大对偏远地区的教育经费投入，提升师资队伍整体素质，改善教育资源配置，同时加强宣传工作，提高居民对教育的认识和重视程度。

区域基础教育事业快速发展的同时，还伴随着基础教育学段人口趋于外流的现象，其中一个重要原因是家长外出务工。在西部地区，由于经济发展水平有限，就业机会相对不足，许多家长选择外出务工，寻求更好的经济收入和生活条件。然而，这也导致他们的子女随之外流，离开了原本所在的基础教育学校。这种人口外流现象对基础教育事业带来了一定的影响和挑战。基础教育学段人口的外流会导致区域内的学校面临招生压力和学生数量减少的问题。随着学生数量减少，学校可能面临师资浪费、教学资源闲置等困境，对教育质量产生一定的影响。学生的外流也会对留守家庭和社区造成一定的心理和社会影响。留守的家长可能面临独自抚养子女、教育监管不足等问题，而社区的凝聚力和社会支持体系也可能受到一定的冲击。这种基础教育学段人口外流的现象反映了区域的经济发展和人口流动的现实情况。为了应对这一挑战，需要综合考虑多方面因素。首先，地方政府可以采取措施，促进本地经济发展，增加就业机会，以降低家长外出务工的需求。同时，还可以提供良好的社会保障和福利政策，吸引人才回流，减少基础教育学段人口的外流。其次，学校和教育部门可以加强教育质量的提升和特色教育的开展，以提供有吸引力的教育资源，增强家长留守子女的教育意愿和信心。此外，还可以通过建设更完善的学校设施、提供良好的教育环境，为学生和家长提供更好的教育服务，以减少基础教育学段人口的外流。尽管区域基础教育事业在快速发展，但基础教育学段人口的外流仍然存在一定的挑战。为了满足广大人民对美好生活的向往与追求，需要加强对区域基础教育的关注和支持，同时采取综合措施应对基础教育学段人口外流的现象，确保区域基础教育均衡发展。

# 第四节　均衡与非均衡的对立统一

## 一、非均衡推动区域基础教育均衡发展的原因分析

在复杂系统中，不同层级间交织着错综复杂的相互作用，这些作用普遍且多样，以多种均衡形态展现其内在联系。当系统遭遇外部或内部扰动时，某一均衡机制的恢复性力量可能转化为对其他均衡机制的挑战，即成为扰动源，引发非均衡状态的浮现；反之，非均衡状态也可引发对新的均衡机制的探索，从而开启均衡与非均衡之间相互生成、互为因果的动态循环。

在教育体系的语境下，均衡与非均衡的动态互动构建了一个具备自我调节功能的负反馈机制。如同能量转换过程中的耗散现象，教育均衡机制在调整过程中亦需克服各类非均衡力量的冲击，此过程伴随着"能量"的消耗与释放。每当扰动出现，教育系统内的局部均衡将经历相互间的干扰、失衡、适应与再协调的连锁反应，形成一个动态调整的网络。在此转换路径上，部分"能量"的损耗是不可避免的，这可以被理解为均衡机制间相互作用时产生的摩擦力。正是这种摩擦力，确保了教育均衡转换过程的逐级收敛性，通过负反馈机制，最终引导系统趋于新的稳定状态，形成更为精细的结构性均衡。这一过程不仅完成了当前教育均衡的重建，也为后续均衡与非均衡新一轮的相互激发与转化奠定了坚实的基础。

具体来说，推动基础教育发展的动力主要包含两大方面：一是基础教育发展的根本动力；二是基础教育发展的现实动力。前者主要体现为经济和社会发展，对基础教育发展具有决定性意义；后者主要体现为国家现代化发展的指引、党和政府的领导与动员以及广大人民群众对美好生活的向往与追求。在这两个方面的动力资源中，根本动力无疑起到了决定性作用。基础教育的发展经验显示，现实中动力资源的状况会直接影响基础教育的实际进程和具体方式。在推动基础教育发展中，经济因素和现实因素往往相互关联，共同构成一个非均衡的动力体系。差异性和非均衡性的竞争导致基础教育的发展，而不是某些具体的因素。具体来说，正是均衡与非均衡对立统一的矛盾运动推动了教育

公平而有质量地发展。基础教育的发展既受到外界因素的影响，又取决于内部的努力与行动。基于事物发展的规律性体现，非均衡推动基础教育的发展是一个自发的被动过程。非均衡是基础教育发展动力中的一种特征，它主要通过序列安排和优选，人为地制造差异性和多样性来推动发展，并且这种发展过程是主动的和自觉的。

## 二、均衡与非均衡矛盾是发展的动力之源

基础教育与经济发展之间的关系是不平衡的，社会结构的每一次深刻变革，都不可避免地向基础教育系统提出了新的需求与挑战，催生出亟待探索的研究议题。这一过程遵循着"需求显现—诉求提出—满足尝试—反馈调整—持续发展"的循环路径，持续推动着基础教育向前迈进。基础教育的发展必须在当今时代的社会经济环境中找到原因。对于发展中国家而言，经济发展与基础教育进步的历程往往肇始于改革。然而，这两大领域的改革却难以并肩齐行。经济与教育，作为社会架构的两大支柱，各自拥有独特的变革逻辑与依赖条件，在相似的发展阶段难以两全。基础教育条件的改善，虽可能为经济发展注入活力，但也可能因其固有的惯性而成为经济改革路上的绊脚石。因此，在国家发展的宏伟蓝图中，在基础教育的推进与经济发展的推动之间，必须审慎权衡其先后次序。社会发展的根本矛盾揭示了一个不争的事实：基础教育与经济发展难以保持绝对同步，差距在所难免。正是这份不均衡，成为激发变革的催化剂，推动着社会不断向前迈进，于挑战中寻找新的平衡，实现整体上的跃升。由于非均衡发展的倒逼机制，基础教育在这个过程中相应地得以发展和改革。随着经济的发展和改革，基础教育中的变化和需求也会相应产生。虽然基础教育发展和制度变革本身不应该超前于经济发展和改革，但当基础教育体制滞后于经济发展时，基础教育体制改革就会成为讨论的焦点，从而推动基础教育的发展。

值得注意的是，社会发展与基础教育发展之间的非均衡状态，是客观存在的现实。首先，社会变迁作为先导，其步伐往往快于制度的响应。新需求的涌现促使人们寻求并建立相应的制度框架，但这一过程需要时间，难以一蹴而就。因此，在特定时期内，即便人们已意识到问题所在，制度的完善也往往滞后，这种滞后性导致制度与社会结构及特定阶层之间的张力与冲突。正是通过这些矛盾的逐步解决，制度得以逐步完善，基础教育也在此过程中实现发展。其次，基础教育体系作为政策制定的核心，其决策过程深受外部环境需求的影响，这一过程充满了复杂性与不确定性。在政策从制定到实施的众多中间环节中，任何一环的偏差都可能导致实际需求与政策响应之间的不匹配，这正是非均衡状态的又一体现。最后，社会结构的变迁虽看似缓慢，实则是一个持续不断、动态发展的过程。这种持续的变化要求基础教育体系必须具备高度的灵活性与适应性，以快速响应社会的新需求，不断调整自身的发展方向与策略，从而在非均衡中寻找新的平衡点，推动教育事业的持续进步。

改革开放作为我国社会发展的重要里程碑，其深远影响广泛触及基础教育领域，催生出一系列新的期待与挑战。这些由社会变革所激发的新诉求与新问题，不仅构成了基础教育系统持续进化的内在动力，也为其发展开辟了广阔空间。换而言之，基础教育系统之所以能够不断前行，正是因为它不断适应并满足着社会变革所带来的新需求。在特

定历史与社会背景下，社会发展与基础教育发展之间存在着紧密而复杂的关系。在这一过程中，不均衡状态作为一种常态，既揭示了两者间发展的不同步性，也预示了基础教育系统为追求更高层次的均衡而需经历的必要调整与变革。因此，正确认识并妥善处理这种不均衡，对于推动基础教育乃至整个社会的健康发展具有重要意义。

基础教育发展与社会发展和经济发展息息相关。同时，社会结构的变革和经济关系的变革也不可避免地会对基础教育发展产生影响，并提出新的要求。在这个范畴中，基础教育非均衡发展必定包含基础教育与经济发展甚至社会发展之间的矛盾和差异，恰恰是这种非均衡促进了基础教育的进步。

基础教育领域中存在着各种形式的基础教育现象和基础教育发展内容，这些现象和内容都反映了基础教育发展中自然而然的、内在的非均衡性。基础教育发展的基本内容主要包括三个方面：基础教育制度化、基础教育文化的世俗化和基础教育主体自身的发展。其中最重要的运动是基础教育参与的扩大。机构和文化之间，冲突和互动一直在发生。基础教育参与要求推动基础教育制度完善，而基础教育制度的发展又促进基础教育参与有序进行。文化的世俗化与基础教育的发展产生相互影响和联系。基础教育的发展受到这些内容的重要影响，一旦其中的任何一部分发生变化，就会对整个基础教育体系产生深远影响。基础教育体系内，不同地区或学校的发展存在差异和不均衡，这种情况是很正常的。如果我们把这种发展视为基础教育系统内在的根本动力，那么均衡与非均衡的矛盾运动即成为推动基础教育发展的源泉。

## 三、均衡与非均衡是区域基础教育均衡发展的矛盾统一

社会间的显著差异之一，在于其解决问题的有序性程度不同：有的社会需同时应对多重挑战，而有的社会则倾向于按顺序逐一攻克。在探讨基础教育发展序列时，发达国家与发展中国家之间的视角和实践迥异。在发达国家，这种发展序列往往以一种近乎自然、无意识的方式展现，是历史进程与社会演进共同作用的结果。对于发展中国家而言，其基础教育发展序列的设定建立在一系列特定假设之上，核心之一是认识到基础教育目标的多元性与非同步实现性。基础教育不再是一个单一的目标，而是一个包含效率、平等等多维度目标的综合体系。这些目标相互交织，共同构成了基础教育发展的宏伟蓝图，要求国家在有限的资源条件下，做出合理的选择与权衡，以逐步推进各项目标的实现。

然而，鉴于资源的有限性和发展的阶段性，这些多元化的基础教育目标无法一蹴而就，必须依据其重要性和紧迫性进行排序，有所侧重并适时取舍，以实现逐步推进。这些目标之间蕴含着深刻的因果关系，某一目标的优先达到往往是后续目标顺利推进的先决条件。基础教育的终极愿景是促进人类社会的全面进步与幸福生活的实现，因此，在追求目标多样性的同时，必须结合现实条件，做出明智的选择与权衡。正是通过复杂而精细的选择与安排，基础教育得以作为一种有序且可控的力量，不断向既定的宏伟目标稳步迈进，为人类的未来铺设更加坚实的基石。

基础教育作为资源分配的手段和工具，不可能实现绝对均衡。绝对均衡意味着稳定，然而基础教育的发展是一个动态的、持续改善的过程。随着人民需求层次的不断提高和国际社会现代化的推动，基础教育面临着改革的要求。人民的需求满足及其中的基础教

育认同，在一定程度上构成了基础教育的价值诉求和合法性标志。在探索过程中，人们对于基础教育的理解逐渐集中在一个观点上：基础教育的合法性可以通过基础教育的有效性来积累甚至最终达到。在这个层次上，非均衡也被视为促进基础教育发展的手段，用于塑造认同和确保合法性。在特定历史时期，尤其是现代化初始阶段，基础教育的进展在价值观、制度、行为选择方面必然显示出非均衡状态。基于有效性的帕累托改进，使得非均衡的序列安排集中指向基础教育，并推动基础教育的发展。非均衡也可以是一种发展战略，其目的在于通过在战略和战术层面上的偏斜来调整失衡现象并推动发展。人和国家在基础教育中作为主体，当自然的、客观的非均衡现象发展到一定程度时，会展示出失衡的缺陷。为了保持非均衡作为动力机制的可控性和有序性，必须采取措施予以矫正，并确保其可控。

## 四、由非均衡到均衡的深层次问题思考

党的十九大报告指出，人民日益增长的美好生活需要和不平衡不充分的发展之间的矛盾是新时代我国社会的主要矛盾，在教育领域体现为人民日渐高涨的高质量教育期盼和教育发展不平衡不充分之间的矛盾。根据马克思的社会基本矛盾理论——人们的社会存在决定人们的社会意识，社会的物质生产力发展到一定阶段，便同它们一直在其中运动的现存生产关系或者财产关系发生矛盾——可知，事物的矛盾法则，即对立统一的法则是唯物辩证法的最根本法则，也是非均衡发展与均衡发展的本质法则。在我国基础教育发展中，这一矛盾以广大人民群众为需求主体，以形式上的差距与均等为抽象表征、以内容上的供给与需求为重要研判基础，以非均衡与均衡对立统一的矛盾运动为基本动力。

当前，对于区域基础教育均衡发展的概念阐释一般是基于城乡差距、区域差距、校际差距和群体差距的非均衡，通过承认差距、缩小差距从而达到城乡、区域、校际以及群体教育发展的均衡。整体而言，对于区域基础教育非均衡发展与均衡发展的深层次问题的探讨仍存在有待丰富的地方。首先，从学理上分析，对于区域基础教育均衡发展的理论探讨有待进一步深入。其次，从逻辑上分析，以往研究总是将差距与均衡合并讨论，认为承认差距、缩小差距的对立面即为均衡。但究其本质，均衡与差距并非一对对立统一的概念，均衡的对立概念应该是非均衡。最后，从形式与内容相统一的关系看，基础教育的公共产品属性及其具有的非排他性、非竞争性的特点表明，在教育均衡发展中也存在着教育供给与广大人民群众需求的对立统一的矛盾关系，并且在此矛盾关系中，广大人民群众对于教育这一公共产品的需求是客观存在且随着历史发展不断变化的，即呈现出从"有学上"到"上好学"、从"一般均衡"到"优质均衡"的动态变化。

因此，通过对由非均衡到均衡的深层次问题思考，厘清区域基础教育均衡发展中的差距与均等、非均衡与均衡、供给与需求这三对对立统一的概念范畴，有助于揭示区域基础教育均衡发展本源性问题的实质，实现理性与价值、客观尺度与内在尺度的辩证统一，为建立适应新时代的高质量教育体系提供学理支撑。

# 第十章

# 区域基础教育资源均衡配置的水平分析

区域基础教育资源配置[①]的公平和均衡是推动区域教育现代化、促进各族群众全面发展的重要保障。本章通过对内蒙古自治区、宁夏回族自治区、新疆维吾尔自治区、西藏自治区、广西壮族自治区、云南省、贵州省和青海省等西部八省（区）的基础教育资源配置水平的比较分析，全面展现区域基础教育资源配置的现状，深入挖掘区域基础教育资源配置相对不均衡的深层次原因。同时，探讨国家政策对区域基础教育资源配置的影响，提出促进区域基础教育资源均衡配置的对策。

## 第一节　样本选择与数据来源

### 一、教育资源配置的评价指标

基于《中华人民共和国教育法》《国家中长期教育改革和发展规划纲要（2010—2020年）》等法律法规、政策文件的相关规定，结合教育部和国家统计局的各项数据，笔者构建了区域基础教育资源配置的评价指标体系。

一般来说，教育资源主要涵盖财力、人力和物力三个方面。在财力方面，笔者主要考察教育经费总投入和生均教育经费。教育经费总投入是评估教育资源充足程度的首要问题，它反映了教育资源规模。在基础教育领域，教育应当是由政府提供的公共服务，政府的教育投入对于教育资源配置具有重要影响。[②] 因此，教育经费总投入常被用来评价教育资源规模的大小。教育经费总投入代表某一地区用于教育的各项经费总和，它直接反映了该地区对教育的整体投入水平。在人力方面，笔者选取生师比和专任教师中本科及以上学历教师所占比例两个指标进行评估。生师比是评价教育资源合理配置程度的重

---

① 为便于表述，书中简称"区域教育资源配置"或"教育资源配置"等。

② 成刚，袁梨清，周涛. 民族地区教育资源配置规模与结构研究 [J]. 民族研究，2017（6）：34-46，124.

要参考指标，它反映了学生和教师的数量关系。较低的生师比通常意味着教育资源相对充足，每位教师可以更加关注和照顾每个学生。同时，专任教师中本科及以上学历教师所占比例，也是衡量教师队伍素质的重要指标。高比例意味着教师整体水平较高，可以提供更高质量的教育服务。在物力方面，笔者选取生均校舍面积和生均图书量两个指标进行分析。生均校舍面积反映了学生在校舍方面的实际使用空间，较大的生均校舍面积可以提供更好的学习环境。生均图书量则反映了学生可以获得的图书资源，丰富的图书资源有助于拓展学生的知识面和提高学生的阅读水平。

通过对上述评价指标的综合分析，有助于我们全面了解教育资源配置的现状，并发现可能存在的问题。这一评价框架有助于为决策者提供科学的数据支持，促进教育资源配置的合理化和优化，为全面推进教育现代化提供有力支撑。

## 二、　教育资源配置的数据来源

本章所采用的数据来源于 2013 年至 2017 年间教育部的相关统计数据。这些数据，主要针对内蒙古自治区、宁夏回族自治区、新疆维吾尔自治区、西藏自治区、广西壮族自治区、云南省、贵州省和青海省等西部八省（区）。

为了确保数据的可行性和全面性，笔者选择使用省级层面的数据进行分析，以探究区域教育资源配置情况。这些数据包含教育经费总投入、一般公共预算教育经费、生均教育经费、生师比、专任教师中本科及以上学历教师所占比例、生均校舍面积以及生均图书量等关键指标。通过对这些数据的详细分析，全面了解西部八省（区）教育资源配置的现状，并揭示出可能存在的问题和差距。

借助这些数据的支持，本章旨在提供对区域教育资源配置状况的深入认识，并为制定更合理、更科学的教育政策提供有力依据。通过对教育资源配置状况的评估和分析，为推动区域教育现代化和促进教育均衡发展提供宝贵的参考和建议。

# 第二节　区域基础教育资源均衡配置水平的面板数据分析

水平分析是一种通过对比和分析不同时间点或不同对象之间的指标数据，来揭示其发展变化趋势及相互关系的研究方法。在金融领域，水平分析主要用于证券收益分析。在区域基础教育资源均衡配置情境下，水平分析关注财力、人力和物力三个方面的教育资源在既定时期内的收益成效。重点在于对教育资源的投入评估，从而确定资源配置均衡与否，进而评估资源配置是否达到整体均衡状态。

根据前文中对区域基础教育资源配置的评价指标体系，本节主要就财力、物力和人力三个方面的资源配置面板数据进行分析。

## 一、　财力资源配置的水平分析

我国一直以来都重视对区域教育事业进行政策倾斜和资金支持。"十五"规划期间，国家启动了各项重要工程专项重点倾斜于西部八省（区），尤其是针对义务教育阶段。在"十一五"规划期间，西部地区农村义务教育经费保障新机制率先启动，国家向西部地区提供了显著的财政支持。进入"十二五"规划期间，国家对西藏、青海、甘肃、四川等四省（区）义务教育达标情况进行了评估验收，标志着免费义务教育得以全面实施。同时，西部八省（区）危房改造工程和学生营养餐计划的落实，使得学校建筑安全和学生健康状况得到明显改善，确保了西部八省（区）的学生能够获得平等的教育机会。在"十三五"规划中，国家更加强调优化教育资源的区域布局和加快提高区域教育发展水平，将增加的教育资源更多地分配给革命老区、民族地区、边疆地带和集中连片特困区域。与此同时，将继续实施面向中西部地区的招生协作项目和针对农村欠发达地区的定向招生专项计划，旨在拓宽农村欠发达地区学子接受高质量教育的渠道。此外，也将加大对诸如赣南等历史上的中央苏区及其他重要革命老区的支持力度，推动教育事业在这些地区得到更大的发展。通过以上政策措施的实施，我国努力确保各区域教育资源的均衡配置和教育水平的提高。政府持续加大资金投入和政策支持，为区域教育现代化奠定了坚实基础。这一系列措施体现了我国对区域教育事业的高度重视，促进了教育公平与发展，推动了我国的全面现代化建设。

## （一）区域教育总投入增长迅速

一般公共预算教育经费涵盖教育事业费用、基础设施建设经费及教育附加费，这些经费的总量体现了该地区教育资金的充裕水平及教育发展的规模。我国政府持续致力于全面提升西部八省（区）各级各类教育的办学水平。政策着眼于提高西部八省（区）人才培养质量，加强区域教育薄弱环节的建设，并建立完善教师队伍建设的长效机制。在发展区域教育方面，政府着重确保教育条件和资源在西部八省（区）的充足与均衡，旨在提高区域教育发展水平。此外，我国政府不断加大对区域教育的财政支持，通过专项补助等措施，提供经费保障，确保西部八省（区）教育事业得到充分发展。为推动区域教育进一步发展，我国政府强调加强对区域教育的组织领导，提升政策的针对性和实施效果。在实际操作中，政府积极加强与地方政府的合作，形成联动发展的态势，共同推动西部八省（区）教育的改革和发展。政府对教师队伍建设的重视也是区域教育发展的重要方面。政府通过培训计划、奖励政策等措施，吸引优秀教师前往西部八省（区）支教，并鼓励当地教师不断提升自身教育教学水平。同时，我国政府为西部八省（区）教育提供稳定的经费支持，确保教育资源的合理配置和有效使用。通过一系列政策举措，我国政府不仅加大了对西部八省（区）教育的投入，也提升了西部八省（区）教育发展的整体水平。

2015年《中共中央 国务院关于打赢脱贫攻坚战的决定》颁布实施以来，中央和地方密集出台支持欠发达地区的各项措施，聚焦短板、精准发力，在区域产生了良好效应。2017年，全国教育经费总投入金额达到42562.01亿元，与2016年的38888.39亿元相比，实现了9.45%的增长。其中，国家财政性教育经费高达34207.75亿元，占全国国内生产总值（GDP）的比重为4.14%，与2016年的31396.25亿元相比，增长了8.95%。全国一般公共预算教育经费则为29919.78亿元，相较上年增长了8.01%。

在国家民委发布的《2017年民族地区农村贫困监测情况》显示，中央财政专项扶贫资金安排在内蒙古自治区、宁夏回族自治区、新疆维吾尔自治区、西藏自治区、广西壮族自治区，以及贵州、云南和青海三省占全国比重达到40％以上，从一般公共预算教育经费亦可窥见一斑。党的十八大以来，这些区域的教育经费总投入从2013年的3140.11亿元增至2017年的4644.59亿元，增长47.91％。西部八省（区）一般公共预算教育经费占全国比重逐年上升，2013年为14.67％，2017年为15.52％，上涨0.85个百分点。比较2013—2017年这些区域和全国一般公共预算教育经费增长率，前者可以说明显高于后者（见表10.1），2015年涨幅最大，全国一般公共预算教育经费比上年增长14.55％，八省（区）一般公共预算教育经费比上年增长16.44％。得益于政府特殊的政策支持和大力投入，促进了西部八省（区）教育事业的发展。

表 10.1 2013—2017 年全国与西部八省（区）一般公共预算教育经费

| 项目 | | 2013 年 | 2014 年 | 2015 年 | 2016 年 | 2017 年 |
|---|---|---|---|---|---|---|
| 全国 | 资金额/亿元 | 21405.67 | 22576.01 | 25861.87 | 27700.63 | 29919.78 |
| | 比上年增长/（％） | 5.37 | 5.47 | 14.55 | 7.11 | 8.01 |
| | 占一般公共预算比例/（％） | 15.27 | 14.87 | 14.70 | 14.75 | 14.71 |
| 西部八省（区） | 资金额/亿元 | 3140.11 | 3396.37 | 3954.84 | 4257.36 | 4644.59 |
| | 比上年增长/（％） | 4.88 | 8.16 | 16.44 | 7.65 | 9.10 |
| | 占一般公共预算比例/（％） | 15.46 | 15.30 | 15.94 | 15.92 | 16.03 |
| | 占全国比重/（％） | 14.67 | 15.04 | 15.29 | 15.37 | 15.52 |
| 内蒙古自治区 | 资金额/亿元 | 438.14 | 459.34 | 518.60 | 543.29 | 545.77 |
| | 比上年增长/（％） | 4.26 | 4.84 | 8.09 | 4.76 | 0.46 |
| | 占一般公共预算比例/（％） | 11.88 | 11.84 | 12.19 | 12.04 | 12.07 |
| 广西壮族自治区 | 资金额/亿元 | 611.85 | 659.35 | 789.34 | 850.78 | 911.92 |
| | 比上年增长/（％） | 3.74 | 7.76 | 15.51 | 7.78 | 7.19 |
| | 占一般公共预算比例/（％） | 19.07 | 18.95 | 19.42 | 19.15 | 18.56 |
| 贵州省 | 资金额/亿元 | 553.48 | 631.83 | 789.34 | 840.25 | 906.66 |
| | 比上年增长/（％） | 10.49 | 14.16 | 18.14 | 9.69 | 7.90 |
| | 占一般公共预算比例/（％） | 17.95 | 17.83 | 19.45 | 19.71 | 19.69 |
| 云南省 | 资金额/亿元 | 670.87 | 669.14 | 758.02 | 864.12 | 988.75 |
| | 比上年增长/（％） | 1.02 | −0.26 | 12.66 | 14.00 | 14.42 |
| | 占一般公共预算比例/（％） | 16.38 | 15.08 | 12.95 | 17.22 | 17.31 |
| 西藏自治区 | 资金额/亿元 | 110.37 | 142.64 | 178.93 | 175.83 | 216.36 |
| | 比上年增长/（％） | 20.85 | 29.24 | 23.67 | −1.73 | 23.05 |
| | 占一般公共预算比例/（％） | 10.88 | 12.03 | 12.95 | 11.07 | 12.86 |

续表

| 项目 | | 2013 年 | 2014 年 | 2015 年 | 2016 年 | 2017 年 |
|---|---|---|---|---|---|---|
| 青海省 | 资金额/亿元 | 123.16 | 156.23 | 163.20 | 168.79 | 186.63 |
| | 比上年增长/（%） | −26.29 | 26.85 | 0.73 | 3.43 | 10.57 |
| | 占一般公共预算比例/（%） | 10.03 | 11.59 | 10.77 | 11.07 | 12.20 |
| 宁夏回族自治区 | 资金额/亿元 | 111.74 | 119.59 | 139.18 | 149.71 | 166.8 |
| | 比上年增长/（%） | 8.60 | 7.03 | 10.92 | 7.57 | 11.41 |
| | 占一般公共预算比例/（%） | 12.11 | 11.95 | 12.22 | 11.93 | 12.12 |
| 新疆维吾尔自治区 | 资金额/亿元 | 520.50 | 558.25 | 641.52 | 664.59 | 721.70 |
| | 比上年增长/（%） | 12.49 | 7.25 | 11.10 | 3.59 | 8.59 |
| | 占一般公共预算比例/（%） | 16.97 | 16.83 | 16.86 | 16.06 | 15.55 |

（数据来源：教育部官方网站）

各省（区）一般公共预算教育经费明显呈逐年增长趋势，西部八省（区）年度增长率整体略高于同期全国平均水平。2013—2017 年全国与西部八省（区）一般公共预算教育经费相关数据见图 10.1 至图 10.4。

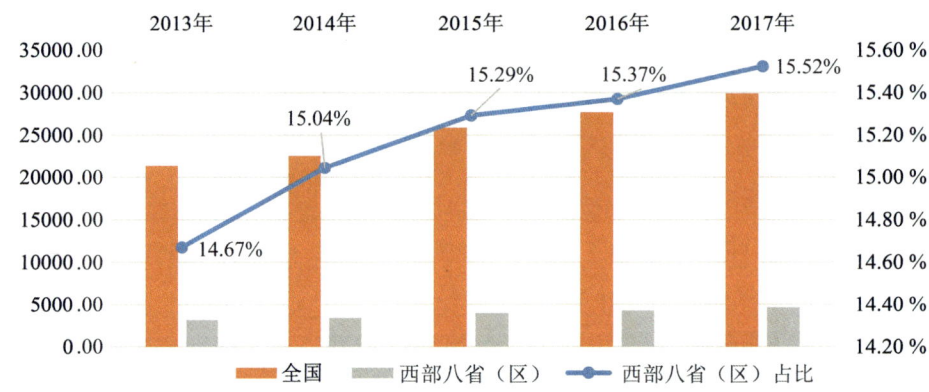

图 10.1　2013—2017 年全国与西部八省（区）一般公共预算教育经费对比（单位：亿元）

## （二）生均教育经费逐年增长

近年来，我国在完善农村义务教育经费保障体系方面取得了显著进展，实施了一系列旨在优化教育环境的举措。诸如农村义务教育薄弱学校升级计划、农村初中设施改善项目等重大教育工程项目得以落地，这些项目全面增强了欠发达地区薄弱学校的办学基础设施，促进了义务教育学校的标准化进程。然而，值得注意的是，尽管一些农村、偏远及民族地区，特别是那些集中连片特困区域已成功脱贫，但这些地区的社会经济发展依然相对缓慢，教育成本相对较高，教学设施相对落后，成为我国教育事业均衡发展中的短板。在过去的约 20 年中，实现"两基"目标并巩固成果一直是西部八省（区）教育的重点工作。特别是在《中华人民共和国义务教育法》颁布实施后，

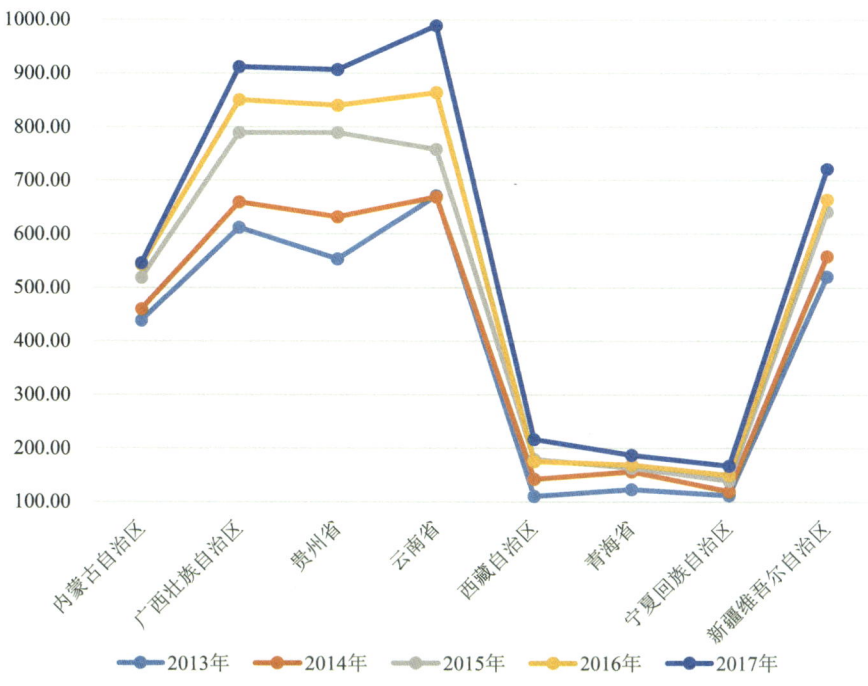

**图 10.2  2013—2017 年西部八省（区）一般公共预算教育经费（单位：亿元）**

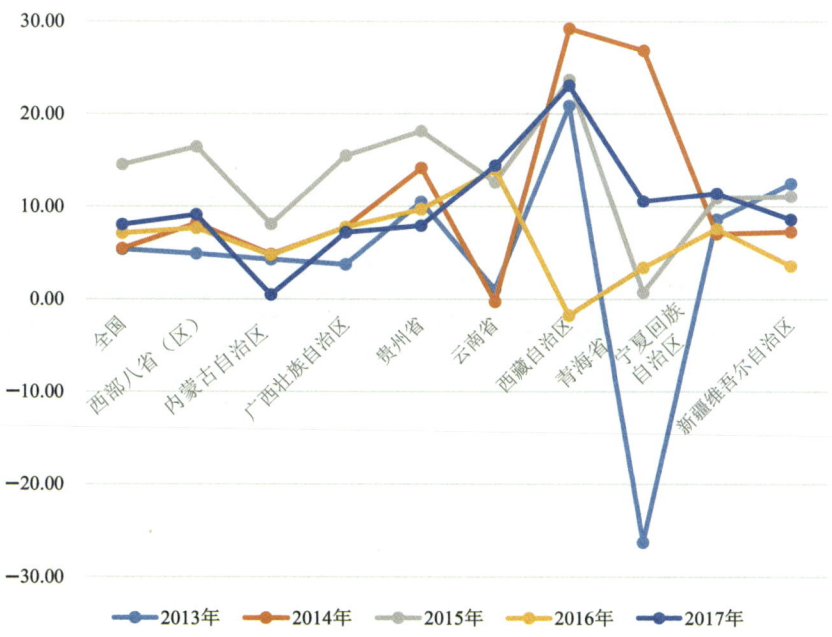

**图 10.3  2013—2017 年西部八省（区）一般公共预算教育经费增长率（单位：%）**

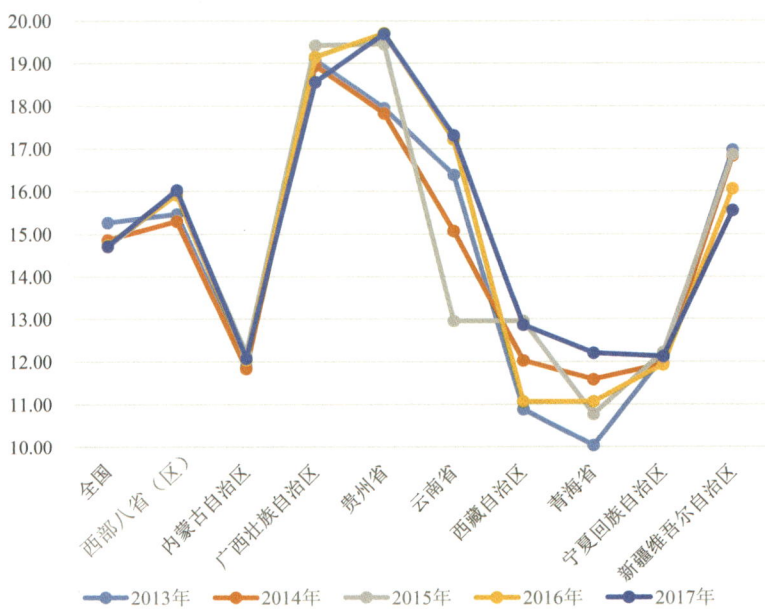

图 10.4　2013—2017 年西部八省（区）一般公共预算教育经费占一般公共预算比例（单位：%）

义务教育经费全面纳入国家财政保障范围，因此，普通小学和普通初中的各种生均经费指标出现显著增长。

2017 年普通小学生均一般公共预算教育事业费（简称"生均教育经费"）全国平均为 10199.12 元，西部八省（区）平均为 10330.55 元，二者基本持平，西部八省（区）略高，但普通初中、普通高中、中等职业教育和普通高等教育生均教育经费西部八省（区）平均水平明显低于全国平均水平（见表 10.2 和图 10.5）。

表 10.2　2017 年八省（区）生均教育经费　　　　　　　　　　　　　　单位：元

| 项目 | 普通小学 | 普通初中 | 普通高中 | 中等职业教育 | 普通高等教育 | 普通小学/普通高等教育（2017 年） | 普通小学/普通高等教育（2013 年） |
|---|---|---|---|---|---|---|---|
| 全国 | 10199.12 | 14641.15 | 13768.92 | 13272.66 | 20298.63 | 1：1.99 | 1：2.26 |
| 西部八省（区） | 10330.55 | 12925.51 | 12163.97 | 10715.21 | 17492.44 | 1：1.69 | 1：1.99 |
| 内蒙古自治区 | 13110.02 | 16380.17 | 14874.78 | 16962.34 | 18654.08 | 1：1.42 | 1：1.56 |
| 广西壮族自治区 | 7897.88 | 10028.82 | 9896.63 | 9906.96 | 16124.80 | 1：2.04 | 1：2.45 |
| 贵州省 | 9753.05 | 11273.06 | 10637.85 | 6451.44 | 17781.19 | 1：1.82 | 1：2.50 |
| 云南省 | 10491.47 | 12730.79 | 11687.76 | 10859.93 | 15424.55 | 1：1.47 | 1：2.09 |
| 西藏自治区 | 26246.80 | 27341.64 | 32086.14 | 44896.55 | 34070.32 | 1：1.30 | 1：2.14 |

续表

| 项目 | 普通小学 | 普通初中 | 普通高中 | 中等职业教育 | 普通高等教育 | 普通小学/普通高等教育（2017 年） | 普通小学/普通高等教育（2013 年） |
|---|---|---|---|---|---|---|---|
| 青海省 | 13191.54 | 16910.88 | 15581.08 | 12933.28 | 25439.03 | 1：1.93 | 1：2.01 |
| 宁夏回族自治区 | 9503.42 | 12920.35 | 12613.25 | 13269.54 | 25080.97 | 1：2.64 | 1：2.94 |
| 新疆维吾尔自治区 | 11738.70 | 17949.09 | 14471.04 | 12421.88 | 17207.82 | 1：1.47 | 1：1.47 |

（数据来源：教育部官方网站）

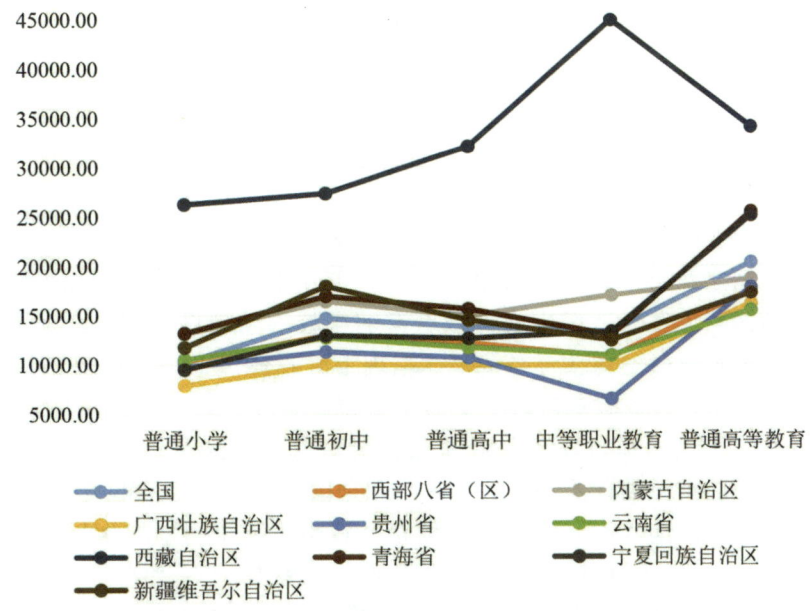

图 10.5　2017 年西部八省（区）生均教育经费（元）

大量实证研究显示，世界各国教育资源配置在三级教育上有一个共同的趋势，即三级教育生均经费逐级升高。然而，随着经济社会的发展，各级之间的财政教育支出差异会逐渐减小，即经济越发达，各级教育之间的财政投入差距越小。初等教育的投资回报比高等教育更高，更能体现公平和效率，因此教育支出应该更倾向于增加对初等教育的投资，提高初等教育经费在总体教育经费中的比重。近年来，我国的教育资源配置也发生了积极的变化。由 1995—2016 年的教育数据可知，我国教育资源层级机构最不合理的表现是过度重视高等教育的投入，导致高等教育和初等教育之间的投入差异较大。然而，由于近年来对初等教育的投入迅速增加，这一不合理现象已经得到了改善。具体而言，1996 年西部八省（区）普通小学与普通高等教育生均教育经费之比为 1：17.29，但到了 2016 年，这一比值调整为 1：1.79，2017 年进一步调整为 1：1.69。同期，全国普通小学与普通高等教育生均教育经费之比从 2013 年的 1：2.26 调整为 2017 年的 1：1.99。西部八省（区）的这一比值也有所调整（见图 10.6），进一步体现了教育支出级差逐渐缩小的趋势。这些变化表明，我国在教育资源配置方面已经采取了有效的调整措施，更加注重初等教育的发展，同时逐步缩小不同教育层级之间的财政投入差距，促进了教育资源的均衡配置，为教育公平打下了更加稳固的基础。

**图 10.6 西部八省（区）普通小学与高等教育生均教育经费对比**

　　义务教育是国家及个人教育链重要的一环，近年来国家及地方均加大投入，致力于全面改善民族地区与欠发达地区中义务教育薄弱学校的基础设施与办学条件。从党的十八大以来，义务教育阶段生均教育经费整体呈现上升趋势，尤其是 2015 年涨幅最大。纵观 2013 年至 2017 年，义务教育阶段（普通小学和普通初中）对比全国生均教育经费投入和西部八省（区）平均水平，发现二者无论在绝对值方面还是增长率方面都基本持平，可见义务教育阶段的资源配置西部八省（区）和全国平均水平差距不大。

　　普通小学阶段，西部八省（区）生均教育经费略高于全国平均水平，2013—2017 年年均增长率为 10.59%，高于全国 0.33 个百分点（见表 10.3）。西部八省（区）中，西藏自治区和新疆维吾尔自治区是历年生均教育经费较高的两个地区，特别是西藏自治区，生均教育经费一直遥遥领先（见图 10.7），2013—2017 年分别是同期全国平均水平的1.86 倍、2.33 倍、2.91 倍、2.54 倍和 2.57 倍。2013 和 2014 年西藏自治区的生均教育经费在全国排名第四，仅次于北京、天津和上海。2015—2017 年，西藏自治区生均教育经费在全国排名第二，超过天津和上海，仅次于北京。西藏自治区 2013—2017 年年均增长率也是最高的，达到 19.62%，而新疆维吾尔自治区的年均增长率是最低的，仅为 2.92%。

**表 10.3　2013—2017 年普通小学生均教育经费**　　　　　　单位：元

| 项目 | 2013 年 | 2014 年 | 2015 年 | 2016 年 | 2017 年 | 年均增长率 |
|---|---|---|---|---|---|---|
| 全国 | 6901.77 | 7681.02 | 8838.44 | 9557.89 | 10199.12 | 10.26% |
| 西部八省（区） | 6905.90 | 7503.74 | 9101.27 | 9854.25 | 10330.55 | 10.59% |
| 内蒙古自治区 | 9837.99 | 10181.40 | 11972.33 | 13109.32 | 13110.02 | 7.44% |

续表

| 各区 | 2013 年 | 2014 年 | 2015 年 | 2016 年 | 2017 年 | 年均增长率 |
|---|---|---|---|---|---|---|
| 广西壮族自治区 | 5472.39 | 5945.96 | 7061.36 | 7690.45 | 7897.88 | 9.61% |
| 贵州省 | 5975.72 | 6789.79 | 8645.83 | 9659.17 | 9753.05 | 13.03% |
| 云南省 | 6145.38 | 6200.67 | 7532.21 | 8931.35 | 10491.47 | 14.31% |
| 西藏自治区 | 12820.24 | 17905.94 | 25750.22 | 24237.46 | 26246.80 | 19.62% |
| 青海省 | 8200.50 | 9438.49 | 10472.79 | 11948.81 | 13191.54 | 12.62% |
| 宁夏回族自治区 | 6011.26 | 6470.11 | 8034.85 | 8719.91 | 9503.42 | 12.13% |
| 新疆维吾尔自治区 | 10463.21 | 11292.19 | 12929.81 | 12133.41 | 11738.70 | 2.92% |

（数据来源：教育部官方网站）

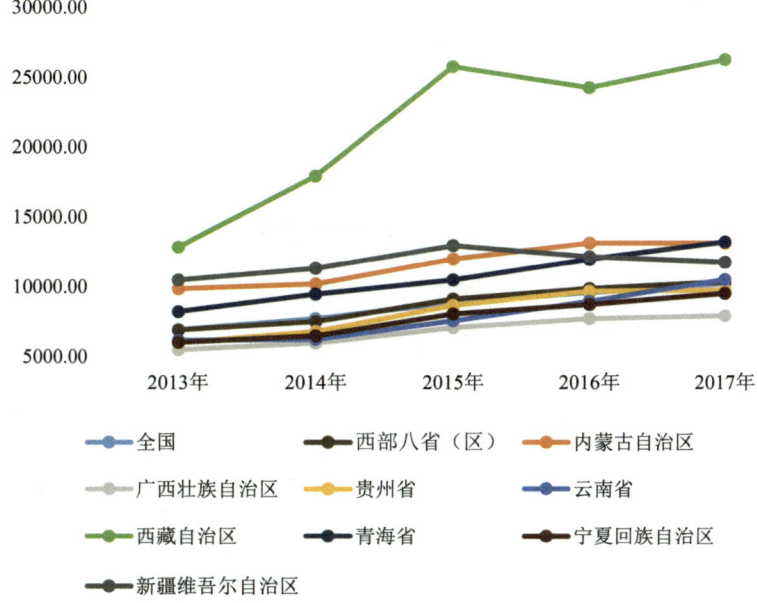

图 10.7　2013—2017 年西部八省（区）普通小学生均教育经费（单位：元）

普通初中阶段，西部八省（区）生均教育经费明显低于全国平均水平，2013—2017 年年均增长率为 12.00%，低于全国 0.14 个百分点（见表 10.4）。就生均教育经费而言，西藏和新疆仍是西部八省（区）中较高的两个地区（见图 10.8）。就 2013—2017 年年均增长率而言，西藏最高，达 20.93%，新疆最低，为 5.39%，其他地区年均增长率在 9.45%～16.40% 之间。

表 10.4　2013—2017 年普通初中生均教育经费　　单位：元

| 项目 | 2013 年 | 2014 年 | 2015 年 | 2016 年 | 2017 年 | 年均增长率 |
|---|---|---|---|---|---|---|
| 全国 | 9258.37 | 10359.33 | 12105.08 | 13415.99 | 14641.15 | 12.14% |
| 西部八省（区） | 8215.74 | 8820.22 | 10685.33 | 11858.13 | 12925.51 | 12.00% |
| 内蒙古自治区 | 11414.81 | 11954.8 | 14362.59 | 16301.67 | 16380.17 | 9.45% |

续表

| 项目 | 2013 年 | 2014 年 | 2015 年 | 2016 年 | 2017 年 | 年均增长率 |
|---|---|---|---|---|---|---|
| 广西壮族自治区 | 6750.79 | 7360.62 | 8745.99 | 9507.61 | 10028.82 | 10.40％ |
| 贵州省 | 6140.45 | 6924.7 | 8704.94 | 10131.84 | 11273.06 | 16.40％ |
| 云南省 | 7189.98 | 7586.92 | 9335.79 | 10822.06 | 12730.79 | 15.35％ |
| 西藏自治区 | 12783.54 | 16631.68 | 23845.23 | 24605.62 | 27341.64 | 20.93％ |
| 青海省 | 10494.92 | 11949.57 | 13295.04 | 14915.34 | 16910.88 | 12.67％ |
| 宁夏回族自治区 | 8479.07 | 9689.53 | 11047.18 | 11929.4 | 12920.35 | 11.10％ |
| 新疆维吾尔自治区 | 14549.15 | 14452.18 | 16999.84 | 17410.13 | 17949.09 | 5.39％ |

（数据来源：教育部官方网站）

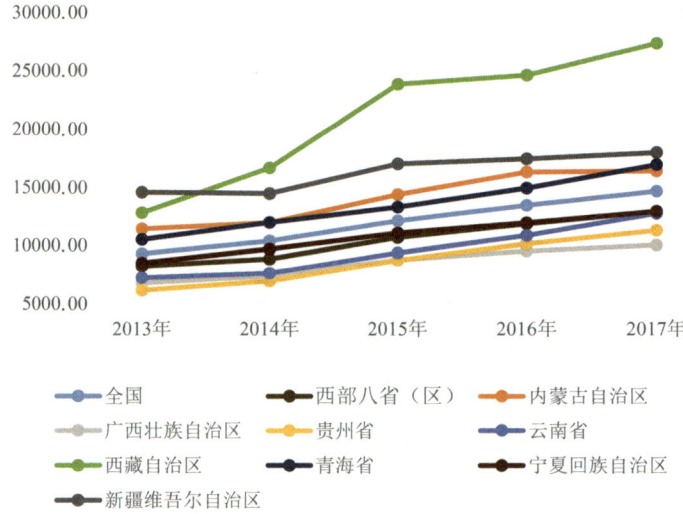

图 10.8　2013—2017 年西部八省（区）普通初中生均教育经费（单位：元）

中等职业教育阶段，西部八省（区）生均教育经费与全国平均水平的差距逐渐变大（见表 10.5 和图 10.9），2013—2017 年年均增长率全国为 10.87％，而民族地区为 5.48％，二者相差 5.39 个百分点。2013—2017 年年均增长率西藏高达 29.79％，贵州和新疆呈负增长，分别为－8.14％和－0.63％，其他省（区）在 5.48％～13.94％ 之间。

表 10.5　2013—2017 年中等职业教育生均教育经费　　　　　　单位：元

| 项目 | 2013 年 | 2014 年 | 2015 年 | 2016 年 | 2017 年 | 年均增长率 |
|---|---|---|---|---|---|---|
| 全国 | 8784.64 | 9128.83 | 10961.07 | 12227.70 | 13272.66 | 10.87％ |
| 西部八省（区） | 8656.78 | 8389.78 | 9736.49 | 10492.42 | 10715.21 | 5.48％ |
| 内蒙古自治区 | 11943.86 | 13393.40 | 16168.17 | 16389.99 | 16962.34 | 9.17％ |
| 广西壮族自治区 | 6528.29 | 6978.79 | 8746.71 | 9754.12 | 9906.96 | 10.99％ |
| 贵州省 | 9060.32 | 7135.92 | 6995.93 | 6425.03 | 6451.44 | －8.14％ |

续表

| 项目 | 2013 年 | 2014 年 | 2015 年 | 2016 年 | 2017 年 | 年均增长率 |
|---|---|---|---|---|---|---|
| 云南省 | 8105.25 | 7286.75 | 9645.03 | 11220.00 | 10859.93 | 7.59% |
| 西藏自治区 | 15822.99 | 25538.19 | 32957.17 | 30228.19 | 44896.55 | 29.79% |
| 青海省 | 7674.27 | 8653.92 | 10526.81 | 12867.51 | 12933.28 | 13.94% |
| 宁夏回族自治区 | 9067.61 | 8608.73 | 9951.04 | 10561.81 | 13269.54 | 9.99% |
| 新疆维吾尔自治区 | 12741.22 | 12209.18 | 12440.81 | 13332.91 | 12421.88 | −0.63% |

（数据来源：教育部官方网站）

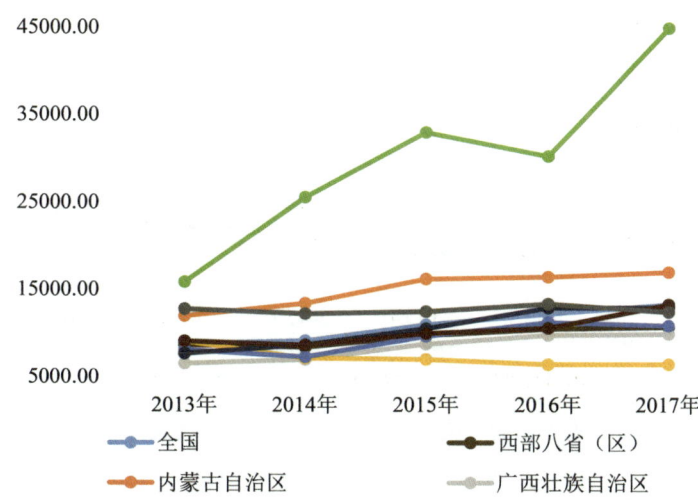

图 10.9 2013—2017 年西部八省（区）中等职业教育生均教育经费（单位：元）

　　普通高中阶段，2013—2017 年西部八省（区）生均教育经费低于全国平均水平（见表 10.6 和图 10.10），年均增长率比全国低 2.39 个百分点。西藏自治区生均教育经费最高，新疆维吾尔自治区、青海省和内蒙古自治区高于全国平均水平，广西壮族自治区、贵州省和云南省低于全国平均水平。就 2013—2017 年年均增长率而言，西藏自治区最高，达 20.31%，新疆维吾尔自治区最低，为 5.3%，其余省（区）在 7.48% ～ 14.49% 之间。

表 10.6 2013—2017 年普通高中生均教育经费　　　　单位：元

| 项目 | 2013 年 | 2014 年 | 2015 年 | 2016 年 | 2017 年 | 年均增长率 |
|---|---|---|---|---|---|---|
| 全国 | 8448.14 | 9024.96 | 10820.96 | 12315.21 | 13768.92 | 12.99% |
| 西部八省（区） | 8130.73 | 8340.24 | 10077.78 | 11350.92 | 12163.97 | 10.60% |
| 内蒙古自治区 | 10670.59 | 10613.62 | 13192.30 | 14333.65 | 14874.78 | 8.66% |
| 广西壮族自治区 | 6712.68 | 6835.22 | 8177.45 | 9326.70 | 9896.63 | 10.19% |
| 贵州省 | 6312.89 | 6820.40 | 8184.95 | 9637.74 | 10637.85 | 13.93% |
| 云南省 | 6802.99 | 6796.01 | 8231.96 | 10370.21 | 11687.76 | 14.49% |

续表

| 项目 | 2013 年 | 2014 年 | 2015 年 | 2016 年 | 2017 年 | 年均增长率 |
|---|---|---|---|---|---|---|
| 西藏自治区 | 15315.65 | 20187.23 | 26541.85 | 27454.25 | 32086.14 | 20.31% |
| 青海省 | 11673.77 | 11726.99 | 12795.38 | 14062.50 | 15581.08 | 7.48% |
| 宁夏回族自治区 | 8408.39 | 8622.80 | 9845.02 | 10899.08 | 12613.25 | 10.67% |
| 新疆维吾尔自治区 | 11771.52 | 11991.78 | 14630.08 | 14772.19 | 14471.04 | 5.30% |

（数据来源：教育部官方网站）

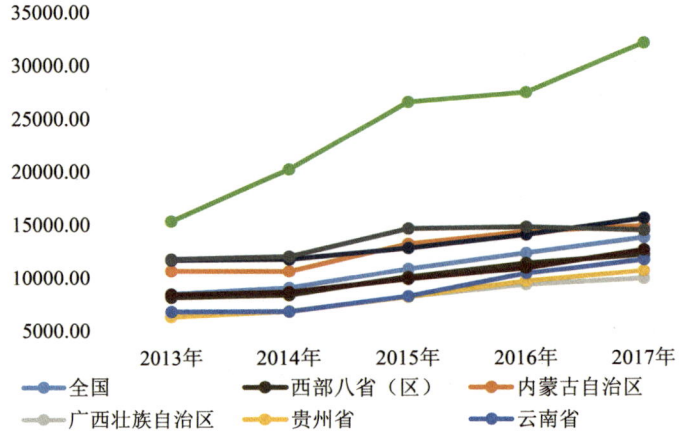

图 10.10　2013—2017 年西部八省（区）普通高中生均一般公共预算教育事业费（单位：元）

普通高等教育阶段，西部八省（区）生均教育经费低于全国平均水平，2013—2017年年均增长率为 4.85%，比全国低 1.97 个百分点（见表 10.7 和图 10.11）。西藏自治区生均教育经费最高，云南省最低。就 2013—2017 年年均增长率而言，青海省最高，达11.42%，新疆维吾尔自治区最低，为 2.86%。

表 10.7　2013—2017 年普通高等教育生均教育经费　　　　　单位：元

| 项目 | 2013 年 | 2014 年 | 2015 年 | 2016 年 | 2017 年 | 年均增长率 |
|---|---|---|---|---|---|---|
| 全国 | 15591.72 | 16102.72 | 18143.57 | 18747.65 | 20298.63 | 6.82% |
| 西部八省（区） | 14495.59 | 13853.86 | 16976.41 | 16635.86 | 17518.14 | 4.85% |
| 内蒙古自治区 | 15356.47 | 17682.18 | 18337.39 | 18298.34 | 18654.08 | 4.98% |
| 广西壮族自治区 | 13382.09 | 12794.96 | 15489.02 | 14374.16 | 16124.80 | 4.77% |
| 贵州省 | 14957.26 | 13093.56 | 15414.17 | 15586.11 | 17781.19 | 4.42% |
| 云南省 | 12825.88 | 11570.24 | 14711.33 | 14931.80 | 15424.55 | 4.72% |
| 西藏自治区 | 27378.79 | 22714.97 | 34219.19 | 33384.17 | 34070.32 | 5.62% |
| 青海省 | 16504.51 | 13397.21 | 19651.26 | 24694.50 | 25439.03 | 11.42% |
| 宁夏回族自治区 | 17665.66 | 17948.27 | 27782.20 | 27272.72 | 25080.97 | 9.16% |
| 新疆维吾尔自治区 | 15372.47 | 14289.26 | 19382.01 | 18188.38 | 17207.82 | 2.86% |

（数据来源：教育部官方网站）

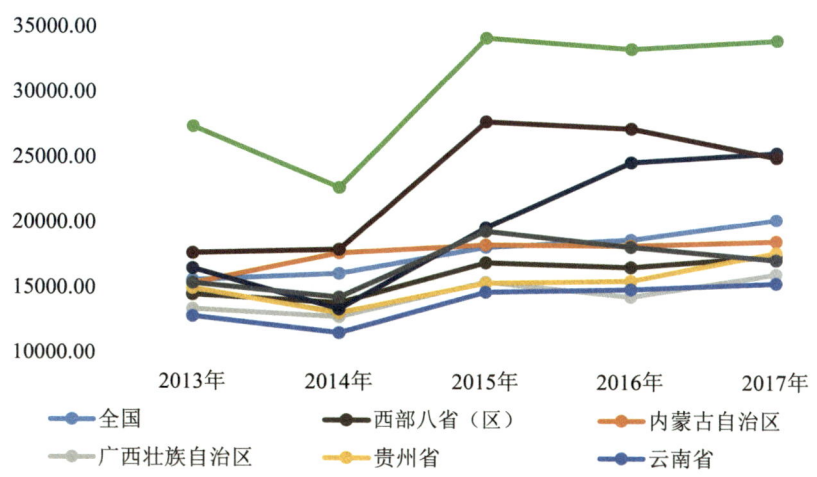

图 10.11　2013—2017 年西部八省（区）普通高等教育生均教育经费（单位：元）

## 二、物力资源配置的水平分析

对基础设施的投资，重点在于增加生均校舍面积和生均图书量。而对教育的整体投入及其有效利用程度，则可以通过经费的拨付情况来评估。经费投入反映了国家和地方政府对教育事业的关注程度和支持力度。高额的经费投入通常意味着政府对教育的高度重视，有利于提升教育质量和促进学生的全面发展。而投资使用率则体现了投入的效果，即资金是否得到充分利用，是否取得了预期的教育效益。合理高效的资金使用可以更好地满足学校和学生的需求，优化教育资源配置。基础设施的投资情况体现了学校硬件设施的水平以及物力资源的有效利用程度。这包括学校的校舍、教学设备、图书馆等物质设施的投入和利用情况。充足且先进的基础设施有助于提供更好的学习环境和教学条件，促进学生学习和发展。同时，高效利用基础设施资源可以降低教育成本，提高教育效率。通过合理评估和监测经费投入和基础设施投入，可以更好地了解教育资源的配置和使用情况，为教育发展提供科学依据，并持续改进教育体系，以促进教育质量的提升和教育公平的实现。

本研究重点聚焦于 2013—2017 年的数据，通过纵向分析，可以更好地了解西部八省（区）教育资源配置的变化情况。特别是对于西部地区，我们将更加注重教育的优先发展，以促进这些地区的教育水平和质量的提升。纵向分析可以帮助我们观察教育经费总投入、生均教育经费、生师比、专任教师中本科及以上学历教师所占比例、生均校舍面积和生均图书量等指标的变化趋势。通过对数据的持续观察和比较，我们可以了解教育资源配置的现状，进而采取有针对性的完善措施，确保西部地区教育的优先发展。

### （一）生均图书量

在样本时间段中，西部八省（区）的学校教学装备条件得到明显改善。遵循国家和省级部门规定的义务教育学校教学设施配备标准，这些地区努力改善教学设施条件，全面更新和升级各项教学设备，旨在更充分地满足教育教学工作的实际需求。

1. 普通小学阶段

截至 2017 年，西部八省（区）普通小学生均图书量达 22.74 册，比 2013 年增加了 7.75 册。全国普通小学生均图书量 2017 年比 2013 年增加了 3.75 本（见表 10.8）。2013 年到 2017 年，西部八省（区）中，广西壮族自治区普通小学生均图书量增加最多，增加量为 14.54 册；新疆维吾尔自治区普通小学生均图书量增加最少，增加量为 0.94 册。2017 年西部八省（区）中普通小学生均图书量高于全国平均水平的有 4 个省（区），由高到低排序依次是广西（27.74 册）、青海（23.89 册）、云南（23.56 册）和贵州（23.00 册）；排名后四位的依次是宁夏（20.95 册）、内蒙古（19.64 册）、西藏（16.67 册）和新疆（13.71 册）。

表 10.8　2013—2017 年西部八省（区）普通小学生均图书量　　　　单位：册

| 项目 | 2013 年 | 2014 年 | 2015 年 | 2016 年 | 2017 年 |
|---|---|---|---|---|---|
| 全国 | 18.92 | 19.71 | 20.44 | 21.53 | 22.67 |
| 西部八省（区） | 14.99 | 16.52 | 18.18 | 20.35 | 22.74 |
| 内蒙古自治区 | 17.84 | 18.06 | 17.43 | 19.01 | 19.64 |
| 广西壮族自治区 | 13.20 | 13.85 | 16.50 | 21.11 | 27.74 |
| 贵州省 | 15.25 | 18.93 | 21.07 | 22.05 | 23.00 |
| 云南省 | 15.93 | 17.57 | 19.42 | 21.66 | 23.56 |
| 西藏自治区 | 15.58 | 15.80 | 16.33 | 16.31 | 16.67 |
| 青海省 | 18.94 | 20.09 | 22.11 | 23.37 | 23.89 |
| 宁夏回族自治区 | 17.50 | 17.95 | 18.73 | 20.18 | 20.95 |
| 新疆维吾尔自治 | 12.77 | 13.92 | 14.33 | 14.46 | 13.71 |

（数据来源：教育部官方网站）

2013—2017 年，整体来说虽然西部八省（区）的普通小学生均图书量小于全国平均水平，但是随时间推移呈增长趋势，且与全国平均水平之间的差距逐渐缩小（见图 10.12 和图 10.13），这与中央政府不断加强对这些地区义务教育阶段的经费投入不无关系。

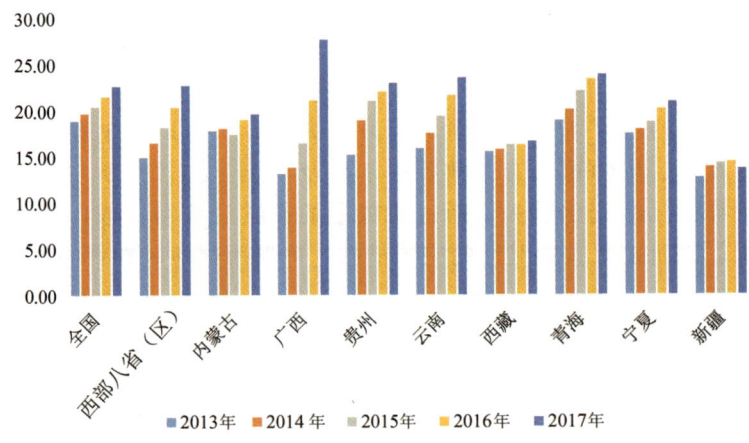

图 10.12　2013—2017 年西部八省（区）普通小学生均图书量（单位：册）

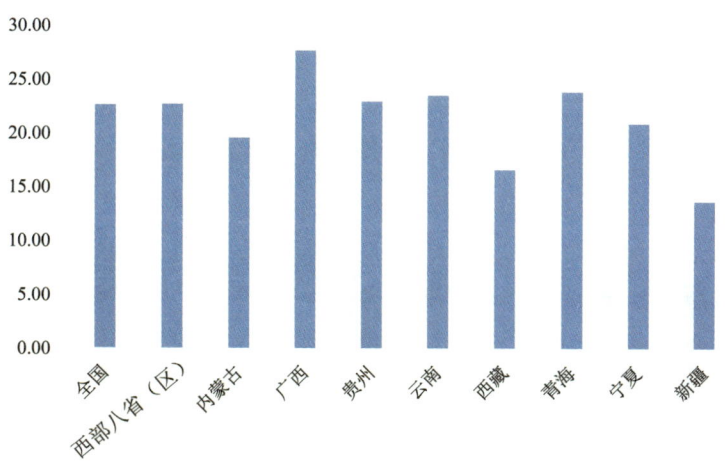

**图 10.13 2017 年西部八省（区）普通小学生均图书量（单位：册）**

### 2. 普通初中阶段

2017 年西部八省（区）普通初中生均图书量达 33.91 册，比 2013 年增加了 12.46 册。全国普通初中生均图书量 2017 年比 2013 年增加了 7.41 册（见表 10.9）。2013 年到 2017 年，西部八省（区）中，广西壮族自治区普通初中生均图书量增加最多，增加量为 18.55 册。西藏自治区的普通初中生均图书数量增加最少，增加量仅为 4.82 册。

**表 10.9 2013—2017 年西部八省（区）普通初中生均图书量** 单位：册

| 项目 | 2013 年 | 2014 年 | 2015 年 | 2016 年 | 2017 年 |
|---|---|---|---|---|---|
| 全国 | 28.23 | 30.19 | 32.42 | 34.37 | 35.64 |
| 西部八省（区） | 21.45 | 23.96 | 27.02 | 30.84 | 33.91 |
| 内蒙古自治区 | 24.63 | 25.58 | 26.8 | 31.08 | 31.61 |
| 广西壮族自治区 | 18.75 | 20.46 | 24.65 | 30.06 | 37.30 |
| 贵州省 | 22.29 | 26.88 | 30.71 | 34.47 | 36.84 |
| 云南省 | 18.69 | 20.28 | 22.31 | 25.76 | 28.22 |
| 西藏自治区 | 20.84 | 21.69 | 22.83 | 24.52 | 25.66 |
| 青海省 | 33.28 | 34.69 | 37.45 | 42.08 | 45.90 |
| 宁夏回族自治区 | 21.73 | 25.34 | 27.92 | 30.76 | 31.56 |
| 新疆维吾尔自治区 | 25.8 | 28.67 | 31.91 | 33.62 | 32.84 |

（数据来源：教育部官方网站）

2013—2017 年，西部八省（区）普通初中生均图书量的绝对数呈绝对增长趋势（见图 10.14）。2017 年西部八省（区）普通初中生均图书量高于全国平均水平的有 3 个省（区）（见图 10.15），由高到低排序依次是青海（45.90 册）、广西（37.30 册）、贵州

（36.84 册）；排名后四位的依次是内蒙古（31.61 册）、宁夏（31.56 册）、云南（28.22 册）、西藏（25.66 册）。尽管西部八省（区）的公共经费投入在总预算经费中的比例已经超过全国平均水平，但从每位学生平均享有的物力资源这一视角审视，义务教育领域的发展不均衡现象依然显著。虽然西部八省（区）的整体差距与全国逐渐缩小，但当我们将资源分配到每个学生身上时，仍然存在显著差距。

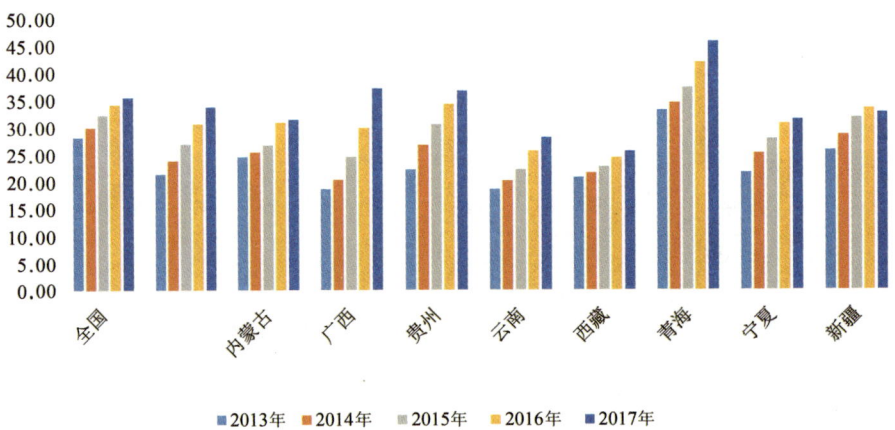

图 10.14　2013—2017 年西部八省（区）普通初中生均图书量（单位：册）

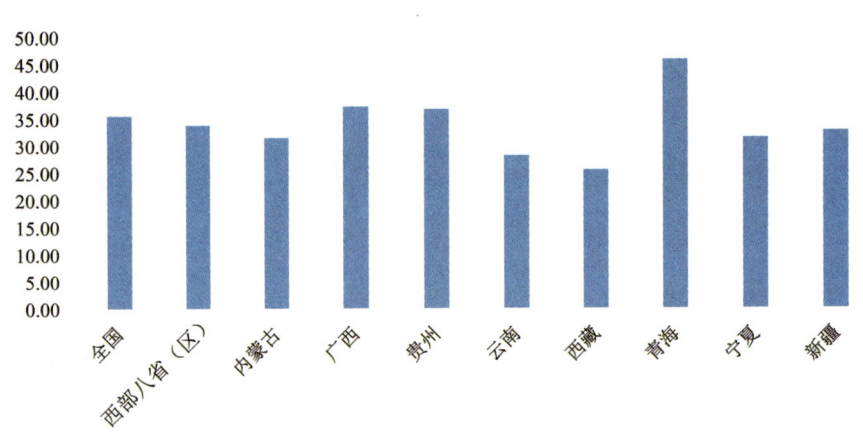

图 10.15　2017 年西部八省（区）普通初中生均图书量（单位：册）

## （二）生均校舍面积

生均校舍面积是衡量每位学生平均所占用的校舍整体建筑空间大小的指标，它揭示了学校的教育设施状况及物力资源的有效利用水平。近年来，农村地区校舍面积持续扩大，学生的学习环境得到不断优化。随着办学条件的逐步改善，生均校舍面积实现了显著增长。同时，学校的生活条件也有了明显提升，各地高度重视加强农村学校生活设施建设，致力于改善居住条件，确保学生能够健康成长。

1. 普通小学阶段

截至 2017 年，西部八省（区）普通小学生均校舍面积达 8.21 平方米，比 2013 年增加了 1.70 平方米。而全国普通小学生均校舍面积在同一时期内增长了 0.81 平方米（见表 10.10）。2013 年到 2017 年，西部八省（区）中，西藏自治区普通小学生均校舍面积增加最多，增加了 3.55 平方米；新疆维吾尔自治区普通小学生均校舍面积增加最少，增加了 1.11 平方米。

表 10.10　2013—2017 年西部八省（区）普通小学生均校舍面积　　单位：平方米

| 项目 | 2013 年 | 2014 年 | 2015 年 | 2016 年 | 2017 年 |
|---|---|---|---|---|---|
| 全国 | 6.63 | 6.85 | 6.95 | 7.16 | 7.44 |
| 西部八省（区） | 6.51 | 6.94 | 7.27 | 7.77 | 8.21 |
| 内蒙古自治区 | 8.24 | 8.54 | 8.71 | 9.26 | 9.74 |
| 广西壮族自治区 | 6.77 | 6.95 | 7.21 | 7.71 | 8.21 |
| 贵州省 | 5.66 | 6.49 | 6.89 | 7.16 | 7.43 |
| 云南省 | 6.72 | 7.12 | 7.39 | 8.31 | 9.02 |
| 西藏自治区 | 10.45 | 11.06 | 12.66 | 13.00 | 14.00 |
| 青海省 | 6.95 | 7.62 | 8.27 | 8.76 | 9.15 |
| 宁夏回族自治区 | 6.31 | 6.86 | 7.28 | 7.60 | 7.95 |
| 新疆维吾尔自治区 | 5.20 | 5.53 | 5.94 | 6.11 | 6.31 |

（数据来源：教育部官方网站）

西部八省（区）普通小学生均校舍面积均呈现增长趋势（见图 10.16）。2017 年西部八省（区）中普通小学生均校舍面积高于全国平均水平的有 6 个地区，分别是西藏（14.00 平方米）、内蒙古（9.74 平方米）、青海（9.15 平方米）、云南（9.02 平方米）、广西（8.21 平方米）、宁夏（7.95 平方米）；低于全国平均水平的仅有贵州（7.43）和新疆（6.31）两个地区（见图 10.17）。

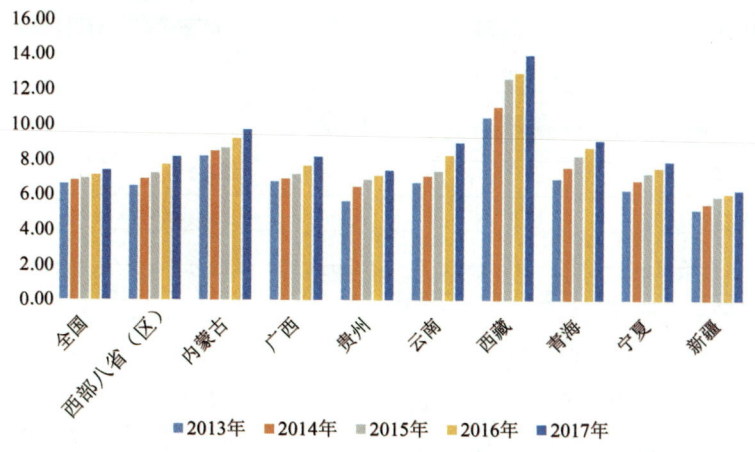

图 10.16　2013—2017 年西部八省（区）普通小学生均校舍面积（单位：平方米）

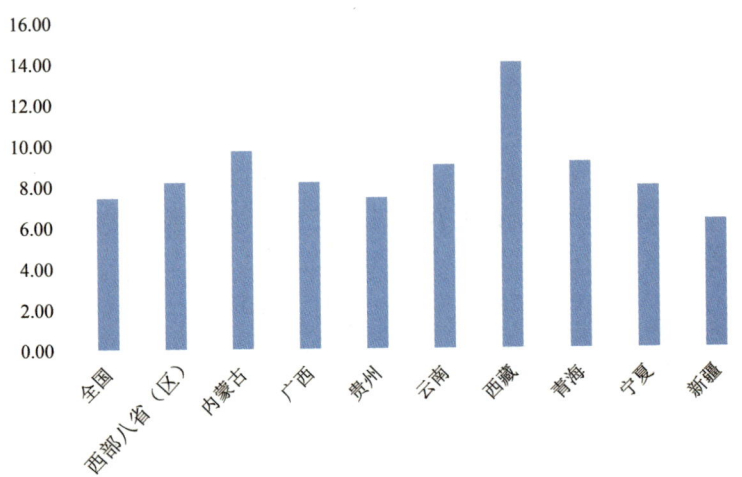

图 10.17　2017 年西部八省（区）普通小学生均校舍面积（单位：平方米）

**2. 普通初中阶段**

截至 2017 年，西部八省（区）普通初中生均校舍面积为 12.65 平方米，比 2013 年增加了 3.32 平方米。全国普通初中生均校舍面积 2017 年比 2013 年增加了 2.45 平方米（见表 10.11）。2013 年到 2017 年，西部八省（区）中，青海省普通初中生均校舍面积增加最多，增加了 5.08 平方米；西藏自治区普通初中生均校舍面积增加最少，增加了 2.16 平方米。

表 10.11　2013—2017 年西部八省（区）普通初中生均校舍面积　　　　单位：平方米

| 项目 | 2013 年 | 2014 年 | 2015 年 | 2016 年 | 2017 年 |
|---|---|---|---|---|---|
| 全国 | 11.28 | 11.99 | 12.77 | 13.36 | 13.73 |
| 西部八省（区） | 9.33 | 10.02 | 10.87 | 11.99 | 12.65 |
| 内蒙古自治区 | 12.49 | 13.27 | 14.39 | 15.72 | 15.91 |
| 广西壮族自治区 | 9.5 | 9.97 | 10.73 | 11.47 | 11.89 |
| 贵州省 | 7.45 | 8.42 | 9.78 | 11.21 | 12.29 |
| 云南省 | 8.51 | 8.86 | 8.96 | 10.07 | 10.83 |
| 西藏自治区 | 15.24 | 16.03 | 17.31 | 17.39 | 17.40 |
| 青海省 | 11.64 | 13.05 | 13.89 | 15.51 | 16.72 |
| 宁夏回族自治区 | 9.67 | 10.88 | 11.43 | 12.11 | 12.33 |
| 新疆维吾尔自治区 | 11.18 | 12.01 | 13.36 | 14.71 | 15.15 |

（数据来源：教育部官方网站）

2013—2017 年，西部八省（区）普通初中生均校舍面积呈现增长趋势（见图 10.18 和图 10.19）。截至 2017 年，有 4 个地区的普通初中生均校舍面积高于全国平均水平，分别是西藏自治区（17.40 平方米）、青海省（16.72 平方米）、内蒙古自治区（15.91 平方米）、新疆维吾尔自治区（15.15 平方米）。低于全国平均水平的有宁夏回族自治区

（12.33平方米）、贵州省（12.29平方米）、广西壮族自治区（11.89平方米）、云南省
（10.83平方米）。

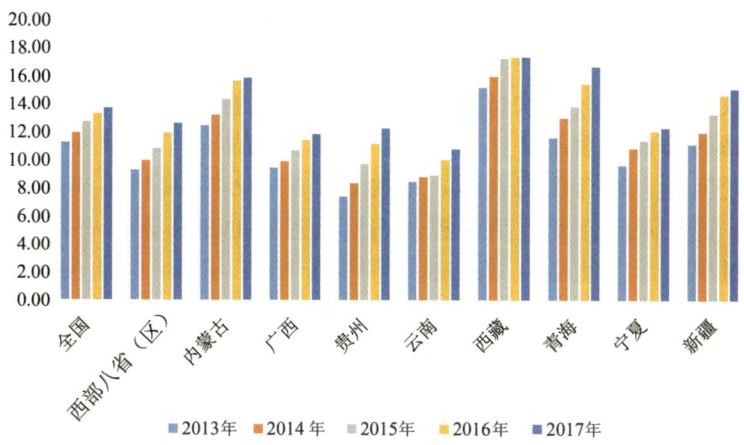

图 10.18　2013—2017 年西部八省（区）普通初中生均校舍面积（单位：平方米）

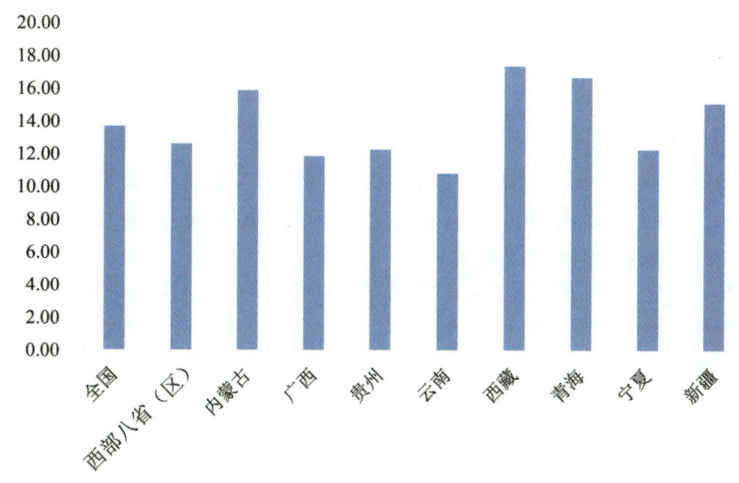

图 10.19　2017 年西部八省（区）普通初中生均校舍面积（单位：平方米）

## 三、人力资源配置的水平分析

教育质量的优劣是衡量教育整体水平和成效的关键指标，它受到多种因素的共同
作用和综合影响，这些因素涵盖教师的专业能力、教学策略的运用、教育体系的架构
以及学生的学习起点等多个方面。对教育质量的评价可以从整体和个体两个层面进行，
整体层面关注整个教育体系的质量，而个体层面则关注每个受教育者的学习水平和学
习效果。我们主要通过生师比和专任教师中本科及以上学历教师所占比例来评估师资
情况，同时考察了 2013—2017 年的数据，以便对西部八省（区）的师资情况进行全面
评估。

### （一）西部八省（区）义务教育阶段生师比

生师比是用于评估特定年份和教育层次下，学生数量与相应教师数量之间的比例，即每名教师负责的学生人数。在教育领域内，这一指标具有关键作用，能够反映出某一地区的教育效率与效益。通常情况下，生师比与教育质量呈负相关，较低的生师比往往意味着较高的教育质量水平。近年来，教育部门加强了教师补充机制，积极解决教师编制不足的问题。教育部门及时、准确地了解中小学编制空缺情况，妥善处理各地区教师申报，确保及时补充教师资源。在特岗教师的招聘流程中，有90%的师资被优先配置至农村中小学，此举有效缓解了师资分配不均、生师比失衡等问题。此外，促进教师与校长之间的互动沟通也成为一项关键策略。各地相继配套出台了推进教师管理机制改革的文件，包括加强教师考核工作、推进中小学教师"县管校聘"管理改革、实行教师继续教育学分管理等举措，以促进城乡师资的均衡配置。这些举措有效缓解了农村基础教育学校教师数量不足和结构性矛盾突出的问题，为教育质量的提高和教育产出的增加奠定了基础。

#### 1. 普通小学阶段

截至2017年，西部八省（区）普通小学生师比为16.97，比2013年减少了0.27；全国普通小学生师比为16.98，比2013年增加了0.22（见表10.12）。2013年以来，西部八省（区）普通小学生师比呈下降趋势，到2017年时略低于全国水平。2013年到2017年，西部八省（区）中，广西壮族自治区普通小学生师比下降幅度最大，减少了1.00，内蒙古自治区普通小学生师比增加了1.45。

表 10.12　2013—2017 年西部八省（区）普通小学生师比

| 项目 | 2013 年 | 2014 年 | 2015 年 | 2016 年 | 2017 年 |
|---|---|---|---|---|---|
| 全国 | 16.76 | 16.78 | 17.05 | 17.12 | 16.98 |
| 西部八省（区） | 17.24 | 17.14 | 17.18 | 17.15 | 16.97 |
| 内蒙古自治区 | 11.85 | 12.09 | 12.91 | 13.47 | 13.30 |
| 广西壮族自治区 | 19.77 | 19.87 | 19.83 | 19.41 | 18.77 |
| 贵州省 | 18.43 | 17.96 | 17.90 | 17.93 | 17.92 |
| 云南省 | 17.03 | 16.94 | 16.80 | 16.59 | 16.51 |
| 西藏自治区 | 15.65 | 14.56 | 13.99 | 14.37 | 15.43 |
| 青海省 | 17.60 | 18.28 | 17.15 | 17.34 | 17.02 |
| 宁夏回族自治区 | 17.70 | 17.65 | 17.28 | 17.09 | 16.98 |
| 新疆维吾尔自治区 | 13.48 | 13.39 | 14.15 | 14.75 | 14.91 |

（数据来源：教育部官方网站）

2013—2017年，西部八省（区）普通小学生师比增减趋势并不一致（见图10.20和图10.21）。总体来看，西部八省（区）中，内蒙古自治区和新疆维吾尔自治区普通小学生师比有所增加，其他6个省（区），普通小学生师比都有所下降。2017年，西部八省

（区）中普通小学生师比低于全国水平的有 4 个，分别是云南（16.51）、西藏（15.43）、新疆（14.91）和内蒙古（13.30）；宁夏普通小学生师比与全国平均小学生师比持平，同为 16.98。通过对上述数据进行比较，可以发现在西部八省（区）中，内蒙古和新疆的普通小学师资配备明显优于其他地区。广西和贵州的普通小学生师比相对较高，表明这两个地区的教育资源配置还存在一定的不足。具体来看，内蒙古和新疆的普通小学生师比相对较低，意味着教师相对较多，能够更好地关注每位学生，有利于提高教学质量和学生学习效果。而广西和贵州的生师比相对较高，可能导致教师负担较重，难以充分满足学生的个性化需求和教学要求。

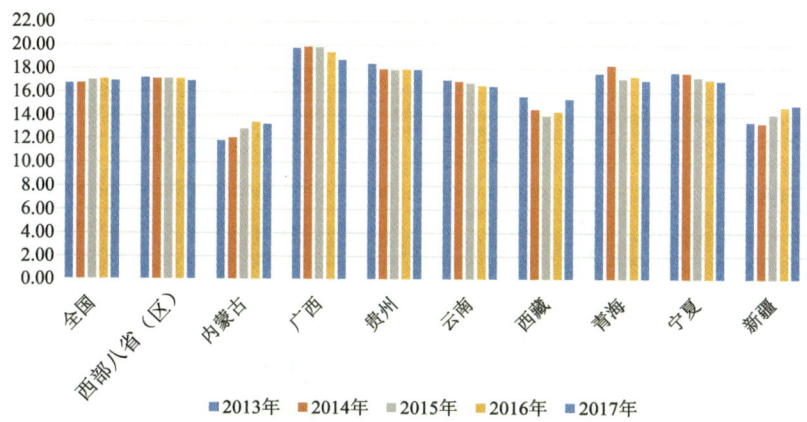

图 10.20　2013—2017 年西部八省（区）普通小学生师比

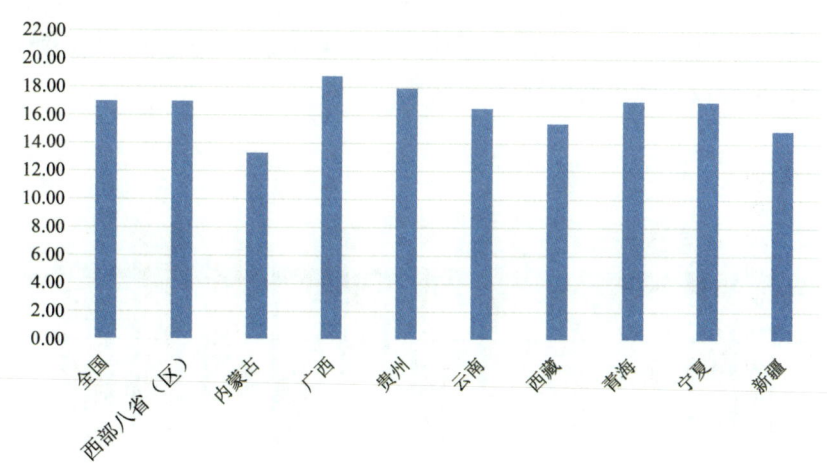

图 10.21　2017 年西部八省（区）普通小学生师比

## 2. 普通初中阶段

截至 2017 年，西部八省（区）普通初中生师比为 13.10，比 2013 年减少了 1.15；全国普通初中生师比为 13.92，比 2013 年减少了 1.52（见表 10.13）。2013 年到 2017 年，西部八省（区）生师比逐渐下降，且一直低于全国水平。西部八省（区）中，贵州省普通初中生师比下降最多，减少了 3.88；新疆维吾尔自治区普通初中生师比下降最少，只下降了 0.18。

表 10.13　2013—2017 年西部八省（区）普通初中生师比

| 项目 | 2013 年 | 2014 年 | 2015 年 | 2016 年 | 2017 年 |
|---|---|---|---|---|---|
| 全国 | 15.44 | 15.16 | 14.73 | 14.22 | 13.92 |
| 西部八省（区） | 14.25 | 14.05 | 13.58 | 13.23 | 13.10 |
| 内蒙古自治区 | 11.12 | 11.02 | 10.82 | 10.73 | 10.74 |
| 广西壮族自治区 | 16.68 | 16.56 | 16.50 | 16.10 | 15.68 |
| 贵州省 | 18.23 | 17.29 | 16.01 | 14.88 | 14.35 |
| 云南省 | 15.38 | 15.49 | 15.29 | 14.81 | 14.52 |
| 西藏自治区 | 13.92 | 13.08 | 12.10 | 11.96 | 12.40 |
| 青海省 | 13.34 | 13.81 | 13.21 | 12.86 | 12.80 |
| 宁夏回族自治区 | 14.68 | 14.69 | 14.16 | 13.92 | 13.84 |
| 新疆维吾尔自治区 | 10.67 | 10.47 | 10.58 | 10.54 | 10.49 |

（数据来源：教育部官方网站）

2013—2017 年，西部八省（区）普通初中生师比呈持续下降趋势（见图 10.22），反映了这些地区普通初中师资力量在逐渐提升。2017 年，4 个省（区）普通初中生师比低于全国水平，分别是新疆（10.49）、内蒙古（10.74）、西藏（12.40）和青海（12.80）；而宁夏、贵州、云南和广西普通初中生师比高于全国水平。综合来看，西部八省（区）中，新疆与内蒙古的普通初中在教育质量上展现出了较为显著的优势。然而，在贵州、云南、广西等地区，普通初中生师比相对较高，意味着这些区域的教育资源配置尚存在改进空间，急需加强教师队伍的合理配置。

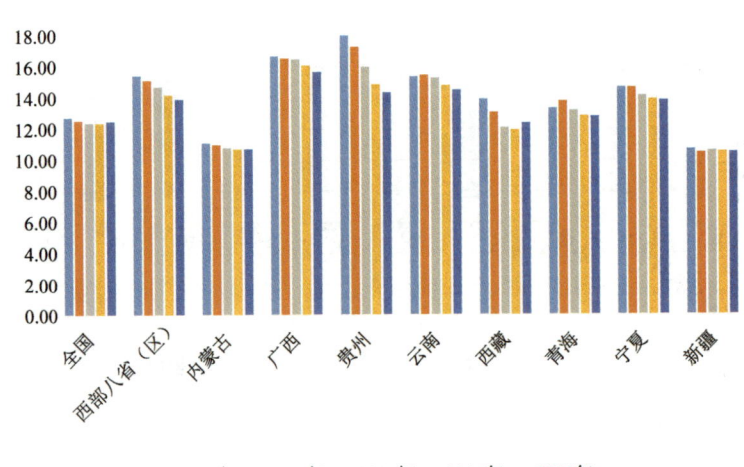

图 10.22　2013—2017 年西部八省（区）普通初中生师比

## （二）西部八省（区）专任教师中本科及以上学历教师所占比例

本研究重点关注专任教师中本科及以上学历教师所占比例。比例较高则意味着学校拥有较多本科及以上学历的教师，这有助于提高学校的教育质量。换而言之，该比例的提升意味着学校汇聚了较多具备高学历背景的专业教师，为教育的高质量发展提供了更为坚实的保障。

### 1. 普通小学阶段

截至 2017 年，西部八省（区）普通小学专任教师中本科及以上学历教师所占比例为 46％，比 2013 年增长了 16 个百分点（见表 10.14）。全国普通小学专任教师中本科及以上学历教师所占比例由 2013 年的 37％增加到 2017 年的 55％，增加了 18 个百分点。2013 年到 2017 年，西部八省（区）中，普通小学专任教师中本科及以上学历教师所占比例增加最多的是宁夏回族自治区，增加了 20 个百分点。

表 10.14　2013—2017 年西部八省（区）普通小学专任教师中本科及以上学历教师所占比例

单位：%

| 项目 | 2013 年 | 2014 年 | 2015 年 | 2016 年 | 2017 年 |
|---|---|---|---|---|---|
| 全国 | 37 | 42 | 46 | 50 | 55 |
| 西部八省（区） | 30 | 33 | 38 | 42 | 46 |
| 内蒙古自治区 | 46 | 51 | 55 | 61 | 64 |
| 广西壮族自治区 | 26 | 30 | 37 | 38 | 41 |
| 贵州省 | 28 | 27 | 32 | 38 | 44 |
| 云南省 | 29 | 33 | 37 | 41 | 46 |
| 西藏自治区 | 28 | 31 | 36 | 41 | 46 |
| 青海省 | 42 | 48 | 52 | 55 | 57 |
| 宁夏回族自治区 | 38 | 45 | 49 | 54 | 58 |
| 新疆维吾尔自治区 | 31 | 34 | 38 | 41 | 46 |

（数据来源：教育部官方网站）

2013—2017 年，西部八省（区）普通小学专任教师中本科及以上学历教师所占比例在缓慢增加（见图 10.23）。2017 年，西部八省（区）普通小学专任教师中本科及以上学历教师所占比例高于全国水平的有 3 个，分别是内蒙古（64％）、宁夏（58％）、青海（57％）；低于全国水平的有 5 个，其中云南、西藏、新疆均为 46％，贵州为 44％，广西为 41％。

### 2. 普通初中阶段

截至 2017 年，西部八省（区）普通初中专任教师中本科及以上学历教师所占比例为 83％，比 2013 年增长了 11 个百分点。全国普通初中专任教师中本科及以上学历教师所占比例由 2013 年的 75％增加到 2017 年的 85％（见表 10.15），增加了 10 个百分点。

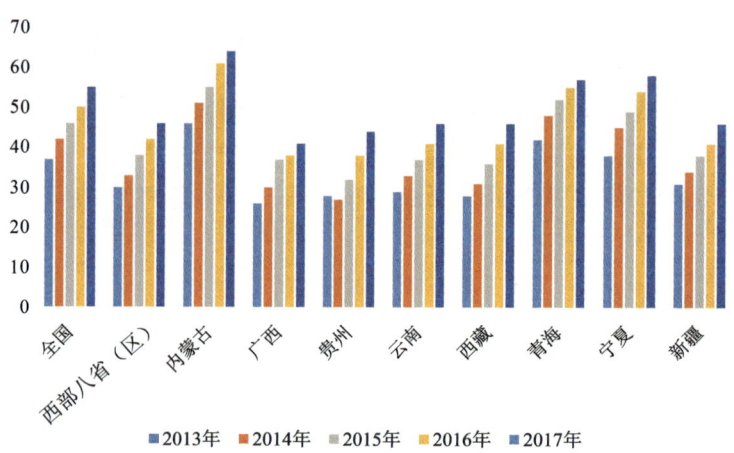

**图 10.23    2013 年—2017 年西部八省（区）普通小学专任教师中本科及**
**以上学历教师所占比例（单位:%）**

2013 年到 2017 年，西部八省（区）中，普通初中专任教师中本科及以上学历教师所占比例增加最多的是贵州，增加了 14 个百分点；增加最少的是西藏，增加了 5 个百分点。总体来看，西部八省（区）2013 年到 2017 年普通初中专任教师中本科及以上学历教师所占比例增加不多，增加值在 5～14 个百分点之间。

**表 10.15    2013—2017 年西部八省（区）普通初中专任教师中本科及以上学历教师所占比例**

单位:%

| 项目 | 2013 年 | 2014 年 | 2015 年 | 2016 年 | 2017 年 |
|---|---|---|---|---|---|
| 全国 | 75 | 78 | 80 | 82 | 85 |
| 西部八省（区） | 72 | 75 | 78 | 81 | 83 |
| 内蒙古自治区 | 78 | 81 | 84 | 88 | 89 |
| 广西壮族自治区 | 73 | 75 | 77 | 79 | 81 |
| 贵州省 | 67 | 71 | 75 | 78 | 81 |
| 云南省 | 76 | 79 | 81 | 84 | 86 |
| 西藏自治区 | 83 | 84 | 85 | 87 | 88 |
| 青海省 | 74 | 78 | 80 | 81 | 83 |
| 宁夏回族自治区 | 85 | 88 | 90 | 92 | 92 |
| 新疆维吾尔自治区 | 66 | 69 | 71 | 73 | 77 |

（数据来源：教育部官方网站）

2013—2017 年，西部八省（区）普通初中专任教师中本科及以上学历教师所占比例持续增长（见图 10.24）。截至 2017 年，西部八省（区）普通初中专任教师中本科及以上学历教师所占比例高于全国水平的有 4 个，分别是宁夏（92%）、内蒙古（89%）、西藏（88%）和云南（86%）。另外 4 个地区的比例低于全国水平，分别是青海（83%）、广西（81%）、贵州（81%）和新疆（77%）。

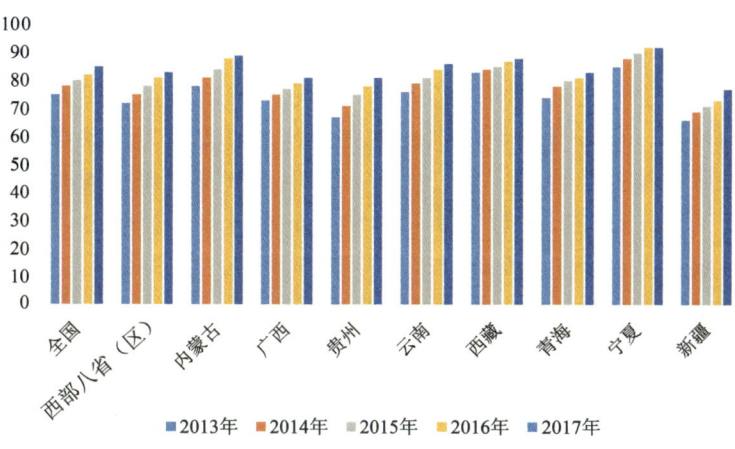

图 10.24 2013—2017 年西部八省（区）普通初中专任教师中本科及以上学历教师所占比例（单位:%）

# 第三节 区域教育资源均衡配置功能与水平差异

20 世纪 90 年代以来，随着国家对西部地区经济发展的重视，当地教育得到了更多的支持。政府实施了一系列与西部地区教育发展密切相关的项目，包括"希望工程""春蕾计划"等，并提供了其他专项资金。这些举措帮助了很多已经或即将面临失学的儿童，让他们得以享受到较为平等的教育机会。

## 一、区域基础教育资源配置的功能

### （一）投入大量财力，不断推进教育均衡发展

在普及九年义务教育的国家战略指导下，为了促进教育公平，西部八省（区）克服了财力不足的困难。在这一过程中，各级财政对基础教育的投入逐年增长。与此同时，国家为促进西部地区教育发展，设立了民族教育专项资金，并随着经济的发展而逐年增加；中央政府通过实施"国家西部地区'两基'攻坚计划""农村中小学危房改造工程"等，极大地改善了西部地区的办学条件和办学环境。自 2004 年起，国家首先在西部农村学校实行"两免一补"政策，这一政策惠及了西部地区的广大学生群体。到了 2006 年，国家在西部地区率先推行农村义务教育经费保障机制改革，对经济困难地区划拨了专项补助资金。地方政府也投入了大量财力发展义务教育，义务教育的巩固率有了极大的提高。

### （二）落实政策举措，不断改善办学条件

在国家相关教育政策推动下，西部地区积极落实国家的统一部署，推行了许多有利于本省（区）义务教育均衡发展的政策举措。2014 年，新疆维吾尔自治区积极推进义务

教育学校联盟捆绑发展，旨在实现学校之间的资源共享，提升教育质量。同时，该地区全面推进中小学标准化建设和质量提升工程，以确保学校的教学环境和教育质量达到标准化水平。这一过程中，充分巩固了义务教育所取得的成就，并在部分县市实现了义务教育均衡发展的目标。2015年，新疆维吾尔自治区全力改善义务教育薄弱学校的基本办学条件，确保每所学校都能够提供良好的学习环境和教育资源。同时，该地区深入实施中小学质量提升工程，旨在提高教学质量和学生的综合素质。此外，该地区还深化基础教育课程改革，致力于培养学生全面发展的能力和素养。广西壮族自治区2015年新建学校中有义务教育学校125所，确保九年义务教育巩固率达到93%。西藏自治区2014年改扩建义务教育薄弱学校350所。宁夏回族自治区2014年将74.4%的财力用于改善民生，改造281所农村中小学供暖设施和146个操场；2015年为改善义务教育办学条件，改造农村中小学供暖设施60万平方米等。

### （三）建设师资队伍，提升教师教育质量

西部地区在义务教育不断得到普及巩固的同时，持续深化基础教育改革课程，大力开展城乡教师尤其是农村教师的继续教育培训，深入实施中小学教学质量提升工程，使西部八省（区）尤其是农村地区的义务教育学校的教学质量有了明显提升，有力促进了区域义务教育均衡发展。新疆维吾尔自治区扩大农村学校教师周转宿舍建设，改善了义务教育办学条件，稳定了农村教师队伍。教师补充机制在近年得到加强，政府及时准确了解中小学的空编情况，并妥善处理各地区教师申报，确保教师编制能够及时得到补充，做到教师数量足额配备。同时，政府也着力提高教师待遇。县级以上地方政府建立和完善了学校教师的薪酬保障机制，实行了县域范围内统一的教师薪资标准，以保障教师能够依法按时且足额地领取工资，并享受由国家和地方政府所规定的各项社会保险及福利待遇。教师的工资和各种津贴、补贴等待遇也全额纳入财政预算，优先得到保障。特别是在农村地区，政府不断加快教师宿舍的建设步伐，切实解决了农村学校教师的住宿问题，为其提供了良好的工作环境。此外，为偏远山区等条件艰苦地区工作的教师发放额外补贴，以鼓励他们坚持在这些地区从事教育工作。

## 二、区域基础教育资源配置的水平差异

尽管我国一直关注西部八省（区）的义务教育发展，但在资源配置方面仍存在不均衡现象，下面从教育财政投入、办学条件和城乡师资配置等方面进行分析。

### （一）教育财政投入相对不够充足

教育的发展与经济发展密切相关。自改革开放以来，我国经济发展策略倾向于选择性地重点投入与优先发展，这在一定程度上使得部分区域因获得更多资源和机会而增长迅速，与此同时，这也可能加剧了原本存在的区域经济差异。这种非均衡的发展模式，或许在某种程度上拉大了不同地区间的经济差距。不均衡的经济发展也影响了区域教育的投入，使得某些地区的教育资源相对较少，而其他地区则更容易获得较多的教育资源。

因此，教育财政投入的不均衡现象在一定程度上限制了教育的全面发展。教育投入不均衡带来的不仅是教育硬件设施跟不上办学要求，进而也会制约教育质量的提高。近年来，虽然国家对区域教育实行了较大幅度的倾斜政策，增强了对区域教育的经费投入，但是现有的教育财政投入还不宽裕。

西部地区的教育发展水平相对较落后，不仅整体教育财政投入明显不足，还面临优质教育资源匮乏的问题。同时，区域内部的教育财政投入相对不够均衡，使得城乡学校之间出现非均衡发展的现象。首先，由于经济发展较为滞后，人均受教育水平提升较为缓慢。经济的落后直接影响了边远地区义务教育的普及。2005 年的统计数据显示，西部八省（区）平均受教育年限比全国平均水平低 0.54 年。其次，不平衡的教育发展也加剧了处于不利教育处境的群体的社会阶层差异。这种差异随着受教育者踏入社会而被放大，并影响到社会生活的各个方面。再次，教育财政投入的相对不够均衡削弱了政府对西部八省（区）扶持政策的成效。城市优势学校获得了更多资源和发展机会，对社会教育公平造成一定影响。要改变这种现状，必须从均衡教育资源配置入手，办好每一所学校，教好每一名学生，从而逐步实现西部地区义务教育的均衡发展。最后，财政供给总量也是影响教育发展的关键因素。从整体上看，与世界平均水平相比我国财政性教育经费供给总量不够充分、不够均衡的现象依然存在。西部八省（区）生均教育经费支出与全国平均水平有明显差距，同时生均公用经费支出也偏低，导致义务教育供给存在明显差异，尤其是发达地区与欠发达地区的教育资源差别比较大。

### （二）办学条件相对不够充分

西部地区教育存在的非均衡发展现象，不仅表现在各区域之间，还表现在同一区域内部的城乡之间。以教育领域常用的几项办学条件指标，如生均校舍面积、校舍危房率、教学仪器达标学校的比例以及图书达标学校的比例来衡量，西部地区普通中小学的办学条件相较于全国整体平均水平存在着较为明显的差距。

学校办学条件是教育教学的基本保障，而教育投入则是确保学校拥有良好办学条件的基本途径。我国西部偏远地区，大多生产水平较低，交通不便，居民分散。这些地区的学校建设和运行成本相当高，通常是内地同等规模学校的三至五倍。西部地区经济发展相对落后，其对教育的投资能力较弱，导致很多学校缺乏基本的教育设施。这些学校的基础设施薄弱直接影响了教育质量。虽然在教育经费投入上有所增加，但总体上仍然不足，导致人们只能看到学校条件方面的改观，如新校建立、校舍维修和教育设备配置的改善，然而更深层次的问题，比如学生如何有效学习等问题并没有得到很好解决。

城乡教育资源配置的失衡凸显了西部八省（区）教育供需之间的矛盾。由于历史和现实的原因，偏远地区对教育资源的需求量非常大，但地方政府往往将有限的财政资源更多地投入非教育领域，忽视了教育发展的重要性。同时，地方教育主管部门也倾向于在重点示范学校上多花费精力，而对偏远地区的支持相对较少，使得城乡学校办学条件的差距更加明显。调查发现，在一些偏远地区的乡村中小学校，教育资源严重缺乏。教师可能只有教材和教学参考书，缺少图书和辅助教学用具，更不用说拥有实验室进行实验教学。这些办学条件导致学生的学习和课余活动非常单调，无法获得更丰富的教育体验。相比之下，一些城市的中小学校则配备有实验室等现代化教育设施，还有多功能电教室和语音室等。这些现代化设施让这些城市的学生享受到较多的教育资源。

### （三）城乡师资配置相对不够均衡

西部地区师资力量整体较为薄弱。一方面，师资结构不够合理，业务水平和整体素质普遍不高。突出表现在：学历水平普遍偏低；知识比较陈旧；老年教师较多而青年教师偏少；多为语文和数学教师，其他学科教师比较紧缺；课程设置单一；教学方法和教学模式比较落后；教师进修和交流机会较少；学生学习积极性不足。另一方面，生活比较封闭，教育资源条件较差，外地教师不想去，当地教师留不住，骨干教师外流现象严重。

西部八省（区）之间，在从业教师数量上较为接近，学生人数也基本相当。但重要的是，必须高度重视专任教师后备队伍建设。

总体而言，西部八省（区）尤其是农村地区教师的专业发展问题比较突出，队伍建设相对滞后，长期存在不稳定、进步缓慢、发展困难的状况。因此，需要加大省域教育统筹力度，使得西部八省（区）的教师能够获得与其他地区教师相当的公平发展机会、工作与生活条件，不断提升西部八省（区）教师的整体素质和专业水平。

# 第四节　区域教育资源均衡配置的优化策略

区域教育资源均衡配置的优化策略的实施是一个复杂而多维度的过程，可从财力、物力、人力三个方面入手，以确保教育资源的均衡、有效和可持续利用。

## 一、优化经费投入机制

### （一）推行综合性基础教育资金统筹机制，实现城乡教育经费的一体化管理

近年来，西部八省（区）的教育投入持续增加，显示出政府对教育事业的重视和发展的决心。为了达到规定的教育支出占全省（区）GDP 的 4％的目标，缩小区域教育发展差距，各省（区）政府采取更加有力的措施改进公共财政制度，调整财政支出结构，使教育经费的投入更加科学、合理、高效。

基础教育作为公共服务体系的基石，直接关系到国家和民族的未来发展。为此，西部八省（区）的政府必须建立起城乡一体化的基础教育资金管理机制，实现城乡教育资源的合理配置和优化。这样，不仅可以提升西部八省（区）基础教育的整体水平，还能确保城镇和乡村的居民都能公平地享受到优质的基础教育资源。

然而，现实中也必须直面农村基础教育相对滞后的问题。为了解决该问题，各省（区）政府需要更加关注农村学校的发展和改善。在基础教育预算投入方面，应当适度向农村学校倾斜，确保农村地区的教育资源不会被忽视或边缘化。同时，制定详细的城镇

和乡村基础教育资金分配方案，合理分配教育经费，使资源得到最大化的利用，确保每一个学生都能获得公平而充实的教育体验。

## （二）建立省域间的帮扶政策，完善横向财政转移支付

在西部八省（区）之间，经济发展存在明显差距。纵向转移支付制度虽然有助于推动经济平衡，但仍难以满足需求。因此，需要在横向转移支付方面寻求解决方案，以实现各省（区）财力差距的缩小。一种可行的方法是根据各地方的 GDP，确定地方教育经费总额的标准，设定为各地方 GDP 的 4％。然后将各地方的总额进行加总平均，将该值视为基准值。对于低于这一基准值的地区，进行横向转移支付，让这些地区获得高于基准值的教育经费，以实现教育经费的均等分配。通过这种方式，可以促进西部八省（区）间财力的均衡，进而保障各地区的教育资源平等化，实现更加均衡的教育发展。

### 1. 增加西部八省（区）基础教育的财政投入

为确保教育经费充足，需要从多个方面着手。

一方面，必须严格遵守法律规定，确保教育经费按法定要求增长，将教育作为财政支出的优先领域，并维持财政性教育经费支出占 GDP 至少 4％的比例，以此来稳固基础教育领域的资金供给。与此同时，强化学杂费的征收与管理，确保所有应缴费用悉数到位，并全额投入教育支出中。这有助于提升现有资源的利用效率，防止资源浪费，确保教育经费的有效配置。另外，通过实行教育费附加等措施，并从土地出让收益中划拨一定比例作为教育资金，可以进一步拓宽教育经费的来源途径。这些措施能够增加财政收入，为教育事业注入更多的资金支持。

另一方面，遵循"城乡统一、重在农村"的原则，合理调整教育投入结构。要提升财政投入的比例，确保教育成为财政支出的首要考量，并坚守财政性教育经费支出在 GDP 中占比不低于 4％的底线。与此同时，必须强化对学杂费的监管，保证所有应收取的费用都能顺利征缴，并全额投入教育领域。此外，为了优化投入结构，应坚持"城乡并重，农村优先"的原则，进一步完善义务教育的经费保障机制，提升财政扶持力度。在此过程中，可以考虑将财政投入模式由"县级主导"调整为"省级主导"，以便更有效地统筹和配置教育资源。

### 2. 拓宽基础教育融资渠道

为确保教育获得足够的资金支持，应积极借助国家和社会资源，整合政府和民间资金，打造多元化的教育融资格局。特别是加大对民间资本投资教育的支持力度，鼓励社会力量积极捐资助学。在此过程中，促进财政、税收、金融和土地等政策的完善，为教育事业提供优惠政策。

首先，应加强民办教育发展的政策体系。这包括取消对民办学校的收费审批和备案制度，转而推行自主定价和公示制度，以建立起具有市场调节和社会监督功能的价格机制。同时，可以探索实行分类登记和管理制度，使非营利性民办学校能够获得与公办学校相同级别的待遇。重点支持那些办学实力强、教育质量高、社会信誉良好的营利性教育机构，以进一步扩大教育资源的供给。这种做法有助于促进教育领域的多元化竞争，

提升整体教育质量。同时，也应为民办教育机构提供更大的发展空间。例如，可以通过减少行政审批和限制，鼓励创新教育模式和教育内容，以促进民办教育的创新发展。这有助于激发教育领域的活力，满足不同家庭和学生的多样化需求。

其次，除了国家机构外，还要鼓励社会组织和个人参与民办学校的运营。这可以通过购买管理服务、共享教育资源与科研成果等方式来实现，从而促进公立学校和民办学校之间的合作与协同。这种合作模式有助于资源的互补与共享，提高教育质量，并为学生提供更加多样化的学习机会。

再次，积极推动社会渠道捐资助学。一方面，应落实公益性捐赠所得税前扣除政策，为社会捐资提供激励和便利。另一方面，可以鼓励成立各种公益性教育基金会和学校基金会，以便更好地吸引外部资金的捐赠和贷款项目。通过这些基金会，可以更好地管理和利用捐赠资金，确保其用于教育事业的发展，同时也可以提升社会对捐赠资金的信任度。

最后，探索发行农村义务教育债券和彩票，作为额外的农村义务教育资金来源。这些举措可为基础教育提供多元化的资金支持，有助于促进西部八省（区）的基础教育事业发展。通过发行债券，可以引入市场资金，支持基础教育投入。而通过发行彩票，可以在社会上筹集资金，用于提升偏远地区的教育设施和教育质量。

## 二、加速农村学校基本标准建设

基础教育条件在不同地区之间存在着明显的差异，特别是在那些地理位置偏远的区域，办学条件的差距尤为突出。鉴于此，推行统一的教育标准，并对西部八省（区）的办学条件进行改善，推动区域基础教育均衡发展。

### （一）统一城乡办学标准

在推动西部八省（区）基础教育均衡发展的过程中，首要关注的是确保教育资源的公平配置，尤其要加大对农村地区的支持力度，致力于改善农村和山区等欠发达地区的基础教育设施，改进这些地区中小学的教学环境。同时，将标准化学校建设列为地方政府工作的重中之重。所谓标准化学校，是指那些在教育规模、师资力量、基础设施及课程设置等方面均达到标准要求的学校。各级政府需全力以赴，积极推动各类学校的发展，并遵循既定计划与步骤，稳步推进标准化学校建设，加强西部八省（区）的教育设施建设。

### （二）完善农村基础教育结构

为了优化西部八省（区）的教育结构，地方政府需科学调整农村基础教育的布局规划。当前，这些省（区）中存在一些不合理的学校撤并现象，这对区域教育的发展构成了显著障碍。鉴于西部八省（区）地理环境复杂、交通条件受限、经济发展水平相对滞后等实际情况，农村教育结构的调整面临一定挑战。因此，各省（区）政府在实施调整时，应深入实地调研，根据当地具体情况量身定制调整方案。必须防止盲目照搬其他地区的做法，而是要充分考虑当地实际情况和基础教育发展的各项因素，力求使西部八省（区）的教育结构更加合理与完善。

### （三）重视区域基础教育特色化发展

在西部八省（区），学校不仅是知识的传播者，更是中华优秀传统文化的守护者与传承者。因此，在推动这些地区基础教育的发展时，必须重视学校是否具备承载文化活动和提供文化设施的能力。学校的核心使命之一，便是传承与弘扬中华优秀传统文化。西部八省（区）的基础教育应当尊重并融入当地的传统文化，不应为了简单适应农村城镇化进程而轻易放弃这些宝贵的文化遗产。各省（区）政府应结合社会主义新农村建设的理念以及农村居住分散的现状，保留那些承载深厚历史与文化底蕴的农村学校，并赋予它们新的时代内涵。在日常管理中，学校应强化文化建设，深入挖掘本土文化资源，将学校文化与地方文化紧密结合，提升学校的文化品位。这包括开发反映本土文化特色的教材，加深学生对本土文化的认同与热爱；利用民俗文化资源，增强学生的乡村文化体验；开展田园实践课程，让学生亲身体验具有民族特色的生活方式。

在优化整合教育资源的过程中，政府和学校必须高度重视当地传统文化的传承与发展，努力保护和弘扬当地独特的民族文化。政府应加大对当地教育的支持力度，加快推进民族教育教学改革，构建符合当地民族特色的课程体系。同时，利用课余时间，引导学生接触和学习传统文化，为他们创造更好的民族文化教育环境。例如，通过广播、多媒体、板报等多种渠道，举办讲座、竞赛、歌曲表演等活动，营造浓厚的中华优秀传统文化教育氛围，推动其繁荣发展。在推动中华优秀传统文化教育的健康发展过程中，可以采取几项关键举措。首先，应充分挖掘和利用当地的文化资源，为学生提供相应的教材，使他们能够深入了解当地文化的内涵。其次，通过运用传统文化元素，让学生能够与当地文化产生情感共鸣，从而更好地传承和弘扬当地文化。此外，通过田园实践课程，学生可以亲身体验当地丰富的民族风情和生活方式。在整合教育资源时，政府和学校需高度重视当地传统文化的传承与发展，积极传播独特的民族文化。为此，政府需要加强对当地教育的关注，逐步推进民族教育教学改革，适应当地的特点，建立相应的课程体系。同时，在课余时间，让学生更深入地了解民族文化，创造有利于传承和发展民族文化的环境。通过多种方式，营造积极向上的氛围。除此之外，应坚持推进义务教育的均衡发展，改善薄弱学校的硬件设施。同时，加强校际合作，发挥名校对薄弱学校的帮扶作用，促使优质教育资源向农村和欠发达地区传播。还应探索城乡学校合作模式，使农村学校能够与城区学校接轨，提升整体教育水平。

通过上述措施的综合应用，我们能够更好地推进中华优秀传统文化教育的发展，保护和传承中华优秀传统文化，让学生深刻感受到自己的文化根脉，为中华优秀传统文化的传承与创新做出积极贡献。

## 三、优化城乡教师队伍结构

优秀教师普遍倾向于到发达地区发展，导致东部、中部地区教师资源相对过剩，而西部地区则相对短缺。为妥善应对这一问题，应提升西部八省（区）教师素质，同时为教师提供具有吸引力的职业发展条件，以增加他们留在当地的愿望，从而平衡教育资源的分配。

### （一）保障和提高区域教师工资待遇

相比西部八省（区），发达地区不仅提供了更为丰富的就业机会，还拥有更为优越的城市环境、便捷的交通设施，特别是在薪资上更具优势，这使得众多优秀教师更愿意在这些区域执教。一些原本在西部八省（区）任教的教师，往往寻求机会转至发达地区从事教育工作，这一现象进一步加剧了这些地区教师资源的分配不均。为了促进城乡教师队伍的平衡发展，提升西部八省（区）教师的待遇与福利显得尤为迫切。为此，可实施以下策略。首先，地方政府应主动提高乡村教师的薪资标准，以缩小城乡间的薪资差异。其次，各省（区）的教育部门应加强对乡村教师需求的关注，给予他们更多的关怀与奖励，特别是在评选优秀教师时予以倾斜。再次，政府还需着手解决乡村教师的居住问题，为他们提供适宜的居住条件。最后，各级政府应出台更加优惠的医疗等政策，为农村教师提供较好的福利保障。

### （二）提升区域教师队伍质量，完善培训和流动制度

西部八省（区）教师资源存在学历和职称等方面的差异。为解决这一问题，还需从基础教育教师的学历、能力素养以及教学水平提升等方面着手。首先，建立健全教师专业培训制度，鼓励教师进行进修学习，提高个人能力和学历水平，从而提升教学质量。需要政府提供专项经费，支持教师培训和进修，同时采取多种培训方式，如旁听优秀教师课程、与师范学校交流合作等，进行再教育。其次，要明确西部八省（区）教师的流动政策，建立补偿机制，为教师提供适宜的工作环境和薪酬待遇，以吸引教师在西部八省（区）任教。制定合理的教师流动政策后，需执行并建立教师流动考核制度，优先考虑西部八省（区）教师，对流动到西部八省（区）的教师提供交通等费用的报销。再次，要加强西部八省（区）师资队伍建设经费保障。应实施乡村教师支持计划，推进公费定向培养计划，确保公费定向师范毕业生到西部八省（区）学校任教。扩大西部八省（区）教师的"特岗计划"范围，稳定特岗教师队伍。同时，推行部分学科教师的"县管校用"制度，解决教师紧缺学科的教学问题。最后，要全面落实西部八省（区）教师工资待遇。保障当地教师的乡镇工作补贴和人才津贴按时发放，实行区域教师生活补助政策，提升补助标准，改善其工作和生活条件。改革教师养老保障制度，为教师缴纳社会保险费和住房公积金。同时，加大西部八省（区）教师周转房和廉租房建设力度，解决住房问题。关注教师健康，建立定期体检制度，强化教师医疗保障，落实教师重大疾病救助工作。

# 第十一章　区域基础教育均衡发展的时序分析

党的十八大以来，西部八省（区）的教育事业随着经济社会的快速发展而迅速发展，并取得了显著成就，县域内已经基本实现义务教育阶段基本均衡。从时间维度展现西部八省（区）基础教育均衡发展的脉络，分析西部八省（区）基础教育均衡发展在时空范围上的拓展，有助于绘就西部八省（区）基础教育均衡发展的动态图景。本章在探讨时序分析内涵的基础上，结合第六次、第七次全国人口普查公报以及教育统计年鉴等相关数据，从人口学的视角对西部八省（区）基础教育均衡发展时序变化、效益等进行分析。

## 第一节　样本选择与数据来源

### 一、样本选择

本研究选取全国基础教育的时序数据以及广西、西藏、新疆、宁夏、内蒙古、贵州、青海、云南等西部八省（区）2000—2020年的基础教育人口受教育程度的时间数据。

### 二、数据来源

本研究的主要数据来源有：中国统计年鉴——由国家统计局发布，包含全国及各省市的经济、社会、人口等多方面的统计数据；教育统计年鉴——由教育部或各省（区、市）教育厅（局）发布，专门记录教育领域的详细数据，包括基础教育阶段的学校数量、学生人数、教师人数、教育经费等；人口普查公报——第六次、第七次全国人口普查数据中关于人口结构、受教育程度等方面的信息；地方人口普查数据——如西部八省（区）的人口普查数据等。

通过查阅和收集相关年鉴数据，同时结合第六次、第七次全国人口普查公报相关数据，将西部八省（区）的基础教育人口受教育程度与每10万人受教育程度同全国水平做比较，进而立足于人口学的分析视角，通过梳理和呈现不同时期的区域基础教育的发展情况，探究西部八省（区）基础教育的经费投入时序变化、基础教育师资队伍的时序变化以及师生比的时序变化，进而从横向和纵向的跨度上分析西部八省（区）基础教育未来的发展趋势。

# 第二节　区域基础教育均衡发展时序变化的人口学分析

对时间序列进行统计分析，称为时间序列分析（简称"时序分析"）。时序分析是指将历史数据（通常是同一变数的观察值）按时间顺序排列，并应用一定的统计方法进行分析，以预测未来的发展趋势或确定市场预测值。时间序列数据相对于传统静态数据而言，一是具有动态性，时间序列数据是随时间变化的，因此分析的重点在于数据的动态特性和变化过程；二是预测性，时间序列分析的主要目标之一是利用历史数据预测未来的发展趋势或具体数值；三是分解性，通常时间序列数据可以分解为趋势、周期、季节性和随机性。

教育均衡发展的时序分析是对教育均衡发展过程中不同阶段的政策演变、实施特点进行系统梳理，将教育均衡发展过程中不同阶段的历史数据按时间顺序排列，并应用一定的统计方法进行分析，以预测教育均衡发展的成效及趋势，推动教育公平和高质量发展。

## 一、全国适龄人口受教育程度的时序变化

适龄人口是在某个特定年龄段内，适合从事或符合某种社会、经济、文化等活动要求的人口。本研究中的适龄人口主要是指教育适龄人口，根据教育阶段的不同，主要分析小学、初中、高中的适龄人口。由图11.1可知，全国高中（含中专）受教育人数[①]从2000年的14109.0万人，增长至2010年的18798.6万人，再增长至2020年的21300.5万人。在每10万人中，拥有高中（含中专）受教育程度的人数从2000年的11146人，增长到2010年的14032人，增长至2020年的15088人。从发展趋势看，从2000年至2020年，全国高中（含中专）受教育人数呈增长态势，但是增长的速度在放缓。

由图11.2可知，全国初中受教育人数从2000年的42989.0万人，增长至2010年的51965.6万人，到2020年时下降为48716.3万人。在每10万人中拥有初中受教育程度的人数由2000年的33961人上升为2010年的38788人，到2020年则下降为34507人。整体而言，从2000年至2020年，全国初中受教育人数呈现出先增加后下降的发展趋势。

---

① 以下各种程度受教育人数包括各类学校的毕业生、肄业生和在校生。

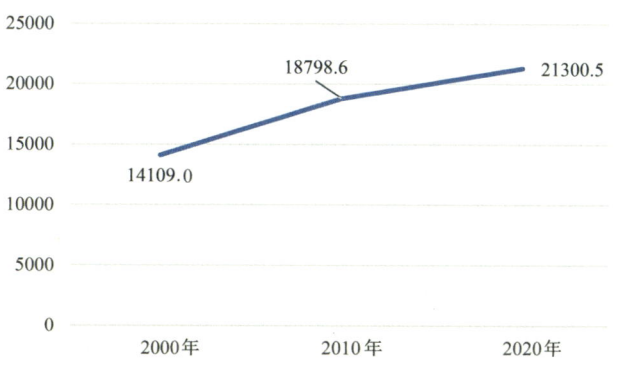

**图 11.1 全国高中（含中专）受教育人数变动时序图（单位：万人）**

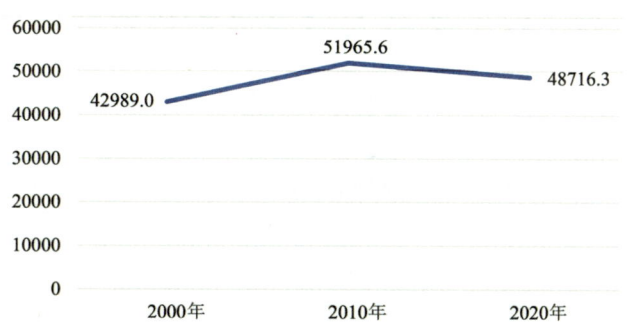

**图 11.2 全国初中受教育人数变动时序图（单位：万人）**

由图 11.3 可知，全国小学受教育人数从 2000 年的 45191.0 万人，增长至 2010 年的 35876.4 万人，到 2020 年时下降为 34965.9 万人。在每 10 万人中，拥有小学受教育程度的人数由 2000 年的 35701 人下降为 2010 年的 26779 人，至 2020 年下降为 24767 人。整体而言，从 2000 年至 2020 年，全国小学受教育人数整体呈现下降的趋势。

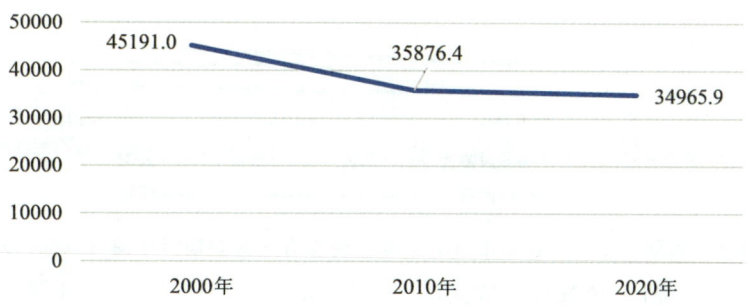

**图 11.3 全国小学受教育人数变动时序图（单位：万人）**

由图 11.4 可知，2000 年全国文盲人口（15 岁及以上不识字或识字很少的人）为 8507 万人，文盲率为 6.72%；至 2010 年时，全国文盲人口为 5465.66 万人，文盲率下降为 4.08%；至 2020 年时，文盲人口为 3775.02 万人，文盲率进一步下降为 2.67%。从整体上看，从 2000 年至 2020 年，随着我国教育事业的发展，全国文盲率呈下降的趋势。

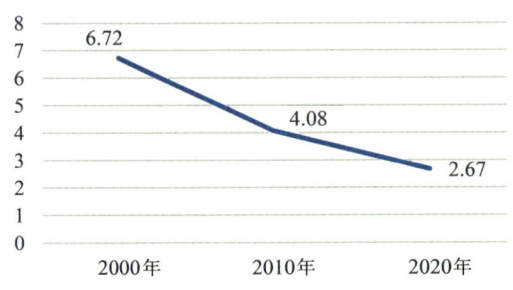

图 11.4　全国文盲率变动时序图（单位：%）

## 二、西部八省（区）适龄人口受教育程度的时序变化

西部八省（区）高中（含中专）受教育人数变动时序图如图 11.5 所示，除内蒙古高中（含中专）受教育人数在 2010 年出现下降趋势外，其他省（区）的高中（含中专）受教育人数从 2000 年至 2020 年整体呈现增长趋势。2020 年，在西部八省（区）中，高中（含中专）受教育人数最多的是广西，达 649 万人。

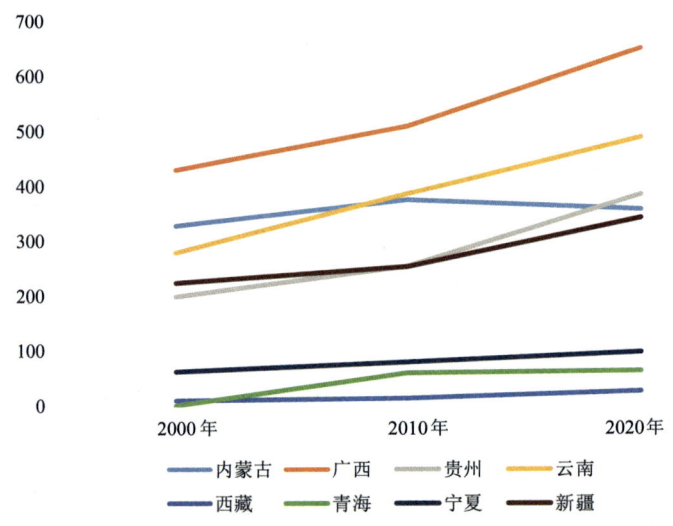

图 11.5　西部八省（区）高中（含中专）受教育人数变动时序图（单位：万人）

西部八省（区）初中受教育人数变动时序图如图 11.6 所示，除内蒙古初中受教育人数增长在 2010 年出现下降趋势外，其他省（区）的初中受教育人数从 2000 年至 2020 年整体呈现增长趋势。2020 年，在西部八省（区）中，初中受教育人数最多的是广西，达 1824.03 万人。

西部八省（区）小学受教育人数变动时序图如图 11.7 所示，除西藏、新疆、青海和宁夏的小学受教育人数呈增长趋势外，其他省（区）的小学受教育人数均呈下降趋势。

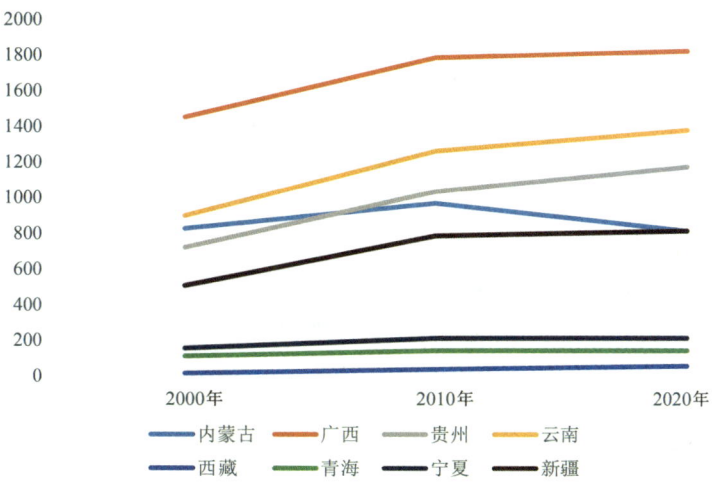

图 11.6　西部八省（区）初中受教育人数变动时序图（单位：万人）

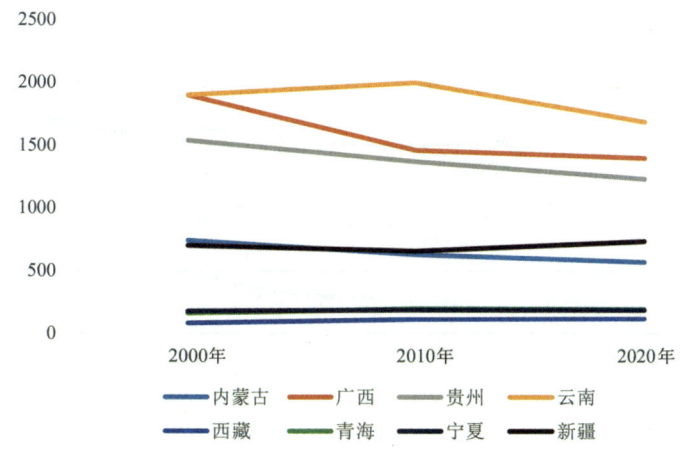

图 11.7　西部八省（区）小学受教育人数变动时序图（单位：万人）

西部七省（区）[①] 文盲率变动时序图如图 11.8 所示，整体而言，西部七省（区）文盲率和全国文盲率的变动趋势基本保持一致，整体呈下降趋势。2020 年，西部八省（区）中除广西和新疆的文盲率低于全国平均值（2.67%）外，其他省（区）均高于全国平均值。

## 三、西部八省（区）适龄人口每 10 万人受教育程度的时序变化

如图 11.9 所示，西部八省（区）每 10 万人中高中（含中专）受教育人数总体呈上升趋势，与全国的发展趋势基本保持一致。2010 年至 2020 年，每 10 万人中高中（含中专）受教育人数最多的是内蒙古。2020 年，内蒙古每 10 万人中高中（含中专）受教育人数达到 14814 人。

① 西藏 2000 年和 2010 年的文盲率分别是 32.5% 和 24.4%，2020 年的数据无，因而此处未统计。

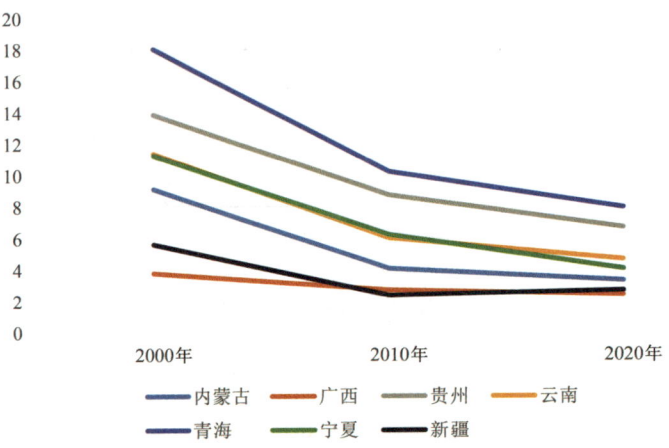

图 11.8　西部七省（区）文盲率变动时序图（单位：%）

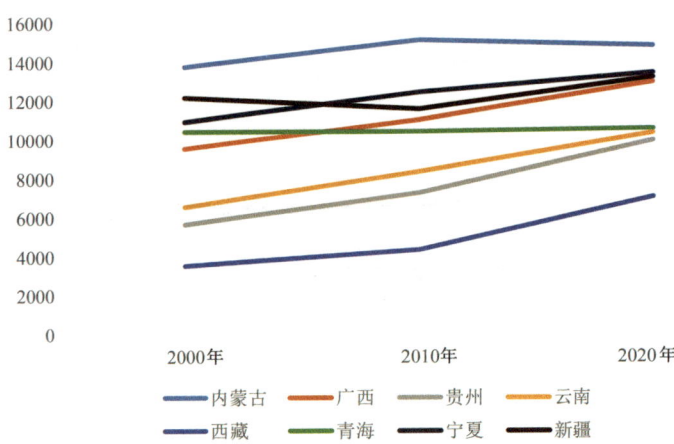

图 11.9　西部八省（区）每 10 万人中高中（含中专）受教育人数时序图（单位：人）

　　西部八省（区）每 10 万人中初中受教育人数变动时序图如图 11.10 所示，贵州、云南和西藏每 10 万人中初中受教育人数总体呈增长趋势，内蒙古、广西、青海、宁夏、新疆则呈先上升后下降趋势。2020 年，西部八省（区）每 10 万人中初中受教育人数最多的是广西，达到 36388 人。

　　西部八省（区）每 10 万人中小学受教育人数变动时序图如图 11.11 所示，整体而言，西部八省（区）每 10 万人中小学受教育人数变动趋势与全国基本保持一致，总体呈下降趋势。西部八省（区）每 10 万人中小学受教育人数最多的是云南，达到 35667 人。

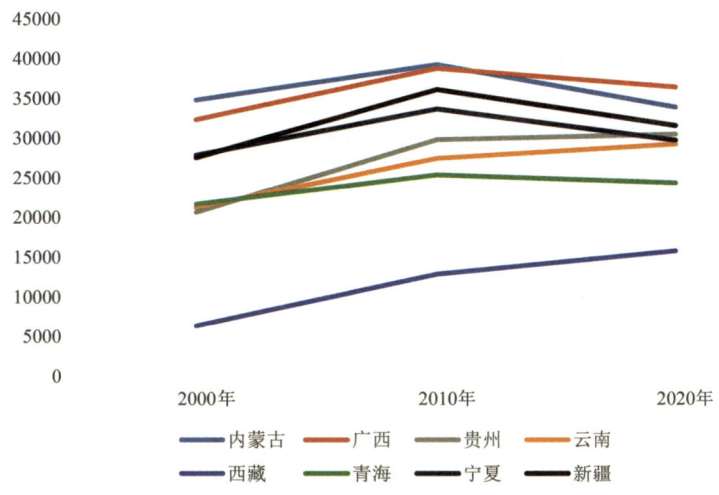

图 11.10　西部八省（区）每 10 万人中初中受教育人数变动时序图（单位：人）

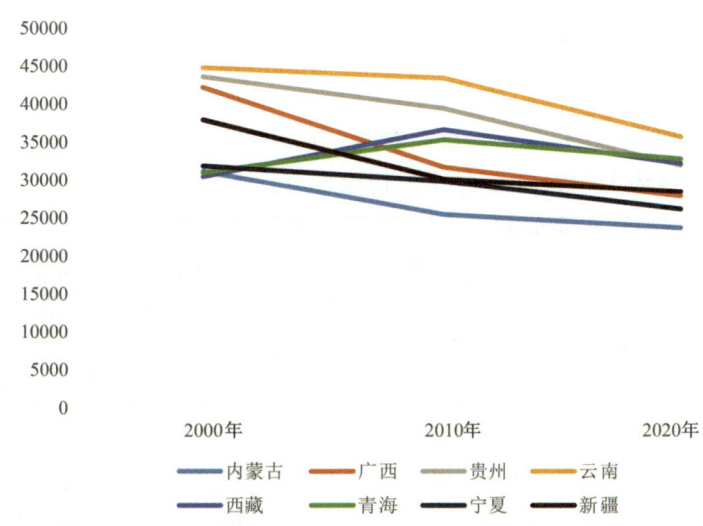

图 11.11　西部八省（区）每 10 万人中小学受教育人数变动时序图（单位：人）

## 四、西部八省（区）　15 岁及以上人口平均受教育年限的时序变化

根据 2020 年第七次全国人口普查的相关数据可知，在全国人口中 15 岁及以上人口的平均受教育年限达到 9.91 年，相较于 2010 年第六次全国人口普查得出的 9.08 年，增加了 0.83 年。

西部八省（区）15 岁及以上人口平均受教育年限变动情况如表 11.1 所示。2010 年，在西部八省（区）中，新疆和内蒙古 15 岁及以上人口平均受教育年限高于全国平均水平（9.08 年），分别为 9.27 年和 9.22 年，分别比全国平均水平高出 0.19 年和 0.14 年。2020 年，在西部八省（区）中，新疆和内蒙古 15 岁及以上人口平均受教育年限高于全国平均水平（9.91 年），分别为 10.11 年和 10.08 年，分别比全国平均水平高出 0.20 年和

0.17 年。其余六省（区）均在全国平均水平之下。从受教育年限的变动情况来看，2010—2020 年，西藏 15 岁及以上人口平均受教育年限增加最快，增加了 1.50 年。

表 11.1　西部八省（区）15 岁及以上人口平均受教育年限变动情况　　单位：年

| 地区 | 2010 年 | 2020 年 |
|---|---|---|
| 全国 | 9.08 | 9.91 |
| 内蒙古 | 9.22 | 10.08 |
| 广西 | 8.76 | 9.54 |
| 贵州 | 7.65 | 8.75 |
| 云南 | 7.76 | 8.82 |
| 西藏 | 5.25 | 6.75 |
| 青海 | 7.85 | 8.85 |
| 宁夏 | 8.82 | 9.81 |
| 新疆 | 9.27 | 10.11 |

从人口学视角分析 2000—2020 年的相关数据，将西部八省（区）的基础教育人口受教育程度同全国水平进行比较分析，可以看出，在高中（含中专）、初中受教育人数的 20 年时间序列的变化趋势上，除内蒙古外，其他省（区）整体呈现增长趋势，与全国的增长态势基本保持一致；在小学受教育人数的 20 年时间序列的变化趋势上，除西藏、新疆、青海和宁夏有增长趋势外，内蒙古、广西、贵州和云南均整体呈下降趋势，与全国整体呈下降趋势基本保持一致；截至 2020 年，西部八省（区）中除广西和新疆的文盲率低于全国平均值（2.67%）外，其他省（区）均高于全国平均值。

将 2000 年至 2020 年西部八省（区）每 10 万人受教育程度同全国水平进行比较分析，可以看出，西部八省（区）每 10 万人中高中（含中专）受教育人数总体呈上升趋势，和全国的发展趋势基本保持一致。2020 年，内蒙古和宁夏每 10 万人中高中（含中专）受教育人数相对居多。西部八省（区）每 10 万人中初中受教育人数，贵州、云南和西藏总体呈增长趋势，内蒙古、广西、青海、宁夏、新疆则呈先上升后下降趋势。2020 年，广西和内蒙古每 10 万人中初中受教育人数相对居多。西部八省（区）每 10 万人中受教育人数变动趋势与全国基本保持一致，总体呈下降趋势。2020 年，云南和青海每 10 万人中小学受教育人数相对居多。

将 2010 年至 2020 年西部八省（区）15 岁及以上人口平均受教育年限同全国平均水平进行比较分析，可以看出，西部八省（区）15 岁及以上人口平均受教育年限增长趋势与全国平均水平基本保持一致。2020 年，在西部八省（区）中，新疆和内蒙古 15 岁及以上人口平均受教育年限高于全国平均水平，其余六省（区）均低于全国平均水平。从 15 岁及以上人口平均受教育年限变动情况来看，西藏增长最快。

不同区域的人口变化，会影响基础教育需求、资源配置及教育质量。建立健全人口监测和预测机制，及时掌握人口变化趋势，有助于为教育规划和资源配置提供科学依据，推进教育公平和均衡发展。

## 第三节　区域基础教育均衡发展时序变化的效益分析

本研究结合 2018—2021 年全国教育经费执行情况统计公告、教育部 2018—2021 年教育统计数据，对西部八省（区）基础教育经费投入的时序变化、基础教育师资队伍的时序变化以及师生比的时序变化进行分析，以预测其发展趋势。

### 一、西部八省（区）基础教育经费投入的时序变化

西部八省（区）一般公共预算教育经费投入情况如表 11.2 所示。西部八省（区）一般公共预算教育经费投入整体呈上升趋势。2021 年，除内蒙古、云南、西藏和宁夏外，其他省（区）一般公共预算教育经费投入比上年增长率均为正值，其中增长率最高的是青海，达到 5.66%。

表 11.2　西部八省（区）一般公共预算教育经费投入情况　　　　单位：亿元

| 地区 | 2018 年 | 2019 年 | 2020 年 | 2021 年 | 趋势图 |
|---|---|---|---|---|---|
| 内蒙古 | 566.65 | 603.43 | 635.39 | 633.69 | |
| 广西 | 927.82 | 1008.88 | 1051.22 | 1105.04 | |
| 贵州 | 983.86 | 1061.57 | 1074.01 | 1125.68 | |
| 云南 | 1069.49 | 1067.31 | 1156.58 | 1147.01 | |
| 西藏 | 229.02 | 261.58 | 293.37 | 290.36 | |
| 青海 | 198.94 | 219.88 | 218.01 | 230.36 | |
| 宁夏 | 167.97 | 179.36 | 207.22 | 199.04 | |
| 新疆 | 815.64 | 863.84 | 909.76 | 942.93 | |

西部八省（区）基础教育生均一般公共预算教育经费投入情况如表 11.3 所示。2021 年，普通小学、普通初中、普通高中生均一般公共预算教育经费投入最高的均是西藏，分别为 30736.41 元、35424.57 元、42418.17 元。

表 11.3　西部八省（区）基础教育生均一般公共预算教育经费投入情况　　　　　单位：元

| 地区 | 普通小学 | | | | 普通初中 | | | | 普通高中 | | | |
|---|---|---|---|---|---|---|---|---|---|---|---|---|
| | 2018 年 | 2019 年 | 2020 年 | 2021 年 | 2018 年 | 2019 年 | 2020 年 | 2021 年 | 2018 年 | 2019 年 | 2020 年 | 2021 年 |
| 全国 | 11328.05 | 11949.08 | 12330.58 | 12380.73 | 16494.37 | 17319.04 | 17803.60 | 17772.06 | 16446.71 | 17821.21 | 18671.83 | 18808.71 |
| 内蒙古 | 14302.61 | 14809.79 | 15208.50 | 14627.70 | 18252.28 | 18692.30 | 19239.92 | 19026.22 | 17205.96 | 20147.88 | 22050.06 | 20833.21 |
| 广西 | 8363.60 | 8661.75 | 8886.27 | 8879.19 | 10874.68 | 11302.89 | 11597.45 | 11518.93 | 10976.94 | 11903.01 | 11217.17 | 11435.09 |
| 贵州 | 10842.93 | 11302.93 | 11230.24 | 11098.27 | 13021.59 | 13622.45 | 14394.02 | 14504.44 | 14061.30 | 14773.77 | 14346.09 | 15359.99 |
| 云南 | 12088.65 | 11707.28 | 12003.17 | 11930.39 | 14487.35 | 14284.70 | 15081.79 | 15062.33 | 14123.11 | 14514.60 | 18449.37 | 15991.56 |
| 西藏 | 29613.96 | 30341.19 | 30080.91 | 30736.41 | 32803.37 | 36912.57 | 35390.99 | 35424.57 | 33786.13 | 41728.42 | 42357.22 | 42418.17 |
| 青海 | 15549.92 | 16313.88 | 15646.86 | 15653.53 | 19469.17 | 20466.46 | 19603.16 | 19996.21 | 19995.36 | 23378.89 | 21719.00 | 21855.36 |
| 宁夏 | 10847.96 | 11179.68 | 12578.20 | 11669.88 | 14781.14 | 15024.62 | 16563.20 | 16035.82 | 14302.11 | 14595.05 | 16757.76 | 15833.00 |
| 新疆 | 12962.26 | 13221.43 | 13259.28 | 13148.55 | 20368.47 | 21949.75 | 21540.37 | 20926.86 | 16993.14 | 18376.65 | 19133.31 | 20118.50 |

从 2018—2021 年的时序发展趋势来看，如图 11.12 所示，全国基础教育生均一般公共预算教育经费投入整体呈递增趋势。从西部八省（区）来看，其中西藏普通小学、普通初中、普通高中生均一般公共预算教育经费投入一直稳居高位，且 4 年间呈现"升—降—升"的趋势。

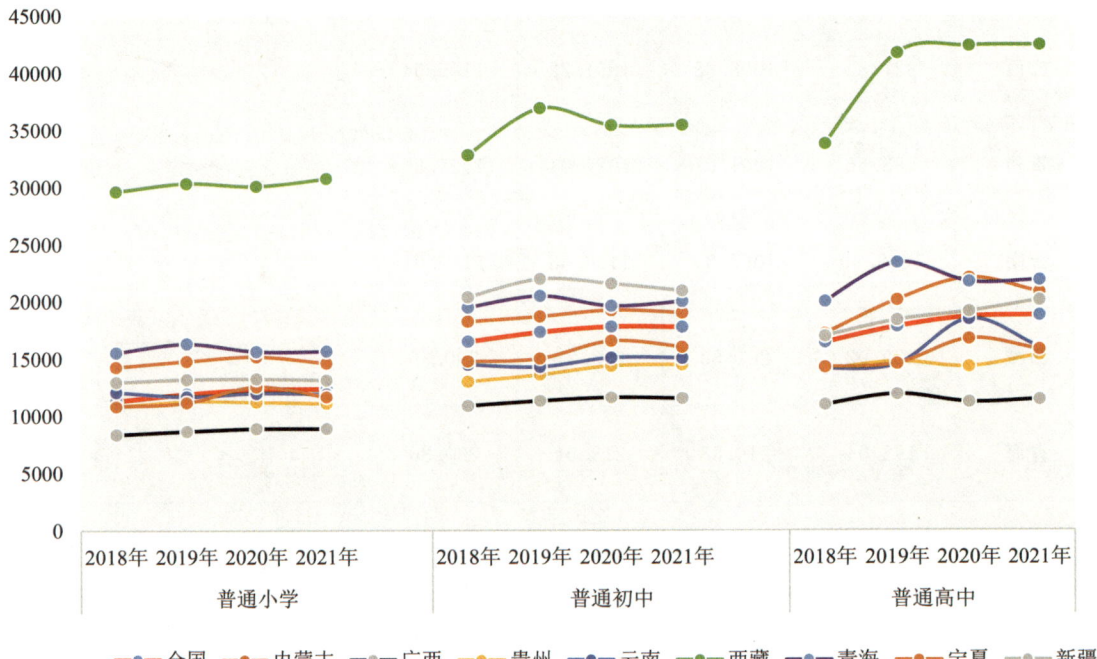

图 11.12　西部八省（区）基础教育生均一般公共预算教育经费投入时序图（单位：元）

西部八省（区）基础教育生均一般公共预算教育事业费支出情况如表 11.4 所示。2021 年，普通小学、普通初中、普通高中生均一般公共预算教育事业费支出最高的均为西藏，分别为 27256.25 元、32496.55 元、35495.08 元。

表 11.4 西部八省（区）基础教育生均一般公共预算教育事业费支出情况 单位：元

| 地区 | 普通小学 | | | | 普通初中 | | | | 普通高中 | | | |
|---|---|---|---|---|---|---|---|---|---|---|---|---|
| | 2018 年 | 2019 年 | 2020 年 | 2021 年 | 2018 年 | 2019 年 | 2020 年 | 2021 年 | 2018 年 | 2019 年 | 2020 年 | 2021 年 |
| 全国 | 10566.29 | 11197.33 | 11654.53 | 11841.80 | 15199.11 | 16009.43 | 16633.35 | 16790.89 | 14955.66 | 16336.23 | 17187.02 | 17236.78 |
| 内蒙古 | 13198.42 | 13633.92 | 13977.45 | 13838.99 | 16468.98 | 17039.48 | 17592.88 | 17958.22 | 15632.32 | 17987.19 | 19709.55 | 20110.05 |
| 广西 | 8013.28 | 8355.20 | 8621.69 | 8812.10 | 10423.78 | 10735.21 | 11164.02 | 11446.86 | 10071.29 | 10751.41 | 10666.71 | 11067.64 |
| 贵州 | 10156.04 | 10764.09 | 10678.38 | 10690.17 | 12241.82 | 13140.21 | 13733.72 | 13915.10 | 12794.55 | 13353.61 | 13314.89 | 14100.68 |
| 云南 | 11479.07 | 11214.73 | 11407.41 | 11734.01 | 13782.05 | 13870.39 | 14233.67 | 14806.60 | 13330.93 | 13339.17 | 17470.43 | 15607.02 |
| 西藏 | 26597.82 | 25412.24 | 26889.26 | 27256.25 | 28525.15 | 30953.41 | 31835.14 | 32496.55 | 29688.46 | 34990.97 | 36280.09 | 35495.08 |
| 青海 | 13929.32 | 14009.44 | 14633.37 | 14296.43 | 17881.64 | 18209.99 | 18635.46 | 18487.91 | 17430.23 | 20076.73 | 21896.49 | 20767.36 |
| 宁夏 | 9877.09 | 10035.91 | 12085.48 | 12562.73 | 13313.32 | 13364.74 | 15665.52 | 16768.02 | 13756.83 | 13773.88 | 16088.74 | 16583.71 |
| 新疆 | 11911.58 | 12427.91 | 12542.67 | 12506.13 | 18414.19 | 19320.15 | 19497.83 | 19578.16 | 15738.27 | 16636.77 | 17898.40 | 18303.68 |

从 2018—2021 年的时序发展趋势来看，全国基础教育生均一般公共预算教育事业费支出整体呈增长趋势。从西部八省（区）来看，其中西藏普通小学、普通初中、普通高中生均一般公共预算教育事业费支出一直稳居高位。

西部八省（区）基础教育生均一般公共预算公用经费支出情况如表 11.5 所示。2021 年，普通小学、普通初中、普通高中生均一般公共预算公用经费支出最高的均为西藏，分别为 6192.73 元、7410.73 元、10155.27 元。

表 11.5 八省（区）基础教育生均一般公共预算公用经费支出情况 单位：元

| 地区 | 普通小学 | | | | 普通初中 | | | | 普通高中 | | | |
|---|---|---|---|---|---|---|---|---|---|---|---|---|
| | 2018 年 | 2019 年 | 2020 年 | 2021 年 | 2018 年 | 2019 年 | 2020 年 | 2021 年 | 2018 年 | 2019 年 | 2020 年 | 2021 年 |
| 全国 | 2794.58 | 2843.79 | 2873.43 | 2855.13 | 3907.82 | 4012.45 | 4183.59 | 4203.76 | 3646.99 | 3945.10 | 4305.29 | 4276.76 |
| 内蒙古 | 3164.63 | 3171.35 | 3389.43 | 3357.88 | 4137.40 | 3979.01 | 4393.15 | 4512.10 | 4394.22 | 5338.35 | 6467.19 | 6594.76 |
| 广西 | 2481.79 | 2482.22 | 2292.60 | 2063.00 | 3204.64 | 3246.11 | 3181.85 | 2951.56 | 3050.11 | 3440.24 | 2935.13 | 2951.66 |
| 贵州 | 2180.27 | 2293.32 | 2192.15 | 2039.27 | 2707.25 | 2625.97 | 2729.21 | 2684.01 | 3812.37 | 3450.92 | 2782.11 | 3562.90 |
| 云南 | 2282.65 | 2038.29 | 2053.26 | 2179.96 | 2887.97 | 2757.81 | 2641.64 | 2790.37 | 2673.04 | 2675.83 | 6560.70 | 4321.15 |
| 西藏 | 8012.37 | 5951.06 | 6446.72 | 6192.73 | 7210.51 | 6625.91 | 7697.11 | 7410.73 | 6392.22 | 9180.85 | 11443.90 | 10155.27 |
| 青海 | 3181.28 | 3475.48 | 3978.98 | 3696.79 | 3970.72 | 4833.40 | 4997.23 | 4653.25 | 3779.45 | 6488.72 | 7793.37 | 6545.96 |
| 宁夏 | 3335.59 | 3147.76 | 3862.31 | 4484.07 | 4584.84 | 4421.92 | 5353.23 | 6445.19 | 3927.91 | 3987.02 | 5431.10 | 6340.74 |
| 新疆 | 2313.49 | 2300.70 | 2351.62 | 2194.79 | 4415.76 | 4168.16 | 4983.94 | 4603.59 | 2957.05 | 3591.26 | 3696.36 | 3083.93 |

从 2018—2021 年的时序发展趋势来看，如图 11.13 所示，全国基础教育生均一般公共预算公用经费支出增长整体呈缓慢增长趋势。从西部八省（区）来看，其中西藏普通小学、普通初中、普通高中生均一般公共预算公用经费支出一直稳居高位。

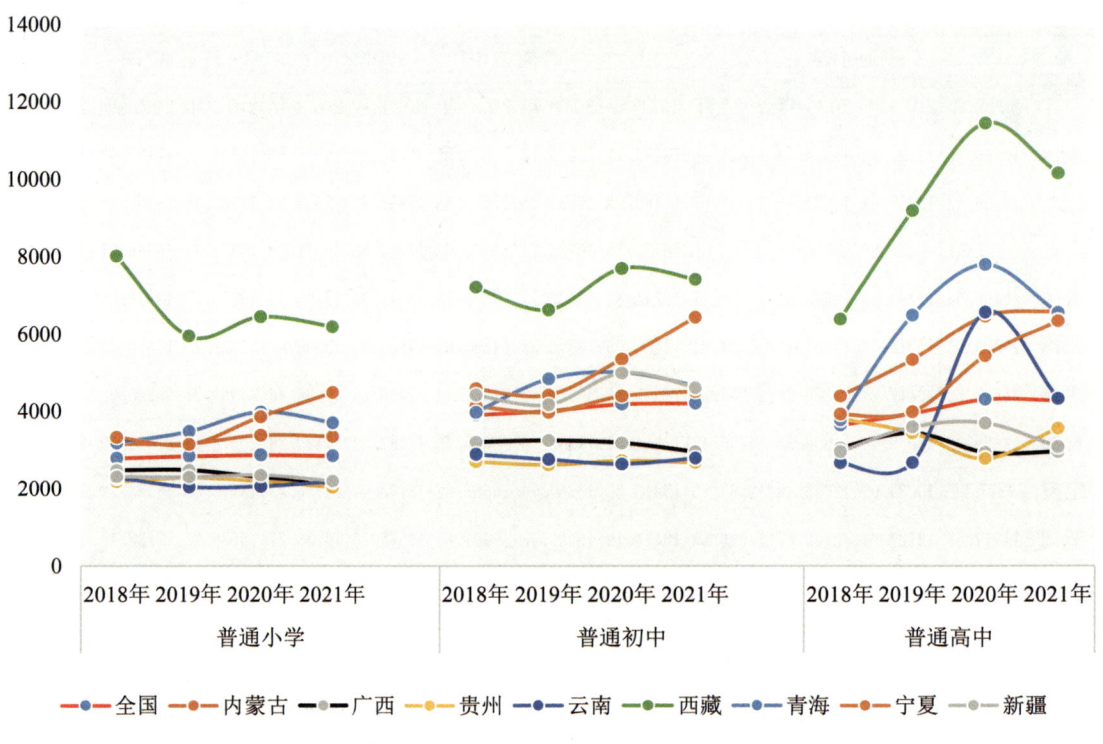

图 11.13　西部八省（区）基础教育生均一般公共预算公用经费支出增长时序图

## 二、西部八省（区）基础教育师资队伍的时序变化

根据 2014 年中央编办、教育部、财政部联合发布的《关于统一城乡中小学教职工编制标准的通知》，中小学教育专项编制的核定，是依据各学校的实际在册学生数，按照高中教职工与学生比为 1∶12.5、初中为 1∶13.5、小学为 1∶19 进行核定。

西部八省（区）普通高中专任教师数与在校生数变动情况如表 11.6 所示。通过计算师生比可知，2018 年至 2021 年，西部八省（区）普通高中师生比整体呈下降趋势（见表 11.7 和图 11.14）。其中，广西普通高中师生比整体较高，内蒙古普通高中师生比整体较低。内蒙古、广西、贵州、青海普通高中师生比整体呈递减趋势，说明当地师资逐年充实；西藏和宁夏普通高中师生比呈递增趋势，说明当地师资尽管每年在增长，但仍不足。根据高中教职工与学生比为 1∶12.5 的标准，内蒙古、西藏、新疆均达标。青海在 2020 年和 2021 年达标。2018 年，广西普通高中师生比最高，为 1∶17.40，西藏普通高中师生比最低，为 1∶10.75。2021 年，广西普通高中的师生比最高，为 1∶15.82，内蒙古普通高中师生比最低，为 1∶10.46。内蒙古、西藏、青海、新疆普通高中师生比分别为 1∶10.46、1∶12.04、1∶12.26、1∶12.27，均达标；广西、贵州、云南、宁夏普通高中师生比分别为 1∶15.82、1∶13.69、1∶13.54、1∶13.86，均未达标。

表 11.6　西部八省（区）普通高中专任教师数与在校生数变动情况　　　单位：人

| 地区 | 2018 年 | | 2019 年 | | 2020 年 | | 2021 年 | |
|---|---|---|---|---|---|---|---|---|
| | 专任教师数 | 在校生数 | 专任教师数 | 在校生数 | 专任教师数 | 在校生数 | 专任教师数 | 在校生数 |
| 内蒙古 | 36316 | 421384 | 36966 | 406205 | 37519 | 405893 | 39273 | 410955 |
| 广西 | 59520 | 1035827 | 63091 | 1091029 | 71043 | 1151497 | 76598 | 1212148 |
| 贵州 | 66598 | 1007791 | 68099 | 992072 | 69086 | 975235 | 70536 | 965576 |
| 云南 | 59147 | 864850 | 62489 | 909138 | 72991 | 971639 | 75028 | 1015711 |
| 西藏 | 5740 | 61702 | 5748 | 65500 | 6080 | 75004 | 6288 | 75736 |
| 青海 | 9727 | 126705 | 9994 | 126349 | 10386 | 129312 | 10719 | 131406 |
| 宁夏 | 11304 | 147599 | 11322 | 153403 | 11615 | 160796 | 12079 | 167356 |
| 新疆 | 44736 | 549723 | 44262 | 528445 | 42355 | 498125 | 41339 | 507195 |

表 11.7　西部八省（区）普通高中师生比变动情况

| 地区 | 2018 年 | 2019 年 | 2020 年 | 2021 年 | 变动趋势 |
|---|---|---|---|---|---|
| 内蒙古 | 1：11.60 | 1：10.99 | 1：10.82 | 1：10.46 | |
| 广西 | 1：17.40 | 1：17.29 | 1：16.21 | 1：15.82 | |
| 贵州 | 1：15.13 | 1：14.57 | 1：14.12 | 1：13.69 | |
| 云南 | 1：14.62 | 1：14.55 | 1：13.31 | 1：13.54 | |
| 西藏 | 1：10.75 | 1：11.40 | 1：12.34 | 1：12.04 | |
| 青海 | 1：13.03 | 1：12.64 | 1：12.45 | 1：12.26 | |
| 宁夏 | 1：13.06 | 1：13.55 | 1：13.84 | 1：13.86 | |
| 新疆 | 1：12.29 | 1：11.94 | 1：11.76 | 1：12.27 | |

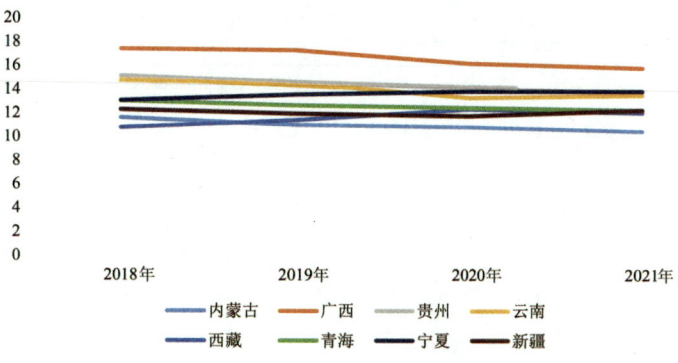

图 11.14　西部八省（区）普通高中师生比变动时序图

西部八省（区）普通初中专任教师数与在校生数变动情况如表 11.8 所示。通过计算师生比可知，2018 年至 2021 年，西部八省（区）普通初中师生比整体呈下降趋势（见表 11.9 和图 11.15）。其中，广西普通初中师生比整体较高，内蒙古普通初中师生比整体较低。广西、云南、西藏、青海普通初中师生比呈逐年递减趋势，新疆普通初中师生比呈递增趋势。根据初中教职工与学生比为 1∶13.5 的标准，内蒙古、西藏、新疆均达标。云南在 2020 年和 2021 年达标，青海在 2019 年、2020 年和 2021 年达标。2018 年，广西普通初中师生比最高，为 1∶15.48，新疆普通初中师生比为最低，为 1∶10.75。2021 年，广西普通初中师生比最高，为 1∶14.61，内蒙古普通初中师生比最低，为 1∶10.57。内蒙古、云南、西藏、青海、新疆普通初中师生比分别为 1∶10.57、1∶13.20、1∶11.55、1∶13.09、1∶12.45，均达标；广西、贵州、宁夏普通初中师生比分别为 1∶14.61、1∶13.87、1∶13.60，均未达标。

表 11.8　西部八省（区）普通初中专任教师数与在校生数变动情况　　单位：人

| 地区 | 2018 年 | | 2019 年 | | 2020 年 | | 2021 年 | |
|---|---|---|---|---|---|---|---|---|
| | 专任教师数 | 在校生数 | 专任教师数 | 在校生数 | 专任教师数 | 在校生数 | 专任教师数 | 在校生数 |
| 内蒙古 | 58263 | 636615 | 59558 | 663303 | 60849 | 661608 | 62953 | 665544 |
| 广西 | 137395 | 2126353 | 142404 | 2204864 | 152003 | 2254893 | 157292 | 2298651 |
| 贵州 | 128242 | 1808436 | 128224 | 1792803 | 128990 | 1780696 | 129760 | 1799906 |
| 云南 | 132323 | 1861533 | 133786 | 1845363 | 139305 | 1823665 | 139066 | 1835147 |
| 西藏 | 10772 | 129405 | 11934 | 139808 | 12371 | 142938 | 12558 | 145089 |
| 青海 | 16362 | 222833 | 16703 | 225270 | 16833 | 224530 | 16982 | 222217 |
| 宁夏 | 20473 | 290451 | 20659 | 298799 | 20679 | 292625 | 21100 | 286945 |
| 新疆 | 85990 | 924483 | 89187 | 977144 | 89614 | 1040503 | 89692 | 1116887 |

表 11.9　西部八省（区）普通初中师生比变动情况

| 地区 | 2018 年 | 2019 年 | 2020 年 | 2021 年 | 变动趋势 |
|---|---|---|---|---|---|
| 内蒙古 | 1∶10.93 | 1∶11.14 | 1∶10.87 | 1∶10.57 | |
| 广西 | 1∶15.48 | 1∶15.48 | 1∶14.83 | 1∶14.61 | |
| 贵州 | 1∶14.10 | 1∶13.98 | 1∶13.80 | 1∶13.87 | |
| 云南 | 1∶14.07 | 1∶13.79 | 1∶13.09 | 1∶13.20 | |
| 西藏 | 1∶12.01 | 1∶11.72 | 1∶11.55 | 1∶11.55 | |
| 青海 | 1∶13.62 | 1∶13.49 | 1∶13.34 | 1∶13.09 | |

续表

| 地区 | 2018 年 | 2019 年 | 2020 年 | 2021 年 | 变动趋势 |
|---|---|---|---|---|---|
| 宁夏 | 1∶14.19 | 1∶14.46 | 1∶14.15 | 1∶13.60 | |
| 新疆 | 1∶10.75 | 1∶10.96 | 1∶11.61 | 1∶12.45 | |

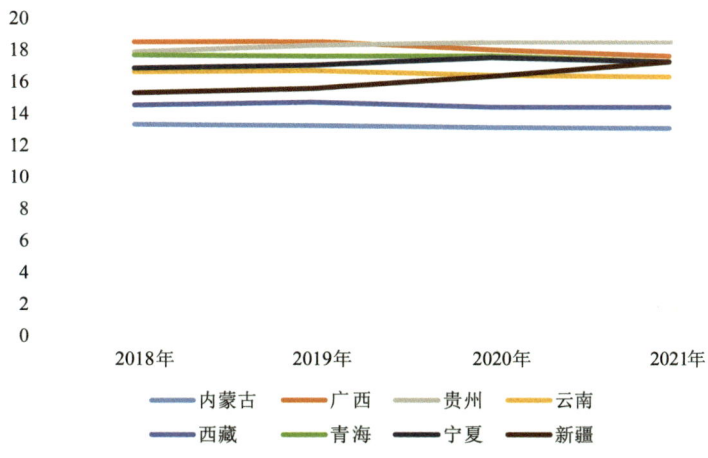

图 11.15　西部八省（区）普通初中师生比变动时序图

　　西部八省（区）普通小学专任教师数与在校生数变动情况如表11.10所示。通过计算师生比可知，2018 年至 2021 年，西部八省（区）普通小学师生比总体保持平稳，部分省（区）小学师生比有上升趋势（见表 11.11 和图 11.16）。其中，广西普通小学师生比整体较高，内蒙古普通小学师生比整体较低。青海普通小学师生比呈逐年递减趋势，内蒙古、广西、云南、宁夏普通小学师生比呈略增后减趋势，新疆普通小学师生比呈递增趋势。根据小学教职工与学生比为 1∶19 的标准，西部八省（区）均达标。

表 11.10　西部八省（区）普通小学专任教师数与在校生数变动情况　　　　单位：人

| 地区 | 2018 年 | | 2019 年 | | 2020 年 | | 2021 年 | |
|---|---|---|---|---|---|---|---|---|
| | 专任教师数 | 在校生数 | 专任教师数 | 在校生数 | 专任教师数 | 在校生数 | 专任教师数 | 在校生数 |
| 内蒙古 | 100652 | 1341863 | 102876 | 1363093 | 105222 | 1381519 | 107636 | 1408464 |
| 广西 | 257750 | 4767771 | 267128 | 4950349 | 281724 | 5071781 | 293089 | 5159552 |
| 贵州 | 207839 | 3717297 | 212485 | 3882991 | 215012 | 3972666 | 212735 | 3963246 |
| 云南 | 228365 | 3795120 | 230762 | 3851042 | 237317 | 3892241 | 236287 | 3852272 |
| 西藏 | 22446 | 326334 | 23164 | 340952 | 24486 | 352875 | 25381 | 365581 |
| 青海 | 27483 | 486026 | 28318 | 498501 | 28798 | 507745 | 29995 | 517669 |
| 宁夏 | 34487 | 581495 | 34279 | 584149 | 33823 | 592434 | 34995 | 603706 |
| 新疆 | 158617 | 2426826 | 167448 | 2606825 | 170094 | 2780051 | 170151 | 2933832 |

表 11.11 西部八省（区）普通小学师生比变动情况

| 地区 | 2018 年 | 2019 年 | 2020 年 | 2021 年 | 变动趋势 |
|---|---|---|---|---|---|
| 内蒙古 | 1：13.33 | 1：13.25 | 1：13.13 | 1：13.09 | |
| 广西 | 1：18.50 | 1：18.53 | 1：18.00 | 1：17.60 | |
| 贵州 | 1：17.89 | 1：18.27 | 1：18.48 | 1：18.63 | |
| 云南 | 1：16.62 | 1：16.69 | 1：16.40 | 1：16.30 | |
| 西藏 | 1：14.54 | 1：14.72 | 1：14.41 | 1：14.40 | |
| 青海 | 1：17.68 | 1：17.60 | 1：17.63 | 1：17.26 | |
| 宁夏 | 1：16.86 | 1：17.04 | 1：17.52 | 1：17.25 | |
| 新疆 | 1：15.30 | 1：15.57 | 1：16.34 | 1：17.24 | |

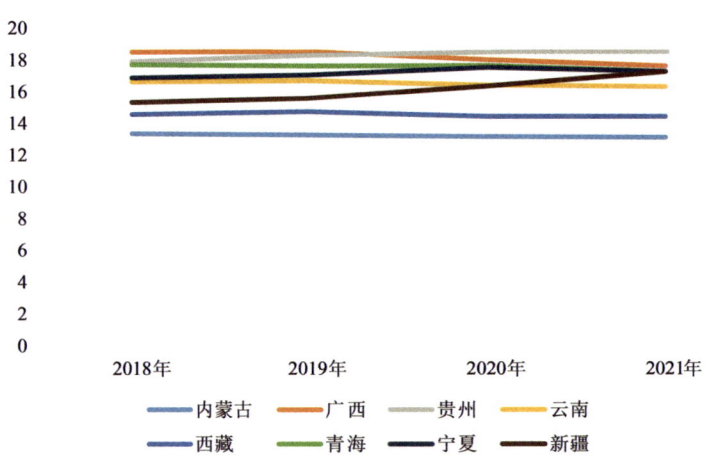

图 11.16 西部八省（区）普通小学师生比变动时序图

# 第四节 区域基础教育均衡发展的趋势预测

办好义务教育是实现教育优质均衡发展的主要举措之一。《中共中央关于制定国民经济和社会发展第十四个五年规划和二〇三五年远景目标的建议》明确提出建设高质量教育体系的要求。建设高质量教育体系需要准确预测学龄人口的规模与结构，为合理可行的教育发展规划提供依据。[①] 学龄人口的规模和结构与教师规模和教育经费投入有关。因此，准确预测学龄人口的规模和结构的变化趋势，有利于教育资源的合理配置，避免教育资源浪费和短缺问题，从而提高教育质量，促进教育公平，优化教育结构，对于建设优质教育体系和实现教育优质均衡发展具有重要意义。

学前教育学龄人口规模是开展学前教育资源需求预测的基础，也是基础教育资源需求的重要来源。本节以第七次全国人口普查数据为基础数据，在预测西部八省（区）2024—2035 年学前教育学龄人口规模的基础上，以最有可能的生育方案为基准，进一步估算学前教育高质量普惠性发展所需要的保教人员、教育经费、园所等教育资源。通过科学预测和合理规划，更好地应对教育领域的挑战，推动教育事业的持续健康发展。

# 一、预测方法

## （一）趋势外推法

趋势外推法也称趋势延伸法，是根据预测目标的历史时间序列所揭示的变动趋势外推到未来以确定预测值的时序预测法。未来是过去和现在连续发展的结果。决定事物过去发展的因素，在很大程度上也决定该事物未来的发展，其变化不会太大；事物发展过程一般是渐进式的变化，而不是跳跃式的变化。时序分析预测技术要求预测的数据具有一定的随机平稳性。

趋势外推法的核心假设是"过去的变化模式将延续至未来"，通过构建数学模型，拟合时间序列数据，揭示变量随时间变化的规律，并据此推算未来数值。该方法操作简单，适用于趋势稳定、无明显周期性波动的场景，如人口增长预测、经济指标估算等。其局限性在于对突发事件或结构性变化敏感，若历史规律因外部因素而改变，则预测误差可能显著增大，通常需结合定性分析法或与其他预测方法联用以提高准确性。

## （二） CPPS 人口预测法

在计算义务教育学龄人口时，最为重要的是预测学龄人口的年龄结构。队列要素预测法在考虑到人口学里的生育率、死亡率、男女比例和育龄妇女数对人口数量变动的影响的基础上，同时考虑历史纵向数据与基年横向数据，预测精度较高、信息量较大，成为人口预测中较为常用的方法。而以队列要素预测法为原理开发的 CPPS 人口预测法能动态、准确地对人口总量和年龄结构进行预测。

本研究主要使用 CPPS 人口预测法对教育资源的需求进行预测。

# 二、预测模型构建

以 CPPS 人口预测法为例，其预测模型参考构建步骤如下。

---

① 胡咏梅，刘雅楠．我国公共教育投资比例预测——基于我国人口结构变化趋势和国际比较的分析［J］．教育与经济，2023，39（2）：41-52.

## （一）编制生命表

1. 计算事件发生风险概率 $_nm_x$，即年龄别死亡率

$$_nm_x = \frac{_nD_x}{\frac{1}{2}n[N_x + N_{x+n}]}$$

式中，$x$ 为年龄；$n$ 为年龄组间距；$_nD_x$ 为 $[x，x+n]$ 岁死亡人口数。

2. 计算年龄别死亡发生概率 $_nq_x$

$$_nq_x = 1 - e^{-n \times _nm_x}$$

式中，$_nm_x$ 为在 $[x，x+n]$ 区间内的死亡率，即年龄别死亡率。

3. 计算生命表死亡事件发生数 $_nd_x$

假定 $L_0 = 1$，即队列初始（0 岁）存活概率为 1，计算的 $L_x$ 为 $x$ 岁的存活概率。或者假定 $L_0 = 10000$，即队列初始（0 岁）人数为 10000 人，那么 $L_x$ 为 $x$ 岁的存活人数。相关计算公式如下：

$$_nd_x = L_x \times _nq_x$$

式中，$_nd_x$ 为年龄在 $[x，x+n]$ 区间内的死亡事件发生数；$L_x$ 为 $x$ 岁的存活人数。

4. 计算其余各岁的尚存活人口数 $L_x$

$$L_{x+n} = L_x - _nd_x$$

式中，$L_{x+n}$ 为 $x+n$ 岁的存活人数。

5. 计算 $x$ 岁到 $x+n$ 岁之间的处于初始状态的人年数 $_nL_x$，即存活人年数

$$_nL_x = n \times L_{x+n} + _na_x(L_x - L_{x+n})$$

其中，$_na_x$ 是那些在年龄区间 $[x，x+n]$ 内经历所研究人口事件的人，在 $x$ 岁以后平均存活于未经历该人口事件状态，即初始状态的人年数，也就是死亡人口在年龄区间 $[x，x+n]$ 内的平均存活人年数。

6. 计算 $x$ 岁以后的仍处于初始状态的人年数 $T(x)$

$$T(x) = \sum_{y=x}^{w-n} {_nL_y} + L_{w^*}$$

其中，$w^*$ 为所考虑的最大年龄。

7. 计算 $x$ 岁时的平均预期寿命 $e(x)$

$$e(x) = \frac{T(x)}{L(x)}$$

## （二）构建存活人口模型

$$_nP_{t_2}(x+n) = {}_nP_{t_1}(x) \times [{}_nL(x+n)/{}_nL(x)]$$

式中，$x$ 的取值范围是 $0\sim100$ 岁；$_nP_{t_1}(x)$ 是在 $t_1$ 时刻年龄在 $x$ 岁至 $x+n$ 岁的人口数；$_nP_{t_2}(x+n)$ 是在 $t_2$ 时刻年龄在 $x+n$ 岁至 $x+2n$ 岁的人口数；$_nL(x)$ 是确切年龄在 $x$ 至 $x+n$ 队列存活人年数；$_nL(x+n)$ 是确切年龄在 $x+n$ 至 $x+2n$ 队列存活人年数。

## （三）构建人口生育模型

$$P_{t_2}(0) = [L(0)/2] \times \{ \sum [{}_nP_{ft_1}(x) \times {}_nF(x) + {}_nP_{ft_1}(x) \times {}_nF(x+n)] \times {}_nL(x+n)/{}_nL(x)\}$$

式中，$p_{t_2}(0)$ 是在 $t_2$ 时刻年龄为 0 岁人口数；$_nP_{ft_1}(x)$ 是在 $t_1$ 时刻年龄在 $x$ 岁至 $x+n$ 岁的妇女人口数；$x$ 的取值范围是 $15\sim49$ 岁；$_nF(x)$ 为年龄在 $x$ 岁至 $x+n$ 岁的育龄妇女生育率；$_nF(x+n)$ 为年龄在 $x+n$ 岁至 $x+2n$ 岁的育龄妇女生育率。

## （四）构建总人口模型

$$T_{\text{pop}t_2} = \sum {}_nP_{t_2}(x)$$

式中，$T_{\text{pop}t_2}$ 为 $t_2$ 时刻的总人口数；$_nP_{t_2}(x)$ 是在 $t_2$ 时刻年龄在 $x$ 岁至 $x+n$ 岁的人口数。

## 三、预测趋势

本研究预测 2024—2035 年学前教育学龄人口规模的基础上，以最有可能的生育方案为基准，估算学前教育高质量普惠性发展所需要的保教人员、教育经费、园所等教育资源的需求趋势。

### （一）西部八省（区）总和生育率预测

结合《世界人口展望 2022》中设定的中国未来总和生育率变动的方案，以及王广州、陈卫等人的研究结果和世界各国的生育变动趋势，研究设置低、中、高三种可能的生育方案对未来学前教育学龄人口规模进行预测。

第一种是低水平的可能变动方案（简称"低方案"）。假设在 2024 年后一孩生育率回升，不婚不育的人群比例将上升。此时，对不婚不育以及少生少育等情况不加干涉，总和生育率将于 2035 年达到 1.296。

第二种是中水平的可能变动方案（简称"中方案"）。假设在 2024 年后一孩生育率回升，但对不婚不育以及少生少育等情况进行一定程度干预，促进二孩生育发挥了一定作用，但三孩及以上生育率依然保持超低水平，总和生育率将于 2035 年达到 1.500。

第三种是高水平的可能变动方案（简称"高方案"）。假设在 2024 年后一孩生育率回升，同时，通过生育支持政策，使得二孩和三孩的生育率大幅上升，则高方案下总和生育率将于 2035 年达到 1.704（见表 11.12）。

表 11.12　2024—2035 年总和生育率的多方案预测

| 年份 | 低方案 | 中方案 | 高方案 |
| --- | --- | --- | --- |
| 2024 年 | 1.208 | 1.225 | 1.242 |
| 2025 年 | 1.216 | 1.250 | 1.284 |
| 2026 年 | 1.224 | 1.275 | 1.326 |
| 2027 年 | 1.232 | 1.300 | 1.368 |
| 2028 年 | 1.240 | 1.325 | 1.410 |
| 2029 年 | 1.248 | 1.350 | 1.452 |
| 2030 年 | 1.256 | 1.375 | 1.494 |
| 2031 年 | 1.264 | 1.400 | 1.536 |
| 2032 年 | 1.272 | 1.425 | 1.578 |
| 2033 年 | 1.280 | 1.450 | 1.620 |
| 2034 年 | 1.288 | 1.475 | 1.662 |
| 2035 年 | 1.296 | 1.500 | 1.704 |

2024—2035 年八省（区）总和生育率设定（中方案）如表 11.13 所示。

表 11.13　2024—2035 年西部八省（区）总和生育率设定（中方案）

| 年份 | 2024 年 | 2025 年 | 2026 年 | 2027 年 | 2028 年 | 2029 年 | 2030 年 | 2031 年 | 2032 年 | 2033 年 | 2034 年 | 2035 年 |
| --- | --- | --- | --- | --- | --- | --- | --- | --- | --- | --- | --- | --- |
| 内蒙古 | 1.12 | 1.15 | 1.17 | 1.19 | 1.22 | 1.24 | 1.26 | 1.28 | 1.31 | 1.33 | 1.35 | 1.38 |
| 广西 | 1.83 | 1.87 | 1.91 | 1.94 | 1.98 | 2.02 | 2.05 | 2.09 | 2.13 | 2.17 | 2.20 | 2.24 |
| 贵州 | 2.00 | 2.04 | 2.08 | 2.13 | 2.17 | 2.21 | 2.25 | 2.29 | 2.33 | 2.37 | 2.41 | 2.45 |
| 云南 | 1.52 | 1.55 | 1.58 | 1.61 | 1.64 | 1.67 | 1.70 | 1.73 | 1.76 | 1.80 | 1.83 | 1.86 |
| 西藏 | 1.82 | 1.86 | 1.90 | 1.93 | 1.97 | 2.01 | 2.04 | 2.08 | 2.12 | 2.15 | 2.19 | 2.23 |
| 青海 | 1.50 | 1.53 | 1.56 | 1.59 | 1.62 | 1.66 | 1.69 | 1.72 | 1.75 | 1.78 | 1.81 | 1.84 |
| 宁夏 | 1.58 | 1.61 | 1.65 | 1.68 | 1.71 | 1.74 | 1.77 | 1.81 | 1.84 | 1.87 | 1.90 | 1.93 |
| 新疆 | 1.00 | 1.02 | 1.04 | 1.06 | 1.08 | 1.10 | 1.12 | 1.14 | 1.16 | 1.18 | 1.20 | 1.22 |

## （二）西部八省（区）学前教育学龄人口规模变动趋势

基于前文的学龄人口预测方法与参数设置，按照低、中、高三个方案，对 2024—2035 年西部八省（区）学前教育学龄人口规模的变动趋势进行预测分析。

## 1. 低方案下西部八省（区）学前教育学龄人口规模变动趋势

如表 11.14 所示，低方案下，受低生育水平影响，各省（区）的学前教育学龄人口规模均呈下降趋势。例如，内蒙古 2024 年的学前教育学龄人口规模为 55.69 万人，到 2035 年下降至 36.35 万人，下降了 19.34 万人。若继续保持当前的超低生育率趋势，那么未来各省（区）都将存在"入园易、招生难"现象，未来幼儿园将出现大规模关停撤并现象。

**表 11.14　低方案下 2024—2035 年西部八省（区）学前教育学龄人口规模变动趋势**

单位：万人

| 区域 | 2024 年 | 2025 年 | 2026 年 | 2027 年 | 2028 年 | 2029 年 | 2030 年 | 2031 年 | 2032 年 | 2033 年 | 2034 年 | 2035 年 |
|---|---|---|---|---|---|---|---|---|---|---|---|---|
| 内蒙古 | 55.69 | 49.24 | 47.47 | 46.01 | 44.21 | 44.18 | 41.43 | 39.79 | 38.58 | 38.03 | 36.90 | 36.35 |
| 广西 | 173.25 | 154.86 | 155.01 | 148.30 | 154.42 | 147.68 | 151.60 | 152.98 | 155.74 | 133.95 | 163.30 | 167.14 |
| 贵州 | 159.18 | 145.60 | 142.08 | 144.35 | 152.51 | 145.17 | 149.96 | 150.94 | 152.74 | 156.14 | 156.65 | 158.18 |
| 云南 | 161.64 | 139.39 | 132.82 | 134.11 | 139.86 | 133.98 | 136.30 | 135.78 | 135.77 | 137.07 | 135.65 | 135.12 |
| 西藏 | 16.46 | 14.64 | 14.47 | 14.48 | 14.85 | 14.34 | 14.42 | 14.35 | 14.35 | 14.50 | 14.38 | 14.40 |
| 青海 | 14.44 | 12.74 | 11.45 | 11.45 | 11.86 | 11.49 | 11.46 | 11.32 | 11.27 | 11.40 | 11.33 | 11.33 |
| 宁夏 | 18.45 | 16.42 | 15.30 | 15.17 | 15.59 | 15.14 | 15.02 | 14.81 | 14.65 | 14.67 | 14.41 | 14.40 |
| 新疆 | 48.10 | 36.47 | 34.74 | 34.35 | 35.00 | 34.13 | 33.56 | 33.22 | 33.19 | 33.47 | 33.07 | 33.13 |

从西部八省（区）学前教育学龄人口下降规模（见图 11.17）来看，低方案下，相比 2024 年，到 2035 年，云南省的下降规模在 25 万人以上，内蒙古、新疆、广西的下降规模在 5 万～20 万人。此外，贵州、宁夏、青海、西藏、贵州等省（区）的下降规模较小，在 5 万人以下。

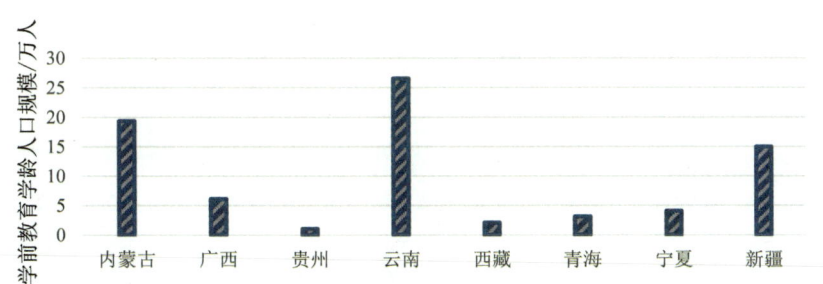

**图 11.17　低方案下 2024—2035 年西部八省（区）学前教育学龄人口下降规模①**

## 2. 中方案下西部八省（区）学前教育学龄人口规模变动趋势

如表 11.15 所示，2024—2035 年，西部八省（区）学前教育学龄人口规模的变动趋

---

①　在学前教育学龄人口下降规模上，正值代表学前教育学龄人口下降规模，负值则代表学前教育学龄人口规模不降反升，即学前教育学龄人口增加规模。

势大体可分为两类。第一类，呈先下降后上升趋势。例如，广西，由 2024 年的 173.25 万人下降至 2027 年的 149.20 万人，再上升至 2035 年的 185.78 万人。贵州，由 2024 年的 159.18 万人下降至 2026 年的 142.08 万人，再上升至 2035 年的 175.82 万人。第二类，呈持续下降趋势。如内蒙古，由 2024 年的 55.69 万人持续下降至 2035 年的 40.41 万人。

表 11.15　中方案下 2024—2035 年西部八省（区）学前教育学龄人口规模变动趋势

单位：万人

| 区域 | 2024 年 | 2025 年 | 2026 年 | 2027 年 | 2028 年 | 2029 年 | 2030 年 | 2031 年 | 2032 年 | 2033 年 | 2034 年 | 2035 年 |
|---|---|---|---|---|---|---|---|---|---|---|---|---|
| 内蒙古 | 55.69 | 49.24 | 47.47 | 46.29 | 45.94 | 44.59 | 43.31 | 42.15 | 41.37 | 41.28 | 40.54 | 40.41 |
| 广西 | 173.25 | 154.86 | 155.01 | 149.20 | 153.58 | 155.74 | 158.5 | 162.02 | 167.03 | 145.42 | 179.42 | 185.78 |
| 贵州 | 159.18 | 145.60 | 142.08 | 145.23 | 150.97 | 153.81 | 156.78 | 159.86 | 163.81 | 169.51 | 172.11 | 175.82 |
| 云南 | 161.64 | 139.39 | 132.82 | 134.93 | 139.34 | 141.05 | 142.50 | 143.80 | 145.61 | 148.81 | 149.03 | 150.19 |
| 西藏 | 16.46 | 14.64 | 14.47 | 14.57 | 14.91 | 14.98 | 15.07 | 15.19 | 15.39 | 15.74 | 15.80 | 16.01 |
| 青海 | 14.44 | 12.74 | 11.45 | 11.52 | 11.95 | 11.96 | 11.98 | 11.99 | 12.08 | 12.37 | 12.45 | 12.59 |
| 宁夏 | 18.45 | 16.42 | 15.30 | 15.26 | 15.74 | 15.72 | 15.71 | 15.68 | 15.71 | 15.83 | 15.83 | 16.01 |
| 新疆 | 48.10 | 36.47 | 34.74 | 34.55 | 35.49 | 35.30 | 35.09 | 35.18 | 35.59 | 36.34 | 36.33 | 36.83 |

从西部八省（区）学前教育学龄人口下降规模（见图 11.18）来看，中方案下，相比 2024 年，到 2035 年，广西和贵州呈上升趋势，内蒙古、云南、新疆下降规模在 10 万～20 万人，西藏、青海、宁夏下降规模在 10 万人以下。

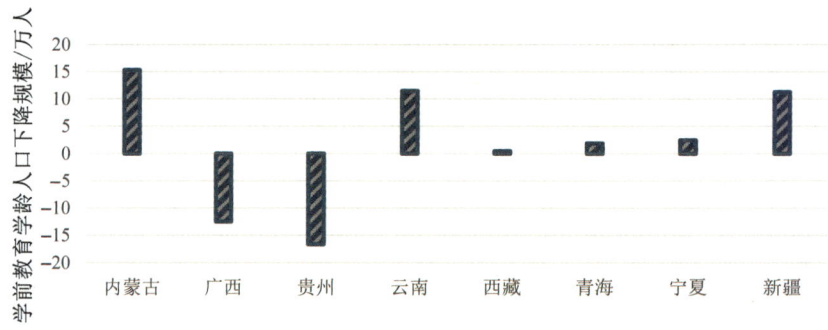

图 11.18　中方案下 2024—2035 年西部八省（区）学前教育学龄人口下降规模①

### 3. 高方案下西部八省（区）学前教育学龄人口规模变动趋势

高方案下西部八省（区）学前教育学龄人口规模的变动趋势（见表 11.16）有两种类型。一是先下降后上升类型，如贵州、云南等省（区）。二是整体下降，稍有波动型，如内蒙古和广西。

---

① 在学前教育学龄人口下降规模上，正值代表学前教育学龄人口下降规模，负值则代表学前教育学龄人口规模不降反升，即学前教育学龄人口增加规模。

表 11.16 高方案下 2024—2035 年西部八省（区）学前教育学龄人口规模变动趋势

单位：万人

| 区域 | 2024 年 | 2025 年 | 2026 年 | 2027 年 | 2028 年 | 2029 年 | 2030 年 | 2031 年 | 2032 年 | 2033 年 | 2034 年 | 2035 年 |
|---|---|---|---|---|---|---|---|---|---|---|---|---|
| 内蒙古 | 55.69 | 49.24 | 47.47 | 46.44 | 46.63 | 45.43 | 44.86 | 44.17 | 43.86 | 44.24 | 43.89 | 44.18 |
| 广西 | 173.25 | 154.86 | 155.01 | 149.69 | 155.86 | 158.68 | 164.16 | 169.81 | 177.06 | 155.82 | 194.24 | 203.11 |
| 贵州 | 159.18 | 145.60 | 142.08 | 145.71 | 153.21 | 156.72 | 162.39 | 167.55 | 173.64 | 181.63 | 186.32 | 192.22 |
| 云南 | 161.64 | 139.39 | 132.82 | 135.37 | 141.41 | 143.71 | 147.60 | 150.72 | 154.35 | 159.45 | 161.34 | 164.19 |
| 西藏 | 16.46 | 14.64 | 14.47 | 14.61 | 15.13 | 15.26 | 15.61 | 15.92 | 16.32 | 16.86 | 17.10 | 17.50 |
| 青海 | 14.44 | 12.74 | 11.45 | 11.56 | 12.12 | 12.19 | 12.41 | 12.57 | 12.81 | 13.26 | 13.48 | 13.76 |
| 宁夏 | 18.45 | 16.42 | 15.30 | 15.31 | 15.98 | 16.02 | 16.27 | 16.44 | 16.65 | 17.07 | 17.14 | 17.50 |
| 新疆 | 48.10 | 36.47 | 34.74 | 34.67 | 36.02 | 35.96 | 36.34 | 36.87 | 37.73 | 38.94 | 39.34 | 40.27 |

从西部八省（区）学前教育学龄人口下降规模（见图 11.19）来看，高方案下，相比 2024 年，到 2035 年，贵州、广西、云南、西藏呈上升趋势，内蒙古、青海、宁夏、新疆呈下降趋势。

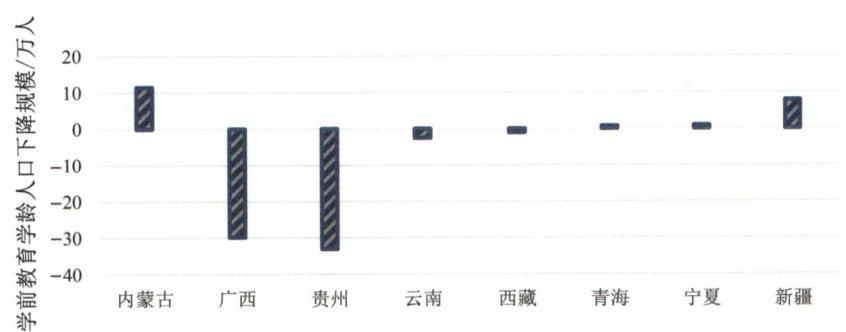

图 11.19 高方案下 2024—2035 年西部八省（区）学前教育学龄人口下降规模[①]

## （三）西部八省（区）学前教育资源需求规模预测

学前教育资源主要包括人力、财力、物力三个方面，本研究中人力主要是师资，财力主要是经费，物力主要是园所。2024 年 3 月 1 日，教育部召开新闻发布会，介绍 2023 年全国教育事业发展基本情况，指出我国 2023 年学前教育毛入园率为 91.1%。[②] 本研究假定我国学前教育毛入园率自 2024 年起保持 100%，基本实现《中国教育现代化 2035》中全面普及学前教育的发展目标。

---

① 在学前教育学龄人口下降规模上，正值代表学前教育学龄人口下降规模，负值则代表学前教育学龄人口规模不降反升，即学前教育学龄人口增加规模。

② 教育部新闻发布会介绍 2023 年全国教育事业发展基本情况 职业教育经济服务能力受关注 [J]. 教育科学论坛，2024（15）：3-4.

1. 学前教育师资需求规模预测

本研究使用师生比对学前教育师资需求规模进行预测。教育部 2013 年发布的《幼儿园教职工配备标准（暂行）》规定，保教人员与幼儿比应达到 1∶7—1∶9。2023 年我国共有学前教育专任教师 307.37 万人，师生比为 1∶13.32。显而易见，当前我国学前教育保教人员与幼儿之比并未达到 2013 年所设置的国家标准。本研究预计 2035 年基本实现全面普及学前教育的发展目标，因此 2035 年学前教育的师生比目标设定较高。

如表 11.17 所示，受学龄人口规模大幅下降影响，2024—2035 年西部八省（区）学前教育师资需求规模随之大幅下降，变动趋势大体可分为两种类型。第一类，呈上升趋势。广西、贵州在预测期内学前教育师资需求规模变动趋势明显，且相比 2024 年，到 2035 年师资需求规模整体呈上升趋势。云南、西藏、青海、宁夏、新疆等省（区）的学前教育师资规模需求整体呈下降趋势。第二类，呈持续下降趋势。如内蒙古自治区，将由 2024 年的 7.96 万人持续下降至 2035 年的 5.77 万人。

表 11.17　2024—2035 年西部八省（区）学前教育师资需求规模预测　　单位：万人

| 区域 | 2024 年 | 2025 年 | 2026 年 | 2027 年 | 2028 年 | 2029 年 | 2030 年 | 2031 年 | 2032 年 | 2033 年 | 2034 年 | 2035 年 |
|---|---|---|---|---|---|---|---|---|---|---|---|---|
| 内蒙古 | 7.96 | 7.03 | 6.78 | 6.61 | 6.56 | 6.37 | 6.19 | 6.02 | 5.91 | 5.90 | 5.79 | 5.77 |
| 广西 | 24.75 | 22.12 | 22.14 | 21.31 | 21.94 | 22.25 | 22.64 | 23.15 | 23.86 | 20.77 | 25.63 | 26.54 |
| 贵州 | 22.74 | 20.80 | 20.30 | 20.75 | 21.57 | 21.97 | 22.40 | 22.84 | 23.40 | 24.22 | 24.59 | 25.12 |
| 云南 | 23.09 | 19.91 | 18.97 | 19.28 | 19.91 | 20.15 | 20.36 | 20.54 | 20.80 | 21.26 | 21.29 | 21.46 |
| 西藏 | 2.35 | 2.09 | 2.07 | 2.08 | 2.13 | 2.14 | 2.15 | 2.17 | 2.20 | 2.25 | 2.26 | 2.29 |
| 青海 | 2.06 | 1.82 | 1.64 | 1.65 | 1.71 | 1.71 | 1.71 | 1.71 | 1.73 | 1.77 | 1.78 | 1.80 |
| 宁夏 | 2.64 | 2.35 | 2.19 | 2.18 | 2.25 | 2.25 | 2.24 | 2.24 | 2.24 | 2.28 | 2.26 | 2.29 |
| 新疆 | 6.87 | 5.21 | 4.96 | 4.94 | 5.07 | 5.04 | 5.01 | 5.03 | 5.08 | 5.19 | 5.19 | 5.26 |

从西部八省（区）学前教育师资需求下降规模（见图 11.20）来看，相比 2024 年，到 2035 年，除广西、贵州学前教育师资需求规模上升外，其余省（区）学前教育师资需求规模均呈下降趋势。下降规模在 1 万～3 万人的省（区）有内蒙古、云南、新疆；下降规模在 1 万人以下的省（区）有西藏、青海、宁夏。

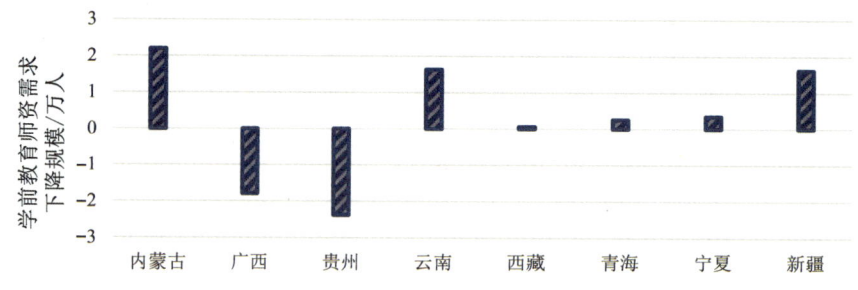

图 11.20　2024—2035 年西部八省（区）学前教育师资需求下降规模 ①

---

① 在学前教育师资需求下降规模上，正值代表学前教育师资需求下降规模，负值则代表学前教育师资需求增加规模。

如图 11.21 所示，西部八省（区）学前教育师资盈缺状况较为复杂，大体来说，可以划分为以下类。

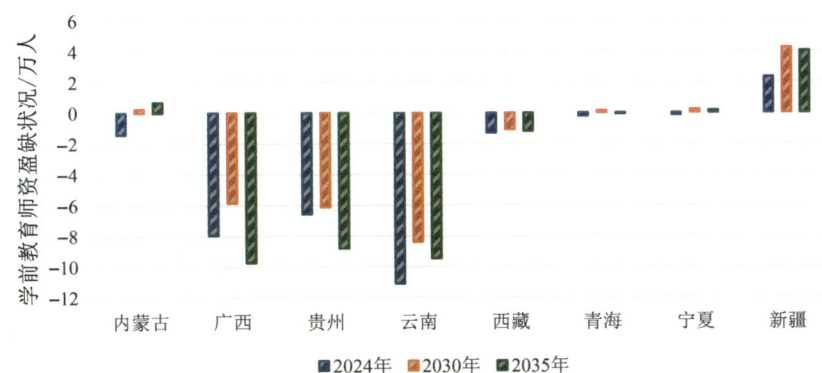

图 11.21　2024 年、2030 年、2035 年西部八省（区）学前教育师资盈缺状况

第一类：预测期内，新疆学前教育师资呈过剩状况。

第二类：预测期内，贵州、云南、西藏、广西学前教育师资呈短缺状况。如云南学前教育师资规模在 2024 年、2030 年、2035 年分别短缺 11.09 万人、8.35 万人、9.45 万人；广西学前教育师资规模在 2024 年、2030 年、2035 年分别短缺 7.95 万人、5.84 万人、9.74 万人。

第三类：预测期内，青海、宁夏学前教育师资短缺（或富余）人数较少，均在 1 万人以内，师资配置处于供需平衡状态。如宁夏在 2024 年需要补充学前教育师资 0.17 万人，但在 2030 年和 2035 年，却又分别富余学前教育师资 0.22 万人、0.18 万人。相对来说，短缺和富余规模均较小，处于供需平衡状态。

第四类：预测期内，内蒙古学前教育师资存在先短缺、后过剩现象。

**2. 经费需求规模预测**

2015 年 11 月，国务院发布的《关于进一步完善城乡义务教育经费保障机制的通知》中明确规定：从 2016 年春季学期开始，统一城乡义务教育学校生均公用经费基准定额。本研究在预测 2024—2035 年学前教育经费时，依据《教育部 国家统计局 财政部关于 2022 年全国教育经费执行情况统计公告》中我国学前教育生均一般公共预算教育经费支出值和国际生均教育经费支出指数公式，计算得到学前教育生均教育经费指数。

根据 2023 年 2 月国家统计局发布的《中华人民共和国 2022 年国民经济和社会发展统计公报》，预测 2024—2035 年的 GDP，并结合人口预测结果，得到 2024—2035 年的人均 GDP 预测值。并假定在 2024—2035 年期间，我国生均教育经费指数保持不变，结合 2024—2035 年的人均 GDP 预测值，计算得到 2024—2035 年学前教育生均教育经费支出标准。在此基础上，根据义务教育阶段在校生规模预测结果和估算的义务教育生均教育经费支出标准，计算得到全国及西部八省（区）2023—2035 年学前教育经费需求规模。

从西部八省（区）学前教育经费需求规模（见表 11.18）变动趋势来看，相比 2024 年，到 2035 年，所有省（区）的学前教育经费需求规模均呈现出先短期下降、后持续上升趋势。根据 2022 年、2023 年各省（区）学前教育生均教育经费支出值，预测到 2035 年，除内蒙古和新疆的教育经费投入达标外，其余省（区）均需增加教育经费投入。

表 11.18　2024—2035 年西部八省（区）学前教育经费需求规模　　　单位：亿元

| 区域 | 2024 年 | 2025 年 | 2026 年 | 2027 年 | 2028 年 | 2029 年 | 2030 年 | 2031 年 | 2032 年 | 2033 年 | 2034 年 | 2035 年 |
|---|---|---|---|---|---|---|---|---|---|---|---|---|
| 内蒙古 | 61.82 | 57.62 | 58.39 | 60.18 | 62.48 | 63.76 | 65.40 | 66.59 | 68.68 | 71.83 | 73.78 | 77.18 |
| 广西 | 192.30 | 181.19 | 190.67 | 193.96 | 208.87 | 222.71 | 239.33 | 255.99 | 277.27 | 253.03 | 326.55 | 354.84 |
| 贵州 | 176.69 | 170.36 | 174.76 | 188.79 | 205.31 | 219.96 | 236.74 | 252.57 | 271.92 | 294.95 | 313.24 | 335.82 |
| 云南 | 179.42 | 163.09 | 163.36 | 175.41 | 189.50 | 201.71 | 215.18 | 227.20 | 241.71 | 258.92 | 271.24 | 286.86 |
| 西藏 | 18.27 | 17.13 | 17.80 | 18.94 | 20.28 | 21.42 | 22.76 | 24.00 | 25.55 | 27.39 | 28.75 | 30.57 |
| 青海 | 16.02 | 14.91 | 14.09 | 14.98 | 16.25 | 17.11 | 18.09 | 18.95 | 20.06 | 21.53 | 22.66 | 24.05 |
| 宁夏 | 20.47 | 19.21 | 18.82 | 19.84 | 21.41 | 22.48 | 23.72 | 24.78 | 26.07 | 27.72 | 28.81 | 30.57 |
| 新疆 | 53.39 | 42.67 | 42.73 | 44.92 | 48.26 | 50.47 | 52.98 | 55.58 | 59.08 | 63.23 | 66.13 | 70.35 |

### 3. 园所需求规模预测

《幼儿园工作规程》规定：小班（3~4 周岁）25 人，中班（4~5 周岁）30 人，大班（5 周岁至 6 或 7 周岁）35 人，混合班 30 人，学前幼儿班不超过 40 人。2023 年，全国共有幼儿园 27.44 万所。其中，普惠性幼儿园有 23.64 万所。

从西部八省（区）学前教育园所需求量预测（见表 11.19）来看，学前教育园所需求量的变动趋势大体呈先降后升趋势。与 2024 年相比，到 2035 年，新疆和内蒙古学前教育园所需求量呈总体平稳略下降趋势，其余省（区）学前教育园所需求量均呈上升趋势。

表 11.19　2024—2035 年西部八省（区）学前教育园所需求量预测　　　单位：万所

| 区域 | 2024 年 | 2025 年 | 2026 年 | 2027 年 | 2028 年 | 2029 年 | 2030 年 | 2031 年 | 2032 年 | 2033 年 | 2034 年 | 2035 年 |
|---|---|---|---|---|---|---|---|---|---|---|---|---|
| 内蒙古 | 0.43 | 0.38 | 0.37 | 0.37 | 0.38 | 0.37 | 0.37 | 0.37 | 0.38 | 0.39 | 0.39 | 0.40 |
| 广西 | 1.33 | 1.20 | 1.22 | 1.20 | 1.26 | 1.30 | 1.36 | 1.43 | 1.52 | 1.36 | 1.73 | 1.85 |
| 贵州 | 1.22 | 1.13 | 1.12 | 1.16 | 1.22 | 1.29 | 1.35 | 1.41 | 1.49 | 1.59 | 1.66 | 1.75 |
| 云南 | 1.24 | 1.08 | 1.05 | 1.08 | 1.14 | 1.18 | 1.22 | 1.27 | 1.32 | 1.41 | 1.44 | 1.50 |
| 西藏 | 0.13 | 0.11 | 0.11 | 0.12 | 0.12 | 0.13 | 0.13 | 0.14 | 0.14 | 0.15 | 0.15 | 0.16 |
| 青海 | 0.11 | 0.10 | 0.09 | 0.09 | 0.10 | 0.10 | 0.10 | 0.11 | 0.11 | 0.12 | 0.12 | 0.13 |
| 宁夏 | 0.14 | 0.13 | 0.12 | 0.13 | 0.13 | 0.13 | 0.13 | 0.14 | 0.14 | 0.15 | 0.15 | 0.16 |
| 新疆 | 0.37 | 0.28 | 0.27 | 0.28 | 0.29 | 0.30 | 0.30 | 0.31 | 0.32 | 0.34 | 0.35 | 0.37 |

从西部八省（区）学前教育园所盈缺状况（见图 11.22）来看，到 2035 年，广西、贵州、云南学前教育园所呈短缺状况，其余省（区）学前教育园所均呈过剩状况。

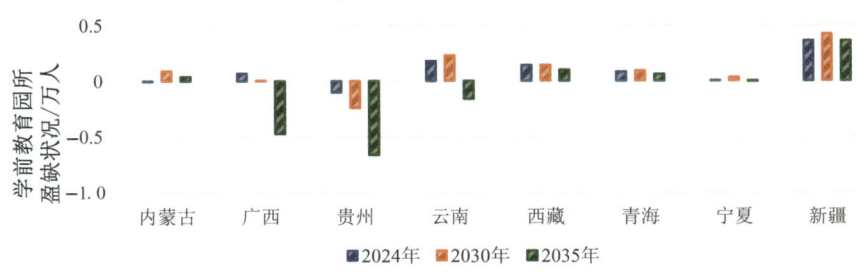

图 11.22 2024 年、2030 年、2035 年西部八省（区）学前教育园所盈缺状况①

## 四、基于有效供给的与人口变化相协调的学前教育资源配置

为构建与人口动态变化相协调的学前教育资源有效供给体系，需从"适应需求、服务需求、引领需求"三大核心原则出发，从预测主体、预测目标、预测机制特点、预测程序四个维度建立政府统筹与市场机制协同发力的资源配置机制。

### 1. 明确预测主体

预测主体主要解决谁来预测的问题。可从需求预测和供给预测两个方面考虑，构建"省级统筹—市级执行—县级落地"的三级预测架构。需求预测主体包括地市级政府（部门）和幼儿园等用人主体。省级政府（部门）虽负责统筹，但考虑到各地影响学前教育需求的因素复杂多样，具体预测由地市级政府（部门）以县级为统计单位、幼儿园为基本单位进行，全面综合地预测学前教育的规模、质量和结构需求。供给预测主体依托省级统筹、市级协调、以县为主的基础教育管理体制，对学前教育资源的存量和未来供给状况进行综合考量。这种分工明确的主体架构，既尊重地方实际差异，又保障宏观统筹的科学性。

### 2. 明晰预测目标

需求预测目标应科学、超前和有效，对学前教育资源需求的规模、质量和结构进行全面预测，划分近期、中期和远期预测周期，充分考虑教师退休、流失等动态因素，让预测结果更贴合实际需求。供给预测目标既要动态摸查资源存量供给的现实和潜在情况，又要依据需求和资源状况预估未来供给能力，致力于将潜在供给转化为现实供给，满足学前教育资源配置需求。

### 3. 供需预测机制特点

其市场性体现在以市场为导向，自下而上动态预测，依据市场变化灵活调节，形成长效机制，使预测紧密贴合市场实际。其平衡性强调供需协同预测，以实现供需平衡为目标构建师资供给规划机制，避免资源的过度或不足配置。其综合性要求同时兼顾多个

---

① 在本研究的盈缺状况中，正值代表过剩，需要减少园所等教育资源供给；负值代表短缺，需要增加园所等教育资源供给。

预测目标和多种影响因素，全面论证、综合判断，力求达到最优预测效果。其类别差异性则注重把握学前有效需求的不同类别，找准差异根源，宏观把控较大波动，事后评估并持续调整，确保预测的精准性。

4. 遵循预测程序规范

基本预测程序以师资的市场供需为核心，分别开展供给和需求预测。从工作层的具体测算，到提报、汇总，再到管理层的统筹，最后由省级政府（部门）制定供需规划，确保供需相对平衡，并据此制订年度招生计划、调整资源配置。补充预测程序则是院校和地方政府（部门）在合作平台上，根据师资供需市场的变动情况进行临时微调，尤其是在质量供给环节。整个预测过程制度化、程序化，并通过建立信息发布平台，及时共享人才供需信息，加强地区间信息交流，进一步提升预测的科学性和全面性。

通过制度化的预测机制、市场化的调节手段和差异化的实施策略，旨在构建具有弹性适应能力的学前教育资源配置系统，既保障当前需求，又为未来发展预留空间，真正实现"人口变化-教育资源"的动态平衡。

# 第十二章　区域基础教育资源均衡配置的空间分析

教育事业的平稳发展必定离不开充足的教育资源。基础教育的发展立足于特定的区域空间之中，区域空间中的教育资源配置会影响到基础教育事业的发展。因而，区域基础教育均衡发展的实质在于教育资源在特定区域空间中实现均衡配置。立足空间探索区域基础教育资源配置问题，对于丰富教育均衡的研究视角、拓展教育均衡的研究思路具有积极的意义。本章分析教育资源空间均衡原理与框架体系，阐释教育资源空间均衡发展的内在机理，探讨城乡人口与教育资源空间配置的关系，并对教育资源空间均衡量化方法进行比较研究，从中获得教育资源空间均衡度量的启示，以及教育资源空间均衡调控方法。

## 第一节　样本选择与数据来源

### 一、样本选择

Z 市是湖北省辖县级市，地处湖北省中部，位于江汉平原北端，属亚热带季风气候，气候温和、雨量充沛，总面积约 4488 平方千米。截至 2023 年，全市常住人口 85.25 万人。以汉族为主，少数民族散杂分布。

### 二、数据来源

本研究通过 Z 市政府信息公开平台及对当地教育、统计部门走访调查等渠道，获取义务教育学校资源配置相关数据和第七次全国人口普查统计公报公布的基础人口数据，对数据库进行清洗和处理，结合基础地理数据，构建多维空间数据库，为进行义务教育学校资源配置的空间均衡分析奠定基础。

## （一）义务教育学校数据

在 Z 市政府门户网站获取的小学和初中两大类义务教育学校的基本信息显示，其中初中 42 所（包含九年一贯制学校、十二年一贯制学校和完全中学）、小学 139 所（包含教学点、九年一贯制学校、十二年一贯制学校）。Z 市教育部门提供的资料中，学校数据包含学校名称、办学类型、举办者类型、所在区域、地址、城乡分组、班额、在校学生数等，如表 12.1 所示。

表 12.1　学校数据示例

| 学校名称 | 办学类型 | 举办者类型 | 所在区域 | 地址 | 城乡分组 | 班额/人 | 在校学生数/人 |
|---|---|---|---|---|---|---|---|
| 大柴湖振兴中学 | 初中 | 民办 | 柴湖镇 | 大柴湖新城社区 | 城镇 | 22 | 560 |
| 东桥镇黄集小学 | 小学 | 县级教育部门 | 东桥镇 | 东桥镇黄集村四组 | 农村 | 16 | 268 |

通过高德地图开发者平台中的地理编码接口完成地址解析任务，由各学校详细地址文本得到对应的经纬度坐标，再进行坐标转换、去重等处理，并将学校类型划分为小学、小学教学点、初中、完全中学、九年一贯制学校和十二年一贯制学校，得到各学校在 WGS-84 坐标系下的经纬度。

## （二）基础地理数据

### 1. 行政区划边界

通过国家地球系统科学数据中心，取得 Z 市涵盖"市—区县市—乡镇"各级行政区划的边界矢量数据。本文选取 Z 市为研究区，得到对应的多级区划矢量数据。

### 2. 乡镇街道行政点

根据乡镇街道行政区划数据，对飞地进行处理后，研究区共计 17 个乡镇街道，并分别以乡镇政府的地址，如"湖北省 Z 市东桥镇"，通过使用高德地图开发者平台中的地理编码接口，获取 Z 市各乡镇的行政点经纬度坐标，然后运用地图服务商开发者平台的坐标转换接口，完成 GCJ-02 火星坐标系到 WGS-84 坐标系的转换。通过格式转换、数据去重与坐标转换后，得到最终的行政点经纬度矢量数据。

### 3. 道路网矢量数据

道路网矢量数据来自 OpenStreetMap（简称 OSM）官网。OSM 的官方数据由空间数据和属性信息内容两部分组成。

研究者从 OpenStreetMap 官网下载了国内公开的矢量数据，并通过 ArcGIS 裁剪工具对 Z 市的道路网进行了裁剪，按照等级提取出该市道路网矢量数据。

### 4. 学龄人口数据

本研究使用的学龄人口数据来源于 Z 市第七次全国人口普查数据。以乡镇街道为统计单位，分年龄段统计人口数量，义务教育学龄人口数据示例如表 12.2 所示。

表 12.2　义务教育学龄人口数据示例　　　　　　　　　　　　　　单位：人

| 地区 | 小学学龄人口（6～11 岁） | 初中学龄人口（12～14 岁） |
|------|------|------|
| 柴湖镇 | 7898 | 3676 |
| 东桥镇 | 843 | 393 |
| 丰乐镇 | 2509 | 1167 |

## 第二节　区域基础教育学校资源配置的空间均衡分析

### 一、教育资源空间均衡的内涵

#### （一）空间均衡的内涵

通常认为，空间是物质存在的一种客观形式，万事万物都存在于特定的空间中，空间可以通过长、宽、高进行衡量。譬如，房屋的空间，可以通过测量房屋的长、宽、高来进行界定，其所围起来的区域就是房屋的空间。当然，这种空间是一种客观存在的、可以通过视觉或触觉等感受到的空间，也即物理空间。但是，在物理空间之外还存在诸多虚拟空间，也就是那些看不见摸不着的空间，而且随着时代的发展，虚拟空间也越来越多。这些空间是人创造出来的，虽然不是物理空间，却在实际上影响着人的行为和思想，例如"学术空间""生长空间"等不具有物理特征的空间。由于这些虚拟空间看不见摸不着，也就无法通过长、宽、高等传统方式进行测量。从事物发展变化的角度看，正是由于空间的存在，事物才具有了变化性，事物的变化必然是在特定的空间中实现的。

与"空间"一词密切相关的是区域。通常认为，区域是地球上的一个特定范围，它是由气候条件、地质构造、历史基础和现实发展等因素共同作用而成的。不同的区域的经济、政治、文化和社会等诸多方面存在着较大的异质性，特别是自然禀赋的差异尤为明显。区域是一个内涵极为丰富、应用领域极为广泛、范围变化幅度较大的词语。因此，想要对"区域"一词做出一个为学界普遍接受的相对准确的概念是非常困难的。区域是空间的派生性概念，人们对于空间的理解存在较大差别，因而人们对于区域概念的内涵与外延的理解也存在较大差别。总体而言，区域更多的是反映一个平面，是指某个范围，而空间则是一个立体感极强的概念，因此相对于区域而言，空间的内涵更为丰富。但是，人们通常习惯等同理解并交替使用区域与空间两个概念。

空间均衡是在"均衡"一词的基础上融入了空间的概念，空间上的均衡是对其最直接的理解。回顾和梳理学界关于空间均衡的相关研究成果，发现学界对此早已有所关注，并主要从经济学视角对其概念和内涵进行阐释。相关研究也主要集中在经济学领域，旨在解决经济空间的发展问题及瓶颈破解难题。现有成果主要可以分为三个方面，分别是区位选择、区位分工以及新经济地理条件。当然，除了经济学的主流研究视角之外，也有部分学者尝试从非经济学的研究视角，开展空间均衡的问题探讨。总体而言，通过梳理现有相关文献不难发现，当前学界主要是从某一个角度去探讨空间均衡的内涵及应用，所以，研究立场、研究视角和研究对象的差异，导致对空间均衡理解的差异。通过相关探讨可知，所谓空间均衡，是指为了实现一定的目标，在遵循相应规则的前提下，使特定事物在空间上达到一种稳定的平衡状态。

### （二）区域空间结构的不断演变推动教育资源均衡

伴随着社会发展与时代进步，区域空间结构不断改变。区域空间结构理论是区域经济学科的重要内容之一，是有关农业、工业、第三产业以及城镇居民点区位的综合区位理论。区域空间结构理论在发展中趋于成熟，大体经历了区位理论研究、区域经济空间集聚和分异理论研究以及空间经济学等不同的发展历程。空间结构中的空间，所反映的是以地理空间为载体的社会经济事物的区位关系以及空间组织形态。因而，可以认为，区域空间结构是基于一定的空间组织形式，把分布在各地的有关资源及要素有机结合起来的区域发展函数，具体表现为区域中的经济活动的空间分布状态、空间组合形式以及区域差异变动态势。

区域空间结构是一种空间的秩序，是特定区域中各种构成要素的空间关系的总称。一个完整的区域空间结构，其实就是特定区域的自然空间结构和社会经济空间结构，在特定地域上复合而成。包括水、阳光、大气、土壤、生物等在内的自然要素的地域分布与组合，便构成了区域自然空间结构。而包括农业、工业、商业、医疗、教育以及人口等在内的经济、社会要素的地域分布与组合，便构成了区域社会经济空间结构。区域空间结构始终处于动态变化之中，而非静止不变。随着人类社会的发展，科学技术水平的不断提升，社会生产力的不断进步，社会机构的逐步演变等，区域空间结构也会随之进化，如新城区的开发、老旧城区的改造、基础设施建设的均等化、人口迁移与流动速度的加快、城镇功能布局及体系调整等。区域空间结构的发展变化，不断从简单趋于复杂、从混沌走向秩序。由此，也导致义务教育区域空间结构产生相应的变化。义务教育是特定区域空间结构的构成要素，它在特定的区域空间中有着一定的相对位置、空间分布形态和空间组合形式。义务教育的区域空间结构，就是在一个地域范围内，义务教育各构成要素在不同空间点上分布的状况及变动的趋势。义务教育是区域经济社会发展的重要方面，尤其是区域教育发展的一个重要内容。义务教育的区域空间结构，反映着区域内部义务教育在空间中的相互作用和相互关系，及其在一定空间中的分布状态与聚集程度。区域空间结构的不断演变，以及教育改革的深入推进，将促使教育资源的区域空间结构趋于均衡。

## 二、教育资源空间均衡的理论

### （一）空间布局理论

区位布局理论以及空间结构理论等相关理论逐步成熟和丰富，为空间布局理论的逐步形成奠定了良好的基础。区位布局理论同空间布局理论有相同之处，但是二者关注的重点与理论目标存在不同。区位布局理论侧重于探讨人对生活场所的选择与空间问题。空间布局理论则不仅寻求经济客体应该具备的最佳区位，同时在综合分析和厘清特定空间之中的经济客体的集聚程度的基础上，探寻在特定空间中，各个经济客体的最优组合及相应位置问题。教育资源空间布局理论的核心思想，是通过合理的资源配置和布局，实现教育机会的均等化和社会公平的推进。这一理论体系为制定教育政策和推动教育改革提供了有益的学理支持，同时也需要结合具体的地方特点和实际情况来进行实践和调整，以实现教育资源的优化配置和社会的可持续发展。

教育资源空间均衡理论体系中的空间布局理论旨在推动合理的教育资源分布和布局，助力教育机会均等化的有效实现。这一理论体系强调教育资源的地理分布对于教育公平和社会发展的重要性，并提出了一系列关于教育资源空间布局的学理观点。第一，空间布局理论强调教育资源的均衡分布。教育资源应该在不同地区间进行合理分配，以消除地区之间的教育差距。这意味着教育资源的配置应基于公正和平等的原则，使得每个地区的居民都能够享有平等地接受教育的机会。通过实现教育资源的均衡布局，可以缩小不同地区之间的教育差距，促进社会的公平与和谐发展。第二，空间布局理论关注教育资源的合理集中。尽管追求教育资源的均衡分布是重要的目标，但也需要在一定程度上实现教育资源的集中布局。这是因为教育资源的集中布局可以提高教育资源的规模经济效应和质量效应。教育资源的集中布局可以形成教育中心和示范区，通过资源集聚和协同效应，提高教育质量和教学水平，为学生提供较好的学习环境和机会。因此，在空间布局中要权衡资源的均衡分布和合理集中，以兼顾公平和效益。第三，空间布局理论还强调教育资源与地方发展的有机结合。教育资源的布局应与地方的经济、社会和文化发展相协调。这意味着教育资源的布局应考虑到地方的特色、需求和发展潜力，与地方产业结构、劳动力需求和社会需求相匹配。通过将教育资源与地方发展有机结合，可以实现教育与经济、社会的良性互动，促进地方的可持续发展和人力资源的优化配置。第四，空间布局理论强调跨区域合作与资源共享。在实现教育资源的均衡布局过程中，各地区之间应加强合作与协调，实现资源的共享与互补。这包括资源共享、师资培训、教育技术支持等方面的合作，以提高教育资源的整体效能。跨区域合作可以促进资源的优化配置和有效利用，充分发挥各地区的优势，提高整体教育水平和质量。

## （二）资源配置理论

社会经济发展离不开相应的资源，资源是社会发展所依赖的最为基本的物质条件，特定社会中的人力、物力、财力为社会发展提供相应的支撑。但是，资源具有显著稀缺性特征，因而资源配置的实质，就是在相对稀缺的背景下，通过对多种资源配置方式的比较，以做出更加科学合理的选择。尽管在社会发展达到较高水平的区域，其资源较为丰富，但是同人们的日益个性化和愈加多样化的需求相比，稀缺和不足是资源配置过程中呈现出的一种常态。因此，采取适当的措施和方式，对资源进行合理配置就显得尤为必要。

在教育资源空间均衡理论体系中，对于资源配置关注的重点在于教育资源的合理配置与有效利用。通过采用优先分配、灵活调整和公正共享等措施，旨在实现教育资源的最优配置和社会效益的最大化。这一理论体系的提出和完善，为制定教育政策提供了重要的学理支撑。教育资源空间均衡理论体系中的资源配置理论，关注教育资源的合理配置和有效利用，以提升教育质量，充分满足个性化、多样化的教育需求。在对教育资源进行配置时，首先，应解决资源的优先分配问题，以确保稀缺的教育资源优先分配给教育需求更为紧迫的群体和地区，缩小教育资源的不平等现象，减少教育差距，促进社会整体发展。其次，应关注资源的合理分配问题。资源的合理分配能够实现资源的最优配置以及社会效益的最大化。这就要全面考虑各个方面的因素，如区域特征、人口结构与规模、经济水平和社会需求，从而确保资源配置的公平性和有效性。再次，应注重资源的灵活调整与优化使用，由于教育需求和社会发展的需求总是处于不断变化之中，因而应适时进行调整，从而适应不同阶段和不同地区的教育发展需要。最后，应倡导资源的公正分配和共享，从而确保每个个体能够机会均等地享有高质量教育资源。

## 三、教育资源空间均衡的分析方法

### （一）空间分布

在空间分析中，一般采用平均最近邻指数来衡量要素空间分布类型。在定量描述点要素在空间上的近邻程度、判断其空间分布类型等方面，平均最近邻指数运用广泛，其计算公式为：

$$\text{ANN} = \frac{E_a}{E_b} = \frac{1}{n} \sum_{i=1}^{n} T_i(H_i) \times \frac{1}{\sqrt{\dfrac{n}{A}}}$$

式中：ANN 为平均最近邻指数；$n$ 为学校的数量；$E_a$ 为平均实际最近邻距离；$E_b$ 表示理论最近邻距离；$T_i(H_i)$ 为区域内任意一点 $H_i$ 到其最近邻点的距离；$A$ 为区域面积。若 ANN>1，则表示要素呈现均匀分布趋势；若 ANN=1，则表示要素呈现随机分布趋势；若 ANN<1，则表示要素呈现集中分布趋势。

### （二）区位熵

区位熵又称专门化率，是由哈盖特首先提出并运用于区位分析中的一个概念。区位熵主要用于衡量某一区域要素的空间分布情况、反映某一产业部门的专业化程度等方面。区位熵越大，说明该区域要素在城市中分布越不均匀，集中度越高；相反，区位熵越小，说明该区域要素在城市中分布越均匀，分散度越高。本节基于 Z 市义务教育学龄人口与总人口规模，以乡镇、街道为单位计算小学、初中的区位熵，从而测算其空间分布的集聚程度。因此，通过计算与分析区位熵，可测量义务教育学校在不同乡镇的空间集聚状况，为规划教育资源配置提供参考依据。区位熵的计算公式为：

$$\text{LQ}_{ij} = \frac{q_{ij}}{q_i} \times \frac{q}{q_j}$$

式中，$LQ_{ij}$ 表示小学、初中的区位熵；$q_{ij}$ 为某街道、乡镇小学、初中学生数；$q_j$ 为 Z 市小学、初中学生总数；$q_i$ 为某乡镇人口总数；$q$ 为 Z 市总人口。

## （三）　ArcGIS 分析法

ArcGIS 分析法是一种基于地理信息系统的空间分析方法，它允许用户通过地理数据的可视化、查询、编辑和建模等功能，进行复杂的空间分析和决策支持。

## （四）分析框架

教育资源空间均衡分析框架根据空间供需均衡、空间区位均衡和质量均衡（见图 12.1）三个维度进行构建，体现了教育资源在供需、区位以及质量三方面保持相对均衡的状态。

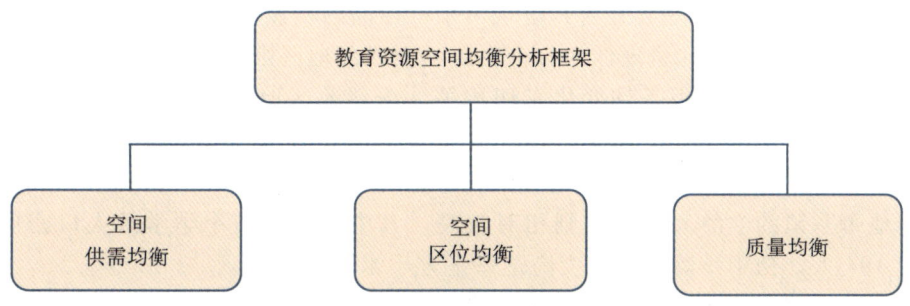

**图 12.1　教育资源空间均衡分析框架**

### 1. 空间供需均衡

空间供需均衡指特定地理区域内，学校所能容纳的学生数量与实际学区内的学生数量之间保持和谐的比例。它不仅要求供需总量基本相等，还需确保在空间布局上的相互对应与匹配，旨在避免资源浪费与过度拥挤。既确保学校资源得到高效利用，又不造成学生人均资源占有率的缩减，从而在公平与效率之间取得平衡。

### 2. 空间区位均衡

空间区位均衡关注的是特定地理区域内学校地理位置与学生居住分布之间的合理性。它要求在该区域内，不同学区的学生都能够便捷地到达其所属学校，这依赖于区域内基础教育设施的科学规划布局以及交通网络的完善，确保学生能够顺畅通行。

### 3. 质量均衡

质量均衡指在特定地理区域内，各学校之间在教学设施、师资力量及外部环境等方面所达到的一致水平。它要求各学校提供相同标准的软硬件条件，以保障教育的同等质量。这依赖于学校在多媒体教学设备、图书馆资源、运动场地等硬件设施，以及师生比例、教师队伍构成和校园环境等方面的综合提升与均衡发展。

## 四、区域基础教育学校资源配置的空间均衡分析

### （一）学校资源配置的供需均衡分析

基于已有数据，以乡镇、街道为单位统计数据，使用小学和初中学校数量和适龄学生数的叠加比对和区位熵，从供需数量维度来分析 Z 市义务教育学校资源的空间均衡性。

1. 义务教育学校与学龄人口核密度叠加分析

运用 ArcGIS 10.5 对学龄人口密度按乡镇进行分层设色，分小学和初中对学校进行核密度分析。在此基础上进行叠加分析。分小学和初中对学龄人口密度和学校核密度的分析结果如下。

1）Z 市学龄人口密度差异显著，呈现出东低西高的明显空间格局特征

Z 市东部乡镇地区连片呈现低人口密度区，而西部地区则人口密度相对较高。这种分布格局与该区域的地形地貌条件变化密切相关，东部地区地势相对较高，多为山地丘陵地貌，而西部地区地势平坦。东部山地丘陵区域，如客店镇、张集镇、东桥镇、长滩镇等，其小学和初中学龄人口密度普遍较低，多在每平方千米 1～4 人范围内；相比之下，西部平原地带乡镇的学龄人口密度则相对较高，其中郢中街道小学学龄人口密度高达每平方千米 194 人，初中学龄人口密度高达每平方千米 90 人。

2）Z 市义务教育学校在空间上呈现出典型的点簇状分布格局

对小学和初中学校进行核密度分析后可以发现，无论是小学还是初中，其在空间上的集聚分布状态均体现出点簇状特征，且集聚程度较为相似。其中，位于 Z 市中心的郢中街道集聚现象最为明显。在北部区域，小学形成了以胡集镇、丰乐镇中心政府所在地为核心的点簇状分布格局；而在南部区域，小学则是在柴湖镇出现集聚，并向旧口镇方向延伸。初中学校在北部同样是以胡集镇、丰乐镇为中心集聚，同时在长寿镇也形成一定程度的聚集；但在南边的柴湖镇，初中学校集聚程度不太强。结合交通线路图分析，Z 市学校的集聚现象大致以中心集镇为核心，沿国省干道、县道向周边延伸。

3）Z 市义务教育学校空间集聚分布状况基本上与学龄人口的密度分布相一致

无论是小学还是初中，学龄人口的高密度区域与学校的高集聚区在空间上大体重合，呈现出较强的一致性。但在个别地方，也存在供需错位的情况，如西南区域的石牌镇，该镇学龄人口密度较高，但小学和初中的集聚程度都较低，呈现出供给不足的状态。另外，在南部的旧口镇，虽然初中学校密度不低，但与该镇初中学龄人口密度相比，存在一定的不一致性，同样呈现供不应求的状态。

综上所述，Z 市整体上义务教育学校的数量与实际学龄人口需求相对均衡，但局部区域（如石牌镇和旧口镇）的义务教育学校分布呈现出供不应求的状态。针对上述情况，政府及相关单位需要适当根据人口分布状态，增设或扩建学校，以满足当地学龄人口的教育需求。

### 2. 义务教育学校与学龄人口的空间耦合程度

根据 Z 市各乡镇义务教育学校区位熵与学龄人口分布图（见图 12.2 和图 12.3），可以深入分析乡镇之间义务教育学校资源配置的差异性和协调程度。

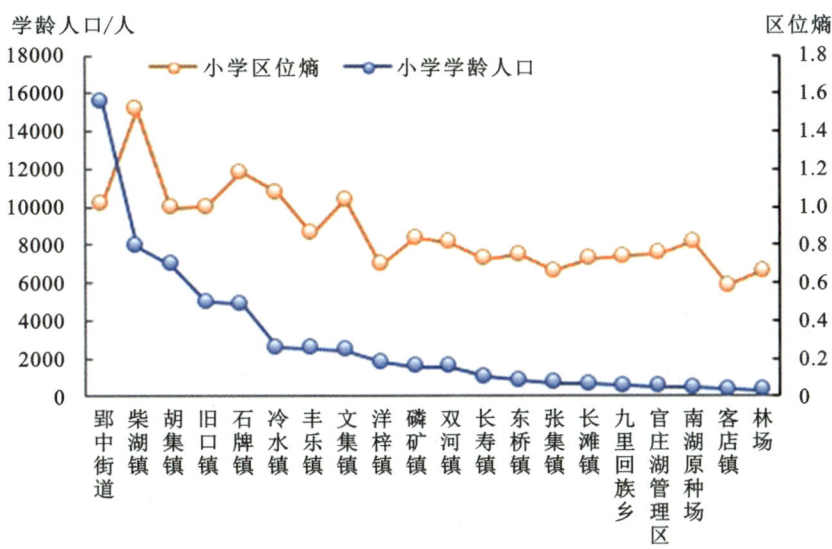

**图 12.2　小学区位熵与学龄人口分布图**

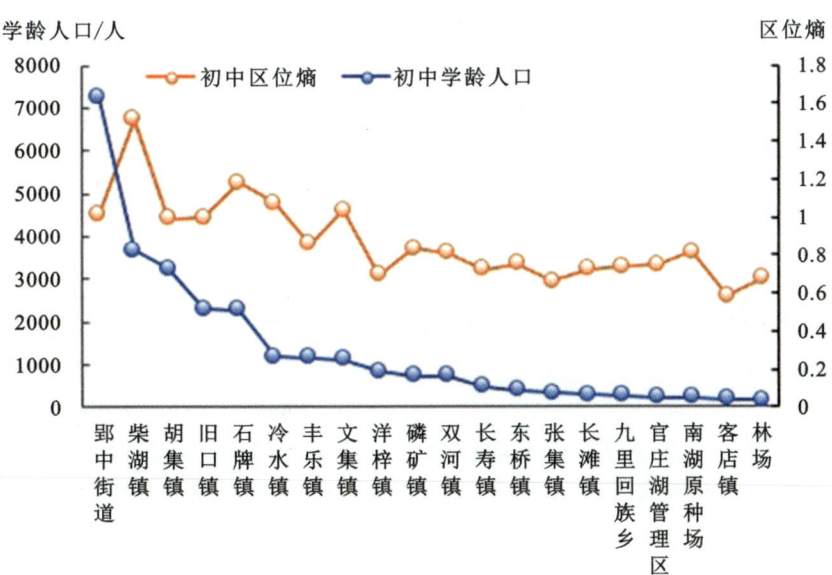

**图 12.3　初中区位熵与学龄人口分布图**

从区位熵来看，柴湖镇以 1.52 的区位熵高居榜首，远高于全市平均水平 0.87，表明该镇义务教育学校空间集聚程度极高。其次是石牌镇（1.36）、冷水镇（1.31）、文集镇（1.27）和郢中街道（1.22），这些地区的区位熵也都在 1.2 以上，属于高值区。相比之下，区位熵最低的乡镇为客店镇（0.42），仅为全市平均水平的一半左右，接着依次是张集镇（0.58）、林场（0.63）、洋梓镇（0.65）、长寿镇（0.68）、长滩镇（0.71）、九里回族乡（0.72）、东桥镇（0.74）、官庄湖管理区（0.75）、双河镇（0.77）、南湖原种场（0.79）、磷矿镇（0.82）和丰乐镇（0.85）等，它们的区位熵均低于平均水平，属于义务教育学校空间分布的冷点区域。

从学龄人口分布来看，郢中街道的小学和初中学龄人口分别高达 15628 人和 7811 人，均为全市最高，该地区的义务教育学校区位熵虽然属于较高水平（1.22），但与其巨大的人口需求相比，教育资源的供给能力仍然存在缺口。

综合来看，Z 市各乡镇义务教育学校的空间分布虽然与学龄人口分布整体上保持一定协调性，但在具体的乡镇层面，供需矛盾仍然较为普遍。一方面，郢中街道的教育资源配置仍然滞后于人口增长；另一方面，柴湖镇、石牌镇等地，义务教育学校资源过度集中。这种态势将影响全市义务教育资源的整体利用效率，需要相关部门根据人口分布变化动态调整资源配置，加大对中心城区的教育投入力度，适度下沉资源密集区的学校，推进义务教育均衡发展。

## （二）学校资源配置的空间区位均衡分析

首先使用网络地图路径规划接口获取真实路况下学生从居民点到学校的出行时长和距离。在就近原则下，为每个居民点匹配其出行时长最短的学校。将该时间作为指标衡量各居民点上学的可达性高低。同时，以学校为起点，计算不同时长下学校能覆盖的居民点数量，将其作为衡量学校可达性高低的指标。下面先对方法进行介绍，再对结果进行分析。

### 1. 可达性测算方法

可达性测算方法主要关注在一定交通情况下，从起始点到目标点间的便捷程度。这种便捷程度可以通过空间距离、时间距离以及费用距离来表达。由于路况的差异，相同的空间距离可能产生不同的时间成本，特别是在步行交通方式下，时间成本对人们感受设施便利程度的影响更为显著。例如，在街道可达性测量中，首先会计算下一级单元社区的可达程度。这通常涉及收集特定区域内的相关数据，如社区、学校等的 POI 数据，并利用地图服务的路径规划功能来计算各社区到目标地点的步行时间。本研究采用最短路径下的出行时长和实际出行时长的等时圈来计算可达性。

#### 1）以最短路径下的出行时长计算可达性

学生择校行为具有明显的唯一性和固定性特征，即每个学生一般只会选择就读一所固定的学校。但是，每所学校能够接收的学生数量是有限的，当接收的学生数量超过学校的容量时，部分学生可能会无法如愿就读该校。在这种情况下，距离学校越近的居民点，其学生接受该校教育的机会就越大，可达性也就越高。

基于"就近入学、方便入学"的原则，本研究利用实时路径规划接口，计算并统计每个居民点到最近学校的出行时长。出行时长越短，代表该居民点学生接受相应学校教育的机会越大，可达性也就越高。这种基于实际出行条件评估义务教育可达性的方法，相比简单的测距分析，能更加贴近实际情况，更有针对性。

#### 2）以实际出行时长的等时圈覆盖度计算可达性

传统的缓冲区分析，是根据研究的空间对象，以点、线、面实体为基础，按照缓冲的距离条件，在其周围自动建立一定宽度的缓冲区多边形。这里借助缓冲区的定义，本研究将缓冲半径用出行时长替代距离，构建等时圈内覆盖度来衡量可达性。具体方法则是以学校为起点，使用实时路径规划接口计算一定出行时长的覆盖范围，分段统计不同时长等时圈内覆盖的居民点的数量。数量越大，说明学校可达性越高。

2. 最短路径下的可达性结果与分析

1）Z市义务教育学校可达性整体特征分析

通过统计居民点对应最近学校的步行出行时长数据，可以较为全面地评估Z市义务教育学校的可达性现状（见表12.3）。

表12.3　分时段统计不同出行时长的居民点个数及占比

| 出行时长/分钟 | 小学 | | 初中 | |
|---|---|---|---|---|
| | 居民点数量/个 | 占比/（%） | 村居民点数量/个 | 占比/（%） |
| 0～10 | 61 | 11.69 | 15 | 2.88 |
| 10～20 | 59 | 11.30 | 30 | 5.75 |
| 20～30 | 57 | 10.92 | 34 | 6.51 |
| 30～45 | 105 | 20.11 | 39 | 7.47 |
| 45～60 | 66 | 12.64 | 53 | 10.15 |
| 60～90 | 103 | 19.73 | 107 | 20.50 |
| ＞90 | 71 | 13.60 | 244 | 46.74 |

（数据来源：根据Z市教育部门所提供资料整理而成）

数据显示，居民点到最近小学的平均步行时长约为51分钟，而到最近初中的平均步行时长则高达104分钟。这些数据反映出，Z市义务教育学校的整体可达性水平还有较大的提升空间。

不过从整体来看，Z市义务教育学校的可达性状况还是较为良好的。数据显示，乡镇政府所在地的行政村，无论是小学还是初中，其可达性水平都相对较高，并呈现出以乡镇政府驻地为中心，向四周逐渐降低的分布特征。这与乡镇政府所在地往往是当地交通枢纽，公共设施相对完善有关。此外，在道路等级较高、密度较大的行政村，义务教育学校的可达性也普遍较高。

另一个值得关注的趋势是，随着入学年龄的增加，小学和初中的可达性指标都有所提高，但这种趋势并不十分明显。这可能与不同学龄段家庭对教育资源的差异化需求有关，也反映出不同学龄段家庭在就学出行能力上存在差异。

2）小学学校可达性分析

Z市小学可达性空间分布呈现"沿江两岸乡镇高，乡镇政府驻地高"的格局，其中小学可达性较低的村主要在东部的客店镇、张集镇、长寿镇、东桥镇和长滩镇集中连片出现，在西部的石牌镇西边、胡集镇西北边也出现了可达性较低的村庄。大部分乡镇政府所在村的教育可达性高于其他村。这些驻地村普遍设有当地规模最大、办学质量最优的乡镇中心小学，加之交通条件较为便利，使得多种交通方式下学生前往就读的可达性处于较高水平。可达性较高的村均主要集中在Z市中部的城关街道；其他村小学可达性处于中间层级。

通过比较可达性与学校分布密度之间的空间关系，可以发现小学可达性与学生数的空间分布呈现出显著的正相关性。也就是说，在沿汉江流域分布的乡镇街道，包括郢中街道、文集镇、柴湖镇、丰乐镇和胡集镇等地，小学分布密度相对较高，小学的可达性也随之较高。与此同时，这些乡镇街道的小学学龄人口数量也相对较多，由此三者之间存在一定程度的"高—高—高"耦合分布的空间特征。

这种特殊的分布状态实际上反映了 Z 市内小学教育服务的供给能力与当地人口的需求能力较为匹配，也就是说小学可达性整体上维持在一个相对较高的水准。造成这一现象的关键原因在于，在 Z 市整体经济发展的空间格局下，这些学校交通环境较为便捷，出行条件相对优越，学生可以较为方便地就近入学，小学教育资源的有效配置与当地人口分布呈现出较好的契合度。

尽管上述区域小学教育资源与人口需求较为匹配，但我们也需要关注到，在 Z 市东北部和西南部的一些偏远地区，小学可达性和学校分布密度相对较低，与当地学龄人口的空间分布也存在一定程度的错位现象。这种"低—低—高"的耦合分布格局，反映出这些地区小学教育资源供给与实际人口需求之间存在不匹配的状况，可能会对当地学龄儿童的入学机会造成一定影响，相关部门应当高度重视并采取有效措施加以改善。

3）初中学校可达性分析

初中学校可达性空间格局呈现点簇特征——由乡镇政府所在地向外层逐渐降低。鉴于多数初中学校往往邻近各自所在乡镇的政府中心街区，因而相较于其他村落，乡镇政府所在的行政村在通往初中学校的便捷程度上呈现出显著优势。这是由于乡镇政府所在地往往是当地的中心区域，基础设施建设和公共服务设施相对完善，出行条件较为便利，学生到初中就读的可达性自然会更高一些。

然而，在整个 Z 市的边缘区域，初中学校可达性相对较低，其中张集镇、双河镇北部、柴湖镇南部是可达性较为低下的集中区域，呈现出一种"洼地"分布状态。特别是张集镇，其初中学校可达性的低值区呈现出一种连片分布的景象，在整个 Z 市范围内初中学校可达性最低。这与该镇地理位置相对偏僻、交通条件欠佳等因素有关。

总体来看，初中学校可达性在整个 Z 市范围内呈现出一定的空间分异特征。乡镇政府所在地可达性较高，边缘地区可达性较低。针对可达性较低的乡镇，可以考虑跨区域设立寄宿制学校，以解决学生的就近入学问题。

3. 服务范围覆盖度结果与分析

参考前文介绍的方法，将小学、初中到各居民点的真实距离分段统计，将其等距离的边界融合，再统计不同服务半径覆盖村的数量和占比，能够帮助我们清晰地了解学校与居民点之间的实际距离分布情况，结果如表 12.4 所示。

表 12.4　Z 市义务教育学校不同服务半径覆盖村的数量和占比

| 小学 | | | 初中 | | |
|---|---|---|---|---|---|
| 距离（千米） | 覆盖村数量/个 | 占比/（%） | 距离/千米 | 覆盖村数量/个 | 占比/（%） |
| 1 | 147 | 27.79 | 1 | 52 | 9.83 |
| 2 | 261 | 49.34 | 2 | 106 | 20.04 |

续表

| 小学 | | | 初中 | | |
|---|---|---|---|---|---|
| 距离（千米） | 覆盖村数量/个 | 占比/（%） | 距离/千米 | 覆盖村数量/个 | 占比/（%） |
| 3 | 358 | 67.67 | 4 | 231 | 43.67 |
| 4 | 433 | 81.85 | 6 | 362 | 68.43 |
| — | — | — | 8 | 443 | 83.73 |

（数据来源：根据 Z 市教育部门所提供资料整理而成）

　　小学阶段由于学生年龄较小，交通出行能力有限，因此其最大可接受服务半径通常控制在 4 千米左右。从分析结果来看，当小学服务半径为 1 千米时，Z 市只有 27.79% 的村能够得到覆盖，这说明大部分地区学生需步行较远才能就读小学。当服务半径扩大到 2 千米时，覆盖率提升至 49.34%，但仍有一半以上学生无法就近入学，可达性较差。当服务半径扩大到 3 千米时，覆盖率达 67.67%，可达性有所改善。当服务半径扩大到 4 千米时，覆盖率达 81.85%，基本能够满足小学生就近入学的需求。

　　初中阶段由于学生交通出行能力提高，对服务半径的要求也相应提升。根据现行国家标准，初中的规划服务半径通常控制在 8 千米范围内。分析结果显示，当服务为 1 千米时，Z 市仅有 9.83% 的村能够得到覆盖，绝大部分初中生需远距离上学，可达性较差。当服务半径为 2 千米时，覆盖率为 20.04%，虽然有所提高但依然较低。当服务半径扩大到 4 千米时，覆盖率达到 43.67%，基本覆盖了近一半的村。当服务半径扩大到 8 千米时，覆盖率为 83.73%，接近国家标准的要求，但仍有近 20% 的村庄无法得到覆盖。

　　对比两个学段数据可以发现，小学服务半径随距离增加，覆盖村庄比例提升的幅度较小，而初中则较为显著，这与两个学段学生的交通出行能力差异有关。同等覆盖水平下，小学所需服务半径约为初中的一半。

　　另外，分析结果还发现，在 Z 市东部边缘地区、张集镇北部村庄、东桥镇部分村庄等区域，4 千米小学服务半径仍存在一定空白区，学生难以就近入学；而在双河镇北部、冷水镇北部、东桥镇、客店镇、洋梓镇等地，8 千米初中服务半径未能覆盖所有村庄。产生这些空白区的主要原因是：一方面，Z 市地理范围广阔，东部山区交通不便，影响了学校的可达性；另一方面，这些边缘村落多为人口较为分散、规模较小的自然村，即使扩大服务半径，也难以从根本上解决空白区问题，盲目增设学校更容易造成教育资源的浪费。

　　综合来看，Z 市初中学校的服务半径在 8 千米时的覆盖率虽然接近 85%，但仍有待进一步提高。这需要整体上提升学校交通的便利性，并对上述个别空白区通过增加校车服务、跨区域设立寄宿制学校等方式予以重点解决。只有实现义务教育公共服务的全覆盖，才能最大限度保障全体适龄学生的受教育权利，为义务教育优质均衡发展夯实基础。

## （三）学校资源配置的质量均衡分析

### 1. 义务教育教师配置均衡分析

学校教师队伍的整体能力和素养，在促进县域义务教育均衡发展的进程中具有举足轻重的作用，更是学校办学质量提升的核心所在。在常规的教师队伍评价体系中，教师的学历层次、男女教师比例的平衡性、生师比，以及高级职称教师的占比等，都是重要的考量指标。然而县域内，特别是农村地区的中小学，往往受限于多种因素，难以进行教师职称的评定。鉴于此，本研究选择生师比这一关键指标，以此来反映义务教育学校教师配置的均衡性，进而更为准确地把握教师队伍的实际状况，其公式为：

$$T_j = \frac{C_j}{S_j}$$

式中，$T_j$ 为生师比；$C_j$ 为该乡镇在校学生数；$S_j$ 为该乡镇的教师人数。

按照《县域义务教育优质均衡发展督导评估办法》（以下简称《评估办法》）中对教师资源的配置要求"每百名学生拥有高于规定学历教师数：小学、初中分别达到 4.2 人以上、5.3 人以上"，即小学、初中生师比分别应在 23.8、18.9 以下。生师比偏高或者偏低，导致教师资源的过度消耗或闲置浪费，这些都是教育资源分配不均衡所引发的问题。

Z 市义务教育学校生师比如表 12.5 所示。首先，从小学阶段来看，Z 市除了张集镇，其他乡镇小学的生师比均在 23.8 以下，符合《评估办法》中对小学教师资源配置的要求。北部的张集镇、长寿镇和南部的旧口镇等小学生师比较高，分别为 27.8667、20.2917、22.8966。其中，张集镇和长寿镇主要是因为小学教师人数不足，加上自身乡镇的小学数量较少，这些乡镇的小学需要服务的区域较广，小学学龄人口数量较大，导致生师比偏高；旧口镇的小学学生数有 4648 名，而小学教师数只有 203 名，乡镇内拥有较多的小学和学龄儿童，但各所学校分配到的教师数量相对较少，导致教师资源相对紧张。

表 12.5 Z 市义务教育学校生师比

| 乡镇名称 | 小学教师数 | 小学学生数 | 小学生师比 | 初中教师数 | 初中学生数 | 初中生师比 |
|---|---|---|---|---|---|---|
| 郢中街道 | 756 | 10967 | 14.5066 | 766 | 6023 | 7.8629 |
| 洋梓镇 | 145 | 1136 | 7.8345 | 61 | 692 | 11.3443 |
| 长寿镇 | 48 | 974 | 20.2917 | 114 | 394 | 3.4561 |
| 丰乐镇 | 129 | 1727 | 13.3876 | 88 | 968 | 11.0000 |
| 胡集镇 | 570 | 7695 | 13.5000 | 240 | 2692 | 11.2167 |
| 双河镇 | 112 | 1340 | 11.9643 | 37 | 602 | 16.2703 |
| 磷矿镇 | 87 | 1178 | 13.5402 | 74 | 607 | 8.2027 |
| 文集镇 | 97 | 1689 | 17.4124 | 53 | 935 | 17.6415 |
| 冷水镇 | 143 | 2330 | 16.2937 | 56 | 983 | 17.5536 |
| 石牌镇 | 227 | 3975 | 17.511 | 84 | 1879 | 22.369 |
| 旧口镇 | 203 | 4648 | 22.8966 | 109 | 1913 | 17.5505 |
| 柴湖镇 | 376 | 6168 | 16.4043 | 248 | 3049 | 12.2944 |
| 长滩镇 | 46 | 679 | 14.7609 | 32 | 240 | 7.5000 |

续表

| 乡镇名称 | 小学教师数 | 小学学生数 | 小学生师比 | 初中教师数 | 初中学生数 | 初中生师比 |
|---|---|---|---|---|---|---|
| 东桥镇 | 68 | 892 | 13.1176 | 45 | 326 | 7.2444 |
| 客店镇 | 29 | 309 | 10.6552 | 23 | 138 | 6.0000 |
| 张集镇 | 30 | 836 | 27.8667 | 37 | 266 | 7.1892 |
| 九里回族乡 | 35 | 378 | 10.8000 | 24 | 213 | 8.8750 |
| 南湖原种场 | 69 | 738 | 10.6957 | 42 | 294 | 7.0000 |

（数据来源：根据 Z 市教育部门所提供资料整理而成）

分布在南部区域的乡镇，如文集镇、石牌镇、冷水镇和柴湖镇等，它们的生师比在全市的平均值之上，也都是因为在校学生人数基数大，配置的教师数量不足所致。对于郢中街道而言，由于其小学学校众多，又在中心城区，学龄人口密度大，所以吸引了不少来自周边乡镇的学生来就读，但其教师配置数量也不少，能做到基本均衡。对于中部的洋梓镇，生师比仅为 7.8345，教师配置数量充足，可考虑适当扩大招生，推动当地的优质教师资源向长寿镇、张集镇流动。

从初中来看，生师比的空间分布从东北至西南区域分层递增。超过评估标准的乡镇是石牌镇，高达 22.37，远高于标准水平，说明此乡镇教师资源匮乏。另外，分布在南部和西部区域的旧口镇、冷水镇、双河镇和文集镇生师比偏高，主要是因为教师配置数量相对不足所致；长寿镇、客店镇、张集镇和东桥镇的初中生师比远低于参考水平，说明这些区域教师数量相对充足，初中在校人数偏少。一方面可以考虑让教师向这些区域流动；另一方面可以强化教师队伍建设，提升教学质量，留住或吸引周边生师比偏高的乡镇的学生来入学。

总体而言，Z 市小学和初中生师比学校分区特征显著，北部的张集镇、长寿镇和南部的旧口镇等地需要加强小学教师配置；南部和西部的双河镇、冷水镇、文集镇、石牌镇和旧口镇等地需要加强初中教师配置。

### 2. 义务教育学校班额配置均衡分析

班额反映了班级规模的大小和学校的办学质量，受到经济、人口、社会以及教育水平等因素的影响。它是衡量教育均衡发展的重要标尺，直观地展现了教育资源在不同班级、不同学校之间的分配情况，从而为衡量教育公平性和质量提供了有力的依据。

随着县域城镇化进程的加速推进，乡村人口逐渐流失，与此同时，义务教育的持续改革与发展也带来了新的挑战。在这一过程中，"超级学校"现象和"学位紧张"等问题日益凸显，给教育均衡带来了新的挑战。因此有效控制学校班额显得尤为重要，是促进教育公平和提升教学质量的必要手段。本研究按照小学、初中、城区、镇区和乡村选取 6 所学校，统计其教学班级数和在校学生数，计算学校班额以衡量县域义务教育学校的班额配置均衡性。相关公式为：

$$D_j = \frac{C_j}{X_j}$$

式中，$D_j$ 为学校班额；$C_j$ 表示在校学生人数；$X_j$ 表示班级数量。

在《评估办法》中规定县域小学、初中规模不超过 2000 人，班级学生数分别不超过 45 人、50 人。

从这 6 所学校的统计数据和衡量指标来看，小学班额呈现"城区—镇区—乡村"逐级下降的特点。如表 12.6 所示，城区的实验小学和镇区的柴湖小学的班额分别为 69 人和 54 人，远超《评估办法》规定的 45 人；而乡村的洋梓小学班额为 33 人，低于规定的 45 人。这说明城区和镇区的小学学龄人口数量较多，导致城区和镇区出现"大班额"教学现象。

表 12.6    Z 市义务教育学校班额

| 学校 | 教学班/个 | 学生数/人 | 班额/人 | 学制 | 地区 |
|---|---|---|---|---|---|
| 柴湖小学 | 31 | 1670 | 54 | 小学 | 镇区 |
| 实验小学 | 38 | 2630 | 69 | 小学 | 城区 |
| 洋梓小学 | 15 | 502 | 33 | 小学 | 乡村 |
| 客店初中 | 12 | 510 | 43 | 初中 | 镇区 |
| 长寿一中 | 12 | 700 | 58 | 初中 | 乡村 |
| 兰台中学 | 43 | 2350 | 55 | 初中 | 城区 |

（数据来源：根据 Z 市教育部门所提供资料整理而成）

由表 12.6 可以看出，乡村的长寿一中的班额为 58 人，城区的兰台中学的班额数为 55 人，均超过了《评估办法》规定的 50 人，而位于镇区的客店初中的班额数低于规定的 50 人。城区的初中学校因为其优质的教育服务和较为完善的公共基础设施，吸引众多初中适龄学生就读。乡村所在初中学校的辐射范围较广，从而吸引较多的学生就读。对比两者，城区初中辐射范围较小但学生密度较大，乡村初中辐射范围较广但学生密度较小，均出现"大班额"教学现象。因此，对于城区义务教育学校，需要考虑增设学校数量或扩大学校规模等方式来消除"大班额"教学现象；对于乡村地区也要兼顾效率与公平，在提升办学质量的同时要考虑到学生的需求；此外，完善家校之间的交通出行基础设施建设也很有必要。

# 第三节    区域基础教育资源配置空间均衡性的影响因素

区域基础教育资源配置空间均衡性的影响因素是多方面的，这些因素共同作用，影响着基础教育资源在不同区域、学校之间的分配和布局。以下是一些主要的影响因素。

## 一、经济发展水平与教育政策

区域经济发展水平是决定基础教育投入能力的重要因素。发达地区通常能够投入更多的资金用于教育基础设施建设、教师待遇提升以及教育资源优化等方面，从而有利于实现基础教育资源配置空间均衡性。相反，欠发达地区则可能面临教育投入不足、教育设施落后等问题，影响基础教育的均衡发展。

城镇化进程对基础教育资源配置空间均衡性产生显著影响。随着城镇化水平的提高，城市人口不断增加，对基础教育资源的需求也随之增加。这要求政府在城市规划中充分考虑教育用地的布局，确保基础教育设施与城市发展相协调。同时，城镇化过程中也需要关注农村和边远地区的基础教育发展，避免城乡教育差距进一步扩大。Z市位于湖北省中部，经济发展水平整体较低，城镇化进程缓慢。

教育政策的导向和教育投入的力度直接影响基础教育资源配置空间均衡性的实现。Z市政府通过制定和实施一系列教育政策，如均衡教育资源配置、优化学校布局、提高教师待遇等，有力推动了当地基础教育的均衡发展。此外，教育投入的增加也是实现基础教育资源配置空间均衡性的重要保障，包括财政性教育经费的投入、社会资本的引入等。

## 二、学校布局与资源配置

学校布局的合理程度以及教育资源的配置效率也是影响基础教育资源配置空间均衡性的重要因素。合理的学校布局能够确保学生就近入学，减轻学生负担，同时也有利于教育资源的有效利用。而教育资源的配置效率则体现在教育资源配置的公平性和有效性上。由前文的空间区位均衡分析可知，Z市义务教育学校的可达性状况整体还是较为良好的。数据显示，乡镇政府所在地，无论是小学还是初中，其可达性水平都相对较高，并呈现出以乡镇政府驻地为中心，向四周逐渐降低的分布特征。这与乡镇政府所在地往往是当地交通枢纽，公共设施相对完善有关。此外，在道路等级较高、密度较大的行政村，义务教育学校的可达性也普遍较高。

人口分布和人口迁移趋势对基础教育资源配置空间均衡性产生重要影响。人口密集地区对基础教育资源的需求更为迫切，需要政府加大投入以满足需求。而人口迁移则可能导致某些地区教育资源过剩或不足，需要政府及时调整教育资源配置策略以适应人口变化。Z市东北部和西南部的一些偏远地区，小学可达性和学校分布密度相对较低，与当地适龄学生人口的空间分布也存在一定程度的错位现象。这种"低—低—高"的耦合分布格局，反映出这些地区小学教育资源供给与实际人口需求之间存在不匹配的状况，可能会对当地学龄儿童的入学机会造成一定影响，相关部门应当高度重视并采取有效措施加以改善。

## 三、教育观念与社会文化

社会文化因素如教育理念、教育观念等也对基础教育资源配置空间均衡性产生一定影响。例如，重视应试教育的观念可能导致教育资源向重点学校、重点班级倾斜，而忽视其他学校和班级的发展需求。因此，转变教育理念、倡导素质教育对于实现基础教育资源配置空间均衡性具有重要意义。Z市小学和初中生师比学校分区特征显著，在北部的张集镇、长寿镇和南部的旧口镇等地需要加强小学教师配置；在县域南部和西部的双河镇、冷水镇、文集镇、石牌镇和旧口镇等地需要加强初中教师配置。师资的质量势必会影响教育的质量，间接影响基础教育资源配置空间的均衡性。

## 第四节　区域基础教育学校资源配置的空间均衡发展策略

### 一、义务教育学校资源配置空间均衡发展的基本原则

#### （一）公平性原则

公平性原则是指在教育资源的分配过程中，要确保兼顾效率与公平，以满足不同地区、不同学校以及不同学生的教育需求。所有适龄儿童和青少年，不分城乡、不分地区、不分家庭经济状况，都应当有平等机会获得义务教育资源，享有接受良好教育的基本权利。从空间维度看，教育资源配置应当均衡布局，避免出现资源匮乏的教育空白区。以我国偏远地区为例，受自然环境和历史发展因素限制，经济社会发展水平相对滞后，在早期的教育资源分配中处于劣势。党的十六大以来，面对教育资源分布不均、偏远地区教育基础薄弱等问题，中央和地方各级政府不断加大教育投入力度，组织实施的各类教育工程和项目重点向农村地区、欠发达地区和民族地区倾斜，通过设立专项教育补贴、完善教师补充机制、创新教育对口支援等方式，改善了当地学校的办学条件。以西藏林芝市波密县为例，该县在获得国家教育扶持资金后，新建了多所标准化学校，招聘了大量新教师，并通过远程教育手段与发达地区学校开展合作教学，让学生能够接触到优质的课程资源，有效提升了当地义务教育质量，突出体现了义务教育学校资源配置空间均衡的公平性原则。

#### （二）需求导向原则

需求导向原则要求义务教育学校资源配置应紧密依据实际需求，精准匹配人口分布与规模。在城镇化快速推进中，相当一部分乡村人口向城镇集聚，人口流动致使学龄人口在城乡及区域间的分布发生变化，具体体现为城镇地区学龄人口日益密集，对教育规模和质量的需求攀升，农村学龄人口逐步减少，但对教育的个性化、多元化需求仍在。对此，鉴于人口密集的城镇地区和人口较少的农村地区，其所需的教育资源存在差异，义务教育学校资源配置的空间布局应当立足于实际需求，合理匹配人口分布和规模，根据学龄人口的实际分布情况，依据需求预测，合理规划学校布局、建设规模和资源配置。在人口密集区增加学校布点，扩大办学规模；在人口稀疏区优化学校布局，建设标准化

学校和寄宿制学校，保障学生上下学交通安全。同时，合理配置教师资源，确保师资数量充足、结构合理，避免资源过度集中或过度分散。

### （三）就近可及性原则

就近可及性原则指的是通过优化义务教育学校的空间布局，合理选址，并改善交通条件，使广大居民能在更便捷的入学距离内享受义务教育资源，从而保障教育机会公平，提升教育公共服务的均等化水平。在城镇地区，应依据人口密度、学龄人口分布等因素，科学规划学校的布局，合理控制学校的服务半径。如北京市海淀区通过核密度分析和缓冲区分析等方法，发现其小学分布存在不均衡现象，东南部地区学校分布密集，而上地街道和四季青镇等地区学校分布稀疏，部分居民点未被覆盖。基于此，当地通过新建学校或调整学校布局，缩小服务半径，使绝大多数学生能够步行至校或乘坐校车就近入学。在偏远农村地区，首先要考虑的是学龄人口分布分散、交通不便的问题，建设寄宿制学校是解决就近入学问题的有效途径。如贵州省在毕节市下辖的七星关区、黔西市、大方县、织金县、纳雍县等地的偏远山区建设了寄宿制学校，配备了完善的生活设施和师资力量，为当地学生提供了良好的学习和生活条件，使他们能够在学校接受连续、系统的教育。

### （四）资源整合原则

资源整合原则旨在通过优化义务教育学校的空间布局，合理配置教育资源，提高资源利用效率，促进教育公平与均衡发展。在义务教育学校资源配置的空间均衡优化中，应统筹利用现有教育资源，避免重复建设。对于城乡接合部、人口外流较多的地区，可通过学校撤并整合等措施，集中有限资源，提高利用效率。同时，还应根据人口流动情况，对教育资源进行适当调整，从而提高教育资源的整体利用效率。对于人口外流较多的地区而言，合理撤并学校是整合教育资源的重要手段。通过对生源不足、办学条件较差的学校进行撤并，将学生集中到规模较大、条件较好的学校，可以提高教育资源的利用效率，提升教育质量。在资源整合原则下，推进教育数字化建设是促进教育资源共享的有效途径。通过建设教育专网、优化智慧教育平台等，可以实现优质数字教育资源的广泛覆盖和共享，打破地域限制，让更多学生受益。此外，跨区域整合教育资源可以实现优势互补，促进教育均衡发展。例如，通过开展校际联盟、集团化办学等方式，推动优质教育资源在不同地区之间的流动和共享。

## 二、调整与优化义务教育学校空间布局

### （一）义务教育学校空间布局调整策略

调整与优化义务教育学校空间布局是一个长期而复杂的过程，需要政府、学校、家长和社会各界的共同努力和支持。从宏观层面而言，这一过程需要构建政府主导、多方协同的联动机制。政府应充分发挥其规划引领、政策制定和资源配置等关键职能，依据

区域内人口分布、经济发展态势、地理环境等因素，制定科学合理的学校布局规划蓝图。学校作为教育实施的核心主体，需积极参与其中，结合自身办学特色、师资力量、招生规模等情况，反馈实际需求与面临的挑战，以使规划更贴合教育实践。家长则从学生的成长需求、通勤安全与便利性等角度出发，为布局调整提供现实视角的参考，其意愿与诉求的合理吸纳有助于增强布局调整的认同感与可行性。社会各界力量，包括企业、社区组织、教育研究机构等，亦可凭借自身资源、专业优势等，为学校建设、教育资源整合等贡献力量，形成全社会共同参与、共促教育发展的良好格局。

### （二）义务教育学校资源配置优化举措

在义务教育阶段，合理调整与优化学校空间布局对于提升教育资源配置效率、保障教育公平与质量具有关键意义。加大硬件设施投入以提升学校硬件水平是重要举措之一。建设现代化教学设施教室，能为教学活动提供良好的基础环境。例如：配备多媒体互动教学设备、智能黑板等，可丰富教学形式与内容，增强教学效果；配备先进教学设备和工具，有助于开展实践性、探究性学习，培养学生的创新能力与综合素质；丰富的体育和文化设施则能促进学生全面发展，保障体育锻炼需求，丰富课余文化生活，营造良好校园氛围，整体提升学生学习体验与学校教学质量。此外，调整学校规模和结构同样关键。对于生源不足的学校，合并或缩小规模可避免资源闲置与浪费，集中师资、设备等资源，提高利用效率，可使学生享受到更优质的教育服务。而在生源充足地区，扩大现有学校规模或增设分校可有效缓解就学压力，满足更多学生接受义务教育的需求，避免因学位紧张导致的入学困难。这些举措共同作用于义务教育学校资源配置优化过程，推动教育资源在空间层面合理分布、高效利用，助力义务教育均衡、优质发展，为学生提供更公平、优质的教育条件。

### （三）义务教育学校交流合作提升路径

从教师专业成长的视角来看，学校间的交流合作为教师提供了广阔的学习与发展平台。通过师资培训活动，不同学校的教师得以汇聚一堂，分享各自的教学经验、学科知识与教育理念。此举不仅有助于教师更新知识架构，紧跟教育发展潮流，还能促进教师在教学方法与策略上相互借鉴，从而使教师提升自身的教学能力。在城乡学校交流过程中，一些城市学校的教师在信息技术与教学融合方面经验丰富，通过师资培训交流项目，他们将先进的理念与技术传授给农村或偏远地区的教师，帮助后者拓宽教学思路，为学生带来更具活力与创新性的课堂。在作为推动教育教学水平提高关键环节的教学研讨中，教师们围绕特定的教学主题或学科问题进行深度探讨，学校之间得以相互学习，汲取对方在课程设计、教学实施、学业评价等方面的成功经验。此外，在加强学校交流合作的过程中，资源共享与优势互补同样是不可忽视的重要方面，各学校在教育教学设施、课程资源、师资力量、管理模式、文化建设等方面各有优劣。通过交流合作，学校之间可以通过相互学习与借鉴，学习他校的成功经验，实现资源的共享与自身的优化。

## 三、构建义务教育学校质量均衡指标体系

### （一）明确教育资源空间均衡判别量化的基本准则

实现教育资源均衡的合理调控，首要任务是明确教育资源空间均衡判别量化的基本准则。一是客观性与综合性原则，选取的量化指标应是基于客观、可测量的数据，而非主观判断或个人意见。教育资源空间均衡判别量化指标的选择，需要考虑到多个方面和因素，综合各种相关数据和信息，力求能够客观全面地反映教育资源的空间均衡情况。二是可比性与可解释性原则，选取的指标应具有可比性，能够进行跨区域、跨时期的比较。在选取指标时，应具备统一的测量标准和数据来源，以便进行跨地区及跨时期的比较分析，评估教育资源的均衡状况。与此同时，选取的指标应能够清晰地说明教育资源的空间均衡情况和评估结果。指标能够提供清晰的定义和测量方法，并能够解释其与教育资源空间均衡的关系，以便各方能够理解和接受评估结果。三是效度与可靠性原则，选取的指标应能够准确地衡量教育资源的空间均衡情况，并能够产生稳定和可信的结果。四是可操作性原则，选取的指标应具备可操作性，能够提供具体的信息和指导，以促进教育资源空间均衡。指标应能为教育政策的制定者和教育管理者提供切实可行的建议。五是可持续性原则，选取的指标应具备稳定性和可持续性，能够长期有效地评估和监测教育资源的空间均衡状况，以确保教育资源的均衡状况能够得到持续改善和管理。

### （二）选择适当的教育资源空间均衡的量化测算方法与标准

想要科学地测度特定区域之中的教育资源空间均衡情况，就要找到适当的测量方法，也就是确立测量的数学表达式，以此来定量刻画和判断特定区域中的教育资源的均衡程度。诸如基尼系数、不平衡指数等测量方法，由于在实践中具有极强的可操作性，因而得到学界的青睐及较为广泛的应用。同时，在确定适当的教育资源空间均衡的测量方法时，也需要考虑和关注测量对象的特殊性，也就是教育的特殊性。由于教育不同于一般事业，其最终的产品是人，因而部分数据的获得存在较大的困难，而且同一指标可以用不同的数据予以体现，如何在使用较为简便的测量方法的同时，使数据的获得不至于遭遇太大的困难，同时能在多种类型的数据中找到适用的数据，也是在进行教育资源空间均衡测量时要重点考虑的问题。在完成量化测算方法的设计后，评判特定区域的教育资源空间均衡状态，还需要制定一套科学合理的评判标准，这是做出教育资源的空间分布是否达成均衡状态的评判依据。当然，获得测量结果并不是最终的目的，研究本身也不能止步于测量结果，而是在获得相关数据后，还应提出具有针对性和适用性的调控措施，以切实推动区域中的教育资源在空间布局上逐渐趋于均衡。

### （三）基于空间均衡要素的测度推动基础教育学校空间均衡布局

确保基础教育学校空间布局的均衡性，是基础教育资源均衡分布的关键所在。评估基础教育学校空间布局的均衡程度，不仅需要能够全面体现各学校之间的均衡状态，还

应当能够针对某一特定指标或特定要素进行细致剖析。这里的特定要素既可以是单一的衡量标准，也可以是多个指标综合计算后的结果，诸如两个指标间的匹配程度、协调状况等。在测度基础教育学校空间均衡布局的相关要素时，可以利用和发挥地理信息系统网络分析中的查找服务范围模型的优势，用于测量中小学在其所在街区的服务范围，测量其实际的覆盖程度，以及同一层次学校之间，如幼儿园之间、小学之间的覆盖重复的程度，探寻学校覆盖范围的空白区，进而分析基础教育学校空间布局的效率以及差异情况。同时，通过利用服务范围查找功能，确定学校所处的地理位置，并明确其能够辐射的服务区域。该服务区域的半径大小是依据道路网络上的实际交通距离来计算的。这种方法能够检查基础教育学校对某一特定地理区域的覆盖情况。在探索基础教育学校的空间布局时，可以通过 ArcGIS 网络分析中的哈夫模型，判断特定区域中学校布局的现状是否有利于实现公平。与此同时，通过分析区域中的各个学校能够服务的学生人数，以及学校实际服务的学生数与潜在服务的学生数之间的比值等，合理确定学校布局公平性评价指标，进而据此评判每一所学校空间布局的公平性，以及不同社区中学生就学便捷程度的公平性。[①]

---

① 王泽恩. 基于 GIS 的基础教育资源配置优化研究——以北京市大兴区为例 [D]. 北京：首都经济贸易大学，2020.

第十三章　区域基础教育均衡发展的校际分析

学校是育人的场所，是落实立德树人根本任务的主体。提升区域基础教育质量的落脚点在于提高学校办学质量，其根本则是缩小校际办学差异，实现校际发展的均衡。基础教育校际差异体现着区域基础教育学校之间发展的均衡程度，通过对区域学校发展的校际差异的考察，了解其区域内部学校发展的现实差距，对于促进学校特色发展，使学校教育活动充分满足受教育者个性发展的需求，助力不同学校之间学生学习与个性发展的机会公平，具有重要的现实意义。本章基于对基础教育校际均衡评估的理论基础的分析，对广西、西藏、新疆、宁夏、内蒙古、贵州、青海、云南等西部八省（区）义务教育校际差异进行对比分析，并对甘肃、西藏、宁夏的义务教育均衡发展进行实证分析。

## 第一节　样本选择、数据来源与测算方法

### 一、样本选择

本研究以 2013 年至 2016 年国家对广西、西藏、新疆、宁夏、内蒙古、贵州、青海、云南等西部八省（区）的督导检查数据为基础，进行义务教育校际差异对比分析。涉及的县（市、区、旗）主要有：广西壮族自治区的龙胜各族自治县（以下简称"龙胜县"）、蒙山县、合山市；西藏自治区的白朗县、贡嘎县、扎囊县、林芝县（于 2015 年改为巴宜区，为研究需要，本书仍用原称，下同）、类乌齐县、普兰县；新疆维吾尔自治区乌鲁木齐市的沙依巴克区与水磨沟区，库车县（于 2019 年改为库车市），泽普县，昌吉市，阜康市，玛纳斯县，若羌县，新源县，沙湾县（于 2021 年改为沙湾市），富蕴县，福海县；宁夏回族自治区银川市的金凤区与西夏区，石嘴山市的惠农区，吴忠市的利通区，青铜峡市；内蒙古自治区鄂尔多斯市的东胜区，呼伦贝尔市的新巴尔虎右旗；贵州省贵阳市的白云区，余庆县，麻江县，丹寨县；青海省格尔木市、德令哈市、天峻县、刚察县、祁连县、兴海县；云南省昆明市的五华区，富民县，玉溪市的红塔区，水富县，丽江市的古城区，普洱市的思茅区，开远市，景洪市，弥渡县。

## 二、数据来源

2012 年发布的《县域义务教育均衡发展督导评估暂行办法》，提出认真组织开展对本行政区域内容各县（市、区）义务教育均衡发展的督导评估工作。对义务教育阶段各学校之间的均衡状态进行评估时，主要依据八项关键指标，包括生均教学及辅助用房面积、生均体育运动场馆面积、生均教学仪器设备值、每百名学生拥有计算机台数、生均图书册数、师生比、生均高于规定学历教师数、生均中级及以上专业技术职务教师数等来进行深入的分析与判断。主要通过测算小学、初中差异系数来评估义务教育校际均衡状况。小学和初中的差异系数分别小于或等于 0.65 和 0.55，方可判定为达标。本研究涉及的各项指标数据主要来自国家教育事业统计数据。

## 三、测算方法

测算教育均衡发展的方法较多，较为常用的测算方法主要有基础教育均衡指数、标准差、极差、差异系数等。每一种测算方法都有其独特的优势，能够不同程度地呈现教育发展均衡状况。

### （一）基础教育均衡指数

指数是一种统计数据。从广义或狭义的视角看指数，其所具有的内涵有所不同。有一些指数，诸如消费者物价指数等，与人们日常的生产生活有着密切的内在关联。而诸如生产资料综合价格指数、工业生产者价格指数等，则同生产有密切关联。作为一种对比性统计指标，指数通常具有相对数的形式。指数能够动态展示某个事物在不同时间节点的发展变动态势，进而影响人们对于未来事物发展的预期。除此之外，指数还可以是某个事物在不同空间的现象水平的对比，例如不同企业、不同行业以及不同国家之间的对比，由此可以通过指数进行共时性分析。

指数在多个领域有着较为广泛的应用，将其引入教育领域，则形成相关的教育指数。其中，基础教育均衡指数是基础教育事业发展的重要评价指标之一。基础教育均衡指数对于评价基础教育的均衡发展有着重要的参考意义，其作用如下。一是可从总体数量上反映基础教育的发展情况，进而反映我国基础教育均衡发展的整体水平。[1] 二是可反映基础教育现象总体的变动中，受不同因素变动的影响方向以及影响程度，从而实现对教育发展失衡的及时监控与调节。[2] 三是通过基础教育均衡指数的变动情况，可以探索和预测基础教育今后的长期发展变动趋势，从而实现对基础教育进行动态监测，并分析判断教育发展的现状与均衡发展要求间的偏差情况。综合上述分析可知，利用基础教育均衡指数作为测算方法，能够较好地测量和反映不同学校之间办学水平的差异，为实现区域基础教育校际均衡提供政策制定依据。

---

[1] 尤莉. 义务教育均衡发展指数设计的国际经验与借鉴 [J]. 中国教育学刊，2016（10）：56-61.

[2] 袁振国. 建立教育发展均衡系数 切实推进教育均衡发展 [J]. 人民教育，2003（6）：11-13.

### （二）标准差

标准差，也称标准偏差，是一种较为基本也较为常用的数据统计方法。利用标准差能够测算样本数据的离散程度。通常方差用 $\delta^2$ 表示，标准差用 $S$ 表示。相关计算公式如下：

$$\delta^2 = \sum_{i=1}^{n}(x_i - \overline{x})^2/(n-1)$$

$$S = \sqrt{\delta^2} = \sqrt{\sum_{i=1}^{n}(x_i - \overline{x})^2/(n-1)}$$

式中，$x_i$ 是样本数据的数值，$\overline{x}$ 是样本数据的平均值，$n$ 是样本的数量。

### （三）极差

极差的含义较为容易理解，顾名思义就是在一个样本数据中，最大的数值同最小的数值之间的差值。利用极差可以分析和判断样本数据的差异程度。相关计算公式如下：

$$L_{极差} = L_{最大值} - L_{最小值}$$

### （四）差异系数

差异系数也称离散系数，其计算方法是用样本数据的标准差除以样本数据的平均差，由此获得的数值即为差异系数。其功能和目的是衡量不同样本数据间的差异大小。当一组数据的差异系数较高时，意味着这组数据的分散程度较大；相反，若差异系数较低，则表明数据的分散程度较小。相关计算公式如下：

$$CV = (S/\overline{x}) \times 100\%$$

式中，CV 代表差异系数，$\overline{x}$ 为这组数据的平均值，$S$ 为这组数据的标准差。

# 第二节　西部八省（区）义务教育校际差异分析

基础教育是国民教育体系的重中之重，而义务教育又是基础教育极为的重要组成部分。可以说，义务教育阶段的学校办学质量在相当程度上影响和决定着区域基础教育办学质量，并由此决定着区域基础教育整体发展水平。因而，深入分析义务教育校际差异，对于实现区域基础教育资源均衡配置，提升区域基础教育办学质量，具有重要意义。

## 一、西部八省（区）义务教育校际差异系数对比分析

### （一）广西 3 个县（市）义务教育校际差异系数

根据 2013 年国家教育督导检查组针对广西龙胜县、蒙山县、合山市的义务教育发展基本均衡情况进行了专项督导检查，检查结果如表 13.1 所示。广西 3 个县（市）的小学

综合差异系数在 0.251 至 0.546 之间，初中综合差异系数在 0.057 至 0.344 之间。根据小学和初中差异系数的评估标准，广西龙胜县、蒙山县、合山市的小学、初中综合差异系数均达到国家标准。

表 13.1　广西 3 个县（市）义务教育校际差异系数

| 县（市） | 学校类别 | 指标项目 | 生均教学及辅助用房面积/平方米 | 生均体育运动场馆面积/平方米 | 生均教学仪器设备值/元 | 每百名学生拥有计算机台数/台 | 生均图书册数/册 | 师生比 | 生均高于规定学历教师数/人 | 生均中级及以上专业技术职务教师数/人 | 综合 |
|---|---|---|---|---|---|---|---|---|---|---|---|
| 龙胜县 | 小学 | 全县均值 | 5.175 | 9.821 | 729.197 | 5.649 | 32.977 | 0.069 | 0.066 | 0.048 | — |
| | | 差异系数 | 0.238 | 0.422 | 0.418 | 0.315 | 0.124 | 0.174 | 0.176 | 0.14 | 0.251 |
| | 初中 | 全县均值 | 5.812 | 7.855 | 590.909 | 9.659 | 41.344 | 0.068 | 0.055 | 0.051 | — |
| | | 差异系数 | 0.059 | 0.092 | 0.025 | 0.177 | 0.018 | 0.021 | 0.039 | 0.028 | 0.057 |
| 蒙山县 | 小学 | 全县均值 | 6.979 | 21.121 | 661.648 | 3.407 | 31.794 | 0.056 | 0.043 | 0.027 | — |
| | | 差异系数 | 0.577 | 0.745 | 0.696 | 0.649 | 0.321 | 0.432 | 0.439 | 0.509 | 0.546 |
| | 初中 | 全县均值 | 5.464 | 11.512 | 505.41 | 7.153 | 39.358 | 0.073 | 0.058 | 0.035 | — |
| | | 差异系数 | 0.317 | 0.512 | 0.242 | 0.479 | 0.247 | 0.252 | 0.26 | 0.351 | 0.332 |
| 合山市 | 小学 | 全市均值 | 5.375 | 10.903 | 1719.59 | 4.167 | 30.803 | 0.073 | 0.067 | 0.055 | — |
| | | 差异系数 | 0.262 | 0.308 | 0.16 | 0.295 | 0.02 | 0.333 | 0.373 | 0.393 | 0.268 |
| | 初中 | 全市均值 | 4.901 | 11.889 | 2304 | 8.576 | 40.916 | 0.087 | 0.075 | 0.076 | — |
| | | 差异系数 | 0.516 | 0.761 | 0.221 | 0.336 | 0.027 | 0.326 | 0.261 | 0.304 | 0.344 |

### （二）西藏6个县义务教育校际差异系数

根据2014年国家教育督导检查组对西藏6个县义务教育发展基本均衡情况进行了专项督导检查，检查结果如表13.2所示。6个县的小学综合差异系数在0.260至0.560之间，初中综合差异系数为0.160。根据小学和初中差异系数的评估标准，西藏白朗县、贡嘎县、扎囊县、林芝县、类乌齐县、普兰县的小学、初中综合差异系数均达到国家标准。

表13.2　西藏6个县义务教育校际差异系数

| 县 | 学校类别 | 指标项目 | 生均教学及辅助用房面积/平方米 | 生均体育运动场馆面积/平方米 | 生均教学仪器设备值/元 | 每百名学生教学用计算机台数/台 | 生均图书册数/册 | 师生比 | 生均高于规定学历教师数/人 | 生均中级及以上专任教师数/人 | 综合 |
|---|---|---|---|---|---|---|---|---|---|---|---|
| 白朗县 | 小学 | 全县均值 | 4.8 | 10.03 | 930.37 | 15.24 | 15.47 | 0.06 | 0.06 | 0.03 | — |
| | | 差异系数 | 0.34 | 0.49 | 0.39 | 0.55 | 0.16 | 0.19 | 0.19 | 0.33 | 0.330 |
| | 初中 | 全县均值 | 4.17 | 7.42 | 728.77 | 9.13 | 26.14 | 0.11 | 0.07 | 0.05 | — |
| | | 差异系数 | 1所学校 | | | | | | | | |
| 贡嘎县 | 小学 | 全县均值 | 4.25 | 18.05 | 1038.96 | 15.1 | 15.95 | 0.07 | 0.07 | 0.02 | — |
| | | 差异系数 | 0.29 | 0.30 | 0.37 | 0.30 | 0.10 | 0.11 | 0.14 | 0.52 | 0.270 |
| | 初中 | 全县均值 | 5.09 | 14.67 | 2795.52 | 10.04 | 25.46 | 0.09 | 0.07 | 0.04 | — |
| | | 差异系数 | 0.23 | 0.10 | 0.21 | 0.17 | 0.01 | 0.19 | 0.23 | 0.16 | 0.160 |
| 扎囊县 | 小学 | 全县均值 | 4.21 | 13.71 | 775.73 | 24.19 | 21.09 | 0.07 | 0.07 | 0.03 | — |
| | | 差异系数 | 0.20 | 0.63 | 0.19 | 0.27 | 0.39 | 0.16 | 0.21 | 0.05 | 0.260 |
| | 初中 | 全县均值 | 4.54 | 22.55 | 2051.91 | 20.18 | 25.69 | 0.09 | 0.09 | 0.03 | — |
| | | 差异系数 | 1所学校 | | | | | | | | |

续表

| 县 | 学校类别 | 指标项目 | 生均教学及辅助用房面积/平方米 | 生均体育运动场馆面积/平方米 | 生均教学仪器设备值/元 | 每百名学生教学用计算机台数/台 | 生均图书册数/册 | 师生比 | 生均高于规定学历教师数/人 | 生均中级及以上专任教师数/人 | 综合 |
|---|---|---|---|---|---|---|---|---|---|---|---|
| 林芝县 | 小学 | 全县均值 | 5.82 | 14.73 | 1269 | 14 | 20.95 | 0.14 | 0.14 | 0.09 | 0.050 |
| | | 差异系数 | 0.78 | 0.75 | 1.16 | 0.88 | 0.22 | 0.25 | 0.22 | 0.23 | 0.560 |
| | 初中 | 全县均值 | 5.34 | 14.80 | 1140 | 10 | 26.24 | 0.11 | 0.11 | 0.09 | 0.060 |
| | | 差异系数 | 0.001 | 0.07 | 0.37 | 0.43 | 0.09 | 0.15 | 0.10 | 0.03 | 0.160 |
| 类乌齐县 | 小学 | 全县均值 | 3.67 | 11.53 | 1390 | 11.01 | 15.70 | 0.06 | 0.05 | 0.02 | — |
| | | 差异系数 | 0.17 | 0.55 | 0.20 | 0.38 | 0.01 | 0.17 | 0.33 | 0.89 | 0.340 |
| | 初中 | 全县均值 | 4.54 | 6.23 | 1631 | 9.30 | 26.45 | 0.03 | 0.02 | 0.02 | — |
| | | 差异系数 | 1 所学校 | | | | | | | | |
| 普兰县 | 小学 | 全县均值 | 4.87 | 18.90 | 857.83 | 15.77 | 30.10 | 0.083 | 0.0841 | 0.0232 | — |
| | | 差异系数 | 0.36 | 0.61 | 0.30 | 0.46 | 0.58 | 0.41 | 0.21 | 0.66 | 0.480 |
| | 初中 | 全县均值 | 5.25 | 11.61 | 1105.40 | 10.80 | 30.85 | 0.077 | 0.0718 | 0.0074 | — |
| | | 差异系数 | 1 所学校 | | | | | | | | |

## （三）新疆12个县（市、区）义务教育校际差异

2014年，国家教育督导检查组对新疆12个县（市、区）义务教育发展基本均衡情况

进行了专项督导检查，检查结果如表13.3所示。新疆12个县（市、区）的小学综合差异系数在0.223至0.580之间，初中综合差异系数在0.204至0.399之间。根据小学和初中差异系数的评估标准，新疆沙依巴克区、水磨沟区、库车县、泽普县、昌吉市、阜康市、玛纳斯县、若羌县、新源县、沙湾县、富蕴县、福海县的小学、初中综合差异系数均达到国家标准。

表 13.3  新疆 12 个县（市、区）义务教育校际差异系数

| 县（市、区） | 学校类别 | 指标项目 | 生均教学及辅助用房面积/平方米 | 生均体育运动场馆面积/平方米 | 生均教学仪器设备值/元 | 每百名学生拥有计算机台数/台 | 生均图书册数/册 | 师生比 | 生均高于规定学历教师数/人 | 生均中级及以上专任教师数/人 | 综合 |
|---|---|---|---|---|---|---|---|---|---|---|---|
| 沙依巴克区 | 小学 | 全区均值 | 3.86 | 5.46 | 2468 | 13.7 | 22.8 | 0.054 | 0.053 | 0.031 | — |
| | | 差异系数 | 0.598 | 0.662 | 0.427 | 0.398 | 0.217 | 0.357 | 0.356 | 0.504 | 0.44 |
| | 初中 | 全区均值 | 4.23 | 5.67 | 2388 | 13.3 | 27.3 | 0.07 | 0.065 | 0.048 | — |
| | | 差异系数 | 0.399 | 0.489 | 0.336 | 0.359 | 0.169 | 0.312 | 0.284 | 0.432 | 0.348 |
| 水磨沟区 | 小学 | 全区均值 | 3.07 | 6.66 | 2751 | 10 | 18.7 | 0.049 | 0.048 | 0.031 | — |
| | | 差异系数 | 0.379 | 0.534 | 0.302 | 0.476 | 0.333 | 0.4 | 0.403 | 0.439 | 0.408 |
| | 初中 | 全区均值 | 3.79 | 9.18 | 3211 | 12.3 | 19.7 | 0.072 | 0.063 | 0.044 | — |
| | | 差异系数 | 0.456 | 0.341 | 0.496 | 0.416 | 0.503 | 0.198 | 0.193 | 0.193 | 0.349 |
| 库车县 | 小学 | 全县均值 | 5.25 | 15.1 | 1225 | 9.5 | 20.1 | 0.059 | 0.056 | 0.017 | — |
| | | 差异系数 | 0.656 | 0.855 | 0.771 | 0.746 | 0.207 | 0.324 | 0.314 | 0.498 | 0.546 |
| | 初中 | 全县均值 | 3.96 | 8.55 | 1663 | 13.6 | 26 | 0.081 | 0.052 | 0.019 | — |
| | | 差异系数 | 0.25 | 0.549 | 0.56 | 0.332 | 0.185 | 0.247 | 0.245 | 0.422 | 0.349 |
| 泽普县 | 小学 | 全县均值 | 5.51 | 18.5 | 3344 | 16.7 | 21 | 0.083 | 0.074 | 0.038 | — |
| | | 差异系数 | 0.19 | 0.565 | 0.356 | 0.237 | 0.242 | 0.258 | 0.29 | 0.574 | 0.339 |
| | 初中 | 全县均值 | 5.11 | 15.65 | 3184 | 19.1 | 30.9 | 0.079 | 0.05 | 0.035 | — |
| | | 差异系数 | 0.491 | 0.689 | 0.119 | 0.068 | 0.028 | 0.193 | 0.332 | 0.589 | 0.314 |
| 昌吉市 | 小学 | 全市均值 | 3.06 | 11.54 | 1558 | 9.9 | 25 | 0.06 | 0.055 | 0.047 | — |
| | | 差异系数 | 0.586 | 1.244 | 0.489 | 0.548 | 0.326 | 0.504 | 0.461 | 0.473 | 0.579 |
| | 初中 | 全市均值 | 3.84 | 6.21 | 1337 | 7.3 | 27.1 | 0.078 | 0.068 | 0.06 | — |
| | | 差异系数 | 0.266 | 0.594 | 0.318 | 0.334 | 0.322 | 0.447 | 0.339 | 0.574 | 0.399 |
| 阜康市 | 小学 | 全市均值 | 4.83 | 14.43 | 2103 | 23.3 | 42 | 0.094 | 0.084 | 0.058 | — |
| | | 差异系数 | 0.294 | 0.82 | 0.454 | 0.343 | 0.239 | 0.623 | 0.575 | 0.286 | 0.454 |
| | 初中 | 全市均值 | 5.15 | 12.77 | 1792 | 19.6 | 43.3 | 0.099 | 0.077 | 0.079 | — |
| | | 差异系数 | 0.36 | 0.575 | 0.445 | 0.266 | 0.214 | 0.29 | 0.321 | 0.254 | 0.341 |

续表

| 县（市、区） | 学校类别 | 指标项目 | 生均教学及辅助用房面积/平方米 | 生均体育运动场馆面积/平方米 | 生均教学仪器设备值/元 | 每百名学生拥有计算机台数/台 | 生均图书册数/册 | 师生比 | 生均高于规定学历教师数/人 | 生均中级及以上专任教师数/人 | 综合 |
|---|---|---|---|---|---|---|---|---|---|---|---|
| 玛纳斯县 | 小学 | 全县均值 | 5.43 | 24.57 | 1977 | 12.2 | 36.2 | 0.099 | 0.082 | 0.084 | — |
| | | 差异系数 | 0.512 | 0.636 | 0.46 | 0.668 | 0.356 | 0.696 | 0.671 | 0.643 | 0.580 |
| | 初中 | 全县均值 | 5.14 | 23.19 | 1634 | 12.5 | 37.5 | 0.102 | 0.078 | 0.085 | — |
| | | 差异系数 | 0.143 | 0.387 | 0.207 | 0.223 | 0.152 | 0.162 | 0.189 | 0.172 | 0.204 |
| 若羌县 | 小学 | 全县均值 | 3.92 | 27.05 | 5176 | 23.6 | 30.2 | 0.088 | 0.079 | 0.043 | — |
| | | 差异系数 | 0.445 | 0.53 | 0.166 | 0.178 | 0.201 | 0.1 | 0.086 | 0.079 | 0.223 |
| | 初中 | 全县均值 | 3.26 | 23.19 | 3177 | 17.7 | 28.5 | 0.095 | 0.059 | 0.054 | — |
| | | 差异系数 | 仅1所学校 | | | | | | | | |
| 新源县 | 小学 | 全县均值 | 3.95 | 12.95 | 1252 | 7.7 | 20.5 | 0.074 | 0.063 | 0.018 | — |
| | | 差异系数 | 0.308 | 0.885 | 0.898 | 0.337 | 0.24 | 0.494 | 0.486 | 0.921 | 0.571 |
| | 初中 | 全县均值 | 4.3 | 8.83 | 1010 | 9 | 24.7 | 0.084 | 0.048 | 0.032 | — |
| | | 差异系数 | 0.326 | 0.716 | 0.475 | 0.288 | 0.237 | 0.35 | 0.319 | 0.35 | 0.382 |
| 沙湾县 | 小学 | 全县均值 | 5.06 | 14.53 | 2084 | 13.7 | 25.6 | 0.094 | 0.089 | 0.042 | — |
| | | 差异系数 | 0.315 | 0.644 | 0.5 | 0.512 | 0.149 | 0.391 | 0.411 | 0.378 | 0.413 |
| | 初中 | 全县均值 | 6.73 | 15.24 | 1775 | 14.5 | 36 | 0.101 | 0.08 | 0.056 | — |
| | | 差异系数 | 0.262 | 0.519 | 0.503 | 0.385 | 0.185 | 0.289 | 0.319 | 0.377 | 0.355 |
| 富蕴县 | 小学 | 全县均值 | 5.67 | 16.64 | 2811 | 16 | 23.2 | 0.077 | 0.074 | 0.03 | — |
| | | 差异系数 | 0.399 | 0.546 | 0.429 | 0.404 | 0.063 | 0.272 | 0.271 | 0.408 | 0.349 |
| | 初中 | 全县均值 | 9.15 | 16.89 | 2789 | 13.5 | 28.4 | 0.1 | 0.076 | 0.047 | — |
| | | 差异系数 | 0.605 | 0.481 | 0.316 | 0.436 | 0.076 | 0.161 | 0.108 | 0.384 | 0.321 |
| 福海县 | 小学 | 全县均值 | 6.79 | 19.66 | 1950 | 12.2 | 29.1 | 0.102 | 0.096 | 0.042 | — |
| | | 差异系数 | 0.265 | 0.445 | 0.305 | 0.244 | 0.287 | 0.244 | 0.251 | 0.453 | 0.312 |
| | 初中 | 全县均值 | 9.51 | 13.73 | 2301 | 11.9 | 38.6 | 0.143 | 0.11 | 0.064 | — |
| | | 差异系数 | 0.141 | 0.435 | 0.251 | 0.172 | 0.097 | 0.295 | 0.272 | 0.282 | 0.243 |

## （四）宁夏5个区（市）义务教育校际差异

2014年，国家教育督导检查组对宁夏5个区（市）义务教育发展基本均衡情况进行了专项督导检查，检查结果如表13.4所示。宁夏5个区（市）的小学综合差异系数在

0.380 至 0.451 之间，初中综合差异系数在 0.185 至 0.519 之间。根据小学和初中差异系数的评估标准，宁夏金凤区、西夏区、惠农区、利通区、青铜峡市的小学和初中综合差异系数均达到国家标准。

表 13.4 宁夏 5 个区（市）义务教育校际差异系数

| 区（市） | 学校类别 | 指标项目 | 生均教学及辅助用房面积/平方米 | 生均体育运动场馆面积/平方米 | 生均教学仪器设备值/元 | 每百名学生拥有计算机台数/台 | 生均图书册数/册 | 师生比 | 生均高于规定学历教师数/人 | 生均中级及以上专业技术职务教师数/人 | 综合 |
|---|---|---|---|---|---|---|---|---|---|---|---|
| 金凤区 | 小学 | 全区均值 | 5.15 | 10.4 | 3185 | 11.7 | 25.7 | 0.05 | 0.049 | 0.022 | — |
| | | 差异系数 | 1.02 | 0.592 | 0.489 | 0.327 | 0.513 | 0.174 | 0.166 | 0.326 | 0.451 |
| | 初中 | 全区均值 | 9.83 | 13.2 | 3602 | 13.7 | 27.9 | 0.063 | 0.06 | 0.033 | — |
| | | 差异系数 | 0.515 | 0.767 | 0.997 | 0.209 | 0.4 | 0.374 | 0.344 | 0.55 | 0.519 |
| 西夏区 | 小学 | 全区均值 | 2.85 | 9.16 | 2174 | 9.25 | 19.8 | 0.053 | 0.052 | 0.03 | — |
| | | 差异系数 | 0.513 | 0.421 | 0.389 | 0.458 | 0.29 | 0.26 | 0.246 | 0.492 | 0.384 |
| | 初中 | 全区均值 | 4.16 | 10.5 | 2201 | 12.7 | 29.9 | 0.065 | 0.061 | 0.038 | — |
| | | 差异系数 | 0.45 | 0.73 | 0.255 | 0.358 | 0.175 | 0.182 | 0.163 | 0.352 | 0.333 |
| 惠农区 | 小学 | 全区均值 | 5.27 | 10.8 | 2089 | 11.5 | 19.8 | 0.07 | 0.066 | 0.043 | — |
| | | 差异系数 | 0.445 | 0.605 | 0.331 | 0.495 | 0.374 | 0.36 | 0.342 | 0.464 | 0.427 |
| | 初中 | 全区均值 | 5.86 | 13.7 | 3273 | 12 | 27.1 | 0.089 | 0.077 | 0.053 | — |
| | | 差异系数 | 0.235 | 0.321 | 0.242 | 0.147 | 0.135 | 0.376 | 0.345 | 0.47 | 0.284 |

续表

| 区（市） | 学校类别 | 指标项目 | 生均教学及辅助用房面积/平方米 | 生均体育运动场馆面积/平方米 | 生均教学仪器设备值/元 | 每百名学生拥有计算机台数/台 | 生均图书册数/册 | 师生比 | 生均高于规定学历教师数/人 | 生均中级及以上专业技术职务教师数/人 | 综合 |
|---|---|---|---|---|---|---|---|---|---|---|---|
| 利通区 | 小学 | 全区均值 | 3.64 | 10.6 | 1647 | 10.0 | 16.8 | 0.049 | 0.043 | 0.027 | — |
| | | 差异系数 | 0.365 | 0.734 | 0.504 | 0.539 | 0.196 | 0.216 | 0.176 | 0.405 | 0.392 |
| | 初中 | 全区均值 | 5.10 | 9.61 | 1940 | 11.4 | 25.3 | 0.067 | 0.058 | 0.038 | — |
| | | 差异系数 | 0.394 | 0.34 | 0.217 | 0.212 | 0.072 | 0.309 | 0.268 | 0.379 | 0.274 |
| 青铜峡市 | 小学 | 全市均值 | 4.93 | 16.6 | 2217 | 11.4 | 18.0 | 0.066 | 0.06 | 0.031 | — |
| | | 差异系数 | 0.437 | 0.647 | 0.442 | 0.422 | 0.195 | 0.25 | 0.246 | 0.398 | 0.380 |
| | 初中 | 全市均值 | 4.95 | 14.0 | 2538 | 12.2 | 26.0 | 0.068 | 0.059 | 0.042 | — |
| | | 差异系数 | 0.306 | 0.346 | 0.18 | 0.141 | 0.065 | 0.136 | 0.129 | 0.179 | 0.185 |

### （五）内蒙古2个区（旗）义务教育校际差异

2014年，国家教育督导检查组对内蒙古2个区（旗）义务教育发展基本均衡情况进行了督导检查，检查结果如表13.5所示。内蒙古2个区（旗）的小学综合差异系数在0.224至0.519之间，初中综合差异系数在0.123至0.513之间。根据小学和初中差异系数的评估标准，内蒙古东胜区、新巴尔虎右旗的小学、初中综合差异系数均达到国家标准。

表 13.5 内蒙古自治区 2 个区 (旗) 义务教育校际差异系数

| 区 (旗) | 学校类别 | 指标项目 | 生均教学及辅助用房面积/平方米 | 生均体育运动场馆面积/平方米 | 生均教学仪器设备值/元 | 每百名学生拥有计算机台数/台 | 生均图书册数/册 | 师生比 | 生均高于规定学历教师数/人 | 生均中级及以上专任教师数/人 | 综合 |
|---|---|---|---|---|---|---|---|---|---|---|---|
| 东胜区 | 小学 | 全区均值 | 5.22 | 11.21 | 597 | 17.2 | 32.6 | 0.058 | 0.058 | 0.034 | — |
| | | 差异系数 | 0.597 | 0.583 | 1.364 | 0.593 | 0.087 | 0.306 | 0.304 | 0.326 | 0.519 |
| | 初中 | 全区均值 | 7.39 | 17.89 | 1666 | 21 | 45.5 | 0.089 | 0.084 | 0.05 | — |
| | | 差异系数 | 0.54 | 0.352 | 1.796 | 0.415 | 0.123 | 0.302 | 0.301 | 0.274 | 0.513 |
| 新巴尔虎右旗 | 小学 | 全旗均值 | 6.5 | 20.98 | 5379 | 21.5 | 54.6 | 0.131 | 0.125 | 0.11 | — |
| | | 差异系数 | 0.118 | 0.497 | 0.157 | 0.055 | 0.172 | 0.262 | 0.28 | 0.253 | 0.224 |
| | 初中 | 全旗均值 | 9.06 | 28.83 | 6102 | 27.4 | 59.3 | 0.213 | 0.154 | 0.158 | — |
| | | 差异系数 | 0.052 | 0.168 | 0.044 | 0.078 | 0.078 | 0.183 | 0.126 | 0.254 | 0.123 |

## (六) 贵州 4 个县 (区) 义务教育校际差异

2014 年, 国家教育督导检查组对贵州 4 个县 (区) 义务教育发展基本均衡情况进行了督导检查, 检查结果如表 13.6 所示。贵州 4 个县 (区) 的小学综合差异系数在 0.398 至 0.478 之间; 初中综合差异系数在 0.149 至 0.280 之间。根据小学和初中差异系数的评估标准, 贵州白云区、余庆县、麻江县、丹寨县的小学、初中综合差异系数均达到国家标准。

表 13.6 贵州 4 个县 (区) 义务教育校际差异系数

| 县 (区) | 学校类别 | 指标项目 | 生均教学及辅助用房面积/平方米 | 生均体育运动场馆面积/平方米 | 生均教学仪器设备值/元 | 每百名学生拥有计算机台数/台 | 生均图书册数/册 | 师生比 | 生均高于规定学历教师数/人 | 生均中级及以上专业技术职务教师数/人 | 综合 |
|---|---|---|---|---|---|---|---|---|---|---|---|
| 白云区 | 小学 | 全区均值 | 3.545 | 8.777 | 1435.86 | 10.184 | 21.424 | 0.051 | 0.047 | 0.029 | — |
| | | 差异系数 | 0.64 | 1.022 | 0.465 | 0.441 | 0.156 | 0.259 | 0.183 | 0.246 | 0.426 |
| | 初中 | 全区均值 | 3.01 | 10.223 | 1989.99 | 11.908 | 31.209 | 0.062 | 0.052 | 0.03 | — |
| | | 差异系数 | 0.144 | 0.317 | 0.174 | 0.125 | 0.045 | 0.047 | 0.135 | 0.207 | 0.149 |

续表

| 县（区） | 学校类别 | 指标项目 | 生均教学及辅助用房面积/平方米 | 生均体育运动场馆面积/平方米 | 生均教学仪器设备值/元 | 每百名学生拥有计算机台数/台 | 生均图书册数/册 | 师生比 | 生均高于规定学历教师数/人 | 生均中级及以上专业技术职务教师数/人 | 综合 |
|---|---|---|---|---|---|---|---|---|---|---|---|
| 余庆县 | 小学 | 全县均值 | 3.651 | 9.651 | 1690.99 | 13.22 | 21.876 | 0.051 | 0.049 | 0.033 | — |
| | | 差异系数 | 0.554 | 0.643 | 0.479 | 0.439 | 0.055 | 0.325 | 0.316 | 0.371 | 0.398 |
| | 初中 | 全县均值 | 2.779 | 7.765 | 1118.93 | 11.545 | 30.456 | 0.054 | 0.035 | 0.031 | — |
| | | 差异系数 | 0.422 | 0.297 | 0.32 | 0.179 | 0.015 | 0.092 | 0.206 | 0.17 | 0.213 |
| 麻江县 | 小学 | 全县均值 | 4.782 | 11.778 | 997.779 | 14.807 | 26.361 | 0.069 | 0.057 | 0.051 | — |
| | | 差异系数 | 0.558 | 1.028 | 0.674 | 0.38 | 0.307 | 0.259 | 0.288 | 0.328 | 0.478 |
| | 初中 | 全县均值 | 5.022 | 10.462 | 678.778 | 12.795 | 32.276 | 0.071 | 0.06 | 0.036 | — |
| | | 差异系数 | 0.453 | 0.671 | 0.283 | 0.136 | 0.079 | 0.183 | 0.19 | 0.245 | 0.280 |
| 丹寨县 | 小学 | 全县均值 | 4.304 | 10.829 | 1008.28 | 12.546 | 26.999 | 0.059 | 0.052 | 0.041 | — |
| | | 差异系数 | 0.608 | 1.192 | 0.469 | 0.287 | 0.399 | 0.18 | 0.209 | 0.309 | 0.457 |
| | 初中 | 全县均值 | 3.018 | 7.701 | 1302.13 | 13.323 | 31.388 | 0.062 | 0.048 | 0.035 | — |
| | | 差异系数 | 0.14 | 0.264 | 0.493 | 0.098 | 0.049 | 0.146 | 0.131 | 0.173 | 0.187 |

### （七）青海6个县（市）义务教育校际差异

2014 年，国家教育督导检查组对青海 6 个县（市）的义务教育发展基本均衡情况进行了督导检查，检查结果如表 13.7 所示。青海 6 个县（市）的小学综合差异系数在 0.314 至 0.443 之间，初中综合差异系数在 0.153 至 0.350 之间。根据小学和初中差异系数的评估标准，青海格尔木市、德令哈市、天峻县、刚察县、祁连县、兴海县的小学、初中综合差异系数均达到国家标准。

表 13.7　青海 6 个县（市）义务教育校际差异系数

| 县（市） | 学校类别 | 指标项目 | 生均教学及辅助用房面积/平方米 | 生均体育运动场馆面积/平方米 | 生均教学仪器设备值/元 | 每百名学生拥有计算机台数/台 | 生均图书册数/册 | 师生比 | 生均高于规定学历教师数/人 | 生均中级及以上专业技术职务教师数/人 | 综合 |
|---|---|---|---|---|---|---|---|---|---|---|---|
| 格尔木市 | 小学 | 全市均值 | 5.50 | 8.78 | 1700 | 14.45 | 27.29 | 0.053 | 0.053 | 0.032 | — |
| | | 差异系数 | 0.392 | 0.606 | 0.429 | 0.342 | 0.142 | 0.316 | 0.304 | 0.422 | 0.369 |
| | 初中 | 全市均值 | 6.85 | 11.91 | 1788 | 18.42 | 34.12 | 0.07 | 0.059 | 0.048 | — |
| | | 差异系数 | 0.331 | 0.494 | 0.311 | 0.276 | 0.4 | 0.307 | 0.343 | 0.341 | 0.350 |
| 德令哈市 | 小学 | 全市均值 | 3.89 | 7.32 | 1052 | 11.47 | 28.12 | 0.06 | 0.059 | 0.046 | — |
| | | 差异系数 | 0.403 | 0.978 | 0.259 | 0.294 | 0.166 | 0.307 | 0.32 | 0.31 | 0.380 |
| | 初中 | 全市均值 | 3.86 | 9.56 | 1350 | 12.18 | 30.97 | 0.074 | 0.053 | 0.052 | — |
| | | 差异系数 | 0.378 | 1.049 | 0.194 | 0.38 | 0.037 | 0.144 | 0.145 | 0.248 | 0.322 |
| 天峻县 | 小学 | 全县均值 | 6.16 | 29.03 | 1586 | 23.78 | 27.98 | 0.07 | 0.069 | 0.044 | — |
| | | 差异系数 | 0.549 | 0.433 | 0.153 | 0.368 | 0.403 | 0.502 | 0.466 | 0.518 | 0.424 |
| | 初中 | 全县均值 | 3.83 | 21.66 | 1575 | 19.83 | 32.23 | 0.073 | 0.061 | 0.033 | — |
| | | 差异系数 | 0.218 | 0.059 | 0.046 | 0.1 | 0.017 | 0.226 | 0.379 | 0.55 | 0.199 |
| 刚察县 | 小学 | 全县均值 | 4.49 | 9.31 | 603 | 11.51 | 27.10 | 0.054 | 0.054 | 0.038 | — |
| | | 差异系数 | 0.133 | 0.029 | 0.082 | 0.151 | 0.268 | 0.648 | 0.604 | 0.598 | 0.314 |
| | 初中 | 全县均值 | 4.90 | 19.22 | 1449 | 20.25 | 53.82 | 0.072 | 0.048 | 0.047 | — |
| | | 差异系数 | 0.033 | 0 | 0.016 | 0.052 | 0.004 | 0.523 | 0.08 | 0.514 | 0.153 |
| 祁连县 | 小学 | 全县均值 | 3.89 | 14.92 | 994 | 16.37 | 33.18 | 0.059 | 0.057 | 0.037 | — |
| | | 差异系数 | 0.493 | 0.542 | 0.533 | 0.543 | 0.5 | 0.331 | 0.313 | 0.288 | 0.443 |
| | 初中 | 全县均值 | 4.09 | 12.94 | 1144 | 15.48 | 35.57 | 0.071 | 0.053 | 0.037 | — |
| | | 差异系数 | — | — | — | — | — | — | — | — | 一所初中 |
| 兴海县 | 小学 | 全县均值 | 5.01 | 14.02 | 636 | 9.38 | 23.48 | 0.053 | 0.052 | 0.026 | — |
| | | 差异系数 | 0.411 | 0.653 | 0.43 | 0.167 | 0.138 | 0.208 | 0.205 | 0.478 | 0.336 |
| | 初中 | 全县均值 | 5.22 | 19.58 | 814 | 11.39 | 30.47 | 0.077 | 0.061 | 0.025 | — |
| | | 差异系数 | 0.095 | 0.176 | 0.377 | 0.135 | 0.012 | 0.107 | 0.112 | 0.267 | 0.160 |

## （八）云南 9 个县（市、区）义务教育校际差异

2014 年，国家教育督导检查组对云南 9 个县（市、区）的义务教育发展基本均衡情况进行了督导检查，检查结果如表 13.8 所示。云南 9 个县（市、区）的小学综合差异系数在 0.311 至 0.587 之间，初中综合差异系数在 0.218 至 0.373 之间。根据小学和初中差异系数的评估标准，云南五华区、富民县、红塔区、水富县、古城区、思茅区、开远市、景洪市、弥渡县的小学、初中综合差异系数均达到国家标准。

表 13.8　云南 9 个县（市、区）义务教育校际差异系数

| 县（市、区） | 学校 | 指标项目 | 生均教学及辅助用房面积/平方米 | 生均体育运动场馆面积/平方米 | 生均教学仪器设备值/元 | 每百名学生拥有计算机台数/台 | 生均图书册数/册 | 师生比 | 生均高于规定学历教师数/人 | 生均中级及以上专业技术职务教师数/人 | 综合 |
|---|---|---|---|---|---|---|---|---|---|---|---|
| 五华区 | 小学 | 全区均值 | 4.13 | 3.81 | 2036 | 11.0 | 29.8 | 0.05 | 0.048 | 0.03 | — |
| | | 差异系数 | 0.354 | 0.701 | 0.279 | 0.383 | 0.224 | 0.141 | 0.129 | 0.278 | 0.311 |
| | 初中 | 全区均值 | 5.87 | 6.41 | 3814 | 17.9 | 35.4 | 0.076 | 0.071 | 0.056 | — |
| | | 差异系数 | 0.337 | 0.481 | 0.365 | 0.274 | 0.108 | 0.194 | 0.198 | 0.225 | 0.273 |
| 富民县 | 小学 | 全县均值 | 4.27 | 3.39 | 593 | 10.8 | 22.2 | 0.065 | 0.057 | 0.037 | — |
| | | 差异系数 | 0.34 | 1.004 | 0.886 | 0.391 | 0.091 | 0.31 | 0.344 | 0.338 | 0.463 |
| | 初中 | 全县均值 | 7.22 | 9.67 | 1863 | 17.8 | 34.0 | 0.096 | 0.089 | 0.052 | — |
| | | 差异系数 | 0.316 | 0.401 | 0.661 | 0.173 | 0.264 | 0.356 | 0.341 | 0.409 | 0.365 |

续表

| 县<br>(市、区) | 学校 | 指标<br>项目 | 生均教<br>学及辅<br>助用房<br>面积<br>/平方米 | 生均体<br>育运动<br>场馆<br>面积<br>/平方米 | 生均教<br>学仪器<br>设备值<br>/元 | 每百名<br>学生<br>拥有<br>计算机<br>台数<br>/台 | 生均<br>图书<br>册数<br>/册 | 师生比 | 生均高<br>于规定<br>学历<br>教师数<br>/人 | 生均<br>中级及<br>以上专<br>业技术<br>职务<br>教师数<br>/人 | 综合 |
|---|---|---|---|---|---|---|---|---|---|---|---|
| 红塔区 | 小学 | 全区<br>均值 | 3.75 | 6.48 | 663 | 10.0 | 22.8 | 0.056 | 0.053 | 0.028 | — |
| | | 差异<br>系数 | 0.382 | 0.814 | 0.982 | 0.403 | 0.14 | 0.223 | 0.22 | 0.384 | 0.444 |
| | 初中 | 全区<br>均值 | 4.57 | 8.59 | 922 | 11.5 | 30.9 | 0.076 | 0.067 | 0.043 | — |
| | | 差异<br>系数 | 0.482 | 0.496 | 0.727 | 0.246 | 0.061 | 0.121 | 0.145 | 0.134 | 0.301 |
| 水富县 | 小学 | 全县<br>均值 | 5.01 | 4.98 | 1102 | 12.1 | 37.0 | 0.059 | 0.056 | 0.038 | — |
| | | 差异<br>系数 | 0.463 | 1.021 | 0.498 | 0.553 | 0.964 | 0.351 | 0.347 | 0.496 | 0.587 |
| | 初中 | 全县<br>均值 | 4.13 | 4.77 | 905 | 8.9 | 30.0 | 0.051 | 0.032 | 0.031 | — |
| | | 差异<br>系数 | 0.336 | 0.266 | 0.543 | 0.381 | 0.286 | 0.298 | 0.276 | 0.543 | 0.366 |
| 古城区 | 小学 | 全区<br>均值 | 3.85 | 8.84 | 1010 | 9.6 | 26.7 | 0.062 | 0.057 | 0.038 | — |
| | | 差异<br>系数 | 0.546 | 0.740 | 0.600 | 0.543 | 0.205 | 0.551 | 0.529 | 0.505 | 0.527 |
| | 初中 | 全区<br>均值 | 4.06 | 10.16 | 1583 | 10.6 | 35.2 | 0.071 | 0.056 | 0.039 | — |
| | | 差异<br>系数 | 0.446 | 0.304 | 0.529 | 0.506 | 0.156 | 0.221 | 0.191 | 0.238 | 0.324 |

续表

| 县(市、区) | 学校 | 指标项目 | 生均教学及辅助用房面积/平方米 | 生均体育运动场馆面积/平方米 | 生均教学仪器设备值/元 | 每百名学生拥有计算机台数/台 | 生均图书册数/册 | 师生比 | 生均高于规定学历教师数/人 | 生均中级及以上专业技术职务教师数/人 | 综合 |
|---|---|---|---|---|---|---|---|---|---|---|---|
| 思茅区 | 小学 | 全区均值 | 3.27 | 9.36 | 487 | 8.0 | 19.3 | 0.049 | 0.047 | 0.035 | — |
| | | 差异系数 | 0.423 | 0.874 | 0.791 | 0.346 | 0.369 | 0.243 | 0.239 | 0.404 | 0.461 |
| | 初中 | 全区均值 | 4.99 | 11.11 | 621 | 11.6 | 24.5 | 0.06 | 0.055 | 0.044 | — |
| | | 差异系数 | 0.34 | 0.401 | 0.374 | 0.117 | 0.383 | 0.237 | 0.233 | 0.337 | 0.303 |
| 开远市 | 小学 | 全市均值 | 3.85 | 4.89 | 1817 | 7.2 | 22.0 | 0.063 | 0.062 | 0.04 | — |
| | | 差异系数 | 0.609 | 1.2 | 0.348 | 0.241 | 0.115 | 0.3 | 0.297 | 0.429 | 0.442 |
| | 初中 | 全市均值 | 3.86 | 8.50 | 3003 | 11.4 | 33.5 | 0.073 | 0.068 | 0.047 | — |
| | | 差异系数 | 0.355 | 0.615 | 0.486 | 0.148 | 0.126 | 0.135 | 0.155 | 0.336 | 0.294 |
| 景洪市 | 小学 | 全市均值 | 3.14 | 6.35 | 760 | 4.1 | 21.3 | 0.056 | 0.054 | 0.033 | — |
| | | 差异系数 | 0.423 | 0.846 | 1.08 | 0.738 | 0.11 | 0.208 | 0.212 | 0.356 | 0.497 |
| | 初中 | 全市均值 | 3.47 | 7.14 | 1043 | 5.8 | 27.4 | 0.067 | 0.06 | 0.038 | — |
| | | 差异系数 | 0.352 | 0.532 | 1.137 | 0.364 | 0.211 | 0.085 | 0.128 | 0.172 | 0.373 |

续表

| 县<br>(市、区) | 学校 | 指标<br>项目 | 生均教<br>学及辅<br>助用房<br>面积<br>/平方米 | 生均体<br>育运动<br>场馆<br>面积<br>/平方米 | 生均教<br>学仪器<br>设备值<br>/元 | 每百名<br>学生拥<br>有计算机<br>台数<br>/台 | 生均<br>图书<br>册数<br>/册 | 师生比 | 生均高<br>于规定<br>学历<br>教师数<br>/人 | 生均<br>中级及<br>以上专<br>业技术<br>职务<br>教师数<br>/人 | 综合 |
|---|---|---|---|---|---|---|---|---|---|---|---|
| 弥渡县 | 小学 | 全县<br>均值 | 5.38 | 8.01 | 954 | 7.4 | 23.5 | 0.053 | 0.047 | 0.033 | — |
| | | 差异<br>系数 | 0.347 | 0.406 | 0.82 | 0.352 | 0.227 | 0.175 | 0.181 | 0.312 | 0.352 |
| | 初中 | 全县<br>均值 | 5.63 | 9.95 | 1258 | 10.7 | 31.3 | 0.071 | 0.057 | 0.041 | — |
| | | 差异<br>系数 | 0.246 | 0.368 | 0.501 | 0.091 | 0.041 | 0.125 | 0.156 | 0.214 | 0.218 |

## 二、西部八省（区）义务教育校际差异分析结论

### （一）区域义务教育学校达标无明显差异

　　国家教育督导检查组通过对广西、西藏、新疆、宁夏、内蒙古、贵州、青海、云南西部八省（区）47个县（市、区、旗）义务教育阶段的校际生均教学及辅助用房面积、生均体育运动场馆面积、生均教学仪器设备值等指标进行评估，测算出小学与初中的综合差异系数均分别小于或等于0.65和0.55，符合标准，均认定为达标。说明这47个县（市、区、旗）义务教育阶段的校际均衡指标无明显差异。

### （二）区域义务教育学校存在校际差异

　　通过对2013年至2016年广西、西藏、新疆、宁夏、内蒙古、贵州、青海、云南西部八省（区）47个县（市、区、旗）的督导检查数据进行义务教育校际差异对比分析可知，小学综合差异系数最大值在云南，最小值在新疆；初中综合差异系数最大值在广西，最小值在贵州；小学综合差异系数差值最大值在新疆，差值为0.357，最小值在宁夏，差值为0.071；初中综合差异系数差值最大值在内蒙古，差值为0.390，最小值在西藏，差值为0（见表13.9）。

表 13.9　西部八省（区）义务教育校际差异系数差值比较

| 地区 | 评估区域数量/个 | 小学差异系数比较 | | | 初中差异系数比较 | | |
|---|---|---|---|---|---|---|---|
| | | 最小值 | 最大值 | 差值 | 最小值 | 最大值 | 差值 |
| 广西 | 3 | 0.251 | 0.546 | 0.295 | 0.057 | 0.344 | 0.287 |
| 西藏 | 6 | 0.260 | 0.560 | 0.300 | 0.160 | 0.160 | 0 |
| 新疆 | 12 | 0.223 | 0.580 | 0.357 | 0.204 | 0.399 | 0.195 |
| 宁夏 | 5 | 0.380 | 0.451 | 0.071 | 0.185 | 0.519 | 0.334 |
| 内蒙古 | 2 | 0.224 | 0.519 | 0.295 | 0.123 | 0.513 | 0.390 |
| 贵州 | 4 | 0.398 | 0.478 | 0.080 | 0.149 | 0.280 | 0.131 |
| 青海 | 6 | 0.314 | 0.443 | 0.129 | 0.153 | 0.350 | 0.197 |
| 云南 | 9 | 0.311 | 0.587 | 0.276 | 0.218 | 0.373 | 0.155 |

# 第三节　西部八省（区）义务教育校际达标比较分析

"努力让每个孩子都能享有公平而有质量的教育"，是党在十九大报告中的庄严承诺。自 2013 年 5 月，国家教育督导检查组在教育部网站上，陆续公布了各个省（区、市）的义务教育均衡发展督导检查反馈意见，并公示了全国义务教育发展基本均衡县（市、区）的名单。从公布的数据和名单看，义务教育督导检察工作的深入开展，有效地推动了西部八省（区）义务教育事业的发展进程，其办学条件在相当程度上得到了有效改善。但是，西部八省（区）的义务教育在哪些方面得到了有效改善？还存在哪些短板和不足？如何客观理性地看待区域义务教育均衡发展问题？本节以西藏、甘肃、宁夏为比较对象，通过对其均衡发展状况进行测量，力求深入地审视区域义务教育均衡发展评估指标体系，发现其中有待商榷之处，从而持续优化和改进评估指标体系，为实现区域义务教育均衡发展与标准化建设的稳步推进提供有益的智力支持。

## 一、义务教育学校办学基本标准达标状况比较

### （一）小学阶段与初中阶段学校办学基本标准达标状况县域比较

1. 西藏小学阶段与初中阶段学校办学基本标准达标状况县域比较

由图 13.1 可以看出，影响西藏义务教育学校办学基本标准达标状况的主要指标是计算机生机比，而小学阶段比中学阶段达标率更低。除计算机生机比之外，其他指标均基本达标。

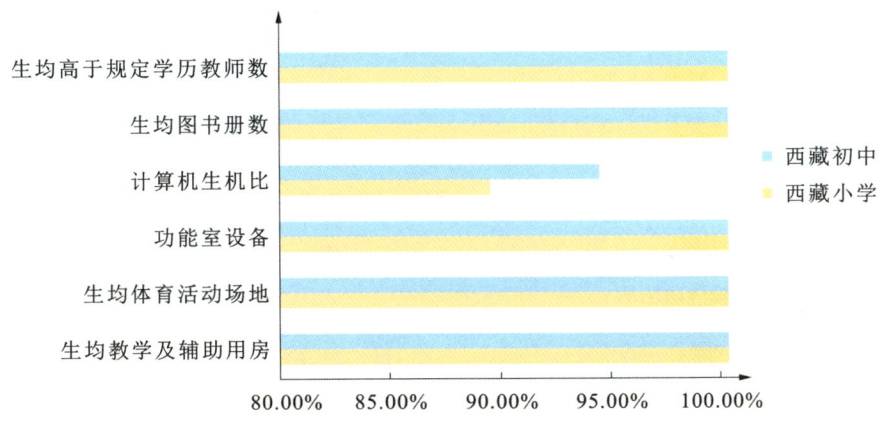

**图 13.1　西藏小学与初中学校办学基本标准达标状况县域比较**

2. 甘肃小学阶段与初中阶段学校办学基本标准达标状况县域比较

由图 13.2 可以看出，影响甘肃义务教育学校办学基本标准达标状况的主要指标是生均教学及辅助用房面积，小学阶段比中学阶段达标率稍高。生均高于规定学历教师数、生均图书册数、计算机生机比、功能室设备和生均体育活动场地等指标基本达标。

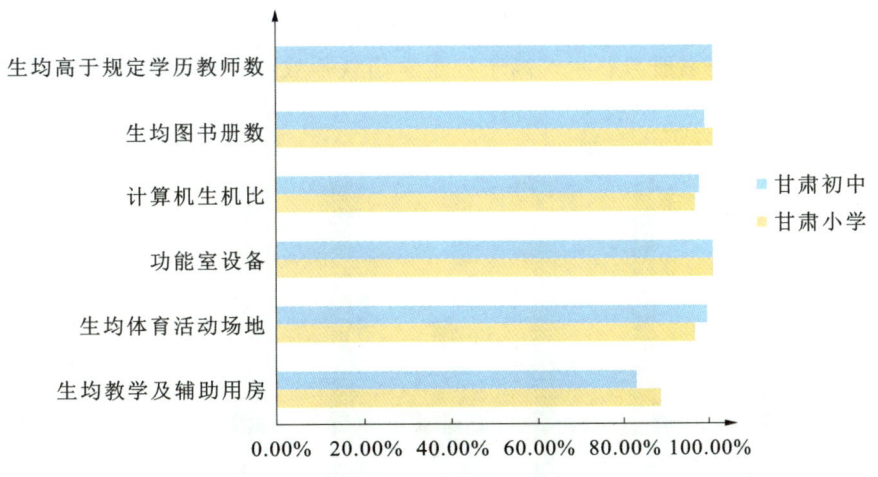

**图 13.2　甘肃小学与初中学校办学基本标准达标状况县域比较**

3. 宁夏小学阶段与初中阶段学校办学基本标准达标状况县域比较

由图 13.3 可以看出，影响宁夏义务教育学校办学基本标准达标状况的主要指标是生均体育活动场地，其次为生均教学及辅助用房面积，两个指标中小学阶段均比中学阶段达标率稍高。生均高于规定学历教师数、生均图书册数、计算机生机比、功能室设备等指标基本达标。

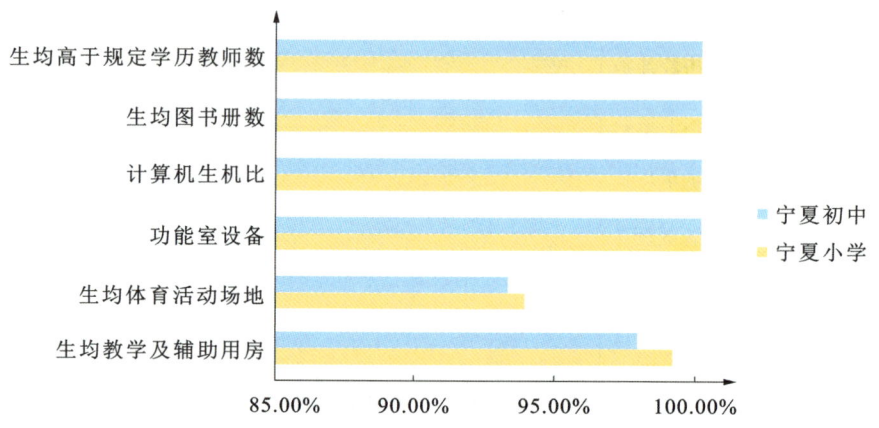

**图 13.3　宁夏小学与初中学校办学基本标准达标状况县域比较**

## （二）小学阶段与初中阶段学校办学基本标准达标状况省域比较

### 1. 小学阶段学校办学基本标准达标状况省域比较

由图 13.4 可以看出，在小学阶段，学校办学基本标准达标状况在省域存在明显差异。在生均教学及辅助用房上差异最大，其次是计算机生机比，再次是生均体育活动场地。在功能室设备、生均图书册数、生均高于规定学历教师数等指标上差异不明显。

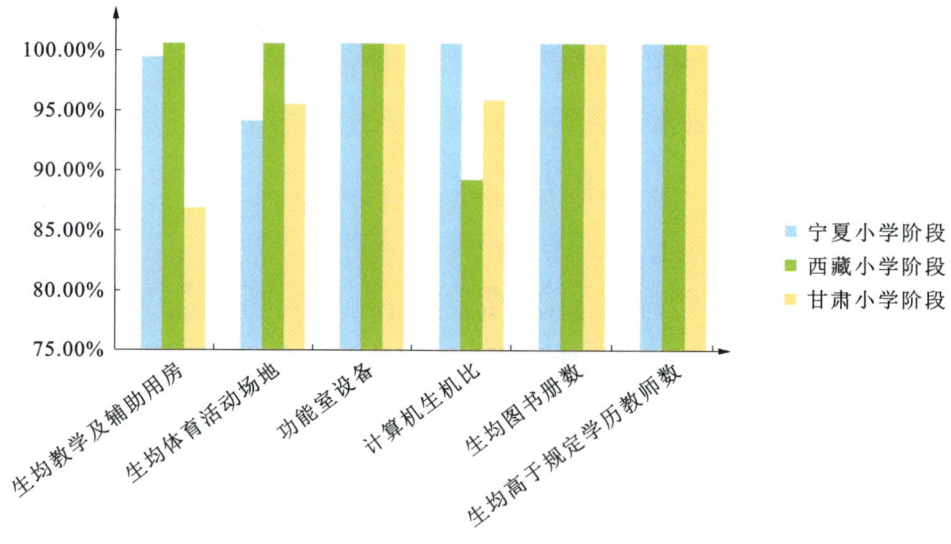

**图 13.4　西藏、甘肃、宁夏小学阶段学校办学基本标准达标状况省域比较**

## 2. 初中阶段学校办学基本标准达标状况省域比较

由图 13.5 可以看出，在初中阶段，学校办学基本标准达标状况在省域存在明显差异。在生均教学及辅助用房上差异最大，其次是生均体育活动场地，再次是计算机生机比，最后是生均图书册数。在功能室设备、生均高于规定学历教师数等指标上差异不明显。

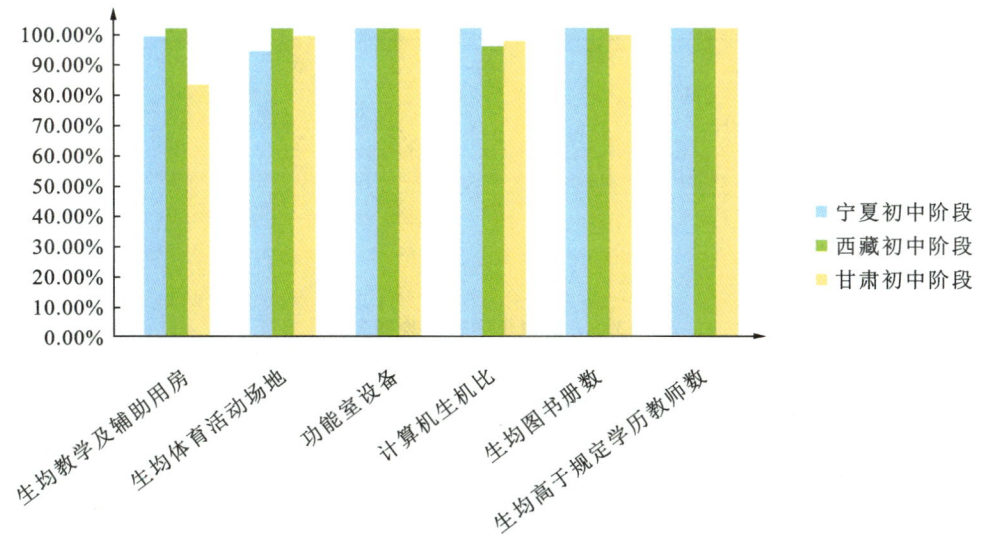

**图 13.5　西藏、甘肃、宁夏初中阶段学校办学基本标准达标状况省域比较**

# 二、义务教育校际均衡状况比较

## （一）西藏义务教育校际均衡状况

### 1. 小学校际均衡状况

由图 13.6 可以看出，在西藏小学阶段，校际均衡差异较大。在各项指标中，差异最大的是每百名学生拥有计算机台数，其次为生均中级及以上专业技术职务教师数。在师生比和生均高于规定学历教师数上，校际差异不明显。

### 2. 初中校际均衡状况

在西藏初中阶段，校际均衡差异不明显。原因为很多县（市、区）仅有一所初中，难以进行校际差异比较。

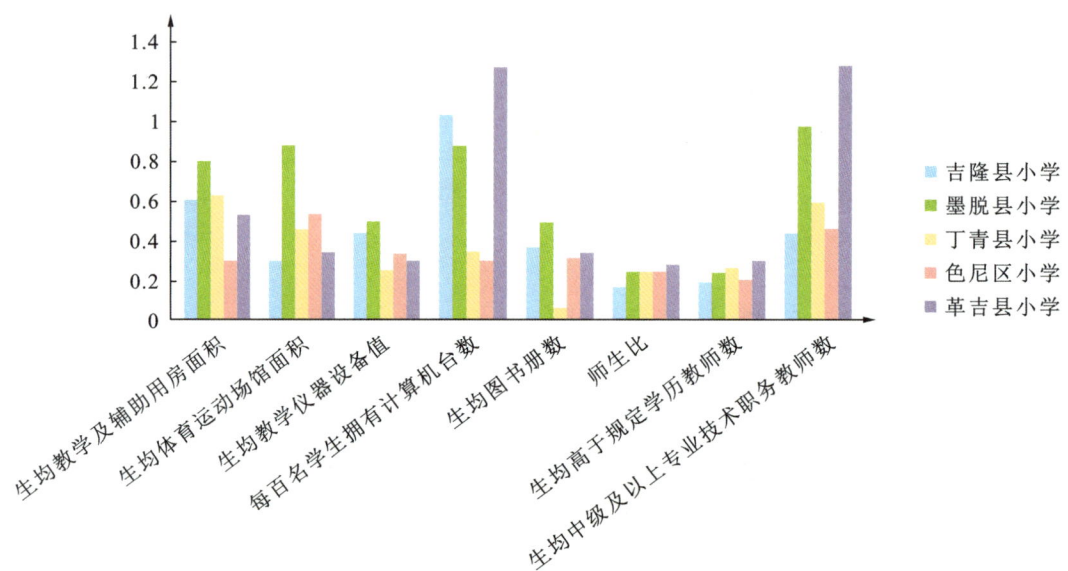

**图 13.6　西藏小学校际均衡差异**

## （二）甘肃义务教育校际均衡状况

### 1. 小学校际均衡状况

由图 13.7 可以看出，在甘肃小学阶段，校际均衡差异较大。其中，差异最大的是每百名学生拥有计算机台数，其次为生均教学仪器设备值。在师生比和生均高于规定学历教师数上，校际差异较小。

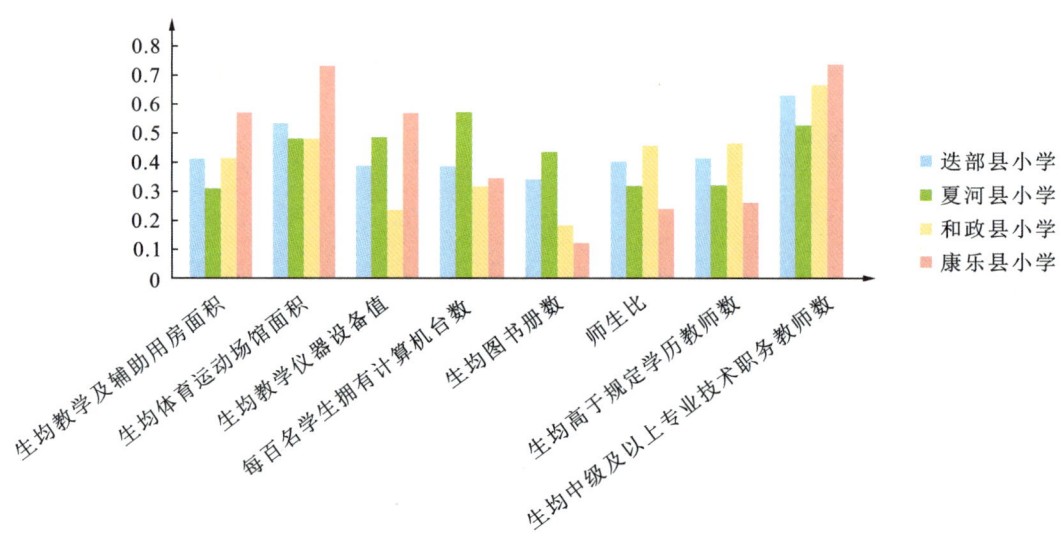

**图 13.7　甘肃小学校际均衡差异**

## 2. 初中校际均衡状况

由图 13.8 可以看出，在甘肃初中阶段，校际均衡差异较大。其中，差异最大的是生均图书册数，其次是生均体育运动场馆面积，再次是生均中级及以上专业技术职务教师数。在生均教学及辅助用房面积上，校际差异较小。

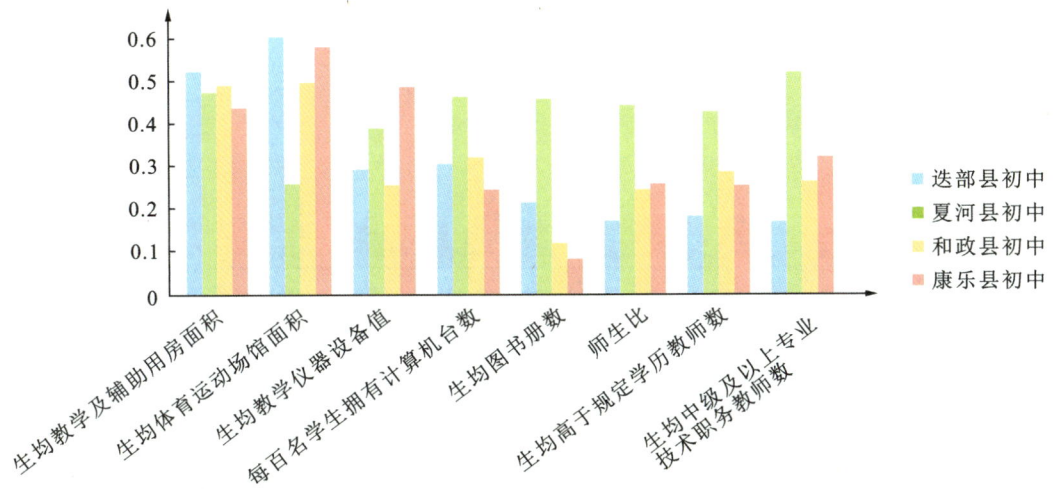

**图 13.8 甘肃初中校际均衡差异**

## （三）宁夏义务教育校际均衡状况

### 1. 小学校际均衡状况

由图 13.9 可以看出，在宁夏小学阶段，校际均衡差异较大。其中，差异最大的是生均教学及辅助用房面积，其次为生均图书册数。在生均中级及以上专业技术职务教师数上，校际差异较小。

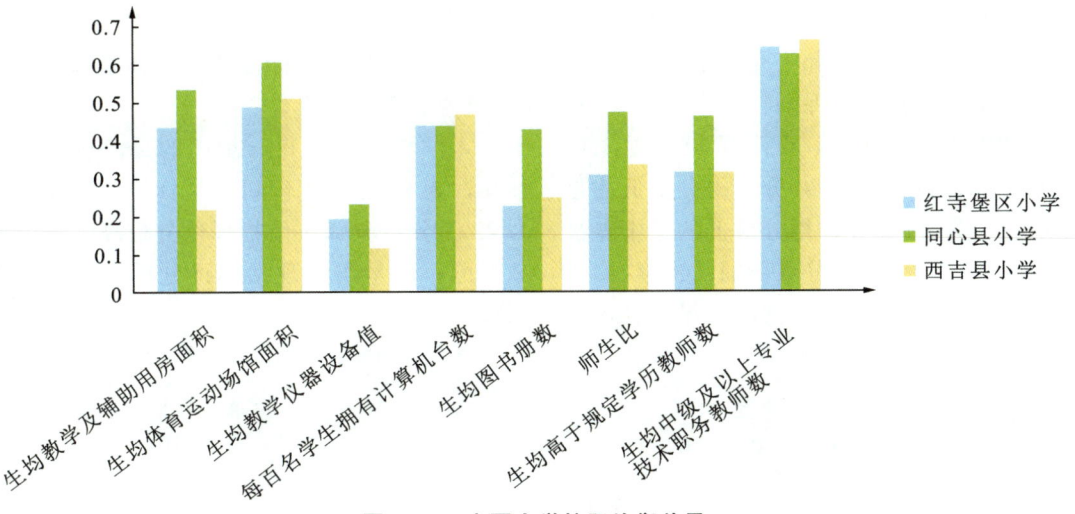

**图 13.9 宁夏小学校际均衡差异**

## 2. 初中校际均衡状况

由图 13.10 可以看出，在宁夏初中阶段，校际均衡差异较大。其中，差异最大的是生均体育运动场馆面积，其次为师生比。在生均图书册数上，校际差异较小。

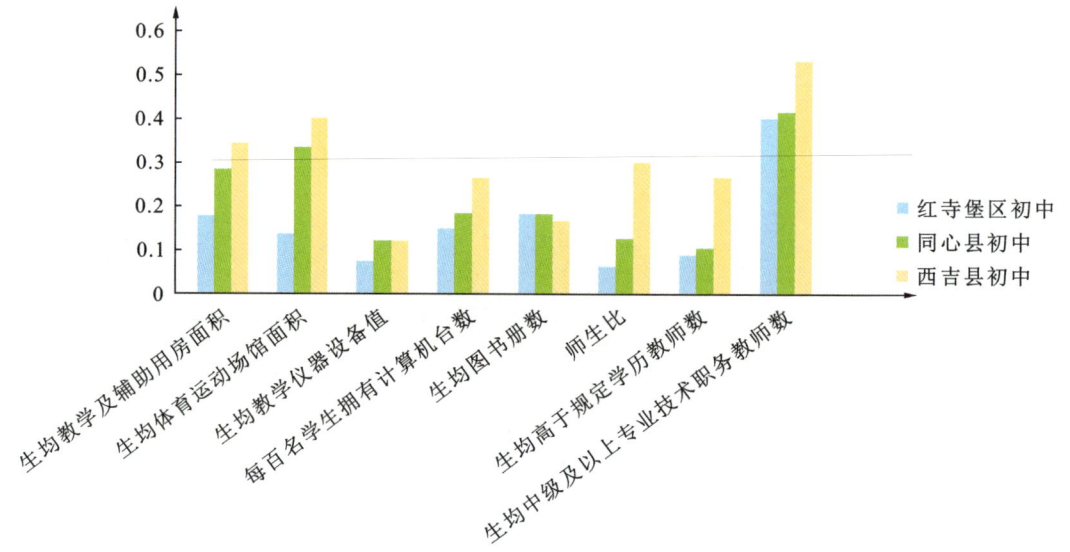

图 13.10 宁夏初中校际均衡差异

# 三、义务教育均衡发展县级政府推进工作状况比较

## （一）政府推进均衡发展工作得分情况

根据督导评估办法，国家教育督导检查组分别对西藏 11 个县（区）、甘肃 12 个县（区）和宁夏 3 个县（区），通过随机抽查、网络问卷调查、随机访谈等方式方法，进行督导检查。西藏、甘肃和宁夏 3 个省（区）义务教育学校办学基本标准达标。办学基本标准主要包括入学机会、保障机制、教师队伍以及质量与管理等指标。

如表 13.10 所示，在西藏 11 个县（区）中，入学机会指标得分最高的是萨迦县、嘉黎县和革吉县，均为 20 分，得分最低的是察雅县，为 17 分；保障机制指标得分最高的是墨脱县，为 24.5 分，得分最低的是丁青县，为 22.4 分；教师队伍指标得分最高的是卡若区，为 27.75 分，得分最低的是吉隆县，为 23.8 分；质量与管理指标得分最高的是察雅县，为 24.5 分，得分最低的是昂仁县，为 21 分。

表 13.10 西藏自治区 11 个县（区）办学基本标准各项指标得分表 单位：分

| 指标 | 总分值 | 萨迦县 | 吉隆县 | 昂仁县 | 仲巴县 | 墨脱县 | 卡若区 | 察雅县 | 色尼区 | 丁青县 | 嘉黎县 | 革吉县 | 平均得分 |
|---|---|---|---|---|---|---|---|---|---|---|---|---|---|
| 入学机会 | 20 | 20 | 19.9 | 19.5 | 19.8 | 19.5 | 18.5 | 17 | 17.5 | 19.4 | 20 | 20 | 19.19 |

续表

| 指标 | 总分值 | 萨迦县 | 吉隆县 | 昂仁县 | 仲巴县 | 墨脱县 | 卡若区 | 察雅县 | 色尼区 | 丁青县 | 嘉黎县 | 革吉县 | 平均得分 |
|---|---|---|---|---|---|---|---|---|---|---|---|---|---|
| 保障机制 | 25 | 24.3 | 24.3 | 22.5 | 23.5 | 24.5 | 23.6 | 23 | 24 | 22.4 | 24 | 23.5 | 23.60 |
| 教师队伍 | 35 | 24.8 | 23.8 | 27.5 | 27 | 27.5 | 27.75 | 26 | 26.8 | 27.6 | 26.7 | 26.5 | 26.54 |
| 质量与管理 | 20 | 24.3 | 24.2 | 21 | 22.7 | 22 | 23.05 | 24.5 | 24 | 23.1 | 22.1 | 22.2 | 23.01 |

如表 13.11 所示，在甘肃 12 个县（区）中，入学机会指标得分最高的是崆峒县、靖远县、古浪县、渭源县、迭部县和夏河县，均为 20 分，得分最低的是宁县、文县、西和县、通渭县、和政县，均为 19.5 分；保障机制指标得分最高的是西和县，为 23.95 分，得分最低的是夏河县，为 19.7 分；教师队伍指标得分最高的是迭部县，为 34.5 分，得分最低的是文县，为 29.5 分；质量与管理指标得分最高的是靖远县，为 19.7 分，得分最低的是宁县，为 16.5 分。

表 13.11 甘肃省 12 个县（区）办学基本标准各项指标得分表 单位：分

| 指标 | 总分值 | 崆峒区 | 宁县 | 靖远县 | 文县 | 西和县 | 古浪县 | 渭源县 | 通渭县 | 迭部县 | 夏河县 | 和政县 | 康乐县 | 平均得分 |
|---|---|---|---|---|---|---|---|---|---|---|---|---|---|---|
| 入学机会 | 20 | 20 | 19.5 | 20 | 19.5 | 19.5 | 20 | 20 | 19.5 | 20 | 20 | 19.5 | 19.6 | 19.76 |
| 保障机制 | 25 | 21.8 | 22.24 | 21.29 | 22.4 | 23.95 | 20.87 | 23.4 | 21.3 | 20.5 | 19.7 | 21.8 | 23.2 | 21.87 |
| 教师队伍 | 35 | 32.25 | 31 | 33.9 | 29.5 | 31.3 | 32.5 | 33.4 | 30.6 | 34.5 | 33.9 | 31.1 | 32.5 | 32.2 |
| 质量与管理 | 20 | 19 | 16.5 | 19.7 | 18.5 | 19.2 | 18 | 18.8 | 19.1 | 19.6 | 19.4 | 19.1 | 17.9 | 18.73 |

根据表 13.12 可知，在宁夏 3 个县区中，入学机会指标得分均为 20 分；保障机制指标得分最高的是同心县，为 21.5 分，得分最低的是红寺堡区，为 20.5 分；教师队伍指标得分最高的是红寺堡区，为 33.5 分，得分最低的是西吉县，为 31.5 分；质量与管理指标得分最高的是红寺堡区，为 19 分，得分最低的是西吉县，为 18 分。

表 13.12 宁夏回族自治区 3 个县（区）办学基本标准各项指标得分表 单位：分

| 指标 | 总分值 | 红寺堡区 | 同心县 | 西吉县 | 平均得分 |
|---|---|---|---|---|---|
| 入学机会 | 20 | 20 | 20 | 20 | 20 |
| 保障机制 | 25 | 20.5 | 21.5 | 21 | 21 |

续表

| 指标 | 总分值 | 红寺堡区 | 同心县 | 西吉县 | 平均得分 |
|------|--------|----------|--------|--------|----------|
| 教师队伍 | 35 | 33.5 | 33 | 31.5 | 32.67 |
| 质量与管理 | 20 | 19 | 18.8 | 18 | 18.60 |

## （二）政府推进义务教育均衡发展工作得分情况县区比较

通过数据分析可知，在西藏、甘肃和宁夏，同一个省（区）内，不同的县（区）学校在不同的指标得分上存在比较大的差异。基于此，取省（区）内各县（区）在不同指标得分上的最大值和最小值作为评价对象，可以得出以下结果（见表13.13）。

表 13.13　西藏、甘肃、宁夏办学基本标准各项指标比较表

| 指标 | 西藏办学基本标准 | | | 甘肃办学基本标准 | | | 宁夏办学基本标准 | | |
|------|--------|--------|------|--------|--------|------|--------|--------|------|
| | 最小值 | 最大值 | 比值 | 最小值 | 最大值 | 比值 | 最小值 | 最大值 | 比值 |
| 入学机会 | 17 | 20 | 85.00％ | 19.5 | 20 | 97.50％ | 20 | 20 | 100.00％ |
| 保障机制 | 22.4 | 24.5 | 91.43％ | 19.7 | 23.95 | 82.25％ | 20.5 | 21.5 | 95.35％ |
| 教师队伍 | 23.8 | 27.75 | 85.77％ | 29.5 | 34.5 | 85.51％ | 31.5 | 33.5 | 94.03％ |
| 质量与管理 | 21 | 24.5 | 85.71％ | 16.5 | 19.7 | 83.76％ | 18 | 19 | 94.74％ |

（1）在西藏，保障机制指标差异最小，最小值与最大值的比值为91.43％，入学机会指标差异最大，最小值与最大值的比值为85.00％。在4个指标中，入学机会、教师队伍和质量与管理差距不大。由此可以看出，西藏的义务教育发展中，保障机制较好，县（区）差异不大。影响西藏义务教育均衡发展的主要是入学机会、教师队伍和质量与管理。

（2）在甘肃，入学机会指标差异最小，最小值与最大值的比值为97.50％，保障机制指标差异最大，最小值与最大值的比值为82.25％。在4个指标中，保障机制、教师队伍和质量与管理差距不大。由此可以看出，甘肃的义务教育发展中，入学机会较好，县（区）差异不大。影响甘肃义务教育均衡发展的主要是保障机制、教师队伍和质量与管理。

（3）在宁夏，入学机会指标无差异。教师队伍指标差异最大，最小值与最大值的比值为94.03％。在4个指标中，保障机制、教师队伍和质量与管理差距不大。由此可以看出，宁夏在推进义务教育发展的进程中，学生的入学机会并没有较大的差别。影响宁夏义务教育均衡发展的主要是保障机制、教师队伍和质量与管理。

## （三）政府推进义务教育均衡发展工作状况省（区）比较

为了科学比较西藏、甘肃、宁夏义务教育学校办学基本标准达标的均衡情况，取各省（区）不同指标的得分率为参考，绘制得分率图如图13.11所示。

可以看出，虽然西藏、甘肃、宁夏在总体得分率上差异不大，但其在各个指标得分

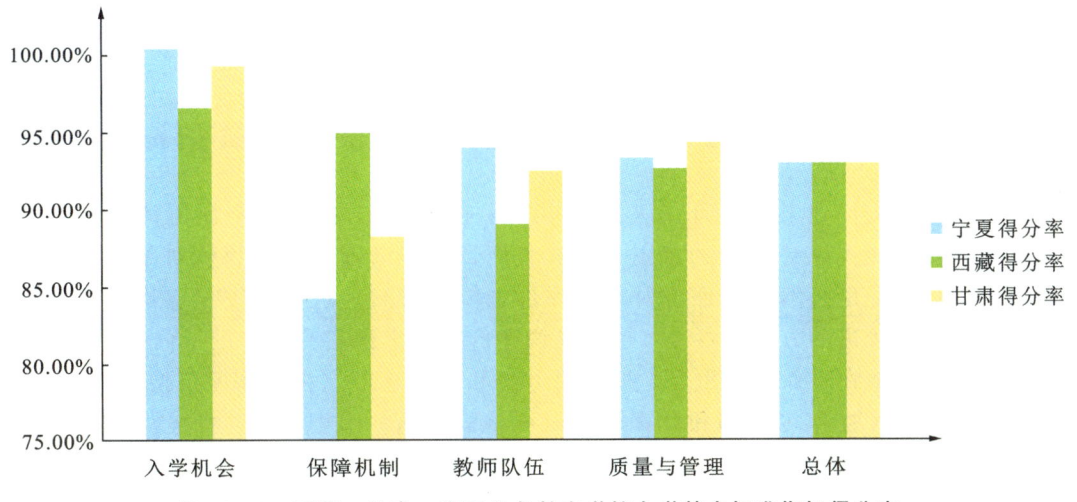

图 13.11 西藏、甘肃、宁夏义务教育学校办学基本标准指标得分率

率上差异明显。从总体上看，入学机会较其他三个指标得分率高，保障机制较其他三个指标得分率低。从差异程度上看，质量与管理虽总体得分率不是最高，但省（区）差异较小；省（区）差异最大的是保障机制，西藏地区在保障机制得分率上与宁夏差异非常明显。

# 第四节 区域义务教育校际均衡发展的优化策略

西部八省（区）由于地理位置偏远、经济发展相对滞后，其义务教育发展面临着诸多挑战。校际在硬件设施、师资力量、教学质量等方面存在显著差异，这种不均衡现象严重制约了当地教育事业的整体发展。

## 一、区域义务教育校际均衡发展标准化建设分类指标的设计

为推动教育均衡发展，我国出台了相关政策，采取了相关措施。从目的与手段的关系来看，推动学校实现标准化建设，均衡合理配置教师、设备、图书、校舍等资源，是实现均衡的手段和措施，而努力提高办学水平和教育质量则是最终目的。目的是手段要达到的终端，手段是目的实现的方式方法。它们之间存在逻辑关系。目的是方向的导航，手段是目的实现的保障。重新审视《关于深入推进义务教育均衡发展的意见》中，关于义务教育均衡发展的手段的相关政策要求，可以发现主要集中在硬件保障上，要求合理配置资源。那么，合理配置资源一定能保障教育质量吗？我们不否认教育资源的优化配置有利于促进义务教育均衡发展，但是，如果只是将目光聚焦于教育资源的优化配置方面，是否就一定能保障义务教育均衡发展？很明显，答案为否。原因是要提高办学水平和教育质量，资源有效配置只是基础，更多地应该集中在软件而非硬件上。例如，课堂教学的有效性，课程设计的科学性，校长管理能力与院校变革能力等。通过上述分析可

以发现，在《关于深入推进义务教育均衡发展的意见》中，目的与手段的关系还存在有待商榷的空间，各地区结合区域实际，设计分类指标，还应该做进一步的思考与调整。

## 二、区域义务教育校际均衡发展标准化建设评价指标的构建

在评价指标的构建上，本研究认为，对于指标的选取，应能够在涵盖评价对象关键指标的基础上，体现综合评价的意图，能够全面且条理清晰地刻画评价对象的特性。除此之外，评价指标也必然要为评价对象和评价主体的持续改进，提供相应具有建设性的意见，或者提供改进的方向和参考，也就是说评价指标应该具有明确的导向性，[①] 引导评价对象和评价主体在工作中抓重点，抓主要方面和关键环节。在具体评价指标上，西藏、甘肃和宁夏普遍存在生均图书和计算机数量不足的问题。由于自然、社会、历史等方面的影响，区域群众在语言、文字、思维方式、价值观念等方面存在特殊性。单纯依靠数据来检验区域义务教育均衡发展问题有失妥当。此外，具体评价指标中缺乏质量评价指标。义务教育均衡发展不只包括资源配置均衡，更包括教育质量均衡，要有效参照教育部最新的有关中小学教育质量综合评价改革意见，合理修正评价指标。义务教育均衡发展是教育公平的重要部分，只评估机会公平，不关注过程公平和结果公平，则难以促进义务教育均衡发展。

## 三、区域义务教育校际均衡发展标准化建设评价指标的政策调整

区域义务教育校际均衡发展标准化建设评价指标的政策调整，旨在通过合理配置资源、强化政府支持、提高教育质量以及增强社会认同等手段，推动义务教育实现均衡化发展，实现教育公平。通过上述实证分析，本研究认为义务教育均衡发展评价指标调整除了结合不同区域制定不同政策外，评价指标也可以分为三个大类：一是资源配置指标；二是管理能力与保障机制指标；三是质量评价指标。资源配置指标主要包括生均教学及辅助用地面积、生均活动场馆面积、生均教学设备、生均图书册数、生均计算机数等方面。其中生均教学及辅助用地面积、生均活动场馆面积、生均教学设备属于通用指标，生均图书册数、生均计算机数属于弹性指标。生均图书册数、生均计算机数要充分考虑当地具体情况。管理能力与保障机制指标主要包括校长能力评估、教师教学与管理能力评估、生均经费投入、助学保障机制等。需要注意的是，评估的目的是改进，而非惩罚。质量评价指标主要包括师生比、生均优秀教师数、入学率与毕业率或升学率、身心发展水平、学业发展水平等。资源配置指标是"有好学"的评价标准，管理能力与保障机制指标是"管好学"的评价标准，质量评价指标是"办好学"的评价标准。这三个指标虽然相对独立，但是相互依存，共同努力满足人民"上好学"的迫切愿望。

---

① 彭张林，张爱萍，王素凤，等. 综合评价指标体系的设计原则与构建流程 [J]. 科研管理，2017，38（S1）：209-215.

# 第十四章

# 区域基础教育"县管校聘"教师政策执行分析

县域是国家基础教育行政管理体制的基本单元。"县管校聘"政策作为当前我国义务教育阶段教师人事制度改革的一项新举措,旨在实现县域内城乡义务教育教师资源统筹管理、均衡配置。经过 2015 年和 2017 年两批 49 个区的改革试行与实践检验,"县管校聘"政策改革已取得了一定成效。如何阐释"县管校聘"政策执行中的"县管"与"校聘"的关系?如何探讨义务教育教师流动意愿影响因素及成因?如何有效提升"县管校聘"政策执行中教育行政部门、学校管理者和教师的整合效应?这是当前和今后一段时间内"县管校聘"政策改革必须回答的问题。本章选取宁夏 Y 县为研究样本,主要采取实地调查与定量分析的研究方法,坚持教育行政部门、学校管理者、教师"三位一体"的系统观,以委托-代理理论和 ERG 理论为理论基础,探究义务教育教师"县管校聘"政策执行有效性与约束机制问题。

## 第一节　样本选择与数据来源

### 一、研究样本选择

Y 县是宁夏回族自治区银川市的南大门,地处银川平原引黄灌区中部。该县自然条件极为优越。东临黄河水、西倚贺兰山,气候干爽宜人,日照充足,盛产小麦、水稻、果品,是全国著名的农作物高产区和 500 个商品粮基地县之一,被誉为"中国西部四季鲜果之乡"。该县区域位置优势明显。湖泊连通、水系纵横,交通便利。该县第七次全国人口普查公报显示,全县常住人口中,拥有大学(指大专及以上)文化程度的人口为 41075 人;拥有高中(含中专)文化程度的人口为 37343 人;拥有初中文化程度的人口为 115140 人;拥有小学文化程度的人口为 84209 人(以上各种受教育程度的人包括各类学校的毕业生、肄业生和在校生)。截至 2024 年,Y 县共有中小学校 34 所,其中,小学 22 所,学生 26950 人,教职工 1519 人;初中 6 所(民办 1 所),学生 12493 人(民办 1296

人），教职工 1005 人（民办 125 人）；高中 4 所（民办 2 所），学生 7494 人（民办 2029 人），教职工 574 人（民办 219 人）；中职 2 所（民办 1 所），学生 1723 人（民办 1331 人），教职工 207 人（民办 152 人）。公办幼儿园 24 所，学生 6068 人，教职工 1022 人。民办幼儿园 22 所，学生 4821 人，教职工 665 人。

Y 县由于城乡地理位置差异，在实施"县管校聘"之前，师资差距较大，优质生源与师资纷纷涌至城区的重点学校。长此以往，会加剧学校之间教育资源不平衡，影响县域教育公平的现实需求。由此，Y 县政府相关部门对于"县管校聘"政策的推行相较于宁夏其他县（市、区）具有"先行者""带头人"的作用，故具有一定代表性。

## 二、数据来源

### （一）调研问卷

本研究正式问卷以实地填写的形式，于 2022 年 12 月 12 日开始发放，截至 2022 年 12 月 30 日共回收 431 份，剔除无效问卷 87 份，最后共计获得有效问卷 344 份，有效率为 79.8％。

### （二）调研访谈

在学校方面，访谈对象主要源于城关镇小学、乡村完全小学、乡镇中学、城关镇中学。在性别方面，访谈对象包括男教师与女教师。在身份方面，包括代课、特岗以及编制教师三类。在工作经验方面，其工作年限在 1 年到 20 年之间。本研究坚持上述原则，最终选出 5 名教师、2 名校长和 1 名教育部门工作人员进行半结构化访谈。研究使用半结构化访谈，访谈时间为 20～30 分钟，被访者可以在问题的范围内自由回答。在进行访谈之前，访谈者介绍自身情况并表明访谈意图，在征求被访者同意后进行访谈。被访者介绍自身基本情况，如婚否、教龄等，进而表述对"县管校聘"政策的理解、自身参与的意愿等。

# 第二节　"县管校聘"教师政策执行的县域个案分析

## 一、　Y 县"县管校聘"教师政策执行的整体情况

### （一）个体层面变量描述性分析

本研究中教师个体层面的变量主要有教龄、婚姻与潜变量工作-家庭促进等。

1. 控制变量的统计分析

被调查对象中的女性与男性占比分别为 74.1％与 25.9％；离异教师和未婚教师在总

体中的占比为 24.4%，已婚教师在总体中的占比为 75.6%；教龄高于 20 年的教师在总体中的占比为 27.0%，教龄在 11 年到 20 年之间的教师占比为 12.5%，教龄为 4 年到 10 年之间的教师占比为 31.7%，教龄为 1 年到 3 年之间的占比为 28.8%。控制变量统计分析情况如表 14.1 所示。

表 14.1　控制变量统计分析情况

| 变量名称 | 样本量 | 均值 | 标准差 | 最小值 | 最大值 |
| --- | --- | --- | --- | --- | --- |
| 婚姻状况 | 344 | 0.762 | 0.433 | 0 | 2 |
| 教龄 | 344 | 2.378 | 1.164 | 1 | 4 |
| 教师身份 | 344 | 1.087 | 0.364 | 1 | 3 |

2. 潜变量描述性分析

利用最大值、最小值、平均值、偏态以及峰态等统计指标，对职业适应性、工作-家庭促进等潜变量进行特征性的描述分析。其中，通过考察最大值与最小值来确保数据输入无误；平均值则揭示数据集的集中趋势；而偏态与峰态两个指标，则用于评估单个变量是否符合正态分布的特性。Bentler 和 Chou 指出，样本数据的偏态绝对值小于 2，峰态绝对值小于 5，则表明该变量满足单变量正态分布。

由表 14.2 可知，工作-家庭促进变量题项的最大值为 5，最小值是 1，未出现异常值。工作-家庭促进量表题项的偏态绝对值为 0.013~0.120，峰态绝对值为 2.541~2.842。工作-家庭促进变量的估计值均满足 Bentler 和 Chou 的建议，表明工作-家庭促进满足单变量正态分布。

表 14.2　潜变量描述性分析情况

| 变量名称 | 题项 | 均值 | 最小值 | 最大值 | 偏态 | 峰态 | 总平均值 |
| --- | --- | --- | --- | --- | --- | --- | --- |
| 工作-家庭促进 | 13 | 3.959 | 1 | 5 | −0.080 | 2.590 | 4.154 |
|  | 14 | 3.945 | 1 | 5 | −0.050 | 2.842 |  |
|  | 15 | 4.338 | 1 | 5 | −0.120 | 2.670 |  |
|  | 16 | 4.374 | 1 | 5 | −0.013 | 2.541 |  |

本研究采取 Likert 5 点计分法的判断标准，也就是得分高于 4.25、处于 3.75 至 4.25 之间、处于 3 至 3.75 之间与小于 3 分别对应的是极高水平、较高水平、一般水平与低水平。

通过观察分析表 14.2 中的数据可以发现，教师工作-家庭促进的总平均值是 4.154，处于较高水平。具体而言，情感促进获得了 4.356 分，保持在极高水平，可见教师身份能够对其辅导孩子与陪伴家人起到正向作用，有利于家庭和谐；资源促进获得了 3.952 分，保持在较高水平，可见教师职业的薪资福利能够使个体的家庭经济压力得到一定缓解。

## （二）结果变量的描述性统计分析

表 14.3 显示，流动意愿变量题项的最大值为 5，最小值为 1，未出现异常值；偏态绝

对值为 0.320~0.490，峰态绝对值为 2.290~3.339，流动意愿变量的估计值均满足 Bentler 和 Chou 的建议。教师流动意愿的总平均值为 3.044，介于 3~3.75 之间，表明教师的流动意愿处于一般水平。

表 14.3　结果变量的描述性统计分析情况

| 变量名称 | 题项 | 均值 | 最小值 | 最大值 | 偏态 | 峰态 | 总平均值 |
|---|---|---|---|---|---|---|---|
| 流动意愿 | 28 | 3.453 | 1 | 5 | −0.343 | 3.339 | 3.044 |
| | 29 | 3.003 | 1 | 5 | 0.490 | 2.290 | |
| | 30 | 2.677 | 1 | 5 | 0.320 | 2.858 | |

在流动意愿（题项为 28）方面，3.2% 的教师表示"非常不同意"，7.0% 的教师表示"比较不同意"，42.4% 的教师"比较同意"，36.0% 的教师表示"同意"，11.3% 的教师表示"非常同意"。由此可知，47.3% 的教师愿意继续留任，52.6% 的教师处于观望状态，对是否流动不确定。

从教师愿意留任的年限（题项为 29）看，3.8% 的教师愿意留任的年限为 0 年，35.2% 的教师愿意留任的年限为 1~3 年，33.1% 的教师愿意留任的年限为 4~8 年，12.8% 的教师愿意留任的年限为 9~14 年，愿意留任的年限在 15 年及以上的教师占比仅为 15.1%。

从教师流动倾向（题项为 30）看，10.8% 的教师表示"非常不同意"，33.1% 的教师表示"比较不同意"，38.7% 的教师表示"比较同意"，12.5% 的教师表示"同意"，4.9% 的教师表示"非常同意"。

### （三）学校层面变量描述性统计

学校层面变量包括学校类型（城关镇小学、乡村完全小学、乡镇中学、城关镇中学）与学校特征变量（组织氛围、职业发展空间、补贴）。

#### 1. 控制变量的描述性分析

城关镇小学教师占比为 18.6%，乡村完全小学教师占比为 14.54%。乡镇中学教师占比为 50.87%，城关镇中学教师占比为 15.99%。

#### 2. 潜变量描述统计

职业发展与组织氛围是学校层面的潜变量，本研究从均值、最小值与最大值、偏态、峰态进行分析后得出的结果如表 14.4 所示，组织氛围与职业发展空间的最小值与最大值分别为 1 与 5，未出现异常值。组织氛围的偏态绝对值为 0.016~0.217，峰态的绝对值为 2.585~2.891；职业发展空间的偏态绝对值为 0.070~0.236，峰态绝对值为 2.881~3.246。表明组织氛围和职业发展空间的题项均满足单变量正态分布。

表 14.4 潜变量描述统计分析情况

| 变量名称 | 题项 | 均值 | 最小值 | 最大值 | 偏态 | 峰态 | 总平均值 |
|---|---|---|---|---|---|---|---|
| 组织氛围 | 21 | 3.372 | 1 | 5 | −0.096 | 2.779 | 3.351 |
| | 22 | 3.576 | 1 | 5 | −0.217 | 2.891 | |
| | 23 | 3.265 | 1 | 5 | −0.134 | 2.585 | |
| | 24 | 3.192 | 1 | 5 | −0.016 | 2.720 | |
| 职业发展空间 | 17 | 3.422 | 1 | 5 | −0.070 | 3.080 | 3.172 |
| | 18 | 2.942 | 1 | 5 | 0.203 | 2.971 | |
| | 19 | 3 | 1 | 5 | 0.094 | 2.881 | |
| | 20 | 3.323 | 1 | 5 | −0.236 | 3.246 | |

通过观察分析表 14.4 中的数据可以发现,组织氛围拥有 3.351 的总平均值,在 3 至 3.75 的范围当中,保持在一般水平。教师人际关系(题项 21、题项 22)得分均值＞民主决策(题项 23)得分均值＞工作自主权(题项 24)得分均值;民主决策与工作自主权两者的均值都小于组织氛围的总平均值,所以学校应改善民主决策与工作自主权两方面的工作。

职业发展空间具有 3.172 的均值,在 3~3.75 的范围当中,保持在一般水平。职称晋升、职务晋升与培训得分分别为 2.942、3 与 3.44,其中职称晋升在临界值以下,由此可见,大部分教师的职称晋升保持在低水平,而培训与职务晋升保持在一般水平。

3. 学校层面其他变量

通过观察分析表 14.5 中的数据可以发现,学校提供的补贴大多在 401 元到 600 元的范围当中,高于 800 元与小于 200 元的占比相对较低。学校在提供补贴时考虑了各个学校的实际情况,一般来讲,对条件差、位置偏远的学校提供的补贴相对较多。

表 14.5 学校层面其他变量描述统计分析

| 补贴金额 | 200 元以下 | 201~400 元 | 401~600 元 | 601~800 元 | 801 元以上 |
|---|---|---|---|---|---|
| 百分比 | 7.27% | 20.93% | 48.26% | 19.48% | 4.07% |

## 二、 Y 县"县管校聘"教师政策执行的数据分析

### (一)信度检验

根据信度可以确定可靠性的情况,可以说明通过相同方式测量若干次同一目标后,可以再现相同结果的情况。一般来讲,如问卷具有较高的阿尔法信度系数,则说明其具有较强的可信度。在分析研究信度的过程中,通常会选择克朗巴哈系数。有学者指出,应使克朗巴哈系数处于 0.7 至 0.98 的范围内才满足要求。本研究检验了有关变量的信度情况,所得结果见表 14.6。

表14.6　变量的信度分析

| 变量 | 题项数目 | 克朗巴哈系数 |
|---|---|---|
| "县管校聘" 政策认知度 | 3 | 0.712 |
| "县管校聘" 政策认可度 | 4 | 0.836 |
| "县管校聘" 政策参与度 | 6 | 0.761 |
| "县管校聘" 政策满意度 | 4 | 0.856 |

从表14.6可以看出，"县管校聘" 政策认知度、"县管校聘" 政策认可度、"县管校聘" 政策参与度、"县管校聘" 政策满意度等变量的克朗巴哈系数在0.712至0.856之间。其中，"县管校聘" 政策认知度的克朗巴哈系数为0.712 ；"县管校聘" 政策认可度的克朗巴哈系数为0.836；"县管校聘" 政策参与度的克朗巴哈系数为0.761；"县管校聘" 政策满意度的克朗巴哈系数为0.856。以上变量的克朗巴哈系数均高于0.7，说明变量的测量题项设计较好，各测量题项之间表现出较好的一致性。

### （二）效度检验

通过效度数据可以评估有效性，其中效度衡量的是使用相同方法或工具进行测量时的一致性和准确性。若效度系数较高，则意味着有效性也较高，表明研究目标与所使用的量表之间具有较高的契合度。本研究在检验有效性的过程中选择了巴特利特球形检验与KMO检验两种方式，结果见表14.7。

表14.7　变量的效度检验

| 项目 | | 数值 |
|---|---|---|
| KMO检验 | | 0.876 |
| 巴特利特球形检验 | 显著性 | 0.00 |
| | 自由度 | 19 |
| | 卡方估计值 | 3081.589 |

由表14.7可知，KMO检验的数值在0.7以上，具体为0.876，可以观察到整体效度表现较为优异。巴特利特球形检验得出的卡方值为3081.589，且其显著性水平极低，为0.00，这充分证明了数据符合进行因子分析的必要条件。

### （三）探索性因子分析

本研究在对结构效度进行检验的过程中，选择了探索性因子分析法，通过该方法能够降维处理多元变量，可以通过简化使复杂的变量成为若干关键因子。在使用该方法时，需要对公因子的特征值进行提取，应使其数值在1以上，若公因子的累计方差贡献率较大，则说明其可以体现的信息也相对较多。如表14.8所示，本研究提取了4个变量设置为公因子，以上变量具有71%以上的累计方差贡献率，可见能够很好地反映所有变量的情况。

表 14.8 解释的总方差

| 项目 | 初始特征值 | | | 旋转载荷平方和 | | |
|---|---|---|---|---|---|---|
| | 总计 | 方差百分比/（%） | 累计方差贡献率/（%） | 总计 | 方差百分比/（%） | 累计方差贡献率/（%） |
| 1 | 7.322 | 35.234 | 37.212 | 3.122 | 15.323 | 15.553 |
| 2 | 2.273 | 11.353 | 48.685 | 2.738 | 14.472 | 30.045 |
| 3 | 1.837 | 9.118 | 58.019 | 2.785 | 14.218 | 44.272 |
| 5 | 1.073 | 5.329 | 71.123 | 2.622 | 13.026 | 71.117 |

萃取方法：主成分分析。

# 第三节 县域教师流动意愿影响因素及成因分析

## 一、教师流动意愿的差异化分析

在完成描述性统计分析后，本研究设置相应的自变量，具体为学校类型、教师身份、婚姻情况与教龄，并将因变量设置为流动意愿进行了更深入的分析。具体来讲，本研究采用单因素方差的方式对各群体教师的流动意愿进行研究，并对比分析了不同群体间的差异。

### （一）不同婚姻状况的教师流动意愿的差异分析

通过观察分析表 14.9 中的数据可以发现，交流意愿受到婚姻状况的影响的双侧显著性概率在 0.05 以上，可见并无显著性差异。

表 14.9 不同婚姻状况的教师流动意愿的差异分析情况

| 项目 | 婚姻状况 | 均值 | 标准差 | F | 双侧显著性概率 |
|---|---|---|---|---|---|
| 流动意愿 | 已婚 | 2.944 | 0.553 | 1.85 | 0.158 |
| | 未婚 | 3.076 | 0.567 | | |
| | 离异 | 3.333 | 0 | | |

离异、未婚与已婚教师三者的流动意愿均值分别为 3.333、3.076、2.944，可见离异教师与未婚教师两者与已婚教师相比，具有更高的流动意愿。之所以未呈现显著性差异，是由于近年来国家出台的相应帮扶政策已大幅提升教师的生活水平与质量，解决了教师个人生活层面的大部分问题。加之县域内基础设施水平的不断提高，例如"村村通"等民生工程的落实和完善，婚姻状况已不再是影响教师参与"县管校聘"政策的主要因素。

## （二）不同教龄的教师流动意愿的差异分析

通过观察分析表 14.10 中的数据可以发现，流动意愿受到教龄的影响的双侧显著性概率在 0.05 以上，可见并无显著性差异。

表 14.10　不同教龄的教师流动意愿的差异分析情况

| 项目 | 教龄 | 均值 | 标准差 | $F$ | 双侧显著性概率 |
|---|---|---|---|---|---|
| 流动意愿 | 1～3 年 | 3.044 | 0.553 | 1.84 | 0.139 |
| | 4～10 年 | 2.979 | 0.506 | | |
| | 11～20 年 | 3.217 | 0.608 | | |
| | 20 年以上 | 3.043 | 0.614 | | |

教龄高于 20 年、处于 11～20 年、处于 4～10 年、处于 1～3 年的交流意愿均值，分别为 3.043 、3.217、2.979 与 3.044，流动意愿最高的是拥有 11～20 年教龄的教师。

## （三）不同教师身份的教师流动意愿的差异分析

由表 14.11 可知，不同身份教师的流动意愿在统计学上未表现出显著差异，因为其双侧显著性概率超过了 0.05 的阈值。具体来说，在编教师的流动意愿均值为 3.043，代课教师的流动意愿均值为 3.083，而交流轮岗教师的流动意愿均值为 3.037。在这三者之中，代课教师的流动意愿略高于在编教师和交流轮岗教师。

表 14.11　不同教师身份的教师流动意愿的差异分析情况

| 项目 | 教师身份 | 均值 | 标准差 | $F$ | 双侧显著性概率 |
|---|---|---|---|---|---|
| 流动意愿 | 在编教师 | 3.043 | 0.556 | 0.03 | 0.971 |
| | 代课教师 | 3.083 | 0.740 | | |
| | 交流轮岗教师 | 3.037 | 0.696 | | |

数据表明，代课教师的流动意愿最强。其原因可能是，当地教育主管部门出台一系列量化考评制度，将教师编制与交流制度挂钩，从而使代课教师参与"县管校聘"政策的意愿最为强烈。

综上所述，单因素方差分析检验结果显示，教师的教龄、婚姻状况和教师身份在参与"县管校聘"政策的意愿上并不存在显著差异。通过差异化分析可知，未婚教师与离异教师、教龄为 11～20 年的教师、代课教师的流动意愿较高。

## （四）不同学校类型的教师流动意愿的差异分析

由表 14.12 可知，城关镇小学、乡村完全小学、城关镇中学和乡镇中学的教师的流动意愿差异显著（双侧显著性概率小于 0.05）。具体而言，城关镇小学教师的流动意愿为

3.224，乡村完全小学教师的流动意愿为 3.007，城关镇中学教师的流动意愿为 2.915，乡镇中学教师的流动意愿为 3.030。城关镇小学教师的流动意愿依次高于完全小学教师、城关镇中学教师和乡镇中学教师。

表 14.12　不同学校类型的教师流动意愿的差异分析情况

| 项目 | 学校类型 | 均值 | 标准差 | $F$ | 双侧显著性概率 |
|---|---|---|---|---|---|
| 流动意愿 | 城关镇小学 | 3.224 | 0.603 | 3.29 | 0.021 |
| | 乡村完全小学 | 3.007 | 0.553 | | |
| | 城关镇中学 | 2.915 | 0.592 | | |
| | 乡镇中学 | 3.030 | 0.534 | | |

出现这一现状可能基于以下原因：其一，城关镇中学教师需面对中考等工作压力，工作任务繁重，故其流动意愿最低；其二，城关镇小学相较于乡村完全小学及乡镇中学，在政策接收与执行上有不可忽视的先天优势，例如其区位优势、经济发展优势等，故城关镇小学教师的流动意愿最高。

## 二、教师流动意愿回归分析

### （一）模型检验

对影响宁夏 Y 县"县管校聘"政策认知度、"县管校聘"政策认可度、"县管校聘"政策参与度、"县管校聘"政策满意度等因素进行分析，将被解释变量设置为教师流动意愿，具体划分成有与没有流动意愿。因为仅能获得两种结果，所以仅有两种因变量取值。本研究构建二元回归模型研究分析自变量的情况，通过分析相关数据可以发现，两种检验结果的显著性是 0.187，在自由度为 8 时，卡方值为 11.032（见表 14.13），在临界值以下。可见通过了两种检验，预测和观测数据间并无显著差异，模型具有良好的拟合度，能够满足研究的要求。

表 14.13　Hosmer-Lemeshow 检验

| $T$ | 卡方 | 自由度 | 显著性 |
|---|---|---|---|
| 1 | 11.032 | 8 | 0.187 |

### （二）模型结果

将 13 个变量代入回归模型后，其结果如表 14.14 所示。根据回归分析结果可知，自变量年龄（X4）、教龄（X5）、专业技术职务（X7）、行政职务（X8）、"县管校聘"政策认知度（X9）、"县管校聘"政策认可度（X10）、"县管校聘"政策参与度（X11）、"县管校聘"政策满意度（X12）对因变量的影响系数显著性通过检验。

表 14.14　二元 Logistic 回归分析结果

| 变量 | 序号 | $B$ | S. E. | Wald | 显著性 | Exp（$B$） |
|---|---|---|---|---|---|---|
| 所在学校类型 | X1 | −0.164 | 0.129 | 1.602 | 0.206 | 0.849 |
| 性别 | X2 | — | — | 6.064 | 0.109 | — |
| 婚姻状况 | X3 | −0.148 | 0.507 | 0.042 | 0.674 | 0.954 |
| 年龄 | X4 | −0.121 | 0.613 | 0.039 | 0.044 | 1.686 |
| 教龄 | X5 | 0.622 | 0.315 | 4.279 | 0.039 | 1.860 |
| 教师身份 | X6 | −0.938 | 0.754 | 1.546 | 0.214 | 0.391 |
| 专业技术职务 | X7 | −2.554 | 0.637 | 16.059 | 0 | 0.078 |
| 行政职务 | X8 | 1.005 | 0.449 | 5.007 | 0.025 | 2.732 |
| "县管校聘"政策认知度 | X9 | 2.376 | 1.231 | 3.724 | 0.044 | 10.762 |
| "县管校聘"政策认可度 | X10 | 0.966 | 1.74 | 0.309 | 0.039 | 2.629 |
| "县管校聘"政策参与度 | X11 | 0.546 | 0.26 | 4.421 | 0.035 | 1.727 |
| "县管校聘"政策满意度 | X12 | 0.623 | 0.310 | 4.279 | 0.037 | 1.86 |
| 常量 | — | −4.944 | 2.429 | 4.143 | 0.042 | 0.007 |

## （三）回归结果

根据表 14.14，自变量年龄（X4）、教龄（X5）、专业技术职务（X7）、行政职务（X8）、"县管校聘"政策认知度（X9）、"县管校聘"政策认可度（X10）、"县管校聘"政策参与度（X11）、"县管校聘"政策满意度（X12）的显著性水平通过检验，可以认为这8个自变量对教师流动意愿的影响较为显著。

### 1. 人口统计学变量对流动意愿的影响

（1）自变量"年龄"（X4）的显著性为 0.044，小于 0.05，其对应 $B$ 值为 −0.121，对流动意愿呈负相关。说明当其余因素不变的情况下，教师的流动意愿随年龄的增加而降低。

（2）自变量"教龄"（X5）的显著性为 0.039，小于 0.05，其对应 $B$ 值为 0.622，对流动意愿呈正相关。说明当其余因素不变的情况下，教师的流动意愿随教龄的增加而增加。

（3）自变量"专业技术职务"（X7）的显著性为 0，小于 0.05，其对应 $B$ 值为 −2.554，对流动意愿呈负相关。说明当其他因素不变的情况下，教师的流动意愿随专业技术职务级别的增加而降低。

（4）自变量"行政职务"（X8）的显著性为 0.025，小于 0.05，其对应 B 值为 1.005，对流动意愿呈正相关。说明当其他因素不变的情况下，教师的流动意愿随行政职务级别的增加而增加。

2. 维度变量对流动意愿的影响

（1）自变量"县管校聘"政策认知度（X9）的显著性为 0.044，低于 0.05 的临界值，显示出其统计显著性。该自变量对应的回归系数（B 值）为 2.376，表明它与教师的流动意愿之间存在正相关。说明在其他变量不变的情况下，教师对"县管校聘"政策的了解程度越高，教师的流动意愿越强。

（2）自变量"县管校聘"政策认可度（X10）的显著性为 0.039，低于 0.05 的临界值，显示出其统计显著性。该自变量对应的回归系数（B 值）为 0.966，表明它与教师的流动意愿之间存在正相关。说明在其他变量不变的情况下，教师对"县管校聘"政策的认同度越高，教师的流动意愿越强。

（3）自变量"县管校聘"政策参与度（X11）的显著性为 0.035，低于 0.05 的临界值，显示出其统计显著性。该自变量对应的回归系数（B 值）为 0.546，表明它与教师的流动意愿之间存在正相关。说明在其他变量不变的情况下，教师对"县管校聘"政策的参与程度越高，教师的流动意愿越强。

（4）自变量"县管校聘"政策满意度（X12）的显著性为 0.037，低于 0.05 的临界值，显示出其统计显著性。该自变量对应的回归系数（B 值）为 0.623，表明它与教师的流动意愿之间存在正相关。说明在其他变量不变的情况下，教师对"县管校聘"政策的满意度越高，教师的流动意愿越强。

## 三、教师流动影响因素的成因分析

### （一）交流轮岗教师的遴选不规范

监督评价机制是教师流动有效性的重要保证。有了监督，教师的教学活动就摆在了公众的眼里。他们不能随心所欲，而要使自身的言行满足规则的要求。在建立科学有效的评价体系后，可以为评价交流教师教学活动提供参考依据，能够为奖惩措施的执行提供依据，有利于增加教师交流的积极性与主动性。不过笔者通过调查发现，在到参与交流学校之后，教育行政部门以及学校都没有明确对交流教师提出具体要求，比如日常活动以及教学表现等。教育行政部门向学校委托了管理教师的权限，不过学校并不了解交流教师的情况，对如何管理交流教师并未做出明确规定。学校方面认为，交换教师的任期是短暂的，有时甚至会导致管理上的放任。由于缺乏有效的监督机制以及具体可量化的评价标准来衡量交流教师在其任职期间的表现，引发了一系列问题。调研结果显示，"县管校聘"教师在参与交流轮岗时面临的最大难题，正是他们个人在考虑是否加入交流轮岗时所担忧的方面。教师们在考虑参与"县管校聘"下的交流轮岗时具有多种疑虑，这表明虽然他们对这一政策有一定的认知，但理解并不深入。这种情况反映出，基于教师个人的发展需求及现实状况，他们参与该政策的内在驱动力不够强烈。

## （二）现有政策文本模糊宽泛

依据西蒙的有限理性决策理论框架，政策决策者在特定情境下展现出的思维能力和决策目标均受限，这促使他们在制定决策时并非追求绝对完美，而是寻求满意解。对于"县管校聘"政策而言，政策制定者同样存在局限性，当他们的理论研究不够深入或实践经验不足时，可能导致政策表述模糊且宽泛。这种模糊性主要体现在政策内容的不完善、不明确及缺乏科学合理性。根据史密斯政策执行模型，政策文本的清晰性是政策有效执行的关键。若政策文本含糊不清，则执行过程会缺乏明确依据，执行效果更会无从保证，这在"县管校聘"政策中同样适用。在国家层面上，与"县管校聘"政策相关的内容，大多都是零散地出现在"乡村振兴"与"教师队伍建设"等相关文件里。同样，在宁夏回族自治区教育厅的官方网站上，也未能找到专门针对"县管校聘"的文件，仅在其他文件中略有提及。尽管这些文件强调了"县管校聘"改革的重要性，并对改革方案提供了一定指导，但均缺乏具体性和完善性。例如，在《关于推进县（区）域内义务教育学校校长教师交流轮岗的意见》中，虽然提到要制定教师岗位、聘用、考核及待遇的相关标准与方案，却未给出具体要求和实施细则。政策文件及其实施细则的缺失与模糊，导致执行主体对政策理解不深，阻碍了"县管校聘"改革的推进。在问卷调查中，许多业务人员因对政策不够了解，表达了对"县管校聘"实施流程与政策内容培训的迫切需求。有研究表明，有关部门未出台专门的政策文件，削弱了"县管校聘"政策落实的合法性基础。同时，相关政策表述的模糊和过于原则化，使一线工作者在执行时心存顾虑，执行力度因此大打折扣。

## （三）执行主体行为存在偏差

公共政策学将"因为政策执行主体的原因而导致政策执行低效"定义为政策执行主体行为偏差。具体而言，公共政策执行主体偏差，是指政策执行主体在实施政策的过程中，由于受主客观因素的制约，其行为效果偏离目标并产生了不良后果的失真现象。[①] 从执行主体行为偏差表现形式来看，可以划分为两大类：一是因政策理解不透彻而产生的"不作为"偏差；二是因消极被动态度导致的执行偏差。前者表现为执行部门对政策实施方案、操作流程、部门职责划分等核心内容的理解存在欠缺，以至于不清楚如何执行，难以推进改革工作；后者则体现在诸如教师评聘标准统一化、编制调整不及时、对改革具体操作缺乏深入了解等调查反馈中。这些问题揭示了执行主体在执行过程中存在机械照搬政策、政策执行不力、态度保守以及行动迟缓等消极执行的现象。

从导致政策执行主体行为偏差的成因来看，主要分为两大类：一是执行主体能力欠缺导致的偏差；二是执行主体主观能动性缺失引发的偏差。"县管校聘"作为一项涉及众多要素、执行主体复杂、目标群体广泛的政策改革，要求执行主体必须拥有出色的政策制定与解读能力、实践操作能力以及跨部门协作能力。有研究指出，"县管校聘"作为新

---

① 向加吾. 当代中国公共政策执行主体的偏差行为：表现、原因及对策 [J]. 四川行政学院学报，2006（1）：11-14.

兴政策，要求执行主体具备高度的认知水平、较强的决策与协调能力以及创新思维，这对执行主体，尤其是县级业务部门工作人员来说，是一项艰巨的挑战。至于执行主体主观能动性不足的原因，则主要源于思想认识的不到位以及部门间的利益冲突。一方面，"县管校聘"改革因其周期长、范围广、环节多、目标群体庞大，要求执行主体进行长期跟踪、监督与落实，工作量大且耗时耗力。另一方面，政策执行过程中涉及资源、利益与权力的重新分配，这必然触及各部门的利益结构，导致政策执行部门在执行过程中可能出现敷衍了事、畏首畏尾或消极应对的情况，从而削弱政策执行效果。[①] 执行主体的行为偏差进一步导致"县管校聘"政策执行过程中教师管理的碎片化问题。各部门间联动不足，缺乏有效的沟通与协调，或者沟通不畅、各自为政、工作界限模糊，难以形成强大的改革合力，严重阻碍了"县管校聘"改革的高效实施。

### （四）教师交流配套保障机制缺失

"能够留住人才"是国家人力资源优化配置不可或缺的一环。然而，有关部门在义务教育学校长期实施的教师交流活动，尽管能迅速见效，却伴随着显著的风险。《关于推进县（区）域内义务教育学校校长教师交流轮岗的意见》明确指出，教师在申请高级职称和特级教师评选时，必须具备在农村小学或薄弱小学任教至少一年的经历。众多省（自治区、直辖市）的相关政策文件也将高级职称评定和职务晋升与教师交流活动直接挂钩。这种硬性规定导致教师的流动并非出于自愿和积极，而是被强制推动，因此无法激发教师流动的内在动力和积极性，影响了教师交流管理的有效性。要改善这一状况，关键在于建立健全配套保障机制，减轻教师的后顾之忧，保障他们的切身利益，满足其内在激励需求。遗憾的是，这些关键要素在相关政策文件中并未得到充分重视。

## 第四节　县域"县管校聘"政策执行的优化策略

### 一、以教育行政部门政策改革为主导，消除政策执行阻力

从委托-代理理论来看，教育行政部门作为"县管校聘"政策执行的主导者，应肩负消除政策执行阻力的责任。从 Y 县"县管校聘"政策执行阻力来看，主要有三个方面：一是"县管校聘"政策体系不完善；二是教育行政部门与学校之间权责关系不清晰；三是政策宣传力度不足，目标群体对政策的理解存在偏差。经实地调查与逻辑分析，应从以下三个方面入手优化政策执行。

---

[①] 姜超."县管校聘"的政策前提、管聘指向与执行模式反思 [J]. 教育科学研究，2021（5）：34-39.

## （一）完善"县管校聘"政策体系，提升政策执行科学性

"县管校聘"作为一项规模庞大、全国范围内的教师管理体制改革举措，其任务的艰巨性、实施的力度、覆盖的范围以及面临的挑战都极为显著，急需国家、省（自治区、直辖市）、市等多层面的改革策略作为指引。Y县在推行"县管校聘"政策之初，既无前车之鉴可循，又缺乏明确的政策导向，导致实践探索缺乏必要的法律与理论支撑。

随着"县管校聘"政策的全面推广，国家、省（自治区、直辖市）、市层面相继出台了相关的政策指导文件。当前，Y县实施的"县管校聘"政策以县域为实施单元，其政策文本由政府委托的专家学者负责起草，这在一定程度上导致政策内容与当地经济文化状况、教育环境脱节，影响了政策的实际可操作性。过度依赖专家学者制定的政策，容易产生"适应性障碍"。Y县在全面推行"县管校聘"的过程中，虽然工作方案明确提出将对区域实施情况进行全面调研，以增强政策的科学性，但在实际操作中仍有待改进。

笔者通过访谈发现，教育行政部门提出的建立常态化执行决策机制的构想并未得到有效落实，家长普遍反映的问题并未在现行政策中得到及时调整和优化。例如，家长对交流教师任期过短的问题表示关切，但这一问题并未得到及时回应和解释，导致社会对"县管校聘"政策的科学性和有效性产生怀疑。因此，政策的制定和完善应坚持问题导向，紧密结合实际情况，广泛听取教师、社会各界的意见和建议，科学、及时地进行相应的改进，做出符合本地教育实际情况的科学决策。

## （二）厘清"县管校聘"权责关系，疏通政策执行通道

厘清"县管校聘"权责关系就是从政策目标出发，约束政策行为主体，推动政策有效执行。我国之所以制定"县管校聘"政策，主要目的是提高教育的公平性，更好地分配教育资源。"县管校聘"政策可以为县域内教师提供相互学习、相互交流、相互促进、相互提高的机会。校际教师的互动和交流，能够增强教师的教学与适应能力。学校的管理也非常重要，可以为教师的教学奠定重要的基础，有利于提高教师的成绩，使教师产生更强的流动意愿。

Y县"县管校聘"权责关系注重目标群体的权责，对学校代理方的权责关系的规定不够清晰。诚然，对于小学、初中及高中的普通教师而言，在6年时间内通常可以完成1至2个完整的教学周期，这对教学质量的影响相对较小，同时也有助于构建教师稳定流动的长效机制。然而，由于学校代理方的权责界限模糊，导致对校长的任期缺乏明确且严格的规定。为了确保良性循环，校长的任期应与教师的流动保持同步，不宜过长，一旦达到规定的时间节点，校长也应参与流动。

Y县教育部门可以着手建立一个全县范围内的教师信息数据库。在每一轮流动周期开始之前，首先鼓励教师作为政策的关键目标群体，通过自愿申请的方式表达个人诉求。由于特殊原因无法参与本轮流动的教师，可以通过该方式提交不流动的申请，并详细阐述原因。这样一来，每位教师都有了表达个人意愿的渠道，而执行机构也能更全面地了解教师的想法。随后，以学校为单位，综合提交符合轮岗条件的教师名单，由县级教师管理中心进行统一审核。在审核过程中，应综合考虑教师的诉求和实际情况，进行综合

评估，并最终在网上公布每一期的流动名单。通过这样的操作流程，可以将原本刚性的流动要求转化为更具弹性的流动机制，以公平、合理的方式安排教师的轮岗工作，实现教师在学区内、学区间以及更广泛区域间的自由流动，从而激发教师主动参与轮岗的积极性。

### （三）加大"县管校聘"宣传力度，增强目标群体政策认可度

笔者在访谈中发现，Y县"县管校聘"宣传力度不足，普遍存在目标群体因政策认知有限而产生政策执行阻力的状况。教师是"县管校聘"政策的目标群体，教师并未主动参与县管校聘政策，教育行政部门仅通过行政管理、政策支持以及宏观调控方式难以获得良好的政策实施效果。教育行政部门应组织学习相关文件精神、加大宣传力度，提高"县管校聘"涉及的各方对政策的改革背景和意义的认识，提升教师的政策理解与认同度。

具体而言，应通过多角度加大"县管校聘"政策宣传。一是加大对作为代理方的学校的宣传力度。通过探访发现，学校作为代理方，其相关负责人对自身的代理责任不明，注重对作为目标群体的教师的权责约束。教育行政部门作为"县管校聘"政策的委托方，应加强宣传以使代理方对政策理解正确、全面。二是加大对作为目标群体的教师的宣传力度。笔者在访谈中发现，教师对"县管校聘"政策的知晓度有待提升，对具体政策的理解不到位。教师作为目标群体，其主要职责是教书育人，其对"县管校聘"政策的认知与理解多依赖外力推动，教育行政部门对此责无旁贷。

## 二、以学校为政策执行主场，推动政策有效执行

从委托-代理理论来看，学校作为"县管校聘"政策执行的代理方，应肩负政策有效执行的责任。同时，学校作为管理方，负责对校内教师的多重管理，是ERG理论中的激励方。学校应发挥主场作用，建立激励机制，提升教师参与热情，创新交流形式，发挥"传帮带"作用。

### （一）建立激励机制，提升教师参与热情

应结合流动教师群体最为迫切、最为重要的需求，实施有关激励措施，使其行动得到激励，而非单一考虑流动教师的实际情况，盲目发放统一规划奖励。在外在或内在刺激的影响下，便会形成动机，动机能够使人保持兴奋状态。个体在无法满足需求的情况下，便会产生较强的行动机，会使其积极主动地开展有关行动，从而使需求得到满足。尽管不同个体有着相似的需求，但其最为关注的需求有着一定的差异，个体最为重要、最为强烈的主导性动机会对其行动产生重要影响。

同时，还需要考虑社会与教师的实际，建立合理有效的保障制度。应使教师原有的生活不会受到明显影响，进而利用良好的福利待遇吸引优秀教师，使其主动前往薄弱学校。首先需要满足优秀教师的利益需求，使其不会存在后顾之忧，才可能使优秀教师积极主动地前往薄弱学校，认真开展教学工作，保证教学质量。

### （二）创新交流形式，发挥"传帮带"作用

调查结果显示，部分教师不愿单独前往薄弱学校或乡村学校任教，除了通勤距离较长外，还因为单独流动难以在新环境中发挥示范作用，缺乏团队支持使得一些教学方法难以有效实施。针对这一情况，可以在教师交流形式上寻求创新，采取小规模团队流动的方式，让流动到薄弱学校或乡村学校的优秀教师能够形成一个有力的团队，这样既可增强他们的影响力，又让流动教师之间产生归属感，更容易融入新的文化环境。小团队流动能更迅速地推动学校变革，有助于实现优质教师资源的均衡配置，促进城乡教育协同发展。

此外，可以考虑将"传帮带"作用与示范效应相结合，以推动政策的深入执行。具体而言，应为参与交流的教师提供更多外出培训、交流推广的机会，尤其是前往大城市或优秀学校学习先进教育理念。这些经历将提升他们的综合素质，不仅对交流学校产生积极影响，还能对原学校产生辐射效应，实现双赢。同时，可以在个人荣誉方面予以体现，例如，在评选镇、区两级优秀教师时，优先考虑在交流中表现突出的教师，以此激励更多教师积极参与交流。

## 三、以教师职业发展为主线，提升教师流动意愿

教师作为"县管校聘"政策执行的目标群体，其对政策的认知与认可均离不开教师的职业发展。教师的教育行为与选择，均以教师职业发展为中心。Y县义务教育阶段教师的职业发展困境与其所在场域息息相关。要提升"县管校聘"政策执行的有效性，就应站在教师的角度来看待"县管校聘"政策，提升教师流动意愿。

### （一）注重教师职业发展，提升教师交流轮岗内生动力

在"县管校聘"政策执行过程中，义务教育阶段中的每一位教师，都是教师交流轮岗的成员。除了特殊情况下教师可以直接被学校聘用外，其他教师全部需要参与竞争，做到竞聘上岗，因而每一个教师都存在着参与交流轮岗的可能性。在"县管校聘"政策下，教师对交流轮岗的态度影响其参与交流轮岗的内生动力。个人的内在需求在不同价值观念中形塑出不同内生动力，继而在内生动力的作用下驱动着个体的选择偏好与实践行动。

笔者在调研中发现，教师参与交流轮岗的内生动力不足，具体表现为积极参与交流轮岗的意愿不高，参与交流轮岗存在诸多顾虑。教师不能只关注参与"县管校聘"政策给自己带来的利弊，更要着眼长远，认识到参与流动对自身专业和区域教育全面发展的积极影响。教师应不断强化综合素质，持续提高教学水平。教师在注重自身职业发展的同时，需要主动将社会规范和相关政策内化为自己的态度和意识，避免对政策产生误解。

### （二）规划教师职业生涯，提升教师流动意愿

职业规划影响教师的整个生命历程。笔者在调研中发现，Y县大多数义务教育阶段

教师流动意愿不高与其职业规划不清晰有相当关联。在 Y 县义务教育阶段教师流动意愿的实证研究中发现，教师流动意愿与个体层面和学校层面均有显著关联。年龄、婚姻状况、补贴、工作-家庭促进等均对教师流动意愿有显著影响。笔者经访谈发现，教师流动意愿很少出于对教师自身职业规划的考虑，而是从外部驱动来提升流动意愿。

同时，应更多关注教师的价值，提升教师的职业认同感。我们应当对教师在社会中的角色有准确的认知，并意识到教师流动是推动教育均衡发展的关键因素，同时也是教师实现个人成长与发展的宝贵机遇。这促使教师从自我发展的角度出发，主动反思并转变思维，摆脱认识上的局限，深刻领会"县管校聘"政策中教师流动的重要意义。

基础教育是培养人才、推动社会进步的重要基石，尤其在县域，优质教育资源的均衡分配更显重要。然而，县域基础教育财政支出效率面临诸多挑战。为了加强县域基础教育的发展，提高学生学习质量和全面发展水平，必须深入探讨财政支出效率问题，并寻求切实可行的解决方案。本章聚焦于 W 县，利用定性与定量研究相结合的方法，通过政府部门、学校财务报表和问卷调查等多个渠道收集数据。

## 第一节　样本选择与数据来源

县域基础教育财政支出效率的县域个案分析的样本选择与数据来源的重要性，不仅体现在研究的准确性和可靠性上，还直接关系到研究结果对实际政策制定的指导意义。

首先，样本选择对于个案分析的成败至关重要。在县域，由于地理、经济、文化等多方面的特殊性，基础教育财政支出效率可能存在显著差异。因此，选择合适的样本，能够确保研究具有代表性，从而更全面地揭示该区域基础教育财政支出效率的真实状况。通过精心挑选具有代表性的县域样本，能够深入剖析不同地区、不同学校之间的差异和共性，为制定更加精准有效的政策提供有力支持。

其次，数据来源的可靠性直接关系到研究的可信度和价值。在进行县域个案分析时，需要收集大量关于基础教育财政支出、教育资源配置、教育质量等方面的数据。这些数据的质量直接影响到研究结果的准确性和可信度。因此，选择权威、可靠的数据来源，如政府发布的数据、教育机构提供的统计资料等，是确保研究可信度的关键。同时，还需要对数据进行严格的筛选和整理，确保数据的准确性和一致性，以避免因数据质量问题导致的研究偏差。

最后，样本选择与数据来源选择也是提升研究深度和广度的重要手段。通过选择具有代表性的样本和多样化的数据来源，可以更加全面地了解县域基础教育财政支出效率的现状、问题及影响因素。这有助于深入剖析该区域教育财政支出的内在机制和规律，为制定更具针对性的政策提供科学依据。同时，通过对不同样本和数据来源的对比分析，还可以发现不同地区、不同学校之间的优势和不足，为相互借鉴和学习提供有益参考。

## 一、样本选择

H 省 Y 市 W 县，是一片古老与现代交融、多民族和谐共处的独特之地。2018 年，W 县经济发展跃上新台阶，生产总值超 148.96 亿元。教育事业同步繁荣，教育经费充裕，公共预算、政府性基金与事业收入共同支撑并激活教育体系。至 2018 年末，W 县小学共计 27 所，另有 14 个教学点，小学教职工总数达 881 人，专任教师 994 人，小学在校学生数共计 14104 人。与此同时，普通初中共有 15 所，班级数达 149 个，初中在校学生数共计 10886 人。本研究特意选取 W 县作为样本。

## 二、数据来源

本研究跨越 2014—2018 年，数据源于 W 县教育部门年鉴与管理数据，以及一线教育者、学生及家长的真实反馈。

# 第二节　县域义务教育财政支出效率的现状分析

研究 W 县义务教育财政支出现状有助于深入了解该县义务教育的经费来源、分配和使用情况。通过对财政支出的具体数据进行分析，可以清晰地看出该县在义务教育领域的投入力度和分布情况，进而评估其是否能够满足当地教育发展的实际需求。这不仅有助于提高 W 县的教育治理水平以及发现 W 县在义务教育经费管理和使用方面存在的问题和不足，还有助于推动 W 县义务教育事业的均衡发展。

## 一、县域义务教育财政支出的变化分析

深入探究 W 县义务教育财政支出现状，对于推动该县教育事业的持续健康发展、提升教育治理效能以及促进义务教育资源的均衡配置具有不可忽视的重要意义。本节选取 W 县 2014 年至 2018 年的财政性教育经费与预算内教育经费两大关键数据，这些精选的数据揭示出财政投入在推动教育进步中的重要作用。同时，本研究还特别关注财政性义务教育经费与预算内义务教育经费这两项指标，帮助我们深入探究 W 县义务教育的发展脉络。

### （一）义务教育财政支出的规模变动

回望 2014 年，W 县 GDP 初展宏图，达到 120.73 亿元；至 2018 年，其经济腾飞之势更盛，GDP 增长至 148.96 亿元。与此同时，从表 15.1 的数据中，我们可以看到 W 县对义务教育的重视。自 2014 年起，W 县财政性教育经费由 40254 万元起，攀升至 2018 年的 57498 万元，预算内教育经费自 35785 万元起，增长至 2018 年的

55057 万元。财政性义务教育经费自 26149 万元增至 36322 万元，绘就增长华章。预算内义务教育经费自 26678 万元增至 36265 万元，增长 35.9%，为义务教育提供稳定资金，促进其发展。

表 15.1 2014—2018 年 W 县教育经费投入规模

| 年份 | 财政性教育经费/万元 | 预算内教育经费/万元 | 财政性义务教育经费/万元 | 预算内义务教育经费/万元 |
|---|---|---|---|---|
| 2014 | 40254 | 35785 | 26149 | 26678 |
| 2015 | 48241 | 45344 | 30156 | 30249 |
| 2016 | 63601 | 61073 | 41194 | 41626 |
| 2017 | 53378 | 51058 | 33714 | 33655 |
| 2018 | 57498 | 55057 | 36322 | 36265 |

尽管在 2014 年至 2018 年这 5 年间，四项教育经费投入规模总体呈现出稳健的增长态势，但深入剖析其中的波折，我们不难发现 2016 年至 2017 年这一特殊时期内的波折与挑战。在此期间，教育领域的财政投入遭遇了显著的削减，其中财政性教育经费的缩减比例高达 16.1%，预算内教育经费也同样未能幸免，其减少幅度达到 16.4%。同样受到较大冲击的还有财政性义务教育经费和预算内义务教育经费，分别减少了 18.2% 和 19.1%。这一时期的经费减少，给 W 县的教育事业带来了一定的挑战。然而，正是这样的波折与挑战，使得我们更加深刻地认识到教育经费稳定投入的重要性，也为后续的教育政策调整提供了宝贵的经验与启示。

### （二）义务教育财政支出的结构变动

教育经费投入，总量增长显著，结构比例也很关键。本节聚焦两大指标——财政性教育经费占 GDP 比、预算内教育经费占财政支出比，洞察教育财政深层逻辑。此二指标，如教育财政之眼，透视经济与教育关系、财政中教育地位。教育财政结构如拼图，需适配需求、顺应经济。投入比例需均衡，促进教育发展，优化资源配置。

从表 15.2 可知，W 县在 2014 年至 2018 年的教育经费投入稳步增长。尽管 2016 至 2017 年财政性教育经费和财政性义务教育经费占 GDP 比重略有下降，但总体上它们仍然保持着增长的趋势。同样地，预算内教育经费占财政支出比重及预算内义务教育经费占财政支出比重，在整体上也呈现出增长的态势。

表 15.2 2014—2018 年 W 县教育财政投入比例

| 年份 | 财政性教育经费占 GDP 比重/（%） | 财政性义务教育经费占 GDP 比重/（%） | 预算内教育经费占财政支出比重/（%） | 预算内义务教育经费占财政支出比重/（%） |
|---|---|---|---|---|
| 2014 | 3.33 | 2.10 | 12.56 | 9.36 |
| 2015 | 3.69 | 2.31 | 14.79 | 9.87 |
| 2016 | 4.86 | 2.65 | 18.79 | 12.81 |

续表

| 年份 | 财政性教育经费占 GDP 比重/（%） | 财政性义务教育经费占 GDP 比重/（%） | 预算内教育经费占财政支出比重/（%） | 预算内义务教育经费占财政支出比重/（%） |
|---|---|---|---|---|
| 2017 | 3.78 | 2.39 | 14.89 | 9.81 |
| 2018 | 3.86 | 2.44 | 15.35 | 9.98 |

### （三）义务教育财政支出的增减变化

生均预算内教育事业费不仅是数字指标，更是衡量政府对义务教育财政投入深度和态度的关键尺度。自 1995 年《中华人民共和国教育法》颁布以来，生均预算内教育事业费的增减变化已成为政府制定教育政策时的重要依据，引领着教育事业的繁荣发展。

由表 15.3 可知，小学生均预算内教育事业费呈现出持续增长的态势，从 2014 年的 7167 元增加到 2018 年的 14163 元。与此同时，初中生均预算内教育事业费由 2014 年的 17215 元攀升至 2018 年的 26785 元。尽管在 2014 年至 2018 年，W 县的 GDP 持续增长，物价也呈现出上涨的趋势，但生均预算内教育事业费的显著增长，依然如实地反映出 W 县对义务教育经费投入的力度在加大。

表 15.3　2014—2018 年 W 县义务教育生均预算内教育事业费

| 年份 | 小学生均预算内教育事业费/万元 | 初中生均预算内教育事业费/万元 |
|---|---|---|
| 2014 | 7167 | 17215 |
| 2015 | 8685 | 20431 |
| 2016 | 12432 | 31672 |
| 2017 | 12874 | 21750 |
| 2018 | 14163 | 26785 |

### （四）义务教育师资配置的变化状况

从专任教师数与生师比这两大核心指标切入，深入剖析 W 县义务教育师资配置状况，具有重要的研究价值与实践意义。

#### 1. 专任教师数

由表 15.4 可知，W 县小学专任教师数自 2014 年的 977 人增至 2018 年的 994 人。初中专任教师数则自 2014 年的 777 人减至 2018 年的 755 人。

表 15.4　2014—2018 年 W 县义务教育专任教师构成

| 年份 | 小学专任教师数/人 | 初中专任教师数/人 |
|---|---|---|
| 2014 | 977 | 777 |

续表

| 年份 | 小学专任教师数/人 | 初中专任教师数/人 |
|---|---|---|
| 2015 | 1003 | 760 |
| 2016 | 1003 | 760 |
| 2017 | 1020 | 638 |
| 2018 | 994 | 755 |

2. 生师比

由表 15.5 可知，W 县义务教育生师比整体呈下降趋势，其中，小学生师比由 2014 年的 14.67 降至 2018 年的 14.26，初中生师比由 2014 年的 9.88 降至 2018 年的 9.42。

表 15.5 　2014—2018 年 W 县义务教育生师比

| 年份 | 小学生师比 | 初中生师比 |
|---|---|---|
| 2014 | 14.67 | 9.88 |
| 2015 | 14.30 | 9.51 |
| 2016 | 15.27 | 9.8 |
| 2017 | 14.64 | 9.87 |
| 2018 | 14.26 | 9.42 |

## 二、县域义务教育财政支出的效率分析

### （一）数据包络分析

数据包络分析（DEA）用于衡量不同决策单元（DMU）间的相对效率。作为非参数技术效率分析模型，数据包络分析通过独特相对比较，提供新评价视角。CCR 模型为数据包络分析的发展奠定了坚实的基础，引领着我们在效率评价的道路上不断前行。

在后续研究中，我们将运用 DEA，对 2014—2018 年 W 县义务教育财政支出效率进行精准评估。通过投入与产出的对比分析，我们将探究实际表现与目标期望之间的差异，为县域义务教育财政支出的效率提升提供清晰的指引。

### （二）Malmquist 指数

Malmquist 指数，作为评估全要素生产率的关键指标，包含技术效率（EC）和技术进步（TP）这两个重要方面。当 EC 低于 1 时，表明效率有所下降；当 EC 高于 1，表明效率有所提升；当 EC 等于 1 时，表明效率维持稳定。在此过程中，技术进步对技术效率产生深远影响，映射出项目中的技术革新与创新活力。具体来说，当 TP 大于 1 时，表明

技术进步与创新显著增强；当 TP 小于 1 时，表明技术进步与创新有所衰退；当 TP 等于 1 时，技术进步与创新维持原状。

### （三）基于 DEA 模型与 Malmquist 指数的实证分析

#### 1. DEA 模型分析

本研究深入剖析 2014—2018 年 W 县义务教育财政支出数据，力求精准展现其财政支出效率。为此，我们借助了先进的 DEA 方法，这是一种能够全面评价决策单元相对效率的有效工具。通过对这些数据的精细处理与分析，我们成功测算了 W 县义务教育财政支出的效率值，并据此绘制了相关表格，以直观展现其效率变化情况。这一过程不仅为我们深入了解 W 县义务教育财政支出的使用效果提供了有力支持，同时也为优化财政支出结构、提升财政资金使用效率提供了重要参考。

深入剖析表 15.6 所呈现的数据，我们可以清晰地看到，W 县义务教育财政支出效率值在 2014—2018 年保持在 1 以上的较高水平，这明确反映出，在这段时间，财政支出效率均达到了 DEA 有效的标准。然而，值得注意的是，尽管效率值均大于 1，但其超出的幅度相对较小，这在一定程度上说明其有效率的程度并不显著。进一步观察数据，我们发现这 5 年间的效率值呈现出逐年下降的趋势。尽管到 2017 年出现了一定的小幅回升，但与 2014 年的数据相比，仍然存在一定的差距。这一变化趋势反映出，W 县义务教育财政支出效率总体呈下降趋势，规模收益亦呈递减态势。5 年内，该县义务教育财政支出参考标杆权重系数之和大于 1，表明增加投入指标不会带来相应幅度的产出增长。这种投入与产出之间的不匹配，最终导致 W 县义务教育财政支出效率的下降。

表 15.6　2014—2018 年 W 县义务教育财政支出效率值

| 年份 | 效率值 | 规模收益 |
| --- | --- | --- |
| 2014 | 1.258951 | ↓ |
| 2105 | 1.110484 | ↓ |
| 2016 | 1.015781 | ↓ |
| 2017 | 1.049661 | ↓ |
| 2018 | 1.044798 | ↓ |

综上所述，虽然 W 县义务教育财政支出在 5 年间均保持了 DEA 有效的状态，但其效率值较低且逐年下降，规模收益也呈现出递减趋势，这些都表明该县在义务教育财政支出方面仍存在一定的问题和挑战，需要进一步优化和改进。

通过对表 15.7 的深入剖析，可以看出，在 2014 年至 2018 年，W 县对于小学生均财政性教育经费的实际投入规模呈现出显著的逐年增长趋势。与此同时，对于初中生均财政性教育经费的实际投入规模也呈现出一定的增长态势。尽管在 2017 年，初中生均财政性教育经费的投入规模出现了一定程度的下降，但整体呈稳步增长趋势。这一趋势反映了 W 县在教育投入方面的努力与坚持，对于提升当地义务教育质量具有积极的推动作用。因此，从总体上看，小学生均财政性教育经费投入和初中生均财政性教育经费投入都呈增长趋势。

表 15.7　2014—2018 年 W 县义务教育生均财政性教育经费 DEA 模型计算结果（投入）

| 年份 | 小学生均财政性教育经费 | | | 初中生均财政性教育经费 | | |
|---|---|---|---|---|---|---|
| | 实际值 | 目标值 | 冗余率 | 实际值 | 目标值 | 冗余率 |
| 2014 | 7167 | 9022 | 25.88% | 17216 | 21225 | 23.29% |
| 2015 | 8685 | 9644 | 11.04% | 20431 | 22688 | 11.05% |
| 2016 | 12342 | 12628 | 2.32% | 31672 | 22518 | −28.90% |
| 2017 | 12874 | 10387 | −19.32% | 21750 | 22830 | 4.97% |
| 2018 | 14163 | 13442 | −5.09% | 26785 | 22710 | −15.21% |

由表 15.8 可知，投入方面的核心指标包括预算内义务教育经费占财政支出比重及预算内义务教育经费占预算内教育经费比重，二者历年数据均呈现波动特征。具体而言，预算内义务教育经费占财政支出比重在多数年份保持增长，反映了 W 县在义务教育财政投入上的积极作为，虽有波动但总体增长，有力地支持了当地义务教育的持续发展，仅在 2017 年出现了明显的下降。从宏观层面看，预算内义务教育经费占财政支出比重显著增长，体现了 W 县在提升义务教育财政投入上的决心与努力。然而，预算内义务教育经费占预算内教育经费比重的变化趋势却截然不同，除 2016 年增长外，其余年份均呈下降趋势，总体下降幅度较大。这可能意味着 W 县在优化教育经费结构和平衡各类教育投入方面仍需加强。W 县在 2014 年至 2018 年间教育经费支出似乎未能与财政支出同步，这种不同步现象可能反映出该县在教育经费分配和管理方面存在一些问题，需要引起相关部门的高度重视和深入研究。

表 15.8　2014—2018 年 W 县预算内义务教育经费占比 DEA 模型计算结果（投入）

| 年份 | 预算内义务教育经费占财政支出比重 | | | 预算内义务教育经费占预算内教育经费比重 | | |
|---|---|---|---|---|---|---|
| | 实际值 | 目标值 | 冗余率 | 实际值 | 目标值 | 冗余率 |
| 2014 | 9.36% | 10.25% | 9.51% | 74.55% | 69.31% | −7.03% |
| 2015 | 9.87% | 10.70% | 8.41% | 66.71% | 74.08% | −11.05% |
| 2016 | 12.81% | 10.29% | 19.67% | 68.15% | 69.23% | 1.58% |
| 2017 | 9.81% | 10.30% | 4.99% | 65.91% | 69.18% | 4.96% |
| 2018 | 9.98% | 10.24% | 2.61% | 65.87% | 68.82% | 4.48% |

基于所获取的数据，我们深入开展了实际值与目标值差额的精准计算，并进一步对投入部分的冗余率进行了全面细致的分析。这一系列的计算与分析工作，为我们提供了有效评判各项投入指标是否达到 DEA 有效标准的坚实依据。在对表 15.7 进行仔细审视的过程中，我们清晰地观察到，小学生均财政性教育经费的投入冗余率绝对值在 2014 至 2017 年间展现出了稳健的下降趋势，然而到 2018 年，这一指标出现了小幅回升。与此同

时，其他指标则呈现出周期性波动，这一系列波动不仅揭示了 W 县在义务教育财政支出方面的调整轨迹，而且为我们深入探究其背后的原因和机制提供了宝贵的线索。具体来说，当投入冗余率呈现正值时，意味着在该指标上的投入超出了实际所需，导致资源的过度消耗或利用效率低下问题。这种情况可能源于决策者对义务教育发展需求的误判，或者缺乏有效的资源分配机制，从而使得财政资金的投入未能精准对接实际需求。当投入冗余率为负值时，则表明在该指标上的投入存在明显不足，未能满足义务教育的基本需求。这种短缺状态可能会限制学校的教学条件改善、师资力量增强以及教学质量提升等，进而对义务教育的整体发展产生不利影响。因此，深入分析和优化投入冗余率，对于提高 W 县义务教育财政支出的效率和效益具有重要意义。因此，我们需要在深入分析这些周期性变化的基础上，结合实际情况，科学合理地调整和优化 W 县的义务教育财政支出结构，以确保各项投入指标达到 DEA 有效状态，从而推动义务教育事业的持续健康发展。

通过深入分析 W 县 2014—2018 年义务教育财政支出的整体规模，我们可以观察到其规模性指标的冗余率表现出一个显著的特点：正负值大致呈现对半分布的状态。这一特点意味着在这段时间内，W 县的义务教育财政支出在某些规模性指标上存在着投入过多或投入不足的情况。具体而言，部分指标的冗余率为正值，表明在这些方面的投入超出了实际所需，可能存在资源浪费或利用效率不高的问题；而另一些指标的冗余率为负值，则反映出在相应领域的投入尚显不足，未能充分满足义务教育的发展需求。这种正负冗余率大致对半分布的情况，为我们揭示了 W 县在义务教育财政支出方面所面临的复杂性和挑战性，同时也提示我们需进一步关注并优化其财政资源的配置效率。这一现象表明，在义务教育财政支出的投入上，既存在投入过多、超出实际需求的情况，也存在投入不足、未能满足实际发展需要的情况。在更深入地分析这些规模性指标的结构特征时，可以发现其中多数呈现出正值，这表明在 W 县，义务教育的财政投入普遍偏高，尚未达到资源分配的最优化水平。这一现象的深层含义是，W 县义务教育的财政支出实际数额在持续上升，显示出该县对于义务教育经费投入的高度重视和积极努力。然而，与此同时，我们也看到义务教育财政支出占财政支出的比重虽然逐渐增大，但其效率相对较低。这说明在增加投入的同时，W 县还需要进一步优化财政支出结构，提高财政支出的使用效率，以确保每一分钱都能用在刀刃上，真正促进义务教育事业的健康发展。综上所述，W 县在义务教育财政支出方面既取得了一定的成绩，也面临着一些挑战和问题。未来，该县应进一步加强财政支出的规划和管理，通过优化支出结构、提高使用效率等措施，推动义务教育事业的持续发展和提升。

由表 15.9 可知，在产出指标层面，小学在校学生数与初中在校学生数的实际值未能达到设定的目标值。这一状况导致两个相关指标的冗余率均为正值，表明小学在校学生数和初中在校学生数均达到 DEA 有效标准，不存在产出不足的问题。进一步分析可以发现，小学在校学生数的冗余率整体上呈现出递增的趋势。这意味着 W 县的小学教育规模在不断扩大，实际在校学生数与目标值之间的差距在逐渐缩小，呈现出良好的发展态势。然而，初中在校学生数的冗余率却呈现出较大的波动性。这种波动性可能受到多种因素的影响，如政策调整、教育资源分配等。但总体来看，尽管存在波动，初中在校学生数的实际值与目标值之间的差距却在逐渐缩小，表明初中教育规模也在不断扩大。综上所述，W 县的小学和初中教育规模均呈现出扩大的趋势，且均达到 DEA 有效标准。这充分说明了该县在义务教育方面的投入和产出均取得了良好的效果，为未来的教育事业发展奠定了坚实的基础。

表 15.9  2014—2018 年 W 县义务教育在校学生数 DEA 模型计算结果（产出）

| 年份 | 小学在校学生数 | | | 初中在校学生数 | | |
| --- | --- | --- | --- | --- | --- | --- |
| | 实际值 | 目标值 | 冗余率 | 实际值 | 目标值 | 冗余率 |
| 2014 | 14368 | 14892 | 3.65% | 7785 | 8069 | 3.65% |
| 2015 | 14335 | 14790 | 3.17% | 7767 | 7786 | 0.24% |
| 2016 | 14352 | 14905 | 3.85% | 7230 | 7398 | 2.32% |
| 2017 | 14199 | 14829 | 4.44% | 6888 | 7854 | 14.02% |
| 2018 | 14008 | 14826 | 5.84% | 6857 | 7192 | 4.89% |

由表 15.10 可知，生师比的目标值整体高于实际值。这种目标值与实际值的差异，导致小学生师比和初中生师比的冗余率均为正值。这表明两者均实现了 DEA 有效状态，无产出不足。但进一步观察，其冗余率波动幅度较大。这种波动可能受到多种因素的影响，如教育政策的调整、师资力量的变化等。但无论如何，这种波动都反映了 W 县在优化生师比、提升教育质量方面所面临的挑战与努力。综上所述，尽管小学生师比和初中生师比的冗余率存在一定的波动，但它们均实现了 DEA 有效状态，这表明 W 县在义务教育生师比方面取得了一定的成效。然而，为了进一步提升教育质量，该县仍需要关注并解决这些波动所带来的问题，确保生师比的合理性。

表 15.10  2014—2018 年 W 县义务教育生师比 DEA 模型计算结果（产出）

| 年份 | 小学生师比 | | | 初中生师比 | | |
| --- | --- | --- | --- | --- | --- | --- |
| | 实际值 | 目标值 | 冗余率 | 实际值 | 目标值 | 冗余率 |
| 2015 | 14.67 | 14.86 | 1.30% | 9.88 | 9.92 | 0.40% |
| 2016 | 14.3 | 15.28 | 6.85% | 9.51 | 10.14 | 6.62% |
| 2017 | 15.27 | 15.31 | 0.26% | 9.8 | 10.28 | 4.90% |
| 2018 | 14.64 | 14.87 | 1.57% | 9.87 | 9.90 | 0.30% |
| 2019 | 14.26 | 15.29 | 7.22% | 9.42 | 10.31 | 9.45% |

由表 15.11 可知，小学、初中班级数的目标值整体高于实际值。这一现象直接导致这两个指标的冗余率呈现为正值。这一结果清晰地表明，小学、初中班级数这两个指标均满足了 DEA 的有效性要求，没有显示出产出不足的现象。进一步分析这两个指标，可以发现它们都经历了波动。特别是小学班级数的冗余率，其变化趋势呈现出先下降，再上升，然后又下降的波动形态，可能是受教育资源分配、政策调整等因素影响所致。而初中班级数的冗余率则呈现出下降—上升—下降—上升的趋势，这表明在初中阶段，班级数的设置和调整经历了一定的变化。综上所述，尽管小学班级数和初中班级数的实际值

与目标值之间存在一定差距，但这两个指标均实现了 DEA 有效状态，反映出 W 县在义务教育阶段的班级设置和管理方面取得了一定的成效。然而，波动较大的冗余率也提示我们，该县在未来的教育工作中仍需关注班级数的合理配置和调整，以确保教育资源的充分利用和教育质量的稳步提升。

表 15.11　2014—2018 年 W 县义务教育班级数 DEA 模型计算结果（产出）

| 年份 | 小学班级数 | | | 初中班级数 | | |
|---|---|---|---|---|---|---|
| | 实际值 | 目标值 | 冗余率 | 实际值 | 目标值 | 冗余率 |
| 2014 | 316 | 331 | 4.75% | 140 | 150 | 7.14% |
| 2015 | 318 | 329 | 3.46% | 144 | 148 | 2.78% |
| 2016 | 320 | 333 | 4.06% | 148 | 156 | 5.41% |
| 2017 | 317 | 334 | 5.36% | 149 | 150 | 0.67% |
| 2018 | 331 | 339 | 2.42% | 142 | 156 | 9.86% |

由表 15.12 可知，初中升学率的目标值整体高于实际值。这一差异的存在使得该指标的冗余率呈现为正值。这一结果充分说明，初中升学率这一重要产出指标达到了 DEA 有效的标准，并未显示出产出不足的问题。然而，在考察这一指标的变化趋势时，我们注意到其冗余率的波动幅度较大。这种波动可能反映了多种因素的影响，如教育政策的调整、教育资源的配置变化等。尽管如此，初中升学率的实际值与目标值之间的正向差异以及冗余率的波动，都体现出 W 县在提升初中教育质量、促进学生升学方面的努力和成效。

表 15.12　2014—2018 年 W 县义务教育初中升学率 DEA 模型计算结果（产出）

| 年份 | 初中升学率 | | |
|---|---|---|---|
| | 实际值 | 目标值 | 冗余率 |
| 2014 | 55.21% | 56.29% | 1.96% |
| 2015 | 54.18% | 55.31% | 2.09% |
| 2016 | 50.38% | 51.99% | 3.20% |
| 2017 | 48.51% | 55.06% | 13.50% |
| 2018 | 48.95% | 50.65% | 3.47% |

综上所述，初中升学率作为一项重要的产出指标，在 W 县的教育体系中表现出良好的 DEA 有效性。未来，W 县应继续关注并优化初中教育资源配置，以进一步提高初中升学率，为培养更多优秀人才奠定坚实基础。

2. Malmquist 指数分析

为了深入研究义务教育财政支出效率的动态演变及全要素生产指数状况，本研究采用 Malmquist 指数分析来进行 DEA 测度。在这一过程中，我们特别选取了投入指标作为分析导向，以便更精准地把握影响财政支出效率的关键因素。通过对 2014 年至 2018 年这

5 年间数据的梳理与对比，我们深入剖析 W 县义务教育财政支出的效率变迁，同时全要素生产指数也成为我们探究的重点，以期从更宏观的角度揭示出财政支出效率与教育资源配置的内在联系。最终，我们将分析结果以表格的形式进行直观呈现。表 15.13 详细列出了各年份的技术效率等数据。

表 15.13　2014—2018 年 W 县义务教育财政支出效率

| 年份 | 技术效率 | 技术进步 | 纯技术效率 | 规模效率 | Malmquist 生产率 |
|---|---|---|---|---|---|
| 2014 | 1.000 | 0.955 | 1.000 | 1.000 | 0.955 |
| 2015 | 1.000 | 0.792 | 1.000 | 1.000 | 0.792 |
| 2016 | 1.000 | 1.162 | 1.000 | 1.000 | 1.162 |
| 2017 | 1.000 | 0.899 | 1.000 | 1.000 | 0.899 |
| 2018 | 1.000 | 0.926 | 1.000 | 1.000 | 0.926 |

由表 15.13 可知，在义务教育财政支出上，W 县 2014—2018 年的技术效率、纯技术效率及规模效率均较高，且效率值均为 1。具体来说，技术效率反映了在给定投入条件下实现最大产出的能力，而 W 县的义务教育财政支出在这方面始终保持着高效状态，显示出其教育资源利用的高效性。纯技术效率则更多地关注管理和运营方面的效率，W 县在这方面也具有卓越的表现。至于规模效率，它衡量的是随着规模扩大，产出是否能够以更高的比例增长，而 W 县在这方面的效率也保持在较好状态。然而，尽管在效率方面表现出色，Malmquist 生产率变化幅度较小，但值得注意的是，2016 年 W 县义务教育财政支出 Malmquist 生产率突破了 1 的界限，达到了大于 1 的水平，这意味着该年份的生产率有所增长。但其余年份，此值均未达到 1，呈周期性变动。整体来看，Malmquist 生产率的均值为 0.947，显示出一定的波动性。其中，2015 年达到最小值 0.792，而 2016 年则攀升至峰值 1.162，这种变化可能受到多种因素的影响，如政策调整、教育资源分配等。总之，W 县在 2014 年至 2018 年间的义务教育财政支出在效率方面表现稳定且高效，但在生产率方面则存在一定的波动性。未来，该县应继续优化教育资源配置，提升管理效率，以促进义务教育财政支出的持续稳定增长。

### （四）财政支出效率分析结果

#### 1. 县域义务教育财政支出技术效率偏低

以 W 县为例，深入剖析其义务教育财政支出的 Malmquist 指数，结果显示，W 县 2014—2018 年的义务教育财政支出规模效率较高，其值皆为 1。同时，纯技术效率也同样稳定地保持在 1 的水平上。这两项指标的高效表现，充分说明在考察期内，W 县的义务教育财政支出在规模和技术两个层面均实现了有效的资源配置和利用。然而，当我们进一步考察技术进步变化这一指标时，发现 W 县义务教育财政支出的实验数据与 Malmquist 生产率数据相契合，显示其全要素生产率的提升主要依赖技术进步。技术进步作为推动生产效率提升的关键因素，在 W 县义务教育财政支出中发挥了重要作用。尽管如此，我们也注意到技术进步这一指标的变化并非完全一致。具体来说，在 2016 年，该指标的值大于 1，显示出这一年技术进步对全要素生产率的贡献较为显著。然而，余下的4 个年份的值都未达到 1，表明技术进步对 W 县义务教育财政支出的贡献并不稳固。这也意味着，在 W 县义务教育财政支出的全要素生产率提升之路上，纯技术效应与规模效应仍是中流砥柱，技术进步的贡献稍显薄弱。

综上所述，W 县在 2014—2018 年的义务教育财政支出中，虽然技术进步发挥了一定的作用，但纯技术效应和规模效应仍是其全要素生产率提升的主要驱动力。未来，该县应继续优化教育资源配置，提升教育管理和运营效率，同时加大技术创新的力度，以进一步提高义务教育财政支出的效率和质量。

2. 县域义务教育财政支出综合效率较低

2014—2018 年，W 县义务教育财政支出的综合效率值均高于 1。然而，值得注意的是，尽管综合效率值均高于 1，但超出 1 的程度均相对较低，这反映出 W 县在这 5 年间的 DEA 有效程度并不显著，仍有一定的提升空间。进一步，我们从规模收益的角度对 W 县的义务教育财政支出进行了分析。分析结果显示，2014 年至 2018 年，W 县义务教育财政支出的规模收益逐年递减。此趋势显示，若依实验数据增加投入指标，则相较于投入增长的百分比，总产出增长可能有所不足。换言之，这种投入与产出之间的不平衡性会导致效率受到一定程度的损失。

综上所述，虽然 W 县在 2014 年至 2018 年间的义务教育财政支出达到了 DEA 有效标准，但其有效程度较低，且规模收益呈现出逐年递减的趋势。这提示我们，在未来的义务教育财政投入中，W 县需要更加注重投入与产出的平衡，优化资源配置，以提高教育财政支出的效率和质量。

# 第三节　县域义务教育财政支出效率的问题探讨

## 一、县域义务教育财政投入有待增加

县域多地处偏远，经济滞后，教育基础薄弱。在此背景下，教育经费需求迫切，但我国县域常因投入不足而经费匮乏，问题普遍。以 W 县为例，其财政性教育经费投入占GDP 的比重总体不足。2016 年该比重高达 4.86%，突破国际上 4% 的基准线。然而在其他 4 年，这一比重均未能达到 4%。从总体上看，W 县在教育经费投入上似乎仍显捉襟见肘，未能充分满足其教育事业发展的需求。

W 县地处偏远，经济基础薄弱，财政资源有限。经济发展向好，但教育经费投入仍挑战重重。随着教育规模扩大和需求激增，经费难以满足实际需求。县级财政教育投入占比较低，资金多用于教师薪酬，基础设施和装备投入不足。这导致教师待遇较低，影响积极性和教学质量，也制约队伍稳定与发展。学校硬件匮乏问题日益严重。资金短缺导致学校教学、体育、实验设施更新滞后，影响学生学习与体质，也制约教育水平提升。规划项目常因资金不足难以落实，硬件困境加剧。需探究经费不足的根源，寻求解决之道：增加财政投入，优化资金分配，引入社会资本，保障县域教育经费，促进教育公平与质量提升。

W县教育受资金短缺制约。经费不足致教学条件难以改善，设备老化，图书较少；实验设备落后，影响学习效果与教育质量。同时，师资培育发展受限。资金不足制约教师薪资与专业发展，影响队伍稳定，难以吸引高素质人才，加剧师资短缺。需正视此现实，深究县域义务教育经费短缺原因，从政策、财政、资源配置、社会参与等角度寻找对策。例如，加大中央与地方财政教育投入，优化资源配置，提高资金使用效率，引导社会资本进入，鼓励多方支持教育。

## 二、县域义务教育财政支出划分比例有待平衡

确保义务教育均衡，财政支出比例调整势在必行。需精准审视县域实际，优化资金配置，确保合理分配，聚焦真正需求，加大投入力度。

首先，我国县域义务教育财政支出划分比例有待优化。W县的案例显示，2014—2018年间义务教育财政支出虽达DEA有效标准，但效率较低。深入分析规模性指标，冗余率多呈正值，反映出投入非最优，资源浪费明显，急需提升教育资源配置效率。故应正视W县义务教育财政支出低效问题，探索科学比例，促进县域教育健康发展。虽投入逐年增长，比重不小，但效率欠佳。需优化教育财政比重，精准高效投入教育，避免资源浪费。需要深思对策，促进教育经费合理有效地支持县域教育。

其次，深入W县义务教育经费细节，可以发现深层次问题。2014—2018年，W县财政总支出超160万元，但义务教育经费不足17万元，难以支撑教育持续发展。资金短缺导致资源匮乏，师资、设备及环境改善皆遇挑战。经费分配不均加剧城乡教育鸿沟。W县义务教育经费投入问题亟待正视，需探索解决之道：增加经费支持，优化资源配置，确保资金高效用，促进教育公平优质。此现状暴露县域义务教育经费与总教育经费比例失衡，教育投入滞后于财政增长，制约教育健康发展。直面挑战，急需优化教育经费分配。当务之急是调整机制，增加资金流向义务教育，满足发展需求。

## 三、县域义务教育阶段师资配置效率有待提高

县域义务教育师资配置步履维艰，挑战重重。教育工作者热情难挡困境，优质师资稀缺。师资配置效率关乎教育质量与公平，每个孩子应享有平等教育权。故需正视问题，深挖成因，求解方案，提升师资配置效率，为县域孩子播撒教育阳光与希望。

首先，我国县域教师待遇普遍偏低，形成教育发展瓶颈。低待遇挫伤教师热情，动摇队伍稳定。人才难引难留，教育持续发展受阻。同时，待遇问题未解决，教师积极性受挫，教学水平停滞，陷入"难招难留难发展"怪圈。需政策助力，增加教育投入，提高教师待遇，引才留才，为县域教育筑牢人才基石。

再者，县域义务教育师资学历不均，W县初中师资以本科为主，专科占两成，硕士稀缺；小学师资更甚，专科与高中混杂，本科仅占六成。学历差异影响教学能力，W县义务教育师资水平参差不齐。同时，该县教师职称整体偏低，高级职称者更属凤毛麟角，

从而限制了教师队伍整体素质的提升，教育改革、质量提升面临挑战。需多方投入，优化结构，提升学历与职称，保障教育持续发展。

最后，W 县小学初中生师比优于全国，教师负担较轻。应促进教师提升教学质量。5 年间，W 县义务教育专任教师总数减少，生师比虽佳，但师资短缺严重。我们必须正视这一问题，认识到县域教师数量减少对于义务教育质量的潜在威胁。只有通过采取有效措施，如提高教师待遇、优化教育资源分配、加强教师培训等，才能逐步改善这一状况。

## 第四节　县域义务教育财政支出效率的优化策略

县域义务教育财政支出效率的优化策略是提升县域教育质量、促进教育公平的重要途径。需要从增加财政投入、完善教育投入机制、加强教育经费管理、聚焦教育关键环节以及促进教育公平等多个方面入手。通过这些策略的实施，可以进一步提升县域义务教育的教育质量和教育公平水平。

### 一、加大对县域义务教育财政的支持力度

经济发展为教育繁荣奠定坚实基础，针对县域义务教育财政支出效率不足，需双管齐下：一是促进经济稳健发展，增强财政对教育的支持力度，稳固教育根基；二是借鉴高效管理智慧，优化资金分配，提升支出效率，确保教育投入精准高效。

首先，国家应加大对县域教育财政的关注与投入，确保资金精准用于义务教育发展的关键领域。具体而言，需增强财政投入，完善学校硬件，稳定并提升教师队伍，优化教育资源与环境。县域政府也应积极探索多元经费筹措，共促义务教育繁荣发展。优化财政拨款结构以稳定义务教育经费，并鼓励社会力量参与，吸引企业、社会组织及爱心人士投入县域教育。此举旨在加大对县域教育经费的支持，促进义务教育稳定与发展，保障县域教育公平与均衡发展。

其次，针对县域独特地缘与文化背景，国家需精准施策，扶持教育事业全面发展，完善义务教育专项经费分配制度，结合实际制定针对性方案，确保资金高效投入。同时，国家可通过转移支付，倾斜教育经费至县域，弥补发展短板，促进义务教育均衡发展。强化政策扶持与经费分配优化，确保县域义务教育经费充足，促进教育持续健康发展。这些举措的实施，必将推动我国县域义务教育的整体水平迈上新的台阶，教学质量也将得到显著提升，进一步缩小地区间的教育差距，让教育公平的阳光普照每一个角落，实现教育事业均衡发展。

### 二、合理划分县域义务教育财政支出的结构比例

首先，县域义务教育经费划分失衡，需深入剖析现状，解决深层次问题。建立健全经费保障机制，确保资金足额投入，支持设备更新与师资建设。完善分级管理体制，明

确权责，调动政府积极性，形成合力推动教育发展，激发学校活力，提升教学质量。为促进县域义务教育发展，需构建多元协同财政体系，各级政府需明确职责，确保经费筹集管理权责分明。此举将优化教育财政支出结构，确保资金高效利用，助力县域教育。

我国县域义务教育经费占比偏低，问题紧迫。需强化地方政府统筹管理能力，确保教育资金精准投放与高效利用，推动县域义务教育发展。科学制定经费再分配方案至关重要。这一方案应立足长远，结合实际，全面考量关键支出，特别是学校公用经费与教师工资。通过科学规划管理，优化资源配置，发挥资金在推动义务教育中的积极作用。此举可促进县域教育均衡发展，缩小教育差距，实现教育公平。

## 三、加强县域义务教育阶段教师队伍建设

首先，必须明确，保障教师基本工资的按时足额发放是提升教师队伍稳定性的基础。在此基础上，还应致力于提升县域教师待遇，激发工作热情，特别是通过针对性补贴鼓励长期服务。同时，实施政策吸引优秀青年投身县域教育，如职称评定倾斜、工作年限要求等，以改善待遇、优化环境，吸引并留住人才。此举将丰富县域教育资源，助力学生成长，推动教育事业发展，同时也将推动我国教育事业的整体进步与繁荣。

其次，为了持续优化教师队伍的质量结构，可以考虑推行教师流动与交换机制。具体而言，实施县域与发达地区教师交流轮岗，旨在注入活力、共享资源。此举可促进偏远地区教师接触先进理念，提升专业素养，同时分享其独特经验。配套完善的培训与考核机制，通过定期培训提升教师能力，严格考核以保障教学质量。此举将整体提升县域教师队伍素质，推动我国教育事业发展。

最后，我们需要深刻认识到，教师职业并非传统观念中所谓的"铁饭碗"，而是一种承载着重大使命和责任的职业。教师肩负育人重任，需传授知识，更需引导学生形成正确观念，培育高素质人才。县域因条件艰苦常面临师资匮乏。需多措并举，吸引教育人才前往执教，改善现状。强化教师职业认同感与使命感，认知教育价值。国家应出台政策，如提升待遇、完善支教体系、强化培训管理，鼓励大学生到县域与农村支教。此举旨在吸引人才，提升偏远学校教学质量，缩小教育差距，促进均衡发展，稳固义务教育基础。

# 第十六章　县域基础教育资源配置的成本分析

确保每个学生享受同样的办学条件，是解决教育不平衡不充分问题的重要环节。受自然、经济、历史等因素影响，区域发展不均衡使得教育发展不均衡，具体表现为区域、城乡、学校间的办学条件仍然存在较大差距。

为了在理论与实践层面明晰民族地区县域教育成本投入的关键问题，本章以公共产品理论、成本分担理论和均衡发展理论为基础，通过文献研究法、访谈法和比较研究法对义务教育成本标准进行研究。针对地处武陵山片区的 C 县样本学校教育成本的测算结果，提出制定民族地区义务教育成本标准，实施差异化政策；确立民族地区义务教育分担机制，提高公用经费标准；完善民族地区义务教育转移支付制度，提高教师待遇；加大民族地区义务教育监督考核力度，确立责任制度等政策建议。

## 第一节　样本选择与数据来源

### 一、样本选择

需要考虑区域特点，寻找具有代表性的县市进行调研。C 县是一个少数民族自治县。截至 2018 年，全县有义务教育学校 42 所，其中九年一贯制学校 5 所，小学 28 所，初中 9 所。由于九年一贯制学校中小学生数远大于初中生数，这里将其归为小学一起计算。共有小学在校学生 13820 人，初中在校学生 6832 人；小学教职工 1142 人，初中教职工 906 人。

### 二、数据来源

本研究跨越 2014—2018 年，数据源于教育部全国教育经费执行情况、教育统计数据、中国教育经费统计年鉴等，义务教育均衡发展督导评估公开信息，以及 C 县教育部门年鉴中与义务教育事业发展相关数据等。

# 第二节　县域教育成本标准的测算与个案分析

## 一、教育成本的概念与政策文本梳理

### （一）教育成本的定义与构成

#### 1. 教育成本的定义

教育成本，指的是在进行教育活动时，教育组织及其支持者所付出的各项实质性费用。教育成本既包括社会与个人为教育而直接支付的费用，也包括间接支付的费用。教育成本是一个衡量教育质量和教育绩效的客观标准，也是影响教育决策的重要因素之一。

#### 2. 教育成本的构成

从构成上来看，教育成本可以划分为直接成本与间接成本两类。

从教育的直接成本来说，又可细分为教育社会直接成本与教育个人直接成本。其中，教育社会直接成本主要指国家、政府直接支付的教育费用，以及社会募集的经费。这些费用主要用于支付教师工资、教学设施的建设与维护、教材的采购等。而教育个人直接成本主要是学生家庭和学生个人直接支付的教育费用，包括学费、杂费、住宿费、交通费等。

同理，教育的间接成本可细分为教育社会间接成本与教育个人间接成本。教育社会间接成本包括学校所使用的土地、建筑物及其他设备等，如不用于教育而可能获得的收入（租金或利息），学校所使用的物资设备因用于教育而免征的税收。教育个人间接成本主要包括学生已满法定劳动力年龄因受教育而放弃的就业收入等。

### （二）教育投资的成本与收益

教育投资的成本与收益是一个复杂的话题，涉及教育投入、教育产出、教育资源分配等多个方面。

#### 1. 教育投资的成本

教育投资的成本主要包括教育资源投入、机会成本与管理成本。

教育资源投入：教育成本最直接地体现在教育资源的投入上。教育资源的质量与数量直接关系到教育的效果。投入更多的资源，如优质的师资、先进的教学设施等，无疑能够提高教育质量，但同时也意味着成本的增加。

机会成本：对于学生来说，他们为了接受教育而放弃的其他可能收益也是需要考虑的。例如，学生为了学习而放弃了参加工作赚取收入的机会，这种放弃所代表的收入即为学生的机会成本。

管理成本：学校的管理成本也是教育投资的成本之一，包括行政管理、人力资源、财务管理等方面的支出。这些成本虽然不直接体现在学生的教育过程中，但同样是教育活动不可或缺的一部分。

2. 教育投资的收益

教育投资的收益主要包括提升知识技能、获得就业机会、提升社会地位以及心理收益。

提升知识技能：教育能够提供给个人更多的知识和技能，增强个人的竞争力，从而增加个人的收入。这是教育投资最直接的经济收益。

获得就业机会：接受良好的教育可以提高个人的职业技能和素质，提高就业机会和就业质量。在竞争激烈的就业市场中，良好的教育背景往往能够为个人赢得更多的机会。

提升社会地位：教育能够提升个人的社会地位，改善生活环境，提高生活质量。这种收益不仅仅体现在经济方面，也包括个人的声誉等无形资产。

心理收益：除了经济收益，教育还可以带来心理上的收益，如自尊心、自信心、成就感等。这些收益对于个人的成长和发展同样具有重要意义。

## （三）教育投资的直接成本与间接成本

### 1. 教育投资的直接成本

直接成本是教育活动中直接产生的费用，如教师工资、教学设施、教材费用等。这些成本是教育活动必不可少的部分，对于保障教育活动的正常进行具有重要意义。同时，直接成本也是教育成本中最容易计算和量化的部分。

### 2. 教育投资的间接成本

间接成本是教育活动中间接产生的费用，如土地租金、设备折旧、机会成本等。这些成本虽然不直接体现在教育活动中，但同样是教育活动不可缺少的一部分。间接成本的计算和量化相对困难，但它们对于全面理解教育成本同样具有重要意义。

## （四）区域义务教育财政政策梳理

### 1. 经费投入

长期以来，我国一直注重对民族教育的帮扶与政策倾斜，不断加大教育经费投入。早在1980年，相关政策文件中就要求要在财政上给予照顾以满足少数民族教育的特殊需要，要给予较多的助学金来办好寄宿制学校。1992年，《关于加强民族教育工作若干问题的意见》要求逐步增加地方财政支出中对民族教育的投资比例，力争做到"两个增长"。此后发布的《国家中长期教育改革和发展规划纲要（2010—2020年）》《关于深化教育体制机制改革的意见》等文件中都提到扶持民族地区，教育经费向民族地区倾斜。

### 2．办学条件

1992 年,《全国民族教育发展与改革指导纲要（试行）》要求多渠道集资改善办学条件,并提出要在 3 年以内在绝大部分民族地区把义务教育学校的校舍危房面积降到 3％以下。2002 年,《关于深化改革加快发展民族教育的决定》规定在民族地区扩建学校,以划拨方式提供土地。2007 年,《国家教育事业发展"十一五"规划纲要》提出要推进义务教育均衡发展。国家制定义务教育基本办学标准和质量标准,对西部地区重点提出要求。2010 年,《关于贯彻落实科学发展观 进一步推进义务教育均衡发展的意见》提出要以大力提高义务教育水平为重心,进一步加大财力、人力、物力等方面的支持力度。2015 年,《关于加快发展民族教育的决定》提出要均衡发展义务教育,缩小城乡差距和校际差距。在这些政策的有力推动下,区域义务教育办学条件得到有效改善。

### 3．教师待遇

1992 年,《全国民族教育发展与改革指导纲要（试行）》提出要建立健全教师培训中心,对少数民族教师进行培训。特别是要发掘培养本土化教师,要让他们留下来、干得住。同时要鼓励其他高等学校和中等师范学校毕业生到西部地区中小学任教。2006 年,《中华人民共和国义务教育法》规定,在民族地区和边远贫困地区工作的教师享有艰苦贫困地区补助津贴。2019 年,《教育领域中央与地方财政事权和支出责任划分改革方案》规定,对于选派到边疆民族地区的教师,由国家统一制定补助标准。相关政策保障了少数民族师资队伍的工资与待遇。

### 4．专项资金

为了带动教育发展,我国设立了多种教育专项经费。早在 1985 年,国家每年拨付 1 亿元用于补助普及小学教育的基础建设,改善各地区办学条件。在这笔资金中,西部八省（区）获得资金总数达到 54％。1990 年,国家设立了少数民族教育补助经费,用于民族教育事业的发展。在"十五"期间,国家拨付 50 亿元义务教育专款,用于改善西部地区的义务教育办学条件。

## 二、基于义务教育优质均衡发展的成本标准测算

### （一）全国义务教育经费投入现状

#### 1．全国义务教育事业发展情况

自 2012 年实施义务教育均衡发展督导评估以来,我国义务教育已经取得不错的成就。国家通过实施义务教育薄弱学校改造计划、义务教育营养改善计划等,不断缩小城乡办学差距,改善义务教育办学条件。2014 年,全国有小学 20.14 万所,小学在校生 9451.07 万人,专任教师 563.39 万人,生师比为 16.78;初中学校 5.26 万所（含职业初中 11 所）,在校生 4384.63 万人,专任教师 348.84 万人,生师比为 12.57。2018 年,全国有小

学 16.18 万所，小学在校生 10339.25 万人，专任教师 609.19 万人，生师比为 16.97；初中学校 5.20 万所，在校生 4652.59 万人，专任教师 363.90 万人，生师比为 12.79。

### 2. 全国义务教育经费投入情况

近年来，在相关政策规定加大义务教育经费投入的背景下，国家不断加大对义务教育的投入，促进义务教育的发展。自 2012 年来，我国财政性教育经费占 GDP 的比例已经连续 7 年达到 4％以上。2014 年全国教育经费总投入为 32806.46 亿元，2018 年全国教育经费投入达到 46143 亿元，增长了 40.65％。国家财政性教育经费投入从 2014 年的 26420.58 亿元增长到 2018 年的 36995.77 亿元，增长了 40.03％。2018 年，全国一般公共预算教育经费为 31992.73 亿元，占一般公共预算支出的比例达到 14.48％。

如图 16.1 所示，2014 年，全国小学生均教育事业费为 7681.02 元，小学生均公用经费为 2241.83 元，初中生均教育事业费为 10359.33 元，初中生均公用经费为 3120.81 元。2018 年，全国小学生均教育事业费为 10566.29 元，小学生均公用经费为 2794.58 元，初中生均教育事业费为 15199.11 元，初中生均公用经费为 3907.82 元。

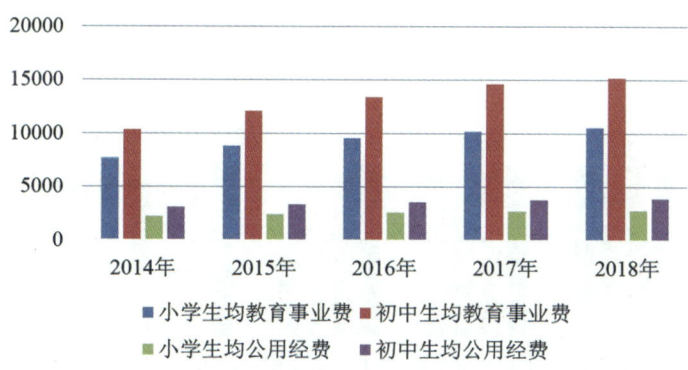

**图 16.1　2014—2018 年全国义务教育生均经费（单位：元）**

（数据来源于 2014—2018 年全国教育经费执行情况）

### 3. 义务教育办学条件情况

实施义务教育均衡发展督导评估以来，我国义务教育学校办学条件得到了很大改善。2014 年，全国小学生均校舍面积、生均图书数量、生均计算机数和生均固定资产分别为 6.85 平方米、19.71 册、0.09 台和 730 元，到 2018 年分别达到 7.60 平方米、23.24 册、0.13 台和 1090 元。初中的相关数据如表 16.1 所示。可见经过 2014—2018 年的努力，我国义务教育办学条件有所改善。

**表 16.1　2014 年与 2018 年义务教育办学条件对比**

| 项目 | | 生均校舍面积/平方米 | 生均图书数量/册 | 生均计算机数/台 | 生均固定资产/元 |
|---|---|---|---|---|---|
| 小学 | 2014 年 | 6.85 | 19.71 | 0.09 | 730 |
| | 2018 年 | 7.60 | 23.24 | 0.13 | 1090 |

续表

| 项目 | | 生均校舍<br>面积/平方米 | 生均图书<br>数量/册 | 生均计算机数<br>/台 | 生均固定<br>资产/元 |
|---|---|---|---|---|---|
| 初中 | 2014 年 | 11.99 | 30.19 | 0.14 | 1340 |
| | 2018 年 | 13.83 | 35.89 | 0.18 | 2000 |

（数据来源于教育部 2014 年、2018 年教育统计数据）

#### 4. 全国义务教育区域情况

将全国 31 个省（区、市）的教育资源配置情况按东部、中部、西部分类进行比较，得到以下结果（见图 16.2）：东部地区的各项指标（除生均校舍面积外）均高于全国平均水平；西部地区整体略低于全国平均水平；中部地区的教育资源配置情况稍显落后，整体低于东部和西部地区，且低于全国平均水平，特别是在生均事业费和生均公用经费上，明显落后于全国平均水平。显然，促进义务教育优质均衡发展，在县域发展均衡的基础上，还要追求更高层次的区域均衡。为此，本文选取了中部地区的 C 县作为样本，将样本县的实际教育成本与标准成本进行比较。

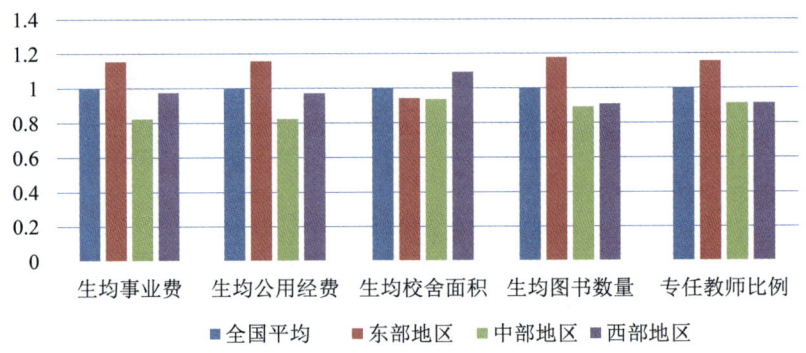

**图 16.2　2017 年东部、中部、西部地区小学教育资源情况对比**
（数据来源于教育部官网教育统计数据、教育经费执行情况）

### （二）成本标准测算

百年大计，教育为本；教育大计，均衡为先。为了实现义务教育均衡发展，应当保证每个学生都能享受同样的办学条件。义务教育经费投入了多少，办学条件如何，可以通过成本来衡量。要使义务教育的投入满足基本的办学需求，可以根据办学标准测算出办学成本。办学条件法是根据中小学的办学标准，计算中小学正常运转情况下所需要的教育资源的成本。这个成本是中小学校维持正常运行所需要的、符合国家标准的成本，不包括家庭和个人因为接受义务教育而付出的生活成本和交通成本。相关的政策文件中对中小学的班额、生师比、教师薪资、生均仪器设备、校舍、图书资料等做出了详细规定，我们按照政策的规定选取可量化的、基础的数据作为指标。按照义务教育经费的支出功能可以分为人员成本、公用成本和固定资产成本，将选取的指标与成本分类一一对应，教职工的编制、比例和薪资可以归为人员成本，学校的校舍面积、场地面积、仪器设备、图书资料可以归为公用成本和固定资产成本。明确这些教育资源对应的数量标准和价格标准，计算得到相应的教育成本，最后相加得出的总额就是标准成本。相关计算公式如下：

$$C = X + Y + Z \tag{1}$$

式中，$C$ 为生均标准成本，$X$ 为生均人员成本，$Y$ 为生均公用成本，$Z$ 为生均固定资产成本。

鉴于中小学的办学标准有所不同，不同的成本项目测算方法也不同。关于中小学的办学情况，不能以一个标准衡量，本研究将小学和初中分开，分别以规定的中小学办学指标为参考，按照人员成本、公用成本和固定资产成本分别进行测算。

《县域义务教育优质均衡发展督导评估办法》（以下简称《办法》）对学校建设投入的学校用房、房屋建筑物、仪器设备、图书资料、教职工等可以分为物质资源和人力资源。《办法》对小学和初中的教学用房面积、运动场馆面积、教学仪器设备值等指标设置了不同的标准。这些指标是可以量化计算的，还有一些指标如义务教育学校教师平均工资收入水平不低于当地公务员平均工资收入水平我们无法得到，可以通过估算的方式得出。

要明确实现办学标准需要哪些教育资源，相应地确定这些资源要素的价格和数量，计算汇总购买这些教育资源所需要的成本，即所求的办学成本。按照教育经费的支出性质和教育资源的性质，可分为人员成本、公用成本和固定资产成本。人员成本主要是人力资源投入，公用成本和固定资产成本主要是物质资源投入。我们可以将物质资源归结为公用成本和固定资产成本的测算，最后相加得到相应的办学成本，以此确定义务教育生均成本标准。

### （三）基于义务教育优质均衡发展的人员成本

义务教育办学离不开教师，义务教育教师资源对于义务教育的发展起着重要作用。提升义务教育教师的待遇和地位，有助于提高义务教育教师的工作积极性。义务教育教职工的工资是义务教育人员成本的主要项目。教职工主要包括专任教师、教辅以及一些临时聘用员工；工资主要由基本工资、补助工资、其他工资、社会保障费、职工福利五个项目构成。2006 年，我国发布了有关事业单位工作人员收入分配制度改革的文件。由于义务教育学校属于事业单位，应该参照该文件实行岗位绩效工资制度。岗位绩效工资主要包括岗位工资、薪级工资、绩效工资和津贴补贴。

岗位工资和薪级工资又称教师的基本工资，体现了教师的基本岗位职责。将中小学工作人员按照事业单位工作人员的岗位性质可以分为专业技术岗位、管理岗位和工勤技能岗位。顾名思义，专任教师对应的是专业技术岗位，按照相应的岗位等级执行工资标准。薪级工资要根据教师的岗位等级、任职年限按照事业单位专业技术人员薪级工资套改表进行套改，得到的薪级工资级别对照基本工资标准表可知道最终的薪级工资。由于相关的统计数据未公布现任教师任职年限、工龄以及每个岗位等级的教师人数，没有办法进行套改年限的计算。其他工资包括教师的绩效工资和津贴补贴。绩效工资是根据教师工作能力和劳动效率所发放的工资，津贴补贴是对处于艰苦边远地区和特殊岗位的教师发放的工资。这部分工资没有统一的标准，在各个学校、地区间发放的差异较大，难以用统一标准计算。社会保障费主要是指为教师缴纳的五险一金，五种保险指的是养老保险、医疗保险、失业保险、工伤保险和生育保险，一金即住房公积金。除了教师的工资以外，人员成本还与生师比有关。所以可以得到下列计算公式：

$$X = \frac{S}{k} \tag{2}$$

式中，$S$ 代表教师年平均工资，$k$ 代表生师比，所得的 $X$ 即生均人员成本。

对于教职工的年平均工资，学者王善迈在测算人员经费时考虑到教师的职称和等级。先计算出不同职称结构之间的比例以及专任教师和职工的比例，然后计算出不同职务等级的教师工资的平均值，再按照同一职称的人数和工资汇总得到所有教职工的总工资，根据生师比计算出生均人员成本。考虑到本文测算的是义务教育阶段的基本保障需求，且《办法》中规定义务教育学校教师平均工资收入水平不低于当地公务员平均工资收入水平，所以我们以《中国统计年鉴 2019》中的数据进行估算，计算可得出小学生均人员成本为 4862.26 元，初中生均人员成本为 6843.19 元。

### （四）基于义务教育优质均衡发展的公用成本

公用成本是指学校为了完成教学任务而用于教学设备设施的维持性成本，包括公务费、业务费、修缮费、设备购买费及其他费用等。《农村中小学公用经费支出管理暂行办法》对公用经费的使用范围做出了明确规定，涉及学校基本运转和正常教学活动所消耗的各项具体费用。公用经费决定了学校教育资源的充足性，可以用来判定学校办公和教学的需要是否能得到满足。在进行公用成本测算时，首先要知道提供规定的义务教育服务需要多少教育资源，以需定支，根据这些教育资源相应地确定资源价格和数量，测算得到所需要的公用成本。由于公用经费的支出项目繁多，难以一一进行测算。此外，像教师的交通差旅费无法确定支出标准，因此对公用成本进行测算存在困难。基于此原因，本研究考虑用国家规定的中小学生均公用经费基准定额作为公用成本。2015 年，国务院发布《关于进一步完善城乡义务教育经费保障机制的通知》。此后义务教育公用经费由中央和地方政府按照不同地区分比例进行分担。对于发展落后的西部地区和部分中部地区，中央和地方的分担比例为 8∶2；中部发展较好的地区分担比例为 6∶4；东部地区则由中央和地方各分担一半。相关政策规定，从 2016 年开始，我国中西部地区普通小学生均公用经费基准定额为每生每年 600 元，普通初中生均公用经费为 800 元。

《方法》规定，要在县域内义务教育学校实现四个标准的统一，分别是义务教育学校建设标准、教师编制标准、生均公用经费基准定额、基本装备配置标准。随着相关政策文件的出台，我国在 2009 年才真正统一了义务教育公用经费标准。随后在 2011 年、2014 年提高了公用经费标准。[1] 2016 年，《城乡义务教育补助经费管理办法》对公用经费的补助做出明确规定，按照在校生数、补助标准和分配系数计算。生均公用经费基准定额为小学 600 元/年·人，初中 800 元/年·人，在此基础上，对寄宿制学校按照寄宿生年生均

---

[1] 王红. 教育规划纲要实施以来教育经费投入情况分析 [J]. 教育经济评论，2016，1（1）：27-45.

200 元标准增加公用经费补助。按照此标准，小学生均公用成本为 600 元，初中生均公用成本为 800 元。

### （五）基于义务教育优质均衡发展的固定资产成本

固定资产成本用于提供学校教学所需的硬件设施。学校教学用房、行政用房等房屋建设成本、仪器设备购置成本都属于固定资产成本。由于土地、房屋属于固定资产，其消耗的成本应该计提固定资产折旧，折算为生均年成本。根据会计制度，固定资产计提折旧有平均年限法和工作量法两种方法，因为房屋在各个时期使用情况是大致相同的，所以此处用平均年限法进行成本折旧计算。相关政策中还有对生均设备值、生均图数量的规定，本研究也计提相应折旧。根据相关规定，教育事业用地使用权出让年限最高为 50 年，本研究在测算土地成本和房屋建设成本时以 50 年计提折旧。同样，按照政策中对生均用房的规定计算生均所需土地和房屋的数量、成本，最后相加得到生均固定资产成本。

设土地定价为 $P_1$，生均占地面积为 $S_1$，折旧年限为 $m_1$，则生均土地成本 $Z_1$ 为：

$$Z_1 = \frac{P_1 \times S_1}{m_1} \tag{3}$$

设生均建筑面积为 $S_2$，建筑用房面积为 $P_2$，折旧年限为 $m_2$，则生均建筑成本 $Z_2$ 为：

$$Z_2 = \frac{P_2 \times S_2}{m_2} \tag{4}$$

设生均教学仪器设备值为 $I$，折旧年限为 $m_3$，则生均教学仪器设备值 $Z_3$ 为：

$$Z_3 = \frac{I}{m_3} \tag{5}$$

设每本图书定价为 $P_3$，生均图书数量为 $a$，折旧年限为 $m_4$，则生均图书成本 $Z_4$ 为：

$$Z_4 = \frac{P_3 \times a}{m_4} \tag{6}$$

将上述各项相加：

$$Z = Z_1 + Z_2 + Z_3 + Z_4 \tag{7}$$

由此，我们可以得到生均固定资产成本。

固定资产成本测算中主要包括生均土地成本、生均建筑成本、生均教学仪器设备成本以及生均图书成本。本研究参考《农村普通中小学校建设标准》（建标 109—2008），其中对中小学建设用地面积和生均用地指标做出了明确规定。在此我们按照 2018 年中小学的学校规模，取小学生均用地面积为 29 平方米，初中生均用地面积为 29 平方米。根据中国地价监测网的数据，2018 年全国地价平均水平值为每平方米 4335 元，根据相关规定，教育事业用地使用权出让年限最高为 50 年，本研究将折旧年限定为 50 年，可以得到：

小学生均土地成本 $Z_1 = \frac{P_1 \times S_1}{m_1} = \frac{4335 \times 29}{50} = 2514.3$（元）

初中生均土地成本 $Z_1' = \frac{P_1 \times S_1}{m_1} = \frac{4335 \times 29}{50} = 2514.3$（元）

生均校舍建筑面积包括教学及辅助用房面积以及其他使用面积，《办法》中只对生均教学及辅助用房面积做出了规定，未提及其他使用面积，所以我们仍然以《农村普通中小学校建设标准》（建标 109—2008）中的指标作为参考。2018 年全国有小学 16.18 万所，小学在校生 10339.25 万人，平均 639 人/校，平均每所学校 14 个班级，每班 46 人。根据《农村普通中小学校建设标准》（建标 109—2008）中的指标，选取中小学基本指标 12 班 540 人作为参考，生均校舍建筑面积为 7.81 平方米。初中学校 5.20 万所，在校生 4652.59 万人，平均 895 人/校，平均每所学校 18 个班级，每班 50 人，生均建筑面积为 8.92 平方米。查询《中国统计年鉴 2019》，得到 2018 年全国平均房地产开发企业建设房屋竣工造价为每平方米 3196 元，则：

小学生均建筑成本 $Z_2 = \dfrac{P_2 \times S_2}{m_2} = \dfrac{3196 \times 7.81}{50} = 499.22$（元）

初中生均建筑成本 $Z_2' = \dfrac{P_2 \times S_2}{m_2} = \dfrac{3196 \times 8.92}{50} = 570.17$（元）

《办法》规定，小学生均教学仪器设备值为 2000 元以上，初中为 2500 元以上，按照平均折旧法，将教学仪器设备值的折旧年限定为 5 年，则：

小学生均教学仪器设备成本 $Z_3 = \dfrac{I}{m_3} = \dfrac{2000}{5} = 400$（元）

初中生均教学仪器设备成本 $Z_3' = \dfrac{I}{m_3} = \dfrac{2500}{5} = 500$（元）

2018 年《中小学图书馆（室）规程》规定，小学生均图书量为 25 册，初中为 25 册。以每册图书 50 元计算，假设图书使用年限为 20 年，对图书成本进行分摊，则：

小学生均图书成本 $Z_4 = \dfrac{P_3 \times a}{m_4} = \dfrac{50 \times 25}{20} = 62.5$（元）

初中生均图书成本 $Z_4' = \dfrac{P_3 \times a}{m_4} = \dfrac{50 \times 35}{20} = 87.5$（元）

由式（7）可得生均固定资产成本：

$Z = Z_1 + Z_2 + Z_3 + Z_4 = 2514.3 + 499.22 + 400 + 62.5 = 3476.02$（元）

$Z' = Z_1' + Z_2' + Z_3' + Z_4' = 2514.3 + 570.17 + 500 + 87.5 = 3672.97$（元）

从而可以计算出：

小学生均成本 $C = X + Y + Z = 4862.26 + 600 + 3476.02 = 8938.28$（元）

初中生均成本 $C' = X' + Y' + Z' = 6843.19 + 800 + 3672.97 = 11316.16$（元）

## 三、基于义务教育学校办学标准的成本测算

### （一）C 县义务教育经费投入情况分析

#### 1. C 县义务教育事业发展情况

2018 年，C 县所在的 A 省共有小学 5396 所，初中 2066 所；小学在校生数为 3665794 人，初中在校生数为 1587795 人。而在 2013 年，A 省有 5746 所小学，2013 所初中；小学在校生数为 3282579 人，初中在校生数为 1483710 人（见表 16.2）。为了充实农村义务

教育教师队伍、优化教师结构，A省招聘了3万余名义务教育教师，为农村义务教育注入新鲜血液。设立专项补助资金，在乡村学校任教的骨干教师可以享受专项补助政策，切实保障了乡村教育的工资待遇。2014年中小学教师工资平均增幅超过20％。2016年，全省财政投入约4500万元用以建设留守儿童关爱中心，关注留守儿童的身心健康。

表16.2　2013与2018年A省义务教育对比情况

| 项目 | | 学校数/所 | 在校生数/人 | 生师比 | 教职工数/人 | 专任教师数/人 | 校舍面积/平方米 |
|---|---|---|---|---|---|---|---|
| 小学 | 2013年 | 5746 | 3282579 | 25.52 | 198262 | 196556 | 2749.99 |
| | 2018年 | 5396 | 3665794 | 18.01 | 193885 | 203576 | 3038.9 |
| 初中 | 2013年 | 2013 | 1483710 | 10.94 | 254716 | 135580 | — |
| | 2018年 | 2066 | 1587795 | 12.24 | 376775 | 129756 | 2597.6 |

## 2. A省义务教育经费投入情况

近年来，A省不断加大公共教育财政投入。2014年，公共教育财政支出为690.63亿元，至2018年，公共教育财政支出达到1050.96亿元，增长了52.17％。2014—2016年，公共教育财政支出占公共财政比例不断增大，在2016年达到最大值，公共教育财政支出占公共财政比例达到15.25％。此后的2017年、2018年占比有所下降，详见图16.3。

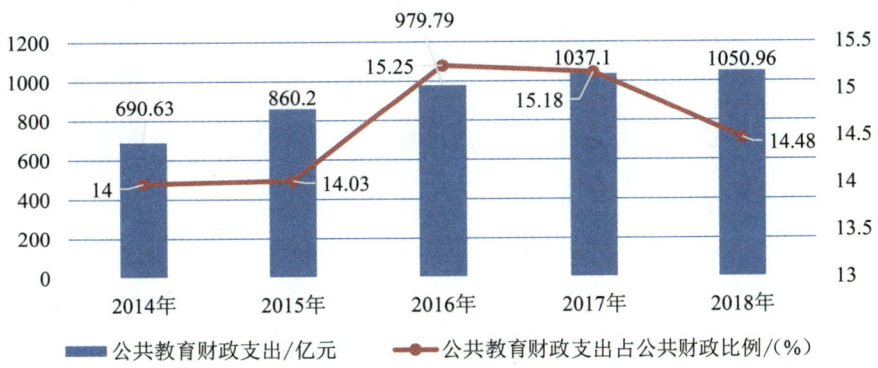

图16.3　2014—2018年A省公共教育财政支出情况

自2012年启动义务教育均衡发展督导评估以来，A省在4年时间内全部完成省级评估，全省112个县中102个县通过国家督导认定。A省2013年在小学教育上投入了222.9亿元，2017年在小学教育上投入了409.4亿元（见图16.4）。这5年在小学教育上共投入1570.7亿元，其中国家财政性教育经费占比在95％以上。2013年在初中教育上投入了161.4亿元，2017年达到275.1亿元（见图16.5）。这5年在初中教育上共投入1073.6亿元，其中国家财政性教育经费占比在93％以上。

A省在2016年开始统一城乡义务教育公用经费基准定额：小学生年均600元，初中生年均800元。从2017年开始，城市义务教育学生同样享受"两免一补"政策。2014—2018年，A省不断加大公共教育财政投入。小学、初中生均教育事业费分别增长51.04％、53.48％，小学、初中生均公用经费增长率分别达到83.95％、75.62％（见图16.6）。

图 16.4　2013—2017 年 A 省小学教育经费收入情况（单位：千元）

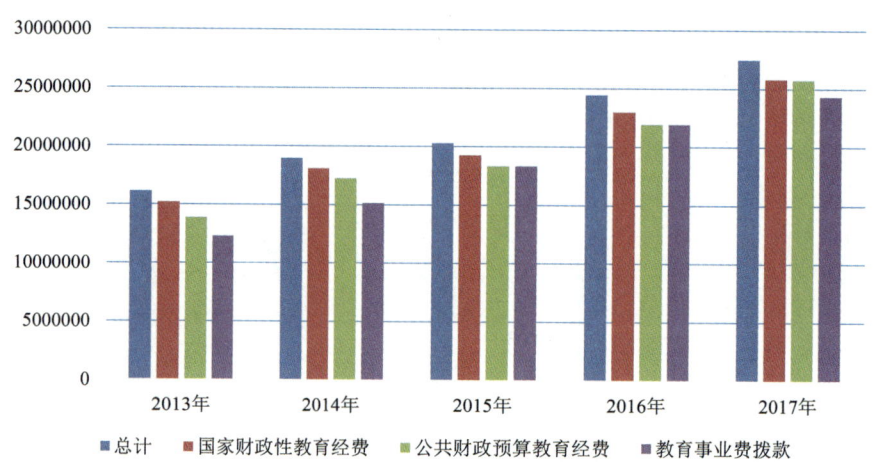

图 16.5　2013—2017 年 A 省初中教育经费收入情况（单位：千元）

（数据来源于中国教育经费统计年鉴）

### 3. A 省义务教育支出情况

2013 年，A 省小学教育事业费共支出 222.3 亿元。教育事业费支出在 2014 年略有下降，之后一直稳步增长。2017 年小学教育事业费支出达到 409.2 亿元，其中个人部分占73.02%，公用部分占 26.98%。可见在教育经费支出中用于个人的比例较大。具体如图 16.7 所示。

2013 年，A 省初中教育事业费共支出 167 亿元。教育事业费支出在 2014 年略有下降，之后一直稳步增长。2017 年初中教育事业费支出达到 274.5 亿元，其中个人部分占76.78%，公用部分占 23.22%。具体如图 16.8 和表 16.3 所示。

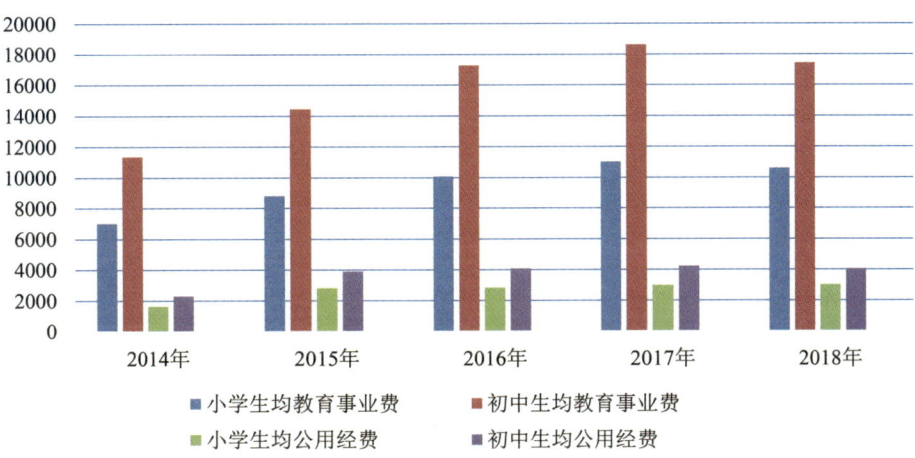

图 16.6 2014—2018 年 A 省义务教育生均经费（单位：元）

（数据来源于中国教育经费执行情况）

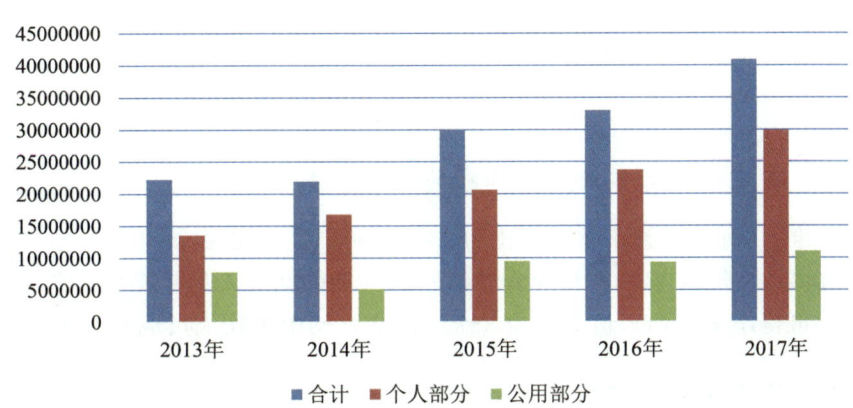

图 16.7 2013—2017 年 A 省小学教育事业费支出情况（单位：千元）

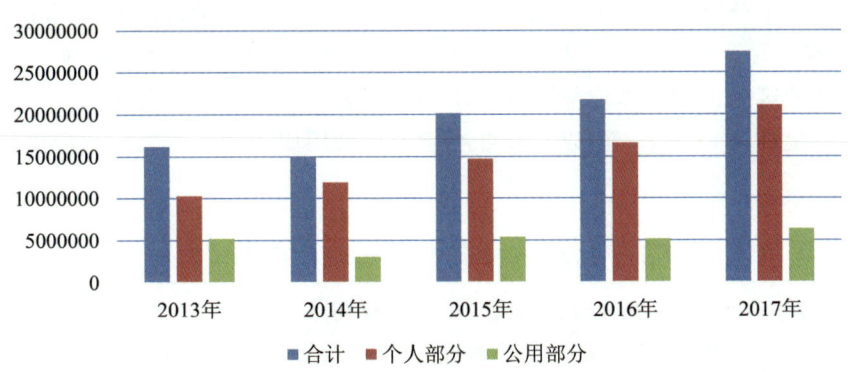

图 16.8 2013—2017 年 A 省初中教育事业费支出情况（单位：千元）

表 16.3　2017 年 A 省义务教育支出情况

| 项目 | 小学/（%） | 初中/（%） |
|---|---|---|
| 1. 个人部分 | 73.02 | 76.78 |
| （1）工资福利支出 | 70.96 | 72.29 |
| （2）对个人和家庭的补助支出 | 29.04 | 27.71 |
| 2. 公用部分 | 26.98 | 23.22 |
| （1）商品和服务支出 | 45.82 | 46.35 |
| （2）其他资本性支出 | 54.18 | 53.65 |

（数据来源于中国教育经费统计年鉴）

## （二）成本标准测算

《A 省义务教育学校办学基本标准（试行）》（以下简称《标准》）对学校的办学条件做出相应规定，本省办学条件主要包括：① 办学规模与班额标准；② 学校用地面积；③ 体育活动场所；④ 装备条件标准，其中包括教室建设、教学设备、计算机室和多媒体教室，以及信息技术装备、图书馆藏书、课桌椅等。下面我们按照 A 省的办学标准一一进行测算。

### 1. 基于 A 省义务教育学校办学标准的人员成本

根据《标准》，可以得到小学生师比为 23.8，初中生师比为 19.3。查询《中国统计年鉴 2019》得到 2018 年 A 省教育行业分城镇非私营单位就业人员年平均工资为 85045 元。代入式（2），可得小学生均人员成本为 3573.32 元，初中生均人员成本为 4406.48 元。

### 2. 基于 A 省义务教育学校办学标准的公用成本

自 2012 年财政性教育经费占 GDP 比例首次达到 4% 以来，A 省先后在 2013 年、2015 年提高公用经费标准。2013 年，A 省在小学生均公用经费 500 元、初中生均公用经费 700 元的基础上分别提高了 60 元，以满足 A 省农村义务教育学校的基本运行和办学。2015 年，在有关政策的规定下，我国实现城乡义务教育生均公用经费的统一。A 省参照规定里中西部地区的公用经费定额标准，小学生均公用经费提高到每人每年 600 元，初中生均公用经费提高到 800 元。所以，此处小学生均公用成本为 600 元，初中生均公用成本为 800 元。

### 3. 基于 A 省义务教育学校办学标准的固定资产成本

《标准》对建设用地和校舍建筑面积按照区域与学校性质的不同都做出有区别的规定。本研究中的 C 县属于中心城区以外地区，按照对应要求，可以得到小学生均用地面积为 20 平方米，初中生均用地面积为 25 平方米。小学生均校舍建筑面积合格指标为 6.54 平方米，初中生均校舍建筑面积合格指标为 8.56 平方米。这里指的是非全寄宿制学校，未包括学生宿舍的建筑面积和食堂面积。

查询《中国统计年鉴 2019》得到 2018 年 A 省房地产开发企业房屋竣工造价为每平方米 3059 元，查找中国地价监测网得到 A 省地价水平均值为每平方米 9492 元，同样将折旧年限定为 50 年，测算得：

小学生均用地成本 $Z_1 = \dfrac{P_1 \times S_1}{m_1} = \dfrac{9492 \times 20}{50} = 3796.8$（元）

初中生均用地成本 $Z_1' = \dfrac{P_1 \times S_1}{m_1} = \dfrac{9492 \times 25}{50} = 4746$（元）

小学生均建筑成本 $Z_2 = \dfrac{P_2 \times S_2}{m_2} = \dfrac{3059 \times 6.54}{50} = 400.12$（元）

初中生均建筑成本 $Z_2' = \dfrac{P_2 \times S_2}{m_2} = \dfrac{3059 \times 8.56}{50} = 523.70$（元）

《标准》中规定仪器设备包括初中理化生实验室和小学科学教室，但是没有明确的数据要求。A 省义务教育学校办学基本条件督导评估标准以县域义务教育均衡发展督导评估作为参考，于是笔者在教育部网站上查找到 A 省 C 县在义务教育均衡发展督导评估方面的相关数据作为指标。小学生均教学仪器设备值为 1103 元，初中生均教学仪器设备值为 2009 元，以 5 年为折旧年限，则：

小学生均教学仪器设备成本 $Z_3 = \dfrac{I}{m_3} = \dfrac{1103}{5} = 220.6$（元）

初中生均教学仪器设备成本 $Z_3' = \dfrac{I}{m_3} = \dfrac{2009}{5} = 401.8$（元）

《标准》规定小学生均图书量为 30 册，初中为 40 册；在欠发达地区，标准降低为小学 15 册，初中 25 册。鉴于 C 县的实际情况，采用欠发达地区的生均图书量标准，以每册图书 50 元、图书使用年限为 20 年，进行测算：

小学生均图书成本 $Z_4 = \dfrac{P_3 \times a}{m_4} = \dfrac{50 \times 15}{20} = 37.5$（元）

初中生均图书成本 $Z_4' = \dfrac{P_3 \times a}{m_4} = \dfrac{50 \times 25}{20} = 62.5$（元）

则小学生均固定资产成本为：

$Z = Z_1 + Z_2 + Z_3 + Z_4 = 3796.8 + 400.12 + 220.6 + 37.5 = 4455.02$（元）

初中生均固定资产成本为：

$Z' = Z_1' + Z_2' + Z_3' + Z_4' = 4746 + 523.70 + 401.8 + 62.5 = 5734$（元）

综上所述，可以得到：

小学生均成本 $C = X + Y + Z = 3573.32 + 600 + 4455.02 = 8628.34$（元）

初中生均成本 $C' = X' + Y' + Z' = 4406.48 + 800 + 5734 = 10940.48$（元）

## 四、县域义务教育成本的个案分析

### （一）C 县义务教育实际成本的测算

1.C 县义务教育成本现状

C 县 2018 年末全县户籍人口为 38.8 万人，全体居民人均可支配收入 15323 元，其中城镇常住居民人均可支配收入 28746 元，农村常住居民人均可支配收入 10543 元。

### 2. C 县义务教育经费投入情况

2018 年全县教育经费总投入 57498 万元，一般公共预算安排教育经费 55057 万元，其中教育事业费拨款 43012 万元，其他一般公共预算安排教育经费 12045 万元。2014 年至 2018 年，全县教育经费总投入达到 262972 万元。2018 年小学生均教育事业费支出为 11080 元，初中生均教育事业费支出为 17688 元，小学、初中生均公用经费支出分别为 3380 元、4883 元，如图 16.9 所示。

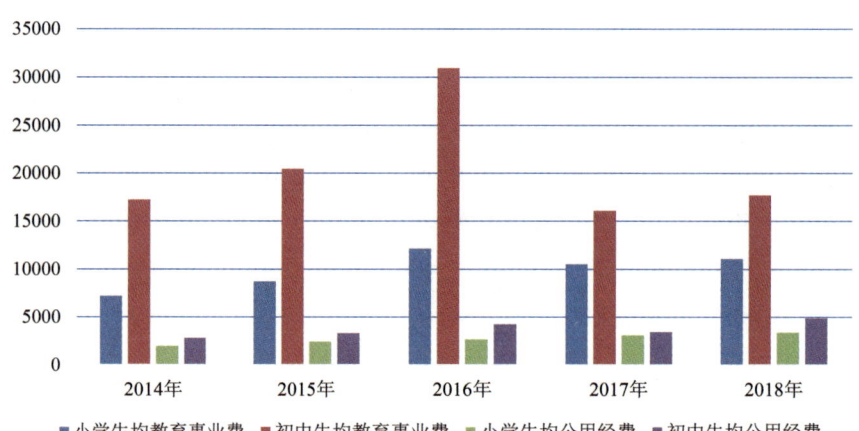

**图 16.9　2014—2018 年 C 县义务教育生均经费（单位：元）**

### 3. C 县义务教育支出情况

2018 年，C 县教育经费总支出中，教职工人员经费支出 38763 万元，比上年下降 0.71%；学校运转支出 5754 万元，比上年下降 5.34%；校舍建设支出 7520 万元，比上年增长 64.21%；设备购置支出 1856 万元，比上年增长 91.37%；学生资助 3251 万元，比上年增长 37.55%。普通小学生均教育事业性经费支出 14163 元，比上年增长 9.35%，普通初中生均教育事业性经费支出 23785 元，比上年增长 10.48%。普通小学生均日常公用经费支出为 1014 元，比上年下降 1.03%；普通初中生均日常公用经费支出为 1539 元，比上年下降 3.32%。C 县中小学生均教育经费整体在稳步增长。

### 4. C 县办学条件情况

在义务教育均衡发展和薄弱学校改造的政策背景下，2018 年，全面改薄、校舍维修等项目持续推进。2018 年义务教育学校全面改薄投入 4803 万元，比 2017 年的 3331 万元增长 44.19%。2018 年度内地方配套资金全部到位，全面改薄、校舍维修等项目全年县级投入 2237 万元。2018 年全县落实营养改善计划资金 1367 万元，比 2017 年的 1186 万元增长 15.26%。农村义务教育阶段学校均落实了"两免一补"政策，2018 年发放"一补资金"558 万元，比 2017 年的 472 万元增长 18.22%；2018 年落实免费教科书资金 270 万元，比 2017 年的 249 万元增长 8.43%。4 年内共开工建设教育项目 76 个，投入资金达到 35875 万元。5 年内全县义务教育教师学历合格率均为 100%。2018 年，小学生均教学及辅助用房面积为 3.26 平方米，生均教学仪器设备值为 1180 元，生均图书册数为 22.3 册，生师比为 14.64。初中生均教学及辅助用房面积为 5.13 平方米，生均教学仪器设备值为 2266 元，生均图书册数为 37.1 册，生师比为 9.87（见表 16.4）。

表 16.4　2018 年 C 县义务教育办学基本情况

| 学校类型 | 生均教学及辅助用房面积/平方米 | 生均仪器设备值/元 | 每百名学生拥有计算机台数/台 | 生均图书册数/册 | 生师比 |
|---|---|---|---|---|---|
| 小学 | 3.26 | 1180 | 9.5 | 22.3 | 14.64 |
| 初中 | 5.13 | 2266 | 16.9 | 37.1 | 9.87 |

5. C 县义务教育的实际成本测算

将 C 县 2018 年教育经费支出数据进行整理，得知 2018 年 C 县共有小学生 13820 人，初中生 6832 人。除上缴上级支出、对附属单位补助支出、经营支出以及其他支出外，当年小学教育经费支出总额为 22305.46 万元，初中教育经费支出总额为 14017 万元。即小学生均教育成本为 16139.99 元，初中生均教育成本为 20516.69 元。将所得实际成本与前文的标准成本进行对比可知，实际成本远超理论成本。以义务教育优质均衡发展为成本标准，C 县小学实际生均成本缺口为 7201.71 元，初中实际生均成本缺口为 9200.53 元；以 A 省义务教育办学条件为成本标准，C 县小学实际生均成本缺口为 7511.65 元，初中实际生均成本缺口为 9576.21 元（见表 16.5）。

表 16.5　C 县实际成本与标准成本比较　　　　　　　　　　　　　　单位：元

| 学校类型 | 实际生均成本 | 义务教育优质均衡发展成本 | | A 省办学标准成本 | |
|---|---|---|---|---|---|
| | | 成本标准 | 差值 | 成本标准 | 差值 |
| 小学 | 16139.99 | 8938.28 | −7201.71 | 8628.34 | −7511.65 |
| 初中 | 20516.69 | 11316.16 | −9200.53 | 10940.48 | −9576.21 |

## （二）　C 县义务教育成本结构的比较

这里将不同类型学校的教育成本进行划分，主要包括工资福利、对个人和家庭的补助、商品和服务支出、资本性支出。其中工资福利主要用于发放教师基本工资、津贴补贴、社会保障费和绩效等；对个人和家庭的补助主要用于奖助学金和住房公积金；商品和服务支出包括办公费、水电费等；资本性支出主要用于办公设备、专用设备等固定资产的购置。通过比较小学与初中、城镇与乡村学校、寄宿制与非寄宿制学校的成本结构（见表 16.6），可以发现义务教育成本中工资福利成本整体较高。

表 16.6　不同类型学校的成本结构

| 学校类型 | 工资福利 | 对个人和家庭的补助 | 商品和服务支出 | 资本性支出 |
|---|---|---|---|---|
| 小学 | 67.29% | 9.97% | 9.03% | 13.71% |
| 初中 | 63.13% | 14.24% | 7.48% | 15.15% |

续表

| 学校类型 | 工资福利 | 对个人和家庭的补助 | 商品和服务支出 | 资本性支出 |
|---|---|---|---|---|
| 城镇学校 | 63.96% | 11.50% | 8.42% | 16.12% |
| 乡村学校 | 78.88% | 12.52% | 8.53% | 0.07% |
| 寄宿制学校 | 64.12% | 12.85% | 8.43% | 14.60% |
| 非寄宿制学校 | 75.56% | 3.80% | 8.45% | 12.19% |

### 1. 小学与初中成本结构的比较

2018年，C县小学生均教育成本和初中生均教育成本分别为16139.99元、20516.69元，初中生均教育成本略高于小学生均教育成本。从教育成本的结构来看，在C县小学生均教育成本中，工资福利占比67.29%，对个人和家庭的补助占比9.97%，商品和服务支出占比9.03%，资本性支出占比13.71%（见图16.10）。用于与学校日常教学活动相关的教师工资福利的成本支出最多，其次是用于办公设备、专用设备等固定资产的购置的资本性支出。用于水电、日常开销的商品和服务支出及对个人和家庭的补助支出较少。而在C县初中生均教育成本中，同样是教师的工资福利占比最高，达到63.13%。资本性支出及对个人和家庭的补助次之，占比分别达到15.15%和14.24%，商品和服务支出最少，仅占7.48%（见图16.11）。

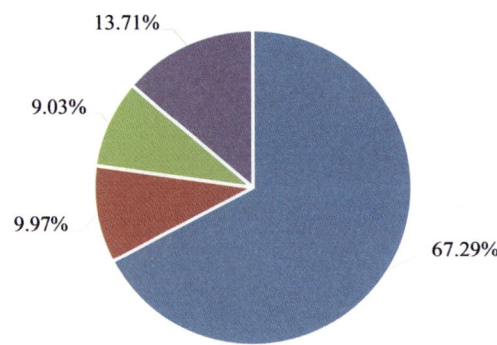

图 16.10　C县小学教育成本结构

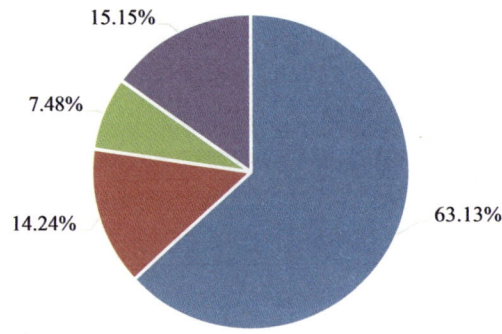

图 16.11　C县初中教育成本结构

## 2. 城镇与乡村学校成本结构的比较

在城镇学校的生均教育成本中，工资福利占比 63.96％，对个人和家庭的补助占比 11.50％，商品和服务支出占比 8.42％，资本性支出占比 16.12％（见图 16.12）。在乡村学校的生均教育成本中，工资福利占比 78.88％，对个人和家庭的补助占比 12.52％，商品和服务支出占比 8.53％，资本性支出占比 0.07％（见图 16.13）。城镇学校教育成本中，对个人和家庭的补助及商品和服务支出占比略低于乡村学校，工资福利占比明显低于乡村学校。城镇学校教育成本中，资本性支出占比高于乡村学校。乡村学校由于学校、班级规模较小，会造成人力资源的浪费，导致生均教育成本增加，所以其工资福利支出占比较高。并且乡村学校位置偏远，其校舍、师资等条件有限，要达到与城镇学校同样的办学条件，其所需的教育成本会更高。但是因为薄弱学校改造等政策，乡村学校在获得设施投入专项等方面存在优势，所以其资本性支出占比远小于城镇学校。

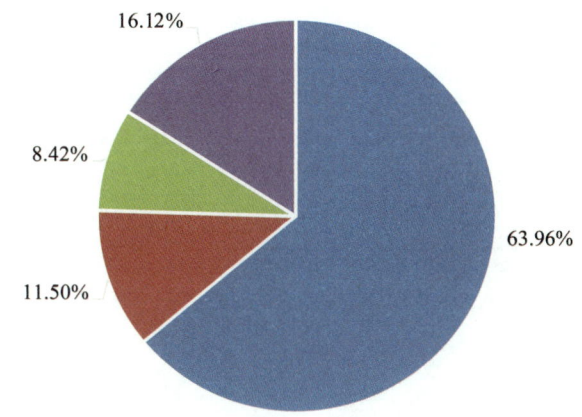

图 16.12　C 县城镇学校教育成本结构

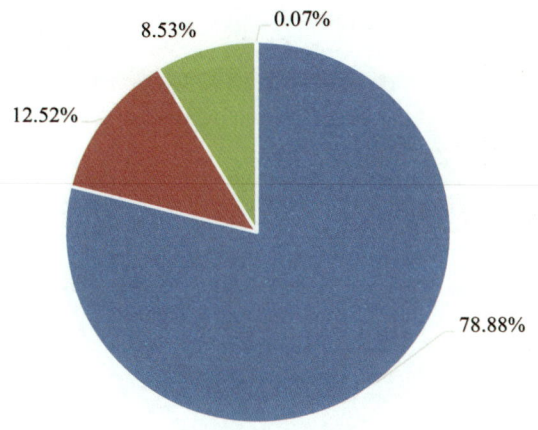

图 16.13　C 县乡村学校教育成本结构

### 3. 寄宿制与非寄宿制学校成本结构的比较

在寄宿制学校的生均教育成本中，工资福利占比 64.12%，对个人和家庭的补助占比 12.85%，商品和服务支出占比 8.43%，资本性支出占比 14.60%（见图 16.14）。在非寄宿制学校的生均教育成本中，工资福利占比 75.56%，对个人和家庭的补助占比 3.80%，商品和服务支出占比 8.45%，资本性支出占比 12.19%（见图 16.15）。寄宿制学校对个人和家庭的支出远大于非寄宿制学校，主要原因在于寄宿制学校学生伙食补助支出较大。相比非寄宿制学校，寄宿制学校要承担宿舍管理、食堂运营、医疗、保洁、早晚自习与辅导等职责，除了教育和培养学生外，还要提供生活服务，比如校舍面积和水电费都要高于非寄宿制学校。而提供这些服务的场所和人员都需要资金的保障，所以其生均教育成本更高，其成本结构也存在着一定差异。

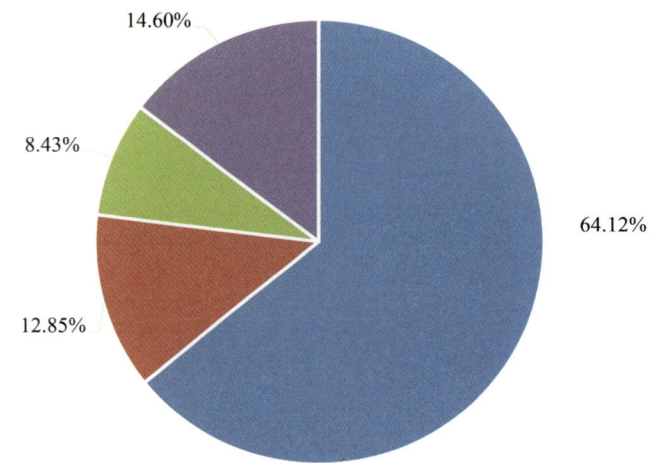

图 16.14　C 县寄宿制学校教育成本结构

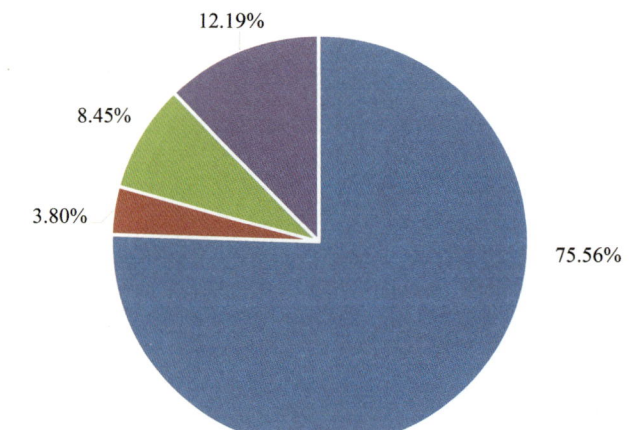

图 16.15　C 县非寄宿制学校教育成本结构

# 第三节　县域教育成本分析的结果差异

要实现义务教育优质均衡发展，首先要保证办学条件的均衡。基于前文对义务教育学校办学成本的测算，可以发现教育成本投入、县域标准、支出标准等存在一定的差异性。

## 一、教育成本的县域标准有待差异化

县域经济发展水平差异较大，这直接导致不同县域在教育经费投入能力上存在差异。经济发达的县域能够投入更多的资金用于教育，而经济欠发达的县域则可能面临教育经费紧张的问题。中心城区、偏远城区、城乡接合部，所需的教育成本不一样。在县域内，教育资源的分配也存在不均衡现象。优质教育资源往往集中在县城或少数几所学校，而乡镇学校和村级小学则相对匮乏。这种不均衡的资源分配进一步加剧了县域教育成本的差异。县域内的学生需求也具有多样性，不同学生群体对教育的需求不同。C县实际生均成本较高的原因在于非寄宿制学校和乡村学校的人员成本较高，而城镇学校因为学校硬件建设导致固定资产类成本比较高。农村学生可能更需要关注生活技能和实用技能的培养，而城镇学生则可能更注重综合素质和创新能力的培养。这种需求的多样性要求县域教育成本必须差异化，以满足不同学生的需求。教育效果与成本投入的不对等，在某些经济发达的县域，虽然教育投入较高，但由于资源配置不合理或管理机制不完善等，导致教育效果并未达到预期水平，形成"高投入低效益"的局面。而在经济欠发达的县域，由于教育投入不足，教育效果更是难以保证。这种"低投入低效益"的现状不仅影响了学生的未来发展，也制约了县域经济的整体提升。

将测算所得的两个成本标准与实际成本进行比较，可以得到以下结果。

一是基于义务教育优质均衡发展的小学生均成本标准为8938.28元，初中生均成本标准为11316.16元；基于A省办学条件下的小学生均成本标准为8628.34元，初中生均成本标准为10940.48元。两种理论成本的差距不大。

二是C县的小学实际生均成本为16139.99元，初中实际生均成本为20516.69元。可知C县小学实际生均成本缺口为7201.71元，初中实际生均成本缺口为9200.53元；以A省义务教育办学条件为成本标准，C县的小学实际生均成本缺口为7511.65元，初中实际生均成本缺口为9576.21元。C县的实际成本高于理论成本。

## 二、教育成本的支出标准有待适时调整

随着经济发展，标准需要适时调整。物价水平普遍上涨，包括教育所需的基础设施建设、教学设备更新、教材资料、师资薪酬、维护费用等在内的各项成本也在不断增加。如果教育成本的支出标准未能及时根据这些变化进行调整，则可能导致教育资源的匮乏或教育质量的下降。随着社会的进步和人们对教育的重视程度的提高，对高质量教育资

源的需求日益增长。然而，如果教育成本的支出标准调整滞后，则可能无法满足新增教育需求或提升教育质量的需要，造成教育供需之间的不平衡。我国地域辽阔，各地区经济发展水平存在差异，教育成本的支出标准如果未能根据地区实际情况进行差异化调整，则可能加剧教育资源的地区间不平衡。欠发达地区可能因教育投入不足而难以保证基本的教育质量，而发达地区则可能因教育投入过剩而造成资源浪费。不同类型（如基础教育、职业教育、高等教育）和层次（如小学、中学、大学）的教育对成本的需求各不相同。如果教育成本的支出标准未能充分考虑这些差异，则可能导致某些类型或层次的教育资源过剩或不足，影响教育体系的整体效能。教育成本的分担通常涉及政府、社会和个人等多个方面。如果教育成本的支出标准调整不当，则可能会影响成本分担机制的合理性和可持续性，导致政府财政负担过重、社会资本投入不足或个人教育负担过重等问题。教育成本支出的调整还需考虑对教育质量提升的直接影响和间接效益。如果调整不合理，则可能无法有效促进教育质量的提升，甚至可能因成本过高而降低教育系统的整体效益。

当前 C 县的公用经费保障水平基本能够满足较大规模学校和教学点的日常公用支出，100 人以上 200 人以下的中小规模学校公用经费相对紧张，不能完全满足日常基本公用支出。此外，资本性支出的缺口也比较大。由于建设项目规划与实际实施的差距较大，全面改薄资金缺口较大。主要是山区地形地貌复杂，项目主体以外需建设附属项目，投资增加，造成资金缺口。由于地方财力有限，配套压力巨大。当前 C 县的实际办学条件尚未达到国家优质均衡发展的标准，其理论教育成本尚且不能满足实际教育成本。

## 三、教育成本的转移支付制度有待优化

随着教育事业的不断发展，县域特别是欠发达地区、农村地区和民族地区对教育资源的需求日益增长，而现有的教育成本转移支付额度往往难以满足这些地区的实际需求。这导致部分地区的教育投入不足，影响了教育质量的提升和教育公平的实现。在转移支付资金的分配上，存在地区间、学校间不均衡现象。一些地区或学校由于历史、政策等原因获得了更多的转移支付资金，而另一些地区或学校则面临资金短缺问题。这种不均衡分配进一步加剧了教育资源的不平衡。

当前的教育成本转移支付制度在资金分配上存在机制不科学的问题。例如，部分资金可能过于集中地投入某些地区或项目，导致资源浪费；而另一些地区或项目则因资金不足而无法得到有效支持。这种不合理的分配机制影响了教育资源的整体配置效率。教育成本的转移支付制度需要根据经济社会的发展和教育需求的变化进行动态调整。然而，现行制度可能缺乏这种动态调整机制，导致资金分配无法及时反映实际情况和需求变化。在转移支付资金的使用过程中，可能存在监管机制不健全的问题。部分地方政府或学校在收到资金后，未能按照规定的用途和标准进行使用，导致资金浪费或挪用现象的发生。这降低了资金的使用效率，影响了教育资源的有效配置。现行的转移支付制度可能缺乏有效的激励机制来鼓励地方政府和学校提高资金使用效率。这导致一些地区或学校在资金使用上缺乏积极性和创造性，无法充分发挥资金的最大效益。

教育成本的转移支付制度需要完善的法律法规作为支撑。然而，当前可能存在相关法律法规不健全或执行不力的问题，导致在制度运行过程中出现漏洞和偏差。

转移支付资金的分配和使用过程需要保持高度的信息透明度，以便接受社会监督。然而，当前的信息公开程度可能不足，导致公众难以了解资金的真实流向和使用情况，从而影响了制度的公信力和执行效果。

## 四、教育成本的管理监控机制有待完善

在教育成本的管理监控方面，可能存在多个部门共同参与但职责不明确、协调不顺畅的情况。这种多头管理的模式容易导致监管空白或重复劳动，降低监管效率。缺乏专门针对教育成本管理的法律法规或现有法规执行不力，使得管理监控工作缺乏明确的法律依据和操作规范。当前的教育成本监控可能仍主要依赖传统的财务审计手段，如账目核查、凭证检查等。这种方式虽然重要，但难以全面、动态地反映教育经费的使用情况，并且存在滞后性。在教育成本管理的信息化方面进展不足，缺乏高效的信息系统和数据平台来支持实时监控、数据分析和风险预警等功能。

教育经费的筹集、分配和使用情况未能及时、全面地向社会公开，导致公众难以了解资金的真实流向和使用效果，降低了社会监督的有效性。在教育成本的管理监控过程中，缺乏有效的公众参与机制，使得公众的意见和建议难以被纳入决策过程，影响了决策的民主性和科学性。缺乏科学的绩效评价体系，难以准确评估教育经费的投入产出比和经济效益，从而无法为优化资源配置提供有力支持。缺乏严格的问责机制来追究相关责任人的责任，这在一定程度上影响了教育成本管理的严肃性和权威性。可能缺乏对潜在风险的有效识别和评估机制，导致无法及时采取措施防范和化解风险。

# 第四节　优化县域教育成本的政策建议

## 一、制定区域办学成本标准

由于长期的经济、历史、地理等因素，各个地区的经济发展和教育发展不均衡。特别是西部地区发展较为落后，急需制定义务教育成本标准，出台相关的政策文件来明确成本标准的测算内容、测算方法等，充分保障并规范义务教育成本标准的测算。同时，应成立专门的测算机构对义务教育成本测算进行实时监测。综合物价、学校条件、教学水平等信息对义务教育学校进行拨款。以专门的测算机构来衡量区域义务教育学校教育成本的需求和当地的财政能力。教育成本不是固定不变的，受经济、社会、自然等诸多因素的影响。在测算成本标准时，要综合考虑各种因素，特别是区域的特殊需要，建立成本标准的动态监测机制。

对于地方财政能力不足、成本需求较高的地区，可以因地制宜，适当加大拨款权重；若存在物价升高、自然灾害等特殊困难，要随时调整相应的拨款，满足其成本需求。比如我国对义务教育公用经费标准的制定是按东部、中部、西部地区进行分类的，在制定

区域义务教育成本标准时也可以参照这种分类标准,实施差异化政策,达到一县一政策、一校一标准。

## 二、确立区域公用经费合理分担机制

根据成本分担理论中的补偿原则,应对弱势群体给予合理补偿。部分区域财力不足、发展困难,各级政府在分配义务教育经费时应当向欠发达区域倾斜,明确各级政府对于义务教育的责任,确立中央、省(自治区、直辖市)、市的分担比例,以弥补县级政府的财政不足,促进义务教育均衡发展。当前,我国制定了统一的公用经费标准:中西部地区小学生均 600 元/年,初中生均 800 元/年,虽然这种标准考虑到了中西部地区经济发展速度的不同,但是在现实中仍然存在一些问题。按照当前的公用经费标准,难以保障学校的运转。特别是在寄宿制学校,水电费和校舍成本较高,现行的寄宿生每年 200 元的经费补助仅能满足日常运转,不能改善学校办学条件。随着当前社会经济的发展、物价水平的提高,要促进义务教育学校的发展,需要进一步提高义务教育公用经费标准。此外,对于财力较弱的地区,要细化义务教育公用经费的分担比例,核定其实际财力来进行义务教育公用经费的拨付,实现义务教育公用经费使用效益的最大化,因地制宜,切实提高义务教育公用经费的可操作性和效益性。

## 三、完善区域转移支付制度

相关研究表明,在区域实行转移支付可以发挥均等化效应,有助于发展民族教育事业、缩小各地区之间的差距。部分区域由于财政能力有限,难以承受义务教育财政压力、确保义务教育财政的充足性。对于这些财政能力有限、存在困难的区域,要根据当地实际财政能力和教育情况测算所需要的经费,进行财政转移支付以解决区域义务教育财政不足的问题。完善中央、省(自治区、直辖市)、市对财政困难地区的三级转移支付制度,确定转移支付分配方案,充分考虑各地区实施义务教育生均经费基本标准的资金缺口因素,进一步加大对财力薄弱地区的转移支付力度。尤其是山区、牧区、农村地区,在分配教育经费时要考虑到这些地区的特殊需求,在政策安排上要适当倾斜、统筹兼顾。按照地区情况分层、分类进行财政转移支付,以达到精准施策的效果,满足各地区办学成本需求。

C 县县级财力有限,其教师待遇相对较低。虽然当地政府着力解决教师待遇问题,但效果有限。教师待遇问题直接影响到教师积极性的发挥,为了稳定教师队伍,让人才留下来、干得好,应提高义务教育教师待遇,让教师的社会地位、经济地位与教师的辛勤劳动相匹配。提高义务教育教师的薪酬水平,建立健全义务教育教师工资的稳定增长机制。鼓励教师到乡村、偏远地区进行交流轮岗,促进优质教育资源的流动。不断加大教师培训的投入力度,确保教师培训经费的足额保障。对于财力有限的经济薄弱地区,可以由市里分担一定的比例。

## 四、加大区域监督责任考核力度

近年来，我国不断加大对区域义务教育的财政投入。要让教育经费发挥出最大的作用，还应加大区域义务教育财政的监督考核力度。建立区域义务教育经费的使用、管理、监督制度，构建一套完整的义务教育经费投入考核指标体系，对区域义务教育财政投入进行考核，对区域义务教育财政投入进行全程监管，确保其发挥应有的作用。对义务教育学校办学情况进行验收和检查，确立责任制度，对在经费使用过程中违反相关规定的人员要进行追责。对义务教育经费投入使用的全过程进行监督评价，分析使用效率，基于评价结果相应调整区域义务教育财政政策，更好地为区域义务教育服务。义务教育作为一种公共产品，其存在不是为了获取利益，而是为学生提供教育服务。因此，在义务教育的监督、考核、评价过程中，更应该关注的是提供的教育服务质量如何，每个学生享受的教育资源是否充足、公平且有效。因此，构建一套完整的义务教育经费投入考核指标体系十分必要。一方面，可以为义务教育资源均衡配置、义务教育经费分配使用提供制度保障；另一方面，可以为政府制定和完善区域义务教育财政政策、落实各级政府财政责任提供现实依据。

# 第十七章　区域基础教育学生学业质量保障的个案分析

提高区域基础教育学生学业质量是优质均衡发展的题中之义。本章从空间分布和经济社会发展类型的考量中，选取了北部牧区（E旗）、南方边境地区（B市）、"三区三州"①（L州）等具有代表性的个案，进行探索分析。重点通过对区域基础教育学生学业质量田野调查点（简称"田野点"）概述的梳理，分析E旗、B市、L州学生学业质量保障的成效，提出提升区域基础教育学生学业质量保障水平的途径。

## 第一节　牧区基础教育学生学业质量保障的调查

### 一、田野点介绍

E旗位于内蒙古自治区东部，大兴安岭西侧，呼伦贝尔大草原东南部。先后获得全国民族团结进步模范集体、全国民族团结进步创建活动示范旗、全国文明县城、全国文化先进县、全国民族歌舞之乡、全国文物工作先进县、中国旅游强县、全国体育强旗、全国科技进步先进县、国家级生态旗等一系列荣誉称号。

#### （一）E旗教育发展概况

截至2022年，E旗共有义务教育学校18所，教职工2213人（其中专任教师1835人），校园占地面积117.83万平方米，建筑面积19.7万平方米。18所义务教育学校全部达到自治区级标准化学校标准，教学质量稳定提升。2015年10月，E旗顺利通过国家义务教育发展基本均衡县评估认定。

---

① "三区"是指西藏自治区，青海、四川、甘肃、云南四省藏区，以及南疆的和田地区、阿克苏地区、喀什地区、克孜勒苏柯尔克孜自治州四地区；"三州"是指四川凉山州、云南怒江州、甘肃临夏州。

### （二）　E旗人口受教育概况[①]

（1）受教育程度人口。常住人口[②]中，拥有大学（大专及以上）文化程度的人口为35962人；拥有高中（含中专）文化程度的人口为25573人；拥有初中文化程度的人口为47387人；拥有小学文化程度的人口为23380人（以上各种受教育程度的人包括各类学校的毕业生、肄业生和在校生）。与2010年第六次全国人口普查数据相比，每万人中拥有大学文化程度的由1247人提高为2549人；拥有高中文化程度的由1996人下降为1812人；拥有初中文化程度的由4340人下降为3358人；拥有小学文化程度的由1787人下降为1657人（见表17.1）。

表17.1　全旗及各苏木、乡镇、区每万人中拥有的各类受教育程度人数　　　　单位：人

| 地区 | 大学（大专及以上） | 高中（含中专） | 初中 | 小学 |
|---|---|---|---|---|
| 全旗 | 2549 | 1812 | 3358 | 1657 |
| 巴彦托海镇 | 2291 | 2079 | 3267 | 1757 |
| 大雁镇 | 1484 | 1869 | 4562 | 1671 |
| 伊敏河镇 | 2097 | 2098 | 3687 | 1549 |
| 红花尔基镇 | 2114 | 1543 | 3737 | 1928 |
| 巴彦嵯岗苏木 | 1138 | 1580 | 4196 | 2418 |
| 锡尼河西苏木 | 1608 | 1529 | 2821 | 3054 |
| 锡尼河东苏木 | 1142 | 1489 | 3253 | 3392 |
| 巴彦塔拉达斡尔民族乡 | 809 | 790 | 5567 | 2249 |
| 伊敏苏木 | 1371 | 1410 | 3569 | 2977 |
| 辉苏木 | 869 | 1202 | 3621 | 3514 |
| 巴彦托海经济开发区 | 1274 | 1465 | 4586 | 2357 |
| 呼伦贝尔新城区 | 4909 | 1520 | 1698 | 1015 |

（2）平均受教育年限[③]。E旗有12个苏木、乡镇、区，平均受教育年限在10年以上的有5个，在9年至10年之间的有5个，在9年以下的有2个。

（3）文盲人口。全旗常住人口中，文盲人口（15岁及以上不识字的人）为2147人，

---

① 来源于E旗第七次全国人口普查数据。

② 常住人口包括：居住在本乡镇街道且户口在本乡镇街道或户口待定的人；居住在本乡镇街道且离开户口登记地所在的乡镇街道半年以上的人；户口在本乡镇街道且外出不满半年或在境外工作、学习的人。

③ 此处的平均受教育年限是将各种受教育程度折算成受教育年限计算平均数得出的，具体的折算标准是：小学＝6年，初中＝9年，高中＝12年，大专及以上＝16年。

与 2010 年第六次全国人口普查相比，文盲人口减少 212 人，文盲率①由 1.75% 下降为 1.52%，下降了 0.23 个百分点。

### （三） E 旗基础教育开展情况

（1）学前教育抓普及促规范。按照 E 旗学前教育三年行动计划的总体规划，累计投入资金 3500 余万元，新建、改建 10 所学前学校，学龄前儿童"入园难"问题得到有效解决。目前，E 旗有 10 个苏木、乡镇幼儿园覆盖率为 100%，有自治区示范园 3 所，市级示范园 8 所，一类甲级园 6 所。学前一年入园率 95.6%，学前二年入园率 92.3%，学前三年入园率 89.8%。

（2）义务教育抓均衡促发展。各中小学办学条件得到较大改善。2013 年以来累计投入 9400 万元，实施校舍改造和功能室建设，投入 3326 万元为义务教育学校购置仪器设备，校园网实现全覆盖并和教育部门局域网相连通，中小学校信息网络建设实现了"宽带网络校校通，优质教学资源班班通，同频互动教室全覆盖"。全旗 18 所义务教育阶段中小学已全部达到自治区级标准化学校标准。

（3）教育信息化进程加快。E 旗中小学全部完成"班班通"、学生计算机教室建设。"班班通"多媒体设备配备率达 100%；全旗配备教师计算机 1520 台（含幼儿园），小学、初中、高中教师师机比为 1.2∶1，配备学生计算机 1261 台，小学每百名学生拥有计算机 13.65 台、初中每百名学生拥有计算机 20.64 台、高中每百名学生拥有计算机 14.13 台。各学校根据实际建立了运转高效的校园网。教育部门扎实开展信息化教科研活动，重点指导 4 所课题学校，经常性地开展各种教研活动，以点带面，发挥现代教育手段提高教育教学效率。通过优质课评选、论文撰写、课件制作等活动的广泛开展，促进了教师整体水平的不断提升。全力推进"同频互动课堂"建设与应用，制定"大课程表"、教研工作计划、互动教学教研计划等，在全旗开展两校、三校、多校参与的教学教研活动。积极组织一线教师参加"一师一优课、一课一名师"网络晒课活动。目前 60% 的中小学专任教师掌握了课件制作方法，90% 以上的专任教师能够利用信息化和数字教育资源开展常态化教学。

（4）基础教育教学质量进一步提高。小学毕业年级教学质量稳步提高。教育工作自 2012 年以来连续 5 年被呼伦贝尔市授予"业绩突出奖"；教育部门领导班子于 2013—2016 年度，连续被评为"优秀领导班子"；2015 年 7 月份，顺利通过自治区教育督导委员会义务教育均衡发展督导评估组的评估验收，10 月份顺利通过国家义务教育发展基本均衡县评估认定。特殊教育资源教室建设工作和教师教育培训工作得到国家教育督导检查组的高度评价和认可。

## 二、 E 旗学生学业质量保障现状调查

学校环境、教师质量、课程设置和教材选择以及家庭教育等都与学生学业质量保障

---

① 此处的文盲率是指全旗的常住人口中 15 岁及以上不识字人口所占比例。

密切相关。内蒙古自治区以畜牧业为主要经济支柱，一直以来，牧区教育是内蒙古自治区基础教育发展不能回避的问题。牧区面临一些特殊的挑战，比如交通不便、人口分散等。E 旗少数民族人口中鄂温克族人口居多，多数是以畜牧业为主要生产方式的牧民，他们在生存环境、经济结构、生活方式、社会文化等方面存在差异。近年来，E 旗深入贯彻落实习近平总书记关于教育高质量发展的要求，采取了一系列有效措施，促进了基础教育的高质量发展。

### （一）　E 旗基础教育学生学业质量保障的举措

一是推进义务教育学校内涵发展，促进素质教育全面提升。学校内涵发展是指学校通过改善办学条件、提升教育教学水平，实现学生全面发展的目标。学校内涵发展直接影响着学生学业质量。一个具备良好学习环境、拥有优秀教师队伍、提供优质课程和有效评价与辅导的学校，能够更好地促进学生的全面发展和学业质量的提升。全旗围绕立德树人根本任务，完善学校、社会、家庭三位一体的德育网络和部门联动机制，以社会主义核心价值观和中国梦主题教育为主线，加强中小学生思想道德建设。深入开展"阳光体育活动""艺术节"等体育、艺术教育活动，促进素质教育全面实施，创建一批办学理念先进、教育管理规范、"轻负担、高质量、有特色"的品牌学校。

二是均衡配置教育资源，巩固提高义务教育教学水平。均衡配置教育资源是指在教育领域中，将各种资源（包括师资、教材、设施等）合理地分配到各个学校和学生中去，以实现学生教育公平和质量的统一。以推进城乡义务教育均衡发展为抓手，充分利用国家实施薄弱学校改造的机遇，不断加大对基层薄弱学校的资金投入力度，重点搞好学校标准化建设，全旗各学校的硬件建设水平得到了极大提升。根据学龄人口变化、城镇化进程合理调整义务教育学校布局，保证适龄儿童就近入学。加快薄弱学校改造，均衡配备教师、校舍、设备、图书等资源，切实缩小校际差距，解决择校问题。探索建立校长教师交流轮岗长效机制。严格学籍管理，合理划分学区，持续推进小班化教学模式。在全部完成标准化学校建设和实现县域义务教育基本均衡发展的基础上，进一步提高学校布局合理化、办学条件标准化、师资配备均衡化、教育管理科学化、教育教学质量优质化发展水平。

三是争取社会各界基础教育资金投入，推动基础教育教学发展。适当增加教育经费投入可以改善学校的基础设施和学习资源，如更新教室设备、图书馆建设、实验室设备购置等。这些设施的改善能够提供更好的学习环境，有利于学生的学业质量提升。同时积极与有关部门沟通协作，努力争取上级资金和项目扶持，2013 年以来，共争取上级专项资金 17888 万元、企业赞助 390 万元、社会资助 25 万元，资金全部用于标准化学校建设和薄弱学校改造工作，用于推动教育教学改革，研发和采用新的教学方法和教材，提供多样化的学习资源和平台，基本满足学生的个性化需求，促使学生积极主动地参与学习，提高学业质量。

四是为学生关爱服务体系搭建平台，提供心理健康支持，提升学业质量。E 旗特别制定了《E 旗广泛关爱留守儿童管理办法》，以"政府主导、统筹规划，家校联动、形成合力、社会参与、共同关爱"为原则，构建了动态监测机制，并将关爱帮扶工作纳入学校常规教育教学管理工作。将留守儿童关爱帮扶工作作为《E旗推进义务教育均衡发展工作监督和问责机制实施意见》《E旗推进义务教育均衡发展工作责任追究制度》的重要考核指标之一，明确了做好留守儿童关爱帮扶工作的职责；将留守儿童关爱帮扶工作纳入《E旗中小学素质教育工作综合督导评估方案》指标体系，并将评估结果作为评价学校领导及学校工作的重要依据。相关职能部门联合开展了关爱帮扶留守儿童主题活动，在社区、学校建立了留守儿童家园，各学校针对留守儿童缺少亲情关爱的情况，通过开办家长学校、家访、师生手牵手、心理咨询和疏导等活动，使留守儿童享受到政府、学校、社会各界的广泛关爱和帮扶。2015年顺利通过了国家义务教育发展基本均衡县评估认定，其中留守儿童关爱帮扶工作得到了国家教育督导检查组的充分肯定。学生关爱服务体系通过提供心理健康支持、学习资源和指导、社交支持网络以及健康管理和营养支持等，能够提升学生的学业质量。这些服务体系为学生提供了完善的支持系统，帮助他们克服学习中的困难，达到更好的学习成果。

五是注重教师素质提高，保证教育教学效果。教师素质的提高被视为确保教育教学效果与质量的核心要素。教师素质的提高直接影响到教学过程中的教学效果和学生的学习成果。教师具备扎实的学科知识和教学技能，能够运用恰当的教学方法和策略，设计合理的教学计划和教学活动，培养学生的学习兴趣和积极参与度，进而提升学生的学习质量。E旗坚持打造名师"361高效课堂"，以结对帮扶形式提升骨干教师、青年教师的教学水平，形成名师梯队，创新培养方式，积极适应新技术变革和新课改要求，打造一专多能教师队伍。

六是地方教育部门实施多元教育扶持政策，全力保障学生教育权益。当地教育部门实施了惠及学生教育的政策。如民族教育专项资金，执行标准按全教育系统80万元/年（逐年提高）发放；少数民族学生助学金，执行标准按鄂温克族和鄂伦春族学生小学每生200元/年、初中每生300元/年、高中每生400元/年，达斡尔族初中每生50元/年、高中每生70元/年发放。人口较少民族寄宿生补贴，执行标准按全教育系统40万元/年发放。高中家庭经济困难学生助学金，执行标准按全教育系统20万元/年发放。体卫艺专项资金，执行标准按全教育系统30万元/年发放。以上政策的资金来源全由地方财政拨付。

### （二） E旗基础教育学生学业质量保障的成效

通过以上举措的实施，为学生提供了较好的学习条件和机会，提高了学生的学习质量和综合素养，促进了个人全面发展和社会进步，取得了较好成效。近年来，当地政府始终坚持教育优先发展战略，着力抓改革、促均衡、强队伍、提质量、补短板，不断改善办学条件，当前基本普及学前三年教育，高水平普及九年义务教育，全面普及高中阶段教育。18所义务教育学校全部达到自治区级标准化学校建设要求。教育特色品牌有效彰显，立足民族优秀传统文化资源，强化校本研究和开发，深入进行民族文化传承与发展，注重民族习俗与礼仪的德育作用，打造以"优秀民族文化传承与培育"为主题的德育品牌。在教育资源配置逐步优化方面，按照"学前教育抓普及规范、义务教育抓高位均衡、高中教育抓优质特色、职业教育抓精品创新、民族教育抓传承发展"的思路，科学规划学校布局，逐步优化城乡学校资源配置。实施数字化校园建设，完善升级现有教育技术装备，实现教育技术装备现代化。支持和规范民办教育发展，鼓励社会力量和民间资本提供多样化教育服务，尝试民办公助、"名师工作室"等举措，利用民办学校发展特长教育和专业培训，与公办学校形成互补。在提升教育教学质量方面，以"小班化教学研究"和名师"361高效课堂"为抓手，统筹推进学前教育、义务教育、高中教育和职业教育均衡发展，2015年，顺利通过国家义务教育发展基本均衡县评估认定。义务教育学校教学成绩突出，学生学业质量稳步提升，基础教育发展成效明显。

# 第二节 边境地区基础教育学生学业质量保障的调查

## 一、田野点介绍

### （一）B市概况

B市位于广西西部，地处滇黔桂三省（区）交界，南与越南接壤，总面积3.63万平方千米，辖12个县（市、区），是我国面向东盟开放合作的前沿和窗口。先后荣获中国优秀旅游城市、全国双拥模范城、国家园林城市、国家卫生城市、国家森林城市等称号。

### （二）B市教育概览

#### 1. B市学校及师生概况

根据2018—2019学年教育年报统计，B市共有各级各类学校（含教学点，不含高校）2728所。其中：幼儿园1304所（公办191所，民办1113所），在园（班）幼儿174528人，学前三年毛入园率87.8%；小学1234所（完全小学472所，教学点762所），在校生335133人，小学阶段适龄儿童入学率99.78%；初中138所（初级中学128所，九年一贯制学校10所），在校生173292人，初中阶段适龄少年入学率98.75%，九年义务教育巩固率94.2%；特殊教育学校11所，特殊学校在校生1331人（小学955人，初中376人），残疾儿童在校生3840人，残疾儿童入学率99.22%；普通高中24所（完全中学4所，高级中学18所，十二年一贯制学校2所），在校生75731人，高中阶段毛入学率88.44%。市属中职学校17所（公办12所、社会力量办5所），在校生总数39948人（全日制29492人、非全日制10456人）。

截至2018年12月，B市共有幼儿园及中小学教职工53589人，专任教师42684人。其中，幼儿园教职工14618人，专任教师7985人（公办2038人，民办5947人），专任教师学历合格率93.3%；小学教职工20141人，专任教师18700人，专任教师学历合格率99.89%；初中教职工12238人，专任教师10694人，专任教师学历合格率99.9%；特殊教育学校教职工256人，专任教师195人，专任教师学历合格率100%；高中教职工5072人，专任教师4104人，专任教师学历合格率99.9%；中职学校教职工1264人，专任教师1006人。

### 2. 教育经费投入

近年来，B 市国家性教育经费投入情况呈现逐年递增的良好态势。从 2010 年的 28.34 亿元到 2014 年的 54.05 亿元，增长了 25.71 亿元，增幅达 90.7%。

B 市 2014—2016 年"全面改薄"校园校舍建设项目共 915 个，涉及项目学校 702 所。已竣工投入使用 601 个，竣工率 65.68%，在建 196 个，投入资金 144545 万元，共完成改扩建校舍面积 585803 平方米。其中，2014 年校园校舍建设项目 306 个，投入资金 39862 万元，规划改扩建校舍面积 350575 平方米，已竣工使用 302 个，完成改扩建校舍面积 344948 平方米。2015 年校园校舍建设项目 343 个，投入资金 62818 万元，已竣工使用 236 个，完成改扩建校舍面积 203001 平方米。2016 年校园校舍建设项目 266 个，投入资金 41865 万元，规划校舍面积 313363 平方米，目前已开工建设 152 个，完成改扩建校园校舍面积 37854 平方米。

从 2014 年到 2017 年，全市实施教育九大工程，共筹集资金约 80 亿元，新建中小学、幼儿园 118 所，改扩建一批学校。2017 年全市教育基本实现自治区提出的"三基本两提升一同步六达到"的目标。2017 年，全市组织实施农村义务教育薄弱学校改造项目、扩大学前教育资源项目等各类教育专项工程项目，涉及 1302 所中小学校的 1713 个单项工程，总建筑面积 172 万平方米，总投资 32 亿元。目前，全市已开工项目 1588 个，竣工 1335 个，开展前期工作 125 个。实施 B 市中心城区教育基础设施建设攻坚战（2016—2018 年），积极组织协调市直各有关部门及右江区全力抓好中心城区 31 所新建、扩建学校项目建设，中心城区学校建设加快。2018 年，B 市实施办学条件扩容改善行动，持续加大学校项目建设力度，办学条件得到进一步改善。全市教育硬件投入累计超过 40 亿元。其中争取上级教育专项资金 6.89 亿元、地方投入 35.34 亿元，新建改扩建校舍工程 2105 个，总建筑面积 128.78 万平方米。

## 二、 B 市学生学业质量保障现状调查

B 市位于中越边境，地理位置特殊。边境地区的基础教育承担着维护国家安全、民族团结及促进国际文化交流等方面的重要使命。由于边境地区的地缘特点，边境地区的教育呈现出国际性、边远性、分散性、封闭性、不平衡性、低层次性、复杂性、综合性等特征。[①] 近年来，B 市不断加大教育经费投入、改善办学条件、强化师资队伍建设，取得了较好的成效。截至 2020 年底，全市 12 个县（市、区）义务教育均衡发展全部通过国家评估认定。右江区、田阳区、靖西市还入选广西 28 个县域义务教育基本均衡发展工作典型经验案例，这是 B 市教育史上继"两基"完成之后又一里程碑事件，标志着 B 市基础教育跨越了全面普及和基本均衡两大关口，开始向优质均衡迈进。

---

① 李芳. 凸显"边境特色"的教育政策规划价值序列建构——基于德尔菲法测评的树型价值体系 [J]. 中国教育学刊，2020（12）：23-29.

## （一） B市县域基础教育学生学业质量保障的举措及成效

从2012年启动县域义务教育基本均衡发展工作后，B市及时印发发展规划及督导评估实施方案，坚持高位推进，强化政府主体责任，逐县逐校开展义务教育学校办学基本标准达标评估，稳步推进县域义务教育基本均衡发展。

一是统筹资源配置，改善办学条件。通过实施义务教育薄弱学校改造项目、校舍维修改造项目和义务教育学校标准化建设项目等，加大薄弱学校基本办学条件建设力度，累计投入资金88.25亿元，新建、改扩建校舍366万平方米以及校门、围墙、运动场地等附属设施共5344个单项工程，全市义务教育学校办学条件得到明显改善。

二是强化队伍建设，建立健全教师补充机制。及时补充义务教育学校教师编制，补充教师16809人。出台了《关于提高艰苦边远地区村校及教学点教师待遇保障水平的若干规定》等文件，在自治区乡村教师生活补助计划标准上"提标扩面"，将全市乡村教师的补助标准提高到每人每月400～800元，其中艰苦边远地区村校及教学点提高到每人每月900～1100元。创新奖教助教机制，设立了B市教师发展基金，评选表彰优秀教师个人12628名、教育教学工作先进单位257个，资助困难教师266名。创新教师培训培养方式，与上海师范大学合作，启动实施"百千万"名师培养工程（即用五年时间培养100名"优秀校长"、1000名"优秀班主任"、10000名"优秀学科带头人"），评选出B市第一批名师、名班主任、名校长共139人，并以此为依托创建了33个"B市名师工作坊"，以点带面，推进教师专业素质能力提升。

三是完善政策导向，确保适龄儿童入学机会均等。严格学籍管理制度，坚持教育资源均衡配置，推进教育均衡协调发展，保障残疾儿童少年入学。2021年秋季学期，全市城镇义务教育阶段学校共接收进城务工人员随迁子女43165人，其中公办学校接收42645人。

四是落实"双线四包"，狠抓控辍保学工作。全力实施义务教育保障工作，抓好排查劝返安置，利用"四步工作法"精准掌握底数，对不同辍学情形分别采取原就读学校复学安置一批、职业学校普职融合体验班安置一批、送教上门服务一批的三类保学安置，仅2020年就在5所中职学校开设41个普职融合体验班，共安排学生2252人，全市实现经济困难户适龄儿童少年失学辍学"双清零"目标。

五是强化党建引领。创新实施"红烛先锋"中小学党建工程，开展党建示范校创建工作，在全市打造100所中小学党建工作示范校，实施"头雁壮骨工程"，从党建工作示范校的党组织负责人中，选择50名进行重点培养，打造一支全市教育系统党建专家团队，通过强化中小学党建推动义务教育均衡发展。

## （二） B市县域基础教育学生学业质量保障的特点

### 1. 教育经费投入区域差异明显

以B市12个县（市、区）2018年人均生产总值与教育经费投入情况（见表17.2）为例，全市12个县（市、区）教育经费投入的力度存在差异。如乐业县小学生均预算内教育经费投入是平果县（于2019年改为平果市）的1.76倍，西林县初中生均预算内教育经费投入是隆林各族自治县的 2.65 倍。此外，教育经费投入与地方发展存在区域差异。人均生产总值较高的右江区、田阳县（于 2020 年改为田阳区）、田东县、平果县等右江河谷地区，生均预算内教育经费投入整体上比人均生产总值较低的那坡县、凌云县、乐业县、田林县等山区县低。如西林县，虽然年人均生产总值仅有 17361 元，但在生均预算内教育经费投入上排在前列。

表 17.2　B 市 12 个县（市、区）2018 年人均生产总值与教育经费投入情况

| 项目 | 人均生产总值/元 | 生均预算内教育经费投入/万元 | |
|---|---|---|---|
| | | 小学 | 初中 |
| 右江区 | 72054 | 1.10 | 0.99 |
| 田阳县 | 53621 | 0.98 | 0.95 |
| 田东县 | 42699 | 1.28 | 1.16 |
| 平果县 | 43840 | 0.86 | 0.90 |
| 德保县 | 32394 | 1.24 | 1.14 |
| 靖西市 | 41363 | 1.24 | 1.15 |
| 那坡县 | 16696 | 1.23 | 1.51 |
| 凌云县 | 17642 | 1.16 | 1.15 |
| 乐业县 | 16203 | 1.51 | 1.42 |
| 田林县 | 24275 | 1.22 | 1.27 |
| 西林县 | 17361 | 1.43 | 2.15 |
| 隆林各族自治县 | 15110 | 0.87 | 0.81 |

2. 教师配备不足

良好的师资队伍是学生学业质量的重要保障。中小学生学业质量在很大程度上受到教师质量的影响，应积极引进专业教师，不断提高教师的学历要求，建设高层次的教师队伍。[①] 当前 B 市教师队伍数量不足，结构性矛盾问题在短期内难以解决。各县（市、区）不同程度存在教师配备不足的问题，英语、音乐、美术、体育、信息技术等学科教师难以配齐，这些问题在乡村学校更加突出，师资正在成为影响 B 市基础教育发展的重要问题。一是生师比不均衡。2018 年，B 市小学生师比为 18.37∶1，B 市本级小学生师比最高，达到 24∶1，生师比最低的是乐业县，为 12.55∶1；B 市初中生师比为 19.5∶1，县域生师比最高的是田林县、达到 28.91∶1，生师比最低的是乐业县，只有 13.33∶1，生师比差距十分明显。二是师资整体比较缺乏，各县（市、区）不同程度存在教师配备不足的问题。如田林县教师缺额 427 人。

---

① 顾长明. 基于义务教育阶段学生学业质量监测结果的分析与对策——以江苏省某市为例［J］. 教育测量与评价（理论版），2010（10）：15-19.

# 第三节　"三区三州"基础教育学生学业质量保障的调查[①]

L州有着丰富的历史文化遗产。由于地处内陆，L州缺乏自然资源，给经济增长带来了一定的限制。复杂的人口结构以及相对滞后的经济社会发展水平使得该地区民众教育水平相对较低，人才储备相对不足，通过个案分析，以期为区域教育政策的制定与优化提供理论支撑与实践指导。

## 一、L州教育基本情况

L州位于黄河上游、甘肃省中部西南面，成立于1956年11月，总面积8169平方千米。L州是国家重点扶持的"三区三州"之一。截至2018年底，全州有各级各类学校2019所，其中幼儿园775所，小学1129所，九年一贯制学校19所，初中63所，完全中学5所，高中14所，中专及职校11所，电大分校1所，特殊教育学校1所，高职院校1所。全州各级各类在校生43.2万人，其中在园幼儿10.7万人，小学生21.3万人，初中生6.8万人，高中生3.5万人，中专及职校生0.5万人，高职生0.4万人。全州教职工2.9万人，其中专任教师2.5万人。全州适龄儿童入学率99.96%、适龄少年入学率98.51%，学前三年毛入园率92.15%，九年义务教育巩固率96.29%，高中阶段毛入学率78.75%，人均受教育年限8.1年。[②]

## 二、L州基础教育质量保障的举措与成效

### （一）着力补齐短板，狠抓控辍保学工作

一是精心谋划部署，举全州之力推进控辍保学攻坚战。L州成立了由州委、州政府主要领导任组长的工作领导小组，实行州县乡村四级学长制和"八包八到位"制度，成立8个督查组对控辍保学工作包县督查、督促落实。

二是集中摸排劝返，下决心让辍学学生进校园再学习。全面摸清辍学原因和去向，制定"一生一案"。扎实开展控辍保学冲刺清零行动，全力开展劝返复学工作。针对家长拒不送子女入学的情况，采取入户宣传教育、巡回法庭、举办家长法制培训班等方式，强制家长履行送子女入学的义务。

三是突出因人施教，努力使劝返学生留得住、学得好。综合考虑劝返学生的年龄、辍学时间、学习基础、家长和学生意愿等情况，对劝返复学学生进行科学分班和组织教学。

四是提高政治站位，坚决将反馈问题整改到位。针对反馈问题，建立整改工作台账，制定"一生一案"，扎扎实实开展整改工作。

---

① 相关数据根据实地调研和当地教育部门等提供的资料整理而成。

② 王继平. 临夏: 抓住机遇 迎难而上 [J]. 中国民族教育，2019（5）: 31-33.

## （二）加大投入力度，夯实教育扶持根基

一是认真落实各项教育惠民政策。为农村家庭经济困难寄宿生提供生活补助，落实学前幼儿保教费及免除中职学费、高中学杂费等资助项目资金共计 1 亿多元。

二是加快实施教育扶持建设项目。2014—2018 年，全州向"全面改薄"项目投资 18.8 亿元，对全州 817 所义务教育阶段学校进行了改造。2019 年，争取落实义务教育薄弱环节改善与能力提升项目资金 1.5 亿元，实施 85 所薄弱学校改造项目；争取"两州一县"教育扶持项目资金 1.7 亿元，重点实施 21 所寄宿制学校建设等项目；争取省政府为民办实事温暖工程项目资金 3600 万元，实施 3 个深度经济困难县 86 所农村中小学温暖工程项目，争取教师周转宿舍建设项目资金 1260 万元，实施 3 个深度经济困难县 12 所中小学的 127 套教师周转宿舍项目。

三是争取实施东西协作对口帮扶项目。厦门市先后选派 233 名专家前往 L 州各县市及各学校开展互访交流、支教送教及专题培训工作，培训该州学科教师 2 万多人次，L 州先后选派 1306 名教师前往厦门进行高层次跟岗学习。厦门市先后累计投入 1.17 亿元，在 L 州组织实施了 71 所中小学和幼儿园建设项目，为 500 名经济困难户大学生每生发放 2000 元助学资金。

## （三）优化结构布局，推进协调均衡发展

一是优化教育布局调整。随着城镇化进程的不断加快，对全州教育布局进行规划调整。

二是加快学前教育发展步伐。近年来，全州新建、改扩建农村幼儿园 760 所，实现了 1500 人以上行政村幼儿园全覆盖，并向 1500 人以下行政村延伸，学前三年毛入园率达到 92.15%。

三是努力办好乡村教育。重视和加强 483 所 100 人以下的小规模学校建设。全州已建成寄宿制小学 44 所、初中 65 所，正在建设寄宿制小学 36 所、初中 19 所，有效缓解了山区孩子上学难的问题。

四是推进义务教育均衡发展。加快推进 L 州红园路小学、康乐城北小学等建设项目，新增学位 8000 个。已建成标准化学校 852 所，占义务教育阶段学校数的 96%。

五是推动普通高中学校提质发展。Y 移民中学创建为省级示范性高中，L 回民中学创建为甘肃省特色实验学校，K 中学被教育部评为全国中小学"中华优秀文化艺术传承学校"。

六是积极推进教育信息化。继续完善"三通两平台"建设，利用网络同步互动课堂和"双师课堂"等优质网络教学资源，使信息化教学逐步得到推广。①

## （四）加强队伍建设，不断提升教师素质

一是加大教师招聘招录力度。2018 年招聘特岗教师 541 名，通过深度经济困难县支

---

① 王继平. 临夏：抓住机遇 迎难而上 [J]. 中国民族教育，2019（5）：31-33.

教、三区支教、交流轮岗等渠道，共有 1500 多名教师到各县市农村学校支教、任教。针对教师学科性紧缺的实际情况，经州委、州政府积极汇报争取，省委、省政府下达 L 州 2019 年特岗教师招聘计划 768 名、紧缺学科教师招录计划 2173 名。

二是不断提升教师专业技能。近年来，通过国培计划、省培计划等项目，累计培训教师近 3 万人次。依托 L 州教师培训中心开展州级培训，累计培训教师 2 万多人次。

三是不断提高教师待遇。2018 年共为 1.88 万名乡村中小学和幼儿园教师落实乡村教师生活补助资金 6777.57 万元；对 1.12 万名班主任每人每月发放 100～200 元的补助，共落实班主任补助资金 1602 万元。适当提高职称结构比例，继续推进教师职称评审改革工作，下放中级职称评审权限，有效解决教师职称评审难的问题。建立教师工资增长机制，确保教师平均工资水平不低于公务员平均工资水平。

四是进一步加强师德师风建设。深入开展巡回宣讲活动，共有 8000 多名教师接受了师德师风辅导培训。州委、州政府、各县市每年隆重召开教师节庆祝大会，表彰奖励先进集体、优秀校长和教师。

## 三、 L 州基础教育质量保障的政策建议

近年来，在党中央、国务院和甘肃省委、省政府的大力帮助支持下，L 州教育事业虽然有了长足发展，但由于历史欠账大、州县市财政困难，全州教育发展基础还十分薄弱，目前仅有 4 个县市通过了国家义务教育均衡发展评估验收，高中教育质量普遍不高，需要国家加大扶持力度。

### （一）完善和核定深度经济困难地区义务教育营养改善计划对象适用范围，将深度经济困难地区的县城义务教育学生纳入营养改善计划

随着经济社会的发展，城镇化步伐加快，农村人口不断向县城集中，农村学生也随之向县城学校集中。就积石山保安族东乡族撒拉族自治县而言，目前，县城小学生总数 5980 人，其中农村学生数 4732 人，占 79%。县城初中生总数 6963 人，其中农村学生数 5919 人，占 85%。由于农村义务教育学生营养改善计划只针对农村学校学生，在县城就学的农村学生无法享受到营养改善计划，这无疑加重了农村学生家长的经济负担。建议将深度经济困难地区的县城学生也纳入营养改善计划。

### （二）加大对 L 州教育扶持项目资金支持力度

一是办学成本较高。L 州大部分地区属温带半干旱气候，干旱高寒的自然环境导致办学成本较高。例如，积石山保安族东乡族撒拉族自治县尕集春蕾小学有学生 320 人，月用电量 38289 度，月用电费 18085 元。根据上级下拨的取暖费用是 45760 元（标准为生均 143 元），按 5 个月的供暖期计算，实际使用 90425 元，还缺 44665 元。因此建议将取暖费标准提高至生均 350 元左右。

二是办学条件仍需改善。以积石山保安族东乡族撒拉族自治县为例，近年来，积石山保安族东乡族撒拉族自治县共有 69 个学校实施了改薄项目建设，还有 31 所小学正在进

行改造。农村校舍陈旧，没有标准化塑胶跑道，农村学校面积不达标、器材缺乏。对小规模学校（一般是 130 人以下）和教学点，建议提高公用经费。

### （三）完善和制定深度经济困难地区高校定向招生特殊政策

教育和卫生高层次人才紧缺，是制约 L 州经济社会发展的瓶颈问题。建议教育部出台特殊政策，在"211"和"985"重点院校每年制订招生计划时，为 L 州定向招生师范类、医学类学生，帮助 L 州建立高层次人才培养、补充机制，为加快全州社会事业发展提供智力支撑。

首先，从教育公平与社会正义的视角来看，定向招生政策有助于弥补经济困难地区在教育资源分配上的历史欠账。通过定向招生，可以为 L 州的学子提供更多接受优质高等教育的机会，从而在一定程度上缩小教育资源的城乡、区域差距，促进社会公平与和谐。

其次，从人力资源开发与经济社会发展的角度来看，定向招生政策能够为 L 州建立起高层次人才的培养与补充机制。通过定向培养师范类与医学类学生，确保 L 州在未来能够拥有更多具备专业素养和实践能力的教育、医疗人才，从而有效提升当地教育、医疗服务的整体水平，为加快全州社会事业发展提供坚实的智力支撑。

最后，定向招生政策还能够在一定程度上缓解 L 州的人才流失问题。通过定向招生，可以培养出一批既具备专业素养又熟悉当地情况的本土人才，他们更有可能在毕业后选择留在家乡，为当地的社会经济发展贡献自己的力量。

### （四）加大教师队伍培训培养力度

全州 2.5 万名专任教师中，第一学历为师范类本科的有 6663 人，研究生及以上学历的有 362 人。针对全州教师队伍整体素质不高的问题，建议教育部安排重点师范院校，为 L 州开设教师教学能力提升培训班，开展高层次、有针对性的专业培训。每年组织 L 州教师到教育发达地区各级各类学校跟岗培训，学习先进教学经验和理念。

从教育专业发展理论的视角来看，教师作为教育活动的核心主体，其专业素养直接影响着学生的学习成效与全面发展。重点师范院校汇聚了教育领域的前沿理论研究成果、先进的教学方法与丰富的教学资源。通过有针对性的专业培训，能够为当地教师提供系统的、高层次的知识更新与技能提升机会。培训内容可涵盖学科知识的深度拓展、现代教育技术在教学中的有效应用、基于学生认知特点的教学设计优化等方面，有助于教师突破自身知识结构与教学方法的局限，站在更高的理论视角审视教育教学实践，提升教学的科学性与有效性。教育发达地区在长期的教育实践中积累了丰富的成功经验，形成了先进的教育理念与高效的教学模式。L 州教师深入这些学校的课堂教学、教研活动以及学校管理实践中进行跟岗学习，能够亲身体验先进教学经验的实际应用过程，直观感受教育理念如何在日常教学中落地生根。

从教师专业发展阶段理论的视角来看，这两种培训方式相互补充，共同助力当地教师在不同成长阶段实现跨越式发展。教学能力提升培训班侧重于为教师提供理论知识的滋养与专业技能的增强，帮助教师构建扎实的专业基础，为其在教学实践中不断创新与发展提供理论支撑。而跟岗培训则为教师提供了将理论应用于实践的真实场景，使其在实践中验证、反思并深化所学理论知识，加速从新手型教师向专家型教师的转型进程。

从宏观层面看，加强 L 州教师队伍培训培养力度，对于缩小区域教育差距、促进教育公平具有积极影响。教育公平不仅体现在教育资源的均衡分配上，更体现在教师素质的均衡提升上。通过提升教师队伍素质，使学生享受到与发达地区学生相近质量的教育教学服务，打破因地域因素导致的教育质量不均衡的壁垒，为本地学生提供更加公平的发展机会，进而为当地的社会经济发展培育更多高素质人才，实现教育与社会发展的良性互动。

# 第四节　完善区域基础教育学生学业质量保障机制

教育作为社会进步的基石与个体潜能释放的关键，其在区域的实施效果，不仅关乎当地民众的知识获取与技能培养，更是衡量教育公平的重要指标。区域地理环境的多样性与相对封闭性，在一定程度上限制了教育资源的均衡分布与高效流通；文化传统的多元性与独特性，既为教育注入了丰富内涵，也要求教育模式必须与之相适应，以实现文化传承与现代知识传授的有机融合；经济发展水平的参差不齐，影响着教育投入的规模与效益，进而制约着教育基础设施的完善、师资队伍的建设以及教育教学活动的开展。这些因素相互交织，构成了区域基础教育发展的特殊情境，使得提升学生学业质量的任务既充满机遇，又极具挑战。

## 一、完善区域教师待遇机制

### （一）薪酬体系与物质保障：奠定教师待遇的坚实基础

完善区域教师待遇机制的首要任务在于构建合理的薪酬体系与坚实的物质保障。薪酬体系作为教师劳动价值的直接体现，其科学性与公平性对于吸引并留住优秀教师具有决定性影响。因此，必须依据当地经济发展水平、生活成本及教育补偿原则，综合评估并合理设定教师的基本薪资、津贴及补贴项目，确保教师薪酬与城市地区相当甚至略高，以充分体现其职业尊严与社会价值。物质保障方面，应着力解决教师的住房与生活福利问题，通过建设教师公寓、提供住房补贴、完善医疗及子女教育支持等措施，为教师营造一个温馨舒适的生活环境，减轻其后顾之忧，使其能够更加专注于教育教学工作，提升教育质量。

### （二）职业发展与知识交流：激发教师潜能的关键路径

职业发展与知识交流是提升偏远区域教师专业素养与教育能力的核心环节。在职业发展方面，应建立健全教师培训与进修体系，为教师提供多样化的学习与发展机会，包括参与高级研修班、学术研讨会、国内外教育考察等，以拓宽其教育视野，更新其教育理念，提升其教学技能。同时，通过构建畅通的晋升通道与科学的职称评定机制，激励教师在专业领域不断深耕细作、追求卓越，增强其职业荣誉感与归属感。在知识交流方面，应加强区域教师与其他地区教师之间的沟通与协作，利用现代信息技术手段打破地域界限，促进教育资源的共享与互补。通过组织线上线下教学研讨、经验分享、课例观摩等活动，搭建教师交流平台，激发教育创新灵感，提升教育教学水平。

### （三）精神激励与支持体系：构筑教师心灵的温馨港湾

精神激励与支持体系是完善区域教师待遇机制的重要组成部分。在精神激励方面，应建立健全优秀教师表彰与奖励机制，对在教育教学工作中表现突出的教师进行表彰与奖励，增强其职业成就感与自豪感。通过设立专项基金、提供研究经费等方式，鼓励教师开展教育科学研究与教育教学改革，激发其创新活力与探索精神。在支持体系方面，应建立区域教师支持团队，为教师提供心理、情绪等方面的专业支持与关怀，帮助其缓解工作压力，调适心理状态，保持良好的职业心态与生活状态。此外，还应加强家校合作与社区参与，构建和谐的教育生态环境，为教师创造更加宽松与包容的工作氛围。

## 二、大力推广国家通用语言文字

### （一）教育公平与社会融合的深度体现

《中华人民共和国国民经济和社会发展第十四个五年规划和2035年远景目标纲要》提出，提高民族地区教育质量和水平，加大国家通用语言文字推广力度。从教育公平与社会融合的高度审视，国家通用语言文字的推广不仅是语言技能的传授，更是对教育资源的均衡配置与社会文化融合的有力推动。语言障碍如同一道无形的墙，限制了学生获取优质教育资源与信息的渠道，加剧了教育资源的城乡与区域差异。国家通用语言文字的普及，是打破这一语言壁垒，为学生搭建起通往广阔知识世界的桥梁，使他们能够无障碍地汲取全国乃至全球的知识与信息，有效缩小教育差距，促进教育公平的实现。这一过程不仅关乎个体学习机会的均等化，更是对社会融合原则的深刻践行，通过语言的共通性促进不同文化背景下的个体间的相互理解与尊重，为构建和谐社会奠定坚实的基础。

### （二）提升区域教育质量的关键要素

语言是思维的工具，是文化传承与创新的载体。从跨文化交流与全球视野的构建层面来看，在全球化进程加速推进的当今时代，国家通用语言文字已成为国际交流与合作的重要媒介。区域学生熟练掌握国家通用语言文字，使其具备与国内其他地区以及国际社会进行有效沟通和交流的能力，有助于他们突破地域和民族文化的限制，积极融入更广阔的社会文化网络之中。在社会竞争与个人价值实现的维度上，随着市场经济的发展和社会结构的日益多元化，个体的综合素质和竞争力已成为决定其在社会中立足和发展的关键因素。具备良好的国家通用语言文字能力，学生能够在升学、就业、职业晋升等方面获得更多机会，能够更顺畅地获取各类信息资源，提升自己的知识水平和技能储备。

因此，掌握国家通用语言文字，意味着学生能够跨越语言的界限，深入理解国家的历史文化、政策法规及社会发展动态，培养其跨文化交流与全球视野构建的能力，有助于提升学生的个人素养与综合素质，更为其未来参与社会竞争、实现个人价值提供了强有力的支撑。在全球化日益加深的今天，国家通用语言文字的掌握已成为衡量个体综合素质与竞争力的重要指标之一。因此，加强国家通用语言文字教育，对于区域学生而言，不仅是语言能力的提升，更是其未来发展的重要基石，对于促进区域教育质量的全面提升具有深远意义。

### （三）推动国家通用语言文字普及的多元策略

大力推广国家通用语言文字，需要采取一系列科学、系统且富有创新性的策略。主要包括：加强基础教育阶段的双语教学，确保学生在掌握本民族语言的同时，也能熟练掌握国家通用语言文字；优化教学资源配置，通过远程教育、在线学习平台等现代化教学手段，为学生提供更多元、更便捷的学习资源；加强师资队伍建设，提升教师的国家通用语言文字教学能力与专业素养；构建多元化的评价体系，鼓励学生积极参与国家通用语言文字的实践与应用，形成积极向上的学习氛围。

加强基础教育阶段的双语教学是推动国家通用语言文字普及的重要基石。双语教学并非简单的两种语言叠加，而是蕴含着深刻的教育理念与文化内涵。从教育心理学角度看，母语在学生认知发展初期扮演着关键角色，它是学生理解世界、构建知识体系的基础工具。在区域开展双语教学，尊重并利用学生的母语基础，能够有效降低学习国家通用语言文字的认知难度，通过语言的迁移作用，帮助学生更好地理解和掌握通用语言文字的语法结构、词汇语义等要素。

优化教学资源配置是普及国家通用语言文字的关键支撑。在信息技术飞速发展的当下，远程教育、在线学习平台等现代化教学手段为区域学生获取丰富多样的学习资源开辟了新路径。这些资源具有多元化、便捷化的显著特点，能够突破地域限制，将优质的语言教学内容精准传递到每一位区域学生手中。

从教育传播学的视角分析，现代技术手段极大地丰富了教学信息的传播渠道与呈现方式。通过多媒体资源，如生动形象的动画、音频视频素材等，将抽象的语言知识具象化，契合了学生的认知特点与学习规律，激发了他们的学习兴趣与积极性。在线学习平台的互动功能，如在线讨论、实时答疑等，打破了传统课堂教学的时空局限，营造了一个开放、共享的学习社区，促进了学生之间、师生之间的交流互动，增强了学生的学习参与感与自主学习能力。此外，远程教育和在线学习平台还能够实现教学资源的个性化定制。根据区域学生的不同学习水平、语言基础和学习需求，精准推送适合他们的学习内容，实现因材施教，提高学习效果。这种基于现代技术的教学资源优化配置，不仅丰富了国家通用语言文字的教学内涵，也为区域学生提供了一个与时代同步、与全国教育接轨的学习平台，有力推动了语言学习的普及与深化。

加强师资队伍建设是确保国家通用语言文字教学质量的核心要素。教师作为教育活动的主导者，其国家通用语言文字教学能力与专业素养直接影响着学生的学习成效。从教师专业发展理论来看，教师需要具备扎实的语言知识功底、娴熟的语言教学技能以及对民族文化和学生特点的深刻理解。通过系统的培训与专业发展项目，教师能够不断更新语言教学理念，掌握先进的教学方法与技巧，如情境教学法、任务驱动教学法等，以提高课堂教学的有效性。同时，教师对民族文化的深入了解，有助于他们在教学过程中更好地将国家通用语言文字与民族文化元素相结合，创设富有文化内涵的教学情境，增强教学的吸引力与亲和力。

教师的专业素养还体现在其对教育教学规律的把握和对学生个体差异的关注上。在国家通用语言文字教学中，教师能够根据学生的语言学习进度、学习风格和学习困难，制订个性化的教学计划，提供有针对性的指导与反馈，帮助学生克服学习障碍，逐步提高语言能力。

构建多元化评价体系是推动国家通用语言文字普及的重要动力机制。从教育评价学的理论视角出发，多元化评价体系涵盖了形成性评价与终结性评价相结合、知识技能评价与情感态度评价相统一、自我评价与他人评价相补充等多方面内容。形成性评价贯穿于学生的日常学习过程，通过课堂表现观察、作业完成情况分析、小组合作项目评估等方式，及时反馈学生的学习进展，帮助教师调整教学策略，同时也使学生能够清晰认识自己的学习优势与不足，及时改进学习方法。终结性评价则在一定学习阶段结束时，对学生的语言知识掌握程度、语言运用能力等进行综合考核，为学生的学习成果提供量化的评估结果。在评价内容方面，除了关注学生的知识技能外，还注重对学生学习国家通用语言文字的兴趣、态度、自信心以及跨文化交流意识等情感态度因素的评价。此外，鼓励学生积极参与自我评价和同伴互评，培养学生的自我反思能力和合作学习精神，使学生在评价过程中成为学习的主人，增强学习的积极性与主动性。

## 三、 健全区域基础教育质量监测体制机制

质量监测能够全面反映学生在知识技能、情感态度、价值观以及社会适应能力等方面的成长状况。通过监测学生在不同学习阶段、不同学科领域以及不同学习情境下的表现，为学生提供个性化的学习诊断和发展建议，帮助教师因材施教，根据学生的个体差异调整教学策略，满足学生的特殊学习需求，促进学生的个性化发展。对于保障教育公平、提升教育质量、传承民族文化、促进教育决策科学化以及推动学生全面发展具有不可替代的深远意义，是区域基础教育走向现代化、高质量发展道路的必然要求和重要支撑。

### （一）区域基础教育质量监测体制机制的重要性与理论基础

在全球化与多元化的双重背景下，区域基础教育质量监测体制机制的构建，是实现教育公平与质量提升的关键一环，更是促进民族文化传承、增强国家文化软实力的重要途径。其核心价值在于，通过科学、系统的监测，揭示区域基础教育发展的内在规律与外在表现，为政策制定者提供精准的数据支持与理论依据，从而推动教育资源的均衡配置、教育过程的公平实施以及教育结果的多元呈现。

区域基础教育质量监测体制机制的构建，需基于教育公平理论、质量监控理论、多元文化教育理论以及系统科学理论的交叉融合。教育公平理论强调教育资源的均衡分配与教育机会的平等享有；质量监控理论关注教育过程的规范性与教育结果的达成度；多

元文化教育理论倡导尊重并传承各民族的文化传统，促进文化的多样性与包容性；系统科学理论提供了一套分析、设计与优化复杂系统的科学方法。这些理论共同构成了区域基础教育质量监测体制机制的理论基础，为其构建与实施提供了科学的指导与方向。

### （二）区域基础教育质量监测体制机制的构建原则与实施策略

在构建区域基础教育质量监测体制机制时，需遵循科学性、系统性、针对性、可操作性以及可持续性等原则。科学性要求监测内容、方法与工具的设计必须基于教育科学的原理与方法，确保监测结果的准确性与可靠性；系统性强调监测体系应涵盖教育投入、过程、产出等各个环节，形成完整的监测链条；针对性要求监测应针对区域教育的特殊性与差异性，制定符合地方实际的监测指标与标准；可操作性关注监测实施的便捷性、高效性与可持续性，确保监测活动能够顺利推进并取得实效；可持续性强调监测体制机制的长远规划与持续发展，确保监测工作的连续性与稳定性。

在实施策略上，应注重数据收集与分析的多元化、监测结果的及时反馈与有效利用，以及监测体系的动态调整与优化。然而，区域基础教育质量监测体制机制的实施也面临诸多难点与挑战，如教育资源分配不均、监测技术与工具落后、监测人员专业能力不足等。因此，需加强监测技术研发与应用，提升监测人员的专业素养与技能水平，同时加强政策引导与资金支持，确保监测工作的顺利开展与持续推进。

### （三）区域基础教育质量监测体制机制的创新路径与未来展望

区域基础教育质量监测体制机制的创新是推动全国教育现代化进程的重要组成部分。教育现代化不仅仅是发达地区的任务，区域教育的发展水平直接影响着国家教育现代化的整体水平。创新的监测体制机制有助于发现区域教育在现代化进程中与全国平均水平以及国际先进水平的差距，为制定有针对性的教育现代化发展战略提供依据。通过监测指标体系的引导，推动区域学校在教育理念、教学方法、教育技术应用等方面不断向现代化迈进。

监测技术的研发与应用创新是提升监测智能化与精准化水平的关键突破口。大数据、人工智能等现代信息技术为教育质量监测带来了前所未有的机遇。通过大数据技术，海量收集区域学生的学习行为数据、教师的教学过程数据以及学校的管理运营数据等。利用人工智能算法，如机器学习模型和深度学习神经网络，对这些数据进行深度分析，能够精准地预测学生的学业发展趋势、识别教学过程中的关键问题以及评估学校教育质量的潜在风险。例如，通过对学生在线学习平台上的学习轨迹分析，实时了解学生的学习进度、知识掌握难点以及学习兴趣偏好，为教师提供个性化的教学建议，实现精准教学干预。这种基于现代信息技术的监测模式，彻底改变了传统监测方式的粗放性与滞后性，使监测结果更加客观、准确、及时，为教育决策提供了坚实的数据支撑。

推动监测结果的深度应用是实现教育质量持续改进与提升的核心环节。监测结果不应仅仅停留在数据报告的层面，而应成为驱动教育系统内部变革的重要动力源泉。将监测结果作为政策调整的依据，引导政府制定更加科学合理、符合区域实际需求的教育政策，如优化教育资源配置政策、调整教育发展战略方向等，确保政策的针对性和有效性。

在资源配置方面，根据监测所反映的学校之间、地区之间的教育质量差距，合理分配教育经费、师资力量、教学设备等资源，使资源向薄弱学校和地区倾斜，促进教育公平的实现。监测结果为教学改革提供了实证基础，教师和学校管理者可以依据监测所揭示的教学问题和学生学习需求，有针对性地改进教学方法、优化课程设置、加强师资培训等。深度应用监测结果的循环反馈机制，使区域基础教育系统能够不断自我调整、自我完善，实现教育质量的持续提升。

未来，区域基础教育质量监测体制机制必须具备敏锐的洞察力和前瞻性思维。这意味着监测工作将不再局限于对当前教育质量状况的静态评估，而是要深入分析教育发展的动态趋势，预测未来可能出现的问题和需求。通过运用大数据分析技术中的趋势预测模型、情境模拟分析等方法，对区域人口结构变化、经济发展趋势、科技进步对教育的影响等多方面因素进行综合考量，提前预判教育质量可能面临的风险和挑战。例如，随着人工智能技术在社会各领域的广泛应用，预计未来区域学生将需要具备更强的数字素养和创新思维能力。监测体系应提前关注这一趋势，将相关指标纳入监测范围，以便及时调整教育政策和教学内容，引导学校和教师培养适应未来社会需求的人才。

## 四、以特色发展凸显区域层面基础教育高质量发展

高质量的基础教育是培养高素质人才的摇篮，而特色发展的基础教育能够培养出更符合区域经济社会发展需求的人才。特色发展的教育模式能够根据区域特点和学生需求，创设丰富多样且富有吸引力的教育情境。与传统的统一化教育模式相比，特色教育更注重学生的个性差异和兴趣爱好。例如，在自然生态资源丰富的区域，学校开展户外生态探索课程，学生在实地考察动植物、研究生态环境的过程中，好奇心和探索欲得到极大激发。这种与地域特色紧密结合的学习内容和方式，能够让学生在熟悉的环境中发现学习的乐趣，将被动学习转化为主动探索，充分挖掘学生的学习潜能，提高学生的学习效果，为学生的终身学习奠定良好的基础。

### （一）挖掘乡土文化资源，构建特色课程体系

乡土文化作为区域独特的精神标识与智慧结晶，承载着先辈们的生产生活经验、价值观念与审美情趣，是培养学生民族认同感与文化自信的肥沃土壤。

从课程内容的角度看，应深入系统地梳理和整合本地区的历史文化、民俗风情、传统技艺等元素，将其转化为具体的课程知识与教学素材。例如，将民族民间故事、传说纳入语文课程，使学生在阅读与讲述中感受本民族独特的叙事风格与文化内涵；把民族传统音乐、舞蹈融入艺术课程，让学生亲身体验艺术创作的魅力，传承民族文化基因，丰富课程内容的多样性，使学生在熟悉的文化语境中激发学习兴趣，增强学习的主动性与积极性。

从课程目标的维度分析，特色课程体系的构建旨在培养学生的多元能力与综合素质。参与本土文化特色课程的学习，学生能够在实践中锻炼观察能力、动手能力与创新思维能力。如在民族手工艺制作课程中，学生需要仔细观察传统工艺的制作流程，动手使用

工具与材料，在此过程中发挥创造力，对传统工艺进行创新与改良。本土文化的学习体验有助于培养学生对本民族文化的热爱之情，进而树立强烈的文化自信，使他们在全球化浪潮中坚守民族文化根基，成为民族文化的传承者与创新者。

从课程实施的层面考量，应注重与当地社区、文化机构的合作。邀请民间艺人、文化传承人走进课堂，开展讲座、示范教学等活动，让学生与本土文化的传承者进行面对面的交流与学习，获取最直接、最生动的文化知识。此外，组织学生参与社区文化活动、田野调查等实践活动，使学生在真实的生活情境中深入了解本土文化，增强对本土文化的感性认识，实现理论学习与实践体验的有机结合，促进本土文化在年轻一代中的传承与发展。

### （二）加强区域教育合作，实现资源共享与优势互补

加强区域教育合作成为突破地域限制、整合优质教育资源的关键策略。通过区域内学校、教育机构之间的紧密合作，可以实现资源共享与优势互补，为区域基础教育注入新的活力与动力。

资源共享是区域教育合作的核心内容之一。其一，在硬件资源方面，发达地区学校可以将闲置或更新换代的教学设备、实验器材等捐赠或租赁给偏远区域学校，改善其教学条件。其二，建立图书资料、多媒体资源共享平台，可以使偏远区域学生获取与发达地区学生同等丰富的学习资料。其三，在软件资源方面，共享优秀教师的教学课件、教学设计、教学视频等资源，可以为区域教师提供丰富的教学参考范例，提升其教学水平。此外，开展远程同步课堂教学，可以使区域学生实时参与发达地区优质课程的学习，共享优质教育教学资源，拓宽学生的学习视野。

优势互补注重发挥不同地区学校在教育教学方面的特长与优势。发达地区学校在教育理念、教学方法、师资队伍建设等方面具有较为先进的经验，而区域学校则拥有独特的民族文化资源与自然环境优势。通过合作交流，发达地区学校可以将先进的教育理念与教学方法引入区域，帮助其更新教育观念，改进教学方法。例如，开展校际教师交流活动，派遣骨干教师支教，接收区域教师到发达地区跟岗学习，通过实地观摩、参与教学实践等方式，提升区域教师的教育教学能力。区域学校则可以将民族文化融入教育教学活动，为发达地区学校提供丰富的文化体验与实践教学素材，共同开展跨学科的综合实践活动，实现双方在教育教学资源与特色方面的优势互补，共同推动区域基础教育的高质量发展。

### （三）推动教育信息化建设，创新教学模式与学习方式

推动教育信息化建设成为提升区域基础教育学生学业质量的重要突破口。借助现代信息技术手段，创新教学模式与学习方式，可以打破时间与空间的限制，为学生提供更加公平、优质的教育机会。

教育信息化建设为教学模式创新提供了技术支撑。通过构建智能化教学平台，教师可以利用多媒体资源进行生动形象的教学展示，将抽象的知识转化为直观的图像、音频、视频等，帮助学生更好地予以理解与掌握。同时，基于大数据分析技术，教师能够精准

了解学生的学习情况，根据学生的学习进度、知识掌握程度等个性化差异，制定有针对性的教学策略，实现个性化教学，满足不同学生的学习需求。

在学习方式方面，教育信息化促使学生从传统的被动接受式学习向主动探究式学习转变。在线学习平台为学生提供了丰富的自主学习资源，学生可以根据自己的兴趣爱好和学习需求，选择适合自己的学习内容和学习进度。例如，通过在线课程学习民族文化、艺术、语言等特色知识，拓宽知识面。此外，利用社交网络平台、在线学习社区等，与来自不同地区的同学进行交流合作，共同完成学习项目、讨论问题，培养团队协作能力和创新思维能力。在这种数字化学习环境中，学生成为学习的主体，积极主动地参与学习过程，提升自主学习能力和终身学习意识。

为了确保教育信息化建设在偏远区域的有效实施，需要加大对教育信息化基础设施的投入，提高网络覆盖率和设备配备水平。同时，加强对教师的信息技术培训，使教师具备熟练运用信息技术进行教学的能力，有效整合信息技术与教学内容，优化教学过程。此外，还需要关注教育信息化建设过程中的数字鸿沟问题，采取针对性措施，确保偏远区域学生能够平等地享受到教育信息化带来的红利，为其学业质量的提升创造有利条件。

# 第十八章

# 数字化赋能区域基础教育优质均衡发展

随着数字技术的飞速发展，数字化赋能基础教育已成为当前教育改革与发展的一股强大动力，它不仅深刻改变了传统教学模式，还为学生提供了更加丰富、多元的学习体验，促进了教育资源的均衡分配，加速了教育现代化的进程，是推动我国基础教育高质量发展的重要抓手。

本章通过对中部某省 J 县数字化赋能基础教育均衡发展的样本概况与数据来源的梳理，分析了 J 县推动义务教育优质均衡发展的整体情况，J 县数字化赋能基础教育优质均衡发展的数据分析、教育与实践的应用、信息技术教师的配置等现状及成效，从治理赋能、资源赋值、施策赋行、培训赋智、合作赋效等方面提出了进一步完善数字化赋能基础教育优质均衡发展的路径。

## 第一节　样本选择与数据来源

### 一、样本选择

J 县拥有丰富的自然资源和人文资源。在义务教育发展上，J 县正视自身中小学教育资源相对薄弱的现状，始终秉持"义务教育优先发展"的理念，制定一系列政策，实行义务教育阶段事务"特事特办"，极力推进义务教育优质均衡发展的相关工作。

针对某省 J 县开展调研，是基于该县现实发展情况的衡量与研判后做出的选择，选择目标县域开展教育信息化和数字化优质均衡发展的研究，具备较好的适切性。原因主要有：第一，目标县域内居民绝大多数仍以农业种植为生计之本，县域内城乡学校发展不平衡，具有一定的典型性；第二，目标县域文化底蕴深厚、文化氛围浓郁，学校实行"一校一品"，拥有众多可供挖掘的特色元素，具有较高的研究价值；第三，目标县域自然资源丰富，经济内生动力较强，具备社会面参与学校信息化建设，向内部要动能，投入资金维护、升级、优化学校信息化装备的潜力；第四，目标县域自 2020 年实现义务教育一般均衡的目标后，目前正处于着力推进义务教育优质均衡发展的关键阶段，县政府机关和教育部门非常重视义务教育信息化和数字化优质均衡发展的问题，能对研究该县信息化均衡发展问题提供必要的支持与协助。

## 二、数据来源

本研究的数据来自对 J 县的调研，包括调查问卷和访谈，其中问卷是以线下问卷的方式进行的预调查，正式调查以线上问卷的方式进行。部分数据系根据 J 县教育部门内部资料整理而成。

# 第二节 数字化赋能基础教育优质均衡发展的县域个案

2022 年全国教育工作会议提出实施教育数字化战略行动。党的二十大报告明确提出"推进教育数字化"。2023 年，《关于实施新时代基础教育扩优提质行动计划的意见》提出，实施数字化战略行动，赋能高质量发展。2024 年 1 月，世界数字教育大会"数字变革对基础教育的挑战与机遇"平行会议在上海召开。这些战略和措施表明，数字化已成为新时代我国基础教育发展与变革的重要趋势，是推动基础教育高质量发展的重要保证。

## 一、教育数字化发展的内涵与价值体现

### （一）教育信息化与教育数字化

#### 1. 教育信息化的内涵分析

教育信息化概念的正式提出可以追溯到 20 世纪 90 年代，特别是伴随着信息高速公路的兴建，教育信息化逐渐受到重视。1999 年，《中共中央 国务院关于深化教育改革全面推进素质教育的决定》中提出，大力发展现代远程教育，大力提高教育技术手段的现代化水平和教育信息化程度。2000 年，陈至立在全国中小学信息技术教育工作会议上提出，普及中小学信息技术教育，以信息化带动教育现代化。随后，教育部和相关部门陆续发布了多个关于教育信息化的规划、行动计划等文件，为教育信息化的发展提供了政策保障。

南国农认为，教育信息化是一个过程，一个运用现代信息技术，不断改进教育教学，培养、提高学生的信息素养，促进教育现代化的过程。[①]随着时代的进步，教育信息化被赋予了更加丰富的新意义，它标志着在教育管理的各个环节、教育教学的实践以及教育科研的探索中，现代信息技术得到了全面且深入的应用，旨在推动教育的改革与进步。其技术特征日益鲜明，表现为"数字化、网络化、智能化及多媒体化"的显著趋势，同

---

① 南国农. 教育信息化建设的几个理论和实际问题（上）[J]. 电化教育研究，2002（11）：3-6.

时，"开放、共享、交互、协作"的基本属性也日益凸显。作为国家信息化战略的关键一环，教育信息化对于更新教育理念、深化教育改革、提升教育质量及效率、培育创新型人才具有不可估量的价值，是实现教育飞跃式发展的必由之路。通过教育信息化驱动教育现代化，利用信息技术颠覆传统教育模式。教育信息化的蓬勃发展，不仅引发了教育形态与学习方式的深刻变革，还对传统教育思维、理念、模式、内容及方法构成了较大挑战，从而极大地加速了教育改革的步伐。

### 2. 教育数字化的内涵

从工业革命到信息技术革命，人类社会经历了前所未有的快速发展与深刻变革，每一次技术革新都不仅重塑了生产方式、生活方式，还极大地推动了社会结构的变迁和文化的演进。数字是信息的载体，数字技术是信息技术的高阶形式。特别是近年来，随着数字技术的迅猛发展，我们正逐步从信息时代迈向数字时代乃至智能时代，这一转变不仅体现在技术层面的飞跃上，更深刻地影响着经济、政治、文化等各个领域。也可整合到教育领域的各个层面，实现教育系统结构、功能、文化的变革与重塑。

教育数字化作为一种教学方式和战略行动，随着数字技术的快速发展和教育改革的深入而逐渐受到重视。2023 年全国教育工作会议在北京召开，会议明确提出"纵深推进教育数字化战略行动"，标志着教育数字化在我国教育领域中的战略地位得到了进一步明确和提升。在随后的时间里，教育数字化战略得到了持续推进和深化。包括世界数字教育大会的召开、全国教育数字化现场推进会议的举办、国家智慧教育平台的获奖以及教育数字化助力中西部地区教育高质量发展推进会的举行等，都体现了我国在教育数字化方面的积极努力和显著成效。

教育数字化通过利用数字技术和网络平台，改变教育的内容、形式、方法和组织，提高教育的质量和效率，实现教育的个性化、智能化和开放化。具体来说，教育数字化包括以下几个方面的内涵。① 数字化资源的开发与利用：利用数字技术创建、整合和共享各种教育资源，如电子教材、在线课程、虚拟实验室等，为师生提供丰富多样的学习材料。② 数字化教学环境的构建：通过建设智慧教室、智慧校园等数字化教学环境，为师生提供便捷、高效、互动的学习空间。[①] ③ 数字化教学模式的创新：探索和推广基于数字技术的混合式教学、翻转课堂、项目式学习等新型教学模式，提高学生的学习兴趣和自主学习能力。④ 数字化管理服务的提升：利用数字化手段优化教育管理流程，提高管理效率和服务水平，如学籍管理、成绩分析、教学质量评估等。

### 3. 教育信息化与教育数字化的关系辨析

教育信息化是一个持续演进的过程，在此过程中，数字化始终扮演着基石的角色。在教育信息化萌芽阶段，数字化主要限于对信息的初步存储和基本处理。然而，随着数字化技术的不断创新与进步，教育信息化已演进至今，数据的作用日益凸显，展现出越来越强的网络互联与智能驱动的特性。

教育信息化侧重于信息技术在教育领域的应用，强调硬件和软件的应用，而教育数

---

① 谷冰倩. 高职日语教育数字化转型的路径 [J]. 中国新通信，2024，26（6）：218-220.

字化侧重于数字技术在教育领域的应用，更加强调数字资源和数字平台的建设。二者并不是对立关系。教育信息化是教育数字化的基础。没有教育信息化，就无法实现教育数字化。教育信息化为教育数字化提供了技术支撑和实现手段。教育数字化是教育信息化的深化和扩展，是教育信息化发展的时代特征、高级阶段。通过教育数字化，可以实现教育领域中各种信息的数字化、共享和传播，并进一步为教育智能化提供基础数据和信息资源。教育数字化的长远目标，就是要构建适应数字化经济发展、服务国家数字化战略的人才培养体系。

### （二）数字化赋能基础教育均衡发展

教育数字化转型是教育领域适应数字社会发展、推动新时代教育改革创新的重要战略，数字化转型在教育领域的落地和实践，是推动教育形态从传统教育走向数字教育的路径和策略。[①]

2021 年 7 月，《关于推进教育新型基础设施建设构建高质量教育支撑体系的指导意见》提出，推动教育数字转型、智能升级、融合创新，支撑教育高质量发展。同年 8 月，教育部批复同意上海成为教育数字化转型试点区，开启教育数字化转型的政策实践。2022 年，教育部正式提出实施国家教育数字化战略行动，以政策路径加速教育适应数字中国发展的步伐。通过数字技术的广泛应用和深度融合，推动基础教育在资源配置、教学质量、教育管理等方面实现均衡与优质发展。这一过程旨在缩小城乡、区域、校际的教育差距，使每个孩子都能享有公平而有质量的教育。具体来说，数字化赋能基础教育均衡发展包括以下几个方面。

#### 1. 教育环境数字化

通过加强学校网络、多媒体设备、智能终端等硬件设施建设，构建智慧校园、智能教室，确保基础教育阶段的学生和教师能够方便地接入和使用数字化资源。开发或引入适合基础教育阶段使用的数字化教学平台、学习管理系统等，为教师和学生提供便捷、高效的教学和学习环境。

#### 2. 教学过程数字化

整合国内外优质教育资源，包括电子教材、在线课程、教学视频、虚拟实验室等，形成丰富的数字化资源库。通过"互联网＋"等在线教育平台，实现名校、名师优质教育资源的有效辐射和共享，让偏远地区的学生也能享受到优质的教育资源。利用数字化工具和资源，实现教学内容的数字化呈现和个性化教学，提高教学效果和学习体验。

#### 3. 教育管理数字化

通过数字化手段优化教育管理流程，提高管理效率和决策科学性。利用人工智能、大数据分析等技术，开发个性化学习推荐系统，为学生提供符合其兴趣和能力的学习资

---

① 程莉莉. 教育数字化转型的内涵特征、基本原理和政策要素 [J]. 电化教育研究，2023，44（4）：53-56，71.

源和路径。推广智能辅导工具、虚拟助教等新型教学辅助手段，为学生提供沉浸式的学习体验，提高学习效率和学习效果。强化教师的数字化意识，定期进行数字素养培训，提升教师的信息技术应用能力和智能化教学技巧。鼓励教师利用数字化资源开展教学研究和创新实践，提升教学质量和效果，促进教师的专业成长和终身发展。

### 4. 教育评价数字化

利用数字技术建立信息化评价系统，通过数据采集、分析检测，形成基于学生体质、心理健康、行为习惯、学科素养、劳动技能等维度的综合性成长报告。推动评价多元化，从"单一分数"评价转向"综合素养"评价，关注学生的全面发展，促进教育评价体系的科学化和公正性。

数字化赋能基础教育均衡发展是一个系统工程，需要政府、学校、教师、学生以及社会各界的共同努力和协作，对教育要素进行数字化改造和功能提升，实现教育环境、教学过程、教育管理、教育评价与师生素养的数字化转型[①]，推动基础教育在资源配置、教学质量、教育管理等方面实现均衡与优质发展，进而促进教育创新发展，支撑构建更加公平、更有质量的教育体系。

## （三）数字化赋能基础教育均衡发展的价值体现

数字化赋能基础教育是教育数字化转型在基础教育场域的演进，是基础教育系统内部自身变革与外部环境调适。数字技术赋能使基础教育进一步扩优提质，成为基础教育发展的内生动力，回归教育社会责任的反哺功能，开辟基础教育数字治理新路径。通过数字技术的广泛应用和深度融合，促进教育资源优化配置、提升教育质量、推动教育公平、提高教育管理效率以及增强师生数字素养，为未来基础教育的发展提供新的动力和机遇。

### 1. 突破时空界限，促进教育资源优化配置

数字化技术打破了地域限制，使得优质教育资源能够跨越时空界限，实现城乡、区域间的共享。这有助于解决教育资源分布不均的问题，促进教育资源的优化配置。通过数字化手段，可以建设国家级、省级专业教学资源库和精品在线课程，为广大学生提供更多元化、高质量的学习资源。这些资源不仅丰富了教学内容，也提高了教学质量。

### 2. 提升教育质量，推动教育公平

数字化技术能够根据学生的个性化需求，提供定制化的学习资源和教学方案。这有助于激发学生的学习兴趣和积极性，提高学习效果。数字化赋能基础教育促进了教学模式和方法的创新。教师可以利用数字化工具开展混合式教学、项目式学习等新型教学模式，提高教学效率和质量。由于地域条件的限制，偏远地区的教育信息化建设滞后，数

---

① 柯清超，刘丽丽，鲍婷婷，等.国家智慧教育平台赋能区域教育数字化转型的四重机制 [J]. 中国电化教育，2023（3）：30-36.

字化技术能够缩小城乡、区域间的教育差距。通过远程教育、在线学习等方式，农村和边远地区的学生也能享受到优质的教育资源和服务。数字化赋能基础教育有助于降低教育成本，提高教育普及率。特别是对于经济困难地区和弱势群体，数字化教育为他们提供了更多接受教育的机会和可能。

### 3. 优化信息平台，提高教育管理效率

数字化技术能够实现教育管理的信息化和智能化。通过构建教育管理平台，可以实现对教育资源的统一管理、分配和调度，提高管理效率和水平，还带来了教育数据的海量增长。通过对这些数据的收集、分析和利用，可以为教育决策提供科学依据和支持。

### 4. 拓展学习界限，增强师生数字素养

数字化赋能基础教育要求教师必须具备相应的数字素养和技能。通过培训和学习，教师可以更好地掌握数字化教学工具和方法，提高教学能力。数字化教育也为学生提供了更多接触和使用数字化工具的机会。这有助于培养学生的信息素养、创新能力和解决问题的能力。

## 二、县域推动义务教育优质均衡发展整体情况

J县为推动县域义务教育均衡发展，采取了有效的发展措施。2021年，全县一般公共预算支出 23.32 亿元，同比下降 6.25%。其中，义务教育支出为 4.87 亿元，义务教育支出占公共预算支出的比例为 20.88%，高于国家平均水平。

在校园建设上，综合考虑义务教育阶段适龄学生的数量和分布结构、县域城镇化的进程等因素，结合未来教育规划的情况对学校布局进行调整。近年来，县委、县政府先后累计投入教育经费 5.6 亿元，实施了一系列工程项目，包括建设达标校园、改造农村薄弱学校、推进"四改三化"工程和增加学位供给项目。在乡镇层面，已圆满完成了 51 所学校的标准化建设及 17 所学校的"全面改薄"项目，新建校舍面积达 23 万多平方米。

在师资队伍建设上，坚持多渠道补充教师力量、改善义务教育阶段教师待遇。具体举措如下。第一，建立县域义务教育教师补充长效机制。为了确保县域内义务教育教师队伍的稳定增长，近年来，J县采取诸如公开招募、吸引人才、定向培育以及特岗计划等多种措施，成功补充了 577 名教师，特别是针对音乐、体育、美术、科学、信息技术等急需学科，补充了 103 名专业教师，并将他们全部安排到了农村或薄弱学校任教。第二，实施县域义务教育教师安居工程。为了提升县域义务教育教师的居住条件，近年来，J县大力实施教师安居工程，建造了超过 1000 套教师公寓和周转住房，极大地缓解了农村教师的住宿难题。第三，鼓励县域义务教育城乡教师结对帮扶，通过城乡挂职、区域互动、校际合作等方式，有计划组织城镇办学条件好的学校的教师到偏远乡村学校和薄弱学校任教。第四，提升县域义务教育乡村教师待遇。在评优、评职称和人才项目评选上优先考虑在偏远乡村学校和薄弱学校任教的教师，待遇予以重点倾斜。近年来，全县累计发放农村基层乡镇教师工作补贴等各类补贴近 2 亿元。

在学生管理上，J县注重中小学生个性发展，注重对弱势群体、留守儿童的帮学助学服务，注重校园安全，始终把学生全面发展和校园安全放在核心地位，塑造出了一批批敢想敢做、有理想肯吃苦、勤勉上进的好学生。一方面，贯彻落实"双减"工作要求，优化课堂、作业、课后服务的特色设计，推进课堂教学质量、作业管理水平、课后服务质量的提升。另一方面，严格执行义务教育公办学校"免试就近入学"政策，适龄人口入学率达到100%。

## 三、县域数字化赋能基础教育优质均衡发展的相关数据

为贯彻落实政府推进教育信息化建设的一系列政策，用信息化手段来辅助教学、管理、教研，缩小J县教育城乡差距，推动教育均衡发展，J县人民政府于2018年启动了智慧教育项目建设，依据J县智慧教育远景规划（见图18.1）推动县域教育信息化实现优质均衡发展。接下来就其整体现状展开分析。

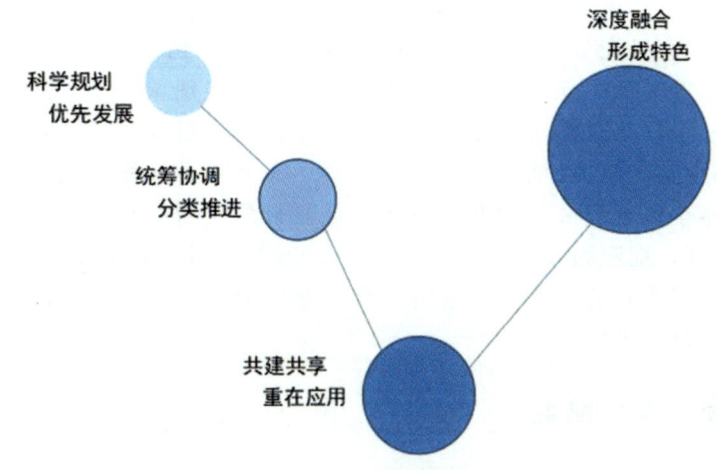

**图18.1 J县智慧教育远景规划**

整体而言，对照国家义务教育均衡发展指标要求，目前J县中小学共拥有计算机教室数25间，校均计算机教室数0.758间，全县中小学生数42791人，学生计算机终端数合计3566台，每百人拥有计算机终端数8.33台。小学每百名学生拥有计算机台数平均值最大为56台，最小为2台；初中每百名学生拥有计算机台数平均值最大为29台，最小为4台。已接入宽带学校33所，接入宽带覆盖率100%，已达到县域义务教育均衡发展基本指标要求。

对照国家县域义务教育优质均衡发展指标要求：对于每百名学生拥有网络多媒体教室数，小学、初中分别达到2.3间以上、2.4间以上的要求，以笔者调查的7所学校为例，有一所小学和两所中学已经达标，其余两所小学和一所中学也比较接近要求，具体情况如表18.1所示。接下来依据调研样本县域得到的宏观数据，针对信息化促进J县义务教育优质均衡发展的情况进行概述。

表 18.1　J 县调研中小学多媒体教室配置优质均衡达标情况

| 类别 | 学校名称 | 多媒体教室数 | 学生总数 | 每百名学生拥有多媒体教室数 | 是否达标 |
|---|---|---|---|---|---|
| 小学 | JY 一小 | 61 | 3085 | 1.98 | 否 |
| | SY 小学 | 33 | 1704 | 1.94 | 否 |
| | YS 小学 | 39 | 1768 | 2.21 | 否 |
| | SB 小学 | 20 | 753 | 2.66 | 是 |
| 初中 | JY 三中 | 76 | 1514 | 5.02 | 是 |
| | YS 中学 | 25 | 1010 | 2.48 | 是 |
| | SB 中学 | 8 | 354 | 2.26 | 否 |

## （一）教育信息化经费投入

在经费投入层面，J 县委、县政府组织专家就教育信息化项目建设的政策、法律、技术层面和框架协议等进行了充分论证，寻求最优方案，实现城乡学校间信息化经费投入的透明和均衡。经项目预算和财政投资评审，智慧教育项目所需软硬件设施设备总投资为 1.95 亿元。结合实际情况，引进社会资本投资，以政府购买服务的方式推进智慧教育建设，由社会资本全资建设并提供相关服务，软硬件所有权归投资方。政府直接支付购买服务费 7800 万元，期限为 3 年，后续每年投入 88 万元用于 J 县教育城域网维护和购买外网服务。这种模式有效解决了"三通两平台"建设中的设备维护难题，使各所学校得以更加专注于教育教学工作。

## （二）软硬件资源配置

### 1. 硬件配置

硬件配置方面，J 县教育部门加快推进智慧教育公共服务体系建设，同步更新城乡教育基础软硬件设施设备，确保城乡学校硬件设备的一致性。全县中小学校总数 33 所，教室总数 568 间，县域内学校已全部实现多媒体教学设备覆盖。建设内容主要包括教育数据中心 1 座、智慧展厅 2 间、创客实验室 58 座，智慧教室 568 间（包括 546 间交互多媒体教室和 22 间展示多媒体教室）、电子书包教室 82 间、电子备课室 76 间，具体分布见图 18.2 和图 18.3。同时对所有学校信息化设备关联电路进行整理改造，添加必要的防雷措施，保证设施设备的安全使用。整体而言，J 县教育基础软硬件设施设备配置完善，具备进行信息化教学、管理、教研的基础环境。

### 2. 软件配置

在软件配置方面，县域内所有学校共建城域网，同步引进大量现代化教育管理系统，并通过外包形式对其进行优化配置。目前，校园图文发布系统、校园 IP 广播系统、虚拟仿真实验系统、数字图书馆、纸质图书管理系统等大量信息化教育子项目均已投入使用。

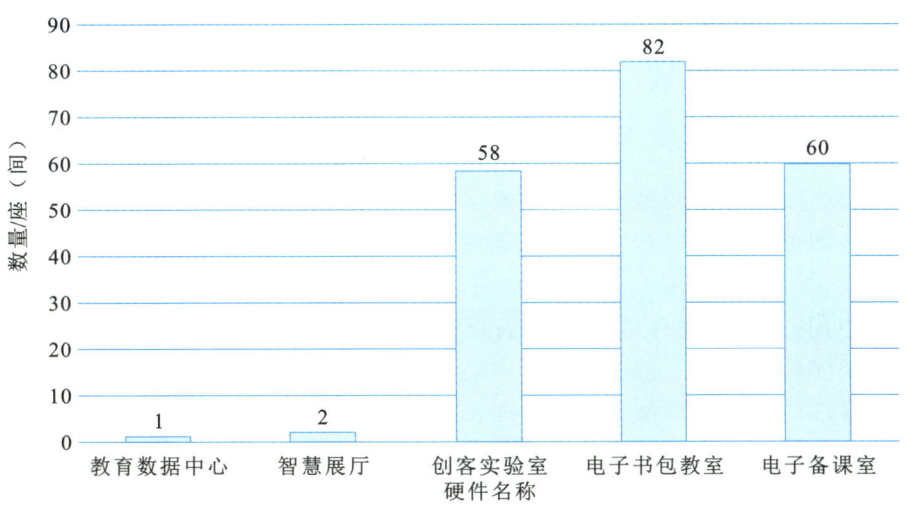

图 18.2　J 县引进多媒体设备数量分布图

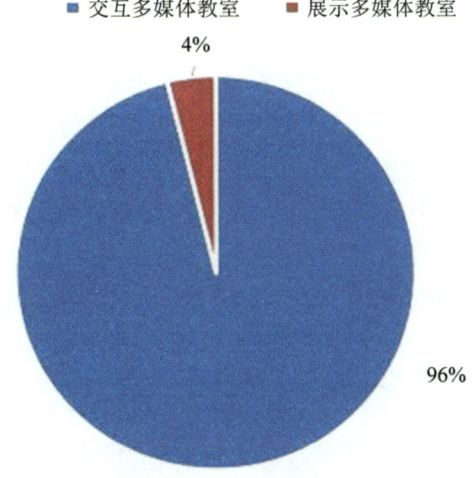

图 18.3　智慧教室构成图

在校教师均已开通个人空间，并可以通过软件接收校园图文发布系统信息、浏览数字图书馆的免费数字资源。此外，所有智慧教室的智慧教育一体机均内置了 We-Teach 交互式教学软件辅助课堂和各学科虚拟实验室，既能使在校学生足不出户，通过虚拟仿真实验系统更直观地感受物理、化学实验带来的"书本上没有的乐趣"，让授课变得简单，有助于教师集中精力于知识的传递，从软件层面上提升了课堂的教学效能。

3. 安防监控系统

校园安全方面，实现县域内学校安防监控系统全覆盖，校园一卡通服务覆盖全体县域内学生。教育部门拥有权限的教育管理人员和学校管理人员通过智慧校园综合管理平台对校园的道路、教学楼、主要活动区域实行全方位实时监控，设置校车安全监控系统，并通过 App 与家长互联，实施画面同步共享；严格实施校园门禁，城乡学生均通过校园一卡通进出校园，进出记录同步发送至学生家长手机，有效保证学生校内外出行安全。

J县教育管理部门注重对学生隐私的保护，教室监控显示的实时画面和回放只对监控所在学校基层管理人员开放查看权限，高一层级人员无权限查看。

### （三）教学与实践应用

在课堂教学效果方面，为确保课堂教学质量，通过智慧教育平台扩展教育资源供应渠道，积极开展课堂教研与互动和巡课制度。全县中小学每月平均开展线上、线下巡课达1万余次。

在社会应用方面，注重对县重大教育行动普遍采用数字化模式实施，最大限度地确保教育公平的实现。例如，在小学升初中的择校问题上，为提升家长满意度，推进教育公平，县教育部门依据省教育厅具体标准实施单校划片和多校划片。针对多校划片的学校，若报名人数超过招生计划，则报名学生全部参加电脑随机派位，根据派位结果确定录取名单，进行"小升初"入学。[①] 为确保摇号派位的透明化、公开化，确定好摇号时间后，家长可以依照自身意愿直接或间接参与到摇号进程中。

### （四）信息技术教师的配置

在师资力量方面，即使政府及教育部门出台了众多"招才引智"的教师招聘政策，但囿于地域、经济发展等现实状况，县域内多数中小学面临信息技术教师缺编、缺额的情况。当前，J县义务教育阶段教师在编教职工数量有1833人，而信息技术教师只有48人，其中小学阶段16人，初中阶段32人，占义务教育阶段总教师数的比例不足3%。以所调研的7所学校为例，2所学校甚至没有信息技术教师，一半以上的学校面临信息技术教师余缺数为负的境况，具体情况如表18.2所示。

表 18.2　信息技术教师缺额表

| 学校名称 | 班级数/个 | 现有信息技术教师数/人 | 所需信息技术教师数/人 | 余缺数/人 |
|---|---|---|---|---|
| JY 一小 | 66 | 0 | 2 | −2 |
| SY 小学 | 36 | 1 | 1 | 0 |
| YS 小学 | 49 | 1 | 1 | 0 |
| SB 小学 | 25 | 0 | 1 | −1 |
| JY 三中 | 33 | 3 | 5 | −2 |
| YS 中学 | 22 | 2 | 2 | 0 |
| SB 中学 | 8 | 1 | 1 | 0 |

综上所述，J县数字化赋能基础教育优质均衡发展取得了一定的成效。J县从2018年启动了智慧教育项目建设，研究制定了智慧教育设计原则和远景规划，投资约2亿元购买信息化资源和服务并进行建设，更新城乡教育基础软硬件设施设备，县域内学校已全部

---

① 湖南省教育厅关于进一步加强普通中小学招生入学管理工作的实施意见［J］．湖南省人民政府公报，2021（12）：9-12，8.

实现多媒体教学设备覆盖。教育数字化的基础软硬件设施设备配置完善，校园图文发布系统、校园 IP 广播系统、虚拟仿真实验系统、数字图书馆、纸质图书管理系统等大量信息化教育软件设施均已投入使用，具备进行信息化教学、管理、教研的基础环境。在实际的课堂教学中，通过智慧教育平台开展课堂教研与互动和教学质量监控，充分利用交互式教学软件辅助课堂和各学科虚拟实验室及虚拟仿真实验系统开展教学。但在信息化教师配置、教师数字化素养提升方面还有待加强。

# 第三节　数字化赋能基础教育优质均衡发展的机制分析

基础教育优质均衡发展是教育公平的核心命题，也是全球教育治理的难点。在我国，区域经济差异、城乡二元结构及师资分布不均等问题长期制约基础教育均衡化进程。数字化具有突破时空界限的能力，能够迅速传递与共享信息，并实现大数据分析与应用，这使得信息技术成为解决当前教育发展不均衡问题的关键所在。[①] 本节从机制分析视角切入，探讨数字化如何通过资源整合机制、教学模式创新机制、教师能力提升机制、教育治理优化机制推动基础教育优质均衡发展。

## 一、数字化赋能的四维机制模型

数字化赋能基础教育均衡发展的核心在于通过技术工具重构教育系统的要素配置与运行规则。数字化赋能的四维机制模型旨在系统解析技术如何重构基础教育生态，推动基础教育优质均衡发展。该模型基于资源依赖理论与教育生产函数理论，从系统论视角解构技术如何通过"资源整合—教学创新—教师发展—治理优化"的协同作用，从资源整合、教学模式创新、教师能力提升、教育治理优化四个维度揭示数字化赋能的底层逻辑。其核心逻辑在于通过技术工具突破传统教育系统的时空与资源约束，实现公平与效率的协同提升。数字化通过重构资源分配规则（资源整合）、重塑教学交互方式（教学创新）、重组教师成长生态（教师发展）、重建治理决策范式（治理优化）四个相互嵌套的机制，形成"技术赋能—制度适配—主体激活"的动态闭环。

资源整合机制通过数字化打破物理边界，实现教育资源的跨区域共享与精准匹配。教学模式创新机制以技术驱动个性化学习与协作式教学，提升教育质量。教师能力提升机制通过数字化培训与协作网络增强教师专业发展。教育治理优化机制通过数据驱动的决策体系提高政策执行效率与公平性。资源整合是基础层，通过平台化聚合与算法匹配突破资源"属地化"壁垒，为教学创新与教师发展提供物质基础。教学创新与教师发展是核心层，二者互为支撑，个性化教学依赖教师数字素养，而教师能力提升又通过 U-G-S 协作网络反哺教学资源优化。治理优化是调控层，依托教育大数据动态监测四维

---

① 刘孟祎. 以信息化促进城乡义务教育一体化发展研究——以河北省为例 [D]. 石家庄：河北师范大学，2020.

机制运行效能，并通过政策工具（如专项拨款、考核评价）反向调节资源投入与制度设计，形成闭环反馈。

## 二、资源整合机制：全域共享与精准配置

资源依赖理论指出，组织通过外部资源输入弥补内生能力短板。在教育领域，传统资源分配受制于属地化行政边界，导致城乡、区域间资源结构性失衡。数字化技术通过平台化聚合与云端化共享，构建"国家云平台—区域数据中心—学校终端"三级资源网络，打破物理空间限制，将优质资源从高势能地区（如东部城市）向低势能地区（如西部乡村）定向输送，形成"中心辐射—节点扩散—终端下沉"的资源流动模式，系统性破解资源碎片化难题。大幅降低中西部资源获取门槛，形成边际成本趋零效应。国家云平台作为"资源池"承担资源整合功能，区域数据中心扮演"适配器"角色（如省级教育资源公共服务平台），学校终端通过轻量化应用（如智慧课堂 App）实现资源落地，形成"集中供给—分层调度—精准消费"的闭环。

近年来，全国中小学（含教学点）的互联网接入率已达到 100%，无线网络覆盖率和多媒体教室普及率也大幅提高。这些基础设施的完善为数字化教育提供了必要的技术支持。教育部公布的相关数据显示，宁夏基础教育信息化发展综合指数排名从 2017 年的全国第 15 位跃升至 2020 年的全国第 6 位、2021 年的全国第 5 位，"互联网＋教育"改革经验被国务院教育督导委员会列为典型案例，在 2021 年世界互联网大会乌镇峰会上推广交流。

教育领域已建成多个国家级和省级专业教学资源库、精品在线课程等数字资源平台。这些平台汇聚了大量优质教育资源，并通过网络实现共享，为师生提供了丰富的学习材料。2022 年 3 月，国家智慧教育公共服务平台建成上线，经过多次迭代升级，形成了"三平台、一大厅、一专题、一专区"的平台架构。该平台已覆盖 200 多个国家和地区，连接了 52.9 万所学校，面向广大教师、在校生及社会学习者提供服务。[①] 该平台在助学、助教、助管、助研等方面形成了新模式，并初步形成了上下贯通的国家智慧教育平台体系，具有显著的示范带动效应。该平台通过"一师一优课"等模块，将北京四中、上海实验小学等名校课程标准化输出，使云南怒江州中学可常态化调用东部实验教学视频。构建"三个课堂"模式，形成专递课堂、名师课堂与名校网络课堂，构成精准输送管道。2023 年，累计向偏远地区开课超 1200 万课时。

## 三、教学模式创新机制：个性化与协作化

技术赋能下，教学从"标准化流水线"转向"个性化定制"。建构主义学习理论强调知识是在社会互动与情境化实践中主动建构的产物。数字化技术通过自适应学习系统与混合式教学重构教学交互模式，实现两大突破：一是个性化学习路径设计，通过 AI 学情

---

① 魏继宗，史汪盼. 数字化赋能乡村教育振兴的价值意蕴、现实困境及实践路径［J］. 当代教育与文化，2023，15（4）：24-29.

诊断（如知识图谱分析）实时捕捉学生认知盲区，动态调整教学策略，打破传统课堂"一刀切"的局限；二是社会化协作学习支持，通过线上协作工具（如虚拟实验室、云端讨论区）扩展"最近发展区"，使跨区域师生共同参与问题解决，激发高阶思维。自适应学习系统践行建构主义"学习者中心"原则，混合式教学扩展协作空间，印证社会文化理论的核心主张。

部分区域采用"双师课堂"模式，即通过"城市名师远程授课＋本地教师辅助辅导"的协同机制创新课堂教学模式，充分利用数字化赋能教学。在该模式中，远程名师负责知识讲解与思维示范，本地教师组织小组讨论与个性化答疑，形成"输入—内化—输出"的闭环。

传统实验教学受限于设备成本、安全风险与时空约束，如偏远地区缺乏实验室资源，虚拟仿真实验通过"零物理损耗、无限重复操作"特性，成为破解资源不均的重要工具。贵州山区中学引入 VR 地理沙盘，学生通过三维地形建模与动态气候模拟，使地形图识读达标率提升 40％。技术创设的"具身认知"环境，使学生通过虚拟操作理解抽象概念，验证了情境化学习的有效性。

## 四、教师能力提升机制：协同进化网络

教师专业发展生态理论强调，教师能力提升需依托持续性、协作性、情境化的学习共同体。传统教师培训受限于"集中讲座＋单向传授"模式，存在知识碎片化、实践脱节等问题。数字化技术通过构建"U-G-S"网络，重塑教师专业发展的生态链。一是知识流动机制，通过高校（University）提供学科前沿理论与方法论，政府（Government）统筹政策与资源，学校（School）贡献实践案例与校本经验，形成"理论—政策—实践"的闭环反馈；二是经验共享机制，通过云端教研平台支持跨校、跨区教师协作备课与课例研讨，通过"实践社群"促进隐性知识显性化，通过生态链机制，达到知识扩散速率跃升、实践反思深度迭代的效能。U-G-S 网络实质上是教师专业发展生态理论的数字化映射。高校提供"知识源"，政府搭建"协作场"，学校贡献"实践库"，形成"输入—转化—输出"的动态循环。

如中国的 MOOC 平台打破时空壁垒，在外部驱动因素（平台吸引、学习困境）下通过内部驱动因素（情感状态）的中介作用促进教师完成专业提升。[①] 中国教师研修网为全国中小幼教师和教育管理者的专业发展提供全方位学习服务，已服务 228 万名教师，开发了近 20000 门分层分类分岗的教师和管理者网络学习课程，网络课程每年以超过 20％的比例迭代更新，逐步形成主题式、案例式、任务驱动式、团队常态研修等多种网络研修模式，并建立了集"教"、"学"、管理、社区等功能于一体的网络研修平台。该平台通过"任务驱动＋同伴互评"机制，例如要求教师上传"课堂问题解决微案例"并接受跨省同行评议，推动实践智慧沉淀与传播。

---

① 王光华，田宝军．MOOC 平台促进教师专业发展的内在机理——基于中国大学 MOOC 平台 16 位教师学习者的扎根理论研究［J］．中国电化教育，2022（4）：134-140.

## 五、教育治理优化机制：数据驱动与动态调控

教育治理现代化理论强调，现代教育治理需从"经验驱动"转向"数据驱动"，通过数字化工具构建"监测—决策—执行—反馈"的闭环系统。其核心在于数据赋能决策，通过教育大数据平台整合多源数据（学业表现、资源配置、师生行为等），利用机器学习挖掘潜在规律，支撑精准施策。另外在于流程重构与制度适配，通过区块链技术确保数据不可篡改，通过物联网实时监测设施运行，推动治理从"粗放管理"向"精细服务"转型（如"一校一策"动态调整）。数据不仅用于政策制定，更通过算法嵌入执行环节（如自动预警、动态调编），形成"政策—技术—主体"的协同网络。

数字化赋能区域基础教育优质均衡发展，本质上是通过技术工具重构教育系统的"生产关系"，释放"生产力"潜能。中国的实践表明，在新型举国体制下，数字化不仅是技术手段，更是制度创新的催化剂。未来需在技术应用与教育规律、效率追求与人文关怀之间寻求动态平衡，最终实现"有质量的公平"。

## 第四节　数字化赋能区域基础教育均衡发展的优化路径

剖析数字化促进 J 县基础教育优质均衡发展取得的成效及存在的问题，进一步探索出数字化促进 J 县基础教育优质均衡发展的路径，需要政府、学校、教师和社会各界的共同努力和配合。通过治理赋能、资源赋值、施策赋行、培训赋智、合作赋效等措施的实施，逐步缩小城乡、区域之间的教育差距，减少城乡和区域间的数字鸿沟，有效促进教育公平，让更多的孩子能在广阔的天地里共享优质教育资源。

### 一、构建可视化教育监测治理新体系

"互联网＋教育监测"是指依托信息技术，将互联网与传统监测技术进行深度融合，充分发挥互联网在社会资源配置中的优化和集成作用，对监测的管理与实施流程进行完善与升级，使得教育监测与当前社会发展相适应。[①] 当代教育的突出特点是教育形态与技术的持续优化升级，监测作为评判教育质量的重要手段和落实教育均衡政策的"指挥棒"，搭建"互联网＋教育监测"体系，能够对不断变化的学习与信息评估环境快速做出反应，推动学校完善内部信息化治理水平，优化信息化服务保障体系，实现教育监管、教育教学的革新。具体应从以下几个方面着手。

首先，县级教育管理部门要着力构建"互联网＋可视化"监管平台，打造以高清、实时的音视频为核心的教育监管模式。第一，通过实现学校设备和教学过程的可视化，敦促学校做好设备的常态化监管维护，在设备出现问题时县级教育管理部门能第一时间

---

① 田伟，杨丽萍，辛涛，等．科技赋能教育监测与评价：现状与前瞻 [J]．中国远程教育，2022（1）：1-11，92．

知悉，对其进行及时、高效的解决。第二，了解教师日常教学中的信息化技术应用问题，敦促教师参与信息技术培训，打造教育教学新模式，丰富教学与管理的方式方法，提高教学与管理水平。第三，建立起信息化教师监管个人台账，对信息化教学技术应用熟练的教师进行激励，将信息化教育监管工作落到实处，挖掘一批善于从事信息化教学的师资队伍。

其次，学校应组建信息化协同监管工作室，主抓学校教育信息化监管与治理工作。第一，工作人员要从思想观念上进行突破，大胆借鉴优秀学校甚至是教育机构的机制与模式，学习其在推动信息化教育与传统教育融合上的高效方法，创造精准匹配学生需求的有效数字资源供给模式，以满足学生的个性化需求。第二，工作室人员要建立一连串的互动反馈机制，及时与一线教师展开对话和互动，使教师在面临软件和硬件的兼容问题时，处理可以更加迅速、便捷、灵活，同时按照一线教师的需求变化适时更新和维护相关多媒体设备的软件。第三，有效对接县智慧教育室和学校信息化设备来源企业工作人员，为信息化设备的监管和维护提供更专业化的支持，适时评估和核定引进信息化设备的有效性，提供检测报告，为县级教育部门决定引进设备和软件的类型提供参考。

最后，建立"互联网＋"教育监测体系，还要解决社会上学习类软件冗杂的问题。教育部门和学校对于当地常用的教育信息技术平台的监管力度越强，学校的信息化宣传工作越有可能得到家长的高度评价。目前，社会上各式各样的教育类 App，形形色色的教育机构层出不穷，但整体质量参差不齐。基础教育阶段的学生由于年龄小、知识阅历有限等因素影响，对无效甚至虚假信息的甄别能力普遍较低，需要依托教育部门和学校对社会上的教育资源进行约束和监管，严格落实上级部门相关政策要求。调查当地学生的常用学习软件，并对相关 App 进行分类整理，结合本地教材建设和课程方案，因地制宜，甄别和筛选出契合当地教育发展的教育类 App。筛选不仅要靠教育监管部门，还要系统整合相关城乡学校信息化教育分管领导、各学科基层教师、学生家长的综合意见，评定和筛查出符合当地教育发展实际的教育类 App。通过联合监管，建立教育类 App 可信任名单，使师生安全享有教育信息化"红利"。

## 二、整合数字化基础设施赋值新环境

整合数字化基础设施赋值新环境，关键在于实现各类基础设施的互联互通、协同发展，以释放其最大价值。

第一，优化数字基础设施。根据相关政策要求，我国教育信息化发展宏观指标分为基础设施、教育资源、教学应用、管理信息化、保障机制五个维度。数字化基础设施走进校园，是教育数字化的基础保障。除了覆盖全地域的通信网络，还需要如云计算中心、大数据中心、物联网服务平台等新技术基础设施，提供强大的数据处理能力和创新应用模式，以及以超级计算中心等为代表，为海量数据的处理与分析提供强大的算力支持。智慧校园建设需要投入较大的物力、财力和人力，统筹考虑区域资源禀赋和要素比较优势，避免重复建设和资源浪费。省级政府需要通过合理规划布局和资源共享，提升整体效益和可持续发展能力。强化互联互通，建设开放共享、数据互通、技术集成、应用协同、交互可用的教育数字基座，实现市、区、校三级贯通，各级各类应用系统互联互通。

推进"政府定标准、搭平台，企业做产品、保运维，学校买服务、建资源"的建设及运维新模式。

第二，用好优质资源，建好特色资源。根据《关于大力加强中小学线上教育教学资源建设与应用的意见》，应当充分发挥平台资源作用，提高师生应用能力。利用国家教育资源公共服务平台、各大在线教育平台等，引入丰富的网络课程、电子图书、教学视频等优质教育资源。鼓励和支持教师结合本地实际，自主开发具有地方特色的网络教育资源。克服"平台太多"弊端，选择能满足师生在教、学、管、评、考等典型场景中的真实需求的数字化平台和工具，与平台和工具提供者建立沟通完善机制，进而在实践的过程中不断改进平台和工具等技术环境，使学校与服务提供者形成利益共同体。

第三，加速数字教材改革。数字教材改革是当前教育领域数字化转型的重要任务之一。数字教材的出现不仅打破了传统纸质教材的局限，还为教学提供了更多元化、高效率、高质量的资源。然而，传统纸质教材向数字教材的转变过程面临一系列挑战。尤其是在一些偏远地区，资金投入、技术支持、版权与网络安全、师生适应性等更是面临严峻挑战。

## 三、促进信息化应用能力赋行引领力

要提高教育信息化资源的利用效率，优化软件兼容性是基础，在根本上还是要聚焦于应用。要从政策入手，增强学校软硬件资源的适配程度，落实教育信息化和教育优质均衡发展政策的要求，提升师生的信息化应用能力。

第一，县级政府要发挥能动性，进一步完善教育信息化和教育优质均衡发展的现有政策，深化信息化与教育教学的深度融合方式，以此赋能学校教学全过程，切实增强师生信息化应用能力。结合社会经济条件、本地教育供需矛盾等，摸索出一系列可操作的信息化应用准则与标准，实现县智慧教育室、校各级信息化管理部门的平台统一、标准统一、用户管理统一，以及信息资源的分布式储存和检索统一。在统一的网络平台下，实现教学系统的互联互通、数据共享。

第二，教育部门要制定好全面推进信息化优质均衡发展的校际政策，发挥好其政策牵引力。政策要广泛动员城乡学校转变教学方式，由传统教学模式转化为信息技术与教学深度融合的模式，由单一的"灌输式"、以教为主的课堂转向多元的"互动式"、教学相长的课堂。对于制定好的校际政策，教育部门主管人员、学校教育管理工作者、学校主管信息化教学的教师代表要达成共识，形成齐抓共管的工作合力，协同作战，充分发挥智囊团的基本作用，及时反馈和提出意见，并积极落实可行性政策，确保实现教育优质均衡发展目标的一致性。

第三，学校要对政府和教育部门制定的教育信息化管理政策进行充分研讨，遵循县教育部门网络与信息化建设的准则与标准，"一校一策"地出台针对性措施，建立有效的设备维护保障体系和规范的管理体系，保障各类硬件设备的及时维护。同时，及时听取一线教师和广大学生群体的意见，倘若出现软件不兼容的情况，要及时对一体机设备中不兼容的软件实施下架，持续增强对相应软件的专业应用培训。按照以学校需求为导向、以应用促建设的思路，适时推进信息技术在管理、教学、教研等方面的全面应用，促进信息技术软硬件的深度兼容。

第四，政策引导的当务之急是关注教师信息化教育角色的转变。信息技术要融入教学过程的全领域，学校教师信息化教学规范这一政策引领的重要性不言而喻。首先，要通过学校的教师信息化教学规范的引领，使现有教师群体意识到信息技术素养和应用能力的具备是教师的基本要求，让教师信息技术应用能力在新教师招聘、录用、考核、晋升渠道中有所体现。其次，传统的"灌输式"教育教学方式面对新时代学生多元化的教育需求，两者显然是不相匹配的，规范要从根本上改变教师的观念，引导其进行根本性角色转变，使教师对教育信息化技术的运用不仅仅停留在计算机使用、资源获取、网络授课、多媒体课件制作等层面，还要意识到网络是交互空间，教师要为学生创建泛在学习的环境，随时随地满足学生运用信息技术学习的要求，将对学生的信息技术教育落实到日常学习中。具体而言，引导教师催生出更多新型信息化教学方法，使其由教学主导者转变为学生课前预习的引领者，课中自主学习的服务者，以及课后针对性辅导、个性化学习方案打造的驱动者，促使教学过程完成由知识性学习到师生信息化交互的转变。这样才能应对信息技术进步与教育现代化发展的教学新趋势，符合教育教学与信息化教育模式深度融合的必然要求。

## 四、健全多方交互式学习赋智新机制

依据调研结果，目标县域内教师队伍的学历普遍不高的现象是不争的事实，这是由当地经济发展水平决定的。一方面，要保持引进优质教师资源的"一揽子"政策不动摇，坚持多渠道补充教师力量、多方面改善教师待遇、多形式提升教师专业素质、多举措强化教师交流。注重加强乡镇学校教师的统筹规划，梯度配置县优质教师资源，组建城乡学校发展共同体，由城镇教师一对一帮扶乡镇教师，实现城乡教师的供给均衡。另一方面，要巧妙运用"交互式学习"的新手段，携手打造教育常态化新格局。在引进优质教师资源的基础上持续针对信息化建设薄弱学校进行点对点精准帮扶，深入开展教师群体间的互助帮扶，使教师摆脱以往教学的路径依赖。如实行"传帮带"式互助服务与供给，让年轻教师带动中老年教师、初中教师带动小学教师，发挥年轻教师和初中教师的信息化能力优势，提高中老年教师和小学教师的信息技术运用能力。

第一，通过开展小学和初中学校协作的教师信息技术合作互助研修活动，打造由县域名校初中教师牵头的城乡学校发展共同体，引导小学教师理性审视自身在教育技术应用上与初中教师的差异，从自身重视程度上出发逐步缩小与初中教师的差异。县域内小学和初中的多媒体设备及其基础功能是一致的，小学学校要针对性拟定需求清单，依据教师日常使用及时反馈问题，及时和对口学校的初中教师交流，让帮扶体现在刀刃上，不流于形式。

第二，通过开展年轻教师对中老年教师的对口帮扶工作，让年轻新晋教师在城乡学校共同体的建设中找到归属感，促使跨年龄互动达成有效共识，从而逐步建立起师师信任机制。

第三，善于运用"交互式学习"手段，打造师生协同的学习模式。"交互式学习"模式在一定程度上催生了全新的教育秩序和教育形态，能为更好地开展常态化教育做铺垫。

目前"交互式学习"体系的逐步完备、成熟，促使常规教育在实际教育进程中优化教育理念、改善教育主客体之间的关系、建立更充分的师生信任机制，有效提高课堂效率，实现课堂创造性进步，达到师生"双赢"的效果。

第四，反馈机制的构建也是信息化教学模式成功与否的关键，教师要持续通过数字资源平台的后台统计数据，对学生学习状况进行检测与分析，再结合教师的经验判断，监测学生学习的用心程度和学习的效率高低，有针对性地予以提醒，做到具体问题具体分析，针对特定学生暴露出的问题寻找基本应对之策，找寻学生学业发展的进一步优化手段。构建引导—运用—反馈—创生的教育生态体系，生成生师协同互动式学习的信息化教学机制，不仅能够建立有序的智慧教育课堂模式，同时便于因材施教，针对学生特色打造适合学生的学习个性化模式，通过智能化教育实行真正的差异化教学。

依据调研结果，J县信息技术教师存在较大缺口，信息化教师兼职现象较为严重。要缓解信息技术教师的供需矛盾，必须在政策上对信息技术教师的补充提供长效支持，并在职称评定上对信息技术教师给予一定的倾斜。仅仅依靠政策倾斜，难以解决信息技术教师短缺问题，还要从教师的内生力量上着手。此外，还应通过教师间的深度教学研究，使其自觉革新教育观念、打破技术壁垒，主动优化教学方法，提升优质教研水平。各校教师应每周开展至少一次的信息化教学主题教研活动，确保教师教学质量，促进教师共同成长。

## 五、共创互联网协同育人赋效新格局

家庭是社会的中心。家庭教育是教育信息化普及、在线教育开展的有效抓手和有力支撑。经访谈发现，教师们普遍认为基础教育阶段学生的教育不能仅仅依靠学校这一教育主体，学生家长的广泛参与也是学生学业水平提升的重要一环。县域内不同区域、不同经济发展水平和不同类型家庭间的教育观念和方法存在明显的差距，使家长对优质教育的需求与家庭教育发展不平衡不充分之间的矛盾日益凸显。家庭教育成本差距、家庭数字鸿沟、家长信息化支持差距等因素容易使乡村学生的学习处于不利地位。因此，要充分激发多元主体参与学校教育、学生成长过程，鼓励和倡导家长参与学生学习教育，倡导家校合作，生成学校和家庭教育帮扶合力，形成最大限度家校参与的集聚效应，构建家校在线协同育人新格局。要打造教育网络共同体乡村社区，缓解"层级分化"矛盾，减轻农村家庭教育成本。通过县域内农村地区村委会建立的教育网络共同体乡村社区，使留守儿童、山区学生在校园外也能享受到优质的教育资源，减轻家庭教育成本负担。乡村社区要引入小批量的计算机终端，将其放置在乡村社区的集中点，积极发挥信息技术在农村教育发展中的辅助性优势。这样既能体现乡村学校教学设施设备的现代化和信息化，又能体现出乡村振兴政策支持的针对性和精准性。

首先，可以将课堂教学、校园活动（如运动会、联谊会、家长会）等内容通过乡村社区的集中点进行直播，让偏远地区农村家长能够实时了解学校的教学情况、学生参与校园活动的情况，并能够通过线上互动的形式参与到校园的各项教育和文体活动中。通过乡村社区建设实现教育的开放式发展，形成社会各界，尤其是偏远地区家庭关心教育、重视教育、支持教育的良好氛围。

其次，乡村社区建设要全面覆盖各个偏远乡村，并促使辖区内学校和社区实行常态化对接，促进社区内优质教育资源的多渠道更新，使乡村社区范围内的师生都有条件分享、下载和使用相关网络资源，以此达成教育公平和教育质量提升的目的，使乡村学生在基础教育阶段就能树立起终身学习和泛在学习的理念。

最后，通过乡村社区的信息化教育，使学生能得到个性化推荐，形成群聚效应、朋辈效应，找到志同道合的学习伙伴。

总之，乡村社区的创立和发展，不仅有利于县域内县城学生和农村学生进行跨时空的课后学习交流，实现城乡教育资源互补，而且能有效弥补县城学生和农村学生间的资源差距，促进农村学生在课后交流中实现知识的进一步内化与生成，缓解农村家长因文化知识不足导致的辅导困境，拓宽家校合作的范围。

# 第十九章

# 区域基础教育均衡发展的理论探索与创新

本章首先界定区域基础教育均衡发展的理论内涵，探讨区域基础教育均衡发展指标体系的构建方法，分析当前区域基础教育均衡发展所面临的现实矛盾和理论反思。从理论探讨、政策因素和区域利益因素三个方面进行理性思考，明确区域基础教育均衡发展的难点和关键点。

## 第一节 区域基础教育均衡发展的理论内涵与反思

区域基础教育均衡发展的核心在于均衡。这种均衡不仅体现在教育资源的分配上，更深入体现在教育机会、教育质量、教育结果等多个层面。在实践中，区域基础教育均衡发展仍面临许多挑战，如城乡教育差距，东中西部地区教育资源分配不均，以及群体之间教育机会不均等。这些问题需要我们从更深层次探讨教育公平原则的内涵，以及如何在复杂的社会环境下实现教育均衡发展。

### 一、理论内涵

均衡的概念源于物理学和经济学，其核心内涵是各种资源特别是物质资源的需求和供应达到平衡。因此，在教育均衡发展理念中，人、财、物以及信息等教育资源的分配成为关键内容。需要特别强调的是人在教育情境中的重要地位，尤其是教师和学生。他们不仅是教育的对象，也是教育存在的意义和价值。当我们面对"什么是教育发展"的问题时，需要包含一个预设的价值：无论是在教育理论还是在教育事业中，我们都应该重视教育中的人，包括学校中的教师和学生，他们是教育发展的关键。在教育均衡发展中，我们不仅要考虑不同地区、不同群体、不同学校之间的物质资源分配，更要关注学校教育发展的深层次均衡问题，即人的培养和发展问题。义务教育均衡发展是指一个国家或地区在一段时间内，教育体系中各种变动力量处于平衡状态，不同区域、学校、群体及城乡之间在教育资源、教育机会、教育质量和教育成就等各个维度中实现较高水平的相对均等，它更多意义上代表着教育发展过程中的一种理想状态。[①] 在推进义务教育均衡发展中，不仅要关注人力资源的数量特征，更要看重其心理、态度、价值观等方面的发展。

区域基础教育均衡发展理论内涵主要研究的是在特定区域范围内，如何通过教育政策和衡量指标，促使各类教育资源分布更加公平，以提高教育效益和教育质量的理论问题。主要目标是确保所有学生不分种族、性别、社会经济背景或地理位置等，都能接受高质量教育。从经济学的角度来看，教育均衡发展理论主张通过优化教育资源配置，消除教育资源分配中的不合理性与不平等性，实现教育机会公平。它认为，教育的投入与产出并非简单的线性关系，而是一个累进过程。教育投入的增加，只有在一定的教育水平上才会带来显著的教育产出提高。经济学将教育均衡发展理论细分为供给侧和需求侧两个方面。从供给侧看，教育均衡需要提供公平且高质量的教育资源和服务，包括师资力量、教学设施、教育内容等。只有当这些资源和服务均衡分布时，学生才能享有平等的学习机会，从而促进其全面发展。从需求侧看，家庭背景、社会环境、政策支持等因素影响学生对教育的需求和接受能力。教育均衡发展也要充分考虑这些因素，以满足学生的教育需求和创造公平的学习环境。在社会层面，教育均衡发展理论强调教育对社会公正和平等的重要性。在信息化社会中，知识和技能是个人发展和社会进步的关键因素，教育机会的不公平意味着社会机会的不公平。因此，实现教育均衡发展不仅可以提高个体的发展机会，还能促进社会的公正和平等。这也是为什么教育均衡发展是全球教育战略的重要组成部分。

## 二、指标体系构建

教育均衡的测量离不开指标体系的建构。以往对教育均衡发展的指标体系研究大多聚焦于两个维度：在内容上包括教育机会均衡、教育资源配置均衡、教育质量均衡、教育成就均衡；在空间上包括有区域教育均衡、城乡教育均衡、学校教育均衡以及群体教育均衡。也有研究者针对以上指标对教育环境的忽视，基于县域内的情况认为教育均衡指标还应该包括环境均衡方面。[②] 国家或区域之间的经济发展是不平衡的，教育发展也不平衡。

教育均衡发展指标体系构建首先需要将教育均衡发展分解为一系列可以量化的因素，这些因素分别反映教育均衡发展的不同维度。例如，我们可以将教育均衡发展分解为"教师资源均衡""教育经费投入均衡""学生学业成绩均衡"等多个因素，每个因素都可以进一步分解为一系列具体的指标。这些指标既可以反映教育均衡发展的数量，也可以反映其质量。例如学科配置均衡，考虑到不同的学科和专业有不同的发展需求和特性，需要评估学校在各个学科和专业上的投入是否均衡。这不仅包括教学资源如教师、教材、

---

① 凡勇昆，邬志辉.义务教育均衡发展的三个基本理论问题探讨——基于联合国开发计划署《人类发展报告》的省思 [J].教育科学研究，2014（1）：5-10.

② 于发友，赵慧玲，赵承福.县域义务教育均衡发展的指标体系和标准建构 [J].教育研究，2011，32（4）：50-54.

设备等的投入，也包括研究资源如研究经费、实验条件等的投入。又如区域均衡，基于地理位置、经济条件等因素，我们需要评估不同地区的教育资源分配情况，包括城市与农村、东部与西部等各个地区之间的教育资源配置是否均衡。

教育均衡发展指标体系的构建也经历了从单一到复合、从定性到定量、从静态到动态的过程。例如，最初的教育均衡发展指标只关注学生入学率，而现在的指标体系则更加全面和精细，考虑了诸如教学质量、师资配置、学生满意度等多个方面。然而，教育均衡发展指标体系也面临一些问题。首先，指标体系的复杂性使得其使用和理解都相对困难，需要专业的知识和技能。其次，由于教育实践的多样性和复杂性，指标体系可能无法完全涵盖所有重要因素。最后，指标体系的制定通常基于特定的社会环境和假设，这使得它在不同的语境下可能存在有限的适用性。面对这些问题，需要我们对现有的教育均衡发展指标体系进行批判性回顾和思考。一方面，通过引入更先进的统计技术和数据分析方法，进一步提高指标体系的科学性和可操作性。另一方面，开放思维，尝试建立更多元和灵活的指标体系，以更好地反映教育实践的真实情况。此外，教育均衡发展的实现并不仅仅依赖于科学的指标体系，更需要社会各界的共同参与和努力。在政策制定中，应该充分考虑各个群体的需求和利益，尤其是那些被边缘化的群体。

## 三、现实矛盾与反思

区域战略是推进中国式现代化的关键路径。进入全面建设社会主义现代化国家新阶段，中国式现代化为推动区域基础教育均衡发展战略注入了新的时代内涵，其核心要义是协调好人口集聚与地区教育差异关系、培育区域教育增长极与追求教育公平正义的平衡、发展经济与传承中华优秀传统文化的双向奔赴、挖掘区域特色与推动教育结构转型兼顾、促进区域教育政策与国家教育政策融合等五对矛盾关系。立足中国特色社会主义区域发展理论和区域均衡理论，还应积极构建具有中国特色、聚焦解决中国区域教育发展不平衡不充分问题的中国区域教育协调发展理论，紧跟实践和时代发展，对应五对矛盾关系，提供有效理论供给。

第一，就人口集聚与地区教育差异间的矛盾关系来看，中国式教育现代化应以均衡覆盖为目标，以消除城乡、区域之间的教育质量鸿沟。面对日益突出的人口流动问题，一方面要通过立法、政策扶持等手段，保障大规模流动人口的教育权益，另一方面要在城市中心与边缘地带、发达与欠发达地区间建立有效的教育资源配置机制，确保信息传递、资源流动与人才培养的互通有无。

第二，关于培育区域教育增长极与追求教育公平正义的平衡问题，需要将教育公平视为发展的基础，建立公平而有活力的教育生态系统。要充分激发每个地区的教育潜能，注重特色发展，同时在全局层面推动教育资源的合理分配，使所有地区都能享受到优质的教育资源。

第三，经济发展是教育的重要基础，但教育不应受制于经济。既要注重提高全民素质与创新能力，助力经济社会的全面发展，又要坚守中华优秀传统文化的精神内核，为其在教育中的地位与影响力拓宽路径。

第四，挖掘区域特色，推动教育结构转型。每个地区都有其独特的地理环境、历史背景和文化传统，这些都应该成为教育发展的独特资源。同时，还要适应全球化和信息化的大趋势，积极推动教育的数字化、网络化和个性化。

第五，促进区域教育政策与国家教育政策的融合。要构建更加灵活的政策体系，允许地方根据自身的特点和需求制定相关政策，同时保证这些政策与国家的战略目标和基本原则相一致。

## 第二节　区域基础教育均衡发展的理论范畴与核心问题

区域基础教育均衡发展理论范畴广泛，涵盖了教育政策制定、教育资源配置、师资队伍建设、教学质量提升等多个维度，强调通过综合性的策略与措施，缩小区域、学校间的教育差距，促进教育公平。其核心问题在于如何有效解决教育资源分配不均、教育质量参差不齐等现实问题，探索出一条适合本土国情，能够促进基础教育全面、协调、可持续发展的道路。

### 一、教育发展机制与教育发展差异

教育发展机制通过各种内外部因素推动教育的进步和完善，包括政策制定、资金投入、人才培养、科技创新等。教育发展差异则主要体现为教育资源、教育水平、教育机会等方面的差异。由于经济条件、政策倾斜、资源配置等原因，城市与乡村之间、不同区域之间都存在教育发展差异。教育发展机制是影响教育发展的关键因素，而教育发展差异则是教育公平的重要考量指标。

教育发展是一个复杂的过程，涉及众多的因素和环节，是一种社会化的过程，是社会、家庭、学校、个体等多元主体参与的结果。对教育发展机制可从以下三个核心要素进行分析：资源配置、环境影响、人力资源开发。

首先，资源配置是任何行业发展的前提和基础，教育经费的多少、合理分配程度，教育设施的完善程度，师资力量的素质和数量，都是教育能否高质量发展的重要影响因素。其次，环境因素对教育发展的影响是全方位的，包括社会环境、文化环境、政策环境等多个层面。不同的环境背景和条件，会影响到教育系统的设计、实践方法，甚至教育目标。最后是人力资源开发。教育的核心目标就是培养人才，人力资源的开发和利用直接关系到教育的质量和效果。这包括教师的培训、招聘、评价系统等，更包括学生的学习、成长过程中的个性化引导和关注。

教育发展差异主要体现在教育资源分配的不平衡性、教育政策实施效果差异、个体学习差异等方面。第一，教育资源分配的不平衡性是导致教育发展差异的主要原因之一，具体表现在地区之间、学校之间、社会阶层之间。第二，教育政策实施效果差异，即使在同样的政策下，地方政府执行力度、财力物力条件、社区环境及家庭背景等差异，也会导致教育发展差异。第三，个体学习差异。每个人都是独特的，有自己的兴趣、能力和特点，这就意味着他们的学习方式、进步速度以及未来可能的发展路径都有所不同。同时，教师的教学方式和方法也会引起学生学习效果的差异。

## 二、非均衡发展与均衡发展之间的抉择

政策因素常常是决定一个国家或地区在非均衡发展与均衡发展之间做出抉择的关键影响因素。当政策倾向于非均衡发展时，经济增长显得格外迅速，但收入差距会随着经济的快速增长而加大。政策制定者需要考虑如何在保持经济增长的同时，避免社会矛盾的激化和环境问题的恶化。好的政策运行应该是既能保持经济的稳定增长，又能有效调节资本分配，保障社会公平，避免资源的过度消耗。

政策因素是决定教育发展趋势的关键驱动力。非均衡是绝对的，而均衡是相对的。在推动教育进步的政策设计上，非均衡发展和均衡发展都有其争论。非均衡发展强调的是充分利用有限的教育资源，优先支持某些具有优势或潜力的地区或群体，以实现尽可能快的总体教育进步。这种政策措施的优点在于能快速推动教育的发展和创新，提高整体教育水平。但是，这也可能带来教育资源分配的不均等和社会公平问题。均衡发展则强调公平分配教育资源，尽可能消除地区、阶层、性别等不同背景下的教育差异，保证每个人都有接受教育的平等机会，促进社会公平和稳定。非均衡发展并不等于教育不公。如果能够通过提供额外的资源和支持，改变经济困难地区的教育环境，那么非均衡发展可能会为所有学生提供更好的教育机会。这就需要政府和教育部门在提供资源和服务时，以更加精细化的方式进行调整，以满足不同地方和不同群体的需求。此外，也不能忽视均衡发展的重要性。教育不仅仅是一个经济问题，也是一个社会问题。均衡发展保证了每个学生都有接受基础教育的权利，这是我们必须维护的基本公平观念。提高经济困难地区的教育水平，能够为国家的长远发展打下坚实的基础。然而，过度强调均衡可能会导致资源的低效利用，影响教育质量和创新能力。因此，在实际的政策选择中，关键在于如何通过科学合理的政策调整，实现教育资源的最优配置，以达成教育公平与效益的双赢。这需要根据国家和地区的具体情况，对教育政策有深入的理解和反思，以提供更具策略性和有效性的政策选择，找到非均衡发展和均衡发展之间的平衡。一方面，需要优化资源配置，促进教育的整体进步和创新；另一方面，也要兼顾社会公平，保障所有人的教育权利，推动我国基础教育的持续发展。

## 三、区域之间的利益博弈

在区域基础教育均衡发展的过程中，区域之间的利益博弈是一个复杂而多维的现象。这种博弈不仅涉及教育资源的分配，而且关联到地方经济发展、社会稳定以及教育公平等多个方面。

### （一）博弈表现

一是资源争夺。各地区之间为了提升本地基础教育水平，往往会陷入对中央和地方政府的财政支持、优质师资等教育资源的争夺中。这种争夺在一定程度上加剧了区域之间的不平衡，使得教育资源更加集中于某些发达地区，而欠发达地区则面临资源匮乏的困境。这种不均衡不仅体现在硬件设施上，如教学设备、图书资料等，还体现在师资力

量上，如优秀教师、教育专家的分布不均。

二是政策执行差异。在执行中央教育政策时，地方政府可能会根据自身利益进行调整和变通。部分地方政府可能更注重短期经济效益而忽视教育投入，导致政策执行效果不佳。这种差异不仅影响了政策的统一性和权威性，还加剧了区域之间的教育不平衡。

三是合作与竞争并存。在区域基础教育均衡发展的过程中，各地区之间既存在竞争关系也存在合作关系。一些地区通过跨区域合作共享教育资源、交流办学经验等方式促进共同发展。然而，由于地区之间的差异和利益诉求不同，合作有时也难以深入进行。

### （二）博弈影响

一是教育公平。区域之间的利益博弈对教育公平的实现具有直接影响。在资源有限的情况下，发达地区往往凭借其经济等优势，能够争取到更多的教育资源，如资金、优质师资、先进教学设备等。这种资源的不均衡分配会进一步拉大发达地区与欠发达地区之间的教育差距，导致教育不公平现象加剧。

二是社会稳定。基础教育均衡发展对于维护社会稳定具有重要意义。教育不仅是个人成长的基础，也是社会进步和发展的基石。如果区域之间的教育资源分配严重失衡，会导致部分地区的教育质量低下，学生的受教育权益受到损害。这将引发社会的不满和矛盾冲突。因此，确保区域基础教育均衡发展是维护社会稳定、促进社会和谐的重要一环。

### （三）应对策略

优化地方政府博弈关系与精准化政策设计是区域协调发展路径选择的关键，核心目标是促进地方政府形成由低水平均衡转向高水平均衡的偏好一致性和行为一致性。[①] 鉴于我国各地区间显著的差异性，从政策导向的明确到政策设计的精心构思，再到政策的实际落地执行，这一系列过程中充满了诸多不确定性和挑战。以优化地方政府博弈关系为核心的区域政策体系，其动态性、复杂性和多元性特征尤为凸显，这无疑增加了政策制定与执行的难度。为了最大限度地提升政策设计与各地区独特属性之间的匹配度与适宜性，有效规避政策执行过程中的扭曲、低效以及政策目标可能出现的偏误，我们迫切需要引入更为精准、科学的政策分析工具，为区域政策体系提供坚实有力的支撑。

一是加强对各地区经济社会发展实际的深入了解，包括地区的产业结构、人口结构、资源禀赋、环境条件等方面的因素，以便更准确地把握各地区的独特性和发展需求，为政策制定提供更科学的依据。

二是积极探索和创新政策分析工具与方法，提升政策制定的科学性与前瞻性。这意味着我们要运用先进的数据分析技术、模型模拟方法等，对政策进行更为精细化的设计和优化。通过科学分析和预测，更好地评估政策的效果和影响，从而制定出更加符合地区实际、更具可操作性的政策。

---

① 李兰冰．中国区域协调发展的逻辑框架与理论解释［J］．经济学动态，2020（1）：69-82．

三是加强政策实施过程中的监测与评估工作，确保政策能够及时调整和优化。政策的实施是一个动态的过程，通过定期的监测和评估，了解政策的执行情况、存在的问题和困难，以及政策对地区经济社会发展的影响，以便及时发现政策执行中的偏差和不足，并采取相应的措施进行纠正和优化。

## 第三节　区域基础教育均衡发展的理论体系构建

在新时代推进教育现代化和共同富裕的战略背景下，区域基础教育均衡发展成为我国教育改革的核心命题。党的二十大报告明确提出"加快义务教育优质均衡发展和城乡一体化"。《中国教育现代化2035》进一步将"实现基本公共教育服务均等化"列为重要目标，标志着我国基础教育从"有学上"向"上好学"的历史性跨越。然而，受区域经济发展梯度、城乡二元结构及制度性壁垒的影响，我国基础教育资源分布失衡问题依然突出。例如，国家中小学智慧教育平台上线后，农村资源利用率较低，暴露出"数字鸿沟2.0"问题；西部山区学校常面临"空心化"困境，教育资源配置呈"东强西弱"格局。

在此背景下，构建系统化的区域基础教育理论体系具有三重现实意义：其一，为政策制定提供学理支撑，将"差别化补偿""动态均衡"等理念转化为可操作的制度设计；其二，破解资源配置的"制度性梗阻"，通过财政、人事、评价等协同改革激活资源流动；其三，回应技术革命与治理现代化的双重诉求，借助数字化转型重塑教育生态。近年来，浙江实施"互联网＋义务教育"结对工程，使得浙江城乡义务教育校际差异系数在0.27以内，为全国最低。成都"县域教育共同体"等实践，实现义务教育优质学校占比超60％，初步验证区域基础教育均衡发展理论创新的实践价值。理论体系的构建既是教育治理现代化的内在要求，更是实现"发展成果由人民共享"的重要路径。因此，我国区域基础教育均衡发展理论体系构建需要在实践中持续演进，政策文件支持、技术创新与治理变革形成有机整体。从过去的"全面改薄"工程到新时代的"优质均衡"战略，理论体系构建要始终服务于"办好人民满意的教育"的核心目标。

## 一、区域基础教育均衡发展理论体系构建的价值意蕴

### （一）构建教育治理新范式，以教育治理推进国家治理现代化

《中国教育现代化2035》中提出十大战略任务，其中之一即为推进教育治理体系和治理能力现代化。教育治理是在教育现代化实现过程中形成的话语标识，具有多元参与、过程民主、结果反馈等优势，形成了纵横交织的治理图景，并在教育公平治理、教育质量治理、教育数字化治理等领域形成一系列研究成果。[①] 构建教育治理新范式本质上是通

---

① 傅王倩，赵秋雁. 我国教育治理现代化的内涵、成效及发展路径 [J]. 社会治理，2024（2）：101-109.

过教育领域的治理变革，为国家治理现代化提供理念革新、制度创新与技术赋能的综合试验场。其价值不仅在于解决教育发展不平衡问题，更在于以教育治理的先行探索，为国家治理体系转型积累经验，最终实现教育治理与国家治理现代化的同频共振。国家治理体系与治理能力现代化要求教育领域形成科学化、规范化的制度安排，以教育领域的制度革新推动国家治理体系与治理能力的系统性升级。基础教育作为国家公共服务的重要组成部分，其治理模式的转型不仅关乎教育公平的实现，更是国家治理现代化的重要切入口。以教育治理推动国家治理现代化，能够有效破解传统治理中"碎片化""低效化"的困境，为国家治理现代化提供方法论启示与实践路径。因此，教育治理既是国家治理现代化的组成部分，更是推动国家治理向纵深发展的重要引擎。

### （二）赋能社会治理创新，以教育均衡促成区域协调发展新格局

中共二十届三中全会提出，要完善实施区域协调发展战略机制。党的十八大以来，中国实施了区域协调发展战略、区域重大战略、主体功能区战略和新型城镇化战略等一系列致力于促进区域协调发展的国家战略，各地区经济发展的融合性、互动性和协调性持续增强。区域教育协调发展是实现各个地域之间教育资源的均衡配置和互动协作，提高教育服务质量和效能，推进全社会教育公平的过程，能够促进相关要素流动，优化配置，破解我国区域发展不平衡不充分问题。如何将高质量教育体系建设与区域协调发展战略紧密结合，是走中国式教育现代化道路所必须关注的内容。教育作为社会系统的"稳定器"与"调节阀"，能够重构社会资源分配逻辑，打破区域间发展壁垒，推动形成"共生共荣"的协调发展格局。优质教育资源的全域覆盖，能够有效弥合城乡、区域间的机会鸿沟，为社会成员提供公平的上升路径，增强弱势群体的发展能力，更通过代际效应的传递，逐步消解结构性社会矛盾，为区域协调发展培育稳定的社会生态。通过教育资源的均衡配置，在化解社会矛盾、优化阶层结构、促进价值共识等方面发挥基础性作用。

### （三）优化人才培养格局，以基础扩优提质推动教育强国建设新进程

2024年9月，全国教育大会在北京召开，习近平总书记指出，教育是强国建设、民族复兴之基。习近平总书记在中共中央政治局第五次集体学习时强调，建设教育强国，基点在基础教育。基础教育搞得越扎实，教育强国步伐就越稳、后劲就越足。2024年政府工作报告提出"开展基础教育扩优提质行动"，是继教育部等三部门联合发布《关于实施新时代基础教育扩优提质行动计划的意见》之后，国家层面对人民群众"上好学"美好教育期盼的又一次回应。[①] 基础教育扩优提质并非简单的资源扩容或质量叠加，而是通过结构性优化与系统性升级，推动教育体系从"保基本"迈向"强优质"，为教育强国建设注入新动能。以基础教育扩优提质推动教育强国建设新进程是以优质教育资源全域覆盖为基底，以育人模式深层转型为核心，最终实现人力资本供给与国家战略需求的高度

---

① 李莹，陈鹏．从均衡发展到扩优提质：我国基础教育助力教育强国建设的实践路径［J］中国教育学刊，2024（11）：8-13，20.

适配。基础教育扩优提质驱动的教育强国建设，通过资源扩容与质量升级的协同共进，实现教育公平与教育卓越的有机统一；通过人才培养结构的战略性调整，推动人力资本积累从"数量红利"转向"质量红利"，为我国人才培养提供均质化起点。

## 二、区域基础教育均衡发展理论体系构建的四个维度

区域基础教育均衡发展理论体系以教育公平为核心价值导向，通过制度创新破除城乡二元结构对教育资源配置的制约，既是落实《中国教育现代化 2035》"优质均衡"发展目标的必然要求，也是破解"城挤乡弱"现实困境的关键路径。公平导向牵引制度设计，创新政策激活数字潜能，技术赋能支撑治理转型，多元协同反哺公平深化，四个维度共同构成区域基础教育均衡发展理论体系的系统性框架。

### （一）以教育公平为核心的多维理论框架构建

《中国教育现代化 2035》提出的"优质均衡"发展理念，强调以系统性思维破解区域、城乡、校际差异，通过制度设计将教育公平从价值导向转化为实践路径。区域基础教育均衡发展理论体系构建也需要以教育公平为核心，融合政策导向、资源配置、制度创新和质量提升的多维协同框架，贯穿于制度设计、资源配置、质量保障与社会协同的全过程，形成以公平性为轴心的多维理论框架。

在制度维度上，以法治化、标准化为原则，建立覆盖城乡的均等化教育政策体系，通过立法保障教育投入基准、规范权力运行边界、约束区域保护性政策，破解因制度差异导致的公平性损耗；在资源维度上，构建"总量充足-结构合理-动态适配"的资源供给模型，以数字化技术推动资源跨区域流动，通过精准识别需求缺口、智能匹配供给方案，消除因地理区位、经济水平差异形成的资源鸿沟；在质量维度上，建立全链条质量监测与改进机制，通过统一质量标准、动态评估工具和差异补偿策略，确保不同区域学生在教育过程中获得实质等效的学习体验，将质量均衡从"条件均等"深化为"效能均等"；在社会参与维度上，构建政府主导下的多元共治网络，通过赋权学校、激活社区、引入第三方评估，形成教育公平的社会监督与协同推进机制，使公平实现从"行政驱动"转向"社会共建"。这一多维框架的深层逻辑在于，以教育公平为价值统领，通过制度革新破解结构性矛盾、资源重组弥合空间性差异、质量升级消解过程性落差、社会协同凝聚共识性动力，既是回应区域基础教育均衡发展的现实诉求，同时助力区域基础教育从"形式均衡"迈向"实质公平"。

### （二）以制度创新突破城乡二元结构难题

针对"城镇挤、乡村弱"的结构性矛盾，2016 年，《国务院关于统筹推进县域内城乡义务教育一体化改革发展的若干意见》对统筹推进县域内城乡义务教育一体化改革发展提出了四个发展原则、十条主要措施及五个组织保障。我国区域基础教育均衡发展理论体系构建也要以制度创新为核心突破口，紧扣我国新型城镇化与乡村振兴协同推进的时

代背景，立足城乡人口流动加速、县域教育承载力增加等现实挑战，通过系统性制度设计破解城乡二元结构衍生的教育资源错配、治理分割和发展失衡难题。

在规划层面，创新"省级统筹＋县域适配"的城乡学校布局动态调整机制，建立人口流动预测模型与教育资源预警系统，通过弹性学区划分、城乡教育联合体等制度设计，突破户籍壁垒对教育公平的刚性约束。在资源配置制度层面，构建"基准保障＋精准补偿"的财政投入体系，强化中央转移支付对薄弱地区的定向支持，同时深化教师"县管校聘"改革，建立城乡教师编制统筹池和职称评聘倾斜机制，推动优质师资向乡村流动。治理体系改革聚焦城乡教育治理权责划分，通过集团化办学、结对帮扶等制度创新，形成城乡学校共生发展网络。在评价监督层面，建立城乡统一的教育质量监测标准体系，将优质均衡指数纳入地方政府绩效考核，形成"监测—反馈—改进"闭环机制，推动城乡教育从"二元割裂"转向"融合发展"，为破解城乡教育发展不平衡不充分问题提供系统性制度方案。

### （三）以数字化转型催生优质资源均衡新路径

针对我国城乡数字鸿沟、教师结构性短缺、生源动态变化等现实挑战，以《教育信息化 2.0 行动计划》和《中国教育现代化 2035》为政策基底，以数字化转型为战略支点，紧扣我国城乡融合发展与教育新型基础设施建设趋势，通过技术赋能教育资源供给模式、治理逻辑与质量提升路径，为破解优质教育资源分布不均衡问题开辟新路径。

一是在核心层面聚焦资源供给模式创新，依托国家智慧教育平台通过"三个课堂"等数字化载体，形成优质教育资源全域流动、按需配置的动态共享机制。

二是在技术治理维度上，运用大数据分析区域教育资源缺口，动态优化师资调配、经费投入和设备更新策略，实现精准化资源配置。

三是在质量提升领域，开发城乡一体化数字教学标准与监测平台，构建"教学过程数据化采集—学情智能诊断—教学策略自适应优化"的闭环系统，推动课堂教学从经验驱动转向数据驱动。

四是教师发展层面，通过名师课堂直通乡村、教师能力数字画像等技术手段，系统性提升薄弱地区师资专业素养。

五是在评价体系改革中，运用区块链技术构建可信教育数据链，建立覆盖资源均衡度、教学有效度、发展增值度的多维评价模型，实现发展质量的动态监测与智能预警。以数字化转型催生优质资源均衡新路径，强调数字技术与制度创新的深度融合，通过创新服务供给形态、优化治理决策机制，最终形成"技术赋能均衡、均衡反哺创新"的可持续发展生态，为新时代基础教育优质均衡发展提供系统性解决方案。

### （四）以多元协同构建现代教育治理体系

我国基础教育治理中存在层级分割、权责不清、社会参与不足等结构性矛盾，需要构建"纵向贯通、横向联动、内外协同"的三维治理架构，以多元协同为核心机制，立足我国"政府主导、社会参与、共建共享"的治理现代化要求，通过协调治理主体关系、创新协同机制、优化资源配置逻辑，构建适应新型城镇化和乡村振兴战略的现代教育治理生态。

在纵向治理层面，强化"中央统筹规划—省级政策供给—县域创新落地"的垂直协同链，通过教育领域财政事权与支出责任划分改革，建立权责匹配的转移支付机制，重点破解跨区域教育资源统筹难题。在横向协同层面，推动教育行政部门与财政、人社等部门的政策衔接，构建跨部门联席会议制度和数据共享平台，形成户籍管理、人口流动与教育资源配置的动态适配机制。在政府层面，强化省级政府的统筹协调职能，建立教育、财政、人社、住建等部门的常态化协作机制。在社会参与层面，创新"社会组织供给—家校社共育"的协同模式，通过第三方评估、公益基金注入、社区教育资源整合等路径，以购买服务、委托管理等方式引导社会组织参与教育评价、资源供给与质量监测，激发社会力量参与教育治理的活力。通过对治理主体、治理工具、治理流程的系统性调整，推动基础教育从"行政主导"向"多元共治"转型，形成政府宏观调控、学校自主办学、社会有效监督的现代治理格局，既强化政府兜底保障功能，又释放市场与社会创新势能，为新时代基础教育优质均衡发展注入治理动能。

## 三、区域基础教育均衡发展理论体系构建的思考与展望

### （一）现状反思

当前，我国区域基础教育均衡发展面临多种挑战。城乡教育资源结构性失衡仍为核心矛盾。由于"硬件投入优先"的传统治理逻辑的局限性，单纯依赖校舍建设与设备配置难以弥合教育质量鸿沟。更深层次的问题在于区域间教育生态系统的协同性不足。在政策层面，统一性标准与地域性特征存在张力，科层制下的刚性管理难以应对教育生态的复杂性需求。在实践层面，资源配置的"输血式均衡"忽视了教育系统的自组织能力培育，导致区域教育主体性缺失。发达地区凭借经济优势形成"虹吸效应"，而欠发达地区则陷入师资流失、质量下滑、生源萎缩的恶性循环。未来需要重新审视教育公平的多维内涵，在标准化与特色化、统一性与差异性间建立动态平衡机制，既要关注资金、师资等显性要素流动，更需解构教育政策的地方适配性，探索差异化发展路径，通过激活区域教育的内生动力实现可持续发展。

### （二）理论创新

传统区域基础教育均衡发展理论以"资源均等化"为核心逻辑，强调硬件设施、师资配置、财政投入等要素的标准化分配，其底层逻辑隐含"标准化即公平"的预设，试图通过显性要素的均等分配实现形式均衡，难以应对区域发展的复杂性与差异性。城乡二元结构、人口流动加速、技术革命冲击等现实挑战，使原有的资源分配模式暴露出局限性，即其本质仍停留于"物理均衡"，尚未真正触及教育质量、文化适应性与可持续发展等深层维度，忽视了教育系统作为复杂生态网络的动态性、差异性与自组织特征。新时代我国区域基础教育均衡发展理论体系构建需转向"生态均衡"的系统视角，构建包

含空间维度、制度维度、技术维度、文化维度的协同框架。空间维度强调地理经济学视角下的"教育圈层"构建，通过中心城市带动、县域共同体联动、乡村教育振兴的三级网络，形成梯度辐射效应。在制度维度上，构建"弹性规制"的治理模式，以省级统筹保障基础性公平，以地方自主权激活校本创新，破解统一标准与地域特性间的结构性矛盾。在文化维度上，倡导"在地化均衡"理念，将地域文化资本转化为教育内生动力，通过乡土课程开发、非遗传承融合等方式，实现教育公平与文化多样性的辩证统一。通过"差异协同"机制实现教育生态的多样性平衡，不仅关注资源分配的"量"的正义，更追求教育效能的"质"的公平。

### （三）实践展望

　　未来我国区域基础教育均衡发展理论体系构建必须聚焦于三大核心命题。首先，人口大规模流动已成为我国城镇化进程中的常态化现象，教育需求呈现空间非连续性与时间波动性，对教育资源配置提出动态适配要求。其次，教育数字化转型在带来资源配置效率提升的同时，也衍生出"技术异化"风险，如何在技术革命浪潮中实现数字赋能与教育本质的平衡守护。最后，高质量发展要求教育均衡从规模扩张转向效能提升，急需破解从"有学上"到"上好学"的质变难题，教育均衡需从"机会供给"转向"能力建构"。

　　数字化转型为破解优质教育资源时空约束提供了技术杠杆。未来需在人口流动、技术伦理等新挑战中继续完善理论框架，推动教育公平向纵深发展。从"竞争性均衡"转向"发展性均衡"，将教育公平的终极目标定位于每个个体的潜能释放与终身发展能力培养，使均衡发展真正成为社会正义与人力资本增值的共同载体。只有当教育系统能够动态响应区域发展的差异化需求，有效转化人口流动挑战为人力资本优势时，基础教育均衡才能真正成为社会公平与创新活力的基石，为中国式现代化进程注入持久动能。

# 第四节　区域基础教育均衡发展的理论建构遵循

　　区域基础教育均衡发展理论的建构需遵循三大核心原则。首先，坚持党的领导，确保教育始终沿着社会主义方向前进，牢牢把握教育领域意识形态的主导权，并保障教育发展与党和国家事业的需求相适应。其次，区域基础教育均衡发展应始终以人民为中心，这体现在促进教育财政投入的均衡性、完善基本公共教育服务空间的可及性、推进教育信息化技术的可达性等方面。最后，立足新发展阶段，要求教育发展理念与时俱进，行政管理能力实现高质量提升，并不断创新公共服务思维，以适应新时代区域基础教育均衡发展的新要求。

## 一、坚持党的领导

　　党对教育工作的全面领导是优质教育的根本保障。党的十八大以来，在以习近平同志为核心的党中央的领导下，我国教育事业尤其是基础教育取得了历史性的成就，整体教育水平跃居世界前列，教育领域正在经历深刻变革。

## （一）始终坚持教育的社会主义方向

党对教育工作的全面领导是办好教育的根本保证。习近平总书记曾强调：要牢牢把握改革正确方向。"我们的改革是有方向、有原则的。"在教育领域，党的领导不仅体现在具体政策和改革措施上，更体现在教育的方向性上，即坚定不移地走社会主义办学之路。党领导下的中国教育方针始终坚守社会主义办学方向。

不同时期党制定的教育方针始终着眼于培养社会主义建设所需的人才。这不仅包括技术和知识的传授，更包括培养拥有正确政治方向、强烈的社会责任感和家国情怀的公民。党始终坚持马克思主义在教育中的指导地位，确保教育的思想内容是正确的、健康的。在不同历史阶段，党都在教育中强调坚持社会主义核心价值观，以培养德智体美劳全面发展、有创新精神的社会主义建设者和接班人为目标。从邓小平同志强调学校应该永远把坚定正确的政治方向放在第一位，到江泽民同志强调教材要明确向学生阐明中国必须由中国共产党来领导，再到习近平总书记强调"我国是中国共产党领导的社会主义国家，这就决定了我们的教育必须把培养社会主义建设者和接班人作为根本任务"，都体现了党对教育工作的一贯领导和坚定信念。教育在国家的现代化建设中扮演着重要角色，党的领导确保了教育始终朝着社会主义方向前进，始终服务于人民的根本利益。党对教育工作的领导是中国教育事业蓬勃发展的根本动力，也是实现中华民族伟大复兴的必然要求。

## （二）把握教育领域意识形态主导权

教育不仅仅是知识的传递，更是价值观和世界观的塑造，直接影响着青少年一代的成长和未来。我国的教育意识形态主导权问题，体现为两方面的挑战：一方面是外部的影响，例如国际大环境、市场经济和社会文化等因素对教育制度和内容的影响；另一方面是内部的改革，例如教育体系、课程设置、评价标准等方面的变革。在这一背景下，坚持党的领导，要求我们始终坚持正确的政治方向，有效应对各种思想挑战，坚定地维护社会主义核心价值观，确保各地区的教育在中国特色社会主义道路上坚定前行。

教育领域的意识形态斗争在部分区域显得尤为紧迫。一些偏远山区和西部地区往往面临着特殊的历史、文化和地理环境，社会发展不平衡、文化交融不充分，因此更容易受到外来价值观的影响。在这种情况下，各级政府必须牢牢掌握基础教育领域的意识形态主导权，确保本地区的教育不偏离社会主义方向。坚持正确的政治方向是党对教育的领导的核心要求。面对多元文化和价值观的冲击，教育应当紧密围绕社会主义核心价值观，引导学生树立正确的世界观、价值观和人生观。教育工作者需要具备分析和辨别能力，对于可能渗透到教育中的错误观点，要及时采取措施进行纠正。同时，教育工作者要宣传党的政策，强化学生对社会主义核心价值观的理解和认同，从而在源头上杜绝错误思潮的传播。这包括加强对教育课程和教材的管理，确保其与社会主义核心价值观相一致；加强师资队伍建设，培养一支政治立场坚定、业务精湛的教育工作者队伍；加强学校组织和管理，营造良好的教育氛围。

### （三）保障教育发展与党和国家事业相适应

百年来，中国共产党始终在教育领域发挥着引领和指导作用，为党和国家的中心工作提供坚实的人才支撑。党对教育工作的领导始终贯穿着一个不变的主题，就是服务党和国家的全局发展，促进人的全面发展，为实现中华民族伟大复兴而不懈奋斗。在新民主主义革命时期，党领导教育工作的重点是传播马克思列宁主义和革命思想，培养革命干部，支持民族抗战和国家解放事业。教育被视为培养社会主义事业的中坚力量，为国家的建设和未来发展奠定基础。社会主义革命和建设时期，教育与经济社会的发展密切结合，强调知识分子要为国家建设和社会主义事业服务，倡导劳动人民和知识分子相结合。这一时期，党强调教育的任务是培养德智体美劳全面发展的社会主义建设者和接班人，促进知识分子向劳动者转化，为社会主义建设贡献力量。改革开放和社会主义现代化建设时期，党把教育纳入现代化建设的大局，强调教育的任务是为人民服务，为经济发展、科技创新和社会进步提供人才支持。这一时期，教育开始更加注重培养学生的创新能力、实践能力和综合素质，以适应日益多元化的社会需求。进入中国特色社会主义新时代，党明确了教育的服务目标：服务人民、服务中国特色社会主义事业、服务中华民族伟大复兴。教育要为党治国理政服务，巩固中国特色社会主义制度，推进社会主义现代化建设，推动国家繁荣富强。

无论是在历史的转折点还是在新的时代背景下，党始终将教育摆在国家发展的战略位置，为培养德智体美劳全面发展的社会主义建设者和接班人，为中华民族伟大复兴而不懈奋斗。党对教育的领导是中国特色社会主义事业的重要保障，也是我国基础教育事业取得历史性成就、发生历史性变革的根本原因。

## 二、以人民为中心

### （一）促进教育财政投入的均衡性

首先，要保障区域基础教育财政投入的可持续增长。一是要确立基础教育财政投入稳步增加的目标。对偏远地区、革命老区等"后发展区域"而言，财政支出压力不可避免地影响到教育领域，人们对公平而有质量的基础教育需求与不平衡不充分的发展之间的矛盾依然突出，各级地方政府应当继续秉持和贯彻"优先发展教育"的方针，按照"两个只增不减"要求，制定基础教育财政投入长期均衡增长的保障性措施，继续加大对基础教育的投入。在偏远西部地区，应确保基础教育财政投入的增长比例高于财政经常性收入的增长比例，以保障按在校学生人数平均计算的基础教育经费逐年增加，同时逐步提高教职工工资和学生人均公用经费。建立相关制度和法规，为西部地区基础教育财政投入提供保障；提供专项教育扶持资金，建立优质均衡基础教育服务供给方案，缩小区域、城乡和校际的财政投入差距。二是拓宽基础教育经费筹措渠道。开源与节流并举，鼓励社会力量兴办教育，稳步提升社会投入在教育经费总投入中所占比重，理性看待不同学段的教育发展，重视基础教育在我国教育体系中的基础地位。各级政府应根据需要适时转变角色定位，完善政府购买服务、政府补贴、土地划拨、捐资激励等政策制度，同时按法律规定落实税费减免政策，以引导社会力量增加对区域基础教育的投入。改进社会捐赠收入与财政配比政策，执行公益性捐赠税收优惠政策，发挥各级教育基金会的作用，吸引社会捐赠。三是优化各级政府教育财权事权关系。中央、省和县等各级政府在西部地区基础教育财政投入机制中发挥着不同的角色。在"以县为主"的分权化基础教育财政体制下，县级机构就成了基础教育财政资源的首要配置者。其是将这份财政资源切实运用到教育系统中的核心力量，是保证资金真正发挥作用的关键环节。单纯的转移支付和财权下放并不一定能使县级政府有效配置教育资源，应该遵照公共选择理论，在分权体系中明确各级政府在基础教育投入中所拥有的权利、应该承担的责任和义务，根据各自财权、事权合理分担基础教育经费，建立基础教育投入的最低标准，加强问责机制，完善规范的财政转移支付制度。

其次，优化区域基础教育财政投入结构。一是给予区域更大的政策倾斜力度。要增强区域基础教育财政投入的公正性、科学性和规范性，针对西部地区基础教育资源配置有效供给不足、供需错位等结构性问题，以"一刀切"的方式指导财政投入已不能满足不同地区基础教育均衡发展的需求，也不具备可操作性。所以，探寻如何统筹兼顾质量、效率与公平，以供给侧结构性改革为主线，加大对"后发展区域"的政策倾斜。通过基础教育资源在区域、城乡、学校、群体间合理配置，逐步缓解直至消除基础教育不均衡现象。二是提高西部地区教育转移支付所占比重。应增加用于教育转移支付的总量，提升一般转移支付中发展滞后地区基础教育的补助经费，提高基础教育生均教育经费标准，通过立法手段保障这些区域基础教育转移支付资金的合理规范使用，强化对区域专项基础教育转移支付资金的监管力度，促进财政投入更加公平高效。此外，我国目前转移支付制度更多是纵向转移支付制度，即由上级政府向下级政府逐级转移经费，缺少横向转移支付，应考虑构建合理的横向转移支付制度，即明晰国家教育财政地区间横向转移支付制度，完善地区之间的相互支持与对口帮扶机制，从而均衡各省（区、市）财力，建立对口支援政策的长效机制。三是建立系统完备的财政预算管理体制。运用信息化系统，建立联网式预算管理数据库，提高预算编制效率，严格规范各级各类预算编制流程，实行全过程管理。宏观上要以系统化视角做好不同区域基础教育预算编制的顶层设计，在着眼于年度需求的同时，要基于纵向历史数据、横向比较科目；在满足本地基础教育财政投入需求时，也要考虑到当地发展的实际情况。微观上要规范细化基础教育预算编制过程，相关数据要分项目、分区域、分部门来填制，做好预算编制项目的说明工作，让教育财政经费支出更加具有计划性，促进预算计划的顺利实施。

最后，完善区域之间基础教育财政投入监督机制。一是建立专门独立的基础教育财政审计制度。建立多层级监督体系，包括人大和政协监督、审计监督、财政监督、教育行政监督以及社会监督相互协调，以加大对财政投入的审计力度，督促财政等部门建立健全绩效评价结果与预算安排和政策调整的挂钩机制。提高政府预算和发展滞后区域基础教育财政投入支出的透明度和有效性，深层次评价与监督相关部门公共服务的主体责任。在加强和完善基础教育财政投入监督机制的基础上，应建立教育专项经费监督检查长效机制，理顺各级审计机关的行政机制，以"事前、事中、事后"为关口，实现链条式管理，建立提交绩效审计报告的规章制度。二是改进区域基础教育财政投入绩效评价体系。因地制宜建立各地基础教育财政投入体系的目标任务，建立一个完整的、贯穿全过程、覆盖全范围的财政投入绩效评价体系，反映如偏远山区、边疆地区等基础教育的特点。加强绩效管理的责任意识，建立细化且可操作的绩效管理措施，合理科学地量化绩效指标，对难以量化的内容也要制定评价标准，全面综合地反映绩效目标的实现情况。所有资金使用主体都应对资金使用效果和政策执行效果负责，通过绩效审计报告制度全面呈现绩效实施结果。对预算科目设置、执行进度和绩效目标实现程度实施监控，并利用信息化系统进行动态监控，及时纠正偏差。确保基础教育财政资金的使用与绩效评价密切相关，加强绩效评价结果的应用，同时加大绩效信息的公开力度，将绩效目标的执行情况和绩效评价结果作为完善政策、编制预算、优化结构、改进管理的重要依据。三是强化对区域基础教育财政投入的奖惩和问责措施。将财政投入绩效评价纳入领导干部考核的重要内容。审计机构对各地基础教育阶段教师工资待遇政策等的落实情况进行专项督查，各地要定期向相关部门报送落实情况。对绩效值高的项目优先予以保障，对低效、无效的项目予以帮扶或削减，切实提高义务教育财政投入资金的使用效益。避免出现形式主义，让绩效评价管理机制真正发挥作用。

### （二）完善教育服务空间的可及性

一方面，明确教育资源空间均衡判别量化的基本准则。学界现有的教育资源均衡调控的相关研究成果，不同程度体现了教育资源空间均衡判别量化的基本准则。厘清教育资源空间均衡判别的基本准则，是实现科学判别的前提条件。选择的量化指标应基于客观、可测量的数据，而非主观判断或个人意见。教育资源空间均衡判别量化指标的选择，需要考虑到多个方面和因素，综合各种相关数据和信息，力求能够客观全面地反映教育资源的空间均衡情况。遴选出来的指标应具有可比性。在选取指标时，应具备统一的测量标准和数据来源，以便进行跨地区、跨时期的比较，评估教育资源的均衡状况。与此同时，选取的指标应能够清晰地说明教育资源的空间均衡情况和评估结果，能够提供清晰的定义和测量方法，并能够解释其与教育资源空间均衡的关系，以便各方能够理解和接受评估结果。选择的指标还应能够准确衡量教育资源的空间均衡情况，并能够产生稳定和可信的结果。

另一方面，要利用和发挥地理信息系统网络分析中的查找服务范围模型的优势，用于测量中小学在其所在街区的服务范围，测量其实际的覆盖程度，以及同一层次学校之间，如幼儿园之间、小学之间的覆盖重复程度，探寻学校覆盖范围的空白区域，进而分析基础教育学校的空间布局效率及差异情况。同时，可以利用查找服务范围模型判断学校所在区位、能够提供服务的覆盖范围，其服务的半径值是基于道路网络的交通距离，通过这种方法检视基础教育学校对特定区域空间的覆盖情况。在探索基础教育学校的空间布局时，可以基于 ArcGIS 网络分析中的哈夫模型，来判断区域中学校空间布局的现状是否有利于实现教育公平。

### （三）加强教育信息技术的可达性

增强教育的均衡性和可及性离不开教育信息技术的推广。

一是从内部结构调整供给型政策工具。政府作为推动基础教育信息化建设和发展的重要力量，应当持续提供支持和保障。当前的政策中广泛使用了基础设施和公共服务等供给型政策工具，例如网络基础设施配置、"三通两平台"建设和网络学习空间应用等。这些政策工具有效地改善了不同地区学校之间信息不对称和资源不均衡等问题。除了继续使用基础设施和公共服务供给型等政策工具外，还应及时调整供给型政策工具的内部结构。同时，需要进一步细化财政支持政策的设计，确保在国家投入、企业赞助、学校自筹、全社会广泛参与的经费保障机制下，更加关注数字资源和人才培养方面的投入，以提高资金使用效益。总之，及时调整供给型政策工具的内部结构，强调人才培养和财政支持的政策设计，有助于推动区域基础教育信息化的持续发展和提高教育资源的有效利用。

二是持续优化环境型政策工具的内部结构。政策制定者应当不断精细调整政策中的目标规划和组织策略等核心内容，特别是在组织策略方面，应制定出更具针对性和操作性的配套措施，以确保政策执行的高效和精准。同时，政策中的制度标准部分也需要进一步完善，特别是在法律法规层面上。以财政支持为例，需要充分考虑预算管理制度和项目资金审计的灵活性，运用法治思维解决区域基础教育信息化发展中的实际问题，不仅可以提升教育信息化事业发展的法治化水平，还能确保其规范化运行。此外，税收优惠作为解决教育信息化资金问题的重要手段，其重要性不容忽视。通过实施税收优惠政策，如补贴优惠、减免企业所得税等，可以有效激发企业和学校参与教育信息化建设的积极性与活力。以数字资源个性化购买服务为例，政府可以采取措施，鼓励各类学校、师生和企业积极投入教育信息化建设中，共同推动区域基础教育信息化事业的蓬勃发展。

三是强化需求型政策工具的使用。首先，在政府治理从管理走向服务的时代背景下，应适当强化需求型政策工具的使用，以提高政策执行力和满足多方利益诉求，有助于消解政策模糊性带来的不确定性，进而推动区域基础教育信息化的发展。其次，丰富购买服务的方式。在制定政策时，应从服务内容、形态、方式、评价等多方面考虑，充分考虑教育信息化服务的多样性。[①] 例如，政策设计可包括大数据处理、学习分析、云服务、咨询设计服务等新兴服务业态，同时也应将教育信息化咨询服务、教师培训服务等纳入其中，以满足不同需求涉及的多方利益。[②] 最后，进一步拓宽对外交流渠道。可以将重大项目建设纳入对外交流政策工具设计，通过基础教育信息化经验交流和地区活动项目，推进全方位的交流合作。同时，将短期交流效果纳入长效机制设计，将经验交流和传播纳入政策体系，以实现本地区教育信息化发展经验的传播与共享。此外，还可以设计与企业开展交流合作的项目，以更好地对接学校需求，实现资源共享与合作共赢。

---

① 刘名卓. 教育信息化服务类企业的现状调研与发展建议［J］. 现代远程教育研究，2018（6）：89-96.

② 刘名卓，李昊森，童琳，等. 政府购买服务视域下教育信息化服务现状与发展建议［J］. 电化教育研究，2020，41（4）：102-108.

## 三、立足新发展阶段

### （一）教育发展理念与时俱进

中国式现代化的本质要求包括坚持中国共产党的领导和中国特色社会主义，实现高质量发展，发展全过程人民民主，丰富人民精神世界，实现全体人民共同富裕，促进人与自然和谐共生，推动构建人类命运共同体，创造人类文明新形态。[①] 从基础教育均衡发展的角度来看，要实现中国式基础教育现代化，首先必须坚持中国共产党的领导和中国特色社会主义。中国共产党的领导是我国基础教育发展的重要政治保障，中国特色社会主义是国家制度和治理体系的重要特征。坚持党的领导和中国特色社会主义，我们才能够找到适合中国国情的基础教育均衡发展道路，推动中国式基础教育现代化的实现。其次，中国式基础教育现代化的实践要求包括实现基础教育高质量发展、发展全过程人民民主、办人民满意的教育、以教育推动西北农村和西部地区人力资本培育，提升国民素质，实现全体人民共同富裕是社会公平正义的目标，促进人与自然和谐共生则是可持续发展的理念。此外，推动构建人类命运共同体、创造人类文明新形态赋予中国式现代化以世界意义，是中国式现代化的国际担当。通过积极参与全球事务，中国将与其他国家共同推动构建人类命运共同体，共同应对全球挑战，推动人类社会的和平、稳定和繁荣。同时，中国将以创新的思维和实践为世界提供新的智慧和经验，推动人类文明的发展进步，构建人类命运共同体的新形态。

为了贯彻中国式现代化的实事求是和与时俱进的理论品格，政府在推进区域基础教育均衡发展中需要转变原有观念。政府应全力推进区域发展相对滞后地区基础教育均衡，将教育公平和基础教育高质量发展作为重要的施政理念。这意味着政府要加大投入，优化资源配置，改善教育条件，提升教育质量，促进教育公平和社会公正，确保每个孩子都能享有平等的受教育权利，实现全面发展。同时，需要加强与相关部门、社会力量的合作，形成多方合力，共同推动教育改革与发展。

### （二）教育治理能力高质量提升

在教育发展中引入市场机制也是一种必要的举措，例如在基础教育建设中引入市场化的投标机制，以确保公平竞争和资源的合理配置。首先，基础教育发展中的"以县为主"的管理体制体现了教育行政管理的创新。传统意义上，教育管理主要以省级或市级教育部门为中心，而在边疆西部地区，由于地理、经济等因素的制约，直接对接基层学校的县级教育部门具备更强的适应性和响应能力。通过将教育管理的重点下移到县级教育部门，能够更好地把握当地的教育发展需求，更有效地调配资源、制定政策，并提供相应的指导和支持。实施"以县为主"的管理体制时，需要结合当地的实际情况进行细化和完善。根据当地的地理、文化等特点，因地制宜地制定差异化的基础教育发展策略

---

① 张文显. 论在法治轨道上全面建设社会主义现代化国家 ［J］. 中国法律评论，2023（1）：1-25.

和政策，确保政策的针对性和实施效果。同时，应加强县级教育部门的能力建设，提升其组织协调、政策执行和监督评估能力，确保教育管理的科学性和有效性。此外，要积极发挥县级教育部门与基层学校和教师的联系纽带作用，加强信息交流与沟通，形成密切合作的良好局面。其次，引入市场机制也是增强政府制度创新能力的一项重要举措。基础教育建设中的投标过程是一个重要环节，通过引入市场机制，可以促进公平竞争和资源的合理配置。基于市场机制的投标过程，通过公开透明的竞争，吸引更多的建筑商参与，提高建筑质量和效率，降低建设成本。同时，市场机制也能够促进供需双方的优势互补和资源的有效利用，推动基础教育建设更加贴近实际需求。

### （三）公共服务思维不断创新

教育是一种公共产品，每个人都应平等享有受教育的权利。当前，我国正处于体制转型、社会转型和经济社会发展的关键时期，新情况和新问题不断出现，这对政府公共服务能力提出了更高的要求。面对新情况和新问题，政府不能依赖现成的解决方案，而是要发挥创新精神，通过创新来应对挑战。政府的创新能力是推动改革和发展的迫切需要。只有通过创新，政府才能适应新形势和新任务的要求，才能在发展、改革和开放的各个领域做出新的突破。政府在提供公共服务方面的创新尤为重要，尤其是在解决基础教育财政问题方面，积极探索新的教育筹资模式，鼓励社会资本的投入，引导社会力量参与基础教育的办学和管理。这种多元化地参与和承担公共服务的方式，能够有效缓解财政压力，提高教育资源的配置效率，也能促进教育的优质发展。

要加强组织体制机制创新，建立灵活高效的工作机制，鼓励创新思维和实践。政府应注重培养和吸引具有创新能力的人才，提供良好的环境和条件，激励他们积极投身于公共服务的创新领域。此外，政府还应加强与社会各界的合作与协同，倾听民意、借鉴经验，充分利用社会资源和智慧，共同推动公共服务的创新和发展。在实施公共服务创新时，政府应坚持问题导向、因地制宜，关注并解决实际问题和满足人民需求。同时，政府要注重公共服务的公平性和可持续性，确保创新措施的效果能够惠及更多的人群，提高公共服务尤其是发展滞后地区基础教育的质量和普惠性。通过引入多元化的教育筹资和办学主体，让社会力量参与和承担公共服务。

# 第二十章

# 区域基础教育均衡发展的制度分析与创新

制度创新是区域基础教育均衡发展的根本保证。本章首先分析推动区域基础教育均衡发展的制度动因，以及促进制度创新的必要性和紧迫性。其次阐述区域基础教育均衡发展的制度逻辑，探讨如何从政策分析走向制度设计，以及在制度权衡下进行政策选择，同时关注教育差距中的责任伦理和政策执行中的制度重建问题。继而强调坚持以人民为中心、新型举国体制以及差别化区域支持政策在推动区域基础教育均衡发展中的重要作用。最后提出区域基础教育均衡发展制度创新的路径选择，包括因地制宜的教育资源优化配置、教育投入体制机制的方式变革以及政策扶持与激励制度的协同创新，为制度创新提供理论支撑和实践指导。

## 第一节　区域基础教育均衡发展的制度动因

制度动因是推动制度变迁和发展的内在动力，主要源于人们对生产方式、生活方式的需要和期待，也受到现有制度环境的制约和影响。寻求区域基础教育均衡发展的制度动因，推动教育事业的健康发展，不仅是政策的需要，也是社会公正和进步的要求。这需要从多个层面考虑，包括政策导向、资源配置、教育体制改革等，形成全方位、多层次、互相配合的教育发展策略。

### 一、政策导向

政策导向是指在特定的时间段内，由政府或相关部门根据当前经济社会发展需要制定一些重要决策或策略，并以法规、文件等形式公之于众，对公众的行为产生指引和约束作用，促进国家和社会的长远发展。

首先，政策是国家和社会对公共问题进行干预、调控的重要手段，并在很大程度上决定了教育资源的分配和使用。不同区域由于地理、经济、文化等因素的影响，基础教育发展面临众多挑战。国家通过制定有利于特定区域基础教育发展的政策，例如增加投入、优化资源分配、改进教学方式等，推动区域基础教育均衡发展。例如，调整学校布局政策，《国务院关于基础教育改革与发展的决定》在明确要因地制宜调整农村中小学布局的同时，也提出交通不便的地区仍需保留教学点，防止因布局调整造成学生辍学。又如，针对西部乡村教师队伍建设问题，国家实施了西部地区"两基"攻坚计划、深化农村义务教育经费保障机制改革、农村教师特岗计划、对口支援、定向招生等重大举措，为农村学校提供教师资源。[①] 其次，政策可以引导和激励各方力量共同参与到区域基础教育的发展中来。最后，政策也是维护区域基础教育发展公平性的重要手段。只有在政策的引领下，才能保证教育资源公平分配，让每个孩子都有公平接受教育的机会，这是实现区域基础教育均衡发展的核心要求。因此，政策导向在推动区域基础教育均衡发展方面发挥着至关重要的作用。

## 二、资源配置

资源是基础教育发展的重要保障，其中包括教师资源、教材资源、设施资源等。资源配置是指在有限的资源下，对资源进行合理分配以实现特定目标的过程。这涉及将资源从某个地方或某种用途转移到其他地方或其他用途，资源配置的主要目标是效益最大化。资源短缺是我国义务教育发展的较大障碍之一，多年来，中央政府出台"农村中小学危房改造工程"等相关政策来改善西北地区资源紧缺状况。中央财政教育转移支付资金主要用于支持中西部地区，以改善这些地区的办学条件和教育质量。但是资源供给增加只是解决资源紧缺的方式之一，将有限资源做到利用率最大化，合理分配现有资源，才是解决资源紧缺的根本途径。[②]

优化资源配置可以提高教育服务的效率。例如，从效率提升维度看，可以打破地域限制，让优质教育资源延伸到偏远地区。采取校际交流和协作，能够实现教育资源的分享，增强教育服务的协同性。对教育资源进行公平和合理的配置，能够缓解教育不均衡问题。例如，从公平性视角分析，引导和促进教育资源向欠发达地区倾斜，保障每个学生都能享受到公平的教育机会。因此，教育资源配置应当随着社会经济发展的变化而灵活调整。这就需要我们不断审视和更新教育资源配置策略，适应新的教育需求和挑战，这也进一步表明资源配置是区域基础教育均衡发展的制度动因。

## 三、教育体制改革

改革开放以来，我国教育事业逐渐得到恢复和发展，在实践中不断着力完善中国特色社会主义教育制度，加快建设高质量教育体系，办好人民满意的教育。总体来看，中国教育体制改革与政治、经济、文化和社会的发展紧密相连并相互制约。[③] 进入新时代，

---

① 祁占勇，王君妍，司晓宏.我国西北地区义务教育均衡发展的现实困境与政策选择——基于国家教育督导《反馈意见》的研究［J］.中国教育学刊，2017（10）：53-58.

② 祁占勇，王君妍，司晓宏.我国西北地区义务教育均衡发展的现实困境与政策选择——基于国家教育督导《反馈意见》的研究［J］.中国教育学刊，2017（10）：53-58.

③ 于发友.中国教育体制改革45年：历程、经验与展望［J］.教育史研究，2023，5（4）：4-15.

我国系统推进育人方式、办学模式、评价制度、管理体制、保障机制改革，使基础教育体系更好适应经济社会发展需要、回应人民群众期盼、促进人的全面发展。强化义务教育"重中之重"的地位，完善省级统筹、以县为主的管理体制，依法落实政府举办义务教育的主体责任，确保义务教育学位主要由公办学校提供，构建保障义务教育均衡发展的体制机制，加快推进基本公共教育服务均等化。因此，教育体制改革与基础教育事业发展密切相关。

教育体制改革通过优化财政投入结构，确保教育投入更多用于教育教学和教师队伍建设，依法保障教师工资待遇，促进义务教育优质均衡发展。因此，教育体制改革既是推动教育公平的重要手段，也是增强地方经济社会发展活力的关键所在。各种历史和现实因素导致西部地区的教育体制存在一些问题，一是教育资源的分配不均、教育服务的供给不足等，影响了教育质量和教育效率，限制了基础教育的均衡发展。通过教育体制改革可以解决这些问题，推动教育公平，提高教育质量。二是随着社会经济的发展和科技的进步，教育需求和教育方式也在不断变化。教育体制需要进行改革和创新，以适应新的教育需求和形态，提高教育质量和效率。因此，教育体制改革通过引入竞争机制、鼓励创新、建立激励机制等措施，激发教育机构和教育工作者的活力，增强他们提高教育质量和服务水平的动力，有利于推动区域基础教育均衡发展。

# 第二节　区域基础教育均衡发展的制度逻辑

义务教育制度确立为基础教育均衡发展奠定了初始的制度基础。制度逻辑是一种功能导向和结果导向的逻辑，着眼于实际效果，以实现特定目标为导向，需要站在系统的角度去理解和应用制度逻辑，为区域基础教育均衡发展提供有效的制度保障。

## 一、从政策分析到制度设计

政策是在制度框架内生成和实施的，是为了实现特定的社会经济目标而设定的行动方案或者准则。政策制定者需要根据当前的社会经济情况和未来的发展趋势，来制定或修订政策。政策也具有能动性，可以反作用于制度，推动制度的健全和完善。因此，政策和制度是相互作用、相互影响的，在相互适应和调整的过程，政策也在推动制度的更新和完善。

早期的历史制度主义习惯于用趋向静态的视角分析和解释跨国之间的政策差异以及一国内跨越时间的政策持续，而缺乏政策变化对制度形成的必要说明。政策在追寻某些目标上对政治手段的系统应用通常是在既定的制度规约下展开的，但它也可以靠努力改变制度的方式来实施。[①] 近年来，尽管我国在教育资源配置方面做出了较大努力，但由于地域、经济等因素的影响，部分地区的基础教育发展仍然存在许多问题，例如教育资源

---

① 蒋平，王正惠. 城乡义务教育一体化政策的制度逻辑——基于制度分析理论的视角 [J]. 教育学术月刊，2014（9）：57-62.

短缺、教育质量低下、师资力量薄弱等。为此，我国出台了一系列政策措施，主要包括：实施教师绩效工资制度与乡村教师生活补助政策；加大教育投入，改善教育设施；实施教育援助项目，提供资金、技术支持等。尽管这些政策在某种程度上缓解了欠发达地区的教育问题，但由于其源于政策层面，其有效性和持久性仍存在一定的局限性。

长期以来，我国研究者在教育政策分析中过于强调对制度性因素的探讨而忽视非制度性因素的影响，将制度架构看作先于政策选择的固定不变形态，从而导致对教育政策活动逻辑的理解的偏颇。[①] 非制度性因素提供了一种分析教育事件的特定认知参照系与角度，并对其现象及结果做出较为科学的阐释。研究教育政策需要从解析、研究教育实际的各种因素入手，用于分析和解释教育发展中的各种问题，揭示其中的基本原理和作用机制。政策的变革主要是因社会问题而引发的，一个政策行动的选择与尝试既依赖于执政者对政策问题的描述能力，也依赖于公众对政策问题的认知取向和信息理解把握程度，这是政策分析的一个基本理论。区域基础教育均衡发展的政策改革同样遵循着政策问题分析的理路，需要分析多元化的非制度性因素，其中包括社会文化背景、经济条件和人口组成等。

首先，社会文化背景是影响区域基础教育均衡发展的重要非制度性因素之一。社会文化价值观、风俗习惯等都会对政策的接受程度和执行情况产生影响。因此，政策制定者必须尊重并理解当地的社会文化背景，与当地群体进行深入沟通，制定出能让大多数人口接受的教育政策。其次，经济条件是影响教育均衡发展的另一重要非制度性因素。一个地区的经济发展水平、收入分配差距、职业结构等都会对教育投入产生显著影响。例如，欠发达地区可能由于资金短缺而无法投入足够的资源到教育建设上，即使有好的教育政策也难以落实。因此，必须考虑当地经济条件，实施可行的财政补助政策，保证教育资源的公平分配。最后，人口组成也是非制度性因素中的一项重要内容。西部地区的人口年龄结构等会影响教育政策的实施。因此，教育政策需要最大化地适应人口组成的特点，这是建设我国高质量教育体系的基础支撑。

柯武刚、史漫飞认为，制度的产生可能是因为规则及整个规则体系靠人类的长期经验而形成，当规则逐渐产生并被整个共同体所了解时，规则会被自发地执行并被模仿。在这一过程中，培育制度的必要性源于人们吸纳、评价信息和保留知识的能力，经过评价的信息被揉进知识体系，促进各种思想系统连接起来以接纳新的真知灼见。例如，高原牧区的社区，由于经济生活主要依赖牧业，生活节奏受季节和自然环境的影响较大，因此，其教育往往需要注重生存技能的培养和环境适应能力的提升。如果硬性引入以知识灌输为主的城市教育模式，则可能造成教育与生活的脱节，反而制约了教育的效果。

制度设计常被看作政策分析的基本任务，当它成为对政策分析有用的概念时，便构成了政策设计的制度基础。如1986年《中华人民共和国义务教育法》颁布实施，标志着普及义务教育制度的正式确立，又以立法的形式保障义务教育实施有法可依。从政策分析到制度设计，《中华人民共和国义务教育法》诠释着这样一种政策的制度分析逻辑：政策的改善一方面需要通过收集、分析和处理准确和全面的相关信息，寻求更为合理的政策方案；另一方面需要改进政策制定系统本身，明确政策对象，改变决策规则，通过制

---

度建设来达成政策改革的稳定性、持续性和发展性。正是依据上述政策的制度分析逻辑，我国义务教育政策改革的方案、技术与方法不断完善，并取得了普及义务教育的阶段性成就。那么，什么是制度设计？制度设计的主要目标是创建有效、公平且可持续的制度结构。制度设计者通常需要考虑各种不同的因素，包括社区的需求和期望、社会公正、经济效率及长期可持续性等。

由于地域独特、生活条件艰苦、文化差异明显等因素，一些地区的教育发展相对滞后于中心城市和发达地区。因此，根据当地实际情况，设计出符合地方特色并能有效促进教育均衡发展的制度，就显得尤为重要。如何进行制度设计？首先，需要全面、深入地了解和掌握当地的教育发展现状和存在的问题，包括教育资源分配、师资力量、教学质量和学生学习成绩等各个层面；其次，需要借鉴其他地区的成功经验和模式，尤其是那些在类似条件下取得良好效果的案例；最后，需要结合当地的实际情况，设计出既具有可操作性，又能解决实际问题的政策制度，并在实施过程中根据反馈信息进行及时调整和修改。在这个过程中，政策制定者不能单独操作，必须广泛地征集和倾听社会各界的意见和建议，特别是当地民众和教育工作者的意见。一个运行有效的制度不仅要能够解决当前问题，还要具有持久性和发展性。不断迭代更新和技术革新使我国的教育得以快速发展，但在西部地区，由于硬件设施和师资力量的限制，教育方式和手段的进步相对滞后。因此，在设计政策制度时，既要考虑当前的实际问题，也要考虑未来的可能变化，确保政策制度具有长期的有效性。在实践中，制度设计的过程非常复杂，通常包括以下步骤：确定目标和要达成的结果，定义并理解与制度相关的各种群体和利益相关者，评估现有制度的优点和缺点，设计新的或改进的制度，测试并评估制度的效果，并根据反馈进行适当的调整。因此，区域基础教育均衡发展的制度设计是一项具有系统性和复杂性的工程，它需要广泛的社会参与、深入的地方研究、持久的政策承诺和灵活的实施策略。

## 二、 制度权衡下的政策选择

20世纪80年代以来，制度分析理论被广泛应用于政策科学，特别是在公共政策研究领域贴上"新制度主义"的标签，其中以理性选择制度主义和历史制度主义为代表，主要围绕"制度如何塑造了政策"和"政策怎样引发制度变革"两大问题展开。理性选择制度主义重点考察制度在政策制定过程中个体策略选择对结果的影响，以提高政策执行的实效。新制度主义强调过去制度对现在政策的影响，注重以制度为核心对政策的历史考察，进而找到特定政策发生的制度原理。在影响政策选择的诸多因素中，没有人会否认制度的重要性。为了证明制度在政策选择中的地位和作用，理性选择制度主义将重点转向说明政策选择过程中制度与其他变量之间的关系，努力寻求在多变量组成的逻辑图谱中制度的恰当位置。与此同时，历史制度主义也从制度的角度来解释政策选择的差异，通过大量实证研究揭示出其他变量充当了制度和最终政策选择之间的"桥梁"。那么，制度在这个过程中究竟扮演了什么角色，它如何影响基础教育的政策选择？除了制度以外，还有哪些变量在这个过程中发挥了作用？

理性选择制度主义是新制度主义的一种理论观点。这一观点主要依据理性选择理论，并尝试将该理论应用于政治行为过程。理性选择制度主义主张，个体行为是基于他们的期望效用最大化，也就是说，他们会在可选方案中选择他们认为会给自己带来最大收益的那个。此外，理性选择制度主义还强调制度在决定政治和社会结果上的作用。它指出，虽然个体可能根据自身利益进行理性选择，但其行为模式以及最后的决策结果，往往受到制度规则（如法律、规章等）的约束和影响。首先，从理性选择制度主义的视角看，制度作为一个整体性框架，在影响政策选择的过程中，其重要性不言而喻。具体到我国区域基础教育均衡发展政策，义务教育制度规定了九年制的义务教育年限，同时强调了公平、公正、免费的原则。这一制度设计明确了政策目标，为政策选择提供了基本方向。然而，制度并非万能的，无法涵盖所有的问题和挑战。

历史制度主义也提供了一种解释框架，认为制度不仅仅是一个规范性的框架，更是历史过程中积累的成果。历史制度主义是对社会科学中制度的研究，并强调历史过程在形成现有制度和规定行为方式等方面的重要性。这一理论观点认为，制度的历史沿革对理解其现状和功能至关重要。历史制度主义者认为，既有的制度通过形塑行动者（如个人、团体）的预期以及决策环境，对行动者的行为产生深远影响。这些制度往往自我强化，并使得改变现行制度变得困难。历史制度主义的核心观念之一就是路径依赖，即过去的决策和事件会对未来的选择和发展产生持续影响。过去制定的政策和制度会限制未来的选择空间，并可能导致某种特定的发展轨迹。此外，对于历史制度主义者来说，关键节点也是他们分析制度变迁的重要工具。这些关键节点往往会导致制度的大幅转变，从而引发新的发展路径。在这个意义上，对于义务教育发展的政策选择，制度可以看作是一种历史遗产，这种遗产对当前政策选择产生了深远影响。然而，历史制度主义同时也强调变量之间的动态关系，这就意味着制度并非唯一决定因素，其他如经济、社会、文化等因素同样重要。以经济发展为例，经济发展对教育资源配置、教育人力投入以及教育质量均有着直接的影响。而全球化和信息化的发展，使得欠发达地区开始面临来自外部的更多压力和挑战，例如跨文化交流的难度，以及适应新经济形态的能力等，这就需要政策选择在坚持义务教育制度的同时，也要充分考虑其他因素的影响。

义务教育制度的实施，无疑为我国区域基础教育均衡发展提供了一个强有力的支撑。然而，在处理具体问题，特别是面对区域教育协调发展问题时，还要认识到制度并非唯一影响政策选择的因素，在制度框架内，还有许多其他变量存在，并且这些因素之间存在着复杂的相互作用和影响。因此，我们需要具有全面和深入的理解，才能够更好地解决问题，推动区域基础教育均衡发展。

## 三、教育差距中的责任伦理

一般而言，教育制度主要指一个国家在一定历史条件下为了维持整个教育系统所制定和形成的种种规范或者规定，它是一个包括学校教育制度、教育行政制度等内容的制度体系。新制度主义学派认为，制度包括为社会生活提供稳定性和意义的规制的、规范的和文化认知的要素，以及相关的活动与资源。其中，规制的、规范的和文化认知的三种类型构成了制度的三大要素。由此，可以看出，在当下的教育制度研究中出现了理论内涵过于狭窄的缺憾，大多数研究只关注教育制度的规范维度，例如教育投入制度、学校教师队伍建设制度、教育管理制度等，然而对于包括法律制度、价值观、文化期待、观念制度在内的规制的和文化认知的制度类型关注不够，由此造成人们分析教育制度时的无力和苍白，制度环境的丰富性和多层次性也就得不到完整体现。因此教育均衡发展的制度环境不仅包括相关的教育法律和教育政策，还包括具体的规范性制度体系以及不同地区、不同群体的认知图式、文化意义表达。

在教育均衡发展中，也存在制度环境影响人们行为和思维的案例。在我国，教育均衡发展是一个重要的战略目标，现实中却经常出现各种挑战。例如，学校之间、城乡之间以及地区之间的教育资源不均衡。在一线城市和发达地区，教育资源丰富，大量优质的师资力量集聚，学生们面临的竞争压力也较大；而在农村和欠发达地区，教育资源匮乏，由于环境限制，师资力量难以进一步提升，学生的教育机会相对受限。为此，我国制定了教育均衡发展的战略目标和制度体系，试图通过制度设计和执行，矫正教育资源分配不均衡，提供更多的教育机会给处于不利条件下的区域和群体。然而，在实际操作中，往往出现覆盖不全、执行不力的问题，使得政策支持并没有真正落实到农村学校，教育资源依然倾向于流向城市学校。甚至部分地区通过转移生源等方式，再次拉大了城乡之间的教育差距。

在新公共管理思潮的影响下，建立一个有能力的政府以及确立政府责任伦理的观念在义务教育均衡发展中应该处于重要地位。① 责任伦理是韦伯在讨论政治家议题时提出的与信念伦理相对的一个学术概念，与注重主观价值认定的心志伦理不同，责任伦理主要关注客观世界及环境中的现实运作，更关注事情的客观后果。人类生活和发展的改善永远不会自动到来，它有赖于推动发展的政治愿望、勇敢的领导阶层和国际社会的持续参与。因此，尽管政府拥有推进教育均衡发展的能力，但是如果缺乏责任伦理意识，义务教育均衡发展的政策仍然难以起到实质性作用。目前我国教育问责制的建设仍存在不足，有效的问责体系大多只针对学校校长或教育行政部门领导，大部分教育责任与地方领导并无直接关系。这在一定程度上削弱了一个地区领导的教育发展能力和承担责任的意识。2010 年颁布的《国家中长期教育改革和发展规划纲要（2010—2020 年）》明确指出，要把推动教育事业科学发展作为各级党委和政府政绩考核的重要内容，完善考核机制和问责制度。这反映出我国教育良性发展对于地方领导树立责任伦理意识的迫切需求。

在实际建设中，应从以下三个方面入手：一是明晰教育责任主体和责任内容；二是健全督导机制和问责机制；三是提升教育责任担当意识。首先，明晰责任主体和责任内容。各级党委和领导都应明确自己在教育工作中的地位和角色，将明确的目标任务分解到各级领导和教育行政部门，以确保每项具体任务都能找到责任人。对于欠发达地区基础教育的均衡发展，还需要考虑到地方特殊性，确定合理的责任指标，避免因盲目追求数字化管理而忽视教育质量的实质提升。其次，健全教育督导机制和问责机制。教育事业的发展离不开有效的管理和监督，这需要建立有效的督导机制，对教育工作进行定期检查和评估，并对存在的问题和困难提出解决措施。尤其对于发展相对滞后地区的基础

① 凡勇昆，邬志辉．义务教育均衡发展的三个基本理论问题探讨——基于联合国开发计划署《人类发展报告》的省思［J］．教育科学研究，2014（1）：5-10.

教育工作，更应该增强公平和公正的观念，以解决地区之间的教育资源分配问题，落实教育公平，使每一个孩子都有受教育的机会。

## 四、政策执行中的制度重建

政策对制度的能动作用既源自某一制度本身的政策反馈，又来自其他制度中政策要素的介入。当政策问题产生后，由于触及其他制度安排，原有政策的制度框架就会受到影响，此刻政策主体介入其中，将新的政策问题纳入立法程序乃至制定对策并付诸实施。一般而言，政策主体介入的必要性既取决于政策推行所耗费的利益成本，又必须充分考虑到社会价值取向。改革开放以来，我国由计划经济向市场经济转变，一方面，市场在资源配置中起着基础性调节作用；另一方面，经济实力和综合国力显著增强，经济总量跃居世界前列。这既得益于教育优先发展战略的促进，又为普及义务教育和提升义务教育质量夯实了基础。[①]

制度重建通常指的是对旧有制度进行改革或者重新设立，以适应新的环境或者达到更好的社会、政治、经济等目标。它可能涉及多个领域，比如法律、经济、政策、社区服务等。在具体实施过程中，需要评估旧制度的效率和公正性，查明存在的问题和影响，然后通过研究、规划、咨询，找出最合适的方案。这个过程可能需要广泛的社会参与和投入，因为制度改革通常会牵动许多利益关系，需要确保新制度的合理性和可操作性。制度重建的目标一般是提高组织或社会的效益、公平性和稳定性，增强其抵御风险的能力，或者推动社会进步和发展。但具体影响会根据制度内容、执行方式和环境差异而变化，所以需要慎重对待。

在政策执行过程中，区域基础教育均衡发展这一问题涉及的是整个国家的综合国力、经济实力和社会公平问题。从国家的整体利益出发，促进区域基础教育均衡发展，不只是为了提升国家的总体教育水平，更是为了实现社会公平、进一步提升我国的国际竞争力。对于偏远地区的教育问题，政策目标是提升教育质量、扩大教育覆盖面，消除社会经济差异对教育资源配置产生的负面影响，并在此基础上保障教育公平。实现这一政策目标并非易事，必须更加精细化地设计政策措施，更加科学地配置教育资源，更加严格地督导政策执行，以期在最短的时间内收到预期的效果。因此，政策主体不仅要有丰富的执政经验，还需要有足够的决心和魄力去推动政策的实施。政策主体介入其中，可以将部分欠发达地区基础教育均衡发展的问题纳入立法程序，制定并实施相应的改革措施。主要包括：优化资源配置，提高教育教学质量；增加预算投入，改善教育设施；完善教师队伍，提高教师待遇，等等。

对于制度改革而言，传统的分权制度使得各级政府之间的关系显得尤为复杂。由于地方政府直接面对基层，其对当地情况的了解较为深入，同时也更理解当地人的需求和期望。然而，由于缺乏足够的经济资源和专业能力，地方政府常常无法有效地实施政策。相反，省级及以上政府部门虽然拥有充足的资源和专业能力，但对当地情况

① 蒋平，王正惠. 城乡义务教育一体化政策的制度逻辑——基于制度分析理论的视角 [J]. 教育学术月刊，2014（9）：57-62.

的了解不够深入，往往导致政策执行效果并不理想。因此，制度改革的关键是要进一步明确省级及以上教育部门与地方基层教育管理部门的职责分工，并在此基础上构建一个公平、高效且能够适应社会变化的教育制度。这需要把原本集中在更高层级政府手中的权力下放给地方，使地方政府在承担更多的责任的同时，也能获得更多的资源来实施政策。因此，改革的重点是让优质教育资源"下沉"，激发地方政府的积极性，实现区域基础教育均衡发展。此外，政策主体应大力增加预算投入。在预算分配过程中，更多考虑偏远地区的实际情况，加大投入力度，改善当地的教育设施，切实解决"有学上"的问题。政策主体应重视完善教师队伍。对于偏远地区的教育工作，需要有足够的人才支持。因此，各级政府应加大师资力量建设，提高教师待遇，吸引更多优秀人才投身于其中。

2006 年 6 月 29 日，中华人民共和国主席令第五十二号发布，自 2006 年 9 月 1 日起施行修订后的《中华人民共和国义务教育法》，为我国进一步推进区域基础教育均衡发展提供了制度保障。修订后的《中华人民共和国义务教育法》，不仅深入调整了我国教育领域的资源配置，也深刻影响了社会公平的内涵和外延，以及由此引发的制度改革，是根据我国经济社会发展进程和教育需求不断变化的内在要求，以及政策反馈和社会价值取向等外在压力，对原有教育政策进行调整与优化的必然结果。这标志着我国教育政策制定机制向着更加科学、透明的方向进步，为实现全体人民共享教育新成果而努力。

## 第三节　区域基础教育均衡发展的制度优势

党的二十大报告提出，以中国式现代化全面推进中华民族伟大复兴。在中国式现代化的历史进程中，教育现代化至关重要，而偏远山区、欠发达地区、西部地区基础教育均衡发展是体现教育现代化发展程度以及成熟度的关键表征。区域基础教育均衡发展还要充分发挥我国制度优势。其中，坚持以人民为中心的发展思想，确保了发展成果惠及全体人民；新型举国体制的构建，有效整合了全国资源，形成了强大的发展合力；而差别化区域支持政策的实施，则充分考虑了各地的实际情况，促进了区域间的协调与平衡。这三大制度优势共同构成了我国推动均衡发展的坚实支撑，为全面建设社会主义现代化国家奠定了坚实基础。

### 一、坚持以人民为中心

中共十九届五中全会指出，"坚持以人民为中心"是"十四五"时期经济社会发展必须遵循的一项重要原则。坚持人民主体地位，坚持共同富裕方向，始终做到发展为了人民、发展依靠人民、发展成果由人民共享，维护人民根本利益，激发全体人民积极性、主动性、创造性，促进社会公平，增进民生福祉，不断实现人民对美好生活的向往。中国国家制度和国家治理体系具有显著优势，其中的深刻根源就在于坚持以人民为中心的发展理念。

以人民为中心是中国共产党治国理政的鲜明主线。党的十八大以来，中国特色社会主义现代化建设取得了非凡成就，全面开创了党和国家事业发展的新局面。在经济发展上，中国坚持以人民为中心的发展思想，始终以提高人民生活水平和质量为根本目标。在过去的几十年中，中国通过实施改革开放政策，极大地提高了人民的生活水平。同时，国家也加大了对教育、医疗、卫生等公共服务的投入，使广大人民群众享有更加优质的公共服务。在社会保障方面，中国建立了全面的社会保障体系，包括养老、医疗、失业、工伤、生育等保险，以及最低生活保障等制度。

坚持以人民为中心，是中国共产党的根本执政理念，也是新时代坚持和发展中国特色社会主义的基本要求。在教育领域，这一理念体现为将人民群众对公平而有质量的教育需求作为奋斗目标，努力办好人民满意的教育。区域基础教育均衡发展是推动社会公平、促进经济发展、维护社会稳定、提高国民综合素质的重要手段。因此，通过制度设计和实施，将区域基础教育的均衡发展写入国家战略，并使之在全社会形成广泛共识，就成为彰显我们党以人民为中心的国家体制和国家治理体系显著优势的重要举措。首先，应进一步完善覆盖全社会的基础教育公共服务体系，优化学校布局，均衡配置优质教育资源。通过推进城乡一体化、区域协同的教育发展策略，实现区域内的教育均衡，提高教育水平，拉近地区间、城乡间的教育差距。其次，制度建设和政策创新是推动区域基础教育均衡发展的关键。应进一步完善相关法律法规，完善教育权益保障机制，制定并出台一系列支持区域基础教育均衡发展的相关政策，对于教育投入进行科学合理的配置。最后，通过信息化技术的广泛应用，打破地域限制，实现优质教育资源的互联网共享。利用远程教育、在线教育等方式，将优质教育资源送到每个需要的家庭，缩小区域间、城乡间的教育差距。

## 二、新型举国体制

《中共中央关于进一步全面深化改革 推进中国式现代化的决定》指出，必须深入实施科教兴国战略、人才强国战略、创新驱动发展战略，统筹推进教育科技人才体制机制一体改革，健全新型举国体制，提升国家创新体系整体效能。新型举国体制的本质是制度创新，是社会主义制度优越性与市场经济制度的有效结合，是围绕战略任务布局、实施而开展的系统性制度创新。[①] 新型举国体制为区域基础教育高质量发展提供了新的思路和路径。一方面，通过科学规划和统筹资源，优化教育资源配置，提升教育质量；另一方面，通过协同创新和开放合作，推动教育理念的更新和教学方法的改进，培养更多具有创新精神和实践能力的人才。

### （一）新型举国体制支撑区域基础教育均衡高质量发展的时代意义

一是新型举国体制主体多元，有益于区域基础教育的协调发展。新型举国体制具有集中力量办大事的优越性，它通过形成强大高效的整合力、动员力、汲取力、濡化力、

---

① 高菲，王峥，王立. 新型举国体制的时代内涵、关键特征与实现机理［J］. 中国科技论坛，2023（1）：1-9.

管控力、攻坚力、谋划力、统领力等力量体系来治国理政。① 区域基础教育均衡发展离不开党的坚强领导，以及政府和教育部门的精心主导。在这一过程中，必须统筹多元主体的协调参与，努力形成具有现代特色的基础教育治理格局，打破不同组织和部门之间的隔阂与分裂，建立一套一体化、协调化、整体化的区域基础教育治理体系。通过借助新型举国体制所独具的主体多元性优势，确保区域基础教育的协调与持续发展，为国家的长远繁荣奠定坚实基础。

二是新型举国体制保障有力，有利于推动区域基础教育均衡的稳步发展。其优势在于通过集全国之力，发挥国家力量，实现集中统一的管理和调控，以保障和推动各项事业的持续稳定发展。对于区域基础教育均衡的稳步发展而言，新型举国体制同样具有重要的积极影响。第一，实施政策资源倾斜。新型举国体制能够实现政策的集中性和精准性。这意味着政府可以根据各地区的发展需要，制定具有针对性的教育政策，对教育资源进行合理的倾斜和分配，以促进区域基础教育均衡发展。第二，有效保障教育资源投入。国家能够提供稳定且充足的资金支持，有效保障师资力量、教学设施、教材等教育资源的全面投入。这些资源的充足和优化配置，为区域基础教育均衡发展提供了坚实的物质基础。第三，加强区域合作与交流。新型举国体制的核心理念在于国家各地区间的资源共享和优势互补。通过举办各类教育研讨会、教师交流等活动，促进各地区之间的教育资源共享和经验交流。这种合作与交流有利于推动区域基础教育均衡发展。

### （二）新型举国体制在区域基础教育均衡发展中的表征

新型举国体制的提出为区域基础教育均衡发展提供了新的动力和方向，它强调全国一盘棋，通过集中力量办大事的方式，推动教育资源在各个区域的均衡分配。

首先，在体制结构的优化方面，新型举国体制强调国家、地方和学校三个层面的协同作用，形成了一个从上至下、由内而外的系统化运作模式。国家层面负责制定宏观政策和标准，地方层面根据国家政策结合地方实际进行具体实施，学校层面则负责执行和落实。这样的体制结构确保了教育资源的合理分配和利用，促进了区域基础教育均衡发展。

其次，新型举国体制在资源分配方面具有显著的特征，强调资源的公平分配和优化配置，通过统筹规划，确保各地区、各学校能够获得足够的教育资源。同时，还注重资源的有效利用，提高教育资源的利用效率，以最小的投入获得最大的教育效益。这样一来，区域基础教育均衡发展得到了有力保障。

再次，政策支持是新型举国体制在区域基础教育均衡发展中的又一重要表征。国家通过制定一系列政策措施，如倾斜性政策、扶持政策等，为区域基础教育均衡发展提供有力保障。这些政策措施涵盖资金投入、师资队伍、教学设施等多个方面，为各地区、各学校提供了良好的发展环境。

最后，新型举国体制在区域基础教育均衡发展中的最终目标是实现教育公平。新型举国体制通过优化体制结构、合理分配资源、提供政策支持等手段，努力缩小地区之间、

---

① 王凯，周国鑫. "新型举国体制"推进体育强国建设的时代价值、落地模式与路径探索 [J]. 体育学研究，2023，37（3）：22-32.

城乡之间、学校之间的教育差距，使每个孩子都能享受到公平而优质的教育。这样一来，区域基础教育均衡发展得以实现，教育公平得到有力保障。

## 三、差别化区域支持政策

习近平总书记指出，要根据不同地区、不同民族实际，以公平公正为原则，突出区域化和精准性，更多针对特定地区、特殊问题、特别事项制定实施差别化区域支持政策。差别化区域支持政策通过根据各地区的实际需求和资源状况，制定具体的支持措施，从而优化教育资源配置。这种差别化的支持方式，能够确保资源分配更加合理、高效，使得各地区的基础教育都能得到充分的资源保障。

差别化政策的时间性体现在党和政府在不同时期，根据不同区域发展阶段的不同，制定相应的政策。例如，在我国东部地区，由于经济发展早，基础设施完善，人才资源丰富，政策的重点放在推动新兴产业发展、促进科技创新、打造现代化经济体系上。而在中西部地区，由于经济起步较晚，发展水平相对落后，政策更多聚焦在解决"三农"问题、改善基础设施、提升人民生活水平上。此外，差别化政策的空间性体现在对不同区域的不同政策安排上。中国地域辽阔，不同地区之间存在着自然环境、经济水平、文化传统等方面的差异。因此，在制定区域基础教育政策时，必须充分考虑地域差异，为各地提供差别化的支持。

精准制定实施差别化区域支持政策，是对党的民族政策的坚持完善、守正创新。2021年中央民族工作会议指出，要根据不同地区、不同民族实际，以公平公正为原则，突出区域化和精准性，更多针对特定地区、特殊问题、特别事项制定实施差别化区域支持政策。这为在新的征程上推动民族地区经济社会发展、坚持和完善民族区域自治制度提出了新的要求，指明了工作方向。区域发展不平衡是我国国情和具体实际，在全面建设社会主义现代化国家进程中，不同地区发展水平不同，不可能齐头并进，要从实际出发，科学定位不同区域担负的使命任务。

差别化区域支持政策能够根据不同地区的实际情况，制定和执行有针对性的政策措施。这考虑到各地区的经济、社会、文化等差异，旨在促进各地区的协调与平衡发展。差别化区域支持政策强调公平公正原则，通过精准的政策扶持，补齐各民族在就业、教育、医疗等社会事业方面的发展短板，缩小公共服务水平方面的差距。此外，差别化区域支持政策还注重在发展中不断铸牢中华民族共同体意识。政策制定者将民族因素和区域因素相结合，尊重和包容差异性，有助于民族地区立足资源禀赋、发展条件、比较优势等实际，更好地把握新发展阶段、贯彻新发展理念、融入新发展格局。

## 第四节　区域基础教育均衡发展的制度创新

本节探讨均衡发展制度创新的路径选择，主要包括三个方面：首先是因地制宜的教育资源优化配置，确保资源能够在不同地区得到合理、高效的利用；其次是教育投入体制机制的变革，通过改革投入机制来提高教育资源的利用效率；最后是政策扶持与激励制度协同创新，通过政策的引导和激励，促进各方面资源的有效整合，共同推动教育的均衡发展。这三个方面相互关联、相互促进，是实现区域基础教育均衡发展的关键所在。

# 一、因地制宜的教育资源优化配置

## （一）遵循因地制宜的基本原则

2019 年 2 月，中共中央、国务院发布《中国教育现代化 2035》，提出"一地一案""分区推进"的要求，这是对区域教育现代化所做出的重要指示。我国的经济社会发展水平呈现出明显的区域不均衡性，大体上可以划分为三个层次：发达地区、中等水平地区和欠发达地区。这种分布状态也在教育现代化的进程中表现得淋漓尽致。在这三个梯队中，位居顶端的是发达地区，包括北京、上海、广州等一线城市以及苏南地区、长三角、珠三角等经济繁荣、科技先进的区域。这些地区教育资源富集，学科设置完备，教育设施先进，教师队伍素质较高，为当地的教育现代化提供了坚实的基础。其次是中等水平地区，如武汉、成都、重庆、郑州、长沙等。一方面，由于经济发展水平尚可，能够保证基本的教育投入，使得教育条件和教学质量在全国范围内处于中等水平。另一方面，这些地方由于财力相对有限，无法像发达地区那样投入大量资源推进教育现代化进程，使得教育发展速度相较于北京、上海、广州等地稍显落后。位居末端的是欠发达地区，主要分布在除了成都和重庆以外的其他大部分中西部地区以及一些偏远地区。这些地方由于长期受到自然条件、经济基础等因素影响，教育发展相对滞后。

因地制宜是区域教育现代化建设的有效策略，也是高效利用区域教育现代化建设资源的必然结果。因地制宜的基本要求有：鉴定区域层级、基本类别与发展梯度；评估能力基础与发展机遇；认清短板与优势；借鉴相似区域的已有经验。[①] 在逐步推进教育信息化建设的过程中，中西部地区不仅要关注硬件设施的更新与配置，更要注重软件应用的开发与运用。以应用为主导，优先确保应用系统建设，意味着要针对该地区的具体教育需求，设计并开发出能更好满足学生和教师需求的专业应用。例如，针对中西部地区偏远山区学校里常见的大班额和教师短缺问题，可以研发网络直播或录播的教学应用，将优质教育资源引入偏远地区，让广大农村学生也能享受到与城市学生相同的优质教学资源。同时，加快实现进阶教育智能化也是中西部地区教育现代化的重要路径。智能化教育不仅包括智能教学、智能管理，还包括智能评估等多个方面。借助大数据、云计算、人工智能等先进技术，可以提供个性化的教学服务，极大提升教学效果和管理效率。在此基础上，中西部地区还需加强与先进地区的交流合作，引进先进的教育理念和教育模式，提高教育科研水平，以创新驱动教育现代化的发展。例如，可以通过开设教育论坛、组织教育考察等方式，让中西部地区的教育工作者了解并学习先进地区的成功经验，借鉴其在教育信息化、智能化方面的成熟做法。同时，也可以通过联合开展教育科研项目，提高该地区的教育科研实力。

---

① 吴河江．区域教育现代化的深层认识、有益探索与推进策略［J］．中国教育学刊，2022（8）：45-50．

### （二）兼顾区域实际加强制度建设

制度建设是一个动态的过程，需要不断评估、修订和完善，以应对教育环境的变化和发展需求。作为教育领域的关键推动力，制度不仅要顾及当前的实情，还要预测未来可能出现的问题，并积极寻找解决方案。进一步来说，需要根据不同区域的特点和发展阶段，设计出更具针对性和灵活性的制度，在保障教育公正性、平等性的同时，推动教育改革和发展。

一是提升制度的灵活性，实现因地制宜。不同的区域，其地理位置、文化背景、教育资源存在差异。这些差异直接影响到教育工作的开展方式和效果。例如，针对教育资源紧张的地区，制度可以适当降低硬性标准，鼓励和支持创新型的教学模式，如远程网络教育等。对于经济发达、技术先进的地区，制度则可以设置更高的教育目标和要求，引导并监督其实施优质教育。

二是弘扬民主精神，提升制度的公正性。制定和实施制度，必须充分尊重和保障每个人、每个组织的基本权利。制度中规定的各项要求和措施，都必须公平、公正，不能偏袒或损害任何一方的利益。

三是明确责任与权利，提升制度的可操作性。在具体规范人们行为的同时，制度还需要明确规定各方的责任和权利。明确责任与权利的制度，可以让教育工作有据可循，有效防止矛盾冲突的发生。四是坚持创新发展，提升制度的前瞻性。教育领域的改革和发展，需要一个能够指引方向的制度。这就要求我们在制度建设中坚持创新，关注新的教育理念和实践，引导富有创新精神的教育工作。

### （三）构建科学合理的评价体系

通过全面、科学、公正的评价体系，可以更好地了解区域基础教育的实际情况，发现存在的问题和不足，为教育资源的合理配置和有效利用提供依据。同时，通过定期的评价和反馈，可以督促各区域、各学校不断提高教育教学质量，实现基础教育的均衡发展

一是在评价指标的制定上，应当做到具有区域性和时代性。在教育现代化的过程中，必须以科技进步为借鉴，实现教学方式的信息化、智能化和个性化，使得每一位学生都能享受到适合其自身发展的教育资源和教育方式。

二是在评价过程中，要提高评价的公开透明度和群众参与度，使得评价过程更加公平公正。教育现代化建设涉及的方方面面都与人们的生活息息相关，因此，评价过程必须做到公开、透明，让所有社会成员都能参与到评价过程中来，确保评价结果的公平公正。同时，在评价过程中，充分尊重教师的作用，因为教师是教育现代化的主体，他们的判断、他们的决策往往是最接近真实情况的。

三是在评价结果的运用上，要做到科学理性。一方面，要通过评价结果反馈现代化教育建设的实际成效和问题，利用评价结果来科学决策，优化资源配置。另一方面，要避免滥用评价结果，任何一项评价都不能一刀切，不能将评价结果简单地作为奖惩的依据。

四是在评价体系的建设上，要真正做到以评促改。评价过程不仅是一个监督和反馈的过程，更是一个激发潜能、调动积极性的过程。只有真正做到以评价促进改革，才能推动教育现代化建设的深入进行。因此，必须建立完善的教育现代化建设评价体系，实现从单一的教学过程评价向多元化评价的转变，从"硬性"评价向"软性"评价的转变。

## 二、教育投入体制机制的变革

《中共中央关于进一步全面深化改革 推进中国式现代化的决定》强调，加快建设高质量教育体系，统筹推进育人方式、办学模式、管理体制、保障机制改革。这为全面深化教育体制机制改革指明了方向。深化教育改革，必须以制度建设为主线，通过制度变革，全面释放教育系统和各级各类办学主体的活力，以治理型改革为教育强国建设提供制度保障。党的十八大以来，党中央、国务院高度重视教育发展，将教育摆在优先发展的战略位置，并坚持以人民为中心的发展理念来推动教育改革，召开了全国教育大会，形成了习近平总书记关于教育的重要论述，密集出台了一系列相关文件，对教育改革发展进行了系统的顶层设计。

### （一）建立健全财政教育投入持续稳定增长机制

党的十八大以来，以习近平同志为核心的党中央始终坚持把教育摆在优先发展的战略位置，优先保障、不断扩大教育投入。在清理规范挂钩事项的过程中，教育是唯一保留同国内生产总值相挂钩的事项，并提出了"保证国家财政性教育经费支出占国内生产总值的比例一般不低于4％"（以下简称"一个一般不低于"）这一新的战略性目标，做出了"确保财政一般公共预算教育支出逐年只增不减，确保按在校学生人数平均的一般公共预算教育支出逐年只增不减"（以下简称"两个只增不减"）这一新的战略性部署。

一是教育要优先服务国家发展战略，通过服务和贡献争取更多投入增量，建立健全持续稳定增长的战略驱动机制。教育不仅要注重自身的内涵式发展，还要积极对接国家战略需求，为国家的创新发展、产业升级、社会进步等提供有力的人才支撑和智力支持，教育才能在社会经济发展中发挥更大的作用，也才能赢得更多的资源和支持。

二是正确处理国家经济发展水平与教育事业发展需求的关系，建立健全持续稳定增长的财政供给机制。首先，明确经济发展与教育事业的相互依赖性。经济发展为教育事业提供物质基础，而教育事业的发展又推动经济的进一步增长。因此，应将两者视为一个有机整体，相互促进、共同发展。其次，依据经济发展水平，合理规划教育事业的发展。在制定教育政策和发展规划时，应充分考虑国家的经济实力和未来的发展趋势，确保教育投入与经济发展水平相适应。最后，注重教育事业的可持续发展。在满足当前教育需求的同时，还应着眼于未来的发展，通过提高教育质量、优化教育结构、推进教育改革等方式，实现教育事业的可持续发展。在保证基本教育经费投入的同时，应注重优化教育经费的使用结构，加大对教育薄弱环节的投入，提高教育经费的使用效益。通过建立完善的监督和评估机制，对财政供给机制的运行情况进行定期评估和监督，确保财政供给机制的有效运行。

## （二）构建纵向加横向转移支付的对口支援政策

区域发展不均衡是我国显著的发展特征。东部实力强大的省（区、市）凭借其优越的地理位置和丰富的资源禀赋，在资金、人才、技术和产业等生产要素上高度集中，从而与中西部地区的经济发展差距逐渐拉大。为了打破这种区域发展壁垒，加强资源的跨区域流动，促进各地区的均衡发展，中央政府在改革开放初期就提出了对口帮扶这一政策框架，构成了独具中国特色的横向转移支付机制。对口帮扶政策在中央政府的引导下，由发达地区向欠发达地区提供包括财政资金、产业协作、项目建设、劳务协作等方面的支持，以期实现受帮扶地区的长期、稳定、可持续发展。构建纵向加横向转移支付的对口支援政策，既可以调动各级政府和地方党委主动接受对口支援的积极性，也可以调动对口支援地区主动撬动外部资源的积极性。

纵向加横向转移支付的对口支援政策，是一种综合性的教育帮扶政策，旨在促进不同地区之间资源的合理配置和互补发展，特别是对发展滞后地区的教育资源进行有针对性的支持和补助。该政策涉及中央和地方政府之间的财政转移支付。

## （三）建立区域多元化教育合作机制

引入和鼓励社会力量参与区域基础教育的发展逐渐成为我国深化教育改革、提高区域基础教育质量的重要策略。例如，企业通过设立公益基金、资助建设学校、捐赠教学设备以及资助经济困难学生等方式，加强了欠发达地区基础教育的硬件设施建设和软件环境优化，在一定程度上解决了区域基础教育资源分配不均的问题。

一是广泛动员社会各方面力量参与区域基础教育发展中的对口支援工作。政府要与民间组织等社会力量形成良性互动和互补。首先，拓展对口支援的范围，鼓励企事业单位、民间组织、学校和个人以多样化的方式参与支援工作。如公益组织提供的支教、支边和关爱留守儿童等多元化教育资源对偏远地区的发展具有重要意义。其次，政府应出台相关政策，以鼓励和支持社会力量参与教育对口支援工作。建立发达地区与欠发达地区基础教育资源共享平台，促进发达地区对偏远地区基础教育的支援。对参与支援工作的企业等主体，可以提供税费减免和补贴等相关支持政策，以激励其积极参与对口支援。最后，拓展对口支援的形式和方式。可以扩大东部地区对偏远地区基础教育的支教支边、沿海地区对偏远地区基础教育的对口支援、发达地区对偏远地区基础教育的帮扶，以及城镇教师与农村教师的对口帮扶等支援活动。

二是在多元主体协同治理理论的指导下，构建政府主导、学校和社会等其他主体全面参与的教育援助体系，让社会各方广泛参与，建立多元主体平等协商、合作互助的关系，以实现多元主体地位平等、利益协调和有序参与的良好状态。政府要发挥统筹协调管理的职能，同时加强对社会、公众等多元主体的参与程度的推动，积极鼓励教育公益组织、企业、社会团体和个人参与偏远地区基础教育的支援工作，实现各级政府、受援学校、支援学校、社会机构、教师和学生等多元主体之间的协同发展。

三是建立对口支援的协同机制。一方面，明确支援方与受援方各自的责任主体及职责范围，以确保教育对口支援有序进行。地方政府、教育部门、学校、教师等不同主体应根据对口支援的目标和任务，合理分工，形成良好的协作机制。另一方面，政府在顶层设计上要做好对口支援工作，制定相关政策，并加强对支援方与受援方的统筹协调，明确各参与主体的职责和运行规则。

## 三、政策扶持与激励制度协同创新

政策扶持是推动区域基础教育均衡发展的重要手段。政府应通过制定和实施一系列政策措施，如财政投入、师资力量配置、教育资源分配等，以支持区域基础教育均衡发展。应充分考虑区域差异，针对不同地区的教育发展状况，制定相应的扶持政策，以实现教育资源的优化配置和教育的公平性。激励机制是推动区域基础教育均衡发展的重要手段。通过建立科学的激励机制，可以激发学校、教师和学生等教育主体的积极性和创造力，促进教育质量的提高。政府应加强政策制定和实施过程中的沟通和协作，形成相互支持、相互促进的机制。

政府或教育部门可以通过设立专项基金的方式，向这些地区投入更多的教育资源。例如，可以设立偏远地区基础教育发展基金，并制定详细的基金使用规则，确保基金用于提升教学质量、改善教学条件、培训教师等关键环节。此外，政府还可以发起捐赠活动，鼓励社会公众对偏远地区基础教育予以关注和支持。鼓励教师到偏远地区任教也是一个重要的政策方向。一方面，可以通过提高待遇、优化工作环境等方式吸引更多优秀教师到偏远地区任教。另一方面，可以设立偏远地区教师特别贡献奖，对在偏远地区表现突出的教师进行表彰和奖励。将政策需要与实地考察相结合，根据每个地区的具体情况进行定制和调整，确保政策的有效性和适应性。在政策执行过程中，应该注重公开透明，接受公众监督，以防止教育资源被挪用或浪费。为了更好地评估政策效果，建议设立专门的评估机构，通过数据分析和实地调研，定期发布基础教育发展报告，反馈政策效果，理清问题症结，并提出改进建议。

# 第二十一章

# 区域基础教育均衡发展的路径优化与政策设计

区域基础教育均衡发展是推进教育公平、实现社会公正的重要基石，也是落实国家"十四五"规划、共同富裕战略及教育现代化2035目标的核心任务。当前，我国基础教育仍面临城乡资源配置不均、校际发展差异显著、优质师资结构性短缺等现实挑战，制约着人才培养质量的整体提升，与新时代"办好人民满意的教育"的战略要求存在差距。在乡村振兴与新型城镇化双轮驱动背景下，急需以数字化转型为契机，推进区域基础教育发展与优质资源全域共享。因此，寻求合理、科学的路径优化，以解决区域基础教育的均衡发展问题，显得尤为重要。本章立足国家重大战略导向，系统探讨区域基础教育均衡发展的优化路径，建议通过深化基础教育改革，优化教育资源配置，推动基础教育的均衡发展。

## 第一节　区域基础教育均衡发展的路径优化

路径优化是一个广泛的概念，它包括在多个领域和环境中找到最有效路径的过程。这可能包括从一点到另一点的地理路径、网络数据传输的优化路径、供应链管理中的物流路径，甚至机器学习和人工智能中的算法路径。路径优化的主要目标是减少成本、时间和资源，同时提高效能。

### 一、路径分析的一般概念

寻找和验证因果关系一直是科学研究的核心追求，理论构建的关键在于揭示不同现象变量间的因果结构。路径分析是一种统计方法，它的主要目标是描述变量之间的因果关系。

什么是路径？在不同的学科和场合，路径的含义可能有所不同，通常来说，路径是指一个状态或地点到另一个状态或地点的过程、步骤或方法。路径描述了从起点到终点的过程，这个过程可以是实体的移动，也可以是抽象过程的进展。

路径分析能帮助研究者发现和测试变量之间的复杂因果关系。然而，它也有一些局限性。例如，路径分析假设所有的因果关系都是线性的，这意味着如果实际的关系是非线性的，那么路径分析可能无法得到准确的结果。此外，路径分析依赖研究者对变量关系的先验知识，如果这些知识不足或者错误，那么路径分析也可能得出错误的结论。尽管有这些局限性，路径分析仍然是一种在许多科学领域（如生物学、社会学、心理学等）得到广泛应用的统计方法。它可以帮助研究者解决复杂的问题，并为最开始的一般概念添加更多的细节和深度。

## 二、区域基础教育均衡发展的路径优化

路径优化是一种通过科技手段来改善路径以实现某种目标（如更短的距离，更快的速度，更少的资源消耗等）的过程。例如，在物流配送中，路径优化有助于找出最短或者最节省成本的配送路径；在网络通信中，路径优化有助于找出延迟最小的数据传输路径。路径优化一般依赖于特定的算法，如迪杰斯特拉算法、贝尔曼-福特算法等。

我国地域辽阔，不同地域在经济发展、地理环境、自然资源和人文传统等方面存在差异。这种差异在基础教育领域表现得尤为明显，形成了各地基础教育发展的独特性和多样性。在以县为主的基础教育管理体制下，各县的基础教育发展呈现出明显的地域性特征。这需要我们正视教育差异，充分认识到各地基础教育的特色和优势，充分发挥发达地区的基础教育资源禀赋和辐射带动作用，通过优质教育资源的共享和交流，促进欠发达地区的基础教育发展。同时，要尊重欠发达地区的基础教育特色优势，引导各地发挥比较优势，形成各具特色的基础教育发展模式。通过路径优化，推动整个国家基础教育高质量发展整体目标的实现。

基础教育对于缩小城乡、地域、区域之间的教育差距，实现全民教育公平，推动社会进步具有较大的推动作用。区域基础教育均衡发展的路径优化意义在于通过系统性资源配置机制创新，实现教育资源空间布局的科学重构，提高教育质量，保障公民基本权益。发展是全球教育界面临的一大难题。近年来，中国在实施乡村振兴战略中，也积极推动区域基础教育均衡化发展，以期打破城乡、地域间的教育差异，让更多农村孩子享有平等、高质量的教育资源。这也是对我国社会主义核心价值观的具体实践和展现，彰显一个国家、一个社会应有的公平正义。因此，区域基础教育均衡发展能改善社会整体的教育状况，有利于提升整个国家的人口素质，发挥其基础和润滑作用。

## 第二节　区域基础教育均衡发展的省域统筹

统筹省域教育资源的优质均衡发展，涉及区域之间、城乡之间、学校之间的教育资源配置问题。本节首先阐述省域教育资源优质均衡发展的基本思路，通过科学规划、合理布局、政策引导等手段，实现教育资源在省域范围内的均衡分布与优化配置。继而深入探讨政府在这一过程中的责任界定，最后从多元主体参与治理、教师资源、特殊学生群体公共教育服务、教育资源跨时空共享等方面提出实施策略，为省域教育资源的优质均衡发展提供有力支撑和保障。

## 一、省域优质教育资源均衡发展的基本思路

省级行政单位肩负着制定和执行各类公共服务政策，以及组织提供公共服务的重任。具体到教育部门，相比其他单位，省级单位的教育结构体系更为完善，管理也更加规范严密。省域优质教育资源均衡发展是深化教育公平、推进教育现代化的核心命题，更是实现乡村振兴与共同富裕的战略支点。面对城乡差距、校际分化、区域发展不协调等现实挑战，需以系统思维统筹布局，通过创新机制打破资源壁垒，激活教育生态的内生动力。重点围绕质量监测、资源配置、精准补偿三大维度构建协同治理框架，推动教育资源从规模扩张向内涵提升转型，为每个孩子提供公平而有质量的教育。

### （一）建立质量引领下的教育资源动态监测与提升机制

建立质量引领下的教育资源动态监测与提升机制，是以教育质量为内核，通过构建覆盖全区域、全学段的教育资源监测体系，实现数据驱动的精准治理。需依托信息化技术搭建省级教育资源动态监测平台，整合师资配置、设施设备、课程建设、教育投入等多元数据，建立包含生均资源占有量、教师专业发展指数、教育质量增值性评价等核心指标的监测模型。通过实时采集、智能分析和可视化呈现，精准识别区域间、城乡间、校际的资源差异与质量短板，形成动态预警图谱。在此基础上，建立"监测—反馈—改进—评估"的闭环管理机制，推动资源调配从经验决策向科学决策转型。针对监测中发现的薄弱环节，实施定向资源补充计划，如通过"县管校聘"优化教师流动机制、依托"互联网＋教育"共享优质课程资源、设立专项基金支持薄弱学校改造升级等。建立质量提升的长效激励机制，将监测结果与教育督导、财政拨款、绩效考核挂钩，引导地方政府和学校主动对标优质标准，形成"质量导向—精准投入—持续改进"的良性循环，实现省域教育资源由"量的均衡"向"质的均衡"跃升。

### （二）优化城乡校际双循环资源配置路径与效能

优化城乡校际双循环资源配置路径与效能，需以"双向赋能、协同共生"为核心理念，通过制度创新与技术赋能破解资源流动壁垒，构建城乡教育"供给—需求"精准匹配的循环生态。在"外循环"层面，强化城乡资源横向联动，依托集团化办学、学区制管理、教育共同体等模式，推动城区优质学校与乡村薄弱学校结成发展联盟，通过师资跨校轮岗、课程共建共享、管理经验输出等方式，将城市优质资源"下沉"至乡村，形成"城乡互哺"的资源增值链。在"内循环"层面，激活乡村教育内生动力，利用人工智能、5G等技术搭建城乡一体化智慧教育平台，实现名师课堂直播、虚拟教研室、数字化题库等资源的全域覆盖，缩小城乡教学能力差距；完善"县—乡—校"三级资源调配机制，建立动态缺口清单与响应机制，针对乡村小规模学校实施"一校一策"精准补给。此外，需创新评价激励机制，将资源流动效能纳入政府考核，鼓励企业、高校通过公益基金、产学研合作等方式参与资源循环，构建"政府主导—市场补充—社会协同"的多维资源配置网络，推动城乡教育从"机械均衡"迈向"优质共生"。

### （三）构建特殊区域精准补偿与长效发展支持体系

对偏远地区、经济薄弱县等特殊区域，要建立"需求识别—靶向补偿—内生赋能"的全链条支持框架。首先，依托教育质量动态监测数据，精准绘制特殊区域教育资源短缺图谱，结合地理区位、人口结构、经济水平等维度建立分类补偿标准。通过设立省级教育补偿专项基金，对师资结构性缺口、数字化设施空白等"硬短板"实施优先攻坚，推行"银龄讲学计划"补充紧缺学科教师、开展"薄弱校改薄 2.0 工程"提升基础办学条件。其次，创新跨区域资源联动机制，通过"县域教育共同体""城乡教育联盟"等载体，推动优质校与薄弱校在管理经验、课程资源、教研活动等方面深度共享，利用"同步课堂""名师走教"等模式破解优质师资流动壁垒。同时，强化特殊区域内生发展动力，实施"在地化教师培优计划"，通过定向培养、顶岗实习、学历提升等方式培育本土化教育人才。此外，建立补偿政策的长效评估机制，将特殊区域教育质量进步指数纳入政府绩效考核，对补偿成效显著地区给予持续性政策倾斜，形成"精准输血—自我造血—协同再生"的可持续发展路径，缩小区域间教育质量代际差距。

## 二、省域教育资源优质均衡发展的政府责任界定

省域义务教育优质均衡发展阶段的主要任务，就是在逐步提高标准、保证教育质量的前提下，基本解决省域内县际义务教育发展的不均衡问题。[①] 责任是行动的动力，也是社会进步的保障。责任界定，就是明确各个参与主体应该承担哪些职责和维护哪些利益，从而使得公共资源分配更加公平、公正、高效。

省级政府作为教育资源分配的重要主体，是全面推动省域教育资源优质均衡发展的核心力量，其责任无疑是首要的。政府需要制定合理的教育发展规划，以保证教育资源的均衡发展，同时运用公共权力，合理调配省域内的教育资源，有针对性地解决教育资源配置不均、优质资源稀缺等问题；通过监督等手段，依法管理教育活动，维护教育公平，促进教育资源的合理利用与有效循环。

同时，也应加强对教育资源的投入，且需要特别关注那些长期以来处于不利位置的地区或群体，确保其能享受到足够的教育资源。此外，省级政府更要强化对教育公平的重视，比如在相关政策落实、评估体系设定、教师配备、生源安排等方面，都应尽力避免形成新的教育鸿沟。省域教育资源优质均衡发展，还需要社区、企业、媒体等社会组织的积极参与，提供丰富的社会实践平台，帮助学生获取更广阔的知识视野和生活经验，也可以通过公益活动、捐赠等形式，回馈教育，支持教育发展。

---

① 吴康宁. 及早谋划省域义务教育基本均衡发展的国家战略 [J]. 教育研究与实验. 2015（2）：1-6.

## 三、省域优质教育资源均衡发展的实施策略

### （一）政府主导下多元主体参与治理

基于省域统筹的行动框架，构建以政府为主体的教育资源配置协同机制，通过建立多部门之间的协调操作模式，引入垂直和水平管理机制，实现政府部门与学校、社会和市场之间的相互协作，促进教育资源优化配置。教育部门在维护公共教育利益的同时，要积极与发改、财政、人事、科技等相关部门协同运作。例如，与发改部门合作，确定教育项目的投资规模、效果评估等；与财政部门协商教育经费的预算与使用，确保资金的高效利用；与人事部门对接，针对人才需求进行科学合理的师资配置；与科技部门交流，利用科技创新推动教育方式的更新等，打破传统教育资源配置方式中存在的"信息孤岛"问题，通过拓宽信息渠道和增强信息交换，提高教育资源配置的效率和效果。

省级政府综合发挥政策引导、制度约束作用，统筹、调节与平衡义务教育的财政投入，依法落实教育经费的逐步增长，落实"扶弱保底"经费投入保障机制，统筹对财力困难区县转移支付力度，确保在义务教育经费投入上依照梯度进行调控。在科学预算和有效整合资源的基础上，兼顾发展与均衡之间的关系，适当向财力困难的区县和基础条件薄弱的乡村学校倾斜，实现省域内均衡有序发展。因地制宜地推进教育资源配置的补偿，着力补齐农村教育"短板"。[①] 在推行多元投入机制的时候，不能忽视对欠发达地区和薄弱学校的关注，要始终坚持"补短板、保基本"的政策引导，优先满足这些地区和学校的教育经费、师资和建设项目需要，是确保全面协调发展、实现教育公平的重要环节。

### （二）均衡配置优质教师资源

优质师资均衡配置作为教育高质量发展的核心要素，既是确保教育优质均衡发展的关键，更是加快教育强国建设的保障。[②] 因此，均衡配置优质教师资源是破解教育结构性矛盾的核心支点。传统师资分配模式下，优质教师资源因地域经济梯度、职业发展通道等限制形成"虹吸效应"，导致城乡校际师资水平断层。

构建"引育用留"全链条治理机制，在资源调配层面，深化"县管校聘"改革，着力构建教师身份从"学校人"向"系统人"转变的制度保障，建立以教育需求为导向的教师调配机制。设立跨校教师流动服务中心，将教师交流从行政指令转化为专业发展导向的自主选择，使教师流动成为专业能力提升的进阶通道。进行职称评聘、绩效考核等激励机制，将跨校任教经历、薄弱学校帮扶成效纳入评价体系，形成正向驱动的职业发展闭环。建立校长教师交流轮岗的常态化体系，打破编制、职称评聘的校际壁垒，形成

---

① 钱立青，郑德新．省域统筹教育资源均衡发展研究［J］．中国教育学刊，2015（9）：55-58.

② 冯用军，赵丹，高杨杰，等．加快建设教育强国 为中华民族伟大复兴提供有力支持（笔谈）［J］．现代教育管理，2023（10）：24-45.

区域教师资源池的共享生态；在专业发展维度，构建覆盖城乡的教师研修共同体，通过名师工作室辐射、云端教研协作等方式，实现教学智慧的多向度流动；在激励机制设计上，创新"走教津贴""乡村教师荣誉制度"等差异化补偿政策，重塑职业价值认同。从单向度资源输送转向激活教师群体的内生动力，搭建教师职业生涯的成长阶梯，使每位教师都能成为教育均衡发展的能动主体，最终形成优质教育资源自主生长、持续增值的良性生态。

### （三）为特殊学生群体提供优质公共教育服务

为特殊学生群体提供优质公共教育服务，是教育现代化进程中实现全纳教育的核心命题。我国通过《"十四五"特殊教育发展提升行动计划》的系统部署，已构建起覆盖视力、听力、智力障碍及多重残疾等七类特殊学生的全学段支持体系。截至 2023 年，全国建成资源教室 3.2 万个、特教学校 2300 余所，义务段残疾儿童入学率达 98.4%。义务教育优质均衡发展中亟待关注的弱势儿童群体主要包括留守儿童、残疾儿童、单亲儿童等，由于家庭资本的匮乏和先天的弱势，他们在接受教育过程中面临较多困难。

构建分层分类的支持体系。一是在政策层面建立全学段衔接的特殊教育框架，从学前康复到职业教育纵向贯通，依托资源教室、特教学校与普通学校融合教育三位一体的载体创新，实现教育场景的弹性适配。二是实施差异化课程、个性化评估工具等专业支持系统，使自闭症、多重障碍等复杂需求学生获得精准教育干预。三是科技赋能开辟新路径。智能辅具开发与无障碍学习空间建设，正在消解物理环境对特殊群体的限制。推动特殊教育教师与普通教师专业共同体建设，促进医学、心理学等多学科协作，形成全社会支持网络。通过从补偿性安置到发展性赋能的范式转型，重塑教育公平的内涵。

### （四）优质教育资源跨时空共享

数字化教育通过破除时空限制，有效推动优质教育资源在不同学校之间的均衡分配。这对于促进学生的个性化学习和提高教学质量起到了积极的推动作用，有助于构建虚实融合的教育资源供给新范式。

互联网、大数据、云计算等技术的快速发展，为优质教育资源的跨时空共享提供了坚实的技术基础。首要任务是大幅增加对数字化资源的投资，确保所有义务教育学校实现宽带网络全面覆盖。首先，利用互联网、教育平台和开放教育资源库，获取并共享多样化的数字化教学材料，诸如在线课程、虚拟实验环境等。其次，国家智慧教育公共服务平台等在线教育平台的推出，为优质教育资源跨越时空界限的共享搭建了桥梁。网络平台集纳了丰富的慕课资源，覆盖广泛学科，为学习者提供了多元化的学习路径。根据国家及地方课程标准，重点加强外语、艺术、科学等核心课程的慕课、微课资源开发或引进。构建基于学校联盟的数字化教育资源中心也至关重要，涵盖精品教学课件、教案、课堂实录、优秀作业案例等，并向联盟成员学校开放访问权限，促进联盟内学校的在线课程开发、教学研讨、经验交流等活动。最后，强化教师培训，激励并指导教师提升数字素养与技能。通过一系列专业培训项目，帮助教师熟练掌握数字化教育工具，学会有效整合数字资源并将其应用于教学实践，特别是要激发乡村教师在数字化教学方面的潜能与创造力。通过技术赋能消解教育资源垄断，实现"人人皆学、处处能学、时时可学"的终身学习场景。

# 第三节　区域基础教育均衡发展的城乡融合

党的二十大报告中正式提出"坚持城乡融合发展"的指导方针。城乡融合共生，作为一种创新的教育理念，促进教育资源在城乡间的自由流动与优化配置，是新时代破解教育二元结构、促进社会公平正义的战略选择。

## 一、城乡融合共生的教育理念解析

城乡教育目标融合是指城乡学校都要通过国家课程、地方课程和校本课程，教育所有学生热爱祖国、热爱家乡，建设国家、建设家乡。[①] 城乡融合共生的教育理念，是基于现代社会发展趋势下对教育均衡、共享、公平的深度思考，其核心价值在于强调城乡教育的相互融合，承认城乡之间的教育差异，并试图通过构建双向互动的城乡教育模式，打破城乡教育的边界，促进教育公平。这种教育理念旨在倡导全社会共同关注城乡资源分配不均衡问题，为推进教育公平，实现教育的现代化、全面发展提供理论指引。

### （一）从差距意识向融合意识转变

传统差距叙事将城乡教育简化为"先进"与"落后"的线性关系，陷入资源补偿的路径依赖。这种单向度思维既遮蔽了乡村教育的文化主体性，也固化了城乡教育的等级结构。融合意识则立足于教育生态学视角，将城乡视为具有互补基因的教育生命体，城市教育的标准化、集约化优势与乡村教育的在地化、生态化特质构成价值拼图，通过制度性对话机制激活双向赋能。城乡教育差异主要被视为"差距"问题，重点在于缩小城乡在教育资源和教育质量等方面的鸿沟。然而，目前观念需要转变为强调"融合发展"，即在保持各自特色的基础上，城乡教育应相互学习、共享资源、协同提升，从而实现共同发展，而非单纯的乡村教育补缺或追赶。[②] 从而推动城乡教育的全面、协调、可持续发展。

### （二）从单向输血向双向共享转变

在既往的教育援助模式下，城市学校通常提供教育资源和技术支持，乡村学校则是

① 郝文武. 以城乡教育有特色融合发展促进乡村教育振兴和农村教育现代化 [J]. 教育科学，2021，37（3）：1-7.

② 杜晓利，陈嘉晟. 全面推进乡村振兴呼唤城乡教育的融合共生 [J]. 中国教育学刊，2024（7）：39-44.

接受者，形成了一种单向输血的模式。这种模式虽然能改善乡村教育条件，但也容易忽视乡村教育的特色和价值，使乡村学校过度依赖城市学校，甚至在一定程度上削弱了乡村学校的自我发展能力。因此，需要改变这种单向输血的模式，实现城乡教育的双向共享。城市学校可以借鉴乡村学校在生态教育、传统文化教育等方面的优秀实践，乡村学校也可以学习城市学校在信息化教育、个性化教育等方面的经验和方法，实现双向共享，共同提升。

### （三）从封闭式发展向开放式发展转变

在传统模式中，城乡学校囿于属地化管理而形成孤岛式发展，资源循环局限于行政辖区内部。由于地域、资源等因素，城乡教育常常是各自发展，互相之间的交流与合作较少。但现在，随着信息技术的发展，城乡教育的交流变得越来越方便，这为城乡教育的开放式发展提供了可能性。城乡教育融合发展借助现代化信息技术，形成可持续的开放动力机制，拓宽城乡教育的发展空间，让城乡教育在相互借鉴、协同共进中实现融合共生，建立城乡教育互动交流平台，实现资源共享、经验共享，进一步推动城乡教育的共生发展。

### （四）从等待被动接纳向主动参与和贡献转变

从等待被动接纳向主动参与和贡献转变，标志着城乡教育关系从"客体依附"到"主体创生"的认知革命。传统的乡村教育往往处于被动接纳的位置，缺乏对自身发展的主观能动性。当前，需要积极鼓励和引导乡村学校参与到城乡融合共生的教育发展中来，增强其主体性。乡村学校不仅可以从城市学校中学习先进的教育理念和方法，还可以积极分享自己的优秀经验和做法，为城市学校提供新的思考和启示。这种转变是教育主体意识的觉醒，破解乡村教育"等靠要"的依附性困境，为城市教育提供了差异化发展的灵感源泉，形成城乡教育资源互为营养、共生共荣的良性生态。

## 二、城乡教育融合赋能乡村全面振兴

2017年，党的十九大报告首次提出实施乡村振兴战略。2018年《中共中央 国务院关于实施乡村振兴战略的意见》强调优先发展农村教育事业，高度重视发展农村义务教育，推动建立以城带乡、整体推进、城乡一体、均衡发展的义务教育发展机制。2020年年底召开的中央农村工作会议，特别强调推动城乡融合发展，健全城乡融合发展体制机制，以城乡融合发展促进城乡一体化均衡发展。城乡教育融合赋能乡村全面振兴意义重大。

### （一）贯彻新发展理念，激活乡村内生动力

新发展理念强调创新、协调、绿色、开放、共享，这些理念在乡村教育融合中得到充分体现。通过教育融合，乡村能够吸收城市的创新精神和开放思维，同时保持自身的绿色生态和协调发展，实现教育资源的共享。城乡教育融合不仅仅是资源的简单交换，更是教育理念和文化的深度交融，能够激发乡村教育主体的内在动力，使其更加主动地

参与到教育改革与发展中来。乡村居民通过接受先进的教育，拓宽视野，增强自信心，更加积极地投身于乡村振兴的各项事业中，激活乡村教育的自组织能力。

### （二）缩小城乡教育差距，满足人民对美好生活的需求

教育是提高国民素质、促进社会进步的重要基石。在乡村振兴中，教育质量直接关系到乡村人才的培养和乡村发展的后劲。城乡教育融合将优质的教育资源向乡村倾斜，使得乡村孩子也能享受到与城市孩子同等的教育机会，实现公平教育，促进社会公正，提升乡村教育的整体水平，为乡村培养出一批批具有现代农业知识、管理能力和科技素养的本土人才。随着经济社会的发展，人民对美好生活的需求日益多样化、个性化。在乡村，这种需求不仅体现在物质生活的改善上，更体现在精神文化的丰富、教育医疗的完善和社会治理的民主化等方面。城乡教育融合不仅关注知识的传授和技能的培训，更注重学生综合素质的提升和个性化发展，为乡村居民提供了更多实现自我价值和社会价值的机会和平台。

### （三）深层次影响乡村社会结构和经济发展模式

在社会结构层面，城乡教育资源双向流动打破了传统"空心化"困局，城市优质教育理念的渗透提升了乡村居民的文化素养与职业技能，促使青年群体从"被动外流"转向"主动回流"，形成"人才返乡—产业振兴—生态优化"的良性循环；同时，教育赋能推动乡村治理主体多元化，村民通过参与职业培训、社区教育等提升民主决策能力，催生新型社会组织与自治模式。在经济发展模式方面，教育融合为乡村产业升级提供了核心驱动力，可将数字技术、生态理念等现代要素植入传统农业，发展智慧农业、创意农业等新业态；依托城乡共享的教育资源平台，将乡村特色文化资源转化为旅游、文创等第三产业优势，形成"教育＋产业＋文化"的复合经济形态。教育融合重构了城乡要素配置关系，使乡村从单纯的劳动力输出地转变为知识创新策源地，其内生发展动力的激活将深刻改变城乡二元结构，为乡村全面振兴提供可持续的制度保障与价值支撑。

## 三、创新城乡一体化教育发展机制

城乡教育发展失衡是制约教育公平与质量提升的长期症结。2010 年发布的《国家中长期教育改革和发展规划纲要（2010—2020 年）》明确提出，建立城乡一体化义务教育发展机制，在财政拨款、学校建设、教师配置等方面向农村倾斜。率先在县（区）域内实现城乡均衡发展，逐步在更大范围内推进。2018 年发布的《中共中央 国务院关于实施乡村振兴战略的意见》指出，推动建立以城带乡、整体推进、城乡一体、均衡发展的义务教育发展机制。党的二十大报告提出，加快义务教育优质均衡发展和城乡一体化。创新城乡一体化教育发展机制，要以制度变革激活资源流动、以协同治理凝聚多元合力，推动城乡教育从"物理叠加"转向"化学融合"，实现资源配置精准化、师资共享常态化、育人生态协同化。

### （一）统筹城乡教育资源全域配置机制

自改革开放以来，我国经济体制改革不断深化，城乡间生产要素流动得到推进，城乡经济一体化发展成为必然趋势。优化城乡教育空间布局结构既是调节教育资源供需动态适配性的空间治理路径，也是遵循新型城镇化和乡村全面振兴协同发展逻辑、推动教育公平的基础性制度安排。① 统筹城乡教育资源全域配置机制，推动资源从"单向虹吸"转向"双向融通"。

一是建立资源动态监测与智能调配平台。通过大数据整合城乡学校生源、师资、设施等数据，精准识别资源缺口与冗余，形成"需求清单"与"供给清单"的智能匹配。

二是推进跨区域教育资源共同体建设。以集团化办学、城乡学校联盟为载体，推动课程资源、教研成果、管理经验的跨域共享。例如，浙江"教共体"模式通过城乡学校结对，实现优质课程同步直播、教师联合备课常态化。

三是优化经费投入与使用机制。建立"基础保障＋绩效激励"的财政拨款制度，省级财政设立城乡一体化专项基金，重点向薄弱地区倾斜。通过制度设计重塑城乡教育关系，形成城乡教育协同发展的"基础底座"。

### （二）构建教师队伍跨域流动与专业共生机制

城乡师资配置失衡既有"乡村教师结构性缺编"与"城镇教师隐性闲置"的矛盾，也存在"单向流动不可持续"与"专业成长孤岛化"的困境。构建教师队伍跨域流动与专业共生机制，需以制度创新打破"一校所有"的固化格局，通过"刚性流动＋柔性共享"双轨并行，实现师资配置从"物理平移"向"价值共创"跃升。其一，推行"县管校聘"改革，将教师编制从学校剥离至县级统筹管理，依据城乡学校实际需求动态调配岗位，形成"3年轮岗周期＋1年服务弹性"的流动规则。例如，湖北通过"县管校聘"改革，将教师编制从"学校所有"转为"县域统管"，两年内推动超万名教师城乡流动。其二，搭建"名师领衔＋多校共育"的柔性共享平台。通过城乡教师发展共同体、跨校名师工作室等载体，开展联合教研、项目化协作与成果孵化。其三，构建"双聘制"的专业共生体系。允许教师在城乡"跨校兼课"，工作量互通互认，并将跨域教研、帮扶成果纳入职称评审指标，激活教师流动内生动力。通过"人"的能动性激活城乡教育要素循环，缓解师资配置的即时性短缺，在流动中重塑教师专业生态，为城乡教育一体化注入可持续动能。

### （三）完善城乡家校社协同育人生态机制

完善城乡家校社协同育人生态机制是打破"学校孤岛化育人"的传统模式，通过制度重构、平台搭建与资源整合，形成"责任共担、资源共享、成长共育"的城乡教育共

---

① 周洪宇，李宇阳．贯彻落实《教育强国建设规划纲要（2024—2035年）》的若干政策建议[J]．现代教育管理，2025（4）：1-13．

同体，实现育人力量从"碎片化"向"系统化"升级。在治理模式上，推动教育从"封闭管理"转向"开放共治"，激活社会组织等"沉默资源"；在技术应用上，通过数字平台破解城乡家庭参与能力差异，缩小家校沟通的"信息鸿沟"；在文化生态上，将社区广场等空间转化为育人场景，重塑"家校社命运共同体"。其一，建立"一核多元"的协同责任框架。以学校为枢纽，明确家庭基础责任、社区支持责任与企业社会责任，通过"城乡家校社联席会议制度"统筹制订育人计划。其二，搭建"线上＋线下"融合的协同渠道。依托城乡教育云平台开设"家长学校"专栏，提供家庭教育微课、心理咨询服务，同时设立社区教育服务站，组织城乡教师、社工、志愿者开展家访互助。其三，构建"资源众筹＋精准配送"的协同资源库。建立企业捐赠、校友反哺、社区共享的资源募集机制，针对留守儿童、随迁子女等特殊群体定制"护学套餐"。

## 第四节　区域基础教育均衡发展的公平与质量

党的二十大报告明确提出"高质量发展是全面建设社会主义现代化国家的首要任务""深入实施区域协调发展战略""加快建设高质量教育体系"。教育公平与教育质量关系的实质，不是先后问题，而是关联问题、互动问题，即如何处理教育公平与质量的关系，让二者不仅相互观照、相互解释，而且相互建构。这是教育公平新阶段亟须解决的重大问题。①

### 一、区域基础教育高质量发展的时代内涵

#### （一）区域基础教育高质量发展是健康、可持续的发展

区域基础教育高质量发展是一种健康、可持续发展，这意味着不仅要关注当前教育成果的提升，更要着眼于长远的教育生态构建。在健康层面，它着重优化育人体系，借助"五育融合"课程改革，达成学生全面发展与个性成长的有机统一；在可持续方面，意味着以创新驱动为核心，运用数字化技术推动城乡教育资源的全域共享，注重代际公平，将绿色教育理念融入教育全过程，培养学生的生态责任意识。它要求教育资源的合理配置与高效利用，确保教育体系的稳定运行和不断优化。同时，强调教育与社会、经济、文化的协调发展，形成相互促进、共同进步的良性循环。党的十八大以来，我国基础教育取得的显著成就，为区域基础教育高质量发展的实现奠定了坚实基础。然而，面对当前存在的问题，如应试导向过重、教育服务选择有限、中小学生身心健康问题等，亟须进一步深化教育改革，实现区域基础教育高质量发展。

---

① 李政涛. 中国教育公平的新阶段：公平与质量的互释互构［J］. 中国教育学刊，2020（10）：47-52.

## （二）区域基础教育高质量发展是公平与质量并重的发展

公平与质量是区域基础教育高质量发展的两大核心要素。公平意味着教育机会的均等化，即无论学生的家庭背景、经济状况如何，都能享受到优质的教育资源和服务。质量是教育发展的生命线，是提升教育整体水平的关键。高质量的教育不仅要关注学生的学业成绩，更要注重培养学生的综合素质和创新能力，为学生未来的发展奠定坚实的基础。因此，区域基础教育高质量发展必须是公平与质量并重的发展。教育公平是社会公平的重要基石，它直接关系到每个人的发展机会和未来的社会阶层流动。基础教育阶段的公平不仅体现在入学机会的平等上，更体现在教育资源的均衡配置上。高质量的教育公平是区域基础教育高质量发展的核心。高质量的教育公平不仅仅是教育资源的简单均衡，更是教育质量的全面提升。这意味着要为学生提供优质的教育内容、教学方法和评价机制，确保每个学生都能获得与其潜能相匹配的教育机会和成果。

## （三）区域基础教育高质量发展是创新、超越的发展

创新是引领发展的第一动力，也是区域基础教育高质量发展的必然要求。区域基础教育高质量发展的创新性、超越性，体现在对传统教育范式的突破与未来教育形态的前瞻性建构上。这种发展模式以理念创新为引领，突破"知识本位"的桎梏，转向"素养导向"的育人模式，通过跨学科项目学习、人工智能课程等前沿实践培养学生的创新思维与解决问题的能力。在技术赋能层面，构建"智能＋教育"新生态，运用大数据精准分析学情，运用 AI 辅助个性化教学，实现教育供给从"标准化"向"定制化"的跨越。在制度创新层面，打破行政区划限制，建立跨区域教育共同体，促进优质资源流动。评价体系的超越性则表现为从单一学业评价转向"发展性评价＋增值评价"，将学生终身学习能力、社会责任感等纳入考核维度。这种发展模式更注重教育与区域经济社会的深度融合，通过产教融合培养适应产业变革的技能人才，使区域基础教育成为驱动区域创新发展的战略支点。区域基础教育高质量发展是创新、超越的发展，其核心在于以开放包容的姿态吸纳前沿教育理念与技术成果，在守正创新中实现教育质量的跃升，为区域现代化发展提供持续的人才储备与智力支持。

# 二、确保教育条件公平的有效供给模式

## （一）以"起点公正"为基础，树立全民教育理念

"起点公正"强调给予每个人公平的教育机会，让每个人无论出身如何，都有机会接受教育，拥有追逐梦想的权利。全民教育理念是在公正起点的基础上推进的更高级别的教育理念。全民教育不仅关注每个人接受教育的权利，更强调每个人在教育中获得的收益，追求的是教育的公平性和效果性。

首先，政府作为教育治理的核心主体，必须重塑教育政绩观，将基础教育公平纳入施政优先级，特别是在偏远地区建立教育投入的长效机制。这要求超越传统升学率导向，

转而建立包含教育满意度、资源均衡度、特色发展力等多元指标的评估体系。通过动态监测区域教育差异，实施精准化资源配置策略，确保每个儿童都能享有优质教育的起点公平。

其次，全民教育理念的践行需构建全周期、全领域的教育保障网络。在制度层面，完善从《中华人民共和国教育法》到地方条例的法治框架，建立民族地区教育发展的"补偿性正义"机制。在实践维度上，在义务教育阶段嵌入职业启蒙课程，依托社区学院构建终身学习平台，运用5G技术搭建城乡教育共同体。这种立体化教育网络既能保障各民族群众平等受教育权，又能激活人力资本对经济社会发展的乘数效应。

再次，特殊教育领域正经历从"补偿性安置"到"发展性赋能"的范式升级。构建"医学—教育—科技"协同支持系统，开发 AI 辅助教学设备与无障碍学习平台，使视障学生可通过智能语音系统参与普通课堂，听障儿童借力 AR 手语翻译实现知识获取。汇聚康复师、社工、心理咨询师等专业力量，为残疾学生提供个别化教育计划。保障教育机会公平，通过发掘特殊群体的独特潜能，使其成为社会创新的重要参与主体。

最后，教育公平的实现需要政府主导下的多元共治：行政部门完善制度供给，学校创新育人模式，家庭转变教育认知，社会营造包容文化。当个性化发展取代标准化规训，当差异补偿升华为潜能激发，教育才能真正成为照亮每个人生命轨迹的明灯，为社会主义现代化建设培育具有主体性、创造力的新时代公民

### （二）以"过程公正"为内核，体现教育公平思路

"过程公正"倡导的是在教育活动中所有参与者享有平等的权利和机会，无论个体的社会经济背景，种族，性别或能力高低，都能在教育过程中得到公正合理的对待。这不仅包括教育资源的平等分配，还包括教育过程中的教学方式，评价标准的公正，以及教师的公正待人。

#### 1. 完善升学和考试政策，保障受教育机会的同等享有

应优化基础教育入学机制，着重解决入学不公的问题。我国教育领域仍存在一系列入学问题，如重点学校、中小学择校、义务教育划片入学等，这些问题导致入学不公现象，需要进行系统性改革和完善。[1]重点学校问题一直是一个难题。尽管相关法规明确禁止举办重点校，但现象仍屡禁不止。治理重点学校问题需要从立法和执行两方面入手。政府部门和学校领导应增强法律意识和教育公平意识，严格遵守国家规定，有效预防任何违规行为。[1]对于欠发达地区的地方政府来说，应确保学校在资源配置和待遇上一视同仁，消除差异性教育投入，对薄弱学校采取优惠政策，以推动基础教育的均衡发展。这有助于建立更公正、更包容的教育环境，使每个学生都能获得平等的教育机会，实现优质教育资源的公平分配。建立监督机制，加强执法检查，督导相关教育法规的执行。

#### 2. 促进生源管理科学化，治理入学不公平现象

科学的生源管理是治理入学不公平现象的重要一环。通过生源的均衡分布，提高教育质量，避免因生源问题导致学区房价格上涨等社会问题。治理入学不公平现象还需要从制度和执行两个方面进行改革。

一是政府、学校及相关部门要增强法律意识，坚决执行相关规定，切实保障每个学生的入学权利。二是建立多元化的招生录取制度。通过建立以学校为主体的多频次、多科目、多种类考试方式，增加学生和学校的选择机会。<sup></sup>① 面试可以考查学生的口头表达、思维逻辑、应变能力等；实践操作可以检验学生的动手能力、实践能力等；作品展示可以展示学生的创造力、艺术修养等。多种考试方式能够更全面地评价学生的能力和潜力，使招生录取更加科学、公正。政府应做好监督协调工作，确保招生过程科学、公正，建立相应机构监督招生程序和结果，保障学生的入学机会公平。三是优化学校内部教育管理，在素质教育中体现公平理念。①教育部门应重视欠发达地区的体育、音乐、美术等课程，提升其在教学中的地位。评价机制应多样化，采用综合素质评价，全方位客观评估学生的表现，积极构建区域和谐的学校、家庭、社区合作关系。增强家长委员会的作用，明确其职责，增进家长对基础教育公平发展的关注。学校还应积极引入社区等社会资源，让其参与教育管理，为学校的发展提供支持，构建良好的合作关系有助于形成全社会共同关注和支持欠发达地区教育的良好氛围。

### 3. 树立法治理念，推进现代学校制度建设公平化

建立现代学校制度，需融合"民主管理学校"与"法治化运行"的理念，以教育公正作为基本原则，确保全校师生的合法权益得到切实维护与实现，确保教育过程的井然有序，积极吸纳社会参与，推动现代学校制度的完善与发展，确保基础教育学校治理在公平、法治和现代化方面不断取得进步。

一是将依法治校理念确立为学校法治建设的首要任务。教育法确立了我国教育的基本原则，包括社会主义方向、全面发展、教育公共性、平等受教育机会等，这些是学校依法自主办学的根本准则。依法治校需要全体教职工认真学习和理解这些从业要求，确保学校的教育工作与法律准则保持一致。教育法律制度体系为学校内部管理和教学实施提供了明确指导，规定了学校的活动范围和行为依据，为学校的自主办学提供了法律支持和保障。依法治校的实施有助于学校确立科学的治理体系，依据法律规范管理和教学活动，实现学校自主办学与规范运作的有机结合。在偏远地区和欠发达地区，依法治校理念尤为重要，它能够推动学校朝着公平化、法治化、现代化的方向不断发展，促进教育公平的持续提升。

二是在区域基础教育均衡发展中，学校章程和内部制度的建设和实施起着重要的保障作用。建立章程是学校良性发展的基础，章程应当科学、规范，为学校依法自主办学提供有效依据。同时，学校的内部制度体系也应完善，包括教学管理、议事决策、民主约束监督和反馈等方面，确保学校管理有序开展。学校的治理体系应该依法制定，并落实到每个环节，设立专门的法治工作机构，负责推进法治化的任务。

三是进行法治宣传与教育，实现对学校的全面法治化。在实践中，学校要坚守教育公平理念，全体师生员工共同参与，贯彻各项制度，确保学校的自主办学和管理工作按照法治原则进行，促进学生的全面发展，为学生提供更好的教育环境和发展机会。

---

① 草珺. 社会主义教育公平观及其实践对策研究——以我国西北地区基础教育为例 [D]. 兰州：兰州大学，2017.

### （三）以"结果公正"为目标，提升基础教育质量

"结果公正"是指通过教育制度和教育实践，使所有学生都有公正的成长机会和发展可能。教育质量均衡在起点上应保证每一位受教育者享有同等质量的教育机会和资源，在终点上应使受教育者在享有同等质量的教育机会和教育资源后能达到相对公平的教育结果。[①]

#### 1. 提高教育质量，促进教育结果公正

一是加快推进欠发达地区基础教育的规模和质量提升，特别是普通高中教育的发展。首先，扩大基础教育规模，增加学校数量。新建或扩建基础教育学校，特别是在普通高中教育阶段，以满足更多学生的入学需求。通过综合招生录取制度，让更多的学生有机会接受普通高中教育，不再受地域、家庭背景等因素的限制。其次，特别关注普通高中教育的发展。普通高中教育对学生接受高等教育有着重要作用，因此需要增加对普通高中教育的投入，提高学校的教学质量和办学水平，拓宽升学渠道，加强与高等教育机构合作，为学生提供更多的升学机会。

二是通过教育援助措施，确保经济困难家庭子女获得优质教育。首先，提供经济援助。针对经济困难家庭子女，增加助学金的发放额度，以减轻其经济负担。助学金可以包括学费减免、书本费补助、生活费补贴等多种形式，确保孩子不会因为经济原因而失去受教育的机会。其次，引入社会捐赠。积极引入社会各界对欠发达地区教育的捐赠，用于资助经济困难家庭子女，为他们提供更多的学习支持。再次，建设学校和基础教育设施。包括修建新学校、改善学校设施以及提供现代化的教育设备和技术，为学生创造更好的学习环境。最后，加强心理健康教育，提供心理辅导。基础教育阶段是学生价值观念、行为习惯以及思想意识形成的关键时期，学校应加强心理辅导工作，关注经济困难家庭子女的心理健康问题，帮助他们树立自信、积极面对生活和学习中的困难。在日常教学中渗透自立自强、勤奋好学的精神品质，鼓励接受帮助的学生力争上游，以自己的实际行动回报社会。

#### 2. 以素质教育为目标建立全方位人才培养模式

素质教育旨在全面提高人的基本素质，包括思想道德素质、科学文化素质、身体心理素质、劳动技能素质和审美素质等，以促进学生个体的综合素质和能力提升为目标，推动教育朝着更加人性化、全面发展的方向发展。

构建涵盖思想道德、科学文化、身心健康、劳动技能、审美素养的立体化育人体系。在德育层面，通过校风浸润、教风引领、家风涵养、社风塑造的"四位一体"模式，将社会主义核心价值观融入校园文化、课堂教学与社会实践，培养学生的社会责任感与道德判断力。在智育层面，要突破传统知识传授模式，通过跨学科课程设计、探究式学习方法和数字化教学工具，激发学生创新思维与终身学习能力。体育教育需强化体能训练

---

① 王正惠，蒋平. 从基本均衡到优质均衡：民族地区县域义务教育均衡发展的时代转向——基于四川民族地区的实证研究 [J]. 民族教育研究，2021，32（2）：78-89.

与运动习惯养成，通过阳光体育课程、个性化运动方案和心理健康辅导，促进学生身心协调发展。美育应贯穿于艺术教育、自然教育与生活实践，引导学生感知美、创造美、传播美。劳动教育则需构建"日常生活劳动＋生产实践体验＋服务性劳动"的实践体系，培养学生的劳动意识与职业素养。同时，建立学校、家庭、社会协同育人机制，通过学校、家长、社区教育资源共享和社会实践基地建设，形成教育合力。既关注知识积累更重视能力培养，既立足当下成长更着眼终身发展，最终实现从"育分"到"育人"的转变，为社会培养能适应未来挑战的复合型人才。

3. 社会共同关注和参与，多种途径提高教育质量

教育的核心目标是全面培养人才，区域基础教育均衡发展应追求相对最优的教育效果。

建立"公办为主，民办为辅"的开放性基础教育办学体制，确保教育资源的合理配置和公平分配。公办教育在教师培训、教育质量管理、教学大纲制定等方面有着较强的统一规划和指导，为提供优质教育奠定了基础。与此同时，民办教育作为公办教育的有益补充，也需要受到重视。《中华人民共和国民办教育促进法》将民办教育视为公益性事业的一部分。民办学校通常具有较高的教育创新性，其独特的办学理念和特色教育模式能够丰富教育资源，满足不同学生的学习需求，促进教育的多元化发展。为了推进教育公平，国家应给予民办学校相应的待遇，确保其在市场准入、办学评价、教师权益保障等方面与公办学校享有同等地位。政府要出台政策支持民办教育的健康发展，鼓励社会力量参与教育事业，促进教育资源的合理配置和优化布局。建立"公办为主，民办为辅"的办学格局，能够最大限度地弥补现有办学体制的不足，为偏远地区学生提供更多受教育的机会。充分发挥公办和民办教育各自的优势，共同促进教育公平和人才培养，使每一位学生都能在公平公正的教育环境中实现自我发展。

搭建"社区主导，多方参与"的联合式办学格局是实现区域基础教育均衡发展的有效手段。社区、学校和家庭三者紧密结合，通过资源共享和合作互助，促进教育育人功能的发挥，为学生提供更全面的成长环境。通过组织家长会、家庭访问和家长学校等活动，社区能够加强家校合作，增进家长对教育的理解和支持，提高家庭教育质量。在社区主导的联合式办学格局中，上级政府也应发挥积极作用，通过协调跨地区学校和社会组织的结对帮扶，推动欠发达地区学校的发展。搭建"社区主导，多方参与"的联合式办学格局能够最大限度地整合社区、学校和家庭的资源，实现优势互补，促进教育公平和均衡发展。

## 三、构建公平优质的基础教育体系

中共中央、国务院发布的《教育强国建设规划纲要（2024—2035年）》提出教育强国建设的"八大体系"，公平优质的基础教育体系是其中之一。教育是人民群众获得感、

幸福感、安全感较直接、较明显的领域之一。① 纵观政府工作报告，从 2018 年的"发展公平而有质量的教育"，到 2019 年的"发展更加公平更有质量的教育"、2020 年的"推动教育公平发展和质量提升"、2021 年的"发展更加公平更高质量的教育"、2022 年的"促进教育公平与质量提升"，再到 2023 年的"促进教育公平和质量提升"，人民对教育发展的要求渐次提高，国家不断做出回应。教育公平是社会公平的基础，基础教育实现跨越式发展已经基本解决机会公平问题，实现高质量发展就是要通过教育资源均衡有效分配进一步消除区域、城乡、校际、群体差距，提升教育获得感。② 当前，我国基础教育正处于从"规模覆盖"向"内涵提升"转型的关键期，但城乡、区域、校际、群体仍存在资源配置不均、质量差异等问题，需要立足教育强国建设的战略坐标，以系统思维整合人口动态、教育规律，以教育评价改革重塑基础教育资源配置逻辑，以数字技术重构治理效能，在坚守教育的政治属性、人民属性和战略属性的三重价值理性中，探索构建公平优质的基础教育体系。

### （一）教育评价改革驱动基础教育资源优化配置

中共中央、国务院发布的《深化新时代教育评价改革总体方案》指出，教育评价事关教育发展方向，有什么样的评价指挥棒，就有什么样的办学导向。要完善评价结果运用，综合发挥导向、鉴定、诊断、调控和改进作用。到 2035 年，基本形成富有时代特征、彰显中国特色、体现世界水平的教育评价体系。

以教育评价改革驱动基础教育资源优化配置，需要以《深化新时代教育评价改革总体方案》为纲领进行系统性变革，构建"立德树人"导向的多元评价体系，推动基础教育资源配置从"效率优先"向"公平优质"转型。考试评价制度作为教育体系的核心环节，直接影响着教育目标的实现和教育质量的提升。评价标准从单一分数维度转向德智体美劳全面发展；财政投入建立以办学标准、生均经费、师资缺口为基准的动态调整机制；教师评价从"升学率比拼"转向"育人能力考核"，促进名师工作室、集团化办学等柔性流动机制落地，使乡村学校的学科结构性缺员得到精准补充；学校评价从"升学排名"转向"增值发展"，引导优质教育资源通过"强校带弱校""县域教育共同体"等模式，向薄弱地区进行制度性溢出。以评价改革驱动的资源重组，实质上是通过制度创新将"人的全面发展"置于资源配置坐标系的原点，解决教育资源"洼地"与"高地"的结构性矛盾，激活教育要素的流动效能，为构建"底部攻坚、中部提升、顶部引领"的基础教育生态奠定基础，实现资源优化配置与育人质量提升的同频共振。

### （二）以激发教育治理体系活力为保障

《中国教育现代化 2035》提出推进国家治理体系和治理能力现代化的战略任务，强调教育治理体系是通过一定规则和程序改善教育主体关系，促进教育主体协同合作，推进

---

① 杜育红，郭艳斌. 新时代教育体制机制设计：公益性的坚守与微观活力的激发［J］. 教育与经济，2022，38（2）：3-9.

② 孟宪彬，徐文娜，贾苏. 教育强国背景下区域基础教育高质量发展的使命任务与实践策略［J］. 现代教育管理，2023（9）：1-9.

教育治理结构顺畅运行的制度性体系。激发教育治理体系活力，是通过体制机制创新打破行政壁垒、优化权责配置、激发多元主体协同效能，为构建公平优质的基础教育体系提供系统性保障。这一过程需以"放管服"改革为核心，推动教育治理从"单向管控"向"多元共治"转型，从"粗放管理"向"精准服务"升级，形成政府主导、学校自主、社会参与的现代治理格局。

在政府层面，需强化统筹协调能力与政策精准供给。一方面，建立跨部门协同机制，整合教育、财政等部门资源，破解教师编制、经费投入、设施建设等领域"条块分割"难题。例如，通过"县管校聘"改革实现教师编制县域统筹，促进师资动态调配。另一方面，完善"省级统筹、以县为主"的差异化政策，针对农村小规模学校、城镇薄弱学校制订专项扶持计划，避免"一刀切"管理导致的资源浪费。在学校层面，需扩大学校办学自主权，激发基层创新活力。赋予学校课程开发、教师评聘、经费使用等更大自主空间，鼓励特色化办学；支持集团化办学、学区制管理等实践，通过"强校带弱校"的治理联动，促进经验共享与资源融通。在社会层面，需构建开放包容的参与机制，引导家庭、社区、企业等力量共同监督评价教育质量。例如，建立家长委员会参与学校治理的规范化渠道，引入第三方机构开展教育满意度测评，形成多元共治的监督反馈闭环。

激发教育治理体系活力的深层价值，在于通过制度创新释放"人"的潜能与"资源"的效益。当政府从"全能管理者"转变为"规则制定者与服务者"，学校从"被动执行者"升级为"主动创新者"，社会从"旁观者"转化为"共建者"，教育治理便能真正形成"上下贯通、左右联动"的生态网络，化解资源分配的结构性矛盾，为教育公平与质量提升注入可持续动力，使基础教育体系在动态平衡中实现螺旋式上升。

### （三）数字化赋能扩大优质教育资源覆盖

党的二十大报告对推进教育数字化做出专门战略部署，明确提出"推进教育数字化，建设全民终身学习的学习型社会、学习型大国"，指出了教育数字化扩大优质教育资源、实现优质教育资源可及性和便捷性的优势。2024年1月，教育部推动实施了国家教育数字化战略行动，旨在通过数字化手段提升教育教学质量和效率，包括建设国家智慧教育平台、推动优质教育资源的数字化和共享。

数字化赋能扩大优质教育资源覆盖，是通过技术重塑教育生态，构建开放、共享、智能的新型教育服务体系，推动优质资源从"局部高地"向"全域平原"渗透。首先，以"云端资源池"实现优质教育资源普惠共享。依托国家中小学智慧教育平台、慕课联盟等载体，将名校名师课程、精品教学案例、虚拟仿真实验等资源数字化并动态更新，使偏远地区学生能够享受与发达地区同质化的教育资源。其次，人工智能与大数据技术推动教育从"规模供给"转向"精准适配"。通过学情分析系统动态追踪学生学习轨迹，智能推送分层作业、个性化学习方案，使教学更加贴近学生认知水平；教师则借助AI教研平台获取跨区域备课资源与教学策略支持，提升专业能力，既扩大了资源覆盖面，也提升了资源应用效能。然而，数字化赋能的深入推进仍需突破多重瓶颈。在硬件层面，部分地区网络带宽不足、终端设备老旧，制约了资源的流畅调用；在软件层面，师生数字素养差异导致"有资源不会用"的现象依然存在；在机制层面，资源共建共享激励机制、知识产权保护规则尚未完善，影响了优质资源的可持续供给。因此，还要强化顶层设计，将教育数字化纳入乡村振兴和区域协调发展战略，重点向中西部、农村地区倾斜资源，帮助教师跨越"数字鸿沟"。

数字化赋能的终极目标是构建"人人皆学、处处能学、时时可学"的智慧教育生态，通过技术手段将优质教育资源转化为可复制、可流动、可再生的公共产品，使数字化成为教育公平的"加速器"，实现"技术为人服务"的价值回归。

综上所述，区域基础教育均衡发展的推进，需以公共政策设计为指引，通过科学的政策分析，明确路径优化的方向。以省域统筹强化制度保障，明晰政府权责；以城乡融合促进资源共享，赋能乡村振兴；以公平与质量协同为根本旨归，实现从"有学上"向"上好学"的时代转型。省域统筹、城乡融合、兼顾公平与质量三者相互支撑、协同联动，共同构成区域基础教育均衡发展的理论与制度创新分析框架。强化系统性思维，突破制度性壁垒，完善区域基本教育公共服务供需结构，建立同人口变化相协调的基础教育资源统筹调配机制，为实现中国式教育现代化奠定坚实的人才基础。

# 主要参考文献

[1] 教育部课题组. 深入学习习近平关于教育的重要论述 [M]. 北京：人民出版社，2019.

[2] 北京教育科学研究院. 教育现代化的理论进展与实践探索 [M]. 北京：北京师范大学出版社，2015.

[3] 北京教育科学研究院基础教育教学研究中心项目组. 北京市 2013 年义务教育教学质量分析与评价反馈系统研究报告（总报告）[M]. 北京：北京出版社，2015.

[4] 白光润. 现代地理科学导论 [M]. 上海：华东师范大学出版社，2003.

[5] 陈丹. 城乡学校一体化管理的实践与研究 [M]. 北京：首都师范大学出版社，2022.

[6] 褚宏启. 教育现代化的路径——现代教育导论 [M]. 2 版. 北京：教育科学出版社，2013.

[7] 陈东生. 区域基础教育均衡发展研究——政府教育经营理论创建与实践机制选择 [M]. 济南：山东科学技术出版社，2007.

[8] 褚继平. 优质教师资源共享与区域教育均衡发展 [M]. 上海：上海远东出版社，2007.

[9] 陈振明. 公共政策学——政策分析的理论、方法和技术 [M]. 北京：中国人民大学出版社，2004.

[10] 陈中原. 中国教育平等初探 [M]. 广州：广东教育出版社，2004.

[11] 程方平. 中国教育问题报告 [M]. 北京：中国社会科学出版社，2002.

[12] 陈玉琨. 教育评价学 [M]. 北京：人民教育出版社，1999.

[13] 成有信，等. 教育政治学 [M]. 南京：江苏教育出版社，1993.

[14] 杜育红. 教育发展不平衡研究 [M]. 北京：北京师范大学出版社，2000.

[15] 杜育红，孙志军，等. 中国义务教育财政研究 [M]. 北京：北京师范大学出版社，2009.

[16] 甘健侯，袁凌云，张姝，等. 民族教育信息资源数字化建设与服务 [M]. 北京：科学出版社，2015.

［17］顾明远，石中英．国家中长期教育改革和发展规划纲要（2010—2020 年）解读 ［M］．北京：北京师范大学出版社，2010.

［18］改革开放以来的教育发展历史性成就和基本经验研究课题组．改革开放 30 年中国教育重大历史事件 ［M］．北京：教育科学出版社，2008.

［19］国家教育行政学院．基础教育：政策与制度热点 ［M］．济南：山东大学出版社，2005.

［20］黄忠敬，等．OECD 教育指标引领教育发展研究 ［M］．上海：华东师范大学出版社，2019.

［21］黄秀华．发展与公平：中国社会发展的历史抉择 ［M］．北京：中国社会科学出版社，2010.

［22］华桦，蒋瑾．教育公平论 ［M］．天津：天津教育出版社，2006.

［23］黄林芳．教育发展机制论 ［M］．上海：上海财经大学出版社，2006.

［24］黄书光．中国基础教育改革的历史反思与前瞻 ［M］．天津：天津教育出版社，2006.

［25］胡位均．均衡发展的政治逻辑 ［M］．重庆：重庆出版社，2005.

［26］何怀宏．公平的正义——解读罗尔斯《正义论》 ［M］．济南：山东人民出版，2002.

［27］简新华．中国经济结构调整和发展方式转变 ［M］．济南：山东人民出版社，2009.

［28］靳希斌．教育经济学 ［M］．北京：人民教育出版社，1997.

［29］娄立志．县域内农村义务教育校际均衡发展战略研究 ［M］．北京：中国社会科学出版社，2019.

［30］李孝川．云南边境地区民族教育考察 ［M］．北京：人民出版社，2017.

［31］刘国艳．教育公正视角的农村学校变革研究 ［M］．南京：南京大学出版社，2015.

［32］李醒东．农村学校发展问题研究——从城乡统筹到城乡一体化 ［M］．武汉：华中科技大学出版社，2015.

［33］楼世洲．区域教育可持续发展指标体系研究 ［M］．北京：教育科学出版社，2012.

［34］李祥云．我国财政体制变迁中的义务教育财政制度改革 ［M］．北京：北京大学出版社，2008.

［35］刘秉光．城乡教育均衡化实践研究 ［M］．成都：四川教育出版，2006.

［36］廖其发．中国农村教育问题研究 ［M］．成都：四川教育出版社，2006.

［37］李小建．经济地理学 ［M］．北京：高等教育出版社，1999.

［38］罗明东．教育地理学 ［M］．昆明：云南大学出版社，2012.

［39］孟繁华，等．学校发展论 ［M］．北京：教育科学出版社，2011.

［40］倪鹏飞．中国城市教育竞争力比较研究：探寻宁波方位 ［M］．北京：社会科学文献出版社，2009.

［41］闵维方．中国教育与人力资源发展报告 ［M］．北京：北京大学出版社，2006.

［42］马戎．中国农村教育发展的区域差异：24 县调查［M］．福州：福建教育出版社，1999．

［43］钱冬明，夏彧，等．中国中小学教师队伍发展指标概览（2020）［M］．上海：华东师范大学出版社，2022．

［44］秦玉友，等．农村学校布局调整评价研究［M］．北京：社会科学文献出版社，2019．

［45］邵光华，仲建维，郑东辉，等．基础教育优质均衡发展研究［M］．杭州：浙江大学出版社，2011．

［46］汤国安，杨昕，等．ArcGIS 地理信息系统空间分析实验教程［M］．北京：科学出版社，2006．

［47］魏萍．县域义务教育校际均衡的财政保障机制研究［M］．北京：中国社会科学出版社，2020．

［48］王世忠，等．民族地区教育均衡发展实证研究［M］．南宁：广西人民出版社，2019．

［49］王世忠．新时期少数民族基础教育政策理论与实践［M］．北京：中国社会科学出版社，2016．

［50］王世忠．民族地区义务教育财政支出绩效评价与长效机制研究［M］．北京：中国社会科学出版社，2016．

［51］王民．数字教育资源生态化建设和共享模式研究［M］．上海：上海交通大学出版社，2014．

［52］王世忠．教育管理学［M］．2 版．北京：科学出版社，2014．

［53］王世忠．少数民族教育发展研究［M］．北京：人民出版社，2013．

［54］王兴中，等．城市社区体系规划原理［M］．北京：科学出版社，2012．

［55］王昀．传统聚落结构中的空间概念［M］．北京：中国建筑工业出版社，2009．

［56］王嘉毅，吕国光．西北少数民族基础教育发展现状与对策研究［M］．北京：民族出版社，2006．

［57］王兴中，等．中国城市生活空间结构研究［M］．北京：科学出版社，2004．

［58］吴立新，史文中．地理信息系统原理与算法［M］．北京：科学出版社，2003．

［59］王善迈．教育投入与产出研究［M］．石家庄：河北教育出版社，1996．

［60］阎亚军．中国教育改革的逻辑——对改革开放以来我国基础教育改革的反思［M］．杭州：浙江大学出版社，2016．

［61］叶澜．中国基础教育改革发展研究［M］．北京：中国人民大学出版社，2009．

［62］袁桂林，等．中国农村教育发展指标研究［M］．北京：经济科学出版社，2009．

［63］于发友．通向教育理想之路：县域义务教育均衡发展研究［M］．济南：山东人民出版社，2008．

［64］杨东平．中国教育公平的理想与现实［M］．北京：北京大学出版社，2006．

［65］赵晓声．县域义务教育信息化均衡发展指标与监测［M］．北京：科学出版社，2021

［66］钟启泉，崔允漷，等．从失衡走向平衡：素质教育课程评价体系研究［M］．北京：经济科学出版社，2014.

［67］赵素文，黄家骅．基础教育发展研究［M］．厦门：厦门大学出版社，2011

［68］D. 保罗·谢弗．文化引导未来［M］．许春山，朱邦俊，译．北京：社会科学文献出版社，2008.